上海检察文库·金融检察十周年 04

金融及知识产权犯罪办案实用手册

JINRONG JI ZHISHI CHANQUAN FANZUI BANAN SHIYONG SHOUCE

上海市人民检察院 ■ 编

中国检察出版社

图书在版编目（CIP）数据

金融及知识产权犯罪办案实用手册／上海市人民检察院编．－－北京：中国检察出版社，2022.7
ISBN 978-7-5102-2752-3

Ⅰ.①金… Ⅱ.①上… Ⅲ.①金融犯罪—案件—处理—中国—手册②侵犯知识产权罪—案件—处理—中国—手册 Ⅳ.① D924.335-62

中国版本图书馆 CIP 数据核字（2022）第 090216 号

金融及知识产权犯罪办案实用手册
上海市人民检察院　编

责任编辑：	王　欢
技术编辑：	王英英
封面设计：	龙　惠

出版发行：中国检察出版社
社　　址：北京市石景山区香山南路 109 号（100144）
网　　址：中国检察出版社（www.zgjccbs.com）
编辑电话：（010）86423703
发行电话：（010）86423726　86423727　86423728
　　　　　（010）86423730　86423732
经　　销：新华书店
印　　刷：河北宝昌佳彩印刷有限公司
开　　本：710 mm×960 mm　16 开
印　　张：38.5
字　　数：584 千字
版　　次：2022 年 7 月第一版　2022 年 7 月第一次印刷
书　　号：ISBN 978-7-5102-2752-3
定　　价：128.00 元

检察版图书，版权所有，侵权必究
如遇图书印装质量问题本社负责调换

写在前面

进入新时代，我国经济已由高速增长阶段转向高质量发展阶段，许多领域都面临着新的任务、新的要求、新的挑战，比如金融、知识产权等。习近平总书记强调，"金融是国家重要的核心竞争力，金融安全是国家安全的重要组成部分，金融制度是经济社会发展中重要的基础性制度"。他又指出，"知识产权保护工作关系国家治理体系和治理能力现代化，关系高质量发展，关系人民幸福，关系国家对外开放大局，关系国家安全"。健全现代金融体系、有效防范化解金融风险以及推动知识产权高质量发展成为摆在我们面前的重要任务。检察机关作为法律监督机关，在惩治金融犯罪、防范化解金融风险、坚持创新驱动发展战略、服务保障创新型国家建设过程中同样承担着重要的职责和使命。

当前，上海已基本建成国际经济、金融、贸易、航运中心，全球科创中心初具规模。上海市检察机关主动融入上海发展大局，持续探索机制创新，着力加强专业化建设，不断优化司法供给，努力打造全国金融、知识产权检察样板，为守护金融安全和保护知识产权贡献检察智慧和检察力量。早在2011年上海市人民检察院就成立了金融检察处，作为全国省级检察机关中首家金融、知识产权专业化办案部门，始终坚持"捕、诉、研、防"一体化办案模式。经过十年的精耕细作，上海金融、知识产权检察品牌效应逐渐凸显。

十年来，我们不断探索优化专业化办案机制，在上海市人民检察院建立全国首个省级"金融检察研究中心"，并在三个分院设立证券期货、银行保险、金融创新和知识产权"研究分中心"，承担案件办理、理论研究、人才培养、法制宣传四大职能；十年来，我们依托专业化办案组织，凝聚精英办案团队，攻克了包括全国首例滥用高频交易操纵期货市场案、利用沪港通账户内幕交易案、侵犯游戏视听作品著作权案、侵犯题库汇编作品著作权案在内的一系列大案难案和新类型案件；十年来，我们始终积极参与加强和创新社会治理，建立检察公开和信息披露制度，定期发布金融、知识产权检察白皮书，通报典型案件，提示风险预警，建立完善与行政监管部门之间的行刑衔接工作机制，加强信息沟通与协作，实现对违法犯罪的闭环打击；十年来，我们不断加大制度供给，提升服务重大战略的检察能级，出台全国检察机关首个从严惩治证券违法犯罪活动实施方案，助力推进资本市场司法体系建设，首创知识产权权利人权利义务告知制度，获最高人民检察院认可并向全国推行；十年来，我们持续锻造人才梯队，建立完善专业人才培育机制，全方位提升专业能力，先后组建证券期货、银行保险、知识产权、反洗钱四大跨院、跨层级的专业化办案团队，多名检察官入选全国经济金融犯罪检察人才库。

2021年是上海金融、知识产权检察专业化办案部门成立十周年，值此之际，我们组织编纂了这套丛书。本系列丛书包括《银行保险领域犯罪典型案例与司法观点》《证券期货领域犯罪典型案例与司法观点》《知识产权领域犯罪典型案例与司法观点》《金融

写在前面

及知识产权犯罪办案实用手册》四册,分专题对银行保险、证券期货、知识产权检察工作中的新型、疑难、复杂案件进行梳理和总结,并将金融、知识产权相关法律法规进行全面梳理,以期起到类案的指引和参考作用。该系列丛书的编撰不仅是上海金融、知识产权检察十年以来的经验总结,也是加强专业化建设的重要探索,其意义在于:一是进一步规范内部办案流程,为检察人员办案提供参考和借鉴,使每一起司法案件都能得到公平公正的处理。二是充分发挥上海区位优势,将面对新类型、疑难、复杂案件所形成的先进司法理念和实践经验进行全面梳理、总结和升华,积极探索可复制、可借鉴的上海样本。三是鼓励检察人员立足司法实践,以问题为导向,深化理论研究,更好地服务于司法办案,实现"三个效果"统一。

上海市人民检察院公开出版这套丛书,以就教于学界专家、司法实务界同仁以及社会各界的朋友们,希望能够成为金融、知识产权检察工作的引玉之作。如果能为金融、知识产权相关领域研究和实践提供一些借鉴、引发一些思考,则所愿所幸!

上海市人民检察院
2022 年 1 月

序

当前，我国经济发展正处于转方式、调结构的关键时期，伴随着金融生态和知识产权业态发展的多元化，各类矛盾问题交织而生，金融和知识产权犯罪也相应呈现急剧上升趋势，与此同时，此类犯罪手法手段不断翻新、专业性极强，不少案件更是社会影响重大，对准确把握合法与违法、罪与非罪的界限提出更高要求。

隶属于经济犯罪的金融和知识产权犯罪多为行政犯，具有违反行政法律法规和刑法之双重违法性。在办理此类案件时，应当将违反前置行政法规范作为第一重违法性判断的依据，进而适用刑事法律开展刑事评价，因此，正确处理好"行"与"刑"的关系是依法、准确、有效处理金融和知识产权犯罪的关键因素之一。

鉴于此，如何在海量的行政、刑事法律法规及过往案例等材料中迅速筛选出有助于办理金融和知识产权犯罪案件的信息就显得尤为重要。为解决检索目的偏移、检索信息疏漏等问题，上海市人民检察院组织金融经济犯罪检察条线业务骨干，根据办案需要，对我国刑法中共计57个涉金融、知识产权罪名进行重新分类组合，将刑事规范和行政规范进行梳理、归纳、汇编，并列有最高人民检察院指导性案例及最高人民法院公报案例，供司法办案人员、其他法律从业人员及广大读者参酌。

本书主要有以下三大特点：

一是体例创新。有别于常规办案工具书以刑法条文次序作为编排体例，本书从金融、知识产权犯罪行政犯特点出发，立足实务需求，依照行政监管业务种类进行编排，以银行、证券、保险、知识产权业务作为基本分类框架，并根据业务属性进一步细分，便于集中系统查阅相关刑事及行政法律规定。

二是内容全面。突破常规办案工具书聚焦于刑事法领域的编撰方式，以更加宽拓的视野和发展的思路全面研究金融和知识产权犯罪领域的法律规定，其中不仅囊括刑法条文、立法解释、司法解释等各项刑事规范内容，还涵盖各项行政法律法规，乃至若干行业协会文件。同时，本书还列有部分最高人民检察院指导性案例、最高人民法院公报案例，以确保最大程度满足查阅、办案等实际需求。

三是针对性强。本书将2022年6月前生效的相关法律规定进行了集中梳理，具有较强的系统性、实效性，为读者进行法律索引提供帮助，更为司法办案人员提供专业化办案思路。

本书的编纂工作始终坚持守正与创新并举，在遵循法律汇编工作一般规律的基础上，创设性地突破法律索引类工具书的固有体例，经多方努力，终脱稿成书。然囿于时间及水平所限，难免仍存纰漏，恳请各位读者包容谅解，不吝批评指正。

编者

2022年6月

目 录

上编　金融犯罪

第一章　银行业犯罪 / 3

第一节　货币类犯罪 / 3

▶ 刑事规范 / 3

第一百七十条　【伪造货币罪】/ 3

第一百七十三条　【变造货币罪】/ 7

第一百七十一条　【出售、购买、运输假币罪】【金融工作人员购买假币、以假币换取货币罪】/ 8

第一百七十二条　【持有、使用假币罪】/ 10

▶ 行政规范 / 11

第二节　外汇及资金支付结算类犯罪 / 17

▶ 刑事规范 / 17

第一百九十条　【逃汇罪】/ 17

单行刑法　【骗购外汇罪】/ 20

第二百二十五条　【非法经营罪】（涉买卖外汇、资金支付结算）/ 22

▶ 行政规范 / 29

第三节　贷款类犯罪 / 40

▶ 刑事规范 / 40

· 1 ·

第一百七十五条之一 【骗取贷款、票据承兑、
金融票证罪】/ 40

第一百八十六条 【违法发放贷款罪】/ 42

第一百九十三条 【贷款诈骗罪】/ 43

第一百七十五条 【高利转贷罪】/ 44

第二百二十五条 【非法经营罪】（涉非法放贷）/ 45

▶ 行政规范 / 48

第四节　票证类犯罪 / 57

▶ 刑事规范 / 57

第一百九十四条（第一款）【票据诈骗罪】/ 57

第一百九十四条（第二款）【金融凭证诈骗罪】/ 58

第一百九十五条 【信用证诈骗罪】/ 58

第一百七十七条 【伪造、变造金融票证罪】/ 59

第一百八十八条 【违规出具金融票证罪】/ 61

第一百八十九条 【对违法票据承兑、付款、保证罪】/ 62

第一百七十八条（第一、三款）【伪造、变造国家
有价证券罪】/ 63

第一百九十七条 【有价证券诈骗罪】/ 64

▶ 行政规范 / 64

第五节　信用卡类犯罪 / 89

▶ 刑事规范 / 89

第一百七十七条之一 【妨害信用卡管理罪】【窃取、
收买、非法提供信用卡信息罪】/ 89

第一百九十六条 【信用卡诈骗罪】【盗窃罪】/ 92

第二百二十五条 【非法经营罪】（涉POS机套现）/ 97

▶ 行政规范 / 98

目 录

第六节 非法集资类犯罪 / 103

▶ 刑事规范及指导性案例 / 103

　　第一百七十六条 【非法吸收公众存款罪】/ 103

　　第一百九十二条 【集资诈骗罪】/ 135

▶ 行政规范 / 143

第七节 洗钱类犯罪 / 159

▶ 刑事规范 / 159

　　第一百九十一条 【洗钱罪】/ 159

▶ 行政规范 / 169

第二章 证券业犯罪 / 176

第一节 准入型犯罪 / 176

▶ 刑事规范及公报案例 / 176

　　第一百七十九条 【擅自发行股票、公司、企业债券罪】/ 176

　　第二百二十五条 【非法经营罪】（涉证券、期货业务类、基金发行业务）/ 185

　　第一百七十八条（第二款）【伪造、变造股票、公司、企业债券罪】/ 194

▶ 行政规范 / 195

第二节 交易型犯罪 / 259

▶ 刑事规范及公报、指导性案例 / 259

　　第一百八十条（第一、二、三款）【内幕交易、泄露内幕信息罪】/ 259

　　第一百八十条（第四款）【利用未公开信息交易罪】/ 267

　　第一百八十二条 【操纵证券、期货市场罪】/ 284

▶ 行政规范 / 296

第三节 虚假陈述型犯罪 / 318
▶ 刑事规范及指导性案例 / 318
第一百六十条 【欺诈发行证券罪】/ 318
第一百六十一条 【违规披露、不披露重要信息罪】/ 320
第一百八十一条 【编造并传播证券、期货交易虚假信息罪】【诱骗投资者买卖证券、期货合约罪】/ 325
▶ 行政规范 / 326

第三章 保险业犯罪 / 356
▶ 刑事规范 / 356
第一百九十八条 【保险诈骗罪】/ 356
第二百二十五条 【非法经营罪】（涉保险业务）/ 357
▶ 行政规范 / 359

第四章 其他金融犯罪 / 381
▶ 刑事规范 / 381
第一百六十九条之一 【背信损害上市公司利益罪】/ 381
第一百八十五条之一 【背信运用受托财产罪】【违法运用资金罪】/ 383
第一百八十七条 【吸收客户资金不入账罪】/ 384
第一百八十三条 【职务侵占罪】【贪污罪】/ 386
第一百八十四条 【非国家工作人员受贿罪】【受贿罪】/ 388
第一百八十五条 【挪用资金罪】【挪用公款罪】/ 389
第一百七十四条 【擅自设立金融机构罪】【伪造、变造、转让金融机构经营许可证、批准文件罪】/ 391
▶ 行政规范 / 392

下编　知识产权犯罪

第一章　知识产权犯罪通用类规范 / 405

第一节　知识产权犯罪基本规范 / 405

第二节　单位犯侵犯知识产权罪的处罚规定 / 414
　　第二百二十条　单位犯侵犯知识产权罪的处罚规定 / 414

第二章　知识产权犯罪具体罪名 / 416

第一节　商标类犯罪 / 416
▶ 刑事规范及指导性案例 / 416
　　第二百一十三条　【假冒注册商标罪】/ 416
　　第二百一十四条　【销售假冒注册商标的商品罪】/ 423
　　第二百一十五条　【非法制造、销售非法制造的注册商标标识罪】/ 435
▶ 行政规范 / 438

第二节　专利类犯罪 / 453
▶ 刑事规范 / 453
　　第二百一十六条　【假冒专利罪】/ 453
▶ 行政规范 / 454

第三节　著作权类犯罪 / 471
▶ 刑事规范及公报、指导性案例 / 471
　　第二百一十七条　【侵犯著作权罪】/ 471
　　第二百一十八条　【销售侵权复制品罪】/ 493
　　第二百二十五条　【非法经营罪】（涉非法出版物）/ 494
▶ 行政规范 / 505

第四节 商业秘密类犯罪 / 554
▶ 刑事规范及公报、指导性案例 / 554
第二百一十九条 【侵犯商业秘密罪】/ 554
第二百一十九条之一 【为境外窃取、刺探、收买、非法提供商业秘密罪】/ 588
▶ 行政规范 / 589

索 引 / 595

上 编
金融犯罪

上编　金融犯罪

第一章　银行业犯罪

第一节　货币类犯罪

▶ **刑事规范**

第一百七十条　【伪造货币罪】①

刑法

第一百七十条　伪造货币的，处三年以上十年以下有期徒刑，并处罚金；有下列情形之一的，处十年以上有期徒刑或者无期徒刑，并处罚金或者没收财产：

（一）伪造货币集团的首要分子；

（二）伪造货币数额特别巨大的；

（三）有其他特别严重情节的。

第一百七十一条（第三款）　伪造货币并出售或者运输伪造的货币的，依照本法第一百七十条的规定从重处罚。

司法解释、司法解释性文件及规范性文件

1. 最高人民检察院、公安部《关于公安机关管辖的刑事案件立案追诉标准的规定（二）》（2022.4.6 修订，2022.5.15 实施②）（节录）

第十四条〔伪造货币案（刑法第一百七十条）〕伪造货币，涉嫌下列

---

① 本条被 2015 年《刑法修正案（九）》第 11 条修订，将原条文"五万元以上五十万元以下罚金"改为无限额罚金，并废除死刑。

② 为了方便使用，全书只标注实施时间。——编者注

情形之一的，应予立案追诉：

（一）总面额在二千元以上或者币量在二百张（枚）以上的；

（二）总面额在一千元以上或者币量在一百张（枚）以上，二年内因伪造货币受过行政处罚，又伪造货币的；

（三）制造货币版样或者为他人伪造货币提供版样的；

（四）其他伪造货币应予追究刑事责任的情形。

2. 最高人民法院《关于审理伪造货币等案件具体应用法律若干问题的解释（二）》（法释〔2010〕14号，2010.11.3）[①]

为依法惩治伪造货币、变造货币等犯罪活动，根据刑法有关规定和近一个时期的司法实践，就审理此类刑事案件具体应用法律的若干问题解释如下：

第一条　仿照真货币的图案、形状、色彩等特征非法制造假币，冒充真币的行为，应当认定为刑法第一百七十条规定的"伪造货币"。

对真货币采用剪贴、挖补、揭层、涂改、移位、重印等方法加工处理，改变真币形态、价值的行为，应当认定为刑法第一百七十三条规定的"变造货币"。

第二条　同时采用伪造和变造手段，制造真伪拼凑货币的行为，依照刑法第一百七十条的规定，以伪造货币罪定罪处罚。

第三条　以正在流通的境外货币为对象的假币犯罪，依照刑法第一百七十条至第一百七十三条的规定定罪处罚。

假境外货币犯罪的数额，按照案发当日中国外汇交易中心或者中国人民银行授权机构公布的人民币对该货币的中间价折合成人民币计算。中国外汇交易中心或者中国人民银行授权机构未公布汇率中间价的境外货币，按照案发当日境内银行人民币对该货币的中间价折算成人民币，或者该货币在境内银行、国际外汇市场对美元汇率，与人民币对美元汇率中间价进行套算。

[①] 可参见《〈关于审理伪造货币等案件具体应用法律若干问题的解释（二）〉的理解与适用》（最高人民法院　刘为波）。

第四条 以中国人民银行发行的普通纪念币和贵金属纪念币为对象的假币犯罪，依照刑法第一百七十条至第一百七十三条的规定定罪处罚。

假普通纪念币犯罪的数额，以面额计算；假贵金属纪念币犯罪的数额，以贵金属纪念币的初始发售价格计算。

第五条 以使用为目的，伪造停止流通的货币，或者使用伪造的停止流通的货币的，依照刑法第二百六十六条的规定，以诈骗罪定罪处罚。

第六条 此前发布的司法解释与本解释不一致的，以本解释为准。

3. 最高人民法院、最高人民检察院、公安部《关于严厉打击假币犯罪活动的通知》（公通字〔2009〕45号，2009.9.15）（节录）

根据刑事诉讼法的有关规定，假币犯罪案件的地域管辖应当遵循以犯罪地管辖为主，犯罪嫌疑人居住地管辖为辅的原则。假币犯罪案件中的犯罪地，既包括犯罪预谋地、行为发生地，也包括运输假币的途经地。假币犯罪案件中的犯罪嫌疑人居住地，不仅包括犯罪嫌疑人经常居住地和户籍所在地，也包括其临时居住地。几个公安机关都有权管辖的假币犯罪案件，由最初立案地或者主要犯罪地公安机关管辖；对管辖有争议或者情况特殊的，由共同的上级公安机关指定管辖。如需人民检察院、人民法院指定管辖的，公安机关要及时提出相关建议。经审查需要指定的，人民检察院、人民法院要依法指定管辖。

人民法院对于假币犯罪要依法从严惩处，对于假币犯罪累犯、惯犯、涉案假币数额巨大或者全部流入社会的犯罪分子，要坚决重判；对于伪造货币集团的首要分子、骨干分子，伪造货币数额特别巨大或有其他特别严重情节，罪行极其严重的犯罪分子，应当判处死刑的，要坚决依法判处死刑。①

4. 最高人民法院《全国法院审理金融犯罪案件工作座谈会纪要》（法〔2001〕8号，2001.1.21）（节录）

关于假币犯罪：假币犯罪的认定。假币犯罪是一种严重破坏金融管理秩序的犯罪。只要有证据证明行为人实施了出售、购买、运输、使用假币行为，且数额较大，就构成犯罪。伪造货币的，只要实施了伪造行为，不

---

① 本罪已废除死刑。

论是否完成全部印制工序，即构成伪造货币罪；对于尚未制造出成品，无法计算伪造、销售假币面额的，或者制造、销售用于伪造货币的版样的，不认定犯罪数额，依据犯罪情节决定刑罚。明知是伪造的货币而持有，数额较大，根据现有证据不能认定行为人是为了进行其他假币犯罪的，以持有假币罪定罪处罚；如果有证据证明其持有的假币已构成其他假币犯罪的，应当以其他假币犯罪定罪处罚。

假币犯罪罪名的确定。假币犯罪案件中犯罪分子实施数个相关行为的，在确定罪名时应把握以下原则：

（1）对同一宗假币实施了法律规定为选择性罪名的行为，应根据行为人所实施的数个行为，按相关罪名刑法规定的排列顺序并列确定罪名，数据不累计计算，不实行数罪并罚。

（2）对不同宗假币实施法律规定为选择性罪名的行为，并列确定罪名，数额按全部假币面额累计计算，不实行数罪并罚。

（3）对同一宗假币实施了刑法没有规定为选择性罪名的数个犯罪行为，择一重罪从重处罚。如伪造货币或者购买假币后使用的，以伪造货币罪或购买假币罪定罪，从重处罚。

（4）对不同宗假币实施了刑法没有规定为选择性罪名的数个犯罪行为，分别定罪，数罪并罚。

出售假币被查获部分的处理。在出售假币时被抓获的，除现场查获的假币应认定为出售假币的犯罪数额外，现场之外在行为人住所或者其他藏匿地查获的假币，亦应认定为出售假币的犯罪数额。但有证据证实后者是行为人有实施其他假币犯罪的除外。

制造或者出售伪造的台币行为的处理。对于伪造台币的，应当以伪造货币罪定罪处罚；出售伪造的台币的，应当以出售假币罪定罪处罚。

上编　金融犯罪　

5.最高人民法院《关于审理伪造货币等案件具体应用法律若干问题的解释》(法释〔2000〕26号,2000.9.14)(节录)①

第一条　伪造货币的总面额在二千元以上不满三万元或者币量在二百张(枚)以上不足三千张(枚)的,依照刑法第一百七十条的规定,处三年以上十年以下有期徒刑,并处五万元以上五十万元以下罚金。②

伪造货币的总面额在三万元以上的,属于"伪造货币数额特别巨大"。

行为人制造货币版样或者与他人事前通谋,为他人伪造货币提供版样的,依照刑法第一百七十条的规定定罪处罚。

第一百七十三条　【变造货币罪】

刑法

变造货币,数额较大的,处三年以下有期徒刑或者拘役,并处或者单处一万元以上十万元以下罚金;数额巨大的,处三年以上十年以下有期徒刑,并处二万元以上二十万元以下罚金。

司法解释、司法解释性文件及规范性文件

1.最高人民检察院、公安部《关于公安机关管辖的刑事案件立案追诉标准的规定(二)》(2022.4.6修订,2022.5.15实施)(节录)

第十八条　〔变造货币案(刑法第一百七十三条)〕变造货币,涉嫌下列情形之一的,应予立案追诉:

(一)总面额在二千元以上或者币量在二百张(枚)以上的;

(二)总面额在一千元以上或者币量在一百张(枚)以上,二年内因变造货币受过行政处罚,又变造货币的;

---

①　可参见《〈关于审理伪造货币等案件具体应用法律若干问题的解释〉的理解与适用》(最高人民法院研究室　孙军工)。

②　本罪罚金数额经2015年《刑法修正案(九)》修订,将"五万元以上五十万元以下罚金"改为无限额罚金。

（三）其他变造货币应予追究刑事责任的情形。

2. 最高人民法院《关于审理伪造货币等案件具体应用法律若干问题的解释（二）》（法释〔2010〕14号，2010.11.3）（节录）①

第一条（第二款） 对真货币采用剪贴、挖补、揭层、涂改、移位、重印等方法加工处理，改变真币形态、价值的行为，应当认定为刑法第一百七十三条规定的"变造货币"。

3. 最高人民法院《关于审理伪造货币等案件具体应用法律若干问题的解释》（法释〔2000〕26号，2000.9.14）（节录）

第六条 变造货币的总面额在二千元以上不满三万元的，属于"数额较大"；总面额在三万元以上的，属于"数额巨大"，依照刑法第一百七十三条的规定定罪处罚。

第一百七十一条 【出售、购买、运输假币罪】【金融工作人员购买假币、以假币换取货币罪】

刑法

（第一款）出售、购买伪造的货币或者明知是伪造的货币而运输，数额较大的，处三年以下有期徒刑或者拘役，并处二万元以上二十万元以下罚金；数额巨大的，处三年以上十年以下有期徒刑，并处五万元以上五十万元以下罚金；数额特别巨大的，处十年以上有期徒刑或者无期徒刑，并处五万元以上五十万元以下罚金或者没收财产。

（第二款）银行或者其他金融机构的工作人员购买伪造的货币或者利用职务上的便利，以伪造的货币换取货币的，处三年以上十年以下有期徒刑，并处二万元以上二十万元以下罚金；数额巨大或者有其他严重情节的，

---

① 可参见《〈关于审理伪造货币等案件具体应用法律若干问题的解释（二）〉的理解与适用》（最高人民法院　刘为波）。

处十年以上有期徒刑或者无期徒刑，并处二万元以上二十万元以下罚金或者没收财产；情节较轻的，处三年以下有期徒刑或者拘役，并处或者单处一万元以上十万元以下罚金。

司法解释、司法解释性文件及规范性文件

1. 最高人民检察院、公安部《关于公安机关管辖的刑事案件立案追诉标准的规定（二）》（2022.4.6 修订，2022.5.15 实施）（节录）

第十五条 〔出售、购买、运输假币案（刑法第一百七十一条第一款）〕出售、购买伪造的货币或者明知是伪造的货币而运输，涉嫌下列情形之一的，应予立案追诉：

（一）总面额在四千元以上或者币量在四百张（枚）以上的；

（二）总面额在二千元以上或者币量在二百张（枚）以上，二年内因出售、购买、运输假币受过行政处罚，又出售、购买、运输假币的；

（三）其他出售、购买、运输假币应予追究刑事责任的情形。

在出售假币时被抓获的，除现场查获的假币应认定为出售假币的数额外，现场之外在行为人住所或者其他藏匿地查获的假币，也应认定为出售假币的数额。

第十六条 〔金融工作人员购买假币、以假币换取货币案（刑法第一百七十一条第二款）〕银行或者其他金融机构的工作人员购买伪造的货币或者利用职务上的便利，以伪造的货币换取货币，总面额在二千元以上或者币量在二百张（枚）以上的，应予立案追诉。

2. 最高人民法院《关于审理伪造货币等案件具体应用法律若干问题的解释》（法释〔2000〕26号，2000.9.14）（节录）

第二条 行为人购买假币后使用，构成犯罪的，依照刑法第一百七十一条的规定，以购买假币罪定罪，从重处罚。

行为人出售、运输假币构成犯罪，同时有使用假币行为的，依照刑法第一百七十一条、第一百七十二条的规定，实行数罪并罚。

第三条 出售、购买假币或者明知是假币而运输，总面额在四千元以上不满五万元的，属于"数额较大"；总面额在五万元以上不满二十万元

的，属于"数额巨大"；总面额在二十万元以上的，属于"数额特别巨大"，依照刑法第一百七十一条第一款的规定定罪处罚。

第四条　银行或者其他金融机构的工作人员购买假币或者利用职务上的便利，以假币换取货币，总面额在四千元以上不满五万元或者币量在四百张（枚）以上不足五千张（枚）的，处三年以上十年以下有期徒刑，并处二万元以上二十万元以下罚金；总面额在五万元以上或者币量在五千张（枚）以上或者有其他严重情节的，处十年以上有期徒刑或者无期徒刑，并处二万元以上二十万元以下罚金或者没收财产；总面额不满人民币四千元或者币量不足四百张（枚）或者具有其他情节较轻情形的，处三年以下有期徒刑或者拘役，并处或者单处一万元以上十万元以下罚金。

第一百七十二条 【持有、使用假币罪】

刑法

明知是伪造的货币而持有、使用，数额较大的，处三年以下有期徒刑或者拘役，并处或者单处一万元以上十万元以下罚金；数额巨大的，处三年以上十年以下有期徒刑，并处二万元以上二十万元以下罚金；数额特别巨大的，处十年以上有期徒刑，并处五万元以上五十万元以下罚金或者没收财产。

司法解释、司法解释性文件及规范性文件

1.最高人民检察院、公安部《关于公安机关管辖的刑事案件立案追诉标准的规定（二）》（2022.4.6修订，2022.5.15实施）（节录）

第十七条　〔持有、使用假币案（刑法第一百七十二条）〕明知是伪造的货币而持有、使用，涉嫌下列情形之一的，应予立案追诉：

（一）总面额在四千元以上或者币量在四百张（枚）以上的；

（二）总面额在二千元以上或者币量在二百张（枚）以上，二年内因持有、使用假币受过行政处罚，又持有、使用假币的；

（三）其他持有、使用假币应予追究刑事责任的情形。

上编　金融犯罪　

2. 最高人民法院《关于审理伪造货币等案件具体应用法律若干问题的解释》（法释〔2000〕26号，2000.9.14）（节录）

第五条　明知是假币而持有、使用，总面额在四千元以上不满五万元的，属于"数额较大"；总面额在五万元以上不满二十万元的，属于"数额巨大"；总面额在二十万元以上的，属于"数额特别巨大"，依照刑法第一百七十二条的规定定罪处罚。

▶ 行政规范

> 法律

《中华人民共和国中国人民银行法》（中华人民共和国主席令第12号，2003.12.27修正，2004.2.1实施）（节录）

第十九条　禁止伪造、变造人民币。禁止出售、购买伪造、变造的人民币。禁止运输、持有、使用伪造、变造的人民币。禁止故意毁损人民币。禁止在宣传品、出版物或者其他商品上非法使用人民币图样。

第二十条　任何单位和个人不得印制、发售代币票券，以代替人民币在市场上流通。

第四十二条　伪造、变造人民币，出售伪造、变造的人民币，或者明知是伪造、变造的人民币而运输，构成犯罪的，依法追究刑事责任；尚不构成犯罪的，由公安机关处十五日以下拘留、一万元以下罚款。

第四十三条　购买伪造、变造的人民币或者明知是伪造、变造的人民币而持有、使用，构成犯罪的，依法追究刑事责任；尚不构成犯罪的，由公安机关处十五日以下拘留、一万元以下罚款。

第四十四条　在宣传品、出版物或者其他商品上非法使用人民币图样的，中国人民银行应当责令改正，并销毁非法使用的人民币图样，没收违法所得，并处五万元以下罚款。

第四十五条　印制、发售代币票券，以代替人民币在市场上流通的，中国人民银行应当责令停止违法行为,并处二十万元以下罚款。

第四十六条　本法第三十二条所列行为违反有关规定,有关法律、行政法规有处罚规定的,依照其规定给予处罚;有关法律、行政法规未作处罚规定的,由中国人民银行区别不同情形给予警告,没收违法所得,违法所得五十万元以上的,并处违法所得一倍以上五倍以下罚款;没有违法所得或者违法所得不足五十万元的,处五十万元以上二百万元以下罚款;对负有直接责任的董事、高级管理人员和其他直接责任人员给予警告,处五万元以上五十万元以下罚款;构成犯罪的,依法追究刑事责任。

行政法规及规范性文件

《中华人民共和国人民币管理条例》(中华人民共和国国务院令第698号,2018.3.19修订实施)(节录)

第十三条　除中国人民银行指定的印制人民币的企业外,任何单位和个人不得研制、仿制、引进、销售、购买和使用印制人民币所特有的防伪材料、防伪技术、防伪工艺和专用设备。有关管理办法由中国人民银行另行制定。

第二十三条　停止流通的人民币和残缺、污损的人民币,由中国人民银行负责回收、销毁。具体办法由中国人民银行制定。

第二十八条　任何单位和个人不得印制、发售代币票券,以代替人民币在市场上流通。

第三十条　禁止伪造、变造人民币。禁止出售、购买伪造、变造的人民币。禁止走私、运输、持有、使用伪造、变造的人民币。

第三十一条　单位和个人持有伪造、变造的人民币的,应当及时上交中国人民银行、公安机关或者办理人民币存取款业务的金融机构;发现他人持有伪造、变造的人民币的,应当立即向公安机关报告。

部门规章及部门规范性文件

1.《中国人民银行货币鉴别及假币收缴、鉴定管理办法》(中国人民银行令〔2019〕第3号,2020.4.1)(节录)

第二条　在中华人民共和国境内设立的办理存取款、货币兑换等业务的银行业金融机构（以下简称金融机构）鉴别货币和收缴假币，中国人民银行及其分支机构和其授权的鉴定机构（以下统称鉴定单位）鉴定货币真伪，适用本办法。

第三条 本办法所称货币是指人民币和外币。人民币是指中国人民银行依法发行的货币，包括纸币和硬币。外币是指在中华人民共和国境内可存取、兑换的其他国家（地区）流通中的法定货币。

本办法所称假币是指不由国家（地区）货币当局发行，仿照货币外观或者理化特性，足以使公众误辨并可能行使货币职能的媒介。

假币包括伪造币和变造币。伪造币是指仿照真币的图案、形状、色彩等，采用各种手段制作的假币。变造币是指在真币的基础上，利用挖补、揭层、涂改、拼凑、移位、重印等多种方法制作，改变真币原形态的假币。

第四条 本办法所称鉴别是指金融机构在办理存取款、货币兑换等业务过程中，对货币真伪进行判断的行为。

本办法所称收缴是指金融机构在办理存取款、货币兑换等业务过程中，对发现的假币通过法定程序强制扣留的行为。

本办法所称鉴定是指被收缴人对被收缴假币的真伪判断存在异议的情况下，鉴定单位根据被收缴人或者收缴假币的金融机构（以下简称收缴单位）提出的申请，对被收缴假币的真伪进行裁定的行为。

本办法所称误收是指金融机构在办理存取款、货币兑换等业务过程中，将假币作为真币收入的行为。

本办法所称误付是指金融机构在办理存取款、货币兑换等业务过程中，将假币付出给客户的行为。

2. 中国人民银行、中央网信办、工业和信息化部、工商总局、银监会、证监会、保监会《关于防范代币发行融资风险的公告》（2017.9.4）（节录）

一、准确认识代币发行融资活动的本质属性

代币发行融资是指融资主体通过代币的违规发售、流通，向投资者筹集比特币、以太币等所谓"虚拟货币"，本质上是一种未经批准非法公开融资的行为，涉嫌非法发售代币票券、非法发行证券以及非法集资、金融诈骗、传销等违法犯罪活动。有关部门将密切监测有关动态，加强与司法部门和地方政府的工作协同，按照现行工作机制，严格执法，坚决治理市场乱象。发现涉嫌犯罪问题，将移送司法机关。

代币发行融资中使用的代币或"虚拟货币"不由货币当局发行，不具有法偿性与强制性等货币属性，不具有与货币等同的法律地位，不能也不应作为货币在市场上流通使用。

二、任何组织和个人不得非法从事代币发行融资活动

本公告发布之日起，各类代币发行融资活动应当立即停止。已完成代币发行融资的组织和个人应当做出清退等安排，合理保护投资者权益，妥善处置风险。有关部门将依法严肃查处拒不停止的代币发行融资活动以及已完成的代币发行融资项目中的违法违规行为。

三、加强代币融资交易平台的管理

本公告发布之日起，任何所谓的代币融资交易平台不得从事法定货币与代币、"虚拟货币"相互之间的兑换业务，不得买卖或作为中央对手方买卖代币或"虚拟货币"，不得为代币或"虚拟货币"提供定价、信息中介等服务。

对于存在违法违规问题的代币融资交易平台，金融管理部门将提请电信主管部门依法关闭其网站平台及移动 APP，提请网信部门对移动 APP 在应用商店做下架处置，并提请工商管理部门依法吊销其营业执照。

四、各金融机构和非银行支付机构不得开展与代币发行融资交易相关的业务

各金融机构和非银行支付机构不得直接或间接为代币发行融资和"虚拟货币"提供账户开立、登记、交易、清算、结算等产品或服务，不得承保与代币和"虚拟货币"相关的保险业务或将代币和"虚拟货币"纳入保险责任范围。金融机构和非银行支付机构发现代币发行融资交易违法违规线索的，应当及时向有关部门报告。

五、社会公众应当高度警惕代币发行融资与交易的风险隐患

代币发行融资与交易存在多重风险，包括虚假资产风险、经营失败风

险、投资炒作风险等，投资者须自行承担投资风险，希望广大投资者谨防上当受骗。

对各类使用"币"的名称开展的非法金融活动，社会公众应当强化风险防范意识和识别能力，及时举报相关违法违规线索。

3. 中国人民银行、工业和信息化部、中国银行业监督管理委员会、中国证券监督管理委员会、中国保险监督管理委员会《关于防范比特币风险的通知》（银发〔2013〕289号，2013.12.3）

近期，一种通过特定计算机程序计算出来的所谓"比特币"（Bitcoin）在国际上引起了广泛关注，国内也有一些机构和个人借机炒作比特币及与比特币相关的产品。为保护社会公众的财产权益，保障人民币的法定货币地位，防范洗钱风险，维护金融稳定，依据《中华人民共和国中国人民银行法》《中华人民共和国反洗钱法》《中华人民共和国商业银行法》《中华人民共和国电信条例》等有关法律法规，现将有关事项通知如下：

一、正确认识比特币的属性

比特币具有没有集中发行方、总量有限、使用不受地域限制和匿名性等四个主要特点。虽然比特币被称为"货币"，但由于其不是由货币当局发行，不具有法偿性与强制性等货币属性，并不是真正意义的货币。从性质上看，比特币应当是一种特定的虚拟商品，不具有与货币等同的法律地位，不能且不应作为货币在市场上流通使用。

二、各金融机构和支付机构不得开展与比特币相关的业务

现阶段，各金融机构和支付机构不得以比特币为产品或服务定价，不得买卖或作为中央对手买卖比特币，不得承保与比特币相关的保险业务或将比特币纳入保险责任范围，不得直接或间接为客户提供其他与比特币相关的服务，包括：为客户提供比特币登记、交易、清算、结算等服务；接受比特币或以比特币作为支付结算工具；开展比特币与人民币及外币的兑换服务；开展比特币的储存、托管、抵押等业务；发行与比特币相关的金融产品；将比特币作为信托、基金等投资的投资标的等。

三、加强对比特币互联网站的管理

依据《中华人民共和国电信条例》和《互联网信息服务管理办法》，提

供比特币登记、交易等服务的互联网站应当在电信管理机构备案。

电信管理机构根据相关管理部门的认定和处罚意见，依法对违法比特币互联网站予以关闭。

四、防范比特币可能产生的洗钱风险

中国人民银行各分支机构应当密切关注比特币及其他类似的具有匿名、跨境流通便利等特征的虚拟商品的动向及态势，认真研判洗钱风险，研究制定有针对性的防范措施。各分支机构应当将在辖区内依法设立并提供比特币登记、交易等服务的机构纳入反洗钱监管，督促其加强反洗钱监测。

提供比特币登记、交易等服务的互联网站应切实履行反洗钱义务，对用户身份进行识别，要求用户使用实名注册，登记姓名、身份证号码等信息。各金融机构、支付机构以及提供比特币登记、交易等服务的互联网站如发现与比特币及其他虚拟商品相关的可疑交易，应当立即向中国反洗钱监测分析中心报告，并配合中国人民银行的反洗钱调查活动；对于发现使用比特币进行诈骗、赌博、洗钱等犯罪活动线索的，应及时向公安机关报案。

五、加强对社会公众货币知识的教育及投资风险提示

各部门和金融机构、支付机构在日常工作中应当正确使用货币概念，注重加强对社会公众货币知识的教育，将正确认识货币、正确看待虚拟商品和虚拟货币、理性投资、合理控制投资风险、维护自身财产安全等观念纳入金融知识普及活动的内容，引导社会公众树立正确的货币观念和投资理念。

各金融监管机构可以根据本通知制定相关实施细则。

请中国人民银行上海总部，各分行、营业管理部、省会（首府）城市中心支行将本通知转发至辖区内各地方性金融机构和支付机构。本通知执行过程中发现的新情况、新问题，请及时向中国人民银行报告。

第二节 外汇及资金支付结算类犯罪

▶ **刑事规范**

第一百九十条 【逃汇罪】①

刑法

公司、企业或者其他单位,违反国家规定,擅自将外汇存放境外,或者将境内的外汇非法转移到境外,数额较大的,对单位判处逃汇数额百分之五以上百分之三十以下罚金,并对其直接负责的主管人员和其他直接责任人员,处五年以下有期徒刑或者拘役;数额巨大或者有其他严重情节的,对单位判处逃汇数额百分之五以上百分之三十以下罚金,并对其直接负责的主管人员和其他直接责任人员,处五年以上有期徒刑。

司法解释、司法解释性文件及规范性文件

1.最高人民检察院、公安部《关于公安机关管辖的刑事案件立案追诉标准的规定(二)》(2022.4.6修订,2022.5.15实施)(节录)

第四十一条〔逃汇案(刑法第一百九十条)〕公司、企业或者其他单位,违反国家规定,擅自将外汇存放境外,或者将境内的外汇非法转移到境外,单笔在二百万美元以上或者累计数额在五百万美元以上的,应予立案追诉。

---

① 本条被1998年12月29日第九届全国人民代表大会常务委员会第六次会议通过的《关于惩治骗购外汇、逃汇和非法买卖外汇犯罪的决定》(1998年12月29日施行)第3条修订。1997年《中华人民共和国刑法》原条文为:"国有公司、企业或者其他国有单位,违反国家规定,擅自将外汇存放境外,或者将境内的外汇非法转移到境外,情节严重的,对单位判处罚金,并对其直接负责的主管人员和其他直接责任人员,处五年以下有期徒刑或者拘役。"

2. 最高人民法院、最高人民检察院、公安部《办理骗汇、逃汇犯罪案件联席会议纪要》(公通字〔1999〕39号，1999.6.7)

中央部署开展打击骗汇犯罪专项斗争以来，在国务院和中央政法委的统一领导和组织协调下，各级公安机关和人民检察院迅速行动起来，在全国范围内对骗汇犯罪开展了全面打击行动。1998年8月28日最高人民法院《关于审理骗购外汇、非法买卖外汇刑事案件具体应用法律若干问题的解释》发布，对司法机关运用法律武器准确、及时打击犯罪发挥了重要作用。但是，一些地方在办理此类案件过程中，在案件管辖、适用法律及政策把握等方面遇到一些问题，需要予以明确。为了进一步贯彻中央从重从快严厉打击骗汇犯罪的指示精神，准确适用法律，保障专项斗争深入开展，争取尽快起诉、宣判一批骗汇犯罪案件，打击和震慑骗汇犯罪活动，1999年3月16日，中央政法委、最高人民法院、最高人民检察院、公安部、中国人民银行、国家外汇管理局、解放军军事法院、军事检察院、总政保卫部等有关部门在北京昌平召开联席会议，共同研究解决打击骗汇犯罪斗争中出现的各种问题。会议纪要如下：

一、各级公安机关、人民检察院、人民法院和军队保卫、检、法部门在办理骗汇案件过程中，要从维护国家外汇管理秩序和国家经济安全的高度认识打击骗汇、逃汇犯罪专项斗争的重大意义，坚决贯彻党中央、国务院部署，积极参加专项斗争，各司其职，互相配合，加强协调，加快办案进度。

二、全国人大常委会《关于惩治骗购外汇、逃汇和非法买卖外汇犯罪的决定》(以下简称《决定》)公布施行后发生的犯罪行为，应当依照《决定》办理；对于《决定》公布施行前发生的公布后尚未处理或者正在处理的行为，依照修订后的刑法第十二条第一款规定的原则办理。

最高人民法院1998年8月28日发布的《关于审理骗购外汇、非法买卖外汇刑事案件具体应用法律若干问题的解释》(以下简称《解释》)，是对具体应用修订后的刑法有关问题的司法解释，适用于依照修订后的刑法判处的案件。各执法部门对于《解释》应当准确理解，严格执行。

《解释》第四条规定："公司、企业或者其他单位，违反有关外贸代理业务的规定,采用非法手段、或者明知是伪造、变造的凭证、商业单据,为他人向外汇指定银行骗购外汇,数额在五百万美元以上或者违法所得五十万元人民币以上的,按照刑法第二百二十五条第(三)项的规定定罪处罚;居间介绍骗购外汇一百万美元以上或者违法所得十万元人民币以上的,按照刑法第二百二十五条第(三)项的规定定罪处罚。"上述所称"采用非法手段",是指有国家批准的进出口经营权的外贸代理企业在经营代理进口业务时,不按国家经济主管部门有关规定履行职责,放任被代理方自带客户、自带货源、自带汇票、自行报关,在不见进口产品、不见供货货主、不见外商的情况下代理进口业务,或者采取法律、行政法规和部门规章禁止的其他手段代理进口业务。

认定《解释》第四条所称的"明知",要结合案件的具体情节予以综合考虑,不能仅仅因为行为人不供述就不予认定。报关行为先于签订外贸代理协议的,或者委托方提供的购汇凭证明显与真实凭证、商业单据不符的,应当认定为明知。

《解释》第四条所称"居间介绍骗购外汇",是指收取他人人民币、以虚假购汇凭证委托外贸公司、企业骗购外汇,获取非法收益的行为。

三、公安机关侦查骗汇、逃汇犯罪案件中涉及人民检察院管辖的贪污贿赂、渎职犯罪案件的,应当将贪污贿赂、渎职犯罪案件材料移送有管辖权的人民检察院审查。对管辖交叉的案件,可以分别立案,共同工作。如果涉嫌主罪属于公安机关管辖,由公安机关为主侦查,人民检察院予以配合;如果涉嫌主罪属于人民检察院管辖,由人民检察院为主侦查,公安机关予以配合。双方意见有较大分歧的,要协商解决,并及时向当地党委、政法委和上级主管机关请示。

四、公安机关侦查骗汇、逃汇犯罪案件,要及时全面收集和固定犯罪证据,抓紧缉捕犯罪分子。人民检察院和人民法院对正在办理的骗汇、逃汇犯罪案件,只要基本犯罪事实清楚,基本证据确实充分,应当及时依法起诉、审判。主犯在逃或者骗购外汇所需人民币资金的来源无法彻底查清,但证明在案的其他犯罪嫌疑人实施犯罪的基本证据确实充分的,为在法定时限内结案,可以对在案的其他犯罪嫌疑人先行处理。对于已收集到外汇指定银行汇出凭证和境外收汇银行收款凭证等证据，能够证明所骗购外汇确已汇至港澳台地区或国外的，应视为骗购外汇既遂。

五、坚持"惩办与宽大相结合"的政策。对骗购外汇共同犯罪的主犯，或者参与伪造、变造购汇凭证的骗汇人员，以及与骗购外汇的犯罪分子相勾结的国家工作人员，要从严惩处。对具有自首、立功或者其他法定从轻、减轻情节的，依法从轻、减轻处理。

六、各地在办理骗汇、逃汇犯罪案件中遇到的有关问题以及侦查、起诉、审判的信息要及时向各自上级主管机关报告。上级机关要加强对案件的督办、检查和指导协调工作。

3. 最高人民法院《关于审理骗购外汇、非法买卖外汇刑事案件具体应用法律若干问题的解释》（法释〔1998〕20号，1998.9.1）（节录）

第一条 以进行走私、逃汇、洗钱、骗税等犯罪活动为目的，使用虚假、无效的凭证、商业单据或者采取其他手段向外汇指定银行骗购外汇的，应当分别按照刑法分则第三章第二节、第一百九十条、第一百九十一条和第二百零四条等规定定罪处罚。

非国有公司、企业或者其他单位，与国有公司、企业或者其他国有单位勾结逃汇的，以逃汇罪的共犯处罚。

单行刑法 【骗购外汇罪】

> 单行刑法

全国人大常委会《关于惩治骗购外汇、逃汇和非法买卖外汇犯罪的决定》（中华人民共和国主席令〔第十四号〕，1998.12.29）（节录）

一、有下列情形之一，骗购外汇，数额较大的，处五年以下有期徒刑或者拘役，并处骗购外汇数额百分之五以上百分之三十以下罚金；数额巨大或者有其他严重情节的，处五年以上十年以下有期徒刑，并处骗购外汇数额百分之五以上百分之三十以下罚金；数额特别巨大或者有其他特别严重情节的，处十年以上有期徒刑或者无期徒刑，并处骗购外汇数额百分之五以上百分之三十以下罚金或者没收财产：

（一）使用伪造、变造的海关签发的报关单、进口证明、外汇管理部门核准件等凭证和单据的；

（二）重复使用海关签发的报关单、进口证明、外汇管理部门核准件等凭证和单据的；

（三）以其他方式骗购外汇的。

伪造、变造海关签发的报关单、进口证明、外汇管理部门核准件等凭证和单据，并用于骗购外汇的，依照前款的规定从重处罚。

明知用于骗购外汇而提供人民币资金的，以共犯论处。

单位犯前三款罪的，对单位依照第一款的规定判处罚金，并对其直接负责的主管人员和其他直接责任人员，处五年以下有期徒刑或者拘役；数额巨大或者有其他严重情节的，处五年以上十年以下有期徒刑；数额特别巨大或者有其他特别严重情节的，处十年以上有期徒刑或者无期徒刑。

五、海关、外汇管理部门以及金融机构、从事对外贸易经营活动的公司、企业或者其他单位的工作人员与骗购外汇或者逃汇的行为人通谋，为其提供购买外汇的有关凭证或者其他便利的，或者明知是伪造、变造的凭证和单据而售汇、付汇的，以共犯论，依照本决定从重处罚。

司法解释、司法解释性文件及规范性文件

1. 最高人民检察院、公安部《关于公安机关管辖的刑事案件立案追诉标准的规定（二）》(2022.4.6 修订，2022.5.15 实施)（节录）

第四十二条〔骗购外汇案《全国人民代表大会常务委员会关于惩治骗购外汇、逃汇和非法买卖外汇犯罪的决定》第一条〕骗购外汇，数额在五十万美元以上的，应予立案追诉。

2. 最高人民法院《关于审理骗购外汇、非法买卖外汇刑事案件具体应用法律若干问题的解释》(法释〔1998〕20 号，1998.9.1)（节录）

第一条 以进行走私、逃汇、洗钱、骗税等犯罪活动为目的，使用虚假、无效的凭证、商业单据或采取其他手段向外汇指定银行骗购外汇的，应当分别按照刑法分则第三章第二节、第一百九十条，第一百九十一条和第二百零四条等规定定罪处罚。

非国有公司、企业或者其他单位，与国有公司、企业或者其他国有单位勾结逃汇的，以逃汇罪的共犯处罚。

第五条　海关、银行、外汇管理机关工作人员与骗购外汇的行为人通谋，为其提供购买外汇的有关凭证，或者明知是伪造、变造的凭证和商业单据而出售外汇，构成犯罪的，按照刑法的有关规定从重处罚。

第六条　实施本解释规定的行为，同时触犯二个以上罪名的，择一重罪从重处罚。

第七条　根据刑法第六十四条规定，骗购外汇、非法买卖外汇的，其违法所得予以追缴，用于骗购外汇、非法买卖外汇的资金予以没收，上缴国库。

第八条　骗购、非法买卖不同币种的外汇的，以案发时国家外汇管理机关制定的统一折算率折合后依照本解释处罚。

第二百二十五条　【非法经营罪】（涉买卖外汇、资金支付结算）[①]

刑法

违反国家规定，有下列非法经营行为之一，扰乱市场秩序，情节严重的，处五年以下有期徒刑或者拘役，并处或者单处违法所得一倍以上五倍以下罚金；情节特别严重的，处五年以上有期徒刑，并处违法所得一倍以上五倍以下罚金或者没收财产：

……

（三）未经国家有关主管部门批准非法经营证券、期货、保险业务的，或者非法从事资金支付结算业务的；

[①] 本条共被修订两次。2009年《刑法修正案（七）》第5条进行第二次修订，在第三项中增加了"或者非法从事资金支付结算业务的"。

上编　金融犯罪　

（四）其他严重扰乱市场秩序的非法经营行为。

单行刑法

全国人大常委会《关于惩治骗购外汇、逃汇和非法买卖外汇犯罪的决定》（中华人民共和国主席令〔第十四号〕，1998.12.29）（节录）

四、在国家规定的交易场所以外非法买卖外汇，扰乱市场秩序，情节严重的，依照刑法第二百二十五条的规定定罪处罚。

单位犯前款罪的，依照刑法第二百三十一条的规定处罚。

司法解释、司法解释性文件及规范性文件

1.最高人民检察院、公安部《关于公安机关管辖的刑事案件立案追诉标准的规定（二）》（2022.4.6修订，2022.5.15实施）（节录）

第七十一条〔非法经营案（刑法第二百二十五条）〕违反国家规定，进行非法经营活动，扰乱市场秩序，涉嫌下列情形之一的，应予立案追诉：

……

（三）实施倒买倒卖外汇或者变相买卖外汇等非法买卖外汇行为，扰乱金融市场秩序，具有下列情形之一的：

1.非法经营数额在五百万元以上的，或者违法所得数额在十万元以上的；

2.非法经营数额在二百五十万元以上，或者违法所得数额在五万元以上，且具有下列情形之一的：

（1）因非法买卖外汇犯罪行为受过刑事追究的；

（2）二年内因非法买卖外汇违法行为受过行政处罚的；

（3）拒不交代涉案资金去向或者拒不配合追缴工作，致使赃款无法追缴的；

（4）造成其他严重后果的。

3.公司、企业或者其他单位违反有关外贸代理业务的规定，采用非法手段，或者明知是伪造、变造的凭证、商业单据，为他人向外汇指定银行骗购外汇，数额在五百万美元以上或者违法所得数额在五十万元以上的；

4.居间介绍骗购外汇，数额在一百万美元以上或者违法所得数额在十万元以上的。

......

2. 最高人民法院、最高人民检察院《关于办理非法从事资金支付结算业务、非法买卖外汇刑事案件适用法律若干问题的解释》（法释〔2019〕1号，2019.2.1）①

为依法惩治非法从事资金支付结算业务、非法买卖外汇犯罪活动，维护金融市场秩序，根据《中华人民共和国刑法》《中华人民共和国刑事诉讼法》的规定，现就办理非法从事资金支付结算业务、非法买卖外汇刑事案件适用法律的若干问题解释如下：

第一条 违反国家规定，具有下列情形之一的，属于刑法第二百二十五条第三项规定的"非法从事资金支付结算业务"：

（一）使用受理终端或者网络支付接口等方法，以虚构交易、虚开价格、交易退款等非法方式向指定付款方支付货币资金的；

（二）非法为他人提供单位银行结算账户套现或者单位银行结算账户转个人账户服务的；

（三）非法为他人提供支票套现服务的；

（四）其他非法从事资金支付结算业务的情形。

第二条 违反国家规定，实施倒买倒卖外汇或者变相买卖外汇等非法买卖外汇行为，扰乱金融市场秩序，情节严重的，依照刑法第二百二十五条第四项的规定，以非法经营罪定罪处罚。

第三条 非法从事资金支付结算业务或者非法买卖外汇，具有下列情形之一的，应当认定为非法经营行为"情节严重"：

（一）非法经营数额在五百万元以上的；

（二）违法所得数额在十万元以上的。

非法经营数额在二百五十万元以上，或者违法所得数额在五万元以上，且具有下列情形之一的，可以认定为非法经营行为"情节严重"：

---

① 可参见《〈关于办理非法从事资金支付结算业务、非法买卖外汇刑事案件适用法律若干问题的解释〉的理解与适用》（最高人民法院 姜永义 陈学勇 陈新旺）。

（一）曾因非法从事资金支付结算业务或者非法买卖外汇犯罪行为受过刑事追究的；

（二）二年内因非法从事资金支付结算业务或者非法买卖外汇违法行为受过行政处罚的；

（三）拒不交代涉案资金去向或者拒不配合追缴工作，致使赃款无法追缴的；

（四）造成其他严重后果的。

第四条　非法从事资金支付结算业务或者非法买卖外汇，具有下列情形之一的，应当认定为非法经营行为"情节特别严重"：

（一）非法经营数额在二千五百万元以上的；

（二）违法所得数额在五十万元以上的。

非法经营数额在一千二百五十万元以上，或者违法所得数额在二十五万元以上，且具有本解释第三条第二款规定的四种情形之一的，可以认定为非法经营行为"情节特别严重"。

第五条　非法从事资金支付结算业务或者非法买卖外汇，构成非法经营罪，同时又构成刑法第一百二十条之一规定的帮助恐怖活动罪或者第一百九十一条规定的洗钱罪的，依照处罚较重的规定定罪处罚。

第六条　二次以上非法从事资金支付结算业务或者非法买卖外汇，依法应予行政处理或者刑事处理而未经处理的，非法经营数额或者违法所得数额累计计算。

同一案件中，非法经营数额、违法所得数额分别构成情节严重、情节特别严重的，按照处罚较重的数额定罪处罚。

第七条　非法从事资金支付结算业务或者非法买卖外汇违法所得数额难以确定的，按非法经营数额的千分之一认定违法所得数额，依法并处或者单处违法所得一倍以上五倍以下罚金。

第八条　符合本解释第三条规定的标准，行为人如实供述犯罪事实，认罪悔罪，并积极配合调查，退缴违法所得的，可以从轻处罚；其中犯罪情节轻微的，可以依法不起诉或者免予刑事处罚。

符合刑事诉讼法规定的认罪认罚从宽适用范围和条件的，依照刑事诉讼法的规定处理。

第九条 单位实施本解释第一条、第二条规定的非法从事资金支付结算业务、非法买卖外汇行为，依照本解释规定的定罪量刑标准，对单位判处罚金，并对其直接负责的主管人员和其他直接责任人员定罪处罚。

第十条 非法从事资金支付结算业务、非法买卖外汇刑事案件中的犯罪地，包括犯罪嫌疑人、被告人用于犯罪活动的账户开立地、资金接收地、资金过渡账户开立地、资金账户操作地，以及资金交易对手资金交付和汇出地等。

第十一条 涉及外汇的犯罪数额，按照案发当日中国外汇交易中心或者中国人民银行授权机构公布的人民币对该货币的中间价折合成人民币计算。中国外汇交易中心或者中国人民银行授权机构未公布汇率中间价的境外货币，按照案发当日境内银行人民币对该货币的中间价折算成人民币，或者该货币在境内银行、国际外汇市场对美元汇率，与人民币对美元汇率中间价进行套算。

第十二条 本解释自2019年2月1日起施行。《最高人民法院关于审理骗购外汇、非法买卖外汇刑事案件具体应用法律若干问题的解释》（法释〔1998〕20号）与本解释不一致的，以本解释为准。

3. 最高人民检察院《关于办理涉互联网金融犯罪案件有关问题座谈会纪要》（高检诉〔2017〕14号，2017.6.2）（节录）

18. 支付结算业务（也称支付业务）是商业银行或者支付机构在收付款人之间提供的货币资金转移服务。非银行机构从事支付结算业务，应当经中国人民银行批准取得《支付业务许可证》，成为支付机构。未取得支付业务许可从事该业务的行为，违反《非法金融机构和非法金融业务活动取缔办法》第四条第一款第（三）、（四）项的规定，破坏了支付结算业务许可制度，危害支付市场秩序和安全，情节严重的，适用刑法第二百二十五条第（三）项，以非法经营罪追究刑事责任。具体情形：

（1）未取得支付业务许可经营基于客户支付账户的网络支付业务。无证网络支付机构为客户非法开立支付账户，客户先把资金支付到该支付账户，再由无证机构根据订单信息从支付账户平台将资金结算到收款人银行账户。

（2）未取得支付业务许可经营多用途预付卡业务。无证发卡机构非法发行可跨地区、跨行业、跨法人使用的多用途预付卡，聚集大量的预付卡

上编 金融犯罪

销售资金,并根据客户订单信息向商户划转结算资金。

19. 在具体办案时,要深入剖析相关行为是否具备资金支付结算的实质特征,准确区分支付工具的正常商业流转与提供支付结算服务、区分单用途预付卡与多用途预付卡业务,充分考虑具体行为与"地下钱庄"等同类犯罪在社会危害方面的相当性以及刑事处罚的必要性,严格把握入罪和出罪标准。

4. 最高人民检察院法律政策研究室《关于买卖银行承兑汇票行为如何适用法律问题的答复意见》(2013.10.9)

根据票据行为的无因性以及票据法关于汇票可背书转让的规定,汇票买卖行为不同于支付结算行为,将二者等同可能会造成司法实践的混乱。实践中,买卖银行承兑汇票的情况比较复杂,对于单纯买卖银行承兑汇票的行为不宜以非法经营罪追究刑事责任。

5. 最高人民法院、最高人民检察院、公安部《办理骗汇、逃汇犯罪案件联席会议纪要》(公通字〔1999〕39号,1999.6.7)

一、各级公安机关、人民检察院、人民法院和军队保卫、检、法部门在办理骗汇案件过程中,要从维护国家外汇管理秩序和国家经济安全的高度认识打击骗汇、逃汇犯罪专项斗争的重大意义,坚决贯彻党中央、国务院部署,积极参加专项斗争,各司其职,互相配合,加强协调,加快办案进度。

二、全国人大常委会《关于惩治骗购外汇、逃汇和非法买卖外汇犯罪的决定》(以下简称《决定》)公布施行后发生的犯罪行为,应当依照《决定》办理;对于《决定》公布施行前发生的公布后尚未处理或者正在处理的行为,依照修订后的刑法第十二条第一款规定的原则办理。

最高人民法院1998年8月28日发布的《关于审理骗购外汇、非法买卖外汇刑事案件具体应用法律若干问题的解释》(以下简称《解释》),是对具体应用修订后的刑法有关问题的司法解释,适用于依照修订后的刑法判处的案件。各执法部门对于《解释》应当准确理解,严格执行。

《解释》第四条规定:"公司、企业或者其他单位,违反有关外贸代理业务的规定,采用非法手段、或者明知是伪造、变造的凭证、商业单据,为他人向外汇指定银行骗购外汇,数额在五百万美元以上或者违法所得五十万元人民币以上的,按照刑法第二百二十五条第(三)项的规定定罪处罚；居间介绍骗购外汇一百万美元以上或者违法所得十万元人民币以上的，按照刑法第二百二十五条第（三）项的规定定罪处罚。"上述所称"采用非法手段"，是指有国家批准的进出口经营权的外贸代理企业在经营代理进口业务时，不按国家经济主管部门有关规定履行职责，放任被代理方自带客户、自带货源、自带汇票、自行报关，在不见进口产品、不见供货货主、不见外商的情况下代理进口业务，或者采取法律、行政法规和部门规章禁止的其他手段代理进口业务。

认定《解释》第四条所称的"明知"，要结合案件的具体情节予以综合考虑，不能仅仅因为行为人不供述就不予认定。报关行为先于签订外贸代理协议的，或者委托方提供的购汇凭证明显与真实凭证、商业单据不符的，应当认定为明知。

《解释》第四条所称"居间介绍骗购外汇"，是指收取他人人民币、以虚假购汇凭证委托外贸公司、企业骗购外汇，获取非法收益的行为。

三、公安机关侦查骗汇、逃汇犯罪案件中涉及人民检察院管辖的贪污贿赂、渎职犯罪案件的，应当将贪污贿赂、渎职犯罪案件材料移送有管辖权的人民检察院审查。对管辖交叉的案件，可以分别立案，共同工作。如果涉嫌主罪属于公安机关管辖，由公安机关为主侦查，人民检察院予以配合；如果涉嫌主罪属于人民检察院管辖，由人民检察院为主侦查，公安机关予以配合。双方意见有较大分歧的，要协商解决，并及时向当地党委、政法委和上级主管机关请示。

四、公安机关侦查骗汇、逃汇犯罪案件，要及时全面收集和固定犯罪证据，抓紧缉捕犯罪分子。人民检察院和人民法院对正在办理的骗汇、逃汇犯罪案件，只要基本犯罪事实清楚，基本证据确实充分，应当及时依法起诉、审判。主犯在逃或者骗购外汇所需人民币资金的来源无法彻底查清，但证明在案的其他犯罪嫌疑人实施犯罪的基本证据确实充分的，为在法定时限内结案，可以对在案的其他犯罪嫌疑人先行处理。对于已收集到外汇指定银行汇出凭证和境外收汇银行收款凭证等证据，能够证明所骗购外汇确已汇至港澳台地区或国外的，应视为骗购外汇既遂。

五、坚持"惩办与宽大相结合"的政策。对骗购外汇共同犯罪的主犯，或者参与伪造、变造购汇凭证的骗汇人员，以及与骗购外汇的犯罪分子相勾结的国家工作人员，要从严惩处。对具有自首、立功或者其他法定从轻、减轻情节的，依法从轻、减轻处理。

六、各地在办理骗汇、逃汇犯罪案件中遇到的有关问题以及侦查、起诉、审判的信息要及时向各自上级主管机关报告。上级机关要加强对案件的督办、检查和指导协调工作。

6. 最高人民法院《关于审理骗购外汇、非法买卖外汇刑事案件具体应用法律若干问题的解释》（法释〔1998〕20号，1998.9.1）（节录）

第三条　在外汇指定银行和中国外汇交易中心及其分中心以外买卖外汇，扰乱金融市场秩序，具有下列情形之一的，按照刑法第二百二十五条第（三）项的规定定罪处罚：

（一）非法买卖外汇二十万美元以上的；

（二）违法所得五万元人民币以上的。

第四条　公司、企业或者其他单位，违反有关外贸代理业务的规定，采用非法手段、或者明知是伪造、变造的凭证、商业单据，为他人向外汇指定银行骗购外汇，数额在五百万美元以上或者违法所得五十万元人民币以上的，按照刑法第二百二十五条第（三）项的规定定罪处罚。

居间介绍骗购外汇一百万美元以上或者违法所得十万元人民币以上的，按照刑法第二百二十五条第（三）项的规定定罪处罚。

▶ 行政规范

行政法规及规范性文件

《中华人民共和国外汇管理条例》（中华人民共和国国务院令第532号，2008.8.5修订实施）（节录）

第三条　本条例所称外汇，是指下列以外币表示的可以用作国际清偿的支付手段和资产：

（一）外币现钞，包括纸币、铸币；

（二）外币支付凭证或者支付工具，包括票据、银行存款凭证、银行卡等；

（三）外币有价证券，包括债券、股票等；

（四）特别提款权；

（五）其他外汇资产。

第四条　境内机构、境内个人的外汇收支或者外汇经营活动，以及境外机构、境外个人在境内的外汇收支或者外汇经营活动，适用本条例。

第八条　中华人民共和国境内禁止外币流通，并不得以外币计价结算，但国家另有规定的除外。

第九条　境内机构、境内个人的外汇收入可以调回境内或者存放境外；调回境内或者存放境外的条件、期限等，由国务院外汇管理部门根据国际收支状况和外汇管理的需要作出规定。

第十二条　经常项目外汇收支应当具有真实、合法的交易基础。经营结汇、售汇业务的金融机构应当按照国务院外汇管理部门的规定，对交易单证的真实性及其与外汇收支的一致性进行合理审查。

外汇管理机关有权对前款规定事项进行监督检查。

第十三条　经常项目外汇收入，可以按照国家有关规定保留或者卖给经营结汇、售汇业务的金融机构。

第十四条　经常项目外汇支出，应当按照国务院外汇管理部门关于付汇与购汇的管理规定，凭有效单证以自有外汇支付或者向经营结汇、售汇业务的金融机构购汇支付。

第十五条　携带、申报外币现钞出入境的限额，由国务院外汇管理部门规定。

第十六条　境外机构、境外个人在境内直接投资，经有关主管部门批准后，应当到外汇管理机关办理登记。

境外机构、境外个人在境内从事有价证券或者衍生产品发行、交易，应当遵守国家关于市场准入的规定，并按照国务院外汇管理部门的规定办理登记。

第十七条　境内机构、境内个人向境外直接投资或者从事境外有价证券、衍生产品发行、交易，应当按照国务院外汇管理部门的规定办理登记。国家规定需要事先经有关主管部门批准或者备案的，应当在外汇登记前办理批准或者备案手续。

第二十一条　资本项目外汇收入保留或者卖给经营结汇、售汇业务的金融机构，应当经外汇管理机关批准，但国家规定无需批准的除外。

第二十二条　资本项目外汇支出，应当按照国务院外汇管理部门关于付汇与购汇的管理规定，凭有效单证以自有外汇支付或者向经营结汇、售汇业务的金融机构购汇支付。国家规定应当经外汇管理机关批准的，应当在外汇支付前办理批准手续。

依法终止的外商投资企业，按照国家有关规定进行清算、纳税后，属于外方投资者所有的人民币，可以向经营结汇、售汇业务的金融机构购汇汇出。

第二十三条　资本项目外汇及结汇资金，应当按照有关主管部门及外汇管理机关批准的用途使用。外汇管理机关有权对资本项目外汇及结汇资金使用和账户变动情况进行监督检查。

第二十四条　金融机构经营或者终止经营结汇、售汇业务，应当经外汇管理机关批准；经营或者终止经营其他外汇业务，应当按照职责分工经外汇管理机关或者金融业监督管理机构批准。

第二十八条　经营结汇、售汇业务的金融机构和符合国务院外汇管理部门规定条件的其他机构，可以按照国务院外汇管理部门的规定在银行间外汇市场进行外汇交易。

第三十九条　有违反规定将境内外汇转移境外，或者以欺骗手段将境内资本转移境外等逃汇行为的，由外汇管理机关责令限期调回外汇，处逃汇金额30%以下的罚款；情节严重的，处逃汇金额30%以上等值以下的罚款；构成犯罪的，依法追究刑事责任。

第四十条　有违反规定以外汇收付应当以人民币收付的款项，或者以虚假、无效的交易单证等向经营结汇、售汇业务的金融机构骗购外汇等非法套汇行为的，由外汇管理机关责令对非法套汇资金予以回兑，处非法套汇金额30%以下的罚款；情节严重的，处非法套汇金额30%以上等值以下的罚款；构成犯罪的，依法追究刑事责任。

第四十一条 违反规定将外汇汇入境内的，由外汇管理机关责令改正，处违法金额30%以下的罚款；情节严重的，处违法金额30%以上等值以下的罚款。

非法结汇的，由外汇管理机关责令对非法结汇资金予以回兑，处违法金额30%以下的罚款。

第四十二条 违反规定携带外汇出入境的，由外汇管理机关给予警告，可以处违法金额20%以下的罚款。法律、行政法规规定由海关予以处罚的，从其规定。

第四十五条 私自买卖外汇、变相买卖外汇、倒买倒卖外汇或者非法介绍买卖外汇数额较大的，由外汇管理机关给予警告，没收违法所得，处违法金额30%以下的罚款；情节严重的，处违法金额30%以上等值以下的罚款；构成犯罪的，依法追究刑事责任。

第四十六条 未经批准擅自经营结汇、售汇业务的，由外汇管理机关责令改正，有违法所得的，没收违法所得，违法所得50万元以上的，并处违法所得1倍以上5倍以下的罚款；没有违法所得或者违法所得不足50万元的，处50万元以上200万元以下的罚款；情节严重的，由有关主管部门责令停业整顿或者吊销业务许可证；构成犯罪的，依法追究刑事责任。

未经批准经营结汇、售汇业务以外的其他外汇业务的，由外汇管理机关或者金融业监督管理机构依照前款规定予以处罚。

第四十七条 金融机构有下列情形之一的，由外汇管理机关责令限期改正，没收违法所得，并处20万元以上100万元以下的罚款；情节严重或者逾期不改正的，由外汇管理机关责令停止经营相关业务：

（一）办理经常项目资金收付，未对交易单证的真实性及其与外汇收支的一致性进行合理审查的；

（二）违反规定办理资本项目资金收付的；

（三）违反规定办理结汇、售汇业务的；

（四）违反外汇业务综合头寸管理的；

（五）违反外汇市场交易管理的。

第五十三条　非金融机构经营结汇、售汇业务，应当由国务院外汇管理部门批准，具体管理办法由国务院外汇管理部门另行制定。

部门规章及部门规范性文件

1. 中国人民银行《非金融机构支付服务管理办法》（中国人民银行令〔2010〕第2号，2020.4.29修改实施）（节录）

第二条　本办法所称非金融机构支付服务，是指非金融机构在收付款人之间作为中介机构提供下列部分或全部货币资金转移服务：

（一）网络支付；

（二）预付卡的发行与受理；

（三）银行卡收单；

（四）中国人民银行确定的其他支付服务。

本办法所称网络支付，是指依托公共网络或专用网络在收付款人之间转移货币资金的行为，包括货币汇兑、互联网支付、移动电话支付、固定电话支付、数字电视支付等。

本办法所称预付卡，是指以营利为目的发行的、在发行机构之外购买商品或服务的预付价值，包括采取磁条、芯片等技术以卡片、密码等形式发行的预付卡。

本办法所称银行卡收单，是指通过销售点（POS）终端等为银行卡特约商户代收货币资金的行为。

第三条　非金融机构提供支付服务，应当依据本办法规定取得《支付业务许可证》，成为支付机构。

支付机构依法接受中国人民银行的监督管理。

未经中国人民银行批准，任何非金融机构和个人不得从事或变相从事支付业务。

第四条　支付机构之间的货币资金转移应当委托银行业金融机构办理，不得通过支付机构相互存放货币资金或委托其他支付机构等形式办理。

支付机构不得办理银行业金融机构之间的货币资金转移，经特别许可的除外。

第四十三条　支付机构有下列情形之一的，中国人民银行分支机构责令其限期改正，并处 3 万元罚款；情节严重的，中国人民银行注销其《支付业务许可证》；涉嫌犯罪的，依法移送公安机关立案侦查；构成犯罪的，依法追究刑事责任：

（一）转让、出租、出借《支付业务许可证》的；

（二）超出核准业务范围或将业务外包的；

（三）未按规定存放或使用客户备付金的；

（四）未遵守实缴货币资本与客户备付金比例管理规定的；

（五）无正当理由中断或终止支付业务的；

（六）拒绝或阻碍相关检查监督的；

（七）其他危及支付机构稳健运行、损害客户合法权益或危害支付服务市场的违法违规行为。

第四十六条　以欺骗等不正当手段申请《支付业务许可证》但未获批准的，申请人及持有其 5% 以上股权的出资人 3 年内不得再次申请或参与申请《支付业务许可证》。

以欺骗等不正当手段申请《支付业务许可证》且已获批准的，由中国人民银行及其分支机构责令其终止支付业务，注销其《支付业务许可证》；涉嫌犯罪的，依法移送公安机关立案侦查；构成犯罪的，依法追究刑事责任；申请人及持有其 5% 以上股权的出资人不得再次申请或参与申请《支付业务许可证》。

第四十七条　任何非金融机构和个人未经中国人民银行批准擅自从事或变相从事支付业务的，中国人民银行及其分支机构责令其终止支付业务；涉嫌犯罪的，依法移送公安机关立案侦查；构成犯罪的，依法追究刑事责任。

2.《个人外汇管理办法》（中国人民银行令［2006］第 3 号，2007.2.1）（节录）

第二条　个人外汇业务按照交易主体区分境内与境外个人外汇业务，按照交易性质区分经常项目和资本项目个人外汇业务。按上述分类对个人外汇业务进行管理。

第五条　个人应当按照本办法规定办理有关外汇业务。银行应当按照本办法规定为个人办理外汇收付、结售汇及开立外汇账户等业务，对个人提交的有效身份证件及相关证明材料的真实性进行审核。汇款机构及外币兑换机构（含代兑点）按照本办法规定为个人办理个人外汇业务。

第七条　银行和个人在办理个人外汇业务时，应当遵守本办法的相关规定，不得以分拆等方式逃避限额监管，也不得使用虚假商业单据或者凭证逃避真实性管理。

第十六条　境内个人对外直接投资符合有关规定的，经外汇局核准可以购汇或以自有外汇汇出，并应当办理境外投资外汇登记。

第十七条　境内个人购买B股，进行境外权益类、固定收益类以及国家批准的其他金融投资，应当按相关规定通过具有相应业务资格的境内金融机构办理。

第十八条　境内个人向境内保险经营机构支付外汇人寿保险项下保险费，可以购汇或以自有外汇支付。

第二十三条　除国家另有规定外，境外个人不得购买境内权益类和固定收益类等金融产品。境外个人购买B股，应当按照国家有关规定办理。

3. 国家外汇管理局对《关于无贸易背景信用证认定问题的咨询函》的复函（1999.1.27）

重庆市公安局：

《关于无贸易背景信用证认定问题的咨询函》收悉，经研究，现答复如下，仅供参考。

一、根据相关贸易惯例，转口贸易一般是境内进口商从境外进口货物后，将货物直接从境外销往第三国，存在着境内进口商与境外出口商的进口合同和向第三国的出口合同两个法律关系。贵局咨询函中所述重庆佳昌实业公司从境外进口和向境外出口的客户为同一当事人，且从事的是仓单的买卖行为，因此，重庆佳昌实业公司的交易行为不属于转口贸易。

二、重庆佳昌实业公司与境外客户之间的贸易，只是仓单的相互买卖，并无实际的货物进出境，且是高买低卖，根据外汇管理政策和贵局提供的证据材料，重庆佳昌实业公司的行为属无真实贸易背景开立信用证。

据此，我们认为，该公司的上述行为实际上是利用信用证方式非法融资，存在逃汇的嫌疑。

4. 中国人民银行《支付结算办法》(银发〔1997〕393号，1997.12.1)(节录)

第三条 本办法所称支付结算是指单位、个人在社会经济活动中使用票据、信用卡和汇兑、托收承付、委托收款等结算方式进行货币给付及其资金清算的行为。

第四条 支付结算工作的任务，是根据经济往来组织支付结算，准确、及时、安全办理支付结算，按照有关法律、行政法规和本办法的规定管理支付结算，保障支付结算活动的正常进行。

第六条 银行是支付结算和资金清算的中介机构。未经中国人民银行批准的非银行金融机构和其他单位不得作为中介机构经营支付结算业务。但法律、行政法规另有规定的除外。

第八条 在银行开立存款帐户的单位和个人办理支付结算，帐户内须有足够的资金保证支付，本办法另有规定的除外。没有开立存款帐户的个人向银行交付款项后，也可以通过银行办理支付结算。

第九条 票据和结算凭证是办理支付结算的工具。单位、个人和银行办理支付结算，必须使用按中国人民银行统一规定印制的票据凭证和统一规定的结算凭证。

未使用按中国人民银行统一规定印制的票据，票据无效；未使用中国人民银行统一规定格式的结算凭证，银行不予受理。

5. 中国人民银行《结汇、售汇及付汇管理规定》(银发〔1996〕210号，1996.7.1)(节录)

第三条 境内机构外汇收入，除国家另有规定外应当及时调回境内。

第六条 除本规定第七条、第八条、第十条限定的范围和数量外，境内机构取得的下列外汇应当结汇：

（一）出口或者先支后收转口货物及其他交易行为收入的外汇。其中用跟单信用证/保函和跟单托收方式结算的贸易出口外汇可以凭有效商业单据结汇，用汇款方式结算的贸易出口外汇持出口收汇核销单结汇；

（二）境外贷款项下国际招标中标收入的外汇；

上编　金融犯罪

（三）海关监管下境内经营免税商品收入的外汇；

（四）效能运输（包括各种运输方式）及港口（含空港）、邮电（不包括国际汇兑款）、广告、咨询、展览、寄售、维修等行业及各类代理业务提供商品或者服务收入的外汇；

（五）行政、司法机关收入的各项外汇规费、罚没款等；

（六）土地使用权、著作权、商标权、专利权、非专利技术、商誉等无形资产转让收入的外汇，但上述无形资产属于个人所有的，可不结汇；

（七）境外投资企业汇回的外汇利润、对外经援项下收回的外汇和境外资产的外汇收入；

（八）对外索赔收入的外汇、退回的外汇保证金等；

（九）出租房地产和其他外汇资产收入的外汇；

（十）保险机构受理外汇保险所得外汇收入；

（十一）取得《经营外汇业务许可证》的金融机构经营外汇业务的净收入；

（十二）国外捐赠、资助及援助收入的外汇；

（十三）国家外汇管理局规定的其他应当结汇的外汇。

第十三条　境内机构下列贸易及非贸易经营性对外支付用汇，持与支付方式相应的有效商业单据和所列有效凭证从其外汇帐户中支付或者到外汇指定银行兑付：

（一）用跟单信用证／保函方式结算的贸易进口，如需在开证时购汇，持进口合同、进口付汇核销单、开证申请书；如需在付汇时购汇，还应当提供信用证结算方式要求的有效商业单据。核销时必须凭正本进口货物报关单办理；

（二）用跟单托收方式结算的贸易进口，持进口合同、进口付汇销单、进口付汇通知书及跟单托收结算方式要求的有效商业单据。核销时必须凭正本进口货物报关单办理；

（三）用汇款方式结算的贸易进口，持进口合同、进口付汇核销单、发票、正本进口货物报关单、正本运输单据，若提单上的"提货人"和报关单上的"经营单位"与进口合同中列明的买方名称不一致，还应当提供两者间的代理协议；

· 37 ·

（四）进口项下不超过合同总金额的 15% 或者虽超过 15% 但未超过等值 10 万美元的预付货款，持进口合同、进口付汇核销单；

上述（一）至（四）项下进口，实行进口配额管理或者特定产品进口管理的货物，还应当提供有关部门签发的许可证或者进口证明；进口实行自动登记制的货物，还应当提供填好的登记表格。

（五）进口项下的运输费、保险费，持进口合同、正本运输费收据和保险费收据；

（六）出口项下不超过合同总额 2% 的暗佣（暗扣）和 5% 的明佣（明扣）或者虽超过上述比例但未超过等值 1 万美元的佣金，持出口合同或者佣金协议、结汇水单或者收帐通知；出口项下的运输费、保险费，持出口合同、正本运输费收据和保险费据；

（七）进口项下的尾末，持进口合同、进口付汇核销单、验货合格证明；

（八）进出口项下的资料费、技术费、信息费等从属费用，持进口合同或者出口合同、进口付汇核销单或者出口收汇核销单、发票或者收费单据及进口或者出口单位负责人繁体字的说明书；

（九）从保税区购买商品以及购买国外入境展览展品的用汇，持（一）至（八）项规定的有效凭证和有效商业单据；

（十）专利权、著作权、商标、计算机软件等无形资产的进口，持进口合同或者协议；

（十一）出口项下对外退赔外汇，持结汇水单或者收帐通知、索赔协议、理赔证明和已冲减出口收汇核销的证明；

（十二）境外承包工程所需的投标保证金持投标文件，履约保证金及垫付工程款项持合同。

第二十六条　境内机构资本项目下的外汇应当在经营外汇业务的银行开立外汇帐户。

第二十七条　境内机构下列范围内的外汇，未经外汇局批准，不得结汇：

（一）境外法人或自然人作为投资汇入的外汇；

（二）境外借款及发行外币债券、股票取得的外汇；

（三）经国家外汇管理局批准的其他资本项目下外汇收入。

除出口押汇外的国内外汇贷款的中资企业借入的国际商业贷款不得结汇。

第三十条 境内机构资本项目下的下列用汇，持所列有效凭证向外汇局申请，凭外汇局的核准件从其外汇帐户中支付或者到外汇指定银行兑付：

（一）偿还外债本金，持《外债登记证》、借贷合同及债权机构还本通知单；

（二）对外担保履约用汇，持担保合同、外汇局核发的《外汇担保登记证》及境外机构支付通知；

（三）境外投资资金的汇出，持国家主管部门的批准文件和投资合同；

（四）外商投资企业的中方投资者经批准需以外汇投入的注册资金，持国家主管部门的批准文件和合同。

第三十二条 外商投资企业可以在外汇指定银行办理结汇和售汇，也可以在外汇调剂中心买卖外汇，其他境内机构、居民个人、驻华机构及来华人员只能在外汇指定银行办理结汇和售汇。

第三十五条 外汇指定银行应当根据中国人民银行每日公布的人民币汇率中间价和规定的买卖差价幅度，确定对客户的外汇买卖价格，办理结汇和售汇业务。

第三十六条 从外汇帐户中支付或者购汇支付，应当在有关结算方式或者合同规定的日期办理，不得提前对外付款；除用于还本付息的外汇和信用证/保函保证金外，不得提前购汇。

第四十一条 经营外汇业务的银行和有结汇、购汇、付汇业务的境内机构，应当无条件接受外汇局的监督、检查，并出示、提供有关材料。对违反本规定的，外汇局可对其处以警告、没收违法所得、罚款的处罚；对违反本规定；情节严重的经营外汇业务的银行，外汇局可对其处以暂停结售汇业务的处罚。

第三节 贷款类犯罪

▶ 刑事规范

第一百七十五条之一 【骗取贷款、票据承兑、金融票证罪】[①]

> 刑法

以欺骗手段取得银行或者其他金融机构贷款、票据承兑、信用证、保函等，给银行或者其他金融机构造成重大损失的，处三年以下有期徒刑或者拘役，并处或者单处罚金；给银行或者其他金融机构造成特别重大损失或者有其他特别严重情节的，处三年以上七年以下有期徒刑，并处罚金。

单位犯前款罪的，对单位判处罚金，并对其直接负责的主管人员和其他直接责任人员，依照前款的规定处罚。

> 司法解释、司法解释性文件及规范性文件

1. 最高人民检察院、公安部《关于公安机关管辖的刑事案件立案追诉标准的规定（二）》（2022.4.6 修订，2022.5.15 实施）（节录）

第二十二条〔骗取贷款、票据承兑、金融票证案（刑法第一百七十五条之一）〕以欺骗手段取得银行或者其他金融机构贷款、票据承兑、信用证、保函等，给银行或者其他金融机构造成直接经济损失数额在五十万元以上的，应予立案追诉。

[①] 本条为 2006 年《刑法修正案（六）》第 10 条增设。本条被 2020 年《刑法修正法案（十一）》第 11 条修订，删除"处三年以下有期徒刑或者拘役，并处或者单处罚金"中"或者有其他严重情节"的规定。

2. 公安部经侦局《关于骗取贷款罪和违法发放贷款罪立案追诉标准问题的批复》（公经〔2009〕314号，2009.7.24）（节录）

辽宁、重庆、陕西省、直辖市公安厅、局经侦总队：

你们《关于骗取贷款案件中"造成重大损失"、"有其他严重情节"如何认定的请示》（辽公经办〔2009〕094号）、《关于罗小平涉嫌骗取贷款案适用法律条款的请示》（渝公经侦文〔2009〕53号）、《陕西省经侦总队关于办理违法发放贷款案件涉及的立案追诉标准问题的请示》（陕公经〔2009〕184号）收悉。关于请示中涉及的骗取贷款、票据承兑、金融票证案和违法发放贷款案的立案追诉标准问题，经研究并征求最高人民检察院公诉厅、最高人民法院刑事审判第二庭意见，现批复如下：

……

三、关于给银行或者其他金融机构"造成重大损失"的认定问题

如果银行或者其他金融机构仅仅出具"形成不良贷款数额"的结论，不宜认定为"重大经济损失数额"。根据目前国有独资银行、股份制商业银行实行的贷款五级分类制，商业贷款分为正常、关注、次级、可疑、损失五类，其中后三类称为不良贷款，不良贷款尽管"不良"但并不一定形成了既成的损失，因此"不良贷款"不等于"经济损失"，也不能将"形成不良贷款数额"等同于"重大经济损失数额"。

---

① 该批复印发时，最高人民检察院、公安部《关于公安机关管辖的刑事案件立案追诉标准的规定（二）》正在制定之中。对于该批复中与《关于公安机关管辖的刑事案件立案追诉标准的规定（二）》相冲突或重复的内容，本书予以剔除，只摘取了《关于公安机关管辖的刑事案件立案追诉标准的规定（二）》中没有述及的内容。批复第三点关于骗取贷款具有"其他严重情节"的认定问题，因《刑法修正案（十一）》的修改予以剔除。

第一百八十六条 【违法发放贷款罪】①

刑法

银行或者其他金融机构的工作人员违反国家规定发放贷款,数额巨大或者造成重大损失的,处五年以下有期徒刑或者拘役,并处一万元以上十万元以下罚金;数额特别巨大或者造成特别重大损失的,处五年以上有期徒刑,并处二万元以上二十万元以下罚金。

银行或者其他金融机构的工作人员违反国家规定,向关系人发放贷款的,依照前款的规定从重处罚。

单位犯前两款罪的,对单位判处罚金,并对其直接负责的主管人员和其他直接责任人员,依照前两款的规定处罚。

关系人的范围,依照《中华人民共和国商业银行法》和有关金融法规确定。

司法解释、司法解释性文件及规范性文件

最高人民检察院、公安部《关于公安机关管辖的刑事案件立案追诉标准的规定(二)》(2022.4.6修订,2022.5.15实施)(节录)

第三十七条〔违法发放贷款案(刑法第一百八十六条)〕银行或者其他金融机构及其工作人员违反国家规定发放贷款,涉嫌下列情形之一的,应予立案追诉:

(一)违法发放贷款,数额在二百万元以上的;

(二)违法发放贷款,造成直接经济损失数额在五十万元以上的。

---

① 本条被2006年《刑法修正案(六)》第13条修订,将第1款"违反国家规定,向关系人发放信用贷款或者发放担保贷款的条件优于其他借款人同类贷款的条件,造成较大损失"修改为"违反国家规定发放贷款,数额巨大或者造成重大损失",将"造成重大损失"修改为"数额特别巨大或者造成特别重大损失"。删除了原第2款的法定刑,改为"依照前款的规定从重处罚"。

上编　金融犯罪

第一百九十三条 【贷款诈骗罪】

刑法

有下列情形之一，以非法占有为目的，诈骗银行或者其他金融机构的贷款，数额较大的，处五年以下有期徒刑或者拘役，并处二万元以上二十万元以下罚金；数额巨大或者有其他严重情节的，处五年以上十年以下有期徒刑，并处五万元以上五十万元以下罚金；数额特别巨大或者有其他特别严重情节的，处十年以上有期徒刑或者无期徒刑，并处五万元以上五十万元以下罚金或者没收财产：

（一）编造引进资金、项目等虚假理由的；

（二）使用虚假的经济合同的；

（三）使用虚假的证明文件的；

（四）使用虚假的产权证明作担保或者超出抵押物价值重复担保的；

（五）以其他方法诈骗贷款的。

司法解释、司法解释性文件及规范性文件

1. 最高人民检察院、公安部《关于公安机关管辖的刑事案件立案追诉标准的规定（二）》（2022.4.6 修订，2022.5.15 实施）（节录）

第四十五条〔贷款诈骗案（刑法第一百九十三条）〕以非法占有为目的，诈骗银行或者其他金融机构的贷款，数额在五万元以上的，应予立案追诉。

2. 最高人民法院《全国法院审理金融犯罪案件工作座谈会纪要》（法〔2001〕8号，2001.1.21）（节录）

审理贷款诈骗犯罪案件，应当注意以下两个问题：

一是单位不能构成贷款诈骗罪。根据刑法第三十条和第一百九十三条的规定，单位不构成贷款诈骗罪。对于单位实施的贷款诈骗行为，不能以贷款诈骗罪定罪处罚，也不能以贷款诈骗罪追究直接负责的主管人员和其他直接责任人员的刑事责任。但是，在司法实践中，对于单位十分明显地以非法占有为目的，利用签订、履行借款合同诈骗银行或其他金融机构贷款，符合刑法第二百二十四条规定的合同诈骗罪构成要件的，应当以合同诈骗罪定罪处罚。

二是要严格区分贷款诈骗与贷款纠纷的界限。对于合法取得贷款后，没有按规定的用途使用贷款，到期没有归还贷款的，不能以贷款诈骗罪定罪处罚；对于确有证据证明行为人不具有非法占有的目的，因不具备贷款的条件而采取了欺骗手段获取贷款，案发时有能力履行还贷义务，或者案发时不能归还贷款是因为意志以外的原因，如因经营不善、被骗、市场风险等，不应以贷款诈骗罪定罪处罚。

第一百七十五条 【高利转贷罪】

刑法

以转贷牟利为目的，套取金融机构信贷资金高利转贷他人，违法所得数额较大的，处三年以下有期徒刑或者拘役，并处违法所得一倍以上五倍以下罚金；数额巨大的，处三年以上七年以下有期徒刑，并处违法所得一倍以上五倍以下罚金。

单位犯前款罪的，对单位判处罚金，并对其直接负责的主管人员和其他直接责任人员，处三年以下有期徒刑或者拘役。

司法解释、司法解释性文件及规范性文件

最高人民检察院、公安部《关于公安机关管辖的刑事案件立案追诉标准的规定（二）》（2022.4.6修订，2022.5.15实施）（节录）

第二十一条〔高利转贷案（刑法第一百七十五条）〕以转贷牟利为目的，套取金融机构信贷资金高利转贷他人，违法所得数额在五十万元以上的，应予立案追诉。

第二百二十五条 【非法经营罪】（涉非法放贷）

刑法

违反国家规定，有下列非法经营行为之一，扰乱市场秩序，情节严重的，处五年以下有期徒刑或者拘役，并处或者单处违法所得一倍以上五倍以下罚金；情节特别严重的，处五年以上有期徒刑，并处违法所得一倍以上五倍以下罚金或者没收财产：

......

（四）其他严重扰乱市场秩序的非法经营行为。

司法解释、司法解释性文件及规范性文件

最高人民法院、最高人民检察院、公安部、司法部《关于办理非法放贷刑事案件若干问题的意见》（法发〔2019〕24号，2019.10.21）[①]

为依法惩治非法放贷犯罪活动，切实维护国家金融市场秩序与社会和谐稳定，有效防范因非法放贷诱发涉黑涉恶以及其他违法犯罪活动，保护公民、法人和其他组织合法权益，根据刑法、刑事诉讼法及有关司法解释、规范性文件的规定，现对办理非法放贷刑事案件若干问题提出如下意见：

一、违反国家规定，未经监管部门批准，或者超越经营范围，以营利为目的，经常性地向社会不特定对象发放贷款，扰乱金融市场秩序，情节严重的，依照刑法第二百二十五条第（四）项的规定，以非法经营罪定罪处罚。

前款规定中的"经常性地向社会不特定对象发放贷款"，是指2年内向不特定多人（包括单位和个人）以借款或其他名义出借资金10次以上。

贷款到期后延长还款期限的，发放贷款次数按照1次计算。

二、以超过36%的实际年利率实施符合本意见第一条规定的非法放贷行为，具有下列情形之一的，属于刑法第二百二十五条规定的"情节严重"，

---

① 可参见《〈关于办理非法放贷刑事案件若干问题的意见〉的理解和适用》（最高人民法院 朱和庆 周川 李梦龙）。

但单次非法放贷行为实际年利率未超过36%的,定罪量刑时不得计入:

(一)个人非法放贷数额累计在200万元以上的,单位非法放贷数额累计在1000万元以上的;

(二)个人违法所得数额累计在80万元以上的,单位违法所得数额累计在400万元以上的;

(三)个人非法放贷对象累计在50人以上的,单位非法放贷对象累计在150人以上的;

(四)造成借款人或者其近亲属自杀、死亡或者精神失常等严重后果的。

具有下列情形之一的,属于刑法第二百二十五条规定的"情节特别严重":

(一)个人非法放贷数额累计在1000万元以上的,单位非法放贷数额累计在5000万元以上的;

(二)个人违法所得数额累计在400万元以上的,单位违法所得数额累计在2000万元以上的;

(三)个人非法放贷对象累计在250人以上的,单位非法放贷对象累计在750人以上的;

(四)造成多名借款人或者其近亲属自杀、死亡或者精神失常等特别严重后果的。

三、非法放贷数额、违法所得数额、非法放贷对象数量接近本意见第二条规定的"情节严重""情节特别严重"的数额、数量起点标准,并具有下列情形之一的,可以分别认定为"情节严重""情节特别严重":

(一)2年内因实施非法放贷行为受过行政处罚2次以上的;

(二)以超过72%的实际年利率实施非法放贷行为10次以上的。

前款规定中的"接近",一般应当掌握在相应数额、数量标准的80%以上。

四、仅向亲友、单位内部人员等特定对象出借资金,不得适用本意见第一条的规定定罪处罚。但具有下列情形之一的,定罪量刑时应当与向不特定对象非法放贷的行为一并处理:

(一)通过亲友、单位内部人员等特定对象向不特定对象发放贷款的;

（二）以发放贷款为目的，将社会人员吸收为单位内部人员，并向其发放贷款的；

（三）向社会公开宣传，同时向不特定多人和亲友、单位内部人员等特定对象发放贷款的。

五、非法放贷数额应当以实际出借给借款人的本金金额认定。非法放贷行为人以介绍费、咨询费、管理费、逾期利息、违约金等名义和以从本金中预先扣除等方式收取利息的，相关数额在计算实际年利率时均应计入。

非法放贷行为人实际收取的除本金之外的全部财物，均应计入违法所得。

非法放贷行为未经处理的，非法放贷次数和数额、违法所得数额、非法放贷对象数量等应当累计计算。

六、为从事非法放贷活动，实施擅自设立金融机构、套取金融机构资金高利转贷、骗取贷款、非法吸收公众存款等行为，构成犯罪的，应当择一重罪处罚。

为强行索要因非法放贷而产生的债务，实施故意杀人、故意伤害、非法拘禁、故意毁坏财物、寻衅滋事等行为，构成犯罪的，应当数罪并罚。

纠集、指使、雇佣他人采用滋扰、纠缠、哄闹、聚众造势等手段强行索要债务，尚不单独构成犯罪，但实施非法放贷行为已构成非法经营罪的，应当按照非法经营罪的规定酌情从重处罚。

以上规定的情形，刑法、司法解释另有规定的除外。

七、有组织地非法放贷，同时又有其他违法犯罪活动，符合黑社会性质组织或者恶势力、恶势力犯罪集团认定标准的，应当分别按照黑社会性质组织或者恶势力、恶势力犯罪集团侦查、起诉、审判。

黑恶势力非法放贷的，据以认定"情节严重""情节特别严重"的非法放贷数额、违法所得数额、非法放贷对象数量起点标准，可以分别按照本意见第二条规定中相应数额、数量标准的50%确定；同时具有本意见第三条第一款规定情形的，可以分别按照相应数额、数量标准的40%确定。

八、本意见自2019年10月21日起施行。对于本意见施行前发生的非法放贷行为，依照最高人民法院《关于准确理解和适用刑法中"国家规定"的有关问题的通知》（法发〔2011〕155号）的规定办理。

▶ 行政规范

法律

《中华人民共和国商业银行法》（中华人民共和国主席令第34号，2015.8.29修正，2015.10.1实施）（节录）

第三十五条　商业银行贷款，应当对借款人的借款用途、偿还能力、还款方式等情况进行严格审查。

商业银行贷款，应当实行审贷分离、分级审批的制度。

第三十六条　商业银行贷款，借款人应当提供担保。商业银行应当对保证人的偿还能力，抵押物、质物的权属和价值以及实现抵押权、质权的可行性进行严格审查。

经商业银行审查、评估，确认借款人资信良好，确能偿还贷款的，可以不提供担保。

第三十七条　商业银行贷款，应当与借款人订立书面合同。合同应当约定贷款种类、借款用途、金额、利率、还款期限、还款方式、违约责任和双方认为需要约定的其他事项。

第三十八条　商业银行应当按照中国人民银行规定的贷款利率的上下限，确定贷款利率。

第四十条　商业银行不得向关系人发放信用贷款；向关系人发放担保贷款的条件不得优于其他借款人同类贷款的条件。

前款所称关系人是指：

（一）商业银行的董事、监事、管理人员、信贷业务人员及其近亲属；

（二）前项所列人员投资或者担任高级管理职务的公司、企业和其他经济组织。

第四十二条　借款人应当按期归还贷款的本金和利息。

借款人到期不归还担保贷款的，商业银行依法享有要求保证人归还贷款本金和利息或者就该担保物优先受偿的权利。商业银行因行使抵押权、质权而取得的不动产或者股权，应当自取得之日起二年内予以处分。

借款人到期不归还信用贷款的，应当按照合同约定承担责任。

部门规章及部门规范性文件

1. 中国银行业监督管理委员会、中国人民银行《关于小额贷款公司试点的指导意见》（银监发〔2008〕23号，2008.5.4）（节录）

小额贷款公司是由自然人、企业法人与其他社会组织投资设立，不吸收公众存款，经营小额贷款业务的有限责任公司或股份有限公司。

小额贷款公司是企业法人，有独立的法人财产，享有法人财产权，以全部财产对其债务承担民事责任。小额贷款公司股东依法享有资产收益、参与重大决策和选择管理者等权利，以其认缴的出资额或认购的股份为限对公司承担责任。

申请设立小额贷款公司，应向省级政府主管部门提出正式申请，经批准后，到当地工商行政管理部门申请办理注册登记手续并领取营业执照。此外，还应在五个工作日内向当地公安机关、中国银行业监督管理委员会派出机构和中国人民银行分支机构报送相关资料。

小额贷款公司应有符合规定的章程和管理制度，应有必要的营业场所、组织机构、具备相应专业知识和从业经验的工作人员。

小额贷款公司的主要资金来源为股东缴纳的资本金、捐赠资金，以及来自不超过两个银行业金融机构的融入资金。

小额贷款公司应向注册地中国人民银行分支机构申领贷款卡。向小额贷款公司提供融资的银行业金融机构，应将融资信息及时报送所在地中国人民银行分支机构和中国银行业监督管理委员会派出机构，并应跟踪监督小额贷款公司融资的使用情况。

小额贷款公司应建立发起人承诺制度，公司股东应与小额贷款公司签订承诺书，承诺自觉遵守公司章程，参与管理并承担风险。

小额贷款公司应建立信息披露制度，按要求向公司股东、主管部门、向其提供融资的银行业金融机构、有关捐赠机构披露经中介机构审计的财务报表和年度业务经营情况、融资情况、重大事项等信息，必要时应向社会披露。

小额贷款公司应接受社会监督，不得进行任何形式的非法集资。从事非法集资活动的，按照国务院有关规定，由省级人民政府负责处置。对于跨省份非法集资活动的处置，需要由处置非法集资部际联席会议协调的，可由省级人民政府请求处置非法集资部际联席会议协调处置。其他违反国家法律法规的行为，由当地主管部门依据有关法律法规实施处罚；构成犯罪的，依法追究刑事责任。

中国人民银行对小额贷款公司的利率、资金流向进行跟踪监测，并将小额贷款公司纳入信贷征信系统。小额贷款公司应定期向信贷征信系统提供借款人、贷款金额、贷款担保和贷款偿还等业务信息。

2. 中国人民银行《贷款通则》(中国人民银行令[1996年2号], 1996.8.1)(节录)

第二条 本通则所称贷款人，系指在中国境内依法设立的经营贷款业务的中资金融机构。

本通则所称借款人，系指从经营贷款业务的中资金融机构取得贷款的法人、其他经济组织、个体工商户和自然人。

本通则中所称贷款系指贷款人对借款人提供的并按约定的利率和期限还本付息的货币资金。

本通则中的贷款币种包括人民币和外币。

第七条 自营贷款、委托贷款和特定贷款：

自营贷款，系指贷款人以合法方式筹集的资金自主发放的贷款，其风险由贷款人承担，并由贷款人收回本金和利息。

委托贷款，系指由政府部门、企事业单位及个人等委托人提供资金，由贷款人（即受托人）根据委托人确定的贷款对象、用途、金额期限、利率等代为发放、监督使用并协助收回的贷款。贷款人（受托人）只收取手续费，不承担贷款风险。

特定贷款，系指国务院批准并对贷款可能造成的损失采取相应补救措施后责成国有独资商业银行发放的贷款。

第八条 短期贷款、中期贷款和长期贷款：

短期贷款，系指贷款期限在1年以内（含1年）的贷款。

中期贷款，系指贷款期限在1年以上（不含1年）5年以下（含5年）的贷款。

长期贷款，系指贷款期限在5年（不含5年）以上的贷款。

第九条 信用贷款、担保贷款和票据贴现：

信用贷款，系指以借款人的信誉发放的贷款。

担保贷款，系指保证贷款、抵押贷款、质押贷款。

保证贷款，系指按《中华人民共和国担保法》规定的保证方式以第三人承诺在借款人不能偿还贷款时，按约定承担一般保证责任或者连带责任而发放的贷款。

抵押贷款，系指按《中华人民共和国担保法》规定的抵押方式以借款人或第三人的财产作为抵押物发放的贷款。

质押贷款，系指按《中华人民共和国担保法》规定的质押方式以借款人或第三人的动产或权利作为质物发放的贷款。

票据贴现，系指贷款人以购买借款人未到期商业票据的方式发放的贷款。

第十条 除委托贷款以外，贷款人发放贷款，借款人应当提供担保。贷款人应当对保证人的偿还能力，抵押物、质物的权属和价值以及实现抵押权、质权的可行性进行严格审查。

经贷款审查、评估，确认借款人资信良好，确能偿还贷款的，可以不提供担保。

第十七条（第一款） 借款人应当是经工商行政管理机关（或主管机关）核准登记的企（事）业法人、其他经济组织、个体工商户或具有中华人民共和国国籍的具有完全民事行为能力的自然人。

第十八条 借款人的权利：

一、可以自主向主办银行或者其他银行的经办机构申请贷款并依条件取得贷款；

二、有权按合同约定提取和使用全部贷款；

三、有权拒绝借款合同以外的附加条件；

四、有权向贷款人的上级和中国人民银行反映、举报有关情况；

五、在征得贷款人同意后，有权向第三人转让债务。

第十九条　借款人的义务：

一、应当如实提供贷款人要求的资料（法律规定不能提供者除外），应当向贷款人如实提供所有开户行、帐号及存贷款余额情况，配合贷款人的调查、审查和检查；

二、应当接受贷款人对其使用信贷资金情况和有关生产经营、财务活动的监督；

三、应当按借款合同约定用途使用贷款；

四、应当按借款合同约定及时清偿贷款本息；

五、将债务全部或部分转让给第三人的，应当取得贷款人的同意；

六、有危及贷款人债权安全情况时，应当及时通知贷款人，同时采取保全措施。

第二十条　对借款人的限制：

一、不得在一个贷款人同一辖区内的两个或两个以上同级分支机构取得贷款。

二、不得向贷款人提供虚假的或者隐瞒重要事实的资产负债表、损益表等。

三、不得用贷款从事股本权益性投资，国家另有规定的除外。

四、不得用贷款在有价证券、期货等方面从事投机经营。

五、除依法取得经营房地产资格的借款人以外，不得用贷款经营房地产业务；依法取得经营房地产资格的借款人，不得用贷款从事房地产投机。

六、不得套取贷款用于借贷牟取非法收入。

七、不得违反国家外汇管理规定使用外币贷款。

八、不得采取欺诈手段骗取贷款。

第二十一条　贷款人必须经中国人民银行批准经营贷款业务，持有中国人民银行颁发的《金融机构法人许可证》或《金融机构营业许可证》，并经工商行政管理部门核准登记。

第二十二条　贷款人的权利：

根据贷款条件和贷款程序自主审查和决定贷款，除国务院批准的特定贷款外,有权拒绝任何单位和个人强令其发放贷款或者提供担保。

一、要求借款人提供与借款有关的资料;

二、根据借款人的条件,决定贷与不贷、贷款金额、期限和利率等;

三、了解借款人的生产经营活动和财务活动;

四、依合同约定从借款人帐户上划收贷款本金和利息;

五、借款人未能履行借款合同规定义务的,贷款人有权依合同约定要求借款人提前归还贷款或停止支付借款人尚未使用的贷款;

六、在贷款将受或已受损失的,可依据合同规定,采取使贷款免受损失的措施。

第二十三条 贷款人的义务:

一、应当公布所经营的贷款的种类、期限和利率,并向借款人提供咨询。

二、应当公开贷款审查的资信内容和发放贷款的条件。

三、贷款人应当审议借款人的借款申请,并及时答复贷与不贷。短期贷款答复时间不得超过1个月,中期、长期贷款答复时间不得超过六个月;国家另有规定者除外。

四、应当对借款人债务、财务、生产、经营情况保密,但对依法查询者除外。

第二十四条 对贷款人的限制:

一、贷款的发放必须严格执行《中华人民共和国商业银行法》第三十九条关于资产负债比例管理的有关规定,第四十条关于不得向关系人发放信用贷款、向关系人发放担保贷款的条件不得优于其他借款人同类贷款条件的规定。

二、借款人有下列情形之一者,不得对其发放贷款:

(一)不具备本通则第四章第十七条所规定的资格和条件的;

(二)生产、经营或投资国家明文禁止的产品、项目的;

(三)违反国家外汇管理规定的;

(四)建设项目按国家规定应当报有关部门批准而未取得批准文件的;

(五)生产经营或投资项目未取得环境保护部门许可的;

(六)在实行承包、租赁、联营、合并(兼并)、合作、分立、产权有偿转让、股份制改造等体制变更过程中，未清偿原有贷款债务、落实原有贷款债务或提供相应担保的；

（七）有其他严重违法经营行为的。

……

第二十七条　贷款调查：

贷款人受理借款人申请后，应当对借款人的信用等级以及借款的合法性、安全性、盈利性等情况进行调查，核实抵押物、质物、保证人情况，测定贷款的风险度。

第二十八条　贷款审批：

贷款人应当建立审贷分离、分级审批的贷款管理制度。审查人员应当对调查人员提供的资料进行核实、评定，复测贷款风险度，提出意见，按规定权限报批。

第二十九条　签订借款合同：

所有贷款应当由贷款人与借款人签订借款合同。借款合同应当约定借款种类，借款用途、金额、利率，借款期限，还款方式，借、贷双方的权利、义务，违约责任和双方认为需要约定的其他事项。

保证贷款应当由保证人与贷款人签订保证合同，或保证人在借款合同上载明与贷款人协商一致的保证条款，加盖保证人的法人公章，并由保证人的法定代表人或其授权代理人签署姓名。抵押贷款、质押贷款应当由抵押人、出质人与贷款人签订抵押合同、质押合同，需要办理登记的，应依法办理登记。

第三十条　贷款发放：

贷款人要按借款合同规定按期发放贷款。贷款人不按合同约定按期发放贷款的，应偿还违约金。借款人不按合同约定用款的，应偿付违约金。

第三十一条　贷后检查：

贷款发放后，贷款人应当对借款人执行借款合同情况及借款人的经营情况进行追踪调查和检查。

第三十二条　贷款归还：

借款人应当按照借款合同规定按时足额归还贷款本息。

贷款人在短期贷款到期1个星期之前、中长期贷款到期1个月之前，应当向借款人发送还本付息通知单；借款人应当及时筹备资金，按时还本付息。

贷款人对逾期的贷款要及时发出催收通知单，做好逾期贷款本息的催收工作。

贷款人对不能按借款合同约定期限归还的贷款，应当按规定加罚利息；对不能归还或者不能落实还本付息事宜的，应当督促归还或者依法起诉。

借款人提前归还贷款，应当与贷款人协商。

第四十条　建立审贷分离制：

贷款调查评估人员负责贷款调查评估，承担调查失误和评估失准的责任；贷款审查人员负责贷款风险的审查，承担审查失误的责任；贷款发放人员负责贷款的检查和清收，承担检查失误、清收不力的责任。

第四十一条　建立贷款分级审批制：

贷款人应当根据业务量大小、管理水平和贷款风险度确定各级分支机构的审批权限，超过审批权限的贷款，应当报上级审批。各级分支机构应当根据贷款种类、借款人的信用等级和抵押物、质物、保证人等情况确定每一笔贷款的风险度。

第六十一条　各级行政部门和企事业单位、供销合作社等合作经济组织、农村合作基金会和其他基金会，不得经营存贷款等金融业务。企业之间不得违反国家规定办理借贷或者变相借贷融资业务。

第六十二条　贷款人违反资产负债比例管理有关规定发放贷款的，应当依照《中华人民共和国商业银行法》第七十五条，由中国人民银行责令改正，处以罚款，有违法所得的没收违法所得，并且应当依照第七十六条对直接负责的主管人员和其他直接责任人员给予处罚。

第六十三条　贷款人违反规定向关系人发放信用贷款或者发放担保贷款的条件优于其他借款人同类贷款条件的，应当依照《中华人民共和国商业银行法》第七十四条处罚，并且应当依照第七十六条对有关直接责任人员给予处罚。

第六十四条　贷款人的工作人员对单位或者个人强令其发放贷款或者

提供担保未予拒绝的，应当依照《中华人民共和国商业银行法》第八十五条给予纪律处分，造成损失的应当承担相应的赔偿责任。

第六十五条　贷款人的有关责任人员违反本通则有关规定，应当给予纪律处分和罚款；情节严重或屡次违反的，应当调离工作岗位，取消任职资格；造成严重经济损失或者构成其他经济犯罪的，应当依照有关法律规定追究刑事责任。

第六十七条　贷款人有下列情形之一，由中国人民银行责令改正；有违法所得的，没收违法所得，并处以违法所得1倍以上3倍以下罚款；没有违法所得的，处以五万元以上三十万元以下罚款；构成犯罪的，依法追究刑事责任：

一、贷款人违反规定代垫委托贷款资金的；

二、未经中国人民银行批准，对自然人发放外币贷款的；

三、贷款人违反中国人民银行规定，对自营贷款或者特定贷款在计收利息之外收取其他任何费用的，或者对委托贷款在计收手续费之外收取其他任何费用的。

第六十九条　借款人采取欺诈手段骗取贷款，构成犯罪的，应当依照《中华人民共和国商业银行法》第八十条等法律规定处以罚款并追究刑事责任。

第七十条（第一款）　借款人违反本通则第九章第四十五条规定，蓄意通过兼并、破产或者股份制改造等途径侵吞信贷资金的，应当依据有关法律规定承担相应部分赔偿责任并处以罚款；造成贷款人重大经济损失的，应当依照有关法律规定追究直接责任人员的刑事责任。

第七十三条　行政部门、企事业单位、股份合作经济组织、供销合作社、农村合作基金会和其他基金会擅自发放贷款的；企业之间擅自办理借贷或者变相借贷的，由中国人民银行对出借方按违规收入处以1倍以上至5倍以下罚款，并由中国人民银行予以取缔。

上编 金融犯罪

第四节 票证类犯罪

▶ 刑事规范

第一百九十四条（第一款）【票据诈骗罪】

刑法

有下列情形之一，进行金融票据诈骗活动，数额较大的，处五年以下有期徒刑或者拘役，并处二万元以上二十万元以下罚金；数额巨大或者有其他严重情节的，处五年以上十年以下有期徒刑，并处五万元以上五十万元以下罚金；数额特别巨大或者有其他特别严重情节的，处十年以上有期徒刑或者无期徒刑，并处五万元以上五十万元以下罚金或者没收财产：

（一）明知是伪造、变造的汇票、本票、支票而使用的；

（二）明知是作废的汇票、本票、支票而使用的；

（三）冒用他人的汇票、本票、支票的；

（四）签发空头支票或者与其预留印鉴不符的支票，骗取财物的；

（五）汇票、本票的出票人签发无资金保证的汇票、本票或者在出票时作虚假记载，骗取财物的。

司法解释、司法解释性文件及规范性文件

最高人民检察院、公安部《关于公安机关管辖的刑事案件立案追诉标准的规定（二）》（2022.4.6修订，2022.5.15实施）（节录）

第四十六条 〔票据诈骗案（刑法第一百九十四条第一款）〕进行金融票据诈骗活动，数额在五万元以上的，应予立案追诉。

· 57 ·

第一百九十四条（第二款）【金融凭证诈骗罪】

> 刑法

使用伪造、变造的委托收款凭证、汇款凭证、银行存单等其他银行结算凭证的，依照前款的规定处罚。

> 司法解释、司法解释性文件及规范性文件

最高人民检察院、公安部《关于公安机关管辖的刑事案件立案追诉标准的规定（二）》（2022.4.6 修订，2022.5.15 实施）（节录）

第四十七条 〔金融凭证诈骗案（刑法第一百九十四条第二款）〕使用伪造、变造的委托收款凭证、汇款凭证、银行存单等其他银行结算凭证进行诈骗活动，数额在五万元以上的，应予立案追诉。

第一百九十五条 【信用证诈骗罪】

> 刑法

有下列情形之一，进行信用证诈骗活动的，处五年以下有期徒刑或者拘役，并处二万元以上二十万元以下罚金，数额巨大或者有其他严重情节的，处五年以上十年以下有期徒刑，并处五万元以上五十万元以下罚金；数额特别巨大或者有其他特别严重情节的，处十年以上有期徒刑或者无期徒刑，并处五万元以上五十万元以下罚金或者没收财产：

（一）使用伪造、变造的信用证或者附随的单据、文件的；

（二）使用作废的信用证的；

（三）骗取信用证的；

（四）以其他方法进行信用证诈骗活动的。

上编　金融犯罪　

司法解释、司法解释性文件及规范性文件

最高人民检察院、公安部《关于公安机关管辖的刑事案件立案追诉标准的规定（二）》（2022.4.6修订，2022.5.15实施）（节录）

第四十八条〔信用证诈骗案（刑法第一百九十五条）〕进行信用证诈骗活动，涉嫌下列情形之一的，应予立案追诉：

（一）使用伪造、变造的信用证或者附随的单据、文件的；

（二）使用作废的信用证的；

（三）骗取信用证的；

（四）以其他方法进行信用证诈骗活动的。

第一百七十七条 【伪造、变造金融票证罪】

刑法

有下列情形之一，伪造、变造金融票证的，处五年以下有期徒刑或者拘役，并处或者单处二万元以上二十万元以下罚金；情节严重的，处五年以上十年以下有期徒刑，并处五万元以上五十万元以下罚金；情节特别严重的，处十年以上有期徒刑或者无期徒刑，并处五万元以上五十万元以下罚金或者没收财产：

（一）伪造、变造汇票、本票、支票的；

（二）伪造、变造委托收款凭证、汇款凭证、银行存单等其他银行结算凭证的；

（三）伪造、变造信用证或者附随的单据、文件的；

（四）伪造信用卡的。

单位犯前款罪的，对单位判处罚金，并对其直接负责的主管人员和其他直接责任人员，依照前款的规定处罚。

> 立法解释

全国人民代表大会常务委员会《关于〈中华人民共和国刑法〉有关信用卡规定的解释》（2004.12.29）

刑法规定的"信用卡"，是指由商业银行或者其他金融机构发行的具有消费支付、信用贷款、转账结算、存取现金等全部功能或者部分功能的电子支付卡。

> 司法解释、司法解释性文件及规范性文件

1.最高人民检察院、公安部《关于公安机关管辖的刑事案件立案追诉标准的规定（二）》（2022.4.6修订，2022.5.15实施）（节录）

第二十四条 〔伪造、变造金融票证案（刑法第一百七十七条）〕伪造、变造金融票证，涉嫌下列情形之一的，应予立案追诉：

（一）伪造、变造汇票、本票、支票，或者伪造、变造委托收款凭证、汇款凭证、银行存单等其他银行结算凭证，或者伪造、变造信用证或者附随的单据、文件，总面额在一万元以上或者数量在十张以上的；

（二）伪造信用卡一张以上，或者伪造空白信用卡十张以上的。

2.最高人民法院、最高人民检察院《关于办理妨害信用卡管理刑事案件具体应用法律若干问题的解释》（法释〔2018〕19号，2018.11.28修正，2018.12.1实施）（节录）①

为依法惩治妨害信用卡管理犯罪活动，维护信用卡管理秩序和持卡人合法权益，根据《中华人民共和国刑法》规定，现就办理这类刑事案件具体应用法律的若干问题解释如下：

第一条 复制他人信用卡、将他人信用卡信息资料写入磁条介质、芯片或者以其他方法伪造信用卡一张以上的，应当认定为刑法第一百七十七条第一款第四项规定的"伪造信用卡"，以伪造金融票证罪定罪处罚。

---

① 可参见《〈关于办理妨害信用卡管理刑事案件具体应用法律若干问题的解释〉理解与适用》（最高人民检察院 陈国庆 韩耀元 吴峤滨）。

伪造空白信用卡十张以上的,应当认定为刑法第一百七十七条第一款第四项规定的"伪造信用卡",以伪造金融票证罪定罪处罚。

伪造信用卡,有下列情形之一的,应当认定为刑法第一百七十七条规定的"情节严重":

(一)伪造信用卡五张以上不满二十五张的;

(二)伪造的信用卡内存款余额、透支额度单独或者合计数额在二十万元以上不满一百万元的;

(三)伪造空白信用卡五十张以上不满二百五十张的;

(四)其他情节严重的情形。

伪造信用卡,有下列情形之一的,应当认定为刑法第一百七十七条规定的"情节特别严重":

(一)伪造信用卡二十五张以上的;

(二)伪造的信用卡内存款余额、透支额度单独或者合计数额在一百万元以上的;

(三)伪造空白信用卡二百五十张以上的;

(四)其他情节特别严重的情形。

本条所称"信用卡内存款余额、透支额度",以信用卡被伪造后发卡行记录的最高存款余额、可透支额度计算。

第十三条 单位实施本解释规定的行为,适用本解释规定的相应自然人犯罪的定罪量刑标准。

第一百八十八条 【违规出具金融票证罪】[①]

刑法

银行或者其他金融机构的工作人员违反规定,为他人出具信用证或者其他保函、票据、存单、资信证明,情节严重的,处五年以下有期徒刑或

---

① 本条被2006年《刑法修正案(六)》第15条修订,将第1款"造成较大损失"修改为"情节严重",将"造成重大损失"修改为"情节特别严重"。

者拘役；情节特别严重的，处五年以上有期徒刑。

单位犯前款罪的，对单位判处罚金，并对其直接负责的主管人员和其他直接责任人员，依照前两款的规定处罚。

司法解释、司法解释性文件及规范性文件

最高人民检察院、公安部《关于公安机关管辖的刑事案件立案追诉标准的规定（二）》（2022.4.6修订，2022.5.15实施）（节录）

第三十九条〔违规出具金融票证案（刑法第一百八十八条）〕银行或者其他金融机构及其工作人员违反规定，为他人出具信用证或者其他保函、票据、存单、资信证明，涉嫌下列情形之一的，应予立案追诉：

（一）违反规定为他人出具信用证或者其他保函、票据、存单、资信证明，数额在二百万元以上的；

（二）违反规定为他人出具信用证或者其他保函、票据、存单、资信证明，造成直接经济损失数额在五十万元以上的；

（三）多次违规出具信用证或者其他保函、票据、存单、资信证明的；

（四）接受贿赂违规出具信用证或者其他保函、票据、存单、资信证明的；

（五）其他情节严重的情形。

第一百八十九条 【对违法票据承兑、付款、保证罪】

刑法

银行或者其他金融机构的工作人员在票据业务中，对违反票据法规定的票据予以承兑、付款或者保证，造成重大损失的，处五年以下有期徒刑或者拘役；造成特别重大损失的，处五年以上有期徒刑。

单位犯前款罪的，对单位判处罚金，并对其直接负责的主管人员和其他直接责任人员，依照前款的规定处罚。

上编 金融犯罪

司法解释、司法解释性文件及规范性文件

最高人民检察院、公安部《关于公安机关管辖的刑事案件立案追诉标准的规定（二）》（2022.4.6 修订，2022.5.15 实施）（节录）

第四十条〔对违法票据承兑、付款、保证案（刑法第一百八十九条）〕银行或者其他金融机构及其工作人员在票据业务中，对违反票据法规定的票据予以承兑、付款或者保证，造成直接经济损失数额在五十万元以上的，应予立案追诉。

第一百七十八条（第一、三款）【伪造、变造国家有价证券罪】

刑法

（第一款）伪造、变造国库券或者国家发行的其他有价证券，数额较大的，处三年以下有期徒刑或者拘役，并处或者单处二万元以上二十万元以下罚金；数额巨大的，处三年以上十年以下有期徒刑，并处五万元以上五十万元以下罚金；数额特别巨大的，处十年以上有期徒刑或者无期徒刑，并处五万元以上五十万元以下罚金或者没收财产。

（第三款）单位犯前两款罪的，对单位判处罚金，并对其直接负责的主管人员和其他直接责任人员，依照前两款的规定处罚。

司法解释、司法解释性文件及规范性文件

最高人民检察院、公安部《关于公安机关管辖的刑事案件立案追诉标准的规定（二）》（2022.4.6 修订，2022.5.15 实施）（节录）

第二十七条〔伪造、变造国家有价证券案（刑法第一百七十八条第一款）〕伪造、变造国库券或者国家发行的其他有价证券，总面额在二千元以上的，应予立案追诉。

第一百九十七条 【有价证券诈骗罪】

刑法

使用伪造、变造的国库券或者国家发行的其他有价证券，进行诈骗活动，数额较大的，处五年以下有期徒刑或者拘役，并处二万元以上二十万元以下罚金；数额巨大或者有其他严重情节的，处五年以上十年以下有期徒刑，并处五万元以上五十万元以下罚金；数额特别巨大或者有其他特别严重情节的，处十年以上有期徒刑或者无期徒刑，并处五万元以上五十万元以下罚金或者没收财产。

司法解释、司法解释性文件及规范性文件

最高人民检察院、公安部《关于公安机关管辖的刑事案件立案追诉标准的规定（二）》（2022.4.6修订，2022.5.15实施）（节录）

第五十条〔有价证券诈骗案（刑法第一百九十七条）〕使用伪造、变造的国库券或者国家发行的其他有价证券进行诈骗活动，数额在五万元以上的，应予立案追诉。

▶ 行政规范

法律

1.《中华人民共和国商业银行法》（中华人民共和国主席令第34号，2015.8.29修正，2015.10.1实施）（节录）

第四十四条 商业银行办理票据承兑、汇兑、委托收款等结算业务，应当按照规定的期限兑现，收付入账，不得压单、压票或者违反规定退票。有关兑现、收付入账期限的规定应当公布。

第四十六条 同业拆借，应当遵守中国人民银行的规定。禁止利用拆入资金发放固定资产贷款或者用于投资。

拆出资金限于交足存款准备金、留足备付金和归还中国人民银行到期贷款之后的闲置资金。拆入资金用于弥补票据结算、联行汇差头寸的不足和解决临时性周转资金的需要。

2.《中华人民共和国票据法》（中华人民共和国主席令第22号，2004.8.28修正实施）（节录）

第二条　在中华人民共和国境内的票据活动，适用本法。

本法所称票据，是指汇票、本票和支票。

第四条　票据出票人制作票据，应当按照法定条件在票据上签章，并按照所记载的事项承担票据责任。

持票人行使票据权利，应当按照法定程序在票据上签章，并出示票据。

其他票据债务人在票据上签章的，按照票据所记载的事项承担票据责任。

本法所称票据权利，是指持票人向票据债务人请求支付票据金额的权利，包括付款请求权和追索权。

本法所称票据责任，是指票据债务人向持票人支付票据金额的义务。

第七条　票据上的签章，为签名、盖章或者签名加盖章。

法人和其他使用票据的单位在票据上的签章，为该法人或者该单位的盖章加其法定代表人或者其授权的代理人的签章。

在票据上的签名，应当为该当事人的本名。

第十条　票据的签发、取得和转让，应当遵循诚实信用的原则，具有真实的交易关系和债权债务关系。

票据的取得，必须给付对价，即应当给付票据双方当事人认可的相对应的代价。

第十一条　因税收、继承、赠与可以依法无偿取得票据的，不受给付对价的限制。但是，所享有的票据权利不得优于其前手的权利。

前手是指在票据签章人或者持票人之前签章的其他票据债务人。

第十二条　以欺诈、偷盗或者胁迫等手段取得票据的，或者明知有前列情形，出于恶意取得票据的，不得享有票据权利。

持票人因重大过失取得不符合本法规定的票据的，也不得享有票据权利。

第十三条　票据债务人不得以自己与出票人或者与持票人的前手之间的抗辩事由，对抗持票人。但是，持票人明知存在抗辩事由而取得票据的除外。

票据债务人可以对不履行约定义务的与自己有直接债权债务关系的持票人，进行抗辩。

本法所称抗辩，是指票据债务人根据本法规定对票据债权人拒绝履行义务的行为。

第十四条　票据上的记载事项应当真实，不得伪造、变造。伪造、变造票据上的签章和其他记载事项的，应当承担法律责任。

票据上有伪造、变造的签章的，不影响票据上其他真实签章的效力。

票据上其他记载事项被变造的，在变造之前签章的人，对原记载事项负责；在变造之后签章的人，对变造之后的记载事项负责；不能辨别是在票据被变造之前或者之后签章的，视同在变造之前签章。

第十九条　汇票是出票人签发的，委托付款人在见票时或者在指定日期无条件支付确定的金额给收款人或者持票人的票据。

汇票分为银行汇票和商业汇票。

第二十条　出票是指出票人签发票据并将其交付给收款人的票据行为。

第二十一条　汇票的出票人必须与付款人具有真实的委托付款关系，并且具有支付汇票金额的可靠资金来源。

不得签发无对价的汇票用以骗取银行或者其他票据当事人的资金。

第二十二条　汇票必须记载下列事项：

（一）表明"汇票"的字样；

（二）无条件支付的委托；

（三）确定的金额；

（四）付款人名称；

（五）收款人名称；

（六）出票日期；

（七）出票人签章。

汇票上未记载前款规定事项之一的，汇票无效。

第二十七条 持票人可以将汇票权利转让给他人或者将一定的汇票权利授予他人行使。

出票人在汇票上记载"不得转让"字样的，汇票不得转让。

持票人行使第一款规定的权利时，应当背书并交付汇票。

背书是指在票据背面或者粘单上记载有关事项并签章的票据行为。

第二十九条 背书由背书人签章并记载背书日期。

背书未记载日期的，视为在汇票到期日前背书。

第三十条 汇票以背书转让或者以背书将一定的汇票权利授予他人行使时，必须记载被背书人名称。

第三十一条 以背书转让的汇票，背书应当连续。持票人以背书的连续，证明其汇票权利；非经背书转让，而以其他合法方式取得汇票的，依法举证，证明其汇票权利。

前款所称背书连续，是指在票据转让中，转让汇票的背书人与受让汇票的被背书人在汇票上的签章依次前后衔接。

第三十四条 背书人在汇票上记载"不得转让"字样，其后手再背书转让的，原背书人对后手的被背书人不承担保证责任。

第三十五条 背书记载"委托收款"字样的，被背书人有权代背书人行使被委托的汇票权利。但是，被背书人不得再以背书转让汇票权利。

汇票可以设定质押；质押时应当以背书记载"质押"字样。被背书人依法实现其质权时，可以行使汇票权利。

第三十八条 承兑是指汇票付款人承诺在汇票到期日支付汇票金额的票据行为。

第四十二条 付款人承兑汇票的，应当在汇票正面记载"承兑"字样和承兑日期并签章；见票后定期付款的汇票，应当在承兑时记载付款日期。

汇票上未记载承兑日期的，以前条第一款规定期限的最后一日为承兑日期。

第五十三条 持票人应当按照下列期限提示付款：

（一）见票即付的汇票，自出票日起一个月内向付款人提示付款；

（二）定日付款、出票后定期付款或者见票后定期付款的汇票，自到期日起十日内向承兑人提示付款。

持票人未按照前款规定期限提示付款的，在作出说明后，承兑人或者付款人仍应当继续对持票人承担付款责任。

通过委托收款银行或者通过票据交换系统向付款人提示付款的，视同持票人提示付款。

第五十五条　持票人获得付款的，应当在汇票上签收，并将汇票交给付款人。持票人委托银行收款的，受委托的银行将代收的汇票金额转账收入持票人账户，视同签收。

第六十一条　汇票到期被拒绝付款的，持票人可以对背书人、出票人以及汇票的其他债务人行使追索权。

汇票到期日前，有下列情形之一的，持票人也可以行使追索权：

（一）汇票被拒绝承兑的；

（二）承兑人或者付款人死亡、逃匿的；

（三）承兑人或者付款人被依法宣告破产的或者因违法被责令终止业务活动的。

第七十三条　本票是出票人签发的，承诺自己在见票时无条件支付确定的金额给收款人或者持票人的票据。

本法所称本票，是指银行本票。

第七十四条　本票的出票人必须具有支付本票金额的可靠资金来源，并保证支付。

第八十条　本票的背书、保证、付款行为和追索权的行使，除本章规定外，适用本法第二章有关汇票的规定。

本票的出票行为，除本章规定外，适用本法第二十四条关于汇票的规定。

第八十一条　支票是出票人签发的，委托办理支票存款业务的银行或者其他金融机构在见票时无条件支付确定的金额给收款人或者持票人的票据。

第八十三条　支票可以支取现金，也可以转账，用于转账时，应当在支票正面注明。

支票中专门用于支取现金的，可以另行制作现金支票，现金支票只能用于支取现金。

支票中专门用于转账的，可以另行制作转账支票，转账支票只能用于转账，不得支取现金。

第八十七条　支票的出票人所签发的支票金额不得超过其付款时在付款人处实有的存款金额。

出票人签发的支票金额超过其付款时在付款人处实有的存款金额的，为空头支票。禁止签发空头支票。

第八十八条　支票的出票人不得签发与其预留本名的签名式样或者印鉴不符的支票。

第八十九条　出票人必须按照签发的支票金额承担保证向该持票人付款的责任。

出票人在付款人处的存款足以支付支票金额时，付款人应当在当日足额付款。

第九十三条　支票的背书、付款行为和追索权的行使，除本章规定外，适用本法第二章有关汇票的规定。

支票的出票行为，除本章规定外，适用本法第二十四条、第二十六条关于汇票的规定。

第一百零二条　有下列票据欺诈行为之一的，依法追究刑事责任：

（一）伪造、变造票据的；

（二）故意使用伪造、变造的票据的；

（三）签发空头支票或者故意签发与其预留的本名签名式样或者印鉴不符的支票，骗取财物的；

（四）签发无可靠资金来源的汇票、本票，骗取资金的；

（五）汇票、本票的出票人在出票时作虚假记载，骗取财物的；

（六）冒用他人的票据，或者故意使用过期或者作废的票据，骗取财物的；

（七）付款人同出票人、持票人恶意串通，实施前六项所列行为之一的。

第一百零三条　有前条所列行为之一，情节轻微，不构成犯罪的，依照国家有关规定给予行政处罚。

第一百零四条　金融机构工作人员在票据业务中玩忽职守，对违反本法规定的票据予以承兑、付款或者保证的，给予处分；造成重大损失，构成犯罪的，依法追究刑事责任。

由于金融机构工作人员因前款行为给当事人造成损失的，由该金融机构和直接责任人员依法承担赔偿责任。

行政法规及规范性文件

1.《中华人民共和国国库券条例》（中华人民共和国国务院令第588号，2011.1.8修订实施）（节录）

第二条　国库券的发行对象是：居民个人、个体工商户、企业、事业单位、机关、社会团体和其它组织。

第五条　国库券发行采取承购包销、认购等方式。国家下达的国库券发行计划，应当按期完成。

第七条　国库券的发行和还本付息事宜，在各级人民政府统一领导下，由财政部门和中国人民银行组织有关部门多渠道办理。

第八条　国库券可以用于抵押，但是不得作为货币流通。

第九条　国库券可以转让，但是应当在国家批准的交易场所办理。

第十一条　对伪造国库券的，依法追究刑事责任。

2.《票据管理实施办法》（中华人民共和国国务院令第588号，2011.1.8修订实施）（节录）

第六条　银行汇票的出票人，为经中国人民银行批准办理银行汇票业务的银行。

第七条　银行本票的出票人，为经中国人民银行批准办理银行本票业务的银行。

第八条　商业汇票的出票人，为银行以外的企业和其他组织。

向银行申请办理汇票承兑的商业汇票的出票人，必须具备下列条件：

（一）在承兑银行开立存款账户；

（二）资信状况良好，并具有支付汇票金额的可靠资金来源。

第十一条　支票的出票人，为在经中国人民银行批准办理支票存款业务的银行、城市信用合作社和农村信用合作社开立支票存款账户的企业、其他组织和个人。

第十三条　银行汇票上的出票人的签章、银行承兑商业汇票的签章，为该银行的汇票专用章加其法定代表人或者其授权的代理人的签名或者盖章。

银行本票上的出票人的签章，为该银行的本票专用章加其法定代表人或者其授权的代理人的签名或者盖章。

银行汇票专用章、银行本票专用章须经中国人民银行批准。

第十四条　商业汇票上的出票人的签章，为该单位的财务专用章或者公章加其法定代表人或者其授权的代理人的签名或者盖章。

第十五条　支票上的出票人的签章，出票人为单位的，为与该单位在银行预留签章一致的财务专用章或者公章加其法定代表人或者其授权的代理人的签名或者盖章；出票人为个人的，为与该个人在银行预留签章一致的签名或者盖章。

第三十一条　签发空头支票或者签发与其预留的签章不符的支票，不以骗取财物为目的的，由中国人民银行处以票面金额5%但不低于1000元的罚款；持票人有权要求出票人赔偿支票金额2%的赔偿金。

第三十二条　金融机构的工作人员在票据业务中玩忽职守，对违反票据法和本办法规定的票据予以承兑、付款、保证或者贴现的，对直接负责的主管人员和其他直接责任人员给予警告、记过、撤职或者开除的处分；造成重大损失，构成犯罪的，依法追究刑事责任。

第三十三条　票据的付款人对见票即付或者到期的票据，故意压票、拖延支付的，由中国人民银行处以压票、拖延支付期间内每日票据金额0.7‰的罚款；对直接负责的主管人员和其他直接责任人员给予警告、记过、撤职或者开除的处分。

第三十四条　违反中国人民银行规定，擅自印制票据的，由中国人民银行责令改正，处以1万元以上20万元以下的罚款；情节严重的，中国人民银行有权提请有关部门吊销其营业执照。

部门规章及部门规范性文件

1.《票据交易管理办法》（中国人民银行公告［2016］第29号，2016.12.5）（节录）

第五条 票据市场参与者是指可以从事票据交易的市场主体，包括：

（一）法人类参与者。指金融机构法人，包括政策性银行、商业银行及其授权的分支机构，农村信用社、企业集团财务公司、信托公司、证券公司、基金管理公司、期货公司、保险公司等经金融监督管理部门许可的金融机构。

（二）非法人类参与者。指金融机构等作为资产管理人，在依法合规的前提下，接受客户的委托或者授权，按照与客户约定的投资计划和方式开展资产管理业务所设立的各类投资产品，包括证券投资基金、资产管理计划、银行理财产品、信托计划、保险产品、住房公积金、社会保障基金、企业年金、养老基金等。

（三）中国人民银行确定的其他市场参与者。

第十条 票据市场基础设施是指提供票据交易、登记托管、清算结算、信息服务的机构。

第十一条 票据市场基础设施应当经中国人民银行认可。中国人民银行对票据市场基础设施开展票据相关业务进行监督管理。

第十二条 票据市场基础设施可以为市场参与者提供以下服务：

（一）组织票据交易，公布票据交易即时行情。

（二）票据登记托管。

（三）票据交易的清算结算。

（四）票据信息服务。

（五）中国人民银行认可的其他服务。

第十五条 上海票据交易所是中国人民银行指定的提供票据交易、登记托管、清算结算和信息服务的机构。

第三十二条 票据登记是指金融机构将票据权属在票据市场基础设施电子簿记系统予以记载的行为。

第三十三条　票据托管是指票据市场基础设施根据票据权利人委托对其持有票据的相关权益进行管理和维护的行为。

第三十四条　市场参与者应当在票据市场基础设施开立票据托管账户。

市场参与者开立票据托管账户时，应当向票据市场基础设施提出申请，并保证所提交的开户资料真实、准确、完整。

第四十条　票据交易采取全国统一的运营管理模式，通过票据市场基础设施进行。

第四十一条　票据交易包括转贴现、质押式回购和买断式回购等。

转贴现是指卖出方将未到期的已贴现票据向买入方转让的交易行为。

质押式回购是指正回购方在将票据出质给逆回购方融入资金的同时，双方约定在未来某一日期由正回购方按约定金额向逆回购方返还资金、逆回购方向正回购方返还原出质票据的交易行为。

买断式回购是指正回购方将票据卖给逆回购方的同时，双方约定在未来某一日期，正回购方再以约定价格从逆回购方买回票据的交易行为。

第四十九条　票据交易的结算通过票据市场基础设施电子簿记系统进行，包括票款对付和纯票过户。

票款对付是指结算双方同步办理票据过户和资金支付并互为条件的结算方式。

纯票过户是指结算双方的票据过户与资金支付相互独立的结算方式。

第五十条　市场参与者开展票据交易应当采用票款对付，同一法人分支机构间的票据交易可以采用纯票过户。

第五十一条　已在大额支付系统开立清算账户的市场参与者，应当通过其在大额支付系统的清算账户办理票款对付的资金结算。

未在大额支付系统开立清算账户的市场参与者，应当委托票据市场基础设施代理票款对付的资金结算。

2.《国内信用证结算办法》（中国人民银行、中国银行业监督管理委员会公告［2016］第10号，2016.4.27修订，2016.10.8实施）

为更好地适应国内贸易发展需要，促进国内信用证业务健康发展，规范业务操作及防范风险，保护当事人合法权益，中国人民银行、中国银行业监督管理委员会修订了《国内信用证结算办法》，现予公布实施。原《国内信用证结算办法》和《信用证会计核算手续》（银发〔1997〕265号文印发）同时废止。

第一章 总　则

第一条　为适应国内贸易活动需要，促进经济发展，依据《中华人民共和国中国人民银行法》、《中华人民共和国银行业监督管理法》、《中华人民共和国商业银行法》以及有关法律法规，制定本办法。

第二条　本办法所称国内信用证（以下简称信用证），是指银行（包括政策性银行、商业银行、农村合作银行、村镇银行和农村信用社）依照申请人的申请开立的、对相符交单予以付款的承诺。

前款规定的信用证是以人民币计价、不可撤销的跟单信用证。

第三条　本办法适用于银行为国内企事业单位之间货物和服务贸易提供的信用证服务。服务贸易包括但不限于运输、旅游、咨询、通讯、建筑、保险、金融、计算机和信息、专有权利使用和特许、广告宣传、电影音像等服务项目。

第四条　信用证业务的各方当事人应当遵守中华人民共和国的法律、法规以及本办法的规定，遵守诚实信用原则，认真履行义务，不得利用信用证进行欺诈等违法犯罪活动，不得损害社会公共利益。

第五条　信用证的开立和转让，应当具有真实的贸易背景。

第六条　信用证只限于转账结算，不得支取现金。

第七条　信用证与作为其依据的贸易合同相互独立，即使信用证含有对此类合同的任何援引，银行也与该合同无关，且不受其约束。

银行对信用证作出的付款、确认到期付款、议付或履行信用证项下其他义务的承诺，不受申请人与开证行、申请人与受益人之间关系而产生的任何请求或抗辩的制约。

受益人在任何情况下，不得利用银行之间或申请人与开证行之间的契约关系。

第八条　在信用证业务中，银行处理的是单据，而不是单据所涉及的货物或服务。

上编　金融犯罪

第二章　定　义

第九条　信用证业务当事人

（一）申请人指申请开立信用证的当事人，一般为货物购买方或服务接受方。

（二）受益人指接受信用证并享有信用证权益的当事人，一般为货物销售方或服务提供方。

（三）开证行指应申请人申请开立信用证的银行。

（四）通知行指应开证行的要求向受益人通知信用证的银行。

（五）交单行指向信用证有效地点提交信用证项下单据的银行。

（六）转让行指开证行指定的办理信用证转让的银行。

（七）保兑行指根据开证行的授权或要求对信用证加具保兑的银行。

（八）议付行指开证行指定的为受益人办理议付的银行，开证行应指定一家或任意银行作为议付信用证的议付行。

第十条　信用证的有关日期和期限

（一）开证日期指开证行开立信用证的日期。信用证未记载生效日的，开证日期即为信用证生效日期。

（二）有效期指受益人向有效地点交单的截止日期。

（三）最迟货物装运日或服务提供日指信用证规定的货物装运或服务提供的截止日期。最迟货物装运日或服务提供日不得晚于信用证有效期。信用证未作规定的，有效期视为最迟货物装运日或服务提供日。

（四）付款期限指开证行收到相符单据后，按信用证条款规定进行付款的期限。信用证按付款期限分为即期信用证和远期信用证。

即期信用证，开证行应在收到相符单据次日起五个营业日内付款。

远期信用证，开证行应在收到相符单据次日起五个营业日内确认到期付款，并在到期日付款。远期的表示方式包括：单据日后定期付款、见单后定期付款、固定日付款等可确定到期日的方式。信用证付款期限最长不超过一年。

（五）交单期指信用证项下所要求的单据提交到有效地的有效期限，以当次货物装运日或服务提供日开始计算。未规定该期限的，默认为货物装

· 75 ·

运日或服务提供日后十五天。任何情况下，交单不得迟于信用证有效期。

第十一条 信用证有效地点

信用证有效地点指信用证规定的单据提交地点，即开证行、保兑行（转让行、议付行）所在地。如信用证规定有效地点为保兑行（转让行、议付行）所在地，则开证行所在地也视为信用证有效地点。

第十二条 转运、分批装运或分次提供服务、分期装运或分期提供服务

（一）转运指信用证项下货物在规定的装运地（港到卸货地、港）的运输途中，将货物从一运输工具卸下再装上另一运输工具。

（二）分批装运或分次提供服务指信用证规定的货物或服务在信用证规定的数量、内容或金额内部分或分次交货或部分或分次提供。

（三）分期装运或分期提供服务指信用证规定的货物或服务在信用证规定的分期时间表内装运或提供。任何一期未按信用证规定期限装运或提供的，信用证对该期及以后各期均告失效。

第三章 信用证业务办理

第一节 开 证

第十三条 开证

银行与申请人在开证前应签订明确双方权利义务的协议。开证行可要求申请人交存一定数额的保证金，并可根据申请人资信情况要求其提供抵押、质押、保证等合法有效的担保。

开证申请人申请开立信用证，须提交其与受益人签订的贸易合同。

开证行应根据贸易合同及开证申请书等文件，合理、审慎设置信用证付款期限、有效期、交单期、有效地点。

第十四条 信用证的基本条款

信用证应使用中文开立，记载条款包括：

（一）表明"国内信用证"的字样。

（二）开证申请人名称及地址。

（三）开证行名称及地址。

（四）受益人名称及地址。

（五）通知行名称。

（六）开证日期。开证日期格式应按年、月、日依次书写。

（七）信用证编号。

（八）不可撤销信用证。

（九）信用证有效期及有效地点。

（十）是否可转让。可转让信用证须记载"可转让"字样并指定一家转让行。

（十一）是否可保兑。保兑信用证须记载"可保兑"字样并指定一家保兑行。

（十二）是否可议付。议付信用证须记载"议付"字样并指定一家或任意银行作为议付行。

（十三）信用证金额。金额须以大、小写同时记载。

（十四）付款期限。

（十五）货物或服务描述。

（十六）溢短装条款（如有）。

（十七）货物贸易项下的运输交货或服务贸易项下的服务提供条款。

货物贸易项下运输交货条款：

1. 运输或交货方式。

2. 货物装运地（港），目的地、交货地（港）。

3. 货物是否分批装运、分期装运和转运，未作规定的，视为允许货物分批装运和转运。

4. 最迟货物装运日。

服务贸易项下服务提供条款：

1. 服务提供方式。

2. 服务提供地点。

3. 服务是否分次提供、分期提供，未作规定的，视为允许服务分次提供。

4. 最迟服务提供日。

5. 服务贸易项下双方认为应记载的其他事项。

（十八）单据条款，须注明据以付款或议付的单据，至少包括发票，表明货物运输或交付、服务提供的单据，如运输单据或货物收据、服务接受方的证明或服务提供方或第三方的服务履约证明。

（十九）交单期。

（二十）信用证项下相关费用承担方。未约定费用承担方时，由业务委托人或申请人承担相应费用。

（二十一）表明"本信用证依据《国内信用证结算办法》开立"的开证行保证文句。

（二十二）其他条款。

第十五条　信用证开立方式

开立信用证可以采用信开和电开方式。信开信用证，由开证行加盖业务用章（信用证专用章或业务专用章，下同），寄送通知行，同时应视情况需要以双方认可的方式证实信用证的真实有效性；电开信用证，由开证行以数据电文发送通知行。

第十六条　开证行的义务

开证行自开立信用证之时起，即受信用证内容的约束。

第二节　保　兑

第十七条　保兑是指保兑行根据开证行的授权或要求，在开证行承诺之外做出的对相符交单付款、确认到期付款或议付的确定承诺。

第十八条　保兑行自对信用证加具保兑之时起即不可撤销地承担对相符交单付款、确认到期付款或议付的责任。

第十九条　指定银行拒绝按照开证行授权或要求对信用证加具保兑时，应及时通知开证行，并可仅通知信用证而不加具保兑。

第二十条　开证行对保兑行的偿付义务不受开证行与受益人关系的约束。

第三节　修　改

第二十一条　信用证的修改

（一）开证申请人需对已开立的信用证内容修改的，应向开证行提出修改申请，明确修改的内容。

（二）增额修改的，开证行可要求申请人追加增额担保；付款期限修改的，不得超过本办法规定的信用证付款期限的最长期限。

（三）开证行发出的信用证修改书中应注明本次修改的次数。

（四）信用证受益人同意或拒绝接受修改的，应提供接受或拒绝修改的通知。如果受益人未能给予通知，当交单与信用证以及尚未接受的修改的要求一致时，即视为受益人已做出接受修改的通知，并且该信用证修改自此对受益人形成约束。

对同一修改的内容不允许部分接受，部分接受将被视作拒绝接受修改。

（五）开证行自开出信用证修改书之时起，即不可撤销地受修改内容的约束。

第二十二条 保兑行有权选择是否将其保兑扩展至修改。保兑行将其保兑扩展至修改的，自作出此类扩展通知时，即不可撤销地受其约束；保兑行不对修改加具保兑的，应及时告知开证行并在给受益人的通知中告知受益人。

第四节 通 知

第二十三条 信用证及其修改的通知

（一）通知行的确定。

通知行可由开证申请人指定，如开证申请人没有指定，开证行有权指定通知行。通知行可自行决定是否通知。通知行同意通知的，应于收到信用证次日起三个营业日内通知受益人；拒绝通知的，应于收到信用证次日起三个营业日内告知开证行。

开证行发出的信用证修改书，应通过原信用证通知行办理通知。

（二）通知行的责任。

1. 通知行收到信用证或信用证修改书，应认真审查内容表面是否完整、清楚，核验开证行签字、印章、所用密押是否正确等表面真实性，或另以电讯方式证实。核验无误的，应填制信用证通知书或信用证修改通知书，连同信用证或信用证修改书正本交付受益人。

通知行通知信用证或信用证修改的行为，表明其已确信信用证或修改的表面真实性，而且其通知准确反映了其收到的信用证或修改的内容。

2. 通知行确定信用证或信用证修改书签字、印章、密押不符的，应即时告知开证行；表面内容不清楚、不完整的，应即时向开证行查询补正。

3.通知行在收到开证行回复前,可先将收到的信用证或信用证修改书通知受益人,并在信用证通知书或信用证修改通知书上注明该通知仅供参考,通知行不负任何责任。

第二十四条　开证行应于收到通知行查询次日起两个营业日内,对通知行做出答复或提供其所要求的必要内容。

第二十五条　通知行应于收到受益人同意或拒绝修改通知书次日起三个营业日内告知开证行,在受益人告知通知行其接受修改或以交单方式表明接受修改之前,原信用证(或含有先前被接受的修改的信用证)条款对受益人仍然有效。

开证行收到通知行发来的受益人拒绝修改的通知,信用证视为未做修改,开证行应于收到通知次日起两个营业日内告知开证申请人。

第五节　转　让

第二十六条　转让是指由转让行应第一受益人的要求,将可转让信用证的部分或者全部转为可由第二受益人兑用。

可转让信用证指特别标注"可转让"字样的信用证。

第二十七条　对于可转让信用证,开证行必须指定转让行,转让行可为开证行。转让行无办理信用证转让的义务,除非其明确同意。转让行仅办理转让,并不承担信用证项下的付款责任,但转让行是保兑行或开证行的除外。

第二十八条　可转让信用证只能转让一次,即只能由第一受益人转让给第二受益人,已转让信用证不得应第二受益人的要求转让给任何其后的受益人,但第一受益人不视为其后的受益人。

已转让信用证指已由转让行转为可由第二受益人兑用的信用证。

第二十九条　第二受益人拥有收取转让后信用证款项的权利并承担相应的义务。

第三十条　已转让信用证必须转载原证条款,包括保兑(如有),但下列项目除外:

可用第一受益人名称替代开证申请人名称;如果原信用证特别要求开证申请人名称应在除发票以外的任何单据中出现时,转让行转让信用证时须反映该项要求。

信用证金额、单价可以减少，有效期、交单期可以缩短，最迟货物装运日或服务提供日可以提前。

投保比例可以增加。

有效地点可以修改为转让行所在地。

第三十一条 转让交单

（一）第一受益人有权以自己的发票替换第二受益人的发票后向开证行或保兑行索偿，以支取发票间的差额，但第一受益人以自己的发票索偿的金额不得超过原信用证金额。

（二）转让行应于收到第二受益人单据次日起两个营业日内通知第一受益人换单，第一受益人须在收到转让行换单通知次日起五个营业日内且在原信用证交单期和有效期内换单。

（三）若第一受益人提交的发票导致了第二受益人的交单中本不存在的不符点，转让行应在发现不符点的下一个营业日内通知第一受益人在五个营业日内且在原信用证交单期和有效期内修正。

（四）如第一受益人未能在规定的期限内换单，或未对其提交的发票导致的第二受益人交单中本不存在的不符点予以及时修正的，转让行有权将第二受益人的单据随附已转让信用证副本、信用证修改书副本及修改确认书（如有）直接寄往开证行或保兑行，并不再对第一受益人承担责任。

开证行或保兑行将依据已转让信用证副本、信用证修改书副本及修改确认书（如有）来审核第二受益人的交单是否与已转让信用证相符。

（五）第二受益人或者代表第二受益人的交单行的交单必须交给转让行，信用证另有规定的除外。

第三十二条 部分转让

若原信用证允许分批装运或分次提供服务，则第一受益人可将信用证部分或全部转让给一个或数个第二受益人，并由第二受益人分批装运或分次提供服务。

第三十三条 第一受益人的任何转让要求须说明是否允许以及在何条件下允许将修改通知第二受益人。已转让信用证须明确说明该项条款。

如信用证转让的第二受益人为多名，其中一名或多名第二受益人对信用证修改的拒绝不影响其他第二受益人接受修改。对接受者而言，该已转让信用证即被相应修改，而对拒绝修改的第二受益人而言，该信用证未被修改。

第三十四条　开证行或保兑行对第二受益人提交的单据不得以索款金额与单价的减少，投保比例的增加，以及受益人名称与原信用证规定的受益人名称不同而作为不符交单予以拒付。

转让行应在收到开证行付款、确认到期付款函（电）次日起两个营业日内对第二受益人付款、发出开证行已确认到期付款的通知。

转让行可按约定向第一受益人收取转让费用，并在转让信用证时注明须由第二受益人承担的费用。

第六节　议　付

第三十五条　议付指可议付信用证项下单证相符或在开证行或保兑行已确认到期付款的情况下，议付行在收到开证行或保兑行付款前购买单据、取得信用证项下索款权利，向受益人预付或同意预付资金的行为。

议付行审核并转递单据而没有预付或没有同意预付资金不构成议付。

第三十六条　信用证未明示可议付，任何银行不得办理议付；信用证明示可议付，如开证行仅指定一家议付行，未被指定为议付行的银行不得办理议付，被指定的议付行可自行决定是否办理议付。

保兑行对以其为议付行的议付信用证加具保兑，在受益人请求议付时，须承担对受益人相符交单的议付责任。

指定议付行非保兑行且未议付时，保兑行仅承担对受益人相符交单的付款责任。

第三十七条　受益人可对议付信用证在信用证交单期和有效期内向议付行提示单据、信用证正本、信用证通知书、信用证修改书正本及信用证修改通知书（如有），并填制交单委托书和议付申请书，请求议付。

议付行在受理议付申请的次日起五个营业日内审核信用证规定的单据并决定议付的，应在信用证正本背面记明议付日期、业务编号、议付金额、到期日并加盖业务用章。

议付行拒绝议付的，应及时告知受益人。

上编　金融犯罪

第三十八条　索偿

议付行将注明付款提示的交单面函（寄单通知书）及单据寄开证行或保兑行索偿资金。除信用证另有约定外，索偿金额不得超过单据金额。

开证行、保兑行负有对议付行符合本办法的议付行为的偿付责任，该偿付责任独立于开证行、保兑行对受益人的付款责任并不受其约束。

第三十九条　追索权的行使

议付行议付时，必须与受益人书面约定是否有追索权。若约定有追索权，到期不获付款议付行可向受益人追索。若约定无追索权，到期不获付款议付行不得向受益人追索，议付行与受益人约定的例外情况或受益人存在信用证欺诈的情形除外。

保兑行议付时，对受益人不具有追索权，受益人存在信用证欺诈的情形除外。

第七节　寄单索款

第四十条　受益人委托交单行交单，应在信用证交单期和有效期内填制信用证交单委托书，并提交单据和信用证正本及信用证通知书、信用证修改书正本及信用证修改通知书（如有）。交单行应在收单次日起五个营业日内对其审核相符的单据寄单。

第四十一条　交单行应合理谨慎地审查单据是否相符，但非保兑行的交单行对单据相符性不承担责任，交单行与受益人另有约定的除外。

第四十二条　交单行在交单时，应附寄一份交单面函（寄单通知书），注明单据金额、索偿金额、单据份数、寄单编号、索款路径、收款账号、受益人名称、申请人名称、信用证编号等信息，并注明此次交单是在正本信用证项下进行并已在信用证正本背面批注交单情况。

受益人直接交单时，应提交信用证正本及信用证通知书、信用证修改书正本及信用证修改通知书（如有）、开证行（保兑行、转让行、议付行）认可的身份证明文件。

第四十三条　交单行在确认受益人交单无误后，应在发票的"发票联"联次批注"已办理交单"字样或加盖"已办理交单"戳记，注明交单日期及交单行名称。

交单行寄单后,须在信用证正本背面批注交单日期、交单金额和信用证余额等交单情况。

第八节 付 款

第四十四条 开证行或保兑行在收到交单行寄交的单据及交单面函(寄单通知书)或受益人直接递交的单据的次日起五个营业日内,及时核对是否为相符交单。单证相符或单证不符但开证行或保兑行接受不符点的,对即期信用证,应于收到单据次日起五个营业日内支付相应款项给交单行或受益人(受益人直接交单时,本节下同);对远期信用证,应于收到单据次日起五个营业日内发出到期付款确认书,并于到期日支付款项给交单行或受益人。

第四十五条 开证行或保兑行付款后,应在信用证相关业务系统或信用证正本或副本背面记明付款日期、业务编号、来单金额、付款金额、信用证余额,并将信用证有关单据交开证申请人或寄开证行。

若受益人提交了相符单据或开证行已发出付款承诺,即使申请人交存的保证金及其存款账户余额不足支付,开证行仍应在规定的时间内付款。对申请人提供抵押、质押、保函等担保的,按《中华人民共和国担保法》、《中华人民共和国物权法》的有关规定索偿。

第四十六条 开证行或保兑行审核单据发现不符并决定拒付的,应在收到单据的次日起五个营业日内一次性将全部不符点以电子方式或其他快捷方式通知交单行或受益人。如开证行或保兑行未能按规定通知不符点,则无权宣称交单不符。

开证行或保兑行审核单据发现不符并拒付后,在收到交单行或受益人退单的要求之前,开证申请人接受不符点的,开证行或保兑行独立决定是否付款、出具到期付款确认书或退单;开证申请人不接受不符点的,开证行或保兑行可将单据退交单行或受益人。

第四十七条 开证行或保兑行拒付时,应提供书面拒付通知。拒付通知应包括如下内容:

(一)开证行或保兑行拒付。

(二)开证行或保兑行拒付所依据的每一个不符点。

(三)开证行或保兑行拒付后可选择以下意见处理单据:

1. 开证行或保兑行留存单据听候交单行或受益人的进一步指示。

2. 开证行留存单据直到其从开证申请人处收到放弃不符点的通知并同意接受该放弃，或者其同意接受对不符点的放弃之前从交单行或受益人处收到进一步指示。

3. 开证行或保兑行将退回单据。

4. 开证行或保兑行将按之前从交单行或受益人处获得的指示处理。

第四十八条　开证行或保兑行付款后，对受益人不具有追索权，受益人存在信用证欺诈的情形除外。

第九节　注　销

第四十九条　信用证注销是指开证行对信用证未支用的金额解除付款责任的行为。

（一）开证行、保兑行、议付行未在信用证有效期内收到单据的，开证行可在信用证逾有效期一个月后予以注销。具体处理办法由各银行自定。

（二）其他情况下，须经开证行、已办理过保兑的保兑行、已办理过议付的议付行、已办理过转让的转让行与受益人协商同意，或受益人、上述保兑行（议付行、转让行）声明同意注销信用证，并与开证行就全套正本信用证收回达成一致后，信用证方可注销。

第四章　单据审核标准

第五十条　银行收到单据时，应仅以单据本身为依据，认真审核信用证规定的所有单据，以确定是否为相符交单。

相符交单指与信用证条款、本办法的相关适用条款、信用证审单规则及单据之内、单据之间相互一致的交单。

第五十一条　银行只对单据进行表面审核。

银行不审核信用证没有规定的单据。银行收到此类单据，应予退还或将其照转。

如信用证含有一项条件，却未规定用以表明该条件得到满足的单据，银行将视为未作规定不予理会，但提交的单据中显示的相关信息不得与上述条件冲突。

第五十二条　信用证要求提交运输单据、保险单据和发票以外的单据时，应对单据的出单人及其内容作出明确规定。未作规定的，只要所提交的单据内容表面形式满足单据功能且与信用证及其他规定单据不矛盾，银行可予接受。

除发票外，其他单据中的货物或服务或行为描述可使用统称，但不得与信用证规定的描述相矛盾。

发票须是税务部门统一监制的原始正本发票。

第五十三条　信用证要求某种单据提交多份的，所提交的该种单据中至少应有一份正本。

除信用证另有规定外，银行应将任何表面上带有出单人的原始签名或印章的单据视为正本单据（除非单据本身表明其非正本），但此款不适用于增值税发票或其他类型的税务发票。

第五十四条　所有单据的出单日期均不得迟于信用证的有效期、交单期截止日以及实际交单日期。

受益人和开证申请人的开户银行、账号和地址出现在任何规定的单据中时，无须与信用证或其他规定单据中所载相同。

第五十五条　信用证审单规则由行业协会组织会员单位拟定并推广执行。行业协会应根据信用证业务开展实际，适时修订审单规则。

第五章　附　则

第五十六条　信用证凭证、信用证修改书、交单面函（寄单通知书）等格式、联次由行业协会制定并推荐使用，各银行参照其范式制作。

第五十七条　银行办理信用证业务的各项手续费收费标准，由各银行按照服务成本、依据市场定价原则制定，并遵照《商业银行服务价格管理办法》（中国银监会国家发展改革委令2014年第1号）相关要求向客户公示并向管理部门报告。

第五十八条　本办法规定的各项期限的计算，适用民法通则关于计算期间的规定。期限最后一日是法定节假日的，顺延至下一个营业日，但信用证规定的装运日或服务提供日不得顺延。

本办法规定的营业日指可办理信用证业务的银行工作日。

第五十九条　本办法由中国人民银行会同中国银行业监督管理委员会

解释。

第六十条 本办法自2016年10月8日起施行。

3.《电子商业汇票业务管理办法》(中国人民银行令[2009]第2号,2009.10.16)(节录)

第二条 电子商业汇票是指出票人依托电子商业汇票系统,以数据电文形式制作的,委托付款人在指定日期无条件支付确定金额给收款人或者持票人的票据。

电子商业汇票分为电子银行承兑汇票和电子商业承兑汇票。

电子银行承兑汇票由银行业金融机构、财务公司(以下统称金融机构)承兑;电子商业承兑汇票由金融机构以外的法人或其他组织承兑。

电子商业汇票的付款人为承兑人。

第五条 电子商业汇票的出票、承兑、背书、保证、提示付款和追索等业务,必须通过电子商业汇票系统办理。

第四十二条 贴现是指持票人在票据到期日前,将票据权利背书转让给金融机构,由其扣除一定利息后,将约定金额支付给持票人的票据行为。

转贴现是指持有票据的金融机构在票据到期日前,将票据权利背书转让给其他金融机构,由其扣除一定利息后,将约定金额支付给持票人的票据行为。

再贴现是指持有票据的金融机构在票据到期日前,将票据权利背书转让给中国人民银行,由其扣除一定利息后,将约定金额支付给持票人的票据行为。

第四十三条 贴现、转贴现和再贴现按照交易方式,分为买断式和回购式。买断式是指贴出人将票据权利转让给贴入人,不约定日后赎回的交易方式。回购式是指贴出人将票据权利转让给贴入人,约定日后赎回的交易方式。电子商业汇票贴现、转贴现和再贴现业务中转让票据权利的票据当事人为贴出人,受让票据权利的票据当事人为贴入人。

第五十一条 电子商业汇票的质押,是指电子商业汇票持票人为了给债权提供担保,在票据到期日前在电子商业汇票系统中进行登记,以该票据为债权人设立质权的票据行为。

第五十二条 主债务到期日先于票据到期日，且主债务已经履行完毕的，质权人应按约定解除质押。主债务到期日先于票据到期日，且主债务到期未履行的，质权人可行使票据权利，但不得继续背书。

票据到期日先于主债务到期日的，质权人可在票据到期后行使票据权利，并与出质人协议将兑现的票款用于提前清偿所担保的债权或继续作为债权的担保。

第八十条 电子商业汇票相关各方存在下列情形之一，影响电子商业汇票业务处理或造成其他票据当事人资金损失的，应承担相应赔偿责任。中国人民银行有权视情节轻重对其处以警告或3万元以下罚款：

（一）作为电子银行承兑汇票承兑人的财务公司、电子商业承兑汇票的承兑人违反《中华人民共和国票据法》、《票据管理实施办法》和本办法规定无理拒付或拖延支付的；

（二）接入机构为客户提供电子商业汇票业务服务，未对客户基本信息尽审核义务的；

（三）为电子商业汇票业务活动提供电子认证服务的电子认证服务提供者，未依据《中华人民共和国电子签名法》承担相应责任的；

（四）接入机构为客户提供电子商业汇票业务服务，未对客户电子签名真实性进行认真审核，造成资金损失的；

（五）电子商业汇票系统运营者未对接入机构身份真实性和电子签名真实性进行认真审核，造成资金损失的；

（六）接入机构因清算资金不足导致电子商业汇票资金清算失败，给票据当事人造成损失的；

（七）接入机构因人为或系统原因未及时转发电子商业汇票信息，给票据当事人造成损失的；

（八）接入机构内部系统存储的电子商业汇票信息与电子商业汇票系统相关信息严重不符，给票据当事人造成损失的；

（九）接入机构的内部系统出现故障，未及时排除，造成重大影响的；

（十）电子商业汇票系统运营者运营的电子商业汇票系统出现故障，未及时排除，造成重大影响的；

（十一）电子商业汇票债务解除前，接入机构违反本办法规定为承兑人撤销账户的；

（十二）其他违反《中华人民共和国票据法》《票据管理实施办法》及本办法规定的行为。

第八十二条　金融机构发现利用电子商业汇票从事违法犯罪活动的，应依法履行报告义务。

第五节　信用卡类犯罪

▶ **刑事规范**

第一百七十七条之一　【妨害信用卡管理罪】[①]【窃取、收买、非法提供信用卡信息罪】

> 刑法

有下列情形之一，妨害信用卡管理的，处三年以下有期徒刑或者拘役，并处或者单处一万元以上十万元以下罚金；数量巨大或者有其他严重情节的，处三年以上十年以下有期徒刑，并处二万元以上二十万元以下罚金：

（一）明知是伪造的信用卡而持有、运输的，或者明知是伪造的空白信用卡而持有、运输，数量较大的；

（二）非法持有他人信用卡，数量较大的；

（三）使用虚假的身份证明骗领信用卡的；

（四）出售、购买、为他人提供伪造的信用卡或者以虚假的身份证明骗领的信用卡的。

窃取、收买或者非法提供他人信用卡信息资料的，依照前款规定处罚。

---

① 本条为2005年《刑法修正案（五）》第1条增设。

银行或者其他金融机构的工作人员利用职务上的便利，犯第二款罪的，从重处罚。

司法解释、司法解释性文件及规范性文件

1. 最高人民检察院、公安部《关于公安机关管辖的刑事案件立案追诉标准的规定（二）》（2022.4.6修订，2022.5.15实施）（节录）

第二十五条〔妨害信用卡管理案（刑法第一百七十七条之一第一款）〕妨害信用卡管理，涉嫌下列情形之一的，应予立案追诉：

（一）明知是伪造的信用卡而持有、运输的；

（二）明知是伪造的空白信用卡而持有、运输，数量累计在十张以上的；

（三）非法持有他人信用卡，数量累计在五张以上的；

（四）使用虚假的身份证明骗领信用卡的；

（五）出售、购买、为他人提供伪造的信用卡或者以虚假的身份证明骗领的信用卡的。

违背他人意愿，使用其居民身份证、军官证、士兵证、港澳居民往来内地通行证、台湾居民来往大陆通行证、护照等身份证明申领信用卡的，或者使用伪造、变造的身份证明申领信用卡的，应当认定为"使用虚假的身份证明骗领信用卡"。

第二十六条〔窃取、收买、非法提供信用卡信息案（刑法第一百七十七条之一第二款）〕窃取、收买或者非法提供他人信用卡信息资料，足以伪造可进行交易的信用卡，或者足以使他人以信用卡持卡人名义进行交易，涉及信用卡一张以上的，应予立案追诉。

2. 最高人民法院、最高人民检察院《关于办理妨害信用卡管理刑事案件具体应用法律若干问题的解释》（法释〔2018〕19号，2018.11.28修正，2018.12.1实施）（节录）①

第二条 明知是伪造的空白信用卡而持有、运输十张以上不满一百

---

① 可参见《〈关于办理妨害信用卡管理刑事案件具体应用法律若干问题的解释〉的理解与适用》（最高人民法院研究室 刘涛）。

张的,应当认定为刑法第一百七十七条之一第一款第一项规定的"数量较大";非法持有他人信用卡五张以上不满五十张的,应当认定为刑法第一百七十七条之一第一款第二项规定的"数量较大"。

有下列情形之一的,应当认定为刑法第一百七十七条之一第一款规定的"数量巨大":

(一)明知是伪造的信用卡而持有、运输十张以上的;

(二)明知是伪造的空白信用卡而持有、运输一百张以上的;

(三)非法持有他人信用卡五十张以上的;

(四)使用虚假的身份证明骗领信用卡十张以上的;

(五)出售、购买、为他人提供伪造的信用卡或者以虚假的身份证明骗领的信用卡十张以上的。

违背他人意愿,使用其居民身份证、军官证、士兵证、港澳居民往来内地通行证、台湾居民来往大陆通行证、护照等身份证明申领信用卡的,或者使用伪造、变造的身份证明申领信用卡的,应当认定为刑法第一百七十七条之一第一款第三项规定的"使用虚假的身份证明骗领信用卡"。

第三条 窃取、收买、非法提供他人信用卡信息资料,足以伪造可进行交易的信用卡,或者足以使他人以信用卡持卡人名义进行交易,涉及信用卡一张以上不满五张的,依照刑法第一百七十七条之一第二款的规定,以窃取、收买、非法提供信用卡信息罪定罪处罚;涉及信用卡五张以上的,应当认定为刑法第一百七十七条之一第一款规定的"数量巨大"。

第四条 为信用卡申请人制作、提供虚假的财产状况、收入、职务等资信证明材料,涉及伪造、变造、买卖国家机关公文、证件、印章,或者涉及伪造公司、企业、事业单位、人民团体印章,应当追究刑事责任的,依照刑法第二百八十条的规定,分别以伪造、变造、买卖国家机关公文、证件、印章罪和伪造公司、企业、事业单位、人民团体印章罪定罪处罚。

承担资产评估、验资、验证、会计、审计、法律服务等职责的中介组织或其人员,为信用卡申请人提供虚假的财产状况、收入、职务等资信证明材料,应当追究刑事责任的,依照刑法第二百二十九条的规定,分别以提供虚假证明文件罪和出具证明文件重大失实罪定罪处罚。

3. 最高人民法院、最高人民检察院、公安部《关于办理电信网络诈骗等刑事案件适用法律若干问题的意见》(法发〔2016〕32号，2016.12.20)(节录)

(四)非法持有他人信用卡，没有证据证明从事电信网络诈骗犯罪活动，符合刑法第一百七十七条之一第一款第(二)项规定的，以妨害信用卡管理罪追究刑事责任。

第一百九十六条 【信用卡诈骗罪】[①] 【盗窃罪】

刑法

有下列情形之一，进行信用卡诈骗活动，数额较大的，处五年以下有期徒刑或者拘役，并处二万元以上二十万元以下罚金；数额巨大或者有其他严重情节的，处五年以上十年以下有期徒刑，并处五万元以上五十万元以下罚金；数额特别巨大或者有其他特别严重情节的，处十年以上有期徒刑或者无期徒刑，并处五万元以上五十万元以下罚金或者没收财产：

(一)使用伪造的信用卡，或者使用以虚假的身份证明骗领的信用卡的；

(二)使用作废的信用卡的；

(三)冒用他人信用卡的；

(四)恶意透支的。

前款所称恶意透支，是指持卡人以非法占有为目的，超过规定限额或者规定期限透支，并且经发卡银行催收后仍不归还的行为。

盗窃信用卡并使用的，依照本法第二百六十四条的规定定罪处罚。

立法解释

全国人民代表大会常务委员会《关于〈中华人民共和国刑法〉有关信用卡规定的解释》(2004.12.29)

刑法规定的"信用卡"，是指由商业银行或者其他金融机构发行的具有

---

① 本条被2005年《刑法修正案(五)》第2条修订，在第一项中增加了"或者使用以虚假的身份证明骗领的信用卡的"规定。

上编 金融犯罪

消费支付、信用贷款、转账结算、存取现金等全部功能或者部分功能的电子支付卡。

司法解释、司法解释性文件及规范性文件

1. 最高人民检察院、公安部《关于公安机关管辖的刑事案件立案追诉标准的规定（二）》（2022.4.6 修订，2022.5.1 实施）（节录）

第四十九条 〔信用卡诈骗案（刑法第一百九十六条）〕进行信用卡诈骗活动，涉嫌下列情形之一的，应予立案追诉：

（一）使用伪造的信用卡、以虚假的身份证明骗领的信用卡、作废的信用卡或者冒用他人信用卡，进行诈骗活动，数额在五千元以上的；

（二）恶意透支，数额在五万元以上的。

本条规定的"恶意透支"，是指持卡人以非法占有为目的，超过规定限额或者规定期限透支，经发卡银行两次有效催收后超过三个月仍不归还的。

恶意透支的数额，是指公安机关刑事立案时尚未归还的实际透支的本金数额，不包括利息、复利、滞纳金、手续费等发卡银行收取的费用。归还或者支付的数额，应当认定为归还实际透支的本金。

恶意透支，数额在五万元以上不满五十万元的，在提起公诉前全部归还或者具有其他情节轻微情形的，可以不起诉。但是，因信用卡诈骗受过二次以上处罚的除外。

2. 最高人民法院、最高人民检察院《关于办理妨害信用卡管理刑事案件具体应用法律若干问题的解释》（法释〔2018〕19号，2018.11.28 修正，2018.12.1 实施）（节录）①

第五条 使用伪造的信用卡、以虚假的身份证明骗领的信用卡、作废的信用卡或者冒用他人信用卡，进行信用卡诈骗活动，数额在五千元以上不满五万元的，应当认定为刑法第一百九十六条规定的"数额较大"；数额在五万元以上不满五十万元的，应当认定为刑法第一百九十六条规定的

---

① 可参见《〈关于办理妨害信用卡管理刑事案件具体应用法律若干问题的解释〉的理解与适用》（最高人民法院研究室 刘涛）。

"数额巨大";数额在五十万元以上的,应当认定为刑法第一百九十六条规定的"数额特别巨大"。

刑法第一百九十六条第一款第三项所称"冒用他人信用卡",包括以下情形:

(一)拾得他人信用卡并使用的;

(二)骗取他人信用卡并使用的;

(三)窃取、收买、骗取或者以其他非法方式获取他人信用卡信息资料,并通过互联网、通讯终端等使用的;

(四)其他冒用他人信用卡的情形。

第六条 持卡人以非法占有为目的,超过规定限额或者规定期限透支,经发卡银行两次有效催收后超过三个月仍不归还的,应当认定为刑法第一百九十六条规定的"恶意透支"。

对于是否以非法占有为目的,应当综合持卡人信用记录、还款能力和意愿、申领和透支信用卡的状况、透支资金的用途、透支后的表现、未按规定还款的原因等情节作出判断。不得单纯依据持卡人未按规定还款的事实认定非法占有目的。

具有以下情形之一的,应当认定为刑法第一百九十六条第二款规定的"以非法占有为目的",但有证据证明持卡人确实不具有非法占有目的的除外:

(一)明知没有还款能力而大量透支,无法归还的;

(二)使用虚假资信证明申领信用卡后透支,无法归还的;

(三)透支后通过逃匿、改变联系方式等手段,逃避银行催收的;

(四)抽逃、转移资金,隐匿财产,逃避还款的;

(五)使用透支的资金进行犯罪活动的;

(六)其他非法占有资金,拒不归还的情形。

第七条 催收同时符合下列条件的,应当认定为本解释第六条规定的"有效催收":

(一)在透支超过规定限额或者规定期限后进行;

(二)催收应当采用能够确认持卡人收悉的方式,但持卡人故意逃避催收的除外;

（三）两次催收至少间隔三十日；

（四）符合催收的有关规定或者约定。

对于是否属于有效催收，应当根据发卡银行提供的电话录音、信息送达记录、信函送达回执、电子邮件送达记录、持卡人或者其家属签字以及其他催收原始证据材料作出判断。

发卡银行提供的相关证据材料，应当有银行工作人员签名和银行公章。

第八条　恶意透支，数额在五万元以上不满五十万元的，应当认定为刑法第一百九十六条规定的"数额较大"；数额在五十万元以上不满五百万元的，应当认定为刑法第一百九十六条规定的"数额巨大"；数额在五百万元以上的，应当认定为刑法第一百九十六条规定的"数额特别巨大"。

第九条　恶意透支的数额，是指公安机关刑事立案时尚未归还的实际透支的本金数额，不包括利息、复利、滞纳金、手续费等发卡银行收取的费用。归还或者支付的数额，应当认定为归还实际透支的本金。

检察机关在审查起诉、提起公诉时，应当根据发卡银行提供的交易明细、分类账单（透支账单、还款账单）等证据材料，结合犯罪嫌疑人、被告人及其辩护人所提辩解、辩护意见及相关证据材料，审查认定恶意透支的数额；恶意透支的数额难以确定的，应当依据司法会计、审计报告，结合其他证据材料审查认定。人民法院在审判过程中，应当在对上述证据材料查证属实的基础上，对恶意透支的数额作出认定。

发卡银行提供的相关证据材料，应当有银行工作人员签名和银行公章。

第十条　恶意透支数额较大，在提起公诉前全部归还或者具有其他情节轻微情形的，可以不起诉；在一审判决前全部归还或者具有其他情节轻微情形的，可以免予刑事处罚。但是，曾因信用卡诈骗受过两次以上处罚的除外。

第十一条　发卡银行违规以信用卡透支形式变相发放贷款，持卡人未按规定归还的，不适用刑法第一百九十六条'恶意透支'的规定。构成其他犯罪的，以其他犯罪论处。

3. 最高人民法院、最高人民检察院、公安部《关于信用卡诈骗犯罪管辖有关问题的通知》（公通字〔2011〕29号，2011.8.8）

对以窃取、收买等手段非法获取他人信用卡信息资料后在异地使用的信用卡诈骗犯罪案件，持卡人信用卡申领地的公安机关、人民检察院、人民法院可以依法立案侦查、起诉、审判。

4. 最高人民法院研究室《关于信用卡犯罪法律适用若干问题的复函》（法研〔2010〕105号，2010.7.5）

公安部经济犯罪侦查局：

你局公经金融〔2010〕110号《关于公安机关办理信用卡犯罪案件法律适用若干问题征求意见的函》收悉。经研究，提出以下意见供参考：

一、对于一人持有多张信用卡进行恶意透支，每张信用卡透支数额均未达到1万元的立案追诉标准的，原则上可以累计数额进行追诉。但考虑到一人办多张信用卡的情况复杂，如累计透支数额不大的，应分别不同情况慎重处理。①

二、发卡银行的"催收"应有电话录音、持卡人或其家属签字等证据证明。"两次催收"一般应分别采用电话、信函、上门等两种以上催收形式。

三、若持卡人在透支大额款项后，仅向发卡行偿还远低于最低还款额的欠款，具有非法占有目的的，可以认定为"恶意透支"；行为人确实不具有非法占有目的的，不能认定为"恶意透支"。

四、非法套现犯罪的证据规格，仍应遵循刑事诉讼法规定的证据确实、充分的证明标准。原则上应向各持卡人询问并制作笔录。如因持卡人数量众多、下落不明等客观原因导致无法取证，且其他证据已能确实、充分地证明使用信用卡非法套现的犯罪事实及套现数额的，则可以不向所有持卡人询问并制作笔录。

5. 最高人民检察院《关于拾得他人信用卡并在自动柜员机（ATM机）上使用的行为如何定性问题的批复》（2008.5.7）

拾得他人信用卡并在自动柜员机（ATM机）上使用的行为，属于刑法第一百九十六条第一款第（三）项规定的"冒用他人信用卡"的情形，构

---

① 恶意透支型信用卡诈骗罪立案标准已变化，最高人民法院、最高人民检察院《关于办理妨害信用卡管理刑事案件具体应用法律若干问题的解释》第8条将立案标准调整为五万元。

上编 金融犯罪

成犯罪的,以信用卡诈骗罪追究刑事责任。

第二百二十五条 【非法经营罪】(涉POS机套现)

刑法

违反国家规定,有下列非法经营行为之一,扰乱市场秩序,情节严重的,处五年以下有期徒刑或者拘役,并处或者单处违法所得一倍以上五倍以下罚金;情节特别严重的,处五年以上有期徒刑,并处违法所得一倍以上五倍以下罚金或者没收财产:

……

(四)其他严重扰乱市场秩序的非法经营行为。

司法解释、司法解释性文件及规范性文件

1.最高人民检察院、公安部《关于公安机关管辖的刑事案件立案追诉标准的规定(二)》(2022.4.6修订,2022.5.15实施)(节录)

第七十一条〔非法经营案(刑法第二百二十五条)〕违反国家规定,进行非法经营活动,扰乱市场秩序,涉嫌下列情形之一的,应予立案追诉:

……

(二)未经国家有关主管部门批准,非法经营证券、期货、保险业务,或者非法从事资金支付结算业务,具有下列情形之一的:

1.非法经营证券、期货、保险业务,数额在一百万元以上,或者违法所得数额在十万元以上的;

2.非法从事资金支付结算业务,数额在五百万元以上,或者违法所得数额在十万元以上的;

3.非法从事资金支付结算业务,数额在二百五十万元以上不满五百万元,或者违法所得数额在五万元以上不满十万元,且具有下列情形之一的:

(1)因非法从事资金支付结算业务犯罪行为受过刑事追究的;

(2)二年内因非法从事资金支付结算业务违法行为受过行政处罚的;

(3)拒不交代涉案资金去向或者拒不配合追缴工作,致使赃款无法追缴的；

(4)造成其他严重后果的。

4.使用销售点终端机具（POS机）等方法，以虚构交易、虚开价格、现金退货等方式向信用卡持卡人直接支付现金，数额在一百万元以上的，或者造成金融机构资金二十万元以上逾期未还的，或者造成金融机构经济损失十万元以上的。

……

2.最高人民法院、最高人民检察院《关于办理妨害信用卡管理刑事案件具体应用法律若干问题的解释》(法释〔2018〕19号，2018.11.28修正，2018.12.1实施)(节录)

第十二条　违反国家规定，使用销售点终端机具（POS机）等方法，以虚构交易、虚开价格、现金退货等方式向信用卡持卡人直接支付现金，情节严重的，应当依据刑法第二百二十五条的规定，以非法经营罪定罪处罚。

实施前款行为，数额在一百万元以上的，或者造成金融机构资金二十万元以上逾期未还的，或者造成金融机构经济损失十万元以上的，应当认定为刑法第二百二十五条规定的"情节严重"；数额在五百万元以上的，或者造成金融机构资金一百万元以上逾期未还的，或者造成金融机构经济损失五十万元以上的，应当认定为刑法第二百二十五条规定的"情节特别严重"。

持卡人以非法占有为目的，采用上述方式恶意透支，应当追究刑事责任的，依照刑法第一百九十六条的规定，以信用卡诈骗罪定罪处罚。

▶ 行政规范

部门规章及部门规范性文件

1.《商业银行信用卡业务监督管理办法》(中国银行业监督管理委员会令2011年第2号，2011.1.13)(节录)

第七条　本办法所称信用卡，是指记录持卡人账户相关信息，具备银行授信额度和透支功能，并为持卡人提供相关银行服务的各类介质。

第八条 本办法所称信用卡业务，是指商业银行利用具有授信额度和透支功能的银行卡提供的银行服务，主要包括发卡业务和收单业务。

第九条 本办法所称发卡业务，是指发卡银行基于对客户的评估结果，与符合条件的客户签约发放信用卡并提供的相关银行服务。

发卡业务包括营销推广、审批授信、卡片制作发放、交易授权、交易处理、交易监测、资金结算、账务处理、争议处理、增值服务和欠款催收等业务环节。

第十条 本办法所称发卡银行，是指经中国银监会批准开办信用卡发卡业务，并承担发卡业务风险管理相关责任的商业银行。

第十一条 本办法所称发卡业务服务机构，是指与发卡银行签约协助其提供信用卡业务服务的法人机构或其他组织。

2. 中国人民银行《银行卡业务管理办法》（银发〔1999〕17号，1999.3.1）（节录）

第二条 本办法所称银行卡，是指由商业银行（含邮政金融机构，下同）向社会发行的具有消费信用、转帐结算、存取现金等全部或部分功能的信用支付工具。

商业银行未经中国人民银行批准不得发行银行卡。

第五条 银行卡包括信用卡和借记卡。

银行卡按币种不同分为人民币卡、外币卡；按发行对象不同分为单位卡（商务卡）、个人卡；按信息载体不同分为磁条卡、芯片（IC）卡。

第六条 信用卡按是否向发卡银行交存备用金分为贷记卡、准贷记卡两类。

贷记卡是指发卡银行给予持卡人一定的信用额度，持卡人可在信用额度内先消费、后还款的信用卡。

准贷记卡是指持卡人须先按发卡银行要求交存一定金额的备用金，当备用金帐户余额不足支付时，可在发卡银行规定的信用额度内透支的信用卡。

第七条 借记卡按功能不同分为转帐卡（含储蓄卡，下同）、专用卡、储值卡。借记卡不具备透支功能。

第八条　转帐卡是实时扣帐的借记卡。具有转帐结算、存取现金和消费功能。

第九条　专用卡是具有专门用途、在特定区域使用的借记卡。具有转帐结算、存取现金功能。

专门用途是指在百货、餐饮、饭店、娱乐行业以外的用途。

第十条　储值卡是发卡银行根据持卡人要求将其资金转至卡内储存，交易时直接从卡内扣款的预付钱包式借记卡。

第二十八条　个人申领银行卡（储值卡除外），应当向发卡银行提供公安部门规定的本人有效身份证件，经发卡银行审查合格后，为其开立记名帐户；

凡在中国境内金融机构开立基本存款帐户的单位，应当凭中国人民银行核发的开户许可证申领单位卡；

银行卡及其帐户只限经发卡银行批准的持卡人本人使用，不得出租和转借。

第四十条　银行卡通过联网的各类终端交易的原始单据至少保留二年备查。

第四十一条　发卡银行应当认真审查信用卡申请人的资信状况，根据申请人的资信状况确定有效担保及担保方式。

发卡银行应当对信用卡持卡人的资信状况进行定期复查，并应当根据资信状况的变化调整其信用额度。

第四十二条　发卡银行应当建立授权审批制度，明确对不同级别内部工作人员的授权权限和授权限额。

第四十三条　发卡银行应当加强对止付名单的管理，及时接收和发送止付名单。

第四十六条　准贷记卡的透支期限最长为60天。贷记卡的首月最低还款额不得低于其当月透支余额的10%。

第四十七条　发卡银行通过下列途径追偿透支款项和诈骗款项：

（一）扣减持卡人保证金、依法处理抵押物和质物；

（二）向保证人追索透支款项；

（三）通过司法机关的诉讼程序进行追偿。

第五十一条　发卡银行的权利：

（一）发卡银行有权审查申请人的资信状况、索取申请人的个人资料，并有权决定是否向申请人发卡及确定信用卡持卡人的透支额度。

（二）发卡银行对持卡人透支有追偿权。对持卡人不在规定期限内归还透支款项的，发卡银行有权申请法律保护并依法追究持卡人或有关当事人的法律责任。

（三）发卡银行对不遵守其章程规定的持卡人，有权取消其持卡人资格，并可授权有关单位收回其银行卡。

（四）发卡银行对储值卡和ＩＣ卡内的电子钱包可不予挂失。

第五十二条　发卡银行的义务：

（一）发卡银行应当向银行卡申请人提供有关银行卡的使用说明资料，包括章程、使用说明及收费标准。现有持卡人亦可索取上述资料。

（二）发卡银行应当设计针对银行卡服务的公平、有效的投诉制度，并公开投诉程序和投诉电话。发卡银行对持卡人关于帐务情况的查询和改正要求应当在30天内给予答复。

（三）发卡银行应当向持卡人提供对帐服务。按月向持卡人提供帐户结单，在下列情况下发卡银行可不向持卡人提供帐户结单：

1. 已向持卡人提供存折或其他交易记录；

2. 自上一份月结单后，没有进行任何交易，帐户没有任何未偿还余额；

3. 已与持卡人另行商定。

……

第五十三条　持卡人的权利：

（一）持卡人享有发卡银行对其银行卡所承诺的各项服务的权利，有权监督服务质量并对不符服务质量进行投诉。

（二）申请人、持卡人有权知悉其选用的银行卡的功能、使用方法、收费项目、收费标准、适用利率及有关的计算公式。

（三）持卡人有权在规定时间内向发卡银行索取对帐单，并有权要求对不符帐务内容进行查询或改正。

（四）借记卡的挂失手续办妥后，持卡人不再承担相应卡帐户资金变动的责任，司法机关、仲裁机关另有判决的除外。

（五）持卡人有权索取信用卡领用合约，并应妥善保管。

第五十四条　持卡人的义务：

（一）申请人应当向发卡银行提供真实的申请资料并按照发卡银行规定向其提供符合条件的担保。

（二）持卡人应当遵守发卡银行的章程及《领用合约》的有关条款。

（三）持卡人或保证人通讯地址、职业等发生变化，应当及时书面通知发卡银行。

（四）持卡人不得以和商户发生纠纷为由拒绝支付所欠银行款项。

第五十九条　持卡人出租或转借其信用卡及其帐户的，发卡银行应当责令其改正，并对其处以1000元人民币以内的罚款（由发卡银行在申请表、领用合约等契约性文件中事先约定）。

第六十一条　任何单位和个人有下列情形之一的，根据《中华人民共和国刑法》及相关法规进行处理：

（一）骗领、冒用信用卡的；

（二）伪造、变造银行卡的；

（三）恶意透支的；

（四）利用银行卡及其机具欺诈银行资金的。

第六十三条　非金融机构、金融机构的代表机构经营银行卡业务的，由中国人民银行依法予以取缔。

上编 金融犯罪

第六节 非法集资类犯罪

▶ **刑事规范及指导性案例**

第一百七十六条 【非法吸收公众存款罪】①

刑法

非法吸收公众存款或者变相吸收公众存款，扰乱金融秩序的，处三年以下有期徒刑或者拘役，并处或者单处罚金；数额巨大或者有其他严重情节的，处三年以上十年以下有期徒刑，并处罚金；数额特别巨大或者有其他特别严重情节的，处十年以上有期徒刑，并处罚金。

单位犯前款罪的，对单位判处罚金，并对其直接负责的主管人员和其他直接责任人员，依照前款的规定处罚。

有前两款行为，在提起公诉前积极退赃退赔，减少损害结果发生的，可以从轻或者减轻处罚。

司法解释、司法解释性文件及规范性文件

1. 最高人民检察院、公安部《关于公安机关管辖的刑事案件立案追诉标准的规定（二）》(2022.4.6修订，2022.5.15实施)(节录)

第二十三条〔非法吸收公众存款案（刑法第一百七十六条）〕非法吸收公众存款或者变相吸收公众存款，扰乱金融秩序，涉嫌下列情形之一的，应予立案追诉：

---

① 本条被2020年《刑法修正案（十一）》第12条修订，将第1款修改为无限额罚金刑，增加一档"数额特别巨大或者有其他特别严重情节"法定刑，增设第3款"有前两款行为，在提起公诉前积极退赃退赔，减少损害结果发生的，可以从轻或者减轻处罚"的规定。

（一）非法吸收或者变相吸收公众存款数额在一百万元以上的；

（二）非法吸收或者变相吸收公众存款对象一百五十人以上的；

（三）非法吸收或者变相吸收公众存款，给集资参与人造成直接经济损失数额在五十万元以上的；

非法吸收或者变相吸收公众存款数额在五十万元以上或者给集资参与人造成直接经济损失数额在二十五万元以上，同时涉嫌下列情形之一的，应予立案追诉：

（一）因非法集资受过刑事追究的；

（二）二年内因非法集资受过行政处罚的；

（三）造成恶劣社会影响或者其他严重后果的。

2. 最高人民法院《关于审理非法集资刑事案件具体应用法律若干问题的解释》（法释〔2022〕5号，2022.2.23修正，2022.3.1实施）

为依法惩治非法吸收公众存款、集资诈骗等非法集资犯罪活动，根据《中华人民共和国刑法》的规定，现就审理此类刑事案件具体应用法律的若干问题解释如下：

第一条　违反国家金融管理法律规定，向社会公众（包括单位和个人）吸收资金的行为，同时具备下列四个条件的，除刑法另有规定的以外，应当认定为刑法第一百七十六条规定的"非法吸收公众存款或者变相吸收公众存款"：

（一）未经有关部门依法许可或者借用合法经营的形式吸收资金；

（二）通过网络、媒体、推介会、传单、手机信息等途径向社会公开宣传；

（三）承诺在一定期限内以货币、实物、股权等方式还本付息或者给付回报；

（四）向社会公众即社会不特定对象吸收资金。

未向社会公开宣传，在亲友或者单位内部针对特定对象吸收资金的，不属于非法吸收或者变相吸收公众存款。

第二条　实施下列行为之一，符合本解释第一条第一款规定的条件的，应当依照刑法第一百七十六条的规定，以非法吸收公众存款罪定罪处罚：

（一）不具有房产销售的真实内容或者不以房产销售为主要目的，以返本销售、售后包租、约定回购、销售房产份额等方式非法吸收资金的；

（二）以转让林权并代为管护等方式非法吸收资金的；

（三）以代种植（养殖）、租种植（养殖）、联合种植（养殖）等方式非法吸收资金的；

（四）不具有销售商品、提供服务的真实内容或者不以销售商品、提供服务为主要目的，以商品回购、寄存代售等方式非法吸收资金的；

（五）不具有发行股票、债券的真实内容，以虚假转让股权、发售虚构债券等方式非法吸收资金的；

（六）不具有募集基金的真实内容，以假借境外基金、发售虚构基金等方式非法吸收资金的；

（七）不具有销售保险的真实内容，以假冒保险公司、伪造保险单据等方式非法吸收资金的；

（八）以网络借贷、投资入股、虚拟币交易等方式非法吸收资金的；

（九）以委托理财、融资租赁等方式非法吸收资金的；

（十）以提供"养老服务"、投资"养老项目"、销售"老年产品"等方式非法吸收资金的；

（十一）利用民间"会""社"等组织非法吸收资金的；

（十二）其他非法吸收资金的行为。

第三条 非法吸收或者变相吸收公众存款，具有下列情形之一的，应当依法追究刑事责任：

（一）非法吸收或者变相吸收公众存款数额在100万元以上的；

（二）非法吸收或者变相吸收公众存款对象150人以上的；

（三）非法吸收或者变相吸收公众存款，给存款人造成直接经济损失数额在50万元以上的。

非法吸收或者变相吸收公众存款数额在50万元以上或者给存款人造成直接经济损失数额在25万元以上，同时具有下列情节之一的，应当依法追究刑事责任：

（一）曾因非法集资受过刑事追究的；

（二）二年内曾因非法集资受过行政处罚的；

（三）造成恶劣社会影响或者其他严重后果的。

第四条　非法吸收或者变相吸收公众存款，具有下列情形之一的，应当认定为刑法第一百七十六条规定的"数额巨大或者有其他严重情节"：

（一）非法吸收或者变相吸收公众存款数额在500万元以上的；

（二）非法吸收或者变相吸收公众存款对象500人以上的；

（三）非法吸收或者变相吸收公众存款，给存款人造成直接经济损失数额在250万元以上的。

非法吸收或者变相吸收公众存款数额在250万元以上或者给存款人造成直接经济损失数额在150万元以上，同时具有本解释第三条第二款第三项情节的，应当认定为"其他严重情节"。

第五条　非法吸收或者变相吸收公众存款，具有下列情形之一的，应当认定为刑法第一百七十六条规定的"数额特别巨大或者有其他特别严重情节"：

（一）非法吸收或者变相吸收公众存款数额在5000万元以上的；

（二）非法吸收或者变相吸收公众存款对象5000人以上的；

（三）非法吸收或者变相吸收公众存款，给存款人造成直接经济损失数额在2500万元以上的。

非法吸收或者变相吸收公众存款数额在2500万元以上或者给存款人造成直接经济损失数额在1500万元以上，同时具有本解释第三条第二款第三项情节的，应当认定为"其他特别严重情节"。

第六条　非法吸收或者变相吸收公众存款的数额，以行为人所吸收的资金全额计算。在提起公诉前积极退赃退赔，减少损害结果发生的，可以从轻或者减轻处罚；在提起公诉后退赃退赔的，可以作为量刑情节酌情考虑。

非法吸收或者变相吸收公众存款，主要用于正常的生产经营活动，能够在提起公诉前清退所吸收资金，可以免予刑事处罚；情节显著轻微危害不大的，不作为犯罪处理。

对依法不需要追究刑事责任或者免予刑事处罚的，应当依法将案件移送有关行政机关。

第七条 以非法占有为目的，使用诈骗方法实施本解释第二条规定所列行为的，应当依照刑法第一百九十二条的规定，以集资诈骗罪定罪处罚。

使用诈骗方法非法集资，具有下列情形之一的，可以认定为"以非法占有为目的"：

（一）集资后不用于生产经营活动或者用于生产经营活动与筹集资金规模明显不成比例，致使集资款不能返还的；

（二）肆意挥霍集资款，致使集资款不能返还的；

（三）携带集资款逃匿的；

（四）将集资款用于违法犯罪活动的；

（五）抽逃、转移资金、隐匿财产，逃避返还资金的；

（六）隐匿、销毁账目，或者搞假破产、假倒闭，逃避返还资金的；

（七）拒不交代资金去向，逃避返还资金的；

（八）其他可以认定非法占有目的的情形。

集资诈骗罪中的非法占有目的，应当区分情形进行具体认定。行为人部分非法集资行为具有非法占有目的的，对该部分非法集资行为所涉集资款以集资诈骗罪定罪处罚；非法集资共同犯罪中部分行为人具有非法占有目的，其他行为人没有非法占有集资款的共同故意和行为的，对具有非法占有目的的行为人以集资诈骗罪定罪处罚。

第八条 集资诈骗数额在 10 万元以上的，应当认定为"数额较大"；数额在 100 万元以上的，应当认定为"数额巨大"。

集资诈骗数额在 50 万元以上，同时具有本解释第三条第二款第三项情节的，应当认定为刑法第一百九十二条规定的"其他严重情节"。

集资诈骗的数额以行为人实际骗取的数额计算，在案发前已归还的数额应予扣除。行为人为实施集资诈骗活动而支付的广告费、中介费、手续费、回扣，或者用于行贿、赠与等费用，不予扣除。行为人为实施集资诈骗活动而支付的利息，除本金未归还可予折抵本金以外，应当计入诈骗数额。

第九条 犯非法吸收公众存款罪，判处三年以下有期徒刑或者拘役，并处或者单处罚金的，处五万元以上一百万元以下罚金；判处三年以上十年以下有期徒刑的，并处十万元以上五百万元以下罚金；判处十年以上有期徒刑的，并处五十万元以上罚金。

犯集资诈骗罪，判处三年以上七年以下有期徒刑的，并处十万元以上五百万元以下罚金；判处七年以上有期徒刑或者无期徒刑的，并处五十万元以上罚金或者没收财产。

第十条　未经国家有关主管部门批准，向社会不特定对象发行、以转让股权等方式变相发行股票或者公司、企业债券，或者向特定对象发行、变相发行股票或者公司、企业债券累计超过200人的，应当认定为刑法第一百七十九条规定的"擅自发行股票或者公司、企业债券"。构成犯罪的，以擅自发行股票、公司、企业债券罪定罪处罚。

第十一条　违反国家规定，未经依法核准擅自发行基金份额募集基金，情节严重的，依照刑法第二百二十五条的规定，以非法经营罪定罪处罚。

第十二条　广告经营者、广告发布者违反国家规定，利用广告为非法集资活动相关的商品或者服务作虚假宣传，具有下列情形之一的，依照刑法第二百二十二条的规定，以虚假广告罪定罪处罚：

（一）违法所得数额在10万元以上的；

（二）造成严重危害后果或者恶劣社会影响的；

（三）二年内利用广告作虚假宣传，受过行政处罚二次以上的；

（四）其他情节严重的情形。

明知他人从事欺诈发行证券，非法吸收公众存款，擅自发行股票、公司、企业债券，集资诈骗或者组织、领导传销活动等集资犯罪活动，为其提供广告等宣传的，以相关犯罪的共犯论处。

第十三条　通过传销手段向社会公众非法吸收资金，构成非法吸收公众存款罪或者集资诈骗罪，同时又构成组织、领导传销活动罪的，依照处罚较重的规定定罪处罚。

第十四条　单位实施非法吸收公众存款、集资诈骗犯罪的，依照本解释规定的相应自然人犯罪的定罪量刑标准，对单位判处罚金，并对其直接负责的主管人员和其他直接责任人员定罪处罚。

第十五条　此前发布的司法解释与本解释不一致的，以本解释为准。

3. 最高人民法院、最高人民检察院、公安部《关于办理非法集资刑事案件若干问题的意见》（高检会〔2019〕2号，2019.1.30）

一、关于非法集资的"非法性"认定依据问题

人民法院、人民检察院、公安机关认定非法集资的"非法性"，应当以国家金融管理法律法规作为依据。对于国家金融管理法律法规仅作原则性规定，可以根据法律规定的精神并参考中国人民银行、中国银行保险监督管理委员会、中国证券监督管理委员会等行政主管部门依照国家金融管理法律法规制定的部门规章或者国家有关金融管理的规定、办法、实施细则等规范性文件的规定予以认定。

二、关于单位犯罪的认定问题

单位实施非法集资犯罪活动，全部或者大部分违法所得归单位所有的，应当认定为单位犯罪。

个人为进行非法集资犯罪活动而设立的单位实施犯罪的，或者单位设立后，以实施非法集资犯罪活动为主要活动的，不以单位犯罪论处，对单位中组织、策划、实施非法集资犯罪活动的人员应当以自然人犯罪依法追究刑事责任。

判断单位是否以实施非法集资犯罪活动为主要活动，应当根据单位实施非法集资的次数、频度、持续时间、资金规模、资金流向、投入人力物力情况、单位进行正当经营的状况以及犯罪活动的影响、后果等因素综合考虑认定。

三、关于涉案下属单位的处理问题

办理非法集资刑事案件中，人民法院、人民检察院、公安机关应当全面查清涉案单位，包括上级单位（总公司、母公司）和下属单位（分公司、子公司）的主体资格、层级、关系、地位、作用、资金流向等，区分情况依法作出处理。

上级单位已被认定为单位犯罪，下属单位实施非法集资犯罪活动，且全部或者大部分违法所得归下属单位所有的，对该下属单位也应当认定为单位犯罪。上级单位和下属单位构成共同犯罪的，应当根据犯罪单位的地位、作用，确定犯罪单位的刑事责任。

上级单位已被认定为单位犯罪，下属单位实施非法集资犯罪活动，但全部或者大部分违法所得归上级单位所有的，对下属单位不单独认定为单位犯罪。下属单位中涉嫌犯罪的人员，可以作为上级单位的其他直接责任人员依法追究刑事责任。

上级单位未被认定为单位犯罪，下属单位被认定为单位犯罪的，对上级单位中组织、策划、实施非法集资犯罪的人员，一般可以与下属单位按照自然人与单位共同犯罪处理。

上级单位与下属单位均未被认定为单位犯罪的，一般以上级单位与下属单位中承担组织、领导、管理、协调职责的主管人员和发挥主要作用的人员作为主犯，以其他积极参加非法集资犯罪的人员作为从犯，按照自然人共同犯罪处理。

四、关于主观故意的认定问题

认定犯罪嫌疑人、被告人是否具有非法吸收公众存款的犯罪故意，应当依据犯罪嫌疑人、被告人的任职情况、职业经历、专业背景、培训经历、本人因同类行为受到行政处罚或者刑事追究情况以及吸收资金方式、宣传推广、合同资料、业务流程等证据，结合其供述，进行综合分析判断。

犯罪嫌疑人、被告人使用诈骗方法非法集资，符合《最高人民法院关于审理非法集资刑事案件具体应用法律若干问题的解释》第四条规定的，可以认定为集资诈骗罪中"以非法占有为目的"。

办案机关在办理非法集资刑事案件中，应当根据案件具体情况注意收集运用涉及犯罪嫌疑人、被告人的以下证据：是否使用虚假身份信息对外开展业务；是否虚假订立合同、协议；是否虚假宣传，明显超出经营范围或者夸大经营、投资、服务项目及盈利能力；是否吸收资金后隐匿、销毁合同、协议、账目；是否传授或者接受规避法律、逃避监管的方法，等等。

五、关于犯罪数额的认定问题

非法吸收或者变相吸收公众存款构成犯罪，具有下列情形之一的，向亲友或者单位内部人员吸收的资金应当与向不特定对象吸收的资金一并计入犯罪数额：

（一）在向亲友或者单位内部人员吸收资金的过程中，明知亲友或者单位内部人员向不特定对象吸收资金而予以放任的；

（二）以吸收资金为目的，将社会人员吸收为单位内部人员，并向其吸收资金的；

（三）向社会公开宣传，同时向不特定对象、亲友或者单位内部人员吸收资金的。

非法吸收或者变相吸收公众存款的数额，以行为人所吸收的资金全额计算。集资参与人收回本金或者获得回报后又重复投资的数额不予扣除，但可以作为量刑情节酌情考虑。

六、关于宽严相济刑事政策把握问题

办理非法集资刑事案件，应当贯彻宽严相济刑事政策，依法合理把握追究刑事责任的范围，综合运用刑事手段和行政手段处置和化解风险，做到惩处少数、教育挽救大多数。要根据行为人的客观行为、主观恶性、犯罪情节及其地位、作用、层级、职务等情况，综合判断行为人的责任轻重和刑事追究的必要性，按照区别对待原则分类处理涉案人员，做到罚当其罪、罪责刑相适应。

重点惩处非法集资犯罪活动的组织者、领导者和管理人员，包括单位犯罪中的上级单位（总公司、母公司）的核心层、管理层和骨干人员，下属单位（分公司、子公司）的管理层和骨干人员，以及其他发挥主要作用的人员。

对于涉案人员积极配合调查、主动退赃退赔、真诚认罪悔罪的，可以依法从轻处罚；其中情节轻微的，可以免除处罚；情节显著轻微、危害不大的，不作为犯罪处理。

七、关于管辖问题

跨区域非法集资刑事案件按照《国务院关于进一步做好防范和处置非法集资工作的意见》（国发〔2015〕59号）确定的工作原则办理。如果合并侦查、诉讼更为适宜的，可以合并办理。

办理跨区域非法集资刑事案件，如果多个公安机关都有权立案侦查的，一般由主要犯罪地公安机关作为案件主办地，对主要犯罪嫌疑人立案侦查和移送审查起诉；由其他犯罪地公安机关作为案件分办地根据案件具体情况，对本地区犯罪嫌疑人立案侦查和移送审查起诉。

管辖不明或者有争议的，按照有利于查清犯罪事实、有利于诉讼的原则，由其共同的上级公安机关协调确定或者指定有关公安机关作为案件主办地立案侦查。需要提请批准逮捕、移送审查起诉、提起公诉的，由分别立案侦查的公安机关所在地的人民检察院、人民法院受理。

对于重大、疑难、复杂的跨区域非法集资刑事案件，公安机关应当在协调确定或者指定案件主办地立案侦查的同时，通报同级人民检察院、人民法院。人民检察院、人民法院参照前款规定，确定主要犯罪地作为案件主办地，其他犯罪地作为案件分办地，由所在地的人民检察院、人民法院负责起诉、审判。

本条规定的"主要犯罪地"，包括非法集资活动的主要组织、策划、实施地，集资行为人的注册地、主要营业地、主要办事机构所在地，集资参与人的主要所在地等。

八、关于办案工作机制问题

案件主办地和其他涉案地办案机关应当密切沟通协调，协同推进侦查、起诉、审判、资产处置工作，配合有关部门最大限度追赃挽损。

案件主办地办案机关应当统一负责主要犯罪嫌疑人、被告人涉嫌非法集资全部犯罪事实的立案侦查、起诉、审判，防止遗漏犯罪事实；并应就全案处理政策、追诉主要犯罪嫌疑人、被告人的证据要求及诉讼时限、追赃挽损、资产处置等工作要求，向其他涉案地办案机关进行通报。其他涉案地办案机关应当对本地区犯罪嫌疑人、被告人涉嫌非法集资的犯罪事实及时立案侦查、起诉、审判，积极协助主办地处置涉案资产。

案件主办地和其他涉案地办案机关应当建立和完善证据交换共享机制。对涉及主要犯罪嫌疑人、被告人的证据，一般由案件主办地办案机关负责收集，其他涉案地提供协助。案件主办地办案机关应当及时通报接收涉及主要犯罪嫌疑人、被告人的证据材料的程序及要求。其他涉案地办案机关需要案件主办地提供证据材料的，应当向案件主办地办案机关提出证据需求，由案件主办地收集并依法移送。无法移送证据原件的，应当在移送复制件的同时，按照相关规定作出说明。

九、关于涉案财物追缴处置问题

办理跨区域非法集资刑事案件,案件主办地办案机关应当及时归集涉案财物,为统一资产处置做好基础性工作。其他涉案地办案机关应当及时查明涉案财物,明确其来源、去向、用途、流转情况,依法办理查封、扣押、冻结手续,并制作详细清单,对扣押款项应当设立明细账,在扣押后立即存入办案机关唯一合规账户,并将有关情况提供案件主办地办案机关。

人民法院、人民检察院、公安机关应当严格依照刑事诉讼法和相关司法解释的规定,依法移送、审查、处理查封、扣押、冻结的涉案财物。对审判时尚未追缴到案或者尚未足额退赔的违法所得,人民法院应当判决继续追缴或者责令退赔,并由人民法院负责执行,处置非法集资职能部门、人民检察院、公安机关等应当予以配合。

人民法院对涉案财物依法作出判决后,有关地方和部门应当在处置非法集资职能部门统筹协调下,切实履行协作义务,综合运用多种手段,做好涉案财物清运、财产变现、资金归集、资金清退等工作,确保最大限度减少实际损失。

根据有关规定,查封、扣押、冻结的涉案财物,一般应在诉讼终结后返还集资参与人。涉案财物不足全部返还的,按照集资参与人的集资额比例返还。退赔集资参与人的损失一般优先于其他民事债务以及罚金、没收财产的执行。

十、关于集资参与人权利保障问题

集资参与人,是指向非法集资活动投入资金的单位和个人,为非法集资活动提供帮助并获取经济利益的单位和个人除外。

人民法院、人民检察院、公安机关应当通过及时公布案件进展、涉案资产处置情况等方式,依法保障集资参与人的合法权利。集资参与人可以推选代表人向人民法院提出相关意见和建议;推选不出代表人的,人民法院可以指定代表人。人民法院可以视案件情况决定集资参与人代表人参加或者旁听庭审,对集资参与人提起附带民事诉讼等请求不予受理。

十一、关于行政执法与刑事司法衔接问题

处置非法集资职能部门或者有关行政主管部门,在调查非法集资行为或者行政执法过程中,认为案情重大、疑难、复杂的,可以商请公安机关就追诉标准、证据固定等问题提出咨询或者参考意见;发现非法集资行为涉嫌犯罪的,应当按照《行政执法机关移送涉嫌犯罪案件的规定》等规定,履行相关手续,在规定的期限内将案件移送公安机关。

人民法院、人民检察院、公安机关在办理非法集资刑事案件过程中,可商请处置非法集资职能部门或者有关行政主管部门指派专业人员配合开展工作,协助查阅、复制有关专业资料,就案件涉及的专业问题出具认定意见。涉及需要行政处理的事项,应当及时移交处置非法集资职能部门或者有关行政主管部门依法处理。

十二、关于国家工作人员相关法律责任问题

国家工作人员具有下列行为之一,构成犯罪的,应当依法追究刑事责任:

(一)明知单位和个人所申请机构或者业务涉嫌非法集资,仍为其办理行政许可或者注册手续的;

(二)明知所主管、监管的单位有涉嫌非法集资行为,未依法及时处理或者移送处置非法集资职能部门的;

(三)查处非法集资过程中滥用职权、玩忽职守、徇私舞弊的;

(四)徇私舞弊不向司法机关移交非法集资刑事案件的;

(五)其他通过职务行为或者利用职务影响,支持、帮助、纵容非法集资的。

4.最高人民检察院《关于办理涉互联网金融犯罪案件有关问题座谈会纪要》(高检诉〔2017〕14号,2017.6.2)(节录)

互联网金融是金融与互联网相互融合形成的新型金融业务模式。发展互联网金融,对加快实施创新驱动发展战略、推进供给侧结构性改革、促进经济转型升级具有积极作用。但是,在互联网金融快速发展过程中,部分机构、业态偏离了正确方向,有些甚至打着"金融创新"的幌子进行非法集资、金融诈骗等违法犯罪活动,严重扰乱了金融管理秩序,侵害了人民群众合法权益。2016年4月,国务院部署开展了互联网金融风险专项整治工作，集中整治违法违规行为，防范和化解互联网金融风险。各级检察机关积极参与专项整治工作，依法办理进入检察环节的涉互联网金融犯罪案件。针对办案中遇到的新情况、新问题，高检院公诉厅先后在昆明、上海、福州召开座谈会，对办理涉互联网金融犯罪案件中遇到的有关行为性质、法律适用、证据审查、追诉范围等问题进行了深入研究。纪要如下：

一、办理涉互联网金融犯罪案件的基本要求

促进和保障互联网金融规范健康发展，是检察机关服务经济社会发展的重要内容。各地检察机关公诉部门应当充分认识防范和化解互联网金融风险的重要性、紧迫性和复杂性，立足检察职能，积极参与互联网金融风险专项整治工作，有效预防、依法惩治涉互联网金融犯罪，切实维护人民群众合法权益，维护国家金融安全。

1.准确认识互联网金融的本质。互联网金融的本质仍然是金融，其潜在的风险与传统金融没有区别，甚至还可能因互联网的作用而被放大。要依据现有的金融管理法律规定，依法准确判断各类金融活动、金融业态的法律性质，准确界定金融创新和金融违法犯罪的界限。在办理涉互联网金融犯罪案件时，判断是否符合"违反国家规定""未经有关国家主管部门批准"等要件时，应当以现行刑事法律和金融管理法律法规为依据。对各种类型互联网金融活动，要深入剖析行为实质并据此判断其性质，从而准确区分罪与非罪、此罪与彼罪、罪轻与罪重、打击与保护的界限，不能机械地被所谓"互联网金融创新"表象所迷惑。

2.妥善把握刑事追诉的范围和边界。涉互联网金融犯罪案件涉案人员众多，要按照区别对待的原则分类处理，综合运用刑事追诉和非刑事手段处置和化解风险，打击少数、教育挽救大多数。要坚持主客观相统一的原则，根据犯罪嫌疑人在犯罪活动中的地位作用、涉案数额、危害结果、主观过错等主客观情节，综合判断责任轻重及刑事追诉的必要性，做到罪责适应、罚当其罪。对犯罪情节严重、主观恶性大、在犯罪中起主要作用的人员，特别是核心管理层人员和骨干人员，依法从严打击；对犯罪情节相对较轻、主观恶性较小、在犯罪中起次要作用的人员依法从宽处理。

3.注重案件统筹协调推进。涉互联网金融犯罪跨区域特征明显，各地检察机关公诉部门要按照"统一办案协调、统一案件指挥、统一资产处置、分别侦查诉讼、分别落实维稳"（下称"三统两分"）的要求分别处理好辖区内案件，加强横向、纵向联系，在上级检察机关特别是省级检察院的指导下统一协调推进办案工作，确保辖区内案件处理结果相对平衡统一。跨区县案件由地市级检察院统筹协调，跨地市案件由省级检察院统一协调，跨省案件由高检院公诉厅统一协调。各级检察机关公诉部门要加强与公安机关、地方金融办等相关单位以及检察机关内部侦监、控申等部门的联系，建立健全案件信息通报机制，及时掌握重大案件的立案、侦查、批捕、信访等情况，适时开展提前介入侦查等工作，并及时上报上级检察院。省级检察院公诉部门要发挥工作主动性，主动掌握社会影响大的案件情况，研究制定工作方案，统筹协调解决办案中遇到的问题，重大、疑难、复杂问题要及时向高检院报告。

4.坚持司法办案"三个效果"有机统一。涉互联网金融犯罪影响广泛，社会各界特别是投资人群体十分关注案件处理。各级检察机关公诉部门要从有利于全案依法妥善处置的角度出发，切实做好提前介入侦查引导取证、审查起诉、出庭公诉等各个阶段的工作，依法妥善处理重大敏感问题，不能机械司法、就案办案。同时，要把办案工作与保障投资人合法权益紧密结合起来，同步做好释法说理、风险防控、追赃挽损、维护稳定等工作，努力实现司法办案的法律效果、社会效果、政治效果有机统一。

二、准确界定涉互联网金融行为法律性质

5.互联网金融涉及P2P网络借贷、股权众筹、第三方支付、互联网保险以及通过互联网开展资产管理及跨界从事金融业务等多个金融领域，行为方式多样，所涉法律关系复杂。违法犯罪行为隐蔽性、迷惑性强，波及面广，社会影响大，要根据犯罪行为的实质特征和社会危害，准确界定行为的法律性质和刑法适用的罪名。

（一）非法吸收公众存款行为的认定

6.涉互联网金融活动在未经有关部门依法批准的情形下，公开宣传并向不特定公众吸收资金，承诺在一定期限内还本付息的，应当依法追究刑事责任。其中，应重点审查互联网金融活动相关主体是否存在归集资金、沉

上编 金融犯罪

淀资金,致使投资人资金存在被挪用、侵占等重大风险等情形。

7.互联网金融的本质是金融,判断其是否属于"未经有关部门依法批准",即行为是否具有非法性的主要法律依据是《商业银行法》、《非法金融机构和非法金融业务活动取缔办法》(国务院令第247号)等现行有效的金融管理法律规定。

8.对以下网络借贷领域的非法吸收公众资金的行为,应当以非法吸收公众存款罪分别追究相关行为主体的刑事责任:

(1)中介机构以提供信息中介服务为名,实际从事直接或间接归集资金、甚至自融或变相自融等行为,应当依法追究中介机构的刑事责任。特别要注意识别变相自融行为,如中介机构通过拆分融资项目期限、实行债权转让等方式为自己吸收资金的,应当认定为非法吸收公众存款。

(2)中介机构与借款人存在以下情形之一的,应当依法追究刑事责任:①中介机构与借款人合谋或者明知借款人存在违规情形,仍为其非法吸收公众存款提供服务的;中介机构与借款人合谋,采取向出借人提供信用担保、通过电子渠道以外的物理场所开展借贷业务等违规方式向社会公众吸收资金的;②双方合谋通过拆分融资项目期限、实行债权转让等方式为借款人吸收资金的。在对中介机构、借款人进行追诉时,应根据各自在非法集资中的地位、作用确定其刑事责任。中介机构虽然没有直接吸收资金,但是通过大肆组织借款人开展非法集资并从中收取费用数额巨大、情节严重的,可以认定为主犯。

(3)借款人故意隐瞒事实,违反规定,以自己名义或借用他人名义利用多个网络借贷平台发布借款信息,借款总额超过规定的最高限额,或将吸收资金用于明确禁止的投资股票、场外配资、期货合约等高风险行业,造成重大损失和社会影响的,应当依法追究借款人的刑事责任。对于借款人将借款主要用于正常的生产经营活动,能够及时清退所吸收资金,不作为犯罪处理。

9.在非法吸收公众存款罪中,原则上认定主观故意并不要求以明知法律的禁止性规定为要件。特别是具备一定涉金融活动相关从业经历、专业背景或在犯罪活动中担任一定管理职务的犯罪嫌疑人,应当知晓相关金融法律管理规定，如果有证据证明其实际从事的行为应当批准而未经批准，行为在客观上具有非法性，原则上就可以认定其具有非法吸收公众存款的主观故意。在证明犯罪嫌疑人的主观故意时，可以收集运用犯罪嫌疑人的任职情况、职业经历、专业背景、培训经历、此前任职单位或者其本人因从事同类行为受到处罚情况等证据，证明犯罪嫌疑人提出的"不知道相关行为被法律所禁止，故不具有非法吸收公众存款的主观故意"等辩解不能成立。除此之外，还可以收集运用以下证据进一步印证犯罪嫌疑人知道或应当知道其所从事行为具有非法性，比如犯罪嫌疑人故意规避法律以逃避监管的相关证据：自己或要求下属与投资人签订虚假的亲友关系确认书，频繁更换宣传用语逃避监管，实际推介内容与宣传用语、实际经营状况不一致，刻意向投资人夸大公司兑付能力，在培训课程中传授或接受规避法律的方法，等等。

10. 对于无相关职业经历、专业背景，且从业时间短暂，在单位犯罪中层级较低，纯属执行单位领导指令的犯罪嫌疑人提出辩解的，如确实无其他证据证明其具有主观故意的，可以不作为犯罪处理。另外，实践中还存在犯罪嫌疑人提出因信赖行政主管部门出具的相关意见而陷入错误认识的辩解。如果上述辩解确有证据证明，不应作为犯罪处理，但应当对行政主管部门出具的相关意见及其出具过程进行查证，如存在以下情形之一，仍应认定犯罪嫌疑人具有非法吸收公众存款的主观故意：

（1）行政主管部门出具意见所涉及的行为与犯罪嫌疑人实际从事的行为不一致的；

（2）行政主管部门出具的意见未对是否存在非法吸收公众存款问题进行合法性审查，仅对其他合法性问题进行审查的；

（3）犯罪嫌疑人在行政主管部门出具意见时故意隐瞒事实、弄虚作假的；

（4）犯罪嫌疑人与出具意见的行政主管部门的工作人员存在利益输送行为的；

（5）犯罪嫌疑人存在其他影响和干扰行政主管部门出具意见公正性的情形的。

上编 金融犯罪

对于犯罪嫌疑人提出因信赖专家学者、律师等专业人士、主流新闻媒体宣传或有关行政主管部门工作人员的个人意见而陷入错误认识的辩解,不能作为犯罪嫌疑人判断自身行为合法性的根据和排除主观故意的理由。

11.负责或从事吸收资金行为的犯罪嫌疑人非法吸收公众存款金额,根据其实际参与吸收的全部金额认定。但以下金额不应计入该犯罪嫌疑人的吸收金额:

(1)犯罪嫌疑人自身及其近亲属所投资的资金金额;

(2)记录在犯罪嫌疑人名下,但其未实际参与吸收且未从中收取任何形式好处的资金。

吸收金额经过司法会计鉴定的,可以将前述不计入部分直接扣除。但是,前述两项所涉金额仍应计入相对应的上一级负责人及所在单位的吸收金额。

12.投资人在每期投资结束后,利用投资账户中的资金(包括每期投资结束后归还的本金、利息)进行反复投资的金额应当累计计算,但对反复投资的数额应当作出说明。对负责或从事行政管理、财务会计、技术服务等辅助工作的犯罪嫌疑人,应当按照其参与的犯罪事实,结合其在犯罪中的地位和作用,依法确定刑事责任范围。

13.确定犯罪嫌疑人的吸收金额时,应当重点审查、运用以下证据:

(1)涉案主体自身的服务器或第三方服务器上存储的交易记录等电子数据;

(2)会计账簿和会计凭证;

(3)银行账户交易记录、POS机支付记录;

(4)资金收付凭证、书面合同等书证。仅凭投资人报案数据不能认定吸收金额。

(二)集资诈骗行为的认定

14.以非法占有为目的,使用诈骗方法非法集资,是集资诈骗罪的本质特征。是否具有非法占有目的,是区分非法吸收公众存款罪和集资诈骗罪的关键要件,对此要重点围绕融资项目真实性、资金去向、归还能力等事实进行综合判断。犯罪嫌疑人存在以下情形之一的,原则上可以认定具有非法占有目的：

（1）大部分资金未用于生产经营活动，或名义上投入生产经营但又通过各种方式抽逃转移资金的；

（2）资金使用成本过高，生产经营活动的盈利能力不具有支付全部本息的现实可能性的；

（3）对资金使用的决策极度不负责任或肆意挥霍造成资金缺口较大的；

（4）归还本息主要通过借新还旧来实现的；

（5）其他依照有关司法解释可以认定为非法占有目的的情形。

15. 对于共同犯罪或单位犯罪案件中，不同层级的犯罪嫌疑人之间存在犯罪目的发生转化或者犯罪目的明显不同的，应当根据犯罪嫌疑人的犯罪目的分别认定。

（1）注意区分犯罪目的发生转变的时间节点。犯罪嫌疑人在初始阶段仅具有非法吸收公众存款的故意，不具有非法占有目的，但在发生经营失败、资金链断裂等问题后，明知没有归还能力仍然继续吸收公众存款的，这一时间节点之后的行为应当认定为集资诈骗罪，此前的行为应当认定为非法吸收公众存款罪。

（2）注意区分犯罪嫌疑人的犯罪目的的差异。在共同犯罪或单位犯罪中，犯罪嫌疑人由于层级、职责分工、获取收益方式、对全部犯罪事实的知情程度等不同，其犯罪目的也存在不同。在非法集资犯罪中，有的犯罪嫌疑人具有非法占有的目的，有的则不具有非法占有目的，对此，应当分别认定为集资诈骗罪和非法吸收公众存款罪。

16. 证明主观上是否具有非法占有目的，可以重点收集、运用以下客观证据：

（1）与实施集资诈骗整体行为模式相关的证据：投资合同、宣传资料、培训内容等；

（2）与资金使用相关的证据：资金往来记录、会计账簿和会计凭证、资金使用成本（包括利息和佣金等）、资金决策使用过程、资金主要用途、财产转移情况等；

（3）与归还能力相关的证据：吸收资金所投资项目内容、投资实际经

营情况、盈利能力、归还本息资金的主要来源、负债情况、是否存在虚构业绩等虚假宣传行为等;

（4）其他涉及欺诈等方面的证据：虚构融资项目进行宣传、隐瞒资金实际用途、隐匿销毁账簿；等等。司法会计鉴定机构对相关数据进行鉴定时，办案部门可以根据查证犯罪事实的需要提出重点鉴定的项目，保证司法会计鉴定意见与待证的构成要件事实之间的关联性。

17.集资诈骗的数额，应当以犯罪嫌疑人实际骗取的金额计算。犯罪嫌疑人为吸收公众资金制造还本付息的假象，在诈骗的同时对部分投资人还本付息的，集资诈骗的金额以案发时实际未兑付的金额计算。案发后，犯罪嫌疑人主动退还集资款项的，不能从集资诈骗的金额中扣除，但可以作为量刑情节考虑。

三、依法认定单位犯罪及其责任人员

20.涉互联网金融犯罪案件多以单位形式组织实施，所涉单位数量众多、层级复杂，其中还包括大量分支机构和关联单位，集团化特征明显。有的涉互联网金融犯罪案件中分支机构遍布全国，既有具备法人资格的，又有不具备法人资格的；既有受总公司直接领导的，又有受总公司的下属单位领导的。公安机关在立案时做法不一，有的对单位立案，有的不对单位立案，有的被立案的单位不具有独立法人资格，有的仅对最上层的单位立案而不对分支机构立案。对此，检察机关公诉部门在审查起诉时，应当从能够全面揭示犯罪行为基本特征、全面覆盖犯罪活动、准确界定区分各层级人员的地位作用、有利于有力指控犯罪、有利于追缴违法所得等方面依法具体把握，确定是否以单位犯罪追究。

21.涉互联网金融犯罪所涉罪名中，刑法规定应当追究单位刑事责任的，对同时具备以下情形且具有独立法人资格的单位，可以以单位犯罪追究：

（1）犯罪活动经单位决策实施的；

（2）单位的员工主要按照单位的决策实施具体犯罪活动；

（3）违法所得归单位所有，经单位决策使用，收益亦归单位所有。但是，单位设立后专门从事违法犯罪活动的，应当以自然人犯罪追究刑事责任。

22.对参与涉互联网金融犯罪，但不具有独立法人资格的分支机构，是

否追究其刑事责任,可以区分两种情形处理:

(1) 全部或部分违法所得归分支机构所有并支配,分支机构作为单位犯罪主体追究刑事责任;

(2) 违法所得完全归分支机构上级单位所有并支配的,不能对分支机构作为单位犯罪主体追究刑事责任,而是应当对分支机构的上级单位(符合单位犯罪主体资格)追究刑事责任。

23. 分支机构认定为单位犯罪主体的,该分支机构相关涉案人员应当作为该分支机构的"直接负责的主管人员"或者"其他直接责任人员"追究刑事责任。仅将分支机构的上级单位认定为单位犯罪主体的,该分支机构相关涉案人员可以作为该上级单位的"其他直接责任人员"追究刑事责任。

24. 对符合追诉条件的分支机构(包括具有独立法人资格的和不具有独立法人资格)及其所属单位,公安机关均没有作为犯罪嫌疑单位移送审查起诉,仅将其所属单位的上级单位作为犯罪嫌疑单位移送审查起诉的,对相关分支机构涉案人员可以区分以下情形处理:

(1) 有证据证明被立案的上级单位(比如总公司)在业务、财务、人事等方面对下属单位及其分支机构进行实际控制,下属单位及其分支机构涉案人员可以作为被移送审查起诉的上级单位的"其他直接责任人员"追究刑事责任。在证明实际控制关系时,应当收集、运用公司决策、管理、考核等相关文件,OA系统等电子数据,资金往来记录等证据。对不同地区同一单位的分支机构涉案人员起诉时,证明实际控制关系的证据体系、证明标准应基本一致。

(2) 据现有证据无法证明被立案的上级单位与下属单位及其分支机构之间存在实际控制关系的,对符合单位犯罪构成要件的下属单位或分支机构应当补充起诉,下属单位及其分支机构已不具备补充起诉条件的,可以将下属单位及其分支机构的涉案犯罪嫌疑人直接起诉。

四、综合运用定罪量刑情节

25. 在办理跨区域涉互联网金融犯罪案件时,在追诉标准、追诉范围以及量刑建议等方面应当注意统一平衡。对于同一单位在多个地区分别设立分支机构的,在同一省(自治区、直辖市)范围内应当保持基本一致。分支机构所涉犯罪嫌疑人与上级单位主要犯罪嫌疑人之间应当保持适度平衡，防止出现责任轻重"倒挂"的现象。

26. 单位犯罪中，直接负责的主管人员和其他直接责任人员在涉互联网金融犯罪案件中的地位、作用存在明显差别的，可以区分主犯和从犯。对起组织领导作用的总公司的直接负责的主管人员和发挥主要作用的其他直接责任人员，可以认定为全案的主犯，其他人员可以认定为从犯。

27. 最大限度减少投资人的实际损失是办理涉互联网金融犯罪案件特别是非法集资案件的重要工作。在决定是否起诉、提出量刑建议时，要重视对是否具有认罪认罚、主动退赃退赔等情节的考察。分支机构涉案人员积极配合调查、主动退还违法所得、真诚认罪悔罪的，应当依法提出从轻、减轻处罚的量刑建议。其中，对情节轻微、可以免予刑事处罚的，或者情节显著轻微、危害不大、不认为是犯罪的，应当依法作出不起诉决定。对被不起诉人需要给予行政处罚或者没收违法所得的，应当向行政主管部门提出检察意见。

五、证据的收集、审查与运用

28. 涉互联网金融犯罪案件证据种类复杂、数量庞大、且分散于各地，收集、审查、运用证据的难度大。各地检察机关公诉部门要紧紧围绕证据的真实性、合法性、关联性，引导公安机关依法全面收集固定证据，加强证据的审查、运用，确保案件事实经得起法律的检验。

29. 对于重大、疑难、复杂涉互联网金融犯罪案件，检察机关公诉部门要依法提前介入侦查，围绕指控犯罪的需要积极引导公安机关全面收集固定证据，必要时与公安机关共同会商，提出完善侦查思路、侦查提纲的意见建议。加强对侦查取证合法性的监督，对应当依法排除的非法证据坚决予以排除，对应当补正或作出合理解释的及时提出意见。

30. 电子数据在涉互联网金融犯罪案件的证据体系中地位要，对于指控证实相关犯罪事实具有重要作用。随着互联网技术的不断发展，电子数据的形式、载体出现了许多新的变化，对电子数据的勘验、提取、审查等提出了更高要求，处理不当会对电子数据的真实性、合法性造成不可逆转的损害。检察机关公诉部门要严格执行《最高人民法院、最高人民检察院、公安部关于办理刑事案件收集提取和审查判断电子数据问题的若干规定》（法发〔2016〕22号），加强对电子数据收集、提取程序和技术标准的审查，确保电子数据的真实性、合法性。对云存储电子数据等新类型电子数据进行提取、审查时，要高度重视程序合法性、数据完整性等问题，必要时主动征求相关领域专家意见，在提取前会同公安机关、云存储服务提供商制定科学合法的提取方案，确保万无一失。

31. 落实"三统两分"要求，健全证据交换共享机制，协调推进跨区域案件办理。对涉及主案犯罪嫌疑人的证据，一般由主案侦办地办案机构负责收集，其他地区提供协助。其他地区办案机构需要主案侦办地提供证据材料的，应当向主案侦办地办案机构提出证据需求，由主案侦办地办案机构收集并依法移送。无法移送证据原件的，应当在移送复制件的同时，按照相关规定作出说明。各地检察机关公诉部门之间要加强协作，加强与公安机关的协调，督促本地公安机关与其他地区公安机关做好证据交换共享相关工作。案件进入审查起诉阶段后，检察机关公诉部门可以根据案件需要，直接向其他地区检察机关调取证据，其他地区检察机关公诉部门应积极协助。此外，各地检察机关在办理案件过程中发现对其他地区案件办理有重要作用的证据，应当及时采取措施并通知相应检察机关，做好依法移送工作。

六、投资人合法权益的保护

32. 涉互联网金融犯罪案件投资人诉求复杂多样，矛盾化解和维护稳定工作任务艰巨繁重，各地检察机关公诉部门在办案过程中要求坚持刑事追诉和权益保障并重。根据《刑事诉讼法》等相关法律规定，依法保证互联网金融活动中投资人的合法权益，坚持把追赃挽损等工作贯穿到侦查、起诉、审判等各个环节，配合公安、法院等部门，最大限度减少投资人的实际损失，加强与本案控申部门、公安机关的联系沟通，及时掌握涉案动态信息，认真开展办案风险评估预警工作，周密制定处置预案，并落实责任到位，避免因部门之间衔接不畅，处置不当造成工作被动。发现重大风险隐患的，及时向有关部门通报情况，必要时逐级上报高检院。

随着互联网金融的发展，涉及互联网金融犯罪中的新情况、新问题还将不断出现。各地检察机关公诉部门要按照会议纪要的精神，结合各地办案工作实际,依法办理涉互联网金融犯罪案件;在办好案件的同时,要不断总结办案经验,加强对重大嫌疑复杂问题的研究,努力提高办理涉互联网金融犯罪案件的能力和水平,为促进互联网金融规范发展,保障经济社会大局稳定作出积极贡献。在办案过程中遇到疑难问题的,要及时层报高检院公诉厅。

5. 最高人民法院、最高人民检察院、公安部《关于办理非法集资刑事案件适用法律若干问题的意见》(公通字〔2014〕16号,2014.3.25)

为解决近年来公安机关、人民检察院、人民法院在办理非法集资刑事案件中遇到的问题,依法惩治非法吸收公众存款、集资诈骗等犯罪,根据刑法、刑事诉讼法的规定,结合司法实践,现就办理非法集资刑事案件适用法律问题提出以下意见:

一、关于行政认定的问题

行政部门对于非法集资的性质认定,不是非法集资刑事案件进入刑事诉讼程序的必经程序。行政部门未对非法集资作出性质认定的,不影响非法集资刑事案件的侦查、起诉和审判。

公安机关、人民检察院、人民法院应当依法认定案件事实的性质,对于案情复杂、性质认定疑难的案件,可参考有关部门的认定意见,根据案件事实和法律规定作出性质认定。

二、关于"向社会公开宣传"的认定问题

《最高人民法院关于审理非法集资刑事案件具体应用法律若干问题的解释》第一条第一款第二项中的"向社会公开宣传",包括以各种途径向社会公众传播吸收资金的信息,以及明知吸收资金的信息向社会公众扩散而予以放任等情形。

三、关于"社会公众"的认定问题

下列情形不属于《最高人民法院关于审理非法集资刑事案件具体应用法律若干问题的解释》第一条第二款规定的"针对特定对象吸收资金"的

---

① 可参见《〈关于办理非法集资刑事案件适用法律若干问题的意见〉的理解与适用》(最高人民检察院 韩耀元 吴峤滨)。

行为,应当认定为向社会公众吸收资金:

(一)在向亲友或者单位内部人员吸收资金的过程中,明知亲友或者单位内部人员向不特定对象吸收资金而予以放任的;

(二)以吸收资金为目的,将社会人员吸收为单位内部人员,并向其吸收资金的。

四、关于共同犯罪的处理问题

为他人向社会公众非法吸收资金提供帮助,从中收取代理费、好处费、返点费、佣金、提成等费用,构成非法集资共同犯罪的,应当依法追究刑事责任。能够及时退缴上述费用的,可依法从轻处罚;其中情节轻微的,可以免除处罚;情节显著轻微、危害不大的,不作为犯罪处理。

五、关于涉案财物的追缴和处置问题

向社会公众非法吸收的资金属于违法所得。以吸收的资金向集资参与人支付的利息、分红等回报,以及向帮助吸收资金人员支付的代理费、好处费、返点费、佣金、提成等费用,应当依法追缴。集资参与人本金尚未归还的,所支付的回报可予折抵本金。

将非法吸收的资金及其转换财物用于清偿债务或者转让给他人,有下列情形之一的,应当依法追缴:

(一)他人明知是上述资金及财物而收取的;

(二)他人无偿取得上述资金及财物的;

(三)他人以明显低于市场的价格取得上述资金及财物的;

(四)他人取得上述资金及财物系源于非法债务或者违法犯罪活动的;

(五)其他依法应当追缴的情形。

查封、扣押、冻结的易贬值及保管、养护成本较高的涉案财物,可以在诉讼终结前依照有关规定变卖、拍卖。所得价款由查封、扣押、冻结机关予以保管,待诉讼终结后一并处置。

查封、扣押、冻结的涉案财物,一般应在诉讼终结后,返还集资参与人。涉案财物不足全部返还的,按照集资参与人的集资额比例返还。

六、关于证据的收集问题

办理非法集资刑事案件中,确因客观条件的限制无法逐一收集集资参与人的言词证据的,可结合已收集的集资参与人的言词证据和依法收集并查证属实的书面合同、银行账户交易记录、会计凭证及会计账簿、资金收付凭证、审计报告、互联网电子数据等证据,综合认定非法集资对象人数和吸收资金数额等犯罪事实。

七、关于涉及民事案件的处理问题

对于公安机关、人民检察院、人民法院正在侦查、起诉、审理的非法集资刑事案件,有关单位或者个人就同一事实向人民法院提起民事诉讼或者申请执行涉案财物的,人民法院应当不予受理,并将有关材料移送公安机关或者检察机关。

人民法院在审理民事案件或者执行过程中,发现有非法集资犯罪嫌疑的,应当裁定驳回起诉或者中止执行,并及时将有关材料移送公安机关或者检察机关。

公安机关、人民检察院、人民法院在侦查、起诉、审理非法集资刑事案件中,发现与人民法院正在审理的民事案件属同一事实,或者被申请执行的财物属于涉案财物的,应当及时通报相关人民法院。人民法院经审查认为确属涉嫌犯罪的,依照前款规定处理。

八、关于跨区域案件的处理问题

跨区域非法集资刑事案件,在查清犯罪事实的基础上,可以由不同地区的公安机关、人民检察院、人民法院分别处理。

对于分别处理的跨区域非法集资刑事案件,应当按照统一制定的方案处置涉案财物。

国家机关工作人员违反规定处置涉案财物,构成渎职等犯罪的,应当依法追究刑事责任。

6. 最高人民法院《关于非法集资刑事案件性质认定问题的通知》(法〔2011〕262号,2011.8.18)

为依法、准确、及时审理非法集资刑事案件,现就非法集资性质认定的有关问题通知如下:

一、行政部门对于非法集资的性质认定,不是非法集资案件进入刑事程序的必经程序。行政部门未对非法集资作出性质认定的,不影响非法集资刑事案件的审判。

二、人民法院应当依照刑法和最高人民法院《关于审理非法集资刑事案件具体应用法律若干问题的解释》等有关规定认定案件事实的性质，并认定相关行为是否构成犯罪。

三、对于案情复杂、性质认定疑难的案件，人民法院可以在有关部门关于是否符合行业技术标准的行政认定意见的基础上，根据案件事实和法律规定作出性质认定。

四、非法集资刑事案件的审判工作涉及领域广、专业性强，人民法院在审理此类案件当中要注意加强与有关行政主（监）管部门以及公安机关、人民检察院的配合。审判工作中遇到重大问题难以解决的，请及时报告最高人民法院。

7.《宽严相济在经济犯罪和职务犯罪案件审判中的具体贯彻》（最高人民法院刑二庭，2010.4.7）（节录）

对于当前金融危机背景下的经济违法行为，应当根据《意见》第4条规定的"审时度势"原则、第5条规定的"两个效果相统一"原则以及第14条、第23条规定的从宽要求，审慎分析判断其社会危害性，从有利于保障经济增长、维护社会稳定的角度依法准确定罪量刑。以非法集资案件为例说明如下：一是要准确界定非法集资与民间借贷、商业交易的政策法律界限。未经社会公开宣传，在单位职工或者亲友内部针对特定对象筹集资金的，一般可以不作为非法集资。二是要准确把握非法集资罪与非罪的界限。资金主要用于生产经营及相关活动，行为人有还款意愿，能够及时清退集资款项，情节轻微，社会危害不大的，可以免予刑事处罚或者不作为犯罪处理。此外，对于"边缘案"、"踩线案"、罪与非罪界限一时难以划清的案件，要从有利于促进企业生存发展、有利于保障员工生计、有利于维护社会和谐稳定的高度，依法妥善处理，可定可不定的，原则上不按犯罪处理。特别对于涉及企业、公司法定代表人、技术人员因政策界限不明而实施的轻微违法犯罪，更要依法慎重处理。

上编　金融犯罪　

最高人民检察院指导性案例

杨卫国等人非法吸收公众存款案
（检例第64号）

【关键词】

资金池　网络借贷　非法吸收公众存款

【要旨】

单位或个人假借开展网络借贷信息中介业务之名，未经依法批准，归集不特定公众的资金设立资金池，控制、支配资金池中的资金，并承诺还本付息的，构成非法吸收公众存款罪。

【基本案情】

被告人杨卫国，男，浙江望洲集团有限公司法定代表人、实际控制人。

被告人张雯婷，女，浙江望洲集团有限公司出纳，主要负责协助杨卫国调度、使用非法吸收的资金。

被告人刘蓓蕾，女，上海望洲财富投资管理有限公司总经理，负责该公司业务。

被告人吴梦，女，浙江望洲集团有限公司经理、望洲集团清算中心负责人，主要负责资金池运作有关业务。

浙江望洲集团有限公司（以下简称望洲集团）于2013年2月28日成立，被告人杨卫国为法定代表人、董事长。自2013年9月起，望洲集团开始在线下进行非法吸收公众存款活动。2014年，杨卫国利用其实际控制的公司又先后成立上海望洲财富投资管理有限公司（以下简称望洲财富）、望洲普惠投资管理有限公司（以下简称望洲普惠），通过线下和线上两个渠道开展非法吸收公众存款活动。其中，望洲普惠主要负责发展信贷客户（借款人），望洲财富负责发展不特定社会公众成为理财客户（出借人），根据理财产品的不同期限约定7%—15%不等的年化利率募集资金。在线下渠道，望洲集团在全国多个省、市开设门店，采用发放宣传单、举办年会、发布广告等方式进行宣传，理财客户或者通过与杨卫国签订债权转让协议，或者通过匹配望洲集团虚构的信贷客户借款需求进行投资，将投资款转账至杨卫国个人名下42个银行账户，被望洲集团用于还本付息、生产经营等活动。在线上渠道，望洲集团及其关联公司以网络借贷信息中介活动的名义进行宣传，理财客户根据望洲集团的要求在第三方支付平台上开设虚拟账户并绑定银行账户。理财客户选定投资项目后将投资款从银行账户转入第三方支付平台的虚拟账户进行投资活动，望洲集团、杨卫国及望洲集团实际控制的担保公司为理财客户的债权提供担保。望洲集团对理财客户虚拟账户内的资金进行调配，划拨出借资金和还本付息资金到相应理财客户和信贷客户账户，并将剩余资金直接转至杨卫国在第三方支付平台上开设的托管账户，再转账至杨卫国开设的个人银行账户，与线下资金混同，由望洲集团支配使用。

因资金链断裂，望洲集团无法按期兑付本息。截至2016年4月20日，望洲集团通过线上、线下两个渠道非法吸收公众存款共计64亿余元，未兑付资金共计26亿余元，涉及集资参与人13400余人。其中，通过线上渠道吸收公众存款11亿余元。

【指控与证明犯罪】

2017年2月15日，浙江省杭州市江干区人民检察院以非法吸收公众存款罪对杨卫国等4名被告人依法提起公诉，杭州市江干区人民法院公开开庭审理本案。

法庭调查阶段，公诉人宣读起诉书指控杨卫国等被告人的行为构成非法吸收公众存款罪，并对杨卫国等被告人进行讯问。杨卫国对望洲集团通过线下渠道非法吸收公众存款的犯罪事实和性质没有异议，但辩称望洲集团的线上平台经营的是正常P2P业务，线上的信贷客户均真实存在，不存在资金池，不是吸收公众存款，不需要取得金融许可牌照，在营业执照许可的经营范围内即可开展经营。针对杨卫国的辩解，公诉人围绕理财资金的流转对被告人进行了重点讯问。

公诉人：(杨卫国)如果线上理财客户进来的资金大于借款方的资金，如何操作？

杨卫国：一般有两种操作方式。一种是停留在客户的操作平台上，另一种是转移到我开设的托管账户。如果转移到托管账户，客户就没有办法自主提取了。如果客户需要提取,我们根据客户指令再将资金返回到客户账户。

公诉人:(吴梦)理财客户充值到第三方支付平台的虚拟账户后,望洲集团操作员是否可以对第三方支付平台上的资金进行划拨。

吴梦:可以。

公诉人:(吴梦)请叙述一下划拨资金的方式。

吴梦:直接划拨到借款人的账户,如果当天资金充足,有时候会划拨到杨卫国在第三方支付平台上设立的托管账户,再提现到杨卫国绑定的银行账户,用来兑付线下的本息。

公诉人补充讯问:(吴梦)如果投资进来的资金大于借款方,如何操作?

吴梦:会对一部分进行冻结,也会提现一部分。资金优先用于归还客户的本息,然后配给借款方,然后再提取。

被告人的当庭供述证明,望洲集团通过直接控制理财客户在第三方平台上的虚拟账户和设立托管账户,实现对理财客户资金的归集和控制、支配、使用,形成了资金池。

举证阶段,公诉人出示证据,全面证明望洲集团线上、线下业务活动本质为非法吸收公众存款,并就线上业务相关证据重点举证。

第一,通过出示书证、审计报告、电子数据、证人证言、被告人供述和辩解等证据,证实望洲集团的线上业务归集客户资金设立资金池并进行控制、支配、使用,不是网络借贷信息中介业务。(1)第三方支付平台赋予望洲集团对所有理财客户虚拟账户内的资金进行冻结、划拨、查询的权限。线上理财客户在合同中也明确授权望洲集团对其虚拟账户内的资金进行冻结、划拨、查询,且虚拟账户销户需要望洲集团许可。(2)理财客户将资金转入第三方平台的虚拟账户后,望洲集团每日根据理财客户出借资金和信贷客户的借款需求,以多对多的方式进行人工匹配。当理财客户资金总额大于信贷客户借款需求时,剩余资金划入杨卫国在第三方支付平台开设的托管账户。望洲集团预留第二天需要支付的到期本息后,将剩余资金提现至杨卫国的银行账户,用于线下非法吸收公众存款活动或其他经营活动。(3)信贷客户的借款期限与理财客户的出借期限不匹配,存在期限错配等问题。(4) 杨卫国及其控制的公司承诺为信贷客户提供担保,当信贷客户不能按时还本付息时,杨卫国保证在债权期限届满之日起3个工作日内代为偿还本金和利息。实际操作中,归还出借人的资金都来自于线上的托管账户或者杨卫国用于线下经营的银行账户。(5) 望洲集团通过多种途径向不特定公众进行宣传,发展理财客户,并通过明示年化收益率、提供担保等方式承诺向理财客户还本付息。

第二,通过出示理财、信贷余额列表,扣押清单,银行卡照片,银行卡交易明细,审计报告,证人证言,被告人供述和辩解等证据,证实望洲集团资金池内的资金去向:(1) 望洲集团吸收的资金除用于还本付息外,主要用于扩大望洲集团下属公司的经营业务。(2) 望洲集团线上资金与线下资金混同使用,互相弥补资金不足,望洲集团从第三方支付平台提现到杨卫国银行账户资金为2.7亿余元,杨卫国个人银行账户转入第三方支付平台资金为2亿余元。(3) 望洲集团将吸收的资金用于公司自身的投资项目,并有少部分用于个人支出,案发时线下、线上的理财客户均遭遇资金兑付困难。

法庭辩论阶段,公诉人发表公诉意见,论证杨卫国等被告人构成非法吸收公众存款罪,起诉书指控的犯罪事实清楚,证据确实、充分。其中,望洲集团在线上经营所谓网络借贷信息中介业务时,承诺为理财客户提供保底和增信服务,获取对理财客户虚拟账户内资金进行冻结、划拨、查询等权限,归集客户资金设立资金池,实际控制、支配、使用客户资金,用于还本付息和其他生产经营活动,超出了网络借贷信息中介的业务范围,属于变相非法吸收公众存款。杨卫国等被告人明知其吸收公众存款的行为未经依法批准而实施,具有犯罪的主观故意。

杨卫国认为望洲集团的线上业务不构成犯罪,不应计入犯罪数额。杨卫国的辩护人认为,国家允许P2P行业先行先试,望洲集团设立资金池、开展自融行为的时间在国家对P2P业务进行规范之前,没有违反刑事法律,属民事法律调整范畴,不应受到刑事处罚,犯罪数额应扣除通过线上模式流入的资金。

公诉人针对杨卫国及其辩护人的辩护意见进行答辩:望洲集团在线上开展网络借贷中介业务已从信息中介异化为信用中介,望洲集团对理财客户投资款的归集、控制、支配、使用以及还本付息的行为，本质与商业银行吸收存款业务相同，并非国家允许创新的网络借贷信息中介行为，不论国家是否出台有关网络借贷信息中介的规定，未经批准实施此类行为，都应当依法追究刑事责任。因此，线上吸收的资金应当计入犯罪数额。

法庭经审理认为，望洲集团以提供网络借贷信息中介服务为名，实际从事直接或间接归集资金、甚至自融或变相自融行为，本质是吸收公众存款。判断金融业务的非法性，应当以现行刑事法律和金融管理法律规定为依据，不存在被告人开展P2P业务时没有禁止性法律规定的问题。望洲集团的行为已经扰乱金融秩序，破坏国家金融管理制度，应受刑事处罚。

2018年2月8日，杭州市江干区人民法院作出一审判决，以非法吸收公众存款罪，分别判处被告人杨卫国有期徒刑九年六个月，并处罚金人民币五十万元；判处被告人刘蓓蕾有期徒刑四年六个月，并处罚金人民币十万元；判处被告人吴梦有期徒刑三年，缓刑五年，并处罚金人民币十万元；判处被告人张雯婷有期徒刑三年，缓刑五年，并处罚金人民币十万元。在案扣押冻结款项分别按损失比例发还；在案查封、扣押的房产、车辆、股权等变价后分别按损失比例发还。不足部分责令继续退赔。宣判后，被告人杨卫国提出上诉后又撤回上诉，一审判决已生效。本案追赃挽损工作仍在进行中。

【指导意义】

1. 向不特定社会公众吸收存款是商业银行专属金融业务，任何单位和个人未经批准不得实施。根据《中华人民共和国商业银行法》第十一条规定，未经国务院银行业监督管理机构批准，任何单位和个人不得从事吸收公众存款等商业银行业务，这是判断吸收公众存款行为合法与非法的基本法律依据。任何单位或个人，包括非银行金融机构，未经国务院银行业监督管理机构批准，面向社会吸收公众存款或者变相吸收公众存款均属非法。国务院《非法金融机构和非法金融业务活动取缔办法》进一步明确规定，未经依法批准，非法吸收公众存款、变相吸收公众存款、以任何名义向社会不特定对象进行的非法集资都属于非法金融活动，必须予以取缔。为了解决传统金融机构覆盖不了、满足不好的社会资金需求,缓解个体经营者、小微企业经营当中的小额资金困难,国务院金融监管机构于2016年发布了《网络借贷信息中介机构业务活动管理暂行办法》等"一个办法、三个指引",允许单位或个人在规定的借款余额范围内通过网络借贷信息中介机构进行小额借贷,并且对单一组织、单一个人在单一平台、多个平台的借款余额上限作了明确限定。检察机关在办案中要准确把握法律法规、金融管理规定确定的界限、标准和原则精神,准确区分融资借款活动的性质,对于违反规定达到追诉标准的,依法追究刑事责任。

2. 金融创新必须遵守金融管理法律规定,不得触犯刑法规定。金融是现代经济的核心和血脉,金融活动引发的风险具有较强的传导性、扩张性、潜在性和不确定性。为了发挥金融服务经济社会发展的作用,有效防控金融风险,国家制定了完善的法律法规,对商业银行、保险、证券等金融业务进行严格的规制和监管。金融也需要发展和创新,但金融创新必须有效地防控可能产生的风险,必须遵守金融管理法律法规,尤其是依法须经许可才能从事的金融业务,不允许未经许可而以创新的名义擅自开展。检察机关办理涉金融案件,要深入分析、清楚认识各类新金融现象,准确把握金融的本质,透过复杂多样的表现形式,准确区分是真的金融创新还是披着创新外衣的伪创新,是合法金融活动还是以金融创新为名实施金融违法犯罪活动,为防范化解金融风险提供及时、有力的司法保障。

3. 网络借贷中介机构非法控制、支配资金,构成非法吸收公众存款。网络借贷信息中介机构依法只能从事信息中介业务,为借款人与出借人实现直接借贷提供信息搜集、信息公布、资信评估、信息交互、借贷撮合等服务。信息中介机构不得提供增信服务,不得直接或间接归集资金,包括设立资金池控制、支配资金或者为自己控制的公司融资。网络借贷信息中介机构利用互联网发布信息归集资金,不仅超出了信息中介业务范围,同时也触犯了刑法第一百七十六条的规定。检察机关在办案中要通过对网络借贷平台的股权结构、实际控制关系、资金来源、资金流向、中间环节和最终投向的分析,综合全流程信息,分析判断是规范的信息中介，还是假借信息中介名义从事信用中介活动，是否存在违法设立资金池、自融、变相自融等违法归集、控制、支配、使用资金的行为，准确认定行为性质。

第一百九十二条 【集资诈骗罪】[①]

刑法

以非法占有为目的，使用诈骗方法非法集资，数额较大的，处三年以上七年以下有期徒刑，并处罚金；数额巨大或者有其他严重情节的，处七年以上有期徒刑或者无期徒刑，并处罚金或者没收财产。

单位犯前款罪的，对单位判处罚金，并对其直接负责的主管人员和其他直接责任人员，依照前款的规定处罚。

司法解释、司法解释性文件及规范性文件

1. 最高人民检察院、公安部《关于公安机关管辖的刑事案件立案追诉标准的规定（二）》（2022.4.6修订，2022.5.15实施）（节录）

第四十四条〔集资诈骗案（刑法第一百九十二条）〕以非法占有为目的，使用诈骗方法非法集资，数额在十万元以上的，应予立案追诉。

2. 最高人民法院《关于审理非法集资刑事案件具体应用法律若干问题的解释》（法释〔2022〕5号，2022.2.23修正，2022.3.1实施）

（见前述刑法第一百七十六条的非法吸收公众存款罪司法解释部分）

---

① 本条被2020年《刑法修正案（十一）》第15条修订，将对基本犯的处罚由"处五年以下有期徒刑或者拘役，并处二万元以上二十万元以下罚金"修改为"处三年以上七年以下有期徒刑，并处罚金"，将对"数额巨大或者有其他严重情节"的处罚由"处五年以上十年以下有期徒刑，并处五万元以上五十万元以下罚金"修改为"处七年以上有期徒刑或者无期徒刑，并处罚金或者没收财产"，删除了数额特别巨大或者有其他特别严重情节的处罚规定，并在第2款增设了单位犯本罪的处罚规定（单位犯本罪的处罚规定原被规定在刑法第200条中）。

3. 最高人民检察院《关于办理涉互联网金融犯罪案件有关问题座谈会纪要》（高检诉〔2017〕14号，2017.6.2）（节录）

（二）集资诈骗行为的认定

14. 以非法占有为目的，使用诈骗方法非法集资，是集资诈骗罪的本质特征。是否具有非法占有目的，是区分非法吸收公众存款罪和集资诈骗罪的关键要件，对此要重点围绕融资项目真实性、资金去向、归还能力等事实进行综合判断。犯罪嫌疑人存在以下情形之一的，原则上可以认定具有非法占有目的：

（1）大部分资金未用于生产经营活动，或名义上投入生产经营但又通过各种方式抽逃转移资金的；

（2）资金使用成本过高，生产经营活动的盈利能力不具有支付全部本息的现实可能性的；

（3）对资金使用的决策极度不负责任或肆意挥霍造成资金缺口较大的；

（4）归还本息主要通过借新还旧来实现的；

（5）其他依照有关司法解释可以认定为非法占有目的的情形。①

15. 对于共同犯罪或单位犯罪案件中，不同层级的犯罪嫌疑人之间存在犯罪目的发生转化或者犯罪目的明显不同的，应当根据犯罪嫌疑人的犯罪目的分别认定。

（1）注意区分犯罪目的发生转变的时间节点。犯罪嫌疑人在初始阶段仅具有非法吸收公众存款的故意，不具有非法占有目的，但在发生经营失败、资金链断裂等问题后，明知没有归还能力仍然继续吸收公众存款的，这一时间节点之后的行为应当认定为集资诈骗罪，此前的行为应当认定为非法吸收公众存款罪。

（2）注意区分犯罪嫌疑人的犯罪目的的差异。在共同犯罪或单位犯罪中，犯罪嫌疑人由于层级、职责分工、获取收益方式、对全部犯罪事实的知情程度等不同，其犯罪目的也存在不同。在非法集资犯罪中，有的犯罪

---

① 本《纪要》中关于"非法占有目的"的认定，与最高人民法院《关于审理非法集资刑事案件具体应用法律若干问题的解释》有所不同，具体运用时应当加以注意。

嫌疑人具有非法占有的目的，有的则不具有非法占有目的，对此，应当分别认定为集资诈骗罪和非法吸收公众存款罪。

16. 证明主观上是否具有非法占有目的，可以重点收集、运用以下客观证据：

（1）与实施集资诈骗整体行为模式相关的证据：投资合同、宣传资料、培训内容等；

（2）与资金使用相关的证据：资金往来记录、会计账簿和会计凭证、资金使用成本（包括利息和佣金等）、资金决策使用过程、资金主要用途、财产转移情况等；

（3）与归还能力相关的证据：吸收资金所投资项目内容、投资实际经营情况、盈利能力、归还本息资金的主要来源、负债情况、是否存在虚构业绩等虚假宣传行为等；

（4）其他涉及欺诈等方面的证据：虚构融资项目进行宣传、隐瞒资金实际用途、隐匿销毁账簿；等等。司法会计鉴定机构对相关数据进行鉴定时，办案部门可以根据查证犯罪事实的需要提出重点鉴定的项目，保证司法会计鉴定意见与待证的构成要件事实之间的关联性。

17. 集资诈骗的数额，应当以犯罪嫌疑人实际骗取的金额计算。犯罪嫌疑人为吸收公众资金制造还本付息的假象，在诈骗的同时对部分投资人还本付息的，集资诈骗的金额以案发时实际未兑付的金额计算。案发后，犯罪嫌疑人主动退还集资款项的，不能从集资诈骗的金额中扣除，但可以作为量刑情节考虑。

4. 最高人民法院、最高人民检察院、公安部《关于办理非法集资刑事案件适用法律若干问题的意见》（公通字〔2014〕16号，2014.3.25）

（见前述刑法第一百七十六条的非法吸收公众存款罪司法解释部分）

5. 最高人民法院《关于非法集资刑事案件性质认定问题的通知》（法〔2011〕262号，2011.8.18）

（见前述刑法第一百七十六条的非法吸收公众存款罪司法解释部分）

6. 最高人民法院《全国法院审理金融犯罪案件工作座谈会纪要》（法〔2001〕8号，2001.1.21）（节录）

（三）关于金融诈骗罪

1. 金融诈骗罪中非法占有目的的认定

金融诈骗犯罪都是以非法占有为目的的犯罪。在司法实践中，认定是否具有非法占有为目的，应当坚持主客观相一致的原则，既要避免单纯根据损失结果客观归罪，也不能仅凭被告人自己的供述，而应当根据案件具体情况具体分析。根据司法实践，对于行为人通过诈骗的方法非法获取资金，造成数额较大资金不能归还，并具有下列情形之一的，可以认定为具有非法占有的目的：

（1）明知没有归还能力而大量骗取资金的；

（2）非法获取资金后逃跑的；

（3）肆意挥霍骗取资金的；

（4）使用骗取的资金进行违法犯罪活动的；

（5）抽逃、转移资金、隐匿财产，以逃避返还资金的；

（6）隐匿、销毁账目，或者搞假破产、假倒闭，以逃避返还资金的；

（7）其他非法占有资金、拒不返还的行为。但是，在处理具体案件的时候，对于有证据证明行为人不具有非法占有目的的，不能单纯以财产不能归还就按金融诈骗罪处罚。

3. 集资诈骗罪的认定和处理：集资诈骗罪和欺诈发行股票、债券罪、非法吸收公众存款罪在客观上均表现为向社会公众非法募集资金。区别的关键在于行为人是否具有非法占有的目的。对于以非法占有为目的而非法集资，或者在非法集资过程中产生了非法占有他人资金的故意，均构成集资诈骗罪。但是，在处理具体案件时要注意以下两点：一是不能仅凭较大数额的非法集资款不能返还的结果，推定行为人具有非法占有的目的；二是行为人将大部分资金用于投资或生产经营活动，而将少量资金用于个人消费或挥霍的，不应仅以此便认定具有非法占有的目的。

上编　金融犯罪　

最高人民检察院指导性案例

周辉集资诈骗案
（检例第40号）

【关键词】

集资诈骗　非法占有目的　网络借贷信息中介机构

【基本案情】

被告人周辉，男，1982年2月出生，原系浙江省衢州市中宝投资有限公司（以下简称中宝投资公司）法定代表人。

2011年2月，被告人周辉注册成立中宝投资公司，担任法定代表人。公司上线运营"中宝投资"网络平台，借款人（发标人）在网络平台注册、缴纳会费后，可发布各种招标信息，吸引投资人投资。投资人在网络平台注册成为会员后可参与投标，通过银行汇款、支付宝、财付通等方式将投资款汇至周辉公布在网站上的8个其个人账户或第三方支付平台账户。借款人可直接从周辉处取得所融资金。项目完成后，借款人返还资金，周辉将收益给予投标人。

运行前期，周辉通过网络平台为13个借款人提供总金额约170万余元的融资服务，因部分借款人未能还清借款造成公司亏损。此后，周辉除用本人真实身份信息在公司网络平台注册2个会员外，自2011年5月至2013年12月陆续虚构34个借款人，并利用上述虚假身份自行发布大量虚假抵押标、宝石标等，以支付投资人约20%的年化收益率及额外奖励等为诱饵，向社会不特定公众募集资金。所募资金未进入公司账户，全部由周辉个人掌控和支配。除部分用于归还投资人到期的本金及收益外，其余主要用于购买房产、高档车辆、首饰等。这些资产绝大部分登记在周辉名下或供周辉个人使用。2011年5月至案发，周辉通过中宝投资网络平台累计向全国1586名不特定对象非法集资共计10.3亿余元，除支付本金及收益回报6.91亿余元外，尚有3.56亿余元无法归还。案发后，公安机关从周辉控制的银行账户内扣押现金1.80亿余元。

【要旨】

网络借贷信息中介机构或其控制人，利用网络借贷平台发布虚假信息，非法建立资金池募集资金，所得资金大部分未用于生产经营活动，主要用于借新还旧和个人挥霍，无法归还所募资金数额巨大，应认定为具有非法占有目的，以集资诈骗罪追究刑事责任。

【指控与证明犯罪】

2014年7月15日，浙江省衢州市公安局以周辉涉嫌集资诈骗罪移送衢州市人民检察院审查起诉。

审查起诉阶段，衢州市人民检察院审查了全案卷宗，讯问了犯罪嫌疑人。针对该案犯罪行为涉及面广，众多集资参与人财产遭受损失的情况，检察机关充分听取了辩护人和部分集资参与人意见，进一步核实了非法集资金额，对扣押的房产等作出司法鉴定或价格评估。针对辩护人提出的非法证据排除申请，检察机关审查后发现，涉案证据存在以下瑕疵：公安机关向部分证人取证时存在取证地点不符合刑事诉讼法规定以及个别辨认笔录缺乏见证人等情况。为此，检察机关要求公安机关予以补正或作出合理解释。公安机关作出情况说明：证人从外地赶来，经证人本人同意，取证在宾馆进行。关于此项情况说明，检察机关审查后予以采信。对于缺乏见证人的个别辨认笔录，检察机关审查后予以排除。

2015年1月19日，浙江省衢州市人民检察院以周辉犯集资诈骗罪向浙江省衢州市中级人民法院提起公诉。6月25日，衢州市中级人民法院公开开庭审理本案。

法庭调查阶段，公诉人宣读起诉书指控被告人周辉以高息为诱饵，虚构借款人和借款用途，利用网络P2P形式，面向社会公众吸收资金，主要用于个人肆意挥霍，其行为构成集资诈骗罪。对于指控的犯罪事实，公诉人出示了四组证据予以证明：一是被告人周辉的立案情况及基本信息；二是中宝投资公司的发标、招投标情况及相关证人证言；三是集资情况的证据，包括银行交易清单、司法会计鉴定意见书等；四是集资款的去向，包括购买车辆、房产等物证及相关证人证言。

法庭辩论阶段，公诉人发表公诉意见：被告人周辉注册网络借贷信平台，早期从事少量融资信息服务。在公司亏损、经营难以为继的情况下，虚构借款人和借款标的，以欺诈方式面向不特定投资人吸收资金，自建资金池。在公安机关立案查处时，虽暂可通过"拆东墙补西墙"的方式偿还部分旧债维持周转，但根据其所募资金主要用于还本付息和个人肆意挥霍，未投入生产经营，不可能产生利润回报的事实，可以判断其后续资金缺口势必不断扩大，无法归还所募全部资金，故可以认定其具有非法占有的目的，应以集资诈骗罪对其定罪处罚。

辩护人提出：一是周辉行为系单位行为；二是周辉一直在偿还集资款，主观上不具有非法占有集资款的故意；三是周辉利用互联网从事P2P借贷融资，不构成集资诈骗罪，构成非法吸收公众存款罪。

公诉人针对辩护意见进行答辩：第一，中宝投资公司是由被告人周辉控制的一人公司，不具有经营实体，不具备单位意志，集资款未纳入公司财务进行核算，而是由周辉一人掌控和支配，因此周辉的行为不构成单位犯罪。第二，周辉本人主观上认识到资金不足，少量投资赚取的收益不足以支付许诺的高额回报，没有将集资款用于生产经营活动，而是主要用于个人肆意挥霍，其主观上对集资款具有非法占有的目的。第三，P2P网络借贷，是指个人利用中介机构的网络平台，将自己的资金出借给资金短缺者的商业模式。根据中国银行业监管委员会、工业和信息化部、公安部、国家互联网信息办公室制定的《网络借贷信息中介机构业务活动管理暂行办法》等监管规定，P2P作为新兴金融业态，必须明确其信息中介性质，平台本身不得提供担保，不得归集资金搞资金池，不得非法吸收公众资金。周辉吸收资金建资金池，不属于合法的P2P网络借贷。非法吸收公众存款罪与集资诈骗罪的区别，关键在于行为人对吸收的资金是否具有非法占有的目的。利用网络平台发布虚假高利借款标募集资金，采取借新还旧的手段，短期内募集大量资金，不用于生产经营活动，或者用于生产经营活动与筹集资金规模明显不成比例，致使集资款不能返还的，是典型的利用网络中介平台实施集资诈骗行为。本案中，周辉采用编造虚假借款人、虚假投标项目等欺骗手段集资，所融资金未投入生产经营，大量集资款被其个人肆意挥霍，具有明显的非法占有目的，其行为构成集资诈骗罪。

法庭经审理，认为公诉人出示的证据能够相互印证，予以确认。对周辉及其辩护人提出的不构成集资诈骗罪及本案属于单位犯罪的辩解、辩护意见，不予采纳。综合考虑犯罪事实和量刑情节，2015年8月14日，浙江省衢州市中级人民法院作出一审判决，以集资诈骗罪判处被告人周辉有期徒刑十五年，并处罚金人民币50万元。继续追缴违法所得，返还各集资参与人。

一审宣判后，浙江省衢州市人民检察院认为，被告人周辉非法集资10.3亿余元，属于刑法规定的集资诈骗数额特别巨大并且给人民利益造成特别重大损失的情形，依法应处无期徒刑或者死刑，并处没收财产，一审判决量刑过轻。2015年8月24日，向浙江省高级人民法院提出抗诉。被告人周辉不服一审判决，提出上诉。其上诉理由是量刑畸重，应判处缓刑。

本案二审期间，2015年8月29日，第十二届全国人大常委会第十六次会议审议通过了《中华人民共和国刑法修正案（九）》，删去《刑法》第一百九十九条关于犯集资诈骗罪"数额特别巨大并且给国家和人民利益造成特别重大损失的，处无期徒刑或者死刑，并处没收财产"的规定。刑法修正案（九）于2015年11月1日起施行。

浙江省高级人民法院经审理后认为，刑法修正案（九）取消了集资诈骗罪死刑的规定，根据从旧兼从轻原则，一审法院判处周辉有期徒刑十五年符合修订后的法律规定。上诉人周辉具有集资诈骗的主观故意及客观行为，原审定性准确。2016年4月29日，二审法院作出裁定，维持原判。终审判决作出后，周辉及其父亲不服判决提出申诉，浙江省高级人民法院受理申诉并经审查后，认为原判事实清楚，证据确实充分，定性准确，量刑适当，于2017年12月22日驳回申诉，维持原裁判。

【指导意义】

是否具有非法占有目的，是正确区分非法吸收公众存款罪和集资诈骗罪的关键。对非法占有目的的认定，应当围绕融资项目真实性、资金去向、归还能力等事实、证据进行综合判断。行为人将所吸收资金大部分未用于生产经营活动，或名义上投入生产经营，但又通过各种方式抽逃转移资金，

上编　金融犯罪

或供其个人肆意挥霍，归还本息主要通过借新还旧来实现，造成数额巨大的募集资金无法归还的，可以认定具有非法占有的目的。

集资诈骗罪是近年来检察机关重点打击的金融犯罪之一。对该类犯罪，检察机关应着重从以下几个方面开展工作：一是强化证据审查。非法集资类案件由于参与人数多、涉及面广，受主客观因素影响，取证工作易出现瑕疵和问题。检察机关对重大复杂案件要及时介入侦查、引导取证。在审查案件中要强化对证据的审查，需要退回补充侦查或者自行补充侦查的，要及时退查或补查，建立起完整、牢固的证据锁链，夯实认定案件事实的证据基础。二是在法庭审理中要突出指控和证明犯罪的重点。要紧紧围绕集资诈骗罪构成要件，特别是行为人主观上具有非法占有目的、客观上以欺骗手段非法集资的事实梳理组合证据，运用完整的证据体系对认定犯罪的关键事实予以清晰证明。三是要将办理案件与追赃挽损相结合。检察机关办理相关案件，要积极配合公安机关、人民法院依法开展追赃挽损、资产处置等工作，最大限度减少人民群众的实际损失。四是要结合办案开展以案释法，增强社会公众的法治观念和风险防范意识，有效预防相关犯罪的发生。

▶ 行政规范

法律

《中华人民共和国商业银行法》（中华人民共和国主席令第34号，2015.8.29修正，2015.10.1实施）（节录）

第三条　商业银行可以经营下列部分或者全部业务：

（一）吸收公众存款；

……

经营范围由商业银行章程规定，报国务院银行业监督管理机构批准。

……

行政法规及规范性文件

1.《防范和处置非法集资条例》（中华人民共和国国务院令第737号，2021.5.1）（节录）

第二条 本条例所称非法集资，是指未经国务院金融管理部门依法许可或者违反国家金融管理规定，以许诺还本付息或者给予其他投资回报等方式，向不特定对象吸收资金的行为。

非法集资的防范以及行政机关对非法集资的处置，适用本条例。法律、行政法规对非法从事银行、证券、保险、外汇等金融业务活动另有规定的，适用其规定。

本条例所称国务院金融管理部门，是指中国人民银行、国务院金融监督管理机构和国务院外汇管理部门。

第三条 本条例所称非法集资人，是指发起、主导或者组织实施非法集资的单位和个人；所称非法集资协助人，是指明知是非法集资而为其提供帮助并获取经济利益的单位和个人。

第九条 市场监督管理部门应当加强企业、个体工商户名称和经营范围等商事登记管理。除法律、行政法规和国家另有规定外，企业、个体工商户名称和经营范围中不得包含"金融"、"交易所"、"交易中心"、"理财"、"财富管理"、"股权众筹"等字样或者内容。

县级以上地方人民政府处置非法集资牵头部门、市场监督管理部门等有关部门应当建立会商机制，发现企业、个体工商户名称或者经营范围中包含前款规定以外的其他与集资有关的字样或者内容的，及时予以重点关注。

第十条 处置非法集资牵头部门会同互联网信息内容管理部门、电信主管部门加强对涉嫌非法集资的互联网信息和网站、移动应用程序等互联网应用的监测。经处置非法集资牵头部门组织认定为用于非法集资的，互联网信息内容管理部门、电信主管部门应当及时依法作出处理。

互联网信息服务提供者应当加强对用户发布信息的管理，不得制作、复制、发布、传播涉嫌非法集资的信息。发现涉嫌非法集资的信息，应当保存有关记录，并向处置非法集资牵头部门报告。

上编　金融犯罪

第十一条　除国家另有规定外，任何单位和个人不得发布包含集资内容的广告或者以其他方式向社会公众进行集资宣传。

市场监督管理部门会同处置非法集资牵头部门加强对涉嫌非法集资广告的监测。经处置非法集资牵头部门组织认定为非法集资的，市场监督管理部门应当及时依法查处相关非法集资广告。

广告经营者、广告发布者应当依照法律、行政法规查验相关证明文件，核对广告内容。对没有相关证明文件且包含集资内容的广告，广告经营者不得提供设计、制作、代理服务，广告发布者不得发布。

第十二条　处置非法集资牵头部门与所在地国务院金融管理部门分支机构、派出机构应当建立非法集资可疑资金监测机制。国务院金融管理部门及其分支机构、派出机构应当按照职责分工督促、指导金融机构、非银行支付机构加强对资金异常流动情况及其他涉嫌非法集资可疑资金的监测工作。

第十三条　金融机构、非银行支付机构应当履行下列防范非法集资的义务：

（一）建立健全内部管理制度，禁止分支机构和员工参与非法集资，防止他人利用其经营场所、销售渠道从事非法集资；

（二）加强对社会公众防范非法集资的宣传教育，在经营场所醒目位置设置警示标识；

（三）依法严格执行大额交易和可疑交易报告制度，对涉嫌非法集资资金异常流动的相关账户进行分析识别，并将有关情况及时报告所在地国务院金融管理部门分支机构、派出机构和处置非法集资牵头部门。

第十四条　行业协会、商会应当加强行业自律管理、自我约束，督促、引导成员积极防范非法集资，不组织、不协助、不参与非法集资。

第十五条　联席会议应当建立中央和地方上下联动的防范非法集资宣传教育工作机制，推动全国范围内防范非法集资宣传教育工作。

地方各级人民政府应当开展常态化的防范非法集资宣传教育工作，充分运用各类媒介或者载体，以法律政策解读、典型案例剖析、投资风险教育等方式，向社会公众宣传非法集资的违法性、危害性及其表现形式等，增强社会公众对非法集资的防范意识和识别能力。

行业主管部门、监管部门以及行业协会、商会应当根据本行业、领域非法集资风险特点，有针对性地开展防范非法集资宣传教育活动。

新闻媒体应当开展防范非法集资公益宣传，并依法对非法集资进行舆论监督。

第十六条　对涉嫌非法集资行为，任何单位和个人有权向处置非法集资牵头部门或者其他有关部门举报。

国家鼓励对涉嫌非法集资行为进行举报。处置非法集资牵头部门以及其他有关部门应当公开举报电话和邮箱等举报方式、在政府网站设置举报专栏，接受举报，及时依法处理，并为举报人保密。

第十七条　居民委员会、村民委员会发现所在区域有涉嫌非法集资行为的，应当向当地人民政府、处置非法集资牵头部门或者其他有关部门报告。

第十八条　处置非法集资牵头部门和行业主管部门、监管部门发现本行政区域或者本行业、领域可能存在非法集资风险的，有权对相关单位和个人进行警示约谈，责令整改。

第十九条　对本行政区域内的下列行为，涉嫌非法集资的，处置非法集资牵头部门应当及时组织有关行业主管部门、监管部门以及国务院金融管理部门分支机构、派出机构进行调查认定：

（一）设立互联网企业、投资及投资咨询类企业、各类交易场所或者平台、农民专业合作社、资金互助组织以及其他组织吸收资金；

（二）以发行或者转让股权、债权，募集基金，销售保险产品，或者以从事各类资产管理、虚拟货币、融资租赁业务等名义吸收资金；

（三）在销售商品、提供服务、投资项目等商业活动中，以承诺给付货币、股权、实物等回报的形式吸收资金；

（四）违反法律、行政法规或者国家有关规定，通过大众传播媒介、即时通信工具或者其他方式公开传播吸收资金信息；

（五）其他涉嫌非法集资的行为。

第二十条　对跨行政区域的涉嫌非法集资行为，非法集资人为单位的，由其登记地处置非法集资牵头部门组织调查认定；非法集资人为个人的，由其住所地或者经常居住地处置非法集资牵头部门组织调查认定。非法集资行为发生地、集资资产所在地以及集资参与人所在地处置非法集资牵头部门应当配合调查认定工作。

处置非法集资牵头部门对组织调查认定职责存在争议的，由其共同的上级处置非法集资牵头部门确定；对跨省、自治区、直辖市组织调查认定职责存在争议的，由联席会议确定。

第二十一条 处置非法集资牵头部门组织调查涉嫌非法集资行为，可以采取下列措施：

（一）进入涉嫌非法集资的场所进行调查取证；

（二）询问与被调查事件有关的单位和个人，要求其对有关事项作出说明；

（三）查阅、复制与被调查事件有关的文件、资料、电子数据等，对可能被转移、隐匿或者毁损的文件、资料、电子设备等予以封存；

（四）经处置非法集资牵头部门主要负责人批准，依法查询涉嫌非法集资的有关账户。

调查人员不得少于2人，并应当出示执法证件。

与被调查事件有关的单位和个人应当配合调查，不得拒绝、阻碍。

第二十二条 处置非法集资牵头部门对涉嫌非法集资行为组织调查，有权要求暂停集资行为，通知市场监督管理部门或者其他有关部门暂停为涉嫌非法集资的有关单位办理设立、变更或者注销登记。

第二十三条 经调查认定属于非法集资的，处置非法集资牵头部门应当责令非法集资人、非法集资协助人立即停止有关非法活动；发现涉嫌犯罪，应当按照规定及时将案件移送公安机关，并配合做好相关工作。

行政机关对非法集资行为的调查认定，不是依法追究刑事责任的必经程序。

第二十四条 根据处置非法集资的需要，处置非法集资牵头部门可以采取下列措施：

（一）查封有关经营场所，查封、扣押有关资产；

（二）责令非法集资人、非法集资协助人追回、变价出售有关资产用于清退集资资金；

（三）经设区的市级以上地方人民政府处置非法集资牵头部门决定，按照规定通知出入境边防检查机关，限制非法集资的个人或者非法集资单位的控股股东、实际控制人、董事、监事、高级管理人员以及其他直接责任人员出境。

采取前款第一项、第二项规定的措施，应当经处置非法集资牵头部门主要负责人批准。

第二十五条　非法集资人、非法集资协助人应当向集资参与人清退集资资金。清退过程应当接受处置非法集资牵头部门监督。

任何单位和个人不得从非法集资中获取经济利益。

因参与非法集资受到的损失，由集资参与人自行承担。

第二十六条　清退集资资金来源包括：

（一）非法集资资金余额；

（二）非法集资资金的收益或者转换的其他资产及其收益；

（三）非法集资人及其股东、实际控制人、董事、监事、高级管理人员和其他相关人员从非法集资中获得的经济利益；

（四）非法集资人隐匿、转移的非法集资资金或者相关资产；

（五）在非法集资中获得的广告费、代言费、代理费、好处费、返点费、佣金、提成等经济利益；

（六）可以作为清退集资资金的其他资产。

第二十七条　为非法集资设立的企业、个体工商户和农民专业合作社，由市场监督管理部门吊销营业执照。为非法集资设立的网站、开发的移动应用程序等互联网应用，由电信主管部门依法予以关闭。

第二十八条　国务院金融管理部门及其分支机构、派出机构，地方人民政府有关部门以及其他有关单位和个人，对处置非法集资工作应当给予支持、配合。

任何单位和个人不得阻挠、妨碍处置非法集资工作。

第二十九条　处置非法集资过程中，有关地方人民政府应当采取有效措施维护社会稳定。

第三十条 对非法集资人,由处置非法集资牵头部门处集资金额20%以上1倍以下的罚款。非法集资人为单位的,还可以根据情节轻重责令停产停业,由有关机关依法吊销许可证、营业执照或者登记证书;对其法定代表人或者主要负责人、直接负责的主管人员和其他直接责任人员给予警告,处50万元以上500万元以下的罚款。构成犯罪的,依法追究刑事责任。

第三十一条 对非法集资协助人,由处置非法集资牵头部门给予警告,处违法所得1倍以上3倍以下的罚款;构成犯罪的,依法追究刑事责任。

第三十二条 非法集资人、非法集资协助人不能同时履行所承担的清退集资资金和缴纳罚款义务时,先清退集资资金。

第三十三条 对依照本条例受到行政处罚的非法集资人、非法集资协助人,由有关部门建立信用记录,按照规定将其信用记录纳入全国信用信息共享平台。

第三十四条 互联网信息服务提供者未履行对涉嫌非法集资信息的防范和处置义务的,由有关主管部门责令改正,给予警告,没收违法所得;拒不改正或者情节严重的,处10万元以上50万元以下的罚款,并可以根据情节轻重责令暂停相关业务、停业整顿、关闭网站、吊销相关业务许可证或者吊销营业执照,对直接负责的主管人员和其他直接责任人员处1万元以上10万元以下的罚款。

广告经营者、广告发布者未按照规定查验相关证明文件、核对广告内容的,由市场监督管理部门责令改正,并依照《中华人民共和国广告法》的规定予以处罚。

第三十五条 金融机构、非银行支付机构未履行防范非法集资义务的,由国务院金融管理部门或者其分支机构、派出机构按照职责分工责令改正,给予警告,没收违法所得;造成严重后果的,处100万元以上500万元以下的罚款,对直接负责的主管人员和其他直接责任人员给予警告,处10万元以上50万元以下的罚款。

第三十六条 与被调查事件有关的单位和个人不配合调查,拒绝提供相关文件、资料、电子数据等或者提供虚假文件、资料、电子数据等的,由处置非法集资牵头部门责令改正,给予警告,处5万元以上50万元以下的罚款。

阻碍调查人员依法执行职务，构成违反治安管理行为的，由公安机关依法给予治安管理处罚；构成犯罪的，依法追究刑事责任。

第三十七条　国家机关工作人员有下列行为之一的，依法给予处分：

（一）明知所主管、监管的单位有涉嫌非法集资行为，未依法及时处理；

（二）未按照规定及时履行对非法集资的防范职责，或者不配合非法集资处置，造成严重后果；

（三）在防范和处置非法集资过程中滥用职权、玩忽职守、徇私舞弊；

（四）通过职务行为或者利用职务影响，支持、包庇、纵容非法集资。

前款规定的行为构成犯罪的，依法追究刑事责任。

2.《储蓄管理条例》（中华人民共和国国务院令第588号，2011.1.8修订实施）（节录）

第三条　本条例所称储蓄是指个人将属于其所有的人民币或者外币存入储蓄机构，储蓄机构开具存折或者存单作为凭证，个人凭存折或者存单可以支取存款本金和利息，储蓄机构依照规定支付存款本金和利息的活动。

任何单位和个人不得将公款以个人名义转为储蓄存款。

第四条　本条例所称储蓄机构是指经中国人民银行或其分支机构批准，各银行、信用合作社办理储蓄业务的机构，以及邮政企业依法办理储蓄业务的机构。

第八条　除储蓄机构外，任何单位和个人不得办理储蓄业务。

3.国务院办公厅《关于依法惩处非法集资有关问题的通知》（国办发明电〔2007〕34号，2007.7.25）（节录）

二、当前非法集资的主要形式和特征

非法集资情况复杂，表现形式多样。有的打着"支持地方经济发展"、"倡导绿色、健康消费"等旗号，有的引用产权式返租、电子商务、电子黄金、投资基金等新概念，手段隐蔽，欺骗性很强。从目前案发情况看，非法集资大致可划分为债权、股权、商品营销、生产经营等四大类。2006年，以生产经营合作为名的非法集资涉案价值占全部非法集资案件涉案价值的60%以上，需要引起高度关注。

非法集资的主要特征：一是未经有关监管部门依法批准，违规向社会

（尤其是向不特定对象）筹集资金。如未经批准吸收社会资金；未经批准公开、非公开发行股票、债券等。二是承诺在一定期限内给予出资人货币、实物、股权等形式的投资回报。有的犯罪分子以提供种苗等形式吸收资金，承诺以收购或包销产品等方式支付回报；有的则以商品销售的方式吸收资金，以承诺返租、回购、转让等方式给予回报。三是以合法形式掩盖非法集资目的。为掩饰其非法目的，犯罪分子往往与受害者签订合同，伪装成正常的生产经营活动，最大限度地实现其骗取资金的最终目的。

部门规章及部门规范性文件

1. 中国人民银行、中央网信办、最高人民法院等《关于进一步防范和处置虚拟货币交易炒作风险的通知》（银发〔2021〕237号，2021.9.15）（节录）

一、明确虚拟货币和相关业务活动本质属性

（一）虚拟货币不具有与法定货币等同的法律地位。比特币、以太币、泰达币等虚拟货币具有非货币当局发行、使用加密技术及分布式账户或类似技术、以数字化形式存在等主要特点，不具有法偿性，不应且不能作为货币在市场上流通使用。

（二）虚拟货币相关业务活动属于非法金融活动。开展法定货币与虚拟货币兑换业务、虚拟货币之间的兑换业务、作为中央对手方买卖虚拟货币、为虚拟货币交易提供信息中介和定价服务、代币发行融资以及虚拟货币衍生品交易等虚拟货币相关业务活动涉嫌非法发售代币票券、擅自公开发行证券、非法经营期货业务、非法集资等非法金融活动，一律严格禁止，坚决依法取缔。对于开展相关非法金融活动构成犯罪的，依法追究刑事责任。

（三）境外虚拟货币交易所通过互联网向我国境内居民提供服务同样属于非法金融活动。对于相关境外虚拟货币交易所的境内工作人员，以及明知或应知其从事虚拟货币相关业务，仍为其提供营销宣传、支付结算、技术支持等服务的法人、非法人组织和自然人，依法追究有关责任。

（四）参与虚拟货币投资交易活动存在法律风险。任何法人、非法人组织和自然人投资虚拟货币及相关衍生品，违背公序良俗的，相关民事法律行为无效，由此引发的损失由其自行承担；涉嫌破坏金融秩序、危害金融安全的,由相关部门依法查处。

四、构建多维度、多层次的风险防范和处置体系

(九)金融机构和非银行支付机构不得为虚拟货币相关业务活动提供服务。金融机构和非银行支付机构不得为虚拟货币相关业务活动提供账户开立、资金划转和清算结算等服务,不得将虚拟货币纳入抵质押品范围,不得开展与虚拟货币相关的保险业务或将虚拟货币纳入保险责任范围,发现违法违规问题线索应及时向有关部门报告。

(十)加强对虚拟货币相关的互联网信息内容和接入管理。互联网企业不得为虚拟货币相关业务活动提供网络经营场所、商业展示、营销宣传、付费导流等服务,发现违法违规问题线索应及时向有关部门报告,并为相关调查、侦查工作提供技术支持和协助。网信和电信主管部门根据金融管理部门移送的问题线索及时依法关闭开展虚拟货币相关业务活动的网站、移动应用程序、小程序等互联网应用。

(十一)加强对虚拟货币相关的市场主体登记和广告管理。市场监管部门加强市场主体登记管理,企业、个体工商户注册名称和经营范围中不得含有"虚拟货币""虚拟资产""加密货币""加密资产"等字样或内容。市场监管部门会同金融管理部门依法加强对涉虚拟货币相关广告的监管,及时查处相关违法广告。

(十二)严厉打击虚拟货币相关非法金融活动。发现虚拟货币相关非法金融活动问题线索后,地方金融监管部门会同国务院金融管理部门分支机构等相关部门依法及时调查认定、妥善处置,并严肃追究有关法人、非法人组织和自然人的法律责任,涉及犯罪的,移送司法机关依法查处。

(十三)严厉打击涉虚拟货币犯罪活动。公安部部署全国公安机关继续深入开展"打击洗钱犯罪专项行动""打击跨境赌博专项行动""断卡行动",依法严厉打击虚拟货币相关业务活动中的非法经营、金融诈骗等犯罪活动,利用虚拟货币实施的洗钱、赌博等犯罪活动和以虚拟货币为噱头的非法集资、传销等犯罪活动。

(十四)加强行业自律管理。中国互联网金融协会、中国支付清算协会、中国银行业协会加强会员管理和政策宣传,倡导和督促会员单位抵制

虚拟货币相关非法金融活动，对违反监管政策和行业自律规则的会员单位，依照有关自律管理规定予以惩戒。依托各类行业基础设施开展虚拟货币交易炒作风险监测，及时向有关部门移送问题线索。

2. 中国银行保险监督管理委员会、中央网络安全和信息化委员会办公室、公安部、中国人民银行、国家市场监督管理总局《关于防范以"虚拟货币""区块链"名义进行非法集资的风险提示》(2018.8.24)

银保监会、中央网信办、公安部、人民银行、市场监管总局提示：

近期，一些不法分子打着"金融创新""区块链"的旗号，通过发行所谓"虚拟货币""虚拟资产""数字资产"等方式吸收资金，侵害公众合法权益。此类活动并非真正基于区块链技术，而是炒作区块链概念行非法集资、传销、诈骗之实，主要有以下特征：

一、网络化、跨境化明显。依托互联网、聊天工具进行交易，利用网上支付工具收支资金，风险波及范围广、扩散速度快。一些不法分子通过租用境外服务器搭建网站，实质面向境内居民开展活动，并远程控制实施违法活动。一些个人在聊天工具群组中声称获得了境外优质区块链项目投资额度，可以代为投资，极可能是诈骗活动。这些不法活动资金多流向境外，监管和追踪难度很大。

二、欺骗性、诱惑性、隐蔽性较强。利用热点概念进行炒作，编造名目繁多的"高大上"理论，有的还利用名人大V"站台"宣传，以空投"糖果"等为诱惑，宣称"币值只涨不跌""投资周期短、收益高、风险低"，具有较强蛊惑性。实际操作中，不法分子通过幕后操纵所谓虚拟货币价格走势、设置获利和提现门槛等手段非法牟取暴利。此外，一些不法分子还以ICO、IFO、IEO等花样翻新的名目发行代币，或打着共享经济的旗号以IMO方式进行虚拟货币炒作，具有较强的隐蔽性和迷惑性。

三、存在多种违法风险。不法分子通过公开宣传，以"静态收益"（炒币升值获利）和"动态收益"（发展下线获利）为诱饵，吸引公众投入资金，并利诱投资人发展人员加入，不断扩充资金池，具有非法集资、传销、诈骗等违法行为特征。

此类活动以"金融创新"为噱头，实质是"借新还旧"的庞氏骗局，资金运转难以长期维系。请广大公众理性看待区块链，不要盲目相信天花乱坠的承诺，树立正确的货币观念和投资理念，切实提高风险意识；对发现的违法犯罪线索，可积极向有关部门举报反映。

3.《网络借贷信息中介机构业务活动管理暂行办法》（中国银行业监督管理委员会、中华人民共和国工业和信息化部、中华人民共和国公安部、国家互联网信息办公室令2016年第1号，2016.8.17）（节录）

第二条　在中国境内从事网络借贷信息中介业务活动，适用本办法，法律法规另有规定的除外。

本办法所称网络借贷是指个体和个体之间通过互联网平台实现的直接借贷。个体包含自然人、法人及其他组织。网络借贷信息中介机构是指依法设立，专门从事网络借贷信息中介业务活动的金融信息中介公司。该类机构以互联网为主要渠道，为借款人与出借人（即贷款人）实现直接借贷提供信息搜集、信息公布、资信评估、信息交互、借贷撮合等服务。

本办法所称地方金融监管部门是指各省级人民政府承担地方金融监管职责的部门。

第三条　网络借贷信息中介机构按照依法、诚信、自愿、公平的原则为借款人和出借人提供信息服务，维护出借人与借款人合法权益，不得提供增信服务，不得直接或间接归集资金，不得非法集资，不得损害国家利益和社会公共利益。

借款人与出借人遵循借贷自愿、诚实守信、责任自负、风险自担的原则承担借贷风险。网络借贷信息中介机构承担客观、真实、全面、及时进行信息披露的责任，不承担借贷违约风险。

第五条　拟开展网络借贷信息中介服务的网络借贷信息中介机构及其分支机构，应当在领取营业执照后，于10个工作日以内携带有关材料向工商登记注册地地方金融监管部门备案登记。

地方金融监管部门负责为网络借贷信息中介机构办理备案登记。地方金融监管部门应当在网络借贷信息中介机构提交的备案登记材料齐备时予以受理，并在各省（区、市）规定的时限内完成备案登记手续。备案登记不构成对网络借贷信息中介机构经营能力、合规程度、资信状况的认可和

上编　金融犯罪

评价。

地方金融监管部门有权根据本办法和相关监管规则对备案登记后的网络借贷信息中介机构进行评估分类，并及时将备案登记信息及分类结果在官方网站上公示。

网络借贷信息中介机构完成地方金融监管部门备案登记后，应当按照通信主管部门的相关规定申请相应的电信业务经营许可；未按规定申请电信业务经营许可的，不得开展网络借贷信息中介业务。

网络借贷信息中介机构备案登记、评估分类等具体细则另行制定。

第九条　网络借贷信息中介机构应当履行下列义务：

（一）依据法律法规及合同约定为出借人与借款人提供直接借贷信息的采集整理、甄别筛选、网上发布，以及资信评估、借贷撮合、融资咨询、在线争议解决等相关服务；

（二）对出借人与借款人的资格条件、信息的真实性、融资项目的真实性、合法性进行必要审核；

（三）采取措施防范欺诈行为，发现欺诈行为或其他损害出借人利益的情形，及时公告并终止相关网络借贷活动；

（四）持续开展网络借贷知识普及和风险教育活动，加强信息披露工作，引导出借人以小额分散的方式参与网络借贷，确保出借人充分知悉借贷风险；

（五）按照法律法规和网络借贷有关监管规定要求报送相关信息，其中网络借贷有关债权债务信息要及时向有关数据统计部门报送并登记；

（六）妥善保管出借人与借款人的资料和交易信息，不得删除、篡改，不得非法买卖、泄露出借人与借款人的基本信息和交易信息；

（七）依法履行客户身份识别、可疑交易报告、客户身份资料和交易记录保存等反洗钱和反恐怖融资义务；

（八）配合相关部门做好防范查处金融违法犯罪相关工作；

（九）按照相关要求做好互联网信息内容管理、网络与信息安全相关工作；

（十）国务院银行业监督管理机构、工商登记注册地省级人民政府规定的其他义务。

第十条 网络借贷信息中介机构不得从事或者接受委托从事下列活动：

（一）为自身或变相为自身融资；

（二）直接或间接接受、归集出借人的资金；

（三）直接或变相向出借人提供担保或者承诺保本保息；

（四）自行或委托、授权第三方在互联网、固定电话、移动电话等电子渠道以外的物理场所进行宣传或推介融资项目；

（五）发放贷款，但法律法规另有规定的除外；

（六）将融资项目的期限进行拆分；

（七）自行发售理财等金融产品募集资金，代销银行理财、券商资管、基金、保险或信托产品等金融产品；

（八）开展类资产证券化业务或实现以打包资产、证券化资产、信托资产、基金份额等形式的债权转让行为；

（九）除法律法规和网络借贷有关监管规定允许外，与其他机构投资、代理销售、经纪等业务进行任何形式的混合、捆绑、代理；

（十）虚构、夸大融资项目的真实性、收益前景，隐瞒融资项目的瑕疵及风险，以歧义性语言或其他欺骗性手段等进行虚假片面宣传或促销等，捏造、散布虚假信息或不完整信息损害他人商业信誉，误导出借人或借款人；

（十一）向借款用途为投资股票、场外配资、期货合约、结构化产品及其他衍生品等高风险的融资提供信息中介服务；

（十二）从事股权众筹等业务；

（十三）法律法规、网络借贷有关监管规定禁止的其他活动。

第十二条 借款人应当履行下列义务：

（一）提供真实、准确、完整的用户信息及融资信息；

（二）提供在所有网络借贷信息中介机构未偿还借款信息；

（三）保证融资项目真实、合法，并按照约定用途使用借贷资金，不得用于出借等其他目的；

（四）按照约定向出借人如实报告影响或可能影响出借人权益的重大信息；

（五）确保自身具有与借款金额相匹配的还款能力并按照合同约定还款；

（六）借贷合同及有关协议约定的其他义务。

第十三条　借款人不得从事下列行为：

（一）通过故意变换身份、虚构融资项目、夸大融资项目收益前景等形式的欺诈借款；

（二）同时通过多个网络借贷信息中介机构，或者通过变换项目名称、对项目内容进行非实质性变更等方式，就同一融资项目进行重复融资；

（三）在网络借贷信息中介机构以外的公开场所发布同一融资项目的信息；

（四）已发现网络借贷信息中介机构提供的服务中含有本办法第十条所列内容，仍进行交易；

（五）法律法规和网络借贷有关监管规定禁止从事的其他活动。

第十四条　参与网络借贷的出借人，应当具备投资风险意识、风险识别能力、拥有非保本类金融产品投资的经历并熟悉互联网。

第十五条　参与网络借贷的出借人应当履行下列义务：

（一）向网络借贷信息中介机构提供真实、准确、完整的身份等信息；

（二）出借资金为来源合法的自有资金；

（三）了解融资项目信贷风险，确认具有相应的风险认知和承受能力；

（四）自行承担借贷产生的本息损失；

（五）借贷合同及有关协议约定的其他义务。

第十六条　网络借贷信息中介机构在互联网、固定电话、移动电话等电子渠道以外的物理场所只能进行信用信息采集、核实、贷后跟踪、抵质押管理等风险管理及网络借贷有关监管规定明确的部分必要经营环节。

第十七条　网络借贷金额应当以小额为主。网络借贷信息中介机构应当根据本机构风险管理能力，控制同一借款人在同一网络借贷信息中介机构平台及不同网络借贷信息中介机构平台的借款余额上限，防范信贷集中风险。

同一自然人在同一网络借贷信息中介机构平台的借款余额上限不超过人民币20万元；同一法人或其他组织在同一网络借贷信息中介机构平台的借款余额上限不超过人民币100万元；同一自然人在不同网络借贷信息中

介机构平台借款总余额不超过人民币 100 万元；同一法人或其他组织在不同网络借贷信息中介机构平台借款总余额不超过人民币 500 万元。

第二十条　借款人支付的本金和利息应当归出借人所有。网络借贷信息中介机构应当与出借人、借款人另行约定费用标准和支付方式。

第三十三条　国务院银行业监督管理机构及其派出机构负责制定统一的规范发展政策措施和监督管理制度，负责网络借贷信息中介机构的日常行为监管，指导和配合地方人民政府做好网络借贷信息中介机构的机构监管和风险处置工作，建立跨部门跨地区监管协调机制。

各地方金融监管部门具体负责本辖区网络借贷信息中介机构的机构监管，包括对本辖区网络借贷信息中介机构的规范引导、备案管理和风险防范、处置工作。

第三十四条　中国互联网金融协会从事网络借贷行业自律管理，并履行下列职责：

（一）制定自律规则、经营细则和行业标准并组织实施，教育会员遵守法律法规和网络借贷有关监管规定；

（二）依法维护会员的合法权益，协调会员关系，组织相关培训，向会员提供行业信息、法律咨询等服务，调解纠纷；

（三）受理有关投诉和举报，开展自律检查；

（四）成立网络借贷专业委员会；

（五）法律法规和网络借贷有关监管规定赋予的其他职责。

第三十五条　借款人、出借人、网络借贷信息中介机构、资金存管机构、担保人等应当签订资金存管协议，明确各自权利义务和违约责任。

资金存管机构对出借人与借款人开立和使用资金账户进行管理和监督，并根据合同约定，对出借人与借款人的资金进行存管、划付、核算和监督。

资金存管机构承担实名开户和履行合同约定及借贷交易指令表面一致性的形式审核责任，但不承担融资项目及借贷交易信息真实性的实质审核责任。

资金存管机构应当按照网络借贷有关监管规定报送数据信息并依法接受相关监督管理。

第四十条　网络借贷信息中介机构违反法律法规和网络借贷有关监管规定，有关法律法规有处罚规定的，依照其规定给予处罚；有关法律法规未作处罚规定的，工商登记注册地地方金融监管部门可以采取监管谈话、出具警示函、责令改正、通报批评、将其违法违规和不履行公开承诺等情况记入诚信档案并公布等监管措施，以及给予警告、人民币3万元以下罚款和依法可以采取的其他处罚措施；构成犯罪的，依法追究刑事责任。

网络借贷信息中介机构违反法律规定从事非法集资活动或欺诈的，按照相关法律法规和工作机制处理；构成犯罪的，依法追究刑事责任。

第四十一条　网络借贷信息中介机构的出借人及借款人违反法律法规和网络借贷有关监管规定，依照有关规定给予处罚；构成犯罪的，依法追究刑事责任。

第七节　洗钱类犯罪

▶ **刑事规范**

第一百九十一条　【洗钱罪】①

刑法

为掩饰、隐瞒毒品犯罪、黑社会性质的组织犯罪、恐怖活动犯罪、走

---

① 本条共被修订3次。2001年《刑法修正案（三）》第7条增设洗钱对象"恐怖活动犯罪所得及其产生的收益"，并在单位犯罪部分增加了"情节严重的，处五年以上十年以下有期徒刑"的规定。2006年《刑法修正案（六）》第16条进一步将洗钱的对象扩大到"贪污贿赂犯罪、破坏金融管理秩序犯罪、金融诈骗犯罪的所得及其产生的收益"。2020年《刑法修正案（十一）》第14条删除行为人的"明知"要件，完善了洗钱的行为形式，取消罚金数额的限制，删除了单位犯罪中主管人员和其他直接责任人员的独立法定刑，对其按照自然人犯本条之罪处罚。

私犯罪、贪污贿赂犯罪、破坏金融管理秩序犯罪、金融诈骗犯罪的所得及其产生的收益的来源和性质,有下列行为之一的,没收实施以上犯罪的所得及其产生的收益,处五年以下有期徒刑或者拘役,并处或者单处罚金;情节严重的,处五年以上十年以下有期徒刑,并处罚金:

(一)提供资金帐户的;

(二)将财产转换为现金、金融票据、有价证券的;

(三)通过转帐或者其他支付结算方式转移资金的;

(四)跨境转移资产的;

(五)以其他方法掩饰、隐瞒犯罪所得及其收益的来源和性质的。

单位犯前款罪的,对单位判处罚金,并对其直接负责的主管人员和其他直接责任人员,依照前款的规定处罚。

司法解释、司法解释性文件及规范性文件

1. 最高人民检察院、公安部《关于公安机关管辖的刑事案件立案追诉标准的规定(二)》(2022.4.6修订,2022.5.15实施)(节录)

第四十三条〔洗钱案(刑法第一百九十一条)〕为掩饰、隐瞒毒品犯罪、黑社会性质的组织犯罪、恐怖活动犯罪、走私犯罪、贪污贿赂犯罪、破坏金融管理秩序犯罪、金融诈骗犯罪的所得及其产生的收益的来源和性质,涉嫌下列情形之一的,应予立案追诉:

(一)提供资金账户的;

(二)将财产转换为现金、金融票据、有价证券的;

(三)通过转账或者其他支付结算方式转移资金的;

(四)跨境转移资产的;

(五)以其他方法掩饰、隐瞒犯罪所得及其收益的来源和性质的。

2. 最高人民法院、最高人民检察院、公安部《关于办理洗钱刑事案件若干问题的意见》(法发〔2020〕41号,2020.11.6)

为依法惩治洗钱犯罪活动,维护金融管理秩序和国家经济金融安全,根据刑法、刑事诉讼法及有关司法解释等规定,现就办理洗钱刑事案件若干问题提出如下意见。

上编　金融犯罪

一、办理洗钱刑事案件的总体要求

1.充分认识依法严惩洗钱犯罪的重大意义。洗钱犯罪严重破坏金融管理秩序，严重危害国家经济金融安全。当前，我国反洗钱工作面临艰巨任务。党中央、国务院高度重视反洗钱工作。各级人民法院、人民检察院、公安机关要进一步提高政治站位，从维护国家经济金融安全、推进国家治理体系和治理能力现代化、参与全球治理的高度，深刻认识加强反洗钱工作，依法严惩洗钱犯罪的重大意义，把思想和行动统一到党中央的决策部署上来，依法从严惩治洗钱犯罪，切实维护金融管理秩序，更好服务保障金融安全和经济发展，发挥我国在参与国际反洗钱治理、惩治洗钱犯罪方面的积极作用。

2.坚持以事实为根据，以法律为准绳。人民法院、人民检察院、公安机关办理洗钱刑事案件，必须坚持以事实为根据，以法律为准绳，正确区分罪与非罪、此罪与彼罪的界限，确保每一起洗钱刑事案件事实清楚，证据确实、充分，定罪准确，量刑适当。要坚持证据裁判和疑罪从无原则，严格按照证据裁判标准和要求，全面收集、固定、审查和认定证据，依法排除非法证据，确保洗钱刑事案件办案质量。要切实贯彻宽严相济的刑事政策，依法从严惩处洗钱犯罪，加大财产刑力度，严格控制缓刑适用，同时对具有法定从宽处罚情节的要依法体现政策，做到罪责刑相适应，确保法律效果、政治效果和社会效果的统一。

3.坚持分工负责、互相配合、互相制约。人民法院、人民检察院、公安机关要切实改变"重上游犯罪、轻洗钱犯罪"的倾向，充分发挥职能作用，切实强化洗钱刑事案件的侦查、起诉和审判工作。要加强工作协调配合，健全完善工作机制，形成工作合力，依法、及时、有效惩治洗钱犯罪。要坚持以审判为中心，按照刑事诉讼制度改革要求，不断强化证据意识和程序意识，充分发挥庭审在查明事实、认定证据、保护诉权、公正裁判中的决定性作用，有效加强法律监督，确保严格执法、公正司法。

二、依法准确认定洗钱犯罪

4.刑法第一百九十一条规定的洗钱罪与刑法第三百一十二条规定的掩饰、隐瞒犯罪所得、犯罪所得收益罪是刑法特别规定与一般规定的关系。

掩饰、隐瞒犯罪所得、犯罪所得收益罪包含传统的窝藏犯罪和普通的洗钱犯罪，洗钱罪是针对毒品犯罪、黑社会性质的组织犯罪、恐怖活动犯罪、走私犯罪、贪污贿赂犯罪、破坏金融管理秩序犯罪、金融诈骗犯罪等严重犯罪而为其洗钱的行为所作的特别规定。同时符合刑法第一百九十一条和第三百一十二条规定的，优先适用第一百九十一条特别规定。

5. 刑法第一百九十一条规定的"黑社会性质的组织犯罪所得及其产生的收益"，是指黑社会性质组织及其成员实施的各种犯罪所得及其产生的收益，包括黑社会性质组织的形成、发展过程中，该组织及组织成员通过违法犯罪活动或其他不正当手段聚敛的全部财物、财产性权益及其孳息、收益。

6. 主观上认识到是刑法第一百九十一条规定的上游犯罪的所得及其产生的收益，并实施该条第一款规定的洗钱行为的，可以认定其具有掩饰、隐瞒犯罪所得及其收益的来源和性质的目的，但有证据证明不是为掩饰、隐瞒犯罪所得及其收益的来源和性质的除外。

7. 刑法第一百九十一条规定的洗钱罪，应当以上游犯罪事实成立为认定前提。上游犯罪是否既遂，不影响洗钱罪的认定。上游犯罪尚未依法裁判，但查证属实的，不影响洗钱罪的认定。

上游犯罪事实经查证属实，因行为人死亡、未达到刑事责任年龄等原因依法不予追究刑事责任的，不影响洗钱罪的认定。

8. 主观上认识到是刑法第一百九十一条规定的上游犯罪的所得及其产生的收益，包括知道或者应当知道。其中："知道"是指根据犯罪嫌疑人、被告人的供述、证人证言等证据，可以直接证明犯罪嫌疑人、被告人知悉、了解其所掩饰、隐瞒的是刑法第一百九十一条规定的上游犯罪的所得及其产生的收益；"应当知道"是指结合查证的主、客观证据，可以证明犯罪嫌疑人、被告人知悉、了解其所掩饰、隐瞒的是刑法第一百九十一条规定的上游犯罪的所得及其产生的收益。

认定主观认知，应当结合犯罪嫌疑人、被告人的身份背景、职业经历、认知能力及其所接触、接收的信息，与上游犯罪嫌疑人、被告人的亲属关系、上下级关系、交往情况、了解程度、信任程度，接触、接收他人犯罪所得及其收益的情况，犯罪所得及其收益的种类、数额，犯罪所得及其收益的转换、转移方式，交易行为、资金账户的异常情况，以及犯罪嫌疑人、被告人的供述及证人证言等主、客观因素，进行综合分析判断。对于犯罪嫌疑人、被告人的供述和辩解，要结合全案证据进行审查判断。

9. 主观上认识到是刑法第一百九十一条规定的上游犯罪的所得及其产生的收益，是指对上游犯罪客观事实的认识，而非对行为性质的认识。将某一上游犯罪的所得及其产生的收益认为是该条规定的其他上游犯罪的所得及其产生的收益的，不影响主观认知的认定。

10. 实施刑法第一百九十一条规定的洗钱行为，构成洗钱罪的同时，又构成刑法第三百四十九条规定的窝藏、转移、隐瞒毒赃罪，刑法第一百二十条之一规定的帮助恐怖活动罪，或者刑法第二百二十五条规定的非法经营罪的，依照处罚较重的规定定罪处罚。法律和司法解释另有规定的除外。

具有刑法第一百九十一条规定的上游犯罪的犯罪事实，又具有为其他不是同一事实的上游犯罪洗钱的犯罪事实的，分别以上游犯罪、洗钱罪定罪处罚，依法实行数罪并罚。

三、依法从严惩处洗钱犯罪

11. 行为人主观上认识到是刑法第一百九十一条规定的七类上游犯罪的所得及其产生的收益，并实施该条第一款规定的洗钱行为，从而掩饰、隐瞒犯罪所得及其收益的来源和性质，构成犯罪的，应依法以洗钱罪定罪处罚。

12. 洗钱数额在十万元以上的，或者洗钱数额在五万元以上，且具有下列情形之一的，可以认定为"情节严重"：

（1）多次实施洗钱行为的；

（2）曾因洗钱行为受过刑事追究的；

（3）拒不交代涉案资金去向或者拒不配合追缴工作，致使赃款无法追缴的；

（4）造成重大损失或者其他严重后果的。

二次以上实施洗钱犯罪行为，依法应予刑事处理而未经处理的，洗钱数额累计计算。

13. 地下钱庄实施洗钱犯罪的，或者金融机构及其从业人员实施洗钱犯罪的，可以依法从重处罚。

14. 单位实施洗钱犯罪行为的，与自然人犯罪的定罪量刑标准相同，对单位判处罚金，并依法对其直接负责的主管人员和其他直接责任人员定罪处罚。

15. 要依法用足用好财产刑，从经济上最大限度制裁洗钱犯罪分子。对洗钱犯罪判处罚金，应当根据被告人的犯罪情节，在法律规定的数额幅度内决定罚金数额，充分体现从重处罚的政策精神。对于自然人洗钱犯罪"情节严重"的，一般可并处洗钱数额百分之十以上百分之二十以下罚金。对单位犯罪，一般可判处洗钱数额百分之十以上罚金。

16. 对于行为人如实供述犯罪事实，认罪悔罪，并如实交代涉案资金去向，积极配合调查和追缴工作，符合刑事诉讼法规定的认罪认罚从宽适用范围和条件的，可以依法从宽处理。

17. 要从严掌握洗钱犯罪的缓刑适用。适用缓刑，应当综合考虑犯罪情节、悔罪表现、再犯罪的危险以及宣告缓刑对所居住社区的影响，依法作出决定。对于地下钱庄犯罪分子，以洗钱为业，多次实施洗钱行为，或者拒不交代涉案资金去向的，一般不适用缓刑。

四、强化洗钱刑事案件证据的收集、审查和运用

18. 人民法院、人民检察院、公安机关在办理毒品犯罪、黑社会性质的组织犯罪、恐怖活动犯罪、走私犯罪、贪污贿赂犯罪、破坏金融管理秩序犯罪、金融诈骗犯罪案件过程中，要以"追踪资金"为重点，深挖洗钱犯罪线索，依法惩治洗钱犯罪和上游犯罪。进一步加大对涉地下钱庄洗钱犯罪的惩治力度，在办理地下钱庄犯罪案件中，深挖洗钱犯罪和上游犯罪线索，坚决遏制职业化、专业化、组织化的洗钱犯罪活动。

19. 公安机关要加强对洗钱刑事案件的侦查取证工作，深入查明犯罪事实。对刑法第一百九十一条规定的上游犯罪开展"一案双查"，发现涉嫌洗钱犯罪的，依法立案侦查。在侦查工作中，紧紧围绕洗钱犯罪的犯罪构成事实，就行为人主观上是否认识到是洗钱罪的上游犯罪的所得及其产生的收益，是否具有掩饰、隐瞒犯罪所得及其收益的来源和性质的目的，以及实施的具体洗钱行为等进行调查取证，及时收集固定证据，依法移送起诉。

对跨境、跨区域或重大、复杂的洗钱刑事案件，及时与人民检察院沟通，必要时可以商请人民检察院适时介入侦查活动，提供指导。

20.人民检察院要积极履行在刑事诉讼中指控证明犯罪的主导责任，加强对洗钱刑事案件证据的审查，对审查发现可能影响洗钱罪认定的事实证据问题，要引导公安机关按照洗钱罪的构成要件及时补充侦查、完善证据。要注重从上游犯罪的事实证据中挖掘、发现洗钱犯罪线索，办理刑法第一百九十一条规定的上游犯罪案件时，同步审查是否涉嫌洗钱罪，审查发现洗钱犯罪线索的，及时要求公安机关开展侦查，引导侦查人员收集完善证据，会同相关部门加大对洗钱犯罪的查处力度。

21.人民法院要强化对洗钱刑事案件证据的审查、判断，综合运用证据，就行为人主观上是否认识到是洗钱罪的七类上游犯罪的所得及其产生的收益，是否通过实施洗钱行为掩饰、隐瞒犯罪所得及其收益的来源和性质等犯罪事实进行审查、认定，确保案件事实清楚，证据确实、充分。同时要注重从上游犯罪的事实证据中挖掘洗钱犯罪线索，发现洗钱犯罪线索或者新的洗钱犯罪事实的，应当及时将有关材料移送公安机关，或者建议人民检察院补充、追加或者变更起诉。

22.公安机关对人民法院、人民检察院、监察机关、中国人民银行等相关部门移送的洗钱犯罪线索，要及时进行调查，对涉嫌洗钱犯罪的要及时立案侦查，必要时可请相关部门予以协助并提供相关证据材料。人民检察院要加强刑事立案监督、侦查活动监督工作，督促公安机关利用反洗钱工具和措施进行追踪、监测，对洗钱犯罪行为及时依法追诉。

23.人民法院、人民检察院、公安机关办理洗钱刑事案件，应当依法查询、查封、扣押、冻结全部涉案财产。对于依法查封、扣押、冻结的涉案财产，应当全面收集、审查证明其来源、性质、用途、权属及价值大小等有关证据。

对于涉及洗钱犯罪及其上游犯罪的违法所得及其产生的收益，应当依法追缴、没收。依法应当追缴、没收的财产无法找到、价值灭失或者与其他合法财产混合且不可分割的，可以追缴、没收洗钱犯罪行为人的其他等值财产。人民法院可以依法判决责令行为人以其他等值财产在违法所得范围内退赔。

对于依法查封、扣押、冻结的涉案财产,有证据证明确属被害人合法财产,或者确与行为人及其犯罪活动无关的,应予返还。

五、合力预防和惩治洗钱犯罪

24.人民法院、人民检察院、公安机关要健全完善洗钱刑事案件立案侦查、审查起诉、审判执行等相关工作机制,建立健全专业化、一体化、规范化执法司法协作工作机制,形成工作合力,规范调查取证、审查起诉、审判执行工作,及时立案侦查、审查起诉、审判执行,确保办案质量、办案效率和办案效果。办案中遇到重大争议问题,及时层报最高人民法院、最高人民检察院、公安部。

25.人民法院、人民检察院、公安机关要加强与中国人民银行等相关部门协作配合,充分发挥反洗钱工作联席会议机制,健全完善情报会商、信息交流、数据共享、案件反馈机制,加强对洗钱犯罪线索的分析研判,建立健全可疑交易线索移交合作机制,及时发现、有效预防和惩治洗钱犯罪。对于案情复杂、性质认定疑难案件,必要时可以听取中国人民银行等相关部门的意见,并根据案件事实和法律规定作出认定。

26.人民法院、人民检察院、公安机关要加强洗钱刑事案件的国际合作,完善刑事司法协助、引渡、警务合作制度机制和工作程序,强化打击跨国(境)洗钱犯罪,提升惩治跨国(境)洗钱犯罪效能。要规范跨国(境)刑事案件证据收集、移交、审查工作,依照国际条约或者互惠原则,提请证据材料所在地司法机关收集,或通过国际警务合作、国际刑警组织渠道收集的境外证据材料,公安机关应对其来源、提取人、提取时间或者提供人、提供时间以及保管移交的过程等作出说明;对其他来自境外的证据材料,应当对其来源、提供人、提供时间以及提取人、提取时间进行审查。能够证明案件事实的,可以作为证据使用。

27.人民法院、人民检察院、公安机关要加强反洗钱数据统计,在案件侦查、起诉、审判环节,扣押、冻结、没收犯罪资产、国际合作等工作中细化数据统计,按照要求梳理、统计相关信息、数据和案例;建立健全全国洗钱犯罪案件数据库,运用大数据、人工智能、云计算等信息技术为反洗钱工作提供支持。

28.人民法院、人民检察院、公安机关要结合工作实际,进一步健全办案机构,加强办案力量,加大办案工作力度。要加强反洗钱工作执法司法队伍专业化建设,鼓励、支持省级人民法院、人民检察院、公安机关辖区内专业办案能力建设和培养。通过联合调研、联合培训、发布典型案例等方式,进一步统一思想认识,统一执法司法尺度,提高办理洗钱刑事案件的能力和水平。

3.最高人民法院《关于审理洗钱等刑事案件具体应用法律若干问题的解释》(法释〔2009〕15号,2009.11.11)[①]

为依法惩治洗钱、掩饰、隐瞒犯罪所得、犯罪所得收益,资助恐怖活动等犯罪活动,根据刑法有关规定,现就审理此类刑事案件具体应用法律的若干问题解释如下:

第一条 刑法第一百九十一条、第三百一十二条规定的"明知",应当结合被告人的认知能力,接触他人犯罪所得及其收益的情况,犯罪所得及其收益的种类、数额,犯罪所得及其收益的转换、转移方式以及被告人的供述等主、客观因素进行认定。

具有下列情形之一的,可以认定被告人明知系犯罪所得及其收益,但有证据证明确实不知道的除外:

(一)知道他人从事犯罪活动,协助转换或者转移财物的;

(二)没有正当理由,通过非法途径协助转换或者转移财物的;

(三)没有正当理由,以明显低于市场的价格收购财物的;

(四)没有正当理由,协助转换或者转移财物,收取明显高于市场的"手续费"的;

(五)没有正当理由,协助他人将巨额现金散存于多个银行账户或者在不同银行账户之间频繁划转的;

(六)协助近亲属或者其他关系密切的人转换或者转移与其职业或者财

---

① 可参见《〈关于审理洗钱等刑事案件具体应用法律若干问题的解释〉的理解与适用》(最高人民法院 刘为波)。

产状况明显不符的财物的;

（七）其他可以认定行为人明知的情形。

被告人将刑法第一百九十一条规定的某一上游犯罪的犯罪所得及其收益误认为刑法第一百九十一条规定的上游犯罪范围内的其他犯罪所得及其收益的，不影响刑法第一百九十一条规定的"明知"的认定。

第二条　具有下列情形之一的，可以认定为刑法第一百九十一条第一款第（五）项规定的"以其他方法掩饰、隐瞒犯罪所得及其收益的来源和性质"：

（一）通过典当、租赁、买卖、投资等方式，协助转移、转换犯罪所得及其收益的；

（二）通过与商场、饭店、娱乐场所等现金密集型场所的经营收入相混合的方式，协助转移、转换犯罪所得及其收益的；

（三）通过虚构交易、虚设债权债务、虚假担保、虚报收入等方式，协助将犯罪所得及其收益转换为"合法"财物的；

（四）通过买卖彩票、奖券等方式，协助转换犯罪所得及其收益的；

（五）通过赌博方式，协助将犯罪所得及其收益转换为赌博收益的；

（六）协助将犯罪所得及其收益携带、运输或者邮寄出入境的；

（七）通过前述规定以外的方式协助转移、转换犯罪所得及其收益的。

第三条　明知是犯罪所得及其产生的收益而予以掩饰、隐瞒，构成刑法第三百一十二条规定的犯罪，同时又构成刑法第一百九十一条或者第三百四十九条规定的犯罪的，依照处罚较重的规定定罪处罚。

第四条　刑法第一百九十一条、第三百一十二条、第三百四十九条规定的犯罪，应当以上游犯罪事实成立为认定前提。上游犯罪尚未依法裁判，但查证属实的，不影响刑法第一百九十一条、第三百一十二条、第三百四十九条规定的犯罪的审判。

上游犯罪事实可以确认，因行为人死亡等原因依法不予追究刑事责任的，不影响刑法第一百九十一条、第三百一十二条、第三百四十九条规定的犯罪的认定。

上游犯罪事实可以确认，依法以其他罪名定罪处罚的，不影响刑法第一百九十一条、第三百一十二条、第三百四十九条规定的犯罪的认定。

本条所称"上游犯罪",是指产生刑法第一百九十一条、第三百一十二条、第三百四十九条规定的犯罪所得及其收益的各种犯罪行为。

第五条 刑法第一百二十条之一规定的"资助",是指为恐怖活动组织或者实施恐怖活动的个人筹集、提供经费、物资或者提供场所以及其他物质便利的行为。

刑法第一百二十条之一规定的"实施恐怖活动的个人",包括预谋实施、准备实施和实际实施恐怖活动的个人。

▶ 行政规范

法律

《中华人民共和国反洗钱法》(中华人民共和国主席令第56号,2007.1.1)(节录)

第二条 本法所称反洗钱,是指为了预防通过各种方式掩饰、隐瞒毒品犯罪、黑社会性质的组织犯罪、恐怖活动犯罪、走私犯罪、贪污贿赂犯罪、破坏金融管理秩序犯罪、金融诈骗犯罪等犯罪所得及其收益的来源和性质的洗钱活动,依照本法规定采取相关措施的行为。

第三条 在中华人民共和国境内设立的金融机构和按照规定应当履行反洗钱义务的特定非金融机构,应当依法采取预防、监控措施,建立健全客户身份识别制度、客户身份资料和交易记录保存制度、大额交易和可疑交易报告制度,履行反洗钱义务。

第五条 对依法履行反洗钱职责或者义务获得的客户身份资料和交易信息,应当予以保密;非依法律规定,不得向任何单位和个人提供。

反洗钱行政主管部门和其他依法负有反洗钱监督管理职责的部门、机构履行反洗钱职责获得的客户身份资料和交易信息,只能用于反洗钱行政调查。

司法机关依照本法获得的客户身份资料和交易信息，只能用于反洗钱刑事诉讼。

第八条 国务院反洗钱行政主管部门组织、协调全国的反洗钱工作，负责反洗钱的资金监测，制定或者会同国务院有关金融监督管理机构制定金融机构反洗钱规章，监督、检查金融机构履行反洗钱义务的情况，在职责范围内调查可疑交易活动，履行法律和国务院规定的有关反洗钱的其他职责。

国务院反洗钱行政主管部门的派出机构在国务院反洗钱行政主管部门的授权范围内，对金融机构履行反洗钱义务的情况进行监督、检查。

第十三条 反洗钱行政主管部门和其他依法负有反洗钱监督管理职责的部门、机构发现涉嫌洗钱犯罪的交易活动，应当及时向侦查机关报告。

第十五条 金融机构应当依照本法规定建立健全反洗钱内部控制制度，金融机构的负责人应当对反洗钱内部控制制度的有效实施负责。

金融机构应当设立反洗钱专门机构或者指定内设机构负责反洗钱工作。

第十六条 金融机构应当按照规定建立客户身份识别制度。

金融机构在与客户建立业务关系或者为客户提供规定金额以上的现金汇款、现钞兑换、票据兑付等一次性金融服务时，应当要求客户出示真实有效的身份证件或者其他身份证明文件，进行核对并登记。

客户由他人代理办理业务的，金融机构应当同时对代理人和被代理人的身份证件或者其他身份证明文件进行核对并登记。

与客户建立人身保险、信托等业务关系，合同的受益人不是客户本人的，金融机构还应当对受益人的身份证件或者其他身份证明文件进行核对并登记。

金融机构不得为身份不明的客户提供服务或者与其进行交易，不得为客户开立匿名账户或者假名账户。

金融机构对先前获得的客户身份资料的真实性、有效性或者完整性有疑问的，应当重新识别客户身份。

任何单位和个人在与金融机构建立业务关系或者要求金融机构为其提供一次性金融服务时，都应当提供真实有效的身份证件或者其他身份证明文件。

第二十条 金融机构应当按照规定执行大额交易和可疑交易报告制度。

金融机构办理的单笔交易或者在规定期限内的累计交易超过规定金额或者发现可疑交易的,应当及时向反洗钱信息中心报告。

第二十一条 金融机构建立客户身份识别制度、客户身份资料和交易记录保存制度的具体办法,由国务院反洗钱行政主管部门会同国务院有关金融监督管理机构制定。金融机构大额交易和可疑交易报告的具体办法,由国务院反洗钱行政主管部门制定。

第三十条 反洗钱行政主管部门和其他依法负有反洗钱监督管理职责的部门、机构从事反洗钱工作的人员有下列行为之一的,依法给予行政处分:

(一)违反规定进行检查、调查或者采取临时冻结措施的;

(二)泄露因反洗钱知悉的国家秘密、商业秘密或者个人隐私的;

(三)违反规定对有关机构和人员实施行政处罚的;

(四)其他不依法履行职责的行为。

第三十一条 金融机构有下列行为之一的,由国务院反洗钱行政主管部门或者其授权的设区的市一级以上派出机构责令限期改正;情节严重的,建议有关金融监督管理机构依法责令金融机构对直接负责的董事、高级管理人员和其他直接责任人员给予纪律处分:

(一)未按照规定建立反洗钱内部控制制度的;

(二)未按照规定设立反洗钱专门机构或者指定内设机构负责反洗钱工作的;

(三)未按照规定对职工进行反洗钱培训的。

第三十二条 金融机构有下列行为之一的,由国务院反洗钱行政主管部门或者其授权的设区的市一级以上派出机构责令限期改正;情节严重的,处二十万元以上五十万元以下罚款,并对直接负责的董事、高级管理人员和其他直接责任人员,处一万元以上五万元以下罚款:

(一)未按照规定履行客户身份识别义务的;

(二)未按照规定保存客户身份资料和交易记录的;

(三)未按照规定报送大额交易报告或者可疑交易报告的;

（四）与身份不明的客户进行交易或者为客户开立匿名账户、假名账户的；

（五）违反保密规定，泄露有关信息的；

（六）拒绝、阻碍反洗钱检查、调查的；

（七）拒绝提供调查材料或者故意提供虚假材料的。

金融机构有前款行为，致使洗钱后果发生的，处五十万元以上五百万元以下罚款，并对直接负责的董事、高级管理人员和其他直接责任人员处五万元以上五十万元以下罚款；情节特别严重的，反洗钱行政主管部门可以建议有关金融监督管理机构责令停业整顿或者吊销其经营许可证。

对有前两款规定情形的金融机构直接负责的董事、高级管理人员和其他直接责任人员，反洗钱行政主管部门可以建议有关金融监督管理机构依法责令金融机构给予纪律处分，或者建议依法取消其任职资格、禁止其从事有关金融行业工作。

第三十三条 违反本法规定，构成犯罪的，依法追究刑事责任。

第三十四条 本法所称金融机构，是指依法设立的从事金融业务的政策性银行、商业银行、信用合作社、邮政储汇机构、信托投资公司、证券公司、期货经纪公司、保险公司以及国务院反洗钱行政主管部门确定并公布的从事金融业务的其他机构。

部门规章及部门规范性文件

《金融机构反洗钱规定》（中国人民银行令［2006］第1号，2007.1.1）（节录）

第二条 本规定适用于在中华人民共和国境内依法设立的下列金融机构：

（一）商业银行、城市信用合作社、农村信用合作社、邮政储汇机构、政策性银行；

（二）证券公司、期货经纪公司、基金管理公司；

（三）保险公司、保险资产管理公司；

（四）信托投资公司、金融资产管理公司、财务公司、金融租赁公司、汽车金融公司、货币经纪公司；

（五）中国人民银行确定并公布的其他金融机构。

从事汇兑业务、支付清算业务和基金销售业务的机构适用本规定对金融机构反洗钱监督管理的规定。

第四条　中国人民银行根据国务院授权代表中国政府开展反洗钱国际合作。中国人民银行可以和其他国家或者地区的反洗钱机构建立合作机制，实施跨境反洗钱监督管理。

第五条　中国人民银行依法履行下列反洗钱监督管理职责：

（一）制定或者会同中国银行业监督管理委员会、中国证券监督管理委员会和中国保险监督管理委员会制定金融机构反洗钱规章；

（二）负责人民币和外币反洗钱的资金监测；

（三）监督、检查金融机构履行反洗钱义务的情况；

（四）在职责范围内调查可疑交易活动；

（五）向侦查机关报告涉嫌洗钱犯罪的交易活动；

（六）按照有关法律、行政法规的规定，与境外反洗钱机构交换与反洗钱有关的信息和资料；

（七）国务院规定的其他有关职责。

第六条　中国人民银行设立中国反洗钱监测分析中心，依法履行下列职责：

（一）接收并分析人民币、外币大额交易和可疑交易报告；

（二）建立国家反洗钱数据库，妥善保存金融机构提交的大额交易和可疑交易报告信息；

（三）按照规定向中国人民银行报告分析结果；

（四）要求金融机构及时补正人民币、外币大额交易和可疑交易报告；

（五）经中国人民银行批准，与境外有关机构交换信息、资料；

（六）中国人民银行规定的其他职责。

第八条　金融机构及其分支机构应当依法建立健全反洗钱内部控制制度，设立反洗钱专门机构或者指定内设机构负责反洗钱工作，制定反洗钱内部操作规程和控制措施，对工作人员进行反洗钱培训，增强反洗钱工作能力。

金融机构及其分支机构的负责人应当对反洗钱内部控制制度的有效实施负责。

第九条　金融机构应当按照规定建立和实施客户身份识别制度。

（一）对要求建立业务关系或者办理规定金额以上的一次性金融业务的客户身份进行识别，要求客户出示真实有效的身份证件或者其他身份证明文件，进行核对并登记，客户身份信息发生变化时，应当及时予以更新；

（二）按照规定了解客户的交易目的和交易性质，有效识别交易的受益人；

（三）在办理业务中发现异常迹象或者对先前获得的客户身份资料的真实性、有效性、完整性有疑问的，应当重新识别客户身份；

（四）保证与其有代理关系或者类似业务关系的境外金融机构进行有效的客户身份识别，并可从该境外金融机构获得所需的客户身份信息。

前款规定的具体实施办法由中国人民银行会同中国银行业监督管理委员会、中国证券监督管理委员会和中国保险监督管理委员会制定。

第十一条　金融机构应当按照规定向中国反洗钱监测分析中心报告人民币、外币大额交易和可疑交易。

前款规定的具体实施办法由中国人民银行另行制定。

第十三条　金融机构在履行反洗钱义务过程中，发现涉嫌犯罪的，应当及时以书面形式向中国人民银行当地分支机构和当地公安机关报告。

第二十五条　金融机构违反本规定的，由中国人民银行或者其地市中心支行以上分支机构按照《中华人民共和国反洗钱法》第三十一条、第三十二条的规定进行处罚；区别不同情形，建议中国银行业监督管理委员会、中国证券监督管理委员会或者中国保险监督管理委员会采取下列措施：

（一）责令金融机构停业整顿或者吊销其经营许可证；

（二）取消金融机构直接负责的董事、高级管理人员和其他直接责任人员的任职资格、禁止其从事有关金融行业工作；

（三）责令金融机构对直接负责的董事、高级管理人员和其他直接责任人员给予纪律处分。

中国人民银行县（市）支行发现金融机构违反本规定的，应报告其上一级分支机构,由该分支机构按照前款规定进行处罚或者提出建议。

第二十六条 中国人民银行和其地市中心支行以上分支机构对金融机构违反本规定的行为给予行政处罚的,应当遵守《中国人民银行行政处罚程序规定》的有关规定。

第二章 证券业犯罪

第一节 准入型犯罪

▶ 刑事规范及公报案例

第一百七十九条 【擅自发行股票、公司、企业债券罪】

刑法

未经国家有关主管部门批准,擅自发行股票或者公司、企业债券,数额巨大、后果严重或者有其他严重情节的,处五年以下有期徒刑或者拘役,并处或者单处非法募集资金金额百分之一以上百分之五以下罚金。

单位犯前款罪的,对单位判处罚金,并对其直接负责的主管人员和其他直接责任人员,处五年以下有期徒刑或者拘役。

司法解释、司法解释性文件及规范性文件

1. 最高人民检察院、公安部《关于公安机关管辖的刑事案件立案追诉标准的规定(二)》(2022.4.6修订,2022.5.15实施)(节录)

第二十九条 〔擅自发行股票、公司、企业债券案(刑法第一百七十九条)〕未经国家有关主管部门批准或者注册,擅自发行股票或者公司、企业债券,涉嫌下列情形之一的,应予立案追诉:

(一)非法募集资金金额在一百万元以上的;

(二)造成投资者直接经济损失数额累计在五十万元以上的;

(三)募集的资金全部或者主要用于违法犯罪活动的;

(四)其他后果严重或者有其他严重情节的情形。

本条规定的"擅自发行股票或者公司、企业债券",是指向社会不特定对象发行、以转让股权等方式变相发行股票或者公司、企业债券，或者向特定对象发行、变相发行股票或者公司、企业债券累计超过二百人的行为。

2. 最高人民法院《关于审理非法集资刑事案件具体应用法律若干问题的解释》（法释〔2022〕5号，2022.2.23修正，2022.3.1实施）（节录）

第十条　未经国家有关主管部门批准，向社会不特定对象发行、以转让股权等方式变相发行股票或者公司、企业债券，或者向特定对象发行、变相发行股票或者公司、企业债券累计超过200人的，应当认定为刑法第一百七十九条规定的"擅自发行股票或者公司、企业债券"。构成犯罪的，以擅自发行股票、公司、企业债券罪定罪处罚。

3. 最高人民法院、最高人民检察院、公安部、中国证券监督管理委员会《关于整治非法证券活动有关问题的通知》（证监发〔2008〕1号，2008.1.2）（节录）

（二）关于擅自发行证券的责任追究。未经依法核准，擅自发行证券，涉嫌犯罪的，依照《刑法》第一百七十九条之规定，以擅自发行股票、公司、企业债券罪追究刑事责任。未经依法核准，以发行证券为幌子，实施非法证券活动，涉嫌犯罪的，依照《刑法》第一百七十六条、第一百九十二条等规定，以非法吸收公众存款罪、集资诈骗罪等罪名追究刑事责任。未构成犯罪的，依照《证券法》和有关法律的规定给予行政处罚。

（三）关于非法经营证券业务的责任追究。任何单位和个人经营证券业务，必须经证监会批准。未经批准的，属于非法经营证券业务，应予以取缔；涉嫌犯罪的，依照《刑法》第二百二十五条之规定，以非法经营罪追究刑事责任。对于中介机构非法代理买卖非上市公司股票，涉嫌犯罪的，应当依照《刑法》第二百二十五条之规定，以非法经营罪追究刑事责任；所代理的非上市公司涉嫌擅自发行股票，构成犯罪的，应当依照《刑法》第一百七十九条之规定，以擅自发行股票罪追究刑事责任。非上市公司和中介机构共谋擅自发行股票，构成犯罪的，以擅自发行股票罪的共犯论处。未构成犯罪的，依照《证券法》和有关法律的规定给予行政处罚。

最高人民法院公报案例

上海市浦东新区人民检察院诉上海安基生物科技股份有限公司、郑戈擅自发行股票案

(《最高人民法院公报》2010年第9期)

【裁判摘要】

非上市股份有限公司为筹集经营资金,在未经证券监管部门批准的情况下,委托中介机构向不特定社会公众转让公司股东的股权,其行为属于未经批准擅自发行股票的行为,数额巨大、后果严重或者有其他严重情节的,应当以擅自发行股票罪定罪处罚。

【案情】

公诉机关:上海市浦东新区人民检察院。

被告单位:上海安基生物科技股份有限公司。

诉讼代表人:郑金妹。

被告人:郑戈,2006年12月因犯非法经营罪被判处有期徒刑二年,缓刑三年,2008年4月因犯挪用公款罪被判处有期徒刑三年,撤销前罪缓刑宣告,决定执行有期徒刑四年,现在服刑中。

上海市浦东新区人民检察院以被告单位上海安基生物科技股份有限公司(以下简称安基公司)及被告人郑戈犯擅自发行股票罪,向上海市浦东新区人民法院提起公诉。

起诉书指控:2001年12月至2007年8月期间,被告人郑戈担任被告单位安基公司的董事长、法定代表人,为了给单位募集资金,经股东会集体决定,在未经证券监管部门批准的情况下,擅自委托中介公司与个人代理,向社会不特定公众转让安基公司自然人股东的股权,共计向260余人发行股票322万股,募集资金人民币1109万余元,用于单位的经营活动及支付代理费用。安基公司未经证券监管部门批准擅自发行股票,其行为已构成擅自发行股票罪,且系单位犯罪;郑戈作为安基公司直接负责的主管人员,其行为亦构成擅自发行股票罪,提请法院依法惩处。

被告单位安基公司、被告人郑戈及其辩护人均辩称:1.国家法律对于

非上市股份公司能否转让股权没有明确规定,依据"法无明文规定不为罪"的原则,被告单位及被告人的行为不构成刑事犯罪;2.被告单位及被告人从事的是正常的股权转让业务,本案应属安基公司与受让人之间的民事债权债务纠纷。

上海市浦东新区人民法院一审查明:

被告单位安基公司成立于1997年4月,注册资金为人民币3400万元,股东包括2家单位和16名自然人。被告人郑戈担任安基公司的董事长、法定代表人,持股比例为44%。安基公司经工商管理部门核准的经营范围为:生物制品加工,化工原料、建筑材料、金属材料销售,本企业自产生物制品和技术出口,本企业进料加工及三来一补业务。

2001年12月,被告单位安基公司为筹集研发资金,由被告人郑戈提议经股东会集体同意后,委托中介公司及个人向社会不特定公众转让自然人股东的股权。此后直到2007年8月期间,由郑戈负责联系并先后委托上海新世纪投资有限公司、上海天成投资实业公司、王存国、周震平、黄浩等个人,以随机拨打电话的方式,对外谎称安基公司的股票短期内将在美国纳斯达克上市并能获取高额回报,向不特定社会公众推销郑戈及其他自然人股东的股权。郑戈和中介人员具体商定每股转让价格为人民币2—4元间不等。安基公司与受让人分别签订《股权转让协议书》和《回购承诺书》(承诺如果三年内公司不能上市就回购股权),并发放自然人股东缴款凭证卡和收款收据。

经审计,被告单位安基公司向社会公众260余人发行股票计322万股,筹集资金人民币1109万余元,其中有157人在股权托管中心托管,被列入公司股东名册,并在工商行政管理部门备案。上述募集资金全部用于安基公司的经营活动和支付中介代理费。

被告单位安基公司成立后主要从事艾滋病药物的研发,一直处于研发阶段,没有任何生产和销售行为。案发后不能回购股票,不能退还钱款,仅有土地及房产被查封。

以上事实,有石运明等260余名购股投资人、被告单位安基公司员工潘丽娜、中介人员陈国明等人的证言,被告单位的工商资料、财务账册、购股人员名单,涉案260余份《股权转让协议书》与《回购承诺书》,托管中心及工商部门提供的股东名册及被告人郑戈的供述等证据予以证明,足以认定。

本案的争议焦点是:被告单位安基公司与被告人郑戈的行为是否构成擅自发行股票罪。

上海市浦东新区人民法院一审认为:

《中华人民共和国刑法》(以下简称刑法)第一百七十九条规定:"未经国家有关主管部门批准,擅自发行股票或者公司、企业债券,数额巨大、后果严重或者有其他严重情节的,构成擅自发行股票、公司、企业债券罪。"依据《中华人民共和国公司法》和《中华人民共和国证券法》的规定,股份公司的股权表现形式就是股票,也包括未上市股份公司的股权。因此,这里的"发行股票"包括未上市公司转让股权。据此,判断行为人的行为是否构成擅自发行股票罪,应从以下几个方面分析:

一、发行股票行为是否经国家有关主管部门批准。

我国法律、法规及相关政策对非上市股份公司的股权能否转让、如何转让,有三个阶段的限制性规定。

第一阶段,1998年到2002年为严令禁止。1998年国务院《转发证监会关于清理整顿场外非法股票交易方案的通知》、2003年证监会《关于处理非法代理买卖未上市公司股票有关问题的紧急通知》、2004年《关于进一步打击以证券期货投资为名进行违法犯罪活动的紧急通知》均明确禁止非上市公司从事股权交易,除进行股权整体转让外,严禁代理和买卖非上市公司股票。

第二阶段,2003年到2006年为托管引导。其间,一些城市相继开展股权登记托管业务。2003年初,上海成立股权托管中心与上海联合产权交易所。2005年初,上海市发布《关于进一步规范本市发起设立股份有限公司审批、登记和备案相关事项的通知》,要求国有股权必须到上海联合产权交易所交易、到托管中心登记,对于私有股权采取自愿进场交易原则,依法禁止场外擅自交易。

第三阶段,2006年至今为明确规范。《中华人民共和国证券法》规定,向不特定对象或向特定对象累计超过 200 人发行证券,属于公开发行证券。公开发行证券,必须经国务院证券监管机构或国务院授权的部门核准。2006 年底,国务院办公厅发布的《关于严厉打击非法发行股票和非法经营证券业务有关问题的通知》规定,第一,严禁擅自公开发行股票,向不特定对象发行股票或向特定对象发行股票后股东累计超过 200 人的,为公开发行,应依法报经证监会核准。第二,严禁变相公开发行股票。非公开发行股票及其股权转让,不得采用广告、公告、广播、电话、传真、信函、推介会、说明会、网络、短信、公开劝诱等公开方式或变相公开方式向社会公众发行。严禁任何公司股东自行或委托他人以公开方式向社会公众转让股票。

综上,国家一直禁止擅自进行非上市公司的股权交易。本案中,被告单位安基公司与被告人郑戈在 2001 年至 2007 年 8 月期间,连续不间断地擅自向社会公众转让股权,其行为违反上述规定,系在未经有关主管部门批准的情况下实施发行股票行为。

二、有无实施发行股票的行为。

根据本案事实,被告单位安基公司与被告人郑戈擅自向社会公众转让股权的行为,属于国务院办公厅《关于严厉打击非法发行股票和非法经营证券业务有关问题的通知》所严禁的行为,应当认定为刑法第一百七十九条规定的"擅自发行股票、公司、企业债券"的行为。

1. 受让人属于不特定对象。区分特定对象与不特定对象,应当结合投资者的选择程序、承担风险能力与人数等因素综合分析。通常情况下,出让方委托中介机构面向社会公众采用推广会等方式进行宣传,随后筛选出合适的投资人,审查投资人的资产价值与申报财产内容的真实性、是否具备识别并承担风险能力等内容,明确提示投资风险,有明确的人数和资金总量的限制。对于符合上述条件的,应当认定为属于特定对象。相反,对于不设定任何标准和人数条件,不考察投资人的具体情况,只要出资即予以接纳的情况,应当认为属于不特定对象。本案中,被告单位安基公司委托中介公司与个人,随机向上海及浙江宁波等地的居民进行推销,不审查财产状况且没有人数限制,应当认定为向不特定对象转让股权。

2. 转让股权的价格具有不确定性。合法的转让股权应由第三方对公司财务状况进行审计，结合审计结论、运营情况、公司拟上市后的预增利润等综合因素，由出让方确定统一合理的出让价格，报证券监管部门批准备案后向全社会公布。本案中，转让股权价格未经过任何审计、批准备案、公开的程序，仅由被告人郑戈与中介公司商定，按照注册资本3400万元确定为3400万股，据审计报告显示，每股转让价格从1.5元到4.2元不等，包括12种不同价格。这充分说明涉案股权转让价格具有极大的随意性和不确定性。

3. 采用公开的形式转让股权。判断公开与非公开方式的标准，是信息沟通渠道是否畅通。非公开发行是指基于相互信任与意思自治原则，双方能够交流获取真实有效的信息，无需借助第三方力量来传递信息达到沟通目的。而公开发行由于面向社会公众且信息不对称，出让方需要借助中介力量，利用广告、公告、广播、电话、推介会、说明会、网络等方式传递信息，以达到吸引投资人获取资金的目的。本案中，被告单位安基公司与被告人郑戈委托多家中介公司与个人，先采用随机拨打电话的方式，以提供理财帮助为名邀请不特定对象到中介公司，后由业务员介绍并推销股权，对于犹豫不决的客户，业务员反复打电话以动员劝诱。故可以认定涉案股权转让形式属于公开发行。

4. 转让股权的运作模式不合规。由于涉及社会公众权益，转让股权必须接受多方面的监管，要求运作模式必须合法规范，包括中介机构的主体资格、签订合同的内容、披露信息的要求、财务情况公开、区分收费账户与公司账户、按约履行权利义务等。本案中，被告单位安基公司与被告人郑戈转让股权没有详细工作计划，没有披露公司的详细财务状况，没有委托固定有资质的中介机构，没有签订规范的服务合同，在2002年到2007年8月间，被告方频繁地更换中介公司与个人，这种运作模式完全不符合规范。

5. 募集资金全部用于经营活动和支付中介费用。实践中，存在利用擅自发行股票的方法取得资金以实施集资诈骗的情况发生，这种集资诈骗罪与擅自发行股票罪的主要区别在于主观上是否具有非法占有的目的。集资诈骗罪是以非法占有为目的，行为人发行股票只是诈骗财产的一种手段，在取得钱款后往往出现携款逃跑、挥霍滥用、抽逃转移资金、隐匿销毁账目等情况。擅自发行股票罪的主观方面则是为了非法募集生产经营资金，不具备非法占有的目的。本案中，被告单位安基公司募集资金1109万元均存入公司账户，有400万元支付中介代理费，另有600余万元用于公司的生产经营活动，包括租用厂房、购买设备、支付工资、研发费用等，且公司财务账册中未反映有挪用抽逃等不正常现象发生，仅仅由于客观上经营不善导致钱款不能返还，不能认定主观上具有非法占有目的。

根据最高人民法院、最高人民检察院、公安部、证监会《关于整治非法证券活动有关问题的通知》的规定，公司、公司股东违反规定擅自向社会公众转让股票，应当追究擅自发行股票罪的责任。根据最高人民检察院、公安部《关于经济犯罪案件追诉标准的规定》的规定，未经国家有关主管部门批准，擅自发行股票涉嫌下列情形之一的，应予追诉：数额在50万元以上的、不能及时清偿或者清退的、造成恶劣影响的。这是对于擅自发行股票罪的情节要件规定，本案符合此项规定。

此外，本案中部分受让人到股权托管中心托管并到工商部门备案的情节不影响犯罪的认定。根据证监会（2001）5号文《关于未上市股份公司股权托管问题的意见》的规定，未上市股份公司股权托管问题，成因复杂，涉及面广，清理规范工作主要由地方政府负责。在这一政策指引下，许多地方政府都以行政规章的形式要求对非上市公司的股权进行集中托管，据此，上海市发布《关于进一步规范本市发起设立股份有限公司审批、登记和备案相关事项的通知》，在此背景之下，上海股权托管中心应运而生。依据股权托管中心提供的资料显示，其是专业从事非上市股份公司股权集中托管、过户、查询、分红等业务的股权托管登记服务机构，为非上市股份公司股权规范有序流动提供服务平台，其主要职能分三类，股权托管、登记与服务功能。托管中心仅负责为股权转让双方办理过户登记手续，并向受让人发放托管卡，记载有股权名称、双方姓名、证件信息、转让份额、托管账号等信息，受让人凭托管卡号和账户密码，可以查询到个人持股情况及托管中心提供的公司相关信息。本案中，有157名受让人在购买股权后曾到股权托管中心进行登记领取托管卡,并被列入被告单位安基公司的股东名册且在工商部门备案。安基公司确认这 157 人具有公司股东的身份,但是,由于安基公司一直处于药物研发阶段,没有经营和销售行为,没有盈利分红,没有因重大事项召开过股东大会,因此这部分人没有参与公司经营管理和决策,实质上他们未能享受股东权利和履行股东义务。从全案情况分析,到托管中心登记的 157 人和未登记的 106 人,他们购买股权的动机和目的是完全一致的,由于安基公司谎称将在美国纳斯达克上市股票能获得巨大利润,并承诺如果不能上市将原价回购股票,使得全部受让人轻信这些言语且相信投资能够保本,他们投资购买股权的主观目的是希望通过投资换取未来的利润。托管中心作为第三方组织,对于股权转让行为只负责登记备案,并没有审核及监督义务,托管登记的形式,仅证实双方确有股权转让行为,但不能证明股权转让行为本身的合法与否。因此这一情节不影响本案的定性。

综上,被告单位安基公司违反国家政策及相关法律规定,未经证券监管部门的批准,委托他人以公开方式向不特定社会公众发行股票,情节严重,被告人郑戈系安基公司直接负责的主管人员,其行为均已构成擅自发行股票罪。公诉机关指控的罪名成立,被告单位、被告人及辩护人的辩护理由不成立,不予采纳。被告单位与被告人均有自首情节,依法从轻处罚。对被告人应予数罪并罚。据此,上海市浦东新区人民法院依照刑法第一百七十九条、第六十七条、第六十九条、第七十条、第五十三条、第六十四条之规定,于 2009 年 9 月 24 日判决如下:

一、被告单位安基公司犯擅自发行股票罪,判处罚金人民币三十万元;

二、被告人郑戈犯擅自发行股票罪,判处有期徒刑二年,维持(2008)六刑初字第 82 号刑事判决对郑戈判处的有期徒刑四年,决定执行有期徒刑五年六个月。

三、违法所得予以追缴。

宣判后,被告单位安基公司与被告人郑戈均未上诉,公诉机关未抗诉,一审判决已经生效。

第二百二十五条 【非法经营罪】（涉证券、期货业务类、基金发行业务）①

刑法

违反国家规定，有下列非法经营行为之一，扰乱市场秩序，情节严重的，处五年以下有期徒刑或者拘役，并处或者单处违法所得一倍以上五倍以下罚金；情节特别严重的，处五年以上有期徒刑，并处违法所得一倍以上五倍以下罚金或者没收财产：

……

（三）未经国家有关主管部门批准非法经营证券、期货、保险业务的，或者非法从事资金支付结算业务的；

（四）其他严重扰乱市场秩序的非法经营行为。

司法解释、司法解释性文件及规范性文件

1. 最高人民检察院、公安部《关于公安机关管辖的刑事案件立案追诉标准的规定（二）》（2022.4.6 修订，2022.5.15 实施）（节录）

第七十一条〔非法经营案（刑法第二百二十五条）〕违反国家规定，进行非法经营活动，扰乱市场秩序，涉嫌下列情形之一的，应予立案追诉：

……

（二）未经国家有关主管部门批准，非法经营证券、期货、保险业务，或者非法从事资金支付结算业务，具有下列情形之一的：

1. 非法经营证券、期货、保险业务，数额在一百万元以上，或者违法所得数额在十万元以上的；

2. 非法从事资金支付结算业务，数额在五百万元以上，或者违法所得数额在十万元以上的；

3. 非法从事资金支付结算业务，数额在二百五十万元以上不满五百万

---

① 本条被修订两次。1999 年《刑法修正案》第 8 条增设第三项"未经国家有关主管部门批准非法经营证券、期货、保险业务的"。

元，或者违法所得数额在五万元以上不满十万元，且具有下列情形之一的：

（1）因非法从事资金支付结算业务犯罪行为受过刑事追究的；

（2）二年内因非法从事资金支付结算业务违法行为受过行政处罚的；

（3）拒不交代涉案资金去向或者拒不配合追缴工作，致使赃款无法追缴的；

（4）造成其他严重后果的。

4. 使用销售点终端机具（POS机）等方法，以虚构交易、虚开价格、现金退货等方式向信用卡持卡人直接支付现金，数额在一百万元以上的，或者造成金融机构资金二十万元以上逾期未还的，或者造成金融机构经济损失十万元以上的。

……

2. 最高人民法院《关于审理非法集资刑事案件具体应用法律若干问题的解释》（法释〔2022〕5号，2022.2.23修正，2022.3.1实施）（节录）[①]

第十条　未经国家有关主管部门批准，向社会不特定对象发行、以转让股权等方式变相发行股票或者公司、企业债券，或者向特定对象发行、变相发行股票或者公司、企业债券累计超过200人的，应当认定为刑法第一百七十九条规定的"擅自发行股票或者公司、企业债券"。构成犯罪的，以擅自发行股票、公司、企业债券罪定罪处罚。

第十一条　违反国家规定，未经依法核准擅自发行基金份额募集基金，情节严重的，依照刑法第二百二十五条的规定，以非法经营罪定罪处罚。

3. 最高人民法院、最高人民检察院、公安部、中国证券监督管理委员会《关于整治非法证券活动有关问题的通知》（证监发〔2008〕1号，2008.1.2）（节录）

（三）关于非法经营证券业务的责任追究。任何单位和个人经营证券业务，必须经证监会批准。未经批准的，属于非法经营证券业务，应予以取缔；涉嫌犯罪的，依照《刑法》第二百二十五条之规定，以非法经营罪

---

① 可参见《〈关于审理非法集资刑事案件具体应用法律若干问题的解释〉的理解与适用》（最高人民法院　刘为波）。

追究刑事责任。对于中介机构非法代理买卖非上市公司股票，涉嫌犯罪的，应当依照《刑法》第二百二十五条之规定，以非法经营罪追究刑事责任；所代理的非上市公司涉嫌擅自发行股票，构成犯罪的，应当依照《刑法》第一百七十九条之规定，以擅自发行股票罪追究刑事责任。非上市公司和中介机构共谋擅自发行股票，构成犯罪的，以擅自发行股票罪的共犯论处。未构成犯罪的，依照《证券法》和有关法律的规定给予行政处罚。

最高人民法院公报案例

浙江省宁波市人民检察院诉宁波利百代投资咨询有限公司、陈宗纬、王文泽、郑淳中非法经营案

（《最高人民法院公报》2009年第1期）

【裁判摘要】

行为人为非法经营证券业务而设立公司，超越工商行政管理部门核准登记的公司经营范围，未经法定机关批准，向不特定的社会公众代理销售非上市股份有限公司的股权（股票），其行为属未经批准非法经营证券业务、扰乱国家证券市场的非法经营行为，情节严重的，应当以非法经营罪定罪处罚。

【案情】

公诉机关：浙江省宁波市人民检察院。

被告单位：宁波利百代投资咨询有限公司。

被告人：陈宗纬。

被告人：王文泽。

被告人：郑淳中。

浙江省宁波市人民检察院以被告单位宁波利百代投资咨询有限公司（以下简称利百代公司）及被告人陈宗纬、王文泽、郑淳中犯非法经营罪，向浙江省宁波市中级人民法院提起公诉。

起诉书指控：被告人陈宗纬、王文泽、郑淳中在分别担任被告单位利百代公司总经理、董事长、副总经理期间，自2003年12月起，指令该公司业务员推销未上市股份有限公司的股票，并谎称所推销的原始股、股票短

期内即可上市,非法从事未上市股份有限公司的股票销售业务。至2004年11月底,利百代公司向陈建红等30人销售陕西阳光生物工程股份有限公司股票22.9万股;向陈毓琴等39人销售西部世纪软件股份有限公司股票21.8万股;向邵海萍等87人销售西安圣威科技实业股份有限公司股票90.85万股;向王宝兰等60人销售陕西中科航天农业发展股份有限公司股票53.3万股。总计销售未上市股份有限公司股票达188.85万股,销售总金额达人民币657万余元。利百代公司为谋取非法利益,未经国家有关主管部门批准非法经营证券业务,其行为已构成非法经营罪,且系单位犯罪;陈宗纬、王文泽、郑淳中作为利百代公司单位犯罪行为直接负责的主管人员和直接责任人员,其行为亦构成非法经营罪,提请法院依法惩处。

被告单位利百代公司,被告人陈宗纬、王文泽、郑淳中及其辩护人均辩称:被告单位及三被告人从事的是正常的产权(股权)代理转让业务,并非经营证券业务,从事非上市股份有限公司的股权转让业务并不等于非法经营证券业务。非上市股份有限公司按照法律规定也有权转让股权,也可以在依法成立的产权交易机构挂牌。被告单位经授权后为涉案非上市股份有限公司披露信息、推介转让股权,是合法的经营行为。被告单位被处罚后,又经工商管理部门核准增加了"代办产权交易申请手续"的经营范围,继续从事股权代理转让业务,是基于对工商管理部门的信赖。综上,被告单位及三被告人的行为不构成非法经营罪,公诉机关指控的罪名不能成立。

宁波市中级人民法院一审查明:

2003年12月,被告人陈宗纬、王文泽、郑淳中为从事非上市股份有限公司股票代理销售业务,注册设立被告单位利百代公司,陈宗纬、王文泽、郑淳中分别担任该公司的总经理、董事长、副总经理。该公司经工商管理部门核准的经营范围为:实业项目投资策划、咨询,会计业务咨询,企业管理咨询,企业股份制改造,企业转制策划、咨询。

被告单位利百代公司成立后,被告人陈宗纬、王文泽、郑淳中即通过由台湾人周文龙、萧元才等人设立的南京聪泰投资管理有限公司,为在陕西省设立的陕西阳光生物工程股份有限公司、西部世纪软件股份有限公司、西安圣威科技实业股份有限公司、陕西中科航天农业发展股份有限公司等4

家非上市股份有限公司代理销售股票,并与南京聪泰投资管理公司协商确定了每股对外销售价格及内部交割价。三被告人对外谎称上述非上市股份有限公司的股票短期内即可上市并可获取高额的原始股回报,指使其公司业务员向不特定社会群众推销上述非上市股份有限公司的股票。2004年3月30日,宁波市工商行政管理局以该公司从事此项业务超出核准登记的经营范围为由,作出责令改正并罚款人民币1万元的处罚决定。同年4月,该公司经核准增加了"代办产权交易申请手续"的经营范围,继续代理销售上述非上市股份有限公司的股票。

至2004年11月底,被告单位利百代公司在被告人陈宗纬、王文泽、郑淳中操控下,以每股人民币3.2元的价格向陈建红等30人销售陕西阳光生物工程股份有限公司股票22.9万股;以每股人民币3元的价格向陈毓琴等39人销售西部世纪软件股份有限公司股票21.8万股;以每股人民币3.9—4元的价格向邵海萍等87人销售西安圣威科技实业股份有限公司股票90.85万股;以每股人民币3—3.2元的价格向王宝兰等60人销售陕西中科航天农业发展股份有限公司股票53.3万股。上述股票销售总金额达人民币657万余元,被告单位利百代公司从中获利人民币240余万元。

被告单位利百代公司自设立后未从事其他业务。

以上事实,有金建宙等100余名购股投资人、被告单位利百代公司员工陈亚萍等人的证言,被告单位的公司明细账册、收款及记账凭证、购股人员名单及业绩表,各购股投资人的股权证持有卡,利百代公司、南京聪泰投资管理公司以及涉案4家非上市股份有限公司的工商登记等相关资料,以及被告人陈宗纬、王文泽、郑淳中的供述等证据在案,足以认定。

本案的争议焦点是:一、被告单位利百代公司及被告人陈宗纬、王文泽、郑淳中在本案中的行为是否构成非法经营罪;二、如果构成非法经营罪,是否应认定为单位犯罪。

宁波市中级人民法院一审认为:

一、根据本案事实,被告单位利百代公司及被告人陈宗纬、王文泽、郑淳中的行为已经构成非法经营罪,应当依法惩处。

首先,被告单位利百代公司及被告人陈宗纬、王文泽、郑淳中的行为违反了我国关于证券经营管理的法律、法规和政策。

我国证券市场实行证券业务许可制度。公开发行证券，必须符合法律、行政法规规定的条件，并依法报国务院证券监督管理机构或者国务院授权的部门核准，未经依法核准，任何单位和个人不得公开发行证券。国务院办公厅、证监会亦多次明文要求严厉打击以证券期货投资为名进行的违法犯罪活动，对超出核准的经营范围、非法从事或变相非法从事证券期货交易活动的，以涉嫌非法经营罪立案查处。证监会曾发文明确规定，以非上市公司将要上市并可以获得高额的原始股回报等为幌子，或者编造虚假的公司经营业绩和许诺丰厚的投资回报率等手段，诱骗投资者购买非上市公司股票，从而进行收取代理费等费用的违法活动，属于非法代理买卖非上市公司股票。非法发行股票和非法经营证券业务的行为严重危害社会稳定和金融安全。其主要形式，一是编造公司即将在境内外上市或股票发行获得政府批准等虚假信息，诱骗社会公众购买所谓"原始股"；二是非法中介机构以"投资咨询机构""产权经纪公司""外国资本公司或投资公司驻华代表处"的名义，未经法定机关批准，向社会公众非法买卖或代理买卖未上市公司股票；三是不法分子以证券投资为名，以高额回报为诱饵，诈骗群众钱财。

本案中，被告单位利百代公司并未取得国务院证券监督管理机构或者国务院授权的部门核发的证券业务许可证，但擅自公开向社会不特定群众代理销售非上市股份有限公司的股票，且系拆细发行。在经营活动中，该公司谎称涉案非上市股份有限公司将要上市、投资人可以获得高额原始股回报，诱骗投资者购买涉案非上市股份有限公司的股票，从中收取代理费等费用，其行为属于非法代理买卖非上市公司股票的违法行为。利百代公司经工商管理部门核准的经营范围是实业项目投资策划咨询、会计业务咨询、企业管理咨询、企业股份制改造、企业转制策划咨询，并不包括证券经营业务。该公司在因超范围经营被工商行政管理部门处罚后，虽申请并经工商行政管理部门核准增加了"代办产权交易申请手续"的经营范围，但依照有关规定，"代办产权交易申请手续"是指接受产权所有人委托，以产权所有人的名义向产权交易机构提出产权交易申请的服务业务，不涉及其他产权交易营销行为。根据有关规定，产权交易经纪机构是指具有产权交易从业资格，接受企业委托代理产权交易的中介机构，且从事产权交易业务的人员必须具有相应的经纪资格。利百代公司不具有产权交易的从业资格，并非产权交易经纪机构，被告人陈宗纬、王文泽、郑淳中等利百代公司人员亦不具有相应的经纪资格。利百代公司超出工商行政管理部门核准的经营范围，既未被授权或许可经营证券业务，又不具备产权交易经纪机构资格，而非法从事证券交易活动，其行为属于非法经营。

其次，被告单位利百代公司及被告人陈宗纬、王文泽、郑淳中的行为构成非法经营罪。

根据《中华人民共和国刑法》（以下简称刑法）第二百二十五条的规定，非法经营罪是指未经许可经营法律、行政法规规定的专营、专卖物品或者其他限制买卖的物品，买卖进出口许可证、进出口原产地证明以及其他法律、行政法规规定的经营许可证或者批准文件等严重扰乱市场秩序、情节严重的非法经营行为。如前所述，本案中被告单位利百代公司及被告人陈宗纬、王文泽、郑淳中的行为属于非法经营行为。被告单位及三被告人共计向216人代理销售了4家非上市股份有限公司的股票，总计销售未上市股份有限公司股票达188.85万股，销售总金额达人民币657万余元，从中非法获利240余万元。从后果看，涉案购股投资人所购买的涉案非上市股份有限公司的股票，最终能否得到涉案非上市股份有限公司的认可都存在很大问题，极有可能就是废纸一张。可以认定，被告单位及三被告人的非法经营行为情节严重，危害波及面广，社会危害性大，已经构成非法经营罪，应依法追究刑事责任。

二、本案不属于单位犯罪。

根据本案事实，被告人陈宗纬、王文泽、郑淳中为非法从事非上市股份有限公司股票代理销售业务，注册设立被告单位利百代公司。利百代公司成立后，除从事涉案非法经营犯罪行为外，再无其他任何经营行为。根据最高人民法院《关于审理单位犯罪案件具体应用法律有关问题的解释》第二条的规定，个人为进行违法犯罪活动而设立的公司、企业、事业单位实施犯罪的,或者公司、企业、事业单位设立后,以实施犯罪为主要活动的,不以单位犯罪论处。因此,三被告人为非法经营证券业务而设立利百代公司,且利百代公司成立后以非法经营证券业务为主要活动,故本案不能以单位犯罪论处,应当认定为自然人犯罪。

综上,被告人陈宗纬、王文泽、郑淳中为非法经营证券业务而成立被告单位利百代公司,在经营中超越工商行政管理部门核准登记的经营范围,在未经法定机关批准的情况下,擅自公开向不特定的社会公众代理转让非上市股份有限公司的股权,在因超范围经营被工商行政管理部门处罚后,又以增加"代办产权交易申请手续"的经营范围为由,继续超范围非法经营证券业务,在有关行政执法部门指出其无权经营证券业务后仍不停止该非法经营活动,扰乱国家证券市场,情节严重,其行为均已构成非法经营罪,公诉机关指控的罪名成立,三被告人及其辩护人的辩护理由不成立,不予采纳。三被告人为非法经营证券业务而设立利百代公司,且利百代公司成立后也仅仅从事非法经营活动,故本案不能以单位犯罪论处,应当认定为自然人共同犯罪,公诉机关关于单位犯罪的指控不成立,应予纠正。郑淳中在共同犯罪中所起作用相对较小,故对其可酌情从轻处罚。据此,宁波市中级人民法院依照刑法第二百二十五条第(三)项、第二十五条第一款、第六十四条之规定,于2007年2月8日判决:

一、被告人陈宗纬犯非法经营罪,判处有期徒刑五年六个月,并处罚金人民币250万元;

二、被告人王文泽犯非法经营罪,判处有期徒刑五年六个月,并处罚金人民币250万元;

三、被告人郑淳中犯非法经营罪,判处有期徒刑五年,并处罚金人民币250万元。

四、犯罪违法所得之赃款予以继续追缴。

陈宗纬、王文泽、郑淳中均不服一审判决,向浙江省高级人民法院提出上诉。其主要理由是:三上诉人在经营利百代公司中,依工商行政管理部门核准的"代办产权交易申请手续"的经营范围从事产权(股权)代理转让业务,不属超范围经营;代理转让非上市股份有限公司的股权不属从事证券业务；原审认定三上诉人在有关行政执法部门明确指出无权经营后仍不停止非法经营行为没有事实依据，三上诉人无非法经营的犯罪故意。据此请求宣告无罪。郑淳中及其辩护人还上诉称郑淳中只是利百代公司的一名员工，在涉案股权转让业务中只起次要或辅助作用。王文泽还上诉称工商行政管理部门核准利百代公司增加"代办产权交易申请手续"的经营范围，使其产生了合理信赖，其没有非法经营的犯罪故意。

浙江省高级人民法院经二审，确认了一审查明的事实。

浙江省高级人民法院二审认为：

我国证券市场实行证券业务许可制度，未经国务院证券监督管理机构或者国务院授权的部门核准，不得经营证券业务。上诉人陈宗纬、王文泽、郑淳中设立利百代公司，未经法定机关批准，擅自接受委托向不特定社会群众代理转让非上市股份有限公司股权，且系拆细转让，属非法经营证券业务，其行为已构成非法经营罪。三上诉人及其辩护人关于代理转让非上市股份有限公司股权不属从事证券业务的上诉理由不能成立，不予采纳。三上诉人在利百代公司成立后从事非上市股份有限公司股权代理转让业务，明显超出了工商行政管理部门核准登记的经营范围。在因超范围经营被处罚后，该公司申请增加了"代办产权交易申请手续"的经营范围，但该项业务仅指接受产权所有人委托，以产权所有人的名义向产权交易机构提出产权交易申请，不包括非上市股份有限公司股权代理转让业务。根据一审庭审中出示并经质证的宁波市工商行政管理局施民伟、胡坚、范治华及证监会宁波监管局郑康斌出具的情况说明，在2004年5月召开的协调会上，有关行政执法部门向三上诉人指出：利百代公司在增加"代办产权交易申请手续"的经营范围后，经营非上市股份有限公司股权代理转让业务仍属超范围经营，要经营该项业务必须经有关证券监管部门批准。但在此后，三上诉人继续经营该项业务。据此可以认定，三上诉人具有非法经营的犯罪故意。三上诉人及其辩护人关于原审认定三上诉人在有关行政执法部门明确指出无权经营证券业务后仍不停止该经营行为没有证据、利百代公司增加了"代办产权交易申请手续"的经营范围后没有超范围经营及其没有非法经营的犯罪故意的上诉理由均不能成立，不予采纳。作为利百代公司的副总经理，郑淳中在共同犯罪中的地位、作用虽相对次于陈宗纬、王文泽，但尚不属明显起次要或辅助作用，不属于从犯，一审已对其酌情从轻处罚。郑淳中及其辩护人关于郑淳中在共同犯罪中只起次要或辅助作用的上诉理由不能成立，不予采纳。

据此，浙江省高级人民法院认为一审判决认定事实清楚，证据确实、充分，适用法律正确，定罪量刑适当，审判程序合法，上诉人陈宗纬、王文泽、郑淳中及其辩护人的上诉理由均不成立。依照《中华人民共和国刑事诉讼法》第一百八十九条第（一）项之规定，于2007年6月14日裁定如下：

驳回上诉人陈宗纬、王文泽、郑淳中的上诉，维持原判。

本裁定为终审裁定。

第一百七十八条（第二款）【伪造、变造股票、公司、企业债券罪】

刑法

（第二款）伪造、变造股票或者公司、企业债券，数额较大的，处三年以下有期徒刑或者拘役，并处或者单处一万元以上十万元以下罚金；数额巨大的，处三年以上十年以下有期徒刑，并处二万元以上二十万元以下罚金。

（第三款）单位犯前两款罪的，对单位判处罚金，并对其直接负责的主管人员和其他直接责任人员，依照前两款的规定处罚。

司法解释、司法解释性文件及规范性文件

最高人民检察院、公安部《关于公安机关管辖的刑事案件立案追诉标准的规定（二）》（2022.4.6修订，2022.5.15实施）（节录）

第二十八条〔伪造、变造股票、公司、企业债券案（刑法第一百七十八条第二款）〕伪造、变造股票或者公司、企业债券，总面额在三万元以上的，应予立案追诉。

上编　金融犯罪

▶ 行政规范

法律

1.《中华人民共和国证券法》（中华人民共和国主席令第37号，2019.12.28修订，2020.3.1实施）（节录）

第二条　在中华人民共和国境内，股票、公司债券、存托凭证和国务院依法认定的其他证券的发行和交易，适用本法；本法未规定的，适用《中华人民共和国公司法》和其他法律、行政法规的规定。

政府债券、证券投资基金份额的上市交易，适用本法；其他法律、行政法规另有规定的，适用其规定。

资产支持证券、资产管理产品发行、交易的管理办法，由国务院依照本法的原则规定。

在中华人民共和国境外的证券发行和交易活动，扰乱中华人民共和国境内市场秩序，损害境内投资者合法权益的，依照本法有关规定处理并追究法律责任。

第九条　公开发行证券，必须符合法律、行政法规规定的条件，并依法报经国务院证券监督管理机构或者国务院授权的部门注册。未经依法注册，任何单位和个人不得公开发行证券。证券发行注册制的具体范围、实施步骤，由国务院规定。

有下列情形之一的，为公开发行：

（一）向不特定对象发行证券；

（二）向特定对象发行证券累计超过二百人，但依法实施员工持股计划的员工人数不计算在内；

（三）法律、行政法规规定的其他发行行为。

非公开发行证券，不得采用广告、公开劝诱和变相公开方式。

第二十四条　国务院证券监督管理机构或者国务院授权的部门对已作出的证券发行注册的决定，发现不符合法定条件或者法定程序，尚未发行证券的，应当予以撤销，停止发行。已经发行尚未上市的，撤销发行注册决定，发行人应当按照发行价并加算银行同期存款利息返还证券持有人；发行人的控股股东、实际控制人以及保荐人，应当与发行人承担连带责任，但是能够证明自己没有过错的除外。

股票的发行人在招股说明书等证券发行文件中隐瞒重要事实或者编造重大虚假内容，已经发行并上市的，国务院证券监督管理机构可以责令发行人回购证券，或者责令负有责任的控股股东、实际控制人买回证券。

第二十六条　发行人向不特定对象发行的证券，法律、行政法规规定应当由证券公司承销的，发行人应当同证券公司签订承销协议。证券承销业务采取代销或者包销方式。

证券代销是指证券公司代发行人发售证券，在承销期结束时，将未售出的证券全部退还给发行人的承销方式。

证券包销是指证券公司将发行人的证券按照协议全部购入或者在承销期结束时将售后剩余证券全部自行购入的承销方式。

第三十五条　证券交易当事人依法买卖的证券，必须是依法发行并交付的证券。

非依法发行的证券，不得买卖。

第三十七条　公开发行的证券，应当在依法设立的证券交易所上市交易或者在国务院批准的其他全国性证券交易场所交易。

非公开发行的证券，可以在证券交易所、国务院批准的其他全国性证券交易场所、按照国务院规定设立的区域性股权市场转让。

第三十八条　证券在证券交易所上市交易，应当采用公开的集中交易方式或者国务院证券监督管理机构批准的其他方式。

第四十六条　申请证券上市交易，应当向证券交易所提出申请，由证券交易所依法审核同意，并由双方签订上市协议。

证券交易所根据国务院授权的部门的决定安排政府债券上市交易。

第九十三条　发行人因欺诈发行、虚假陈述或者其他重大违法行为给投资者造成损失的，发行人的控股股东、实际控制人、相关的证券公司可以委托投资者保护机构，就赔偿事宜与受到损失的投资者达成协议，予以先行赔付。先行赔付后，可以依法向发行人以及其他连带责任人追偿。

第九十六条 证券交易所、国务院批准的其他全国性证券交易场所为证券集中交易提供场所和设施，组织和监督证券交易，实行自律管理，依法登记，取得法人资格。

证券交易所、国务院批准的其他全国性证券交易场所的设立、变更和解散由国务院决定。

国务院批准的其他全国性证券交易场所的组织机构、管理办法等，由国务院规定。

第一百一十八条 设立证券公司，应当具备下列条件，并经国务院证券监督管理机构批准：

……

未经国务院证券监督管理机构批准，任何单位和个人不得以证券公司名义开展证券业务活动。

第一百二十条 经国务院证券监督管理机构核准，取得经营证券业务许可证，证券公司可以经营下列部分或者全部证券业务：

（一）证券经纪；

（二）证券投资咨询；

（三）与证券交易、证券投资活动有关的财务顾问；

（四）证券承销与保荐；

（五）证券融资融券；

（六）证券做市交易；

（七）证券自营；

（八）其他证券业务。

国务院证券监督管理机构应当自受理前款规定事项申请之日起三个月内，依照法定条件和程序进行审查，作出核准或者不予核准的决定，并通知申请人；不予核准的，应当说明理由。

证券公司经营证券资产管理业务的，应当符合《中华人民共和国证券投资基金法》等法律、行政法规的规定。

除证券公司外，任何单位和个人不得从事证券承销、证券保荐、证券经纪和证券融资融券业务。

证券公司从事证券融资融券业务，应当采取措施，严格防范和控制风险，不得违反规定向客户出借资金或者证券。

第一百四十五条　证券登记结算机构为证券交易提供集中登记、存管与结算服务，不以营利为目的，依法登记，取得法人资格。

设立证券登记结算机构必须经国务院证券监督管理机构批准。

第一百四十八条　在证券交易所和国务院批准的其他全国性证券交易场所交易的证券的登记结算，应当采取全国集中统一的运营方式。

前款规定以外的证券，其登记、结算可以委托证券登记结算机构或者其他依法从事证券登记、结算业务的机构办理。

第一百五十条　在证券交易所或者国务院批准的其他全国性证券交易场所交易的证券，应当全部存管在证券登记结算机构。

证券登记结算机构不得挪用客户的证券。

第一百六十条　会计师事务所、律师事务所以及从事证券投资咨询、资产评估、资信评级、财务顾问、信息技术系统服务的证券服务机构，应当勤勉尽责、恪尽职守，按照相关业务规则为证券的交易及相关活动提供服务。

从事证券投资咨询服务业务，应当经国务院证券监督管理机构核准；未经核准，不得为证券的交易及相关活动提供服务。从事其他证券服务业务，应当报国务院证券监督管理机构和国务院有关主管部门备案。

第一百六十四条　证券业协会是证券业的自律性组织，是社会团体法人。

证券公司应当加入证券业协会。

证券业协会的权力机构为全体会员组成的会员大会。

第一百六十八条　国务院证券监督管理机构依法对证券市场实行监督管理，维护证券市场公开、公平、公正，防范系统性风险，维护投资者合法权益，促进证券市场健康发展。

第一百八十条　违反本法第九条的规定，擅自公开或者变相公开发行证券的，责令停止发行，退还所募资金并加算银行同期存款利息，处以非法所募资金金额百分之五以上百分之五十以下的罚款；对擅自公开或者变相公开发行证券设立的公司，由依法履行监督管理职责的机构或者部门会同县级以上地方人民政府予以取缔。对直接负责的主管人员和其他直接责任人员给予警告,并处以五十万元以上五百万元以下的罚款。

第一百八十一条 发行人在其公告的证券发行文件中隐瞒重要事实或者编造重大虚假内容,尚未发行证券的,处以二百万元以上二千万元以下的罚款;已经发行证券的,处以非法所募资金金额百分之十以上一倍以下的罚款。对直接负责的主管人员和其他直接责任人员,处以一百万元以上一千万元以下的罚款。

发行人的控股股东、实际控制人组织、指使从事前款违法行为的,没收违法所得,并处以违法所得百分之十以上一倍以下的罚款;没有违法所得或者违法所得不足二千万元的,处以二百万元以上二千万元以下的罚款。对直接负责的主管人员和其他直接责任人员,处以一百万元以上一千万元以下的罚款。

第一百八十三条 证券公司承销或者销售擅自公开发行或者变相公开发行的证券的,责令停止承销或者销售,没收违法所得,并处以违法所得一倍以上十倍以下的罚款;没有违法所得或者违法所得不足一百万元的,处以一百万元以上一千万元以下的罚款;情节严重的,并处暂停或者撤销相关业务许可。给投资者造成损失的,应当与发行人承担连带赔偿责任。对直接负责的主管人员和其他直接责任人员给予警告,并处以五十万元以上五百万元以下的罚款。

第二百条 非法开设证券交易场所的,由县级以上人民政府予以取缔,没收违法所得,并处以违法所得一倍以上十倍以下的罚款;没有违法所得或者违法所得不足一百万元的,处以一百万元以上一千万元以下的罚款。对直接负责的主管人员和其他直接责任人员给予警告,并处以二十万元以上二百万元以下的罚款。

证券交易所违反本法第一百零五条的规定,允许非会员直接参与股票的集中交易的,责令改正,可以并处五十万元以下的罚款。

第二百零二条 违反本法第一百一十八条、第一百二十条第一款、第四款的规定,擅自设立证券公司、非法经营证券业务或者未经批准以证券公司名义开展证券业务活动的,责令改正,没收违法所得,并处以违法所得一倍以上十倍以下的罚款；没有违法所得或者违法所得不足一百万元的，处以一百万元以上一千万元以下的罚款。对直接负责的主管人员和其他直接责任人员给予警告，并处以二十万元以上二百万元以下的罚款。对擅自设立的证券公司，由国务院证券监督管理机构予以取缔。

证券公司违反本法第一百二十条第五款规定提供证券融资融券服务的，没收违法所得，并处以融资融券等值以下的罚款；情节严重的，禁止其在一定期限内从事证券融资融券业务。对直接负责的主管人员和其他直接责任人员给予警告，并处以二十万元以上二百万元以下的罚款。

第二百一十二条　违反本法第一百四十五条的规定，擅自设立证券登记结算机构的，由国务院证券监督管理机构予以取缔，没收违法所得，并处以违法所得一倍以上十倍以下的罚款；没有违法所得或者违法所得不足五十万元的，处以五十万元以上五百万元以下的罚款。对直接负责的主管人员和其他直接责任人员给予警告，并处以二十万元以上二百万元以下的罚款。

第二百一十九条　违反本法规定，构成犯罪的，依法追究刑事责任。

第二百二十一条　违反法律、行政法规或者国务院证券监督管理机构的有关规定，情节严重的，国务院证券监督管理机构可以对有关责任人员采取证券市场禁入的措施。

前款所称证券市场禁入，是指在一定期限内直至终身不得从事证券业务、证券服务业务，不得担任证券发行人的董事、监事、高级管理人员，或者一定期限内不得在证券交易所、国务院批准的其他全国性证券交易场所交易证券的制度。

2.《中华人民共和国证券投资基金法》（中华人民共和国主席令第23号，2015.4.24修正实施）（节录）

第二条　在中华人民共和国境内，公开或者非公开募集资金设立证券投资基金（以下简称基金），由基金管理人管理，基金托管人托管，为基金份额持有人的利益，进行证券投资活动，适用本法；本法未规定的，适用《中华人民共和国信托法》、《中华人民共和国证券法》和其他有关法律、行政法规的规定。

上编 金融犯罪

第十一条 国务院证券监督管理机构依法对证券投资基金活动实施监督管理；其派出机构依照授权履行职责。

第十二条 基金管理人由依法设立的公司或者合伙企业担任。

公开募集基金的基金管理人，由基金管理公司或者经国务院证券监督管理机构按照规定核准的其他机构担任。

第三十二条 基金托管人由依法设立的商业银行或者其他金融机构担任。

商业银行担任基金托管人的，由国务院证券监督管理机构会同国务院银行业监督管理机构核准；其他金融机构担任基金托管人的，由国务院证券监督管理机构核准。

第五十条 公开募集基金，应当经国务院证券监督管理机构注册。未经注册，不得公开或者变相公开募集基金。

前款所称公开募集基金，包括向不特定对象募集资金、向特定对象募集资金累计超过二百人，以及法律、行政法规规定的其他情形。

公开募集基金应当由基金管理人管理，基金托管人托管。

第八十七条 非公开募集基金应当向合格投资者募集，合格投资者累计不得超过二百人。

前款所称合格投资者，是指达到规定资产规模或者收入水平，并且具备相应的风险识别能力和风险承担能力、其基金份额认购金额不低于规定限额的单位和个人。

合格投资者的具体标准由国务院证券监督管理机构规定。

第八十八条 除基金合同另有约定外，非公开募集基金应当由基金托管人托管。

第八十九条 担任非公开募集基金的基金管理人，应当按照规定向基金行业协会履行登记手续，报送基本情况。

第九十条 未经登记，任何单位或者个人不得使用"基金"或者"基金管理"字样或者近似名称进行证券投资活动；但是，法律、行政法规另有规定的除外。

第九十一条 非公开募集基金，不得向合格投资者之外的单位和个人募集资金，不得通过报刊、电台、电视台、互联网等公众传播媒体或者讲座、报告会、分析会等方式向不特定对象宣传推介。

第九十七条 从事公开募集基金的销售、销售支付、份额登记、估值、投资顾问、评价、信息技术系统服务等基金服务业务的机构,应当按照国务院证券监督管理机构的规定进行注册或者备案。

第一百一十二条 国务院证券监督管理机构依法履行下列职责:

(一)制定有关证券投资基金活动监督管理的规章、规则,并行使审批、核准或者注册权;

(二)办理基金备案;

(三)对基金管理人、基金托管人及其他机构从事证券投资基金活动进行监督管理,对违法行为进行查处,并予以公告;

(四)制定基金从业人员的资格标准和行为准则,并监督实施;

(五)监督检查基金信息的披露情况;

(六)指导和监督基金行业协会的活动;

(七)法律、行政法规规定的其他职责。

第一百一十九条 违反本法规定,未经批准擅自设立基金管理公司或者未经核准从事公开募集基金管理业务的,由证券监督管理机构予以取缔或者责令改正,没收违法所得,并处违法所得一倍以上五倍以下罚款;没有违法所得或者违法所得不足一百万元的,并处十万元以上一百万元以下罚款。对直接负责的主管人员和其他直接责任人员给予警告,并处三万元以上三十万元以下罚款。

基金管理公司违反本法规定,擅自变更持有百分之五以上股权的股东、实际控制人或者其他重大事项的,责令改正,没收违法所得,并处违法所得一倍以上五倍以下罚款;没有违法所得或者违法所得不足五十万元的,并处五万元以上五十万元以下罚款。对直接负责的主管人员给予警告,并处三万元以上十万元以下罚款。

第一百二十五条 未经核准,擅自从事基金托管业务的,责令停止,没收违法所得,并处违法所得一倍以上五倍以下罚款;没有违法所得或者违法所得不足一百万元的,并处十万元以上一百万元以下罚款;对直接负责的主管人员和其他直接责任人员给予警告,并处三万元以上三十万元以下罚款。

第一百二十七条 违反本法规定，擅自公开或者变相公开募集基金的，责令停止，返还所募资金和加计的银行同期存款利息，没收违法所得，并处所募资金金额百分之一以上百分之五以下罚款。对直接负责的主管人员和其他直接责任人员给予警告，并处五万元以上五十万元以下罚款。

第一百三十五条 违反本法规定，向合格投资者之外的单位或者个人非公开募集资金或者转让基金份额的，没收违法所得，并处违法所得一倍以上五倍以下罚款；没有违法所得或者违法所得不足一百万元的，并处十万元以上一百万元以下罚款。对直接负责的主管人员和其他直接责任人员给予警告，并处三万元以上三十万元以下罚款。

第一百三十六条 违反本法规定，擅自从事公开募集基金的基金服务业务的，责令改正，没收违法所得，并处违法所得一倍以上五倍以下罚款；没有违法所得或者违法所得不足三十万元的，并处十万元以上三十万元以下罚款。对直接负责的主管人员和其他直接责任人员给予警告，并处三万元以上十万元以下罚款。

第一百四十九条 违反本法规定，构成犯罪的，依法追究刑事责任。

第一百五十二条 在中华人民共和国境内募集投资境外证券的基金，以及合格境外投资者在境内进行证券投资，应当经国务院证券监督管理机构批准，具体办法由国务院证券监督管理机构会同国务院有关部门规定，报国务院批准。

行政法规及规范性文件

1.《期货交易管理条例》（中华人民共和国国务院令第 676 号，2017.3.1 修订实施）（节录）

第二条 任何单位和个人从事期货交易及其相关活动，应当遵守本条例。

本条例所称期货交易，是指采用公开的集中交易方式或者国务院期货监督管理机构批准的其他方式进行的以期货合约或者期权合约为交易标的的交易活动。

本条例所称期货合约，是指期货交易场所统一制定的、规定在将来某一特定的时间和地点交割一定数量标的物的标准化合约。期货合约包括商品期货合约和金融期货合约及其他期货合约。

本条例所称期权合约，是指期货交易场所统一制定的、规定买方有权在将来某一时间以特定价格买入或者卖出约定标的物（包括期货合约）的标准化合约。

第四条 期货交易应当在依照本条例第六条第一款规定设立的期货交易所、国务院批准的或者国务院期货监督管理机构批准的其他期货交易场所进行。

禁止在前款规定的期货交易场所之外进行期货交易。

第五条 国务院期货监督管理机构对期货市场实行集中统一的监督管理。

国务院期货监督管理机构派出机构依照本条例的有关规定和国务院期货监督管理机构的授权，履行监督管理职责。

第六条 设立期货交易所，由国务院期货监督管理机构审批。

未经国务院批准或者国务院期货监督管理机构批准，任何单位或者个人不得设立期货交易场所或者以任何形式组织期货交易及其相关活动。

第八条 期货交易所会员应当是在中华人民共和国境内登记注册的企业法人或者其他经济组织。

期货交易所可以实行会员分级结算制度。实行会员分级结算制度的期货交易所会员由结算会员和非结算会员组成。

第十条 期货交易所应当依照本条例和国务院期货监督管理机构的规定，建立、健全各项规章制度，加强对交易活动的风险控制和对会员以及交易所工作人员的监督管理。期货交易所履行下列职责：

（一）提供交易的场所、设施和服务；

（二）设计合约，安排合约上市；

（三）组织并监督交易、结算和交割；

（四）为期货交易提供集中履约担保；

（五）按照章程和交易规则对会员进行监督管理；

（六）国务院期货监督管理机构规定的其他职责。

期货交易所不得直接或者间接参与期货交易。未经国务院期货监督管理机构审核并报国务院批准,期货交易所不得从事信托投资、股票投资、非自用不动产投资等与其职责无关的业务。

第十五条 期货公司是依照《中华人民共和国公司法》和本条例规定设立的经营期货业务的金融机构。设立期货公司,应当在公司登记机关登记注册,并经国务院期货监督管理机构批准。

未经国务院期货监督管理机构批准,任何单位或者个人不得设立或者变相设立期货公司,经营期货业务。

第十七条 期货公司业务实行许可制度,由国务院期货监督管理机构按照其商品期货、金融期货业务种类颁发许可证。期货公司除申请经营境内期货经纪业务外,还可以申请经营境外期货经纪、期货投资咨询以及国务院期货监督管理机构规定的其他期货业务。

期货公司不得从事与期货业务无关的活动,法律、行政法规或者国务院期货监督管理机构另有规定的除外。

期货公司不得从事或者变相从事期货自营业务。

期货公司不得为其股东、实际控制人或者其他关联人提供融资,不得对外担保。

第十八条 期货公司从事经纪业务,接受客户委托,以自己的名义为客户进行期货交易,交易结果由客户承担。

第二十二条 其他期货经营机构从事期货投资咨询业务,应当遵守国务院期货监督管理机构的规定。

第二十三条 在期货交易所进行期货交易的,应当是期货交易所会员。

符合规定条件的境外机构,可以在期货交易所从事特定品种的期货交易。具体办法由国务院期货监督管理机构制定。

第二十六条 客户可以通过书面、电话、互联网或者国务院期货监督管理机构规定的其他方式,向期货公司下达交易指令。客户的交易指令应当明确、全面。

期货公司不得隐瞒重要事项或者使用其他不正当手段诱骗客户发出交易指令。

第三十条 期货公司经营期货经纪业务又同时经营其他期货业务的,

应当严格执行业务分离和资金分离制度，不得混合操作。

第三十三条　期货交易的结算，由期货交易所统一组织进行。

期货交易所实行当日无负债结算制度。期货交易所应当在当日及时将结算结果通知会员。

期货公司根据期货交易所的结算结果对客户进行结算，并应当将结算结果按照与客户约定的方式及时通知客户。客户应当及时查询并妥善处理自己的交易持仓。

第四十条　任何单位或者个人不得违规使用信贷资金、财政资金进行期货交易。

银行业金融机构从事期货交易融资或者担保业务的资格，由国务院银行业监督管理机构批准。

第四十二条　境外期货项下购汇、结汇以及外汇收支，应当符合国家外汇管理有关规定。

境内单位或者个人从事境外期货交易的办法，由国务院期货监督管理机构会同国务院商务主管部门、国有资产监督管理机构、银行业监督管理机构、外汇管理部门等有关部门制订，报国务院批准后施行。

第四十三条　期货业协会是期货业的自律性组织，是社会团体法人。

期货公司以及其他专门从事期货经营的机构应当加入期货业协会，并缴纳会员费。

第七十四条　非法设立期货交易场所或者以其他形式组织期货交易活动的，由所在地县级以上地方人民政府予以取缔，没收违法所得，并处违法所得1倍以上5倍以下的罚款；没有违法所得或者违法所得不满20万元的，处20万元以上100万元以下的罚款。对单位直接负责的主管人员和其他直接责任人员给予警告，并处1万元以上10万元以下的罚款。

非法设立期货公司及其他期货经营机构，或者擅自从事期货业务的，予以取缔，没收违法所得，并处违法所得1倍以上5倍以下的罚款；没有违法所得或者违法所得不满20万元的，处20万元以上100万元以下的罚款。对单位直接负责的主管人员和其他直接责任人员给予警告，并处1万元以上10万元以下的罚款。

2.《证券公司监督管理条例》（中华人民共和国国务院令第653号，2014.7.29修订实施）（节录）

第八条 设立证券公司，应当具备《公司法》、《证券法》和本条例规定的条件，并经国务院证券监督管理机构批准。

第十四条 任何单位或者个人有下列情形之一的，应当事先告知证券公司，由证券公司报国务院证券监督管理机构批准：

（一）认购或者受让证券公司的股权后，其持股比例达到证券公司注册资本的5%；

（二）以持有证券公司股东的股权或者其他方式，实际控制证券公司5%以上的股权。

未经国务院证券监督管理机构批准，任何单位或者个人不得委托他人或者接受他人委托持有或者管理证券公司的股权。证券公司的股东不得违反国家规定，约定不按照出资比例行使表决权。

第十七条 公司登记机关应当依照法律、行政法规的规定，凭国务院证券监督管理机构的批准文件，办理证券公司及其境内分支机构的设立、变更、注销登记。

证券公司在取得公司登记机关颁发或者换发的证券公司或者境内分支机构的营业执照后，应当向国务院证券监督管理机构申请颁发或者换发经营证券业务许可证。经营证券业务许可证应当载明证券公司或者境内分支机构的证券业务范围。

未取得经营证券业务许可证，证券公司及其境内分支机构不得经营证券业务。

证券公司停止全部证券业务、解散、破产或者撤销境内分支机构的，应当在国务院证券监督管理机构指定的报刊上公告，并按照规定将经营证券业务许可证交国务院证券监督管理机构注销。

3.《企业债券管理条例》（中华人民共和国国务院令第588号，2011.1.8修订实施）（节录）

第二条 本条例适用于中华人民共和国境内具有法人资格的企业（以下简称企业）在境内发行的债券。但是，金融债券和外币债券除外。

除前款规定的企业外，任何单位和个人不得发行企业债券。

第三条　企业进行有偿筹集资金活动，必须通过公开发行企业债券的形式进行。但是，法律和国务院另有规定的除外。

第五条　本条例所称企业债券，是指企业依照法定程序发行、约定在一定期限内还本付息的有价证券。

第十一条（第一款）　企业发行企业债券必须按照本条例的规定进行审批；未经批准的，不得擅自发行和变相发行企业债券。

第二十一条　企业发行企业债券，应当由证券经营机构承销。

证券经营机构承销企业债券，应当对发行债券的企业的发行章程和其他有关文件的真实性、准确性、完整性进行核查。

第二十二条　企业债券的转让，应当在经批准的可以进行债券交易的场所进行。

第二十三条　非证券经营机构和个人不得经营企业债券的承销和转让业务。

第二十六条　未经批准发行或者变相发行企业债券的，以及未通过证券经营机构发行企业债券的，责令停止发行活动，退还非法所筹资金，处以相当于非法所筹资金金额5%以下的罚款。

第三十一条　非证券经营机构和个人经营企业债券的承销或者转让业务的，责令停止非法经营，没收非法所得，并处以承销或者转让企业债券金额5%以下的罚款。

第三十三条　对有本条例第二十六条、第二十七条、第二十八条、第二十九条、第三十条、第三十一条所列违法行为的单位的法定代表人和直接责任人员，由中国人民银行及其分支机构给予警告或者处以1万元以上10万元以下的罚款；构成犯罪的，依法追究刑事责任。

4. 国务院办公厅《关于严厉打击非法发行股票和非法经营证券业务有关问题的通知》（国办发〔2006〕99号，2006.12.12）（节录）

非法证券活动具有手段隐蔽、欺骗性强、蔓延速度快、易反复等特点，涉及人数众多，投资者多为退休人员、下岗职工等困难群众，容易引发群体事件。当前，非法证券活动的主要形式为：一是编造公司即将在境内外上市或股票发行获得政府部门批准等虚假信息,诱骗社会公众购买所谓"原始股";二是非法中介机构以"投资咨询机构""产权经纪公司""外国资本公司或投资公司驻华代表处"的名义,未经法定机关批准,向社会公众非法买卖或代理买卖未上市公司股票;三是不法分子以证券投资为名,以高额回报为诱饵,诈骗群众钱财。

三、明确政策界限,依法进行监管

(一)严禁擅自公开发行股票。向不特定对象发行股票或向特定对象发行股票后股东累计超过200人的,为公开发行,应依法报经证监会核准。未经核准擅自发行的,属于非法发行股票。

(二)严禁变相公开发行股票。向特定对象发行股票后股东累计不超过200人的,为非公开发行。非公开发行股票及其股权转让,不得采用广告、公告、广播、电话、传真、信函、推介会、说明会、网络、短信、公开劝诱等公开方式或变相公开方式向社会公众发行。严禁任何公司股东自行或委托他人以公开方式向社会公众转让股票。向特定对象转让股票,未依法报经证监会核准的,转让后,公司股东累计不得超过200人。

(三)严禁非法经营证券业务。股票承销、经纪(代理买卖)、证券投资咨询等证券业务由证监会依法批准设立的证券机构经营,未经证监会批准,其他任何机构和个人不得经营证券业务。

违反上述三项规定的,应坚决予以取缔,并依法追究法律责任。

5.《证券、期货投资咨询管理暂行办法》(证委发〔1997〕96号,1998.4.1)(节录)

第二条 在中华人民共和国境内从事证券、期货投资咨询业务,必须遵守本办法。

本办法所称证券、期货投资咨询,是指从事证券、期货投资咨询业务的机构及其投资咨询人员以下列形式为证券、期货投资人或者客户提供证券、期货投资分析、预测或者建议等直接或者间接有偿咨询服务的活动:

(一)接受投资人或者客户委托,提供证券、期货投资咨询服务;

(二)举办有关证券、期货投资咨询的讲座、报告会、分析会等;

(三)在报刊上发表证券、期货投资咨询的文章、评论、报告,以及通过电台、电视台等公众传播媒体提供证券、期货投资咨询服务；

（四）通过电话、传真、电脑网络等电信设备系统，提供证券、期货投资咨询服务；

（五）中国证券监督管理委员会（以下简称中国证监会）认定的其他形式。

第三条 从事证券、期货投资咨询业务，必须依照本办法的规定，取得中国证监会的业务许可。未经中国证监会许可，任何机构和个人均不得从事本办法第二条所列各种形式证券、期货投资咨询业务。

证券经营机构、期货经纪机构及其工作人员从事超出本机构范围的证券、期货投资咨询业务，应当遵守本办法的规定。

第五条 中国证监会及其授权的地方证券、期货监管部门（以下简称地方证管办（证监会））负责对证券、期货投资咨询业务的监督管理，并负责本办法的实施。

第九条 申请证券、期货投资咨询从业资格的机构，应当提交下列文件：

（一）中国证监会统一印制的申请表；

（二）公司章程；

（三）企业法人营业执照；

（四）机构高级管理人员和从事证券、期货投资咨询业务人员名单及其学历、工作经历和从业资格证书；

（五）开展投资咨询业务的方式和内部管理规章制度；

（六）业务场所使用证明文件、机构通讯地址、电话和传真机号码；

（七）由注册会计师提供的验资报告；

（八）中国证监会要求提供的其他文件。

第十条 证券、期货投资咨询机构的业务方式、业务场所、主要负责人以及具有证券、期货投资咨询从业资格的业务人员发生变化的，应当自发生变化之日起五个工作日内，向地方证管办（证监会）提出变更报告，办理变更手续。

第十一条 证券、期货投资咨询机构应当于每年一月一日至四月三十日期间向地方证管办（证监会）申请办理年检。办理年检时，应当提交下列文件：

（一）年检申请报告；

（二）年度业务报告；

（三）经注册会计师审计的财务会计报表。

地方证管办（证监会）应当自收到前款所列文件之日起二十个工作日内对年检申请提出审核意见；审核同意的，上报中国证监会审批。

证券、期货投资咨询机构逾期未提交年检报告或者经审核未通过年检的，不得继续从事证券、期货投资咨询业务。

第十二条　从事证券、期货投资咨询业务的人员，必须取得证券、期货投资咨询从业资格并加入一家有从业资格的证券、期货投资咨询机构后，方可从事证券、期货投资咨询业务。

任何人未取得证券、期货投资咨询从业资格的，或者取得证券、期货投资咨询从业资格，但是未在证券、期货投资咨询机构工作的，不得从事证券、期货投资咨询业务。

第十八条　证券、期货投资咨询人员不得同时在两个或者两个以上的证券、期货投资咨询机构执业。

第二十条　证券、期货投资咨询机构及其投资咨询人员，应当完整、客观、准确地运用有关信息、资料向投资人或者客户提供投资分析、预测和建议，不得断章取义地引用或者篡改有关信息、资料；引用有关信息、资料时，应当注明出处和著作权人。

第二十一条　证券、期货投资咨询机构及其投资咨询人员，不得以虚假信息、市场传言或者内幕信息为依据向投资人或者客户提供投资分析、预测或建议。

第二十二条　证券、期货投资咨询人员在报刊、电台、电视台或者其他传播媒体上发表投资咨询文章、报告或者意见时，必须注明所在证券、期货投资咨询机构的名称和个人真实姓名，并对投资风险作充分说明。证券、期货投资咨询机构向投资人或者客户提供的证券、期货投资咨询传真件必须注明机构名称、地址、联系电话和联系人姓名。

第二十三条　证券、期货投资咨询机构与报刊、电台、电视台合办或者协办证券、期货投资咨询版面、节目或者与电信服务部门进行业务合作时，应当向地方证管办（证监会）备案，备案材料包括：合作内容、起止时间、版面安排或者节目时间段、项目负责人等，并加盖双方单位的印鉴。

第二十四条 证券、期货投资咨询机构及其投资咨询人员，不得从事下列活动：

（一）代理投资人从事证券、期货买卖；

（二）向投资人承诺证券、期货投资收益；

（三）与投资人约定分享投资收益或者分担投资损失；

（四）为自己买卖股票及具有股票性质、功能的证券以及期货；

（五）利用咨询服务与他人合谋操纵市场或者进行内幕交易；

（六）法律、法规、规章所禁止的其他证券、期货欺诈行为。

第二十五条 证券、期货投资咨询机构就同一问题向不同客户提供的投资分析、预测或者建议应当一致。

具有自营业务的证券经营机构在从事超出本机构范围的证券投资咨询业务时，就同一问题向社会公众和其自营部门提供的咨询意见应当一致，不得为自营业务获利的需要误导社会公众。

第二十六条 证券经营机构、期货经纪机构编发的供本机构内部使用的证券、期货信息简报、快讯、动态以及信息系统等，只能限于本机构范围内使用，不得通过任何途径向社会公众提供。

经中国证监会批准的公开发行股票的公司的承销商或者上市推荐人及其所属证券投资咨询机构，不得在公众传播媒体上刊登其为客户撰写的投资价值分析报告。

第二十七条 中国证监会和地方证管办（证监会）有权对证券、期货投资咨询机构和投资咨询人员的业务活动进行检查，被检查的证券、期货投资咨询机构及其投资咨询人员应当予以配合，不得干扰和阻碍。

中国证监会和地方证管办（证监会）及其工作人员在业务检查过程中，对所涉及的商业秘密应注意保护。

第二十八条 证券、期货投资咨询机构应当将其向投资人或者社会公众提供的投资咨询资料，自提供之日起保存二年。

上编 金融犯罪

第二十九条 地方证管办（证监会）根据投资人或者社会公众的投诉或者举报，有权要求证券、期货投资咨询机构及其投资咨询人员说明情况并提供相关资料。

第三十条 任何单位和个人发现证券、期货投资咨询机构、投资咨询人员或其他机构和个人有违反本办法规定的行为时，可以向地方证管办（证监会）投诉和举报。

第三十一条 地方证管办（证监会）对违反本办法的行为，应当进行立案调查并将调查结果报中国证监会备案。

第三十二条 未经中国证监会许可，擅自从事本办法第二条规定的证券、期货投资咨询业务的，由地方证管办（证监会）责令停止，并处没收违法所得和违法所得等值以下的罚款。

第三十三条 证券、期货投资咨询机构有下列行为之一的，由地方证管办（证监会）处一万元以上，五万元以下的罚款；情节严重的，地方证管办（证监会）应当向中国证监会报告，由中国证监会作出暂停或者撤销其业务资格的处罚：

（一）向证券监管部门报送的文件、资料有虚假陈述或者重大遗漏的；

（二）未按照本办法规定履行报告和年检义务的；

（三）未按照本办法规定履行对本机构有关情况发生变化的变更手续的；

（四）本机构证券、期货投资咨询人员违反本办法规定，受到证券监管部门行政处罚的；

（五）干扰、阻碍地方证管办（证监会）检查、调查，或者隐瞒、销毁证据的。

第三十四条 证券、期货投资咨询机构违反本办法第十八条、第十九条、第二十条、第二十一条、第二十二条、第二十三条、第二十四条、第二十五条、第二十八条规定的，由地方证管办（证监会）单处或者并处警告、没收违法所得、一万元以上十万元以下罚款；情节严重的，地方证管办（证监会）应当向中国证监会报告，由中国证监会作出暂停或者撤销业务资格的处罚；构成犯罪的，依法追究刑事责任。

第三十五条 证券经营机构、期货经纪机构违反本办法第二十六条规定的，由地方证管办（证监会）责令改正，并处以警告或者一万元以上五万元以下罚款。

第三十六条　证券、期货投资咨询人员违反本办法第十八条、第十九条、第二十条、第二十一条、第二十二条、第二十四条的规定或者未按本办法规定向证券主管部门履行报告、年检义务的，由地方证管办（证监会）单处或者并处警告、没收违法所得、一万元以上三万元以下罚款；情节严重的，地方证管办（证监会）应当向中国证监会报告，由中国证监会作出暂停或者撤销其业务资格的处罚；构成犯罪的，依法追究刑事责任。

第三十七条　中国证监会和地方证管办（证监会）的工作人员玩忽职守、滥用职权、徇私舞弊，构成犯罪的，依法追究刑事责任；尚不构成犯罪的，依法给予行政处分。

6.《股票发行与交易管理暂行条例》（中华人民共和国国务院令第112号，1993.4.22）（节录）

第七条　股票发行人必须是具有股票发行资格的股份有限公司。

前款所称股份有限公司，包括已经成立的股份有限公司和经批准拟成立的股份有限公司。

第二十条（第一款）　公开发行的股票应当由证券经营机构承销。承销包括包销和代销两种方式。

第二十九条　股票交易必须在经证券委批准可以进行股票交易的证券交易场所进行。

第四十一条　未依照国家有关规定经过批准，股份有限公司不得购回其发行在外的股票。

第四十二条　未经证券委批准，任何人不得对股票及其指数的期权、期货进行交易。

第七十条　股份有限公司违反本条例规定，有下列行为之一的，根据不同情况，单处或者并处警告、责令退还非法所筹股款、没收非法所得、罚款；情节严重的，停止其发行股票资格：

（一）未经批准发行或者变相发行股票的；

（二）以欺骗或者其他不正当手段获准发行股票或者获准其股票在证券

交易场所交易的；

（三）未按照规定方式、范围发行股票，或者在招股说明书失效后销售股票的；

（四）未经批准购回其发行在外的股票的。

对前款所列行为负有直接责任的股份有限公司的董事、监事和高级管理人员，给予警告或者处以三万元以上三十万元以下的罚款。

第七十八条　违反本条例规定，构成犯罪的，依法追究刑事责任。

> 部门规章及部门规范性文件

1.《首次公开发行股票并上市管理办法》（中国证券监督管理委员会令第 196 号，2022.4.8 修正实施）（节录）

第二条　在中华人民共和国境内首次公开发行股票并上市，适用本办法。境内公司股票以外币认购和交易的，不适用本办法。

第三条　首次公开发行股票并上市，应当符合《证券法》《公司法》和本办法规定的发行条件。

第四条　发行人依法披露的信息，必须真实、准确、完整，不得有虚假记载、误导性陈述或者重大遗漏。

第五条　保荐人及其保荐代表人应当遵循勤勉尽责、诚实守信的原则，认真履行审慎核查和辅导义务，并对其所出具的发行保荐书的真实性、准确性、完整性负责。

第六条　为证券发行出具有关文件的证券服务机构和人员，应当按照本行业公认的业务标准和道德规范，严格履行法定职责，并对其所出具文件的真实性、准确性和完整性负责。

第八条　发行人应当是依法设立且合法存续的股份有限公司。

经国务院批准，有限责任公司在依法变更为股份有限公司时，可以采取募集设立方式公开发行股票。

第九条　发行人自股份有限公司成立后，持续经营时间应当在 3 年以上。

有限责任公司按原账面净资产值折股整体变更为股份有限公司的，持续经营时间可以从有限责任公司成立之日起计算。

第十条　发行人的注册资本已足额缴纳，发起人或者股东用作出资的资产的财产权转移手续已办理完毕，发行人的主要资产不存在重大权属纠纷。

第十一条　发行人的生产经营符合法律、行政法规和公司章程的规定，符合国家产业政策。

第十四条　发行人已经依法建立健全股东大会、董事会、监事会、独立董事、董事会秘书制度，相关机构和人员能够依法履行职责。

第十五条　发行人的董事、监事和高级管理人员已经了解与股票发行上市有关的法律法规，知悉上市公司及其董事、监事和高级管理人员的法定义务和责任。

第十六条　发行人的董事、监事和高级管理人员符合法律、行政法规和规章规定的任职资格，且不得有下列情形：

（一）被中国证监会采取证券市场禁入措施尚在禁入期的；

（二）最近36个月内受到中国证监会行政处罚，或者最近12个月内受到证券交易所公开谴责；

（三）因涉嫌犯罪被司法机关立案侦查或者涉嫌违法违规被中国证监会立案调查，尚未有明确结论意见。

第十七条　发行人的内部控制制度健全且被有效执行，能够合理保证财务报告的可靠性、生产经营的合法性、营运的效率与效果。

第十八条　发行人不得有下列情形：

（一）最近36个月内未经法定机关核准，擅自公开或者变相公开发行过证券；或者有关违法行为虽然发生在36个月前，但目前仍处于持续状态；

（二）最近36个月内违反工商、税收、土地、环保、海关以及其他法律、行政法规，受到行政处罚，且情节严重；

（三）最近36个月内曾向中国证监会提出发行申请，但报送的发行申请文件有虚假记载、误导性陈述或重大遗漏；或者不符合发行条件以欺骗手段骗取发行核准；或者以不正当手段干扰中国证监会及其发行审核委员会审核工作；或者伪造、变造发行人或其董事、监事、高级管理人员的签字、盖章；

（四）本次报送的发行申请文件有虚假记载、误导性陈述或者重大遗漏；

（五）涉嫌犯罪被司法机关立案侦查，尚未有明确结论意见；

（六）严重损害投资者合法权益和社会公共利益的其他情形。

第十九条 发行人的公司章程中已明确对外担保的审批权限和审议程序，不存在为控股股东、实际控制人及其控制的其他企业进行违规担保的情形。

第二十条 发行人有严格的资金管理制度，不得有资金被控股股东、实际控制人及其控制的其他企业以借款、代偿债务、代垫款项或者其他方式占用的情形。

第二十二条 发行人的内部控制在所有重大方面是有效的，并由注册会计师出具了无保留结论的内部控制鉴证报告。

第二十五条 发行人应完整披露关联方关系并按重要性原则恰当披露关联交易。关联交易价格公允，不存在通过关联交易操纵利润的情形。

第二十六条 发行人应当符合下列条件：

（一）最近3个会计年度净利润均为正数且累计超过人民币3000万元，净利润以扣除非经常性损益前后较低者为计算依据；

（二）最近3个会计年度经营活动产生的现金流量净额累计超过人民币5000万元；或者最近3个会计年度营业收入累计超过人民币3亿元；

（三）发行前股本总额不少于人民币3000万元；

（四）最近一期末无形资产（扣除土地使用权、水面养殖权和采矿权等后）占净资产的比例不高于20%；

（五）最近一期末不存在未弥补亏损。

中国证监会根据《关于开展创新企业境内发行股票或存托凭证试点的若干意见》等规定认定的试点企业（以下简称试点企业），可不适用前款第（一）项、第（五）项规定。

第二十七条 发行人依法纳税，各项税收优惠符合相关法律法规的规定。发行人的经营成果对税收优惠不存在严重依赖。

第二十八条 发行人不存在重大偿债风险，不存在影响持续经营的担保、诉讼以及仲裁等重大或有事项。

第二十九条 发行人申报文件中不得有下列情形：

（一）故意遗漏或虚构交易、事项或者其他重要信息；

（二）滥用会计政策或者会计估计；

（三）操纵、伪造或篡改编制财务报表所依据的会计记录或者相关凭证。

第三十条　发行人不得有下列影响持续盈利能力的情形：

（一）发行人的经营模式、产品或服务的品种结构已经或者将发生重大变化，并对发行人的持续盈利能力构成重大不利影响；

（二）发行人的行业地位或发行人所处行业的经营环境已经或者将发生重大变化，并对发行人的持续盈利能力构成重大不利影响；

（三）发行人最近1个会计年度的营业收入或净利润对关联方或者存在重大不确定性的客户存在重大依赖；

（四）发行人最近1个会计年度的净利润主要来自合并财务报表范围以外的投资收益；

（五）发行人在用的商标、专利、专有技术以及特许经营权等重要资产或技术的取得或者使用存在重大不利变化的风险；

（六）其他可能对发行人持续盈利能力构成重大不利影响的情形。

第三十一条　发行人董事会应当依法就本次股票发行的具体方案、本次募集资金使用的可行性及其他必须明确的事项作出决议，并提请股东大会批准。

第三十二条　发行人股东大会就本次发行股票作出的决议，至少应当包括下列事项：

（一）本次发行股票的种类和数量；

（二）发行对象；

（三）价格区间或者定价方式；

（四）募集资金用途；

（五）发行前滚存利润的分配方案；

（六）决议的有效期；

（七）对董事会办理本次发行具体事宜的授权；

（八）其他必须明确的事项。

第三十三条　发行人应当按照中国证监会的有关规定制作申请文件，由保荐人保荐并向中国证监会申报。

特定行业的发行人应当提供管理部门的相关意见。

第四十条 发行人应当按照中国证监会的有关规定编制和披露招股说明书。

第四十一条 招股说明书内容与格式准则是信息披露的最低要求。不论准则是否有明确规定，凡是对投资者作出投资决策有重大影响的信息，均应当予以披露。

第四十二条 发行人应当在招股说明书中披露已达到发行监管对公司独立性的基本要求。

第四十三条 发行人及其全体董事、监事和高级管理人员应当在招股说明书上签字、盖章，保证招股说明书的内容真实、准确、完整。保荐人及其保荐代表人应当对招股说明书的真实性、准确性、完整性进行核查，并在核查意见上签字、盖章。

第四十四条 招股说明书中引用的财务报表在其最近一期截止日后6个月内有效。特别情况下发行人可申请适当延长，但至多不超过1个月。财务报表应当以年度末、半年度末或者季度末为截止日。

第四十五条 招股说明书的有效期为6个月，自中国证监会核准发行申请前招股说明书最后一次签署之日起计算。

第四十八条 预先披露的招股说明书（申报稿）不是发行人发行股票的正式文件，不能含有价格信息，发行人不得据此发行股票。

发行人应当在预先披露的招股说明书（申报稿）的显要位置声明："本公司的发行申请尚未得到中国证监会核准。本招股说明书（申报稿）不具有据以发行股票的法律效力，仅供预先披露之用。投资者应当以正式公告的招股说明书全文作为作出投资决定的依据。"

2.《公司债券发行与交易管理办法》（中国证券监督管理委员会令第180号，2021.2.26修订实施）（节录）

第二条 在中华人民共和国境内，公开发行公司债券并在证券交易所、全国中小企业股份转让系统交易，非公开发行公司债券并在证券交易所、全国中小企业股份转让系统、证券公司柜台转让的，适用本办法。法律法规和中国证券监督管理委员会（以下简称中国证监会）另有规定的，从其规定。本办法所称公司债券，是指公司依照法定程序发行、约定在一定期限还本付息的有价证券。

第三条 公司债券可以公开发行，也可以非公开发行。

第九条 中国证监会依法对公司债券的发行及其交易或转让活动进行监督管理。证券自律组织依照相关规定对公司债券的发行、上市交易或挂牌转让、登记结算、承销、尽职调查、信用评级、受托管理及增信等进行自律管理。

证券自律组织应当制定相关业务规则，明确公司债券发行、承销、报备、上市交易或挂牌转让、信息披露、登记结算、投资者适当性管理、持有人会议及受托管理等具体规定，报中国证监会批准或备案。

第十一条 发行公司债券，可以附认股权、可转换成相关股票等条款。上市公司、股票公开转让的非上市公众公司股东可以发行附可交换成上市公司或非上市公众公司股票条款的公司债券。商业银行等金融机构可以按照有关规定发行公司债券补充资本。上市公司发行附认股权、可转换成股票条款的公司债券，应当符合上市公司证券发行管理的相关规定。股票公开转让的非上市公众公司发行附认股权、可转换成股票条款的公司债券，由中国证监会另行规定。

第十二条 根据财产状况、金融资产状况、投资知识和经验、专业能力等因素，公司债券投资者可以分为普通投资者和专业投资者。专业投资者的标准按照中国证监会的相关规定执行。

证券自律组织可以在中国证监会相关规定的基础上，设定更为严格的投资者适当性要求。

发行人的董事、监事、高级管理人员及持股比例超过百分之五的股东，可视同专业投资者参与发行人相关公司债券的认购或交易、转让。

第三十一条 公开发行的公司债券，应当在证券交易场所交易。

公开发行公司债券并在证券交易场所交易的，应当符合证券交易场所规定的上市、挂牌条件。

第三十二条 证券交易场所应当对公开发行公司债券的上市交易实施分类管理，实行差异化的交易机制，建立相应的投资者适当性管理制度，健全风险控制机制。证券交易场所应当根据债券资信状况的变化及时调整交易机制和投资者适当性安排。

上编　金融犯罪

第三十三条　公开发行公司债券申请上市交易的，应当在发行前根据证券交易场所的相关规则，明确交易机制和交易环节投资者适当性安排。发行环节和交易环节的投资者适当性要求应当保持一致。

第三十四条　非公开发行的公司债券应当向专业投资者发行，不得采用广告、公开劝诱和变相公开方式，每次发行对象不得超过二百人。

第三十五条　承销机构应当按照中国证监会、证券自律组织规定的投资者适当性制度，了解和评估投资者对非公开发行公司债券的风险识别和承担能力，确认参与非公开发行公司债券认购的投资者为专业投资者，并充分揭示风险。

第三十八条　非公开发行的公司债券仅限于专业投资者范围内转让。转让后，持有同次发行债券的投资者合计不得超过二百人。

第三十九条　发行公司债券应当由具有证券承销业务资格的证券公司承销。

取得证券承销业务资格的证券公司、中国证券金融股份有限公司非公开发行公司债券可以自行销售。

3.《关于加强私募投资基金监管的若干规定》（中国证券监督管理委员会公告〔2020〕71号，2020.12.30）（节录）

第三条　未经登记，任何单位或者个人不得使用"基金"或者"基金管理"字样或者近似名称进行私募基金业务活动，法律、行政法规另有规定的除外。

私募基金管理人应当在名称中标明"私募基金""私募基金管理""创业投资"字样，并在经营范围中标明"私募投资基金管理""私募证券投资基金管理""私募股权投资基金管理""创业投资基金管理"等体现受托管理私募基金特点的字样。

第四条　私募基金管理人不得直接或者间接从事民间借贷、担保、保理、典当、融资租赁、网络借贷信息中介、众筹、场外配资等任何与私募基金管理相冲突或者无关的业务，中国证券监督管理委员会（以下简称中国证监会）另有规定的除外。

第五条　私募基金管理人的出资人不得有代持、循环出资、交叉出资、层级过多、结构复杂等情形,不得隐瞒关联关系或者将关联关系非关联化。同一单位、个人控股或者实际控制两家及以上私募基金管理人的,应当具有设立多个私募基金管理人的合理性与必要性,全面、及时、准确披露各私募基金管理人业务分工,建立完善的合规风控制度。

第六条 私募基金管理人、私募基金销售机构及其从业人员在私募基金募集过程中不得直接或者间接存在下列行为:

(一)向《私募办法》规定的合格投资者之外的单位、个人募集资金或者为投资者提供多人拼凑、资金借贷等满足合格投资者要求的便利;

(二)通过报刊、电台、电视、互联网等公众传播媒体,讲座、报告会、分析会等方式,布告、传单、短信、即时通讯工具、博客和电子邮件等载体,向不特定对象宣传推介,但是通过设置特定对象确定程序的官网、客户端等互联网媒介向合格投资者进行宣传推介的情形除外;

(三)口头、书面或者通过短信、即时通讯工具等方式直接或者间接向投资者承诺保本保收益,包括投资本金不受损失、固定比例损失或者承诺最低收益等情形;

(四)夸大、片面宣传私募基金,包括使用安全、保本、零风险、收益有保障、高收益、本金无忧等可能导致投资者不能准确认识私募基金风险的表述,或者向投资者宣传预期收益率、目标收益率、基准收益率等类似表述;

(五)向投资者宣传的私募基金投向与私募基金合同约定投向不符;

(六)宣传推介材料有虚假记载、误导性陈述或者重大遗漏,包括未真实、准确、完整披露私募基金交易结构、各方主要权利义务、收益分配、费用安排、关联交易、委托第三方机构以及私募基金管理人的出资人、实际控制人等情况;

(七)以登记备案、金融机构托管、政府出资等名义为增信手段进行误导性宣传推介;

(八)委托不具有基金销售业务资格的单位或者个人从事资金募集活动;

(九)以从事资金募集活动为目的设立或者变相设立分支机构;

(十)法律、行政法规和中国证监会禁止的其他情形。

私募基金管理人的出资人、实际控制人、关联方不得从事私募基金募集宣传推介，不得从事或者变相从事前款所列行为。

私募基金募集完毕，私募基金管理人应当按照规定到基金业协会履行备案手续。私募基金管理人不得管理未备案的私募基金。

第七条 私募基金的投资者人数累计不得超过《证券投资基金法》《公司法》《合伙企业法》等法律规定的特定数量。投资者转让基金份额的，受让人应当为合格投资者且基金份额受让后投资者人数应当符合本条规定。国务院金融监督管理部门监管的机构依法发行的资产管理产品、合格境外机构投资者、人民币合格境外机构投资者，视为《私募办法》第十三条规定的合格投资者，不再穿透核查最终投资者。

任何单位和个人不得通过将私募基金份额或者其收（受）益权进行拆分转让，或者通过为单一融资项目设立多只私募基金等方式，以变相突破合格投资者标准或投资者人数限制。

第八条 私募基金管理人不得直接或者间接将私募基金财产用于下列投资活动：

（一）借（存）贷、担保、明股实债等非私募基金投资活动，但是私募基金以股权投资为目的，按照合同约定为被投企业提供1年期限以内借款、担保除外；

（二）投向保理资产、融资租赁资产、典当资产等类信贷资产、股权或其收（受）益权；

（三）从事承担无限责任的投资；

（四）法律、行政法规和中国证监会禁止的其他投资活动。

私募基金有前款第（一）项规定行为的，借款或者担保到期日不得晚于股权投资退出日，且借款或者担保余额不得超过该私募基金实缴金额的20%；中国证监会另有规定的除外。

第九条 私募基金管理人及其从业人员从事私募基金业务，不得有下列行为：

（一）未对不同私募基金单独管理、单独建账、单独核算，将其固有财产、他人财产混同于私募基金财产，将不同私募基金财产混同运作，或者不公平对待不同私募基金财产；

（二）使用私募基金管理人及其关联方名义、账户代私募基金收付基金财产；

（三）开展或者参与具有滚动发行、集合运作、期限错配、分离定价等特征的资金池业务；

（四）以套取私募基金财产为目的，使用私募基金财产直接或者间接投资于私募基金管理人、控股股东、实际控制人及其实际控制的企业或项目等自融行为；

（五）不公平对待同一私募基金的不同投资者，损害投资者（六）私募基金收益不与投资项目的资产、收益、风险等情况挂钩，包括不按照投资标的实际经营业绩或者收益情况向投资者分红、支付收益等；

（七）直接或者间接侵占、挪用私募基金财产；

（八）不按照合同约定进行投资运作或者向投资者进行信息披露；

（九）利用私募基金财产或者职务之便，以向私募基金、私募基金投资标的及其关联方收取咨询费、手续费、财务顾问费等名义，为自身或者投资者以外的人牟取非法利益、进行利益输送；

（十）泄露因职务便利获取的未公开信息、利用该信息从事或者明示、暗示他人从事相关的交易活动；

（十一）从事内幕交易、操纵证券期货市场及其他不正当交易活动；

（十二）玩忽职守，不按照监管规定或者合同约定履行职责；

（十三）法律、行政法规和中国证监会禁止的其他行为。

私募基金管理人的出资人和实际控制人，私募基金托管人、私募基金销售机构及其他私募基金服务机构及其出资人、实际控制人，不得有前款所列行为或者为前款行为提供便利。

第十条 私募基金管理人管理的私募基金不得直接或者间接投资于国家禁止或者限制投资的项目，不符合国家产业政策、环境保护政策、土地管理政策的项目，但证券市场投资除外。

第十一条 私募基金管理人不得从事损害私募基金财产或者投资者利益的关联交易等投资活动。私募基金管理人应当建立健全关联交易管理制度，对关联交易定价方法、交易审批程序等进行规范。使用私募基金财产与关联方进行交易的，私募基金管理人应当遵守法律、行政法规、中国证监会的规定和私募基金合同约定，防范利益冲突，投资前应当取得全体投资者或者投资者认可的决策机制决策同意，投资后应当及时向投资者充分披露信息。

第十二条 私募基金管理人及其出资人和实际控制人、私募基金托管人、私募基金销售机构和其他私募基金服务机构所提交的登记备案信息及其他信息材料，不得有虚假记载、误导性陈述或者重大遗漏，并应当按照规定持续履行信息披露和报送义务，确保所提交信息材料及时、准确、真实、完整。

私募基金管理人及其出资人和实际控制人、私募基金托管人、私募基金销售机构和其他私募基金服务机构及其从业人员应当配合中国证监会及其派出机构依法履行职责，如实提供有关文件和材料，不得拒绝、阻碍和隐瞒。

4.《上市公司证券发行管理办法》（中国证券监督管理委员会令第163号，2020.2.14修正实施）（节录）

第二条 上市公司申请在境内发行证券，适用本办法。

本办法所称证券，指下列证券品种：

（一）股票；

（二）可转换公司债券；

（三）中国证券监督管理委员会（以下简称"中国证监会"）认可的其他品种。

第三条 上市公司发行证券，可以向不特定对象公开发行，也可以向特定对象非公开发行。

第四条 上市公司发行证券，必须真实、准确、完整、及时、公平地披露或者提供信息，不得有虚假记载、误导性陈述或者重大遗漏。

第五条 中国证监会对上市公司证券发行的核准，不表明其对该证券的投资价值或者投资者的收益作出实质性判断或者保证。因上市公司经营与收益的变化引致的投资风险，由认购证券的投资者自行负责。

第六条 上市公司的组织机构健全、运行良好，符合下列规定：

（一）公司章程合法有效，股东大会、董事会、监事会和独立董事制度健全，能够依法有效履行职责；

（二）公司内部控制制度健全，能够有效保证公司运行的效率、合法合规性和财务报告的可靠性；内部控制制度的完整性、合理性、有效性不存在重大缺陷；

（三）现任董事、监事和高级管理人员具备任职资格，能够忠实和勤勉地履行职务，不存在违反公司法第一百四十七条、第一百四十八条规定的行为，且最近三十六个月内未受到过中国证监会的行政处罚、最近十二个月内未受到过证券交易所的公开谴责；

（四）上市公司与控股股东或实际控制人的人员、资产、财务分开，机构、业务独立，能够自主经营管理；

（五）最近十二个月内不存在违规对外提供担保的行为。

第七条 上市公司的盈利能力具有可持续性，符合下列规定：

（一）最近三个会计年度连续盈利。扣除非经常性损益后的净利润与扣除前的净利润相比，以低者作为计算依据；

（二）业务和盈利来源相对稳定，不存在严重依赖于控股股东、实际控制人的情形；

（三）现有主营业务或投资方向能够可持续发展，经营模式和投资计划稳健，主要产品或服务的市场前景良好，行业经营环境和市场需求不存在现实或可预见的重大不利变化；

（四）高级管理人员和核心技术人员稳定，最近十二个月内未发生重大不利变化；

（五）公司重要资产、核心技术或其他重大权益的取得合法，能够持续使用，不存在现实或可预见的重大不利变化；

（六）不存在可能严重影响公司持续经营的担保、诉讼、仲裁或其他重大事项；

（七）最近二十四个月内曾公开发行证券的，不存在发行当年营业利润比上年下降百分之五十以上的情形。

第八条 上市公司的财务状况良好，符合下列规定：

（一）会计基础工作规范，严格遵循国家统一会计制度的规定；

（二）最近三年及一期财务报表未被注册会计师出具保留意见、否定意见或无法表示意见的审计报告；被注册会计师出具带强调事项段的无保留意见审计报告的，所涉及的事项对发行人无重大不利影响或者在发行前重大不利影响已经消除；

（三）资产质量良好。不良资产不足以对公司财务状况造成重大不利影响；

（四）经营成果真实，现金流量正常。营业收入和成本费用的确认严格遵循国家有关企业会计准则的规定，最近三年资产减值准备计提充分合理，不存在操纵经营业绩的情形；

（五）最近三年以现金方式累计分配的利润不少于最近三年实现的年均可分配利润的百分之三十。

第九条 上市公司最近三十六个月内财务会计文件无虚假记载，且不存在下列重大违法行为：

（一）违反证券法律、行政法规或规章，受到中国证监会的行政处罚，或者受到刑事处罚；

（二）违反工商、税收、土地、环保、海关法律、行政法规或规章，受到行政处罚且情节严重，或者受到刑事处罚；

（三）违反国家其他法律、行政法规且情节严重的行为。

第十条 上市公司募集资金的数额和使用应当符合下列规定：

（一）募集资金数额不超过项目需要量；

（二）募集资金用途符合国家产业政策和有关环境保护、土地管理等法律和行政法规的规定；

（三）除金融类企业外，本次募集资金使用项目不得为持有交易性金融资产和可供出售的金融资产、借予他人、委托理财等财务性投资，不得直接或间接投资于以买卖有价证券为主要业务的公司；

（四）投资项目实施后，不会与控股股东或实际控制人产生同业竞争或影响公司生产经营的独立性；

（五）建立募集资金专项存储制度，募集资金必须存放于公司董事会决定的专项账户。

第十一条 上市公司存在下列情形之一的，不得公开发行证券：

（一）本次发行申请文件有虚假记载、误导性陈述或重大遗漏；

（二）擅自改变前次公开发行证券募集资金的用途而未作纠正；

（三）上市公司最近十二个月内受到过证券交易所的公开谴责；

（四）上市公司及其控股股东或实际控制人最近十二个月内存在未履行向投资者作出的公开承诺的行为；

（五）上市公司或其现任董事、高级管理人员因涉嫌犯罪被司法机关立案侦查或涉嫌违法违规被中国证监会立案调查；

（六）严重损害投资者的合法权益和社会公共利益的其他情形。

第十二条 向原股东配售股份（简称"配股"），除符合本章第一节规定外，还应当符合下列规定：

（一）拟配售股份数量不超过本次配售股份前股本总额的百分之三十；

（二）控股股东应当在股东大会召开前公开承诺认配股份的数量；

（三）采用证券法规定的代销方式发行。

控股股东不履行认配股份的承诺，或者代销期限届满，原股东认购股票的数量未达到拟配售数量百分之七十的，发行人应当按照发行价并加算银行同期存款利息返还已经认购的股东。

第十三条 向不特定对象公开募集股份（简称"增发"），除符合本章第一节规定外，还应当符合下列规定：

（一）最近三个会计年度加权平均净资产收益率平均不低于百分之六。扣除非经常性损益后的净利润与扣除前的净利润相比，以低者作为加权平均净资产收益率的计算依据；

（二）除金融类企业外，最近一期末不存在持有金额较大的交易性金融资产和可供出售的金融资产、借予他人款项、委托理财等财务性投资的情形；

（三）发行价格应不低于公告招股意向书前二十个交易日公司股票均价或前一个交易日的均价。

第十四条 公开发行可转换公司债券的公司，除应当符合本章第一节规定外，还应当符合下列规定：

（一）最近三个会计年度加权平均净资产收益率平均不低于百分之六。扣除非经常性损益后的净利润与扣除前的净利润相比，以低者作为加权平均净资产收益率的计算依据；

（二）本次发行后累计公司债券余额不超过最近一期末净资产额的百分之四十；

（三）最近三个会计年度实现的年均可分配利润不少于公司债券一年的利息。

前款所称可转换公司债券，是指发行公司依法发行、在一定期间内依据约定的条件可以转换成股份的公司债券。

第十五条 可转换公司债券的期限最短为一年，最长为六年。

第十六条 可转换公司债券每张面值一百元。

可转换公司债券的利率由发行公司与主承销商协商确定，但必须符合国家的有关规定。

第十七条 公开发行可转换公司债券，应当委托具有资格的资信评级机构进行信用评级和跟踪评级。

资信评级机构每年至少公告一次跟踪评级报告。

第十八条 上市公司应当在可转换公司债券期满后五个工作日内办理完毕偿还债券余额本息的事项。

第十九条 公开发行可转换公司债券，应当约定保护债券持有人权利的办法，以及债券持有人会议的权利、程序和决议生效条件。

存在下列事项之一的，应当召开债券持有人会议：

（一）拟变更募集说明书的约定；

（二）发行人不能按期支付本息；

（三）发行人减资、合并、分立、解散或者申请破产；

（四）保证人或者担保物发生重大变化；

（五）其他影响债券持有人重大权益的事项。

第二十条 公开发行可转换公司债券，应当提供担保，但最近一期末经审计的净资产不低于人民币十五亿元的公司除外。

提供担保的,应当为全额担保,担保范围包括债券的本金及利息、违约金、损害赔偿金和实现债权的费用。

以保证方式提供担保的,应当为连带责任担保,且保证人最近一期经审计的净资产额应不低于其累计对外担保的金额。证券公司或上市公司不得作为发行可转债的担保人,但上市商业银行除外。

设定抵押或质押的,抵押或质押财产的估值应不低于担保金额。估值应经有资格的资产评估机构评估。

第二十一条 可转换公司债券自发行结束之日起六个月后方可转换为公司股票,转股期限由公司根据可转换公司债券的存续期限及公司财务状况确定。

债券持有人对转换股票或者不转换股票有选择权,并于转股的次日成为发行公司的股东。

第二十二条 转股价格应不低于募集说明书公告日前二十个交易日该公司股票交易均价和前一个交易日的均价。

前款所称转股价格,是指募集说明书事先约定的可转换公司债券转换为每股股份所支付的价格。

第二十三条 募集说明书可以约定赎回条款,规定上市公司可按事先约定的条件和价格赎回尚未转股的可转换公司债券。

第二十四条 募集说明书可以约定回售条款,规定债券持有人可按事先约定的条件和价格将所持债券回售给上市公司。

募集说明书应当约定,上市公司改变公告的募集资金用途的,赋予债券持有人一次回售的权利。

第二十五条 募集说明书应当约定转股价格调整的原则及方式。发行可转换公司债券后,因配股、增发、送股、派息、分立及其他原因引起上市公司股份变动的,应当同时调整转股价格。

第二十六条 募集说明书约定转股价格向下修正条款的,应当同时约定:

(一)转股价格修正方案须提交公司股东大会表决,且须经出席会议的股东所持表决权的三分之二以上同意。股东大会进行表决时,持有公司可转换债券的股东应当回避；

（二）修正后的转股价格不低于前项规定的股东大会召开日前二十个交易日该公司股票交易均价和前一个交易日的均价。

第二十七条　上市公司可以公开发行认股权和债券分离交易的可转换公司债券（简称"分离交易的可转换公司债券"）。

发行分离交易的可转换公司债券，除符合本章第一节规定外，还应当符合下列规定：

（一）公司最近一期末经审计的净资产不低于人民币十五亿元；

（二）最近三个会计年度实现的年均可分配利润不少于公司债券一年的利息；

（三）最近三个会计年度经营活动产生的现金流量净额平均不少于公司债券一年的利息，符合本办法第十四条第（一）项规定的公司除外；

（四）本次发行后累计公司债券余额不超过最近一期末净资产额的百分之四十，预计所附认股权全部行权后募集的资金总量不超过拟发行公司债券金额。

第二十八条　分离交易的可转换公司债券应当申请在上市公司股票上市的证券交易所上市交易。

分离交易的可转换公司债券中的公司债券和认股权分别符合证券交易所上市条件的，应当分别上市交易。

第二十九条　分离交易的可转换公司债券的期限最短为一年。

债券的面值、利率、信用评级、偿还本息、债权保护适用本办法第十六条至第十九条的规定。

第三十条　发行分离交易的可转换公司债券，发行人提供担保的，适用本办法第二十条第二款至第四款的规定。

第三十一条　认股权证上市交易的，认股权证约定的要素应当包括行权价格、存续期间、行权期间或行权日、行权比例。

第三十二条　认股权证的行权价格应不低于公告募集说明书日前二十个交易日公司股票均价和前一个交易日的均价。

第三十三条　认股权证的存续期间不超过公司债券的期限，自发行结束之日起不少于六个月。

募集说明书公告的权证存续期限不得调整。

第三十四条　认股权证自发行结束至少已满六个月起方可行权，行权期间为存续期限届满前的一段期间，或者是存续期限内的特定交易日。

第三十五条　分离交易的可转换公司债券募集说明书应当约定，上市公司改变公告的募集资金用途的，赋予债券持有人一次回售的权利。

第三十六条　本办法规定的非公开发行股票，是指上市公司采用非公开方式，向特定对象发行股票的行为。

第三十七条　非公开发行股票的特定对象应当符合下列规定：

（一）特定对象符合股东大会决议规定的条件；

（二）发行对象不超过三十五名。

发行对象为境外战略投资者的，应当遵守国家的相关规定。

第三十八条　上市公司非公开发行股票，应当符合下列规定：

（一）发行价格不低于定价基准日前二十个交易日公司股票均价的百分之八十；

（二）本次发行的股份自发行结束之日起，六个月内不得转让；控股股东、实际控制人及其控制的企业认购的股份，十八个月内不得转让；

（三）募集资金使用符合本办法第十条的规定；

（四）本次发行将导致上市公司控制权发生变化的，还应当符合中国证监会的其他规定。

第三十九条　上市公司存在下列情形之一的，不得非公开发行股票：

（一）本次发行申请文件有虚假记载、误导性陈述或重大遗漏；

（二）上市公司的权益被控股股东或实际控制人严重损害且尚未消除；

（三）上市公司及其附属公司违规对外提供担保且尚未解除；

（四）现任董事、高级管理人员最近三十六个月内受到过中国证监会的行政处罚，或者最近十二个月内受到过证券交易所公开谴责；

（五）上市公司或其现任董事、高级管理人员因涉嫌犯罪正被司法机关立案侦查或涉嫌违法违规正被中国证监会立案调查；

（六）最近一年及一期财务报表被注册会计师出具保留意见、否定意见

或无法表示意见的审计报告。保留意见、否定意见或无法表示意见所涉及事项的重大影响已经消除或者本次发行涉及重大重组的除外;

（七）严重损害投资者合法权益和社会公共利益的其他情形。

第四十条 上市公司申请发行证券，董事会应当依法就下列事项作出决议，并提请股东大会批准：

（一）本次证券发行的方案；

（二）本次募集资金使用的可行性报告；

（三）前次募集资金使用的报告；

（四）其他必须明确的事项。

第四十一条 股东大会就发行股票作出的决定，至少应当包括下列事项：

（一）本次发行证券的种类和数量；

（二）发行方式、发行对象及向原股东配售的安排；

（三）定价方式或价格区间；

（四）募集资金用途；

（五）决议的有效期；

（六）对董事会办理本次发行具体事宜的授权；

（七）其他必须明确的事项。

第四十二条 股东大会就发行可转换公司债券作出的决定，至少应包括下列事项：

（一）本办法第四十一条规定的事项；

（二）债券利率；

（三）债券期限；

（四）担保事项；

（五）回售条款；

（六）还本付息的期限和方式；

（七）转股期；

（八）转股价格的确定和修正。

第四十三条 股东大会就发行分离交易的可转换公司债券作出的决定，至少应当包括下列事项：

（一）本办法第四十一条、第四十二条第（二）项至第（六）项规定的事项；

（二）认股权证的行权价格；

（三）认股权证的存续期限；

（四）认股权证的行权期间或行权日。

第四十四条　股东大会就发行证券事项作出决议，必须经出席会议的股东所持表决权的三分之二以上通过。向本公司特定的股东及其关联人发行证券的，股东大会就发行方案进行表决时，关联股东应当回避。

上市公司就发行证券事项召开股东大会，应当提供网络或者其他方式为股东参加股东大会提供便利。

第四十五条　上市公司申请公开发行证券或者非公开发行新股，应当由保荐人保荐，并向中国证监会申报。

保荐人应当按照中国证监会的有关规定编制和报送发行申请文件。

第四十六条　中国证监会依照下列程序审核发行证券的申请：

（一）收到申请文件后，五个工作日内决定是否受理；

（二）中国证监会受理后，对申请文件进行初审；

（三）发行审核委员会审核申请文件；

（四）中国证监会作出核准或者不予核准的决定。

第四十七条　自中国证监会核准发行之日起，上市公司应在十二个月内发行证券；超过十二个月未发行的，核准文件失效，须重新经中国证监会核准后方可发行。

第四十八条　上市公司发行证券前发生重大事项的，应暂缓发行，并及时报告中国证监会。该事项对本次发行条件构成重大影响的，发行证券的申请应重新经过中国证监会核准。

第四十九条　上市公司发行证券，应当由证券公司承销；非公开发行股票，发行对象均属于原前十名股东的，可以由上市公司自行销售。

第五十条　证券发行申请未获核准的上市公司，自中国证监会作出不予核准的决定之日起六个月后，可再次提出证券发行申请。

第五十一条　上市公司发行证券，应当按照中国证监会规定的程序、内容和格式，编制公开募集证券说明书或者其他信息披露文件，依法履行信息披露义务。

第五十二条 上市公司应当保证投资者及时、充分、公平地获得法定披露的信息，信息披露文件使用的文字应当简洁、平实、易懂。

中国证监会规定的内容是信息披露的最低要求，凡对投资者投资决策有重大影响的信息，上市公司均应充分披露。

第五十三条 证券发行议案经董事会表决通过后，应当在两个工作日内报告证券交易所，公告召开股东大会的通知。

使用募集资金收购资产或者股权的，应当在公告召开股东大会通知的同时，披露该资产或者股权的基本情况、交易价格、定价依据以及是否与公司股东或其他关联人存在利害关系。

第五十四条 股东大会通过本次发行议案之日起两个工作日内，上市公司应当公布股东大会决议。

第五十五条 上市公司收到中国证监会关于本次发行申请的下列决定后，应当在次一工作日予以公告：

（一）不予受理或者终止审查；

（二）不予核准或者予以核准。

上市公司决定撤回证券发行申请的，应当在撤回申请文件的次一工作日予以公告。

第五十六条 上市公司全体董事、监事、高级管理人员应当在公开募集证券说明书上签字，保证不存在虚假记载、误导性陈述或者重大遗漏，并声明承担个别和连带的法律责任。

第五十七条 保荐机构及保荐代表人应当对公开募集证券说明书的内容进行尽职调查并签字，确认不存在虚假记载、误导性陈述或者重大遗漏，并声明承担相应的法律责任。

第五十八条 为证券发行出具专项文件的注册会计师、资产评估人员、资信评级人员、律师及其所在机构，应当按照本行业公认的业务标准和道德规范出具文件，并声明对所出具文件的真实性、准确性和完整性承担责任。

第五十九条 公开募集证券说明书所引用的审计报告、盈利预测审核报告、资产评估报告、资信评级报告,应当由有资格的证券服务机构出具,并由至少两名有从业资格的人员签署。

公开募集证券说明书所引用的法律意见书,应当由律师事务所出具,并由至少两名经办律师签署。

第六十条 公开募集证券说明书自最后签署之日起六个月内有效。

公开募集证券说明书不得使用超过有效期的资产评估报告或者资信评级报告。

第六十一条 上市公司在公开发行证券前的二至五个工作日内,应当将经中国证监会核准的募集说明书摘要或者募集意向书摘要刊登在至少一种中国证监会指定的报刊,同时将其全文刊登在中国证监会指定的互联网网站,置备于中国证监会指定的场所,供公众查阅。

第六十二条 上市公司在非公开发行新股后,应当将发行情况报告书刊登在至少一种中国证监会指定的报刊,同时将其刊登在中国证监会指定的互联网网站,置备于中国证监会指定的场所,供公众查阅。

第六十三条 上市公司可以将公开募集证券说明书全文或摘要、发行情况公告书刊登于其他网站和报刊,但不得早于按照第六十一条、第六十二条规定披露信息的时间。

第六十四条 上市公司违反本办法规定,中国证监会可以责令整改;对其直接负责的主管人员和其他直接责任人员,可以采取监管谈话、认定为不适当人选等行政监管措施,记入诚信档案并公布。

第六十五条 上市公司及其直接负责的主管人员和其他直接责任人员违反法律、行政法规或本办法规定,依法应予行政处罚的,依照有关规定进行处罚;涉嫌犯罪的,依法移送司法机关,追究其刑事责任。

第六十六条 上市公司提供的申请文件中有虚假记载、误导性陈述或重大遗漏的,中国证监会可作出终止审查决定,并在三十六个月内不再受理该公司的公开发行证券申请。

第六十七条 上市公司披露盈利预测的,利润实现数如未达到盈利预测的百分之八十,除因不可抗力外,其法定代表人、盈利预测审核报告签字注册会计师应当在股东大会及中国证监会指定报刊上公开作出解释并道歉;中国证监会可以对法定代表人处以警告。

利润实现数未达到盈利预测的百分之五十的,除因不可抗力外,中国证监会在三十六个月内不受理该公司的公开发行证券申请。

第六十八条 上市公司违反本办法第十条第(三)项和第(四)项规定的,中国证监会可以责令改正,并在三十六个月内不受理该公司的公开发行证券申请。

第六十九条 为证券发行出具审计报告、法律意见、资产评估报告、资信评级报告及其他专项文件的证券服务机构和人员,在其出具的专项文件中存在虚假记载、误导性陈述或重大遗漏的,除承担证券法规定的法律责任外,中国证监会十二个月内不接受相关机构出具的证券发行专项文件,三十六个月内不接受相关人员出具的证券发行专项文件。

第七十条 承销机构在承销非公开发行的新股时,将新股配售给不符合本办法第三十七条规定的对象的,中国证监会可以责令改正,并在三十六个月内不接受其参与证券承销。

第七十一条 上市公司在非公开发行新股时,违反本办法第四十九条规定的,中国证监会可以责令改正,并在三十六个月内不受理该公司的公开发行证券申请。

第七十二条 本办法规定的特定对象违反规定,擅自转让限售期限未满的股票的,中国证监会可以责令改正,情节严重的,十二个月内不得作为特定对象认购证券。

第七十三条 上市公司和保荐机构、承销商向参与认购的投资者提供财务资助或补偿的,中国证监会可以责令改正;情节严重的,处以警告、罚款。

第七十四条 上市公司发行以外币认购的证券的办法、上市公司向员工发行证券用于激励的办法,由中国证监会另行规定。

第七十五条 依据本办法通过非公开发行股票取得的上市公司股份,其减持不适用《上市公司股东、董监高减持股份的若干规定》的有关规定。

5.《期货公司监督管理办法》(中国证券监督管理委员会令第 155 号, 2019.6.4)(节录)

第五条　中国证监会及其派出机构依法对期货公司及其分支机构实行监督管理。

中国期货业协会、期货交易所按照自律规则对期货公司实行自律管理。

期货保证金安全存管监控机构依法对客户保证金安全实施监控。

第六条　申请设立期货公司，除应当符合《期货交易管理条例》第十六条规定的条件外，还应当具备下列条件：

（一）注册资本不低于人民币 1 亿元；

（二）具有期货从业人员资格的人员不少于 15 人；

（三）具备任职条件的高级管理人员不少于 3 人。

第十五条　按照本办法设立的期货公司，可以依法从事商品期货经纪业务；从事金融期货经纪、境外期货经纪、期货投资咨询的，应当取得相应业务资格。从事资产管理业务的，应当依法登记备案。

期货公司经批准或者备案可以从事中国证监会规定的其他业务。

第三十四条　期货公司申请设立、收购或者参股境外经营机构，应当按照外汇管理部门相关规定办理有关手续。

第四十二条　期货公司应当加强关联交易管理，准确识别关联方，严格落实关联交易审批和信息披露制度，及时向公司住所地中国证监会派出机构报告关联交易情况。

期货公司股东、实际控制人和其他关联人应当遵守法律、行政法规和中国证监会关于关联交易的相关规定，不得与期货公司进行不当的关联交易，不得利用其对期货公司经营管理的影响力获取不当利益。

第五十七条　期货公司应当按照规定实行投资者适当性管理制度，建立执业规范和内部问责机制，了解客户的经济实力、专业知识、投资经历和风险偏好等情况，审慎评估客户的风险承受能力，提供与评估结果相适应的产品或者服务。

期货公司应当向客户全面客观介绍相关法律法规、业务规则、产品或者服务的特征，充分揭示风险，并按照合同的约定，如实向客户提供相关的资料、信息，不得欺诈或者误导客户。

期货公司应充分了解和评估客户风险承受能力，加强对客户的管理。

期货公司应当承担各项产品和服务的投资者教育义务，保障必要费用和人员配备，将投资者教育纳入各业务环节。

第六十三条　期货公司应当对客户开户信息和资料进行审核。开户信息和资料不真实、不准确和不完整的，期货公司不得为其办理开户手续。

第六十四条（第一款）　期货公司在为客户开立期货经纪账户前，应当向客户出示《期货交易风险说明书》，由客户签字确认，并签订期货经纪合同。

第六十八条　期货公司应当在每日结算后为客户提供交易结算报告，并提示客户可以通过期货保证金安全存管监控机构进行查询。客户应当按照期货经纪合同约定方式对交易结算报告内容进行确认。

客户对交易结算报告有异议的，应当在期货经纪合同约定的时间内以书面方式提出，期货公司应当在约定时间内进行核实。客户未在约定时间内提出异议的，视为对交易结算报告内容的确认。

第七十三条　期货公司可以依法从事期货投资咨询业务，接受客户委托，向客户提供风险管理顾问、研究分析、交易咨询等服务。

第七十四条　期货公司从事期货投资咨询业务，应当与客户签订服务合同，明确约定服务内容、收费标准及纠纷处理方式等事项。

第七十六条　期货公司可以依法从事资产管理业务，接受客户委托，运用客户资产进行投资。投资收益由客户享有，损失由客户承担。

6.《证券发行与承销管理办法》(中国证券监督管理委员会令第144号，2018.6.15修订实施)(节录)

第二条　发行人在境内发行股票、存托凭证或者可转换公司债券（以下统称证券），证券公司在境内承销证券以及投资者认购境内发行的证券，适用本办法。中国证监会另有规定的，从其规定。

存托凭证境外基础证券发行人应履行本办法中发行人、上市公司的义务，承担相应的法律责任，境内发行与承销存托凭证适用本办法中关于发行与承销股票的相关规定，但本办法对存托凭证另有规定的除外。

首次公开发行股票时公司股东公开发售其所持股份（以下简称老股转让）的，还应当符合中国证券监督管理委员会（以下简称中国证监会）的相关规定。

第三条 中国证监会依法对证券发行与承销行为进行监督管理。证券交易所、证券登记结算机构和中国证券业协会应当制定相关业务规则（以下简称相关规则），规范证券发行与承销行为。证券公司承销证券，应当依据本办法以及中国证监会有关风险控制和内部控制等相关规定，制定严格的风险管理制度和内部控制制度，加强定价和配售过程管理，落实承销责任。

为证券发行出具相关文件的证券服务机构和人员，应当按照本行业公认的业务标准和道德规范，严格履行法定职责，对其所出具文件的真实性、准确性和完整性承担责任。

第四条 首次公开发行股票，可以通过向网下投资者询价的方式确定股票发行价格，也可以通过发行人与主承销商自主协商直接定价等其他合法可行的方式确定发行价格。公开发行股票数量在2000万股（含）以下且无老股转让计划的，可以通过直接定价的方式确定发行价格。发行人和主承销商应当在招股意向书（或招股说明书，下同）和发行公告中披露本次发行股票的定价方式。上市公司发行证券的定价，应当符合中国证监会关于上市公司证券发行的有关规定。

第五条 首次公开发行股票，网下投资者须具备丰富的投资经验和良好的定价能力，应当接受中国证券业协会的自律管理，遵守中国证券业协会的自律规则。

网下投资者参与报价时，应当持有一定金额的非限售股份或存托凭证。发行人和主承销商可以根据自律规则，设置网下投资者的具体条件，并在发行公告中预先披露。主承销商应当对网下投资者是否符合预先披露的条件进行核查，对不符合条件的投资者，应当拒绝或剔除其报价。

第二十三条 证券公司承销证券，应当依照《证券法》第二十八条的规定采用包销或者代销方式。上市公司非公开发行股票未采用自行销售方式或者上市公司配股的，应当采用代销方式。

第三十九条 证券公司承销未经核准擅自公开发行的证券的，依照

《证券法》第一百九十条的规定处罚。

证券公司承销证券有前款所述情形的，中国证监会可以采取12至36个月暂不受理其证券承销业务有关文件的监管措施。

7.《证券公司融资融券业务管理办法》（中国证券监督管理委员会令第117号，2015.7.1）（节录）

第二条 证券公司开展融资融券业务，应当遵守法律、行政法规和本办法的规定，加强内部控制，严格防范和控制风险，切实维护客户合法权益。

本办法所称融资融券业务，是指向客户出借资金供其买入证券或者出借证券供其卖出，并收取担保物的经营活动。

第三条 证券公司开展融资融券业务，必须经中国证券监督管理委员会（以下简称证监会）批准。未经证监会批准，任何证券公司不得向客户融资、融券，也不得为客户与客户、客户与他人之间的融资融券活动提供任何便利和服务。

第四条 证券公司经营融资融券业务不得有以下行为：

（一）诱导不适当的客户开展融资融券业务；

（二）未向客户充分揭示风险；

（三）违规挪用客户担保物；

（四）进行利益输送和商业贿赂；

（五）为客户进行内幕交易、操纵市场、规避信息披露义务及其他不正当交易活动提供便利；

（六）法律、行政法规和证监会规定禁止的其他行为。

第七条 证券公司申请融资融券业务资格，应当具备下列条件：

（一）具有证券经纪业务资格；

（二）公司治理健全，内部控制有效，能有效识别、控制和防范业务经营风险和内部管理风险；

（三）公司最近2年内不存在因涉嫌违法违规正被证监会立案调查或者正处于整改期间的情形；

（四）财务状况良好，最近2年各项风险控制指标持续符合规定，注册资本和净资本符合增加融资融券业务后的规定；

（五）客户资产安全、完整，客户交易结算资金第三方存管有效实施，客户资料完整真实；

（六）已建立完善的客户投诉处理机制，能够及时、妥善处理与客户之间的纠纷；

（七）已建立符合监管规定和自律要求的客户适当性制度，实现客户与产品的适当性匹配管理；

（八）信息系统安全稳定运行，最近1年未发生因公司管理问题导致的重大事件，融资融券业务技术系统已通过证券交易所、证券登记结算机构组织的测试；

（九）有拟负责融资融券业务的高级管理人员和适当数量的专业人员；

（十）证监会规定的其他条件。

第八条　证券公司申请融资融券业务资格，应当向证监会提交下列材料，同时抄报住所地证监会派出机构：

（一）融资融券业务资格申请书；

（二）股东会（股东大会）关于经营融资融券业务的决议；

（三）融资融券业务方案、内部管理制度文本和按照本办法第十二条制定的选择客户的标准；

（四）负责融资融券业务的高级管理人员与业务人员的名册及资格证明文件；

（五）证券交易所、证券登记结算机构出具的关于融资融券业务技术系统已通过测试的证明文件；

（六）证监会要求提交的其他文件。

公司的法定代表人和经营管理的主要负责人应当在融资融券业务资格申请书上签字，承诺申请材料的内容真实、准确、完整，并对申请材料中存在的虚假记载、误导性陈述和重大遗漏承担相应的法律责任。

第九条　获得批准的证券公司应当按照规定，向公司登记机关申请业务范围变更登记，向证监会申请换发《经营证券业务许可证》。

取得证监会换发的《经营证券业务许可证》后，证券公司方可开展融资融券业务。

第十五条　证券公司与客户签订融资融券合同前,应当采用适当的方式向客户讲解业务规则和合同内容,明确告知客户权利、义务及风险,特别是关于违约处置的风险控制安排,并将融资融券交易风险揭示书交由客户书面确认。

第十八条　证券公司向客户融资,只能使用融资专用资金账户内的资金;向客户融券,只能使用融券专用证券账户内的证券。

客户融资买入、融券卖出的证券,不得超出证券交易所规定的范围。

客户在融券期间卖出其持有的、与所融入证券相同的证券的,应当符合证券交易所的规定,不得以违反规定卖出该证券的方式操纵市场。

第二十八条　除下列情形外,任何人不得动用证券公司客户信用交易担保证券账户内的证券和客户信用交易担保资金账户内的资金:

(一)为客户进行融资融券交易的结算;

(二)收取客户应当归还的资金、证券;

(三)收取客户应当支付的利息、费用、税款;

(四)按照本办法的规定以及与客户的约定处分担保物;

(五)收取客户应当支付的违约金;

(六)客户提取还本付息、支付税费及违约金后的剩余证券和资金;

(七)法律、行政法规和本办法规定的其他情形。

第三十七条　证券公司开展融资融券业务,应当建立完备的管理制度、操作流程和风险识别、评估与控制体系,确保风险可测、可控、可承受。

证券公司应当对融资融券业务实行集中统一管理。融资融券业务的决策和主要管理职责应当由证券公司总部承担。

证券公司应当建立健全融资融券业务压力测试机制,定期、不定期对融资融券业务的流动性风险、信用风险、市场风险、技术系统风险等进行压力测试,根据压力测试结果对本办法第三十六条第三款所规定的本公司相关指标进行优化和调整。

第三十八条　证券交易所应当按照业务规则,采取措施,对融资融券交易的指令进行前端检查,对买卖证券的种类、融券卖出的价格等违反规定的交易指令,予以拒绝。

单一证券的市场融资买入量、融券卖出量或者担保物持有量占其市场流通量的比例达到规定的最高限制比例的，证券交易所可以暂停接受该种证券的融资买入指令或者融券卖出指令。

第三十九条　融资融券交易活动出现异常，已经或者可能危及市场稳定，有必要暂停交易的，证券交易所应当按照业务规则的规定，暂停部分或者全部证券的融资融券交易并公告。

第四十条　证券登记结算机构应当按照业务规则，对与融资融券交易有关的证券划转和证券公司信用交易资金交收账户内的资金划转情况进行监督。对违反规定的证券和资金划转指令，予以拒绝；发现异常情况的，应当要求证券公司作出说明，并向证监会及该公司住所地证监会派出机构报告。

第四十一条　中国证券金融公司应当按照业务规则，要求证券公司及时、准确、真实、完整报送融资融券业务有关数据信息；对证券公司融资融券数据进行统计分析，编制定期报告和专项报告，报送证监会；监测监控融资融券业务风险，对发现的重大业务风险情况，及时报告证监会。

第四十二条　证券公司融资融券业务涉及的客户信用交易资金应当纳入证券市场交易结算资金监控系统，证券公司、存管银行、登记结算机构等应当按要求向中国证券投资者保护基金公司报送相关数据信息。

第四十三条　负责客户信用资金存管的商业银行应当按照客户信用资金存管协议的约定，对证券公司违反规定的资金划拨指令予以拒绝；发现异常情况的，应当要求证券公司作出说明，并向证监会及该公司住所地证监会派出机构报告。

第四十四条　证券公司应当按照融资融券合同约定的方式，向客户送交对账单，并为其提供信用证券账户和信用资金账户内数据的查询服务。

证券登记结算机构应当为客户提供其信用证券账户内数据的查询服务。负责客户信用资金存管的商业银行应当按照客户信用资金存管协议的约定，为客户提供其信用资金账户内数据的查询服务。

第四十五条　证券公司应当通过有效的途径，及时告知客户融资、融券的收费标准及其变动情况。

第四十六条　证券公司应当按照证券交易所的规定，在每日收市后向

上编　金融犯罪　

其报告当日客户融资融券交易的有关信息。证券交易所应当对证券公司报送的信息进行汇总、统计，并在次一交易日开市前予以公告。

第四十九条　对违反本办法规定的证券公司或者其分支机构，证监会或者其派出机构可采取责令改正、监管谈话、出具警示函、责令公开说明、责令参加培训、责令定期报告、暂不受理与行政许可有关的文件、暂停部分或者全部业务、撤销业务许可等相关监管措施；依法应予行政处罚的，依照《证券法》《行政处罚法》等法律法规和证监会的有关规定进行处罚；涉嫌犯罪的，依法移送司法机关，追究其刑事责任。

第五十三条　本办法自公布之日起施行。2011年10月26日发布的《证券公司融资融券业务管理办法》（证监会公告〔2011〕31号）同时废止。

8.《私募投资基金监督管理暂行办法》（中国证券监督管理委员会令第105号，2014.8.21）（节录）

第二条　本办法所称私募投资基金（以下简称私募基金），是指在中华人民共和国境内，以非公开方式向投资者募集资金设立的投资基金。

私募基金财产的投资包括买卖股票、股权、债券、期货、期权、基金份额及投资合同约定的其他投资标的。

非公开募集资金，以进行投资活动为目的设立的公司或者合伙企业，资产由基金管理人或者普通合伙人管理的，其登记备案、资金募集和投资运作适用本办法。

证券公司、基金管理公司、期货公司及其子公司从事私募基金业务适用本办法，其他法律法规和中国证券监督管理委员会（以下简称中国证监会）有关规定对上述机构从事私募基金业务另有规定的，适用其规定。

第五条　中国证监会及其派出机构依照《证券投资基金法》、本办法和中国证监会的其他有关规定，对私募基金业务活动实施监督管理。

设立私募基金管理机构和发行私募基金不设行政审批，允许各类发行主体在依法合规的基础上，向累计不超过法律规定数量的投资者发行私募基金。建立健全私募基金发行监管制度，切实强化事中事后监管，依法严厉打击以私募基金为名的各类非法集资活动。

建立促进经营机构规范开展私募基金业务的风险控制和自律管理制度，

以及各类私募基金的统一监测系统。

第十一条 私募基金应当向合格投资者募集，单只私募基金的投资者人数累计不得超过《证券投资基金法》《公司法》《合伙企业法》等法律规定的特定数量。

投资者转让基金份额的，受让人应当为合格投资者且基金份额受让后投资者人数应当符合前款规定。

第十二条 私募基金的合格投资者是指具备相应风险识别能力和风险承担能力，投资于单只私募基金的金额不低于100万元且符合下列相关标准的单位和个人：

（一）净资产不低于1000万元的单位；

（二）金融资产不低于300万元或者最近三年个人年均收入不低于50万元的个人。

前款所称金融资产包括银行存款、股票、债券、基金份额、资产管理计划、银行理财产品、信托计划、保险产品、期货权益等。

第十三条 下列投资者视为合格投资者：

（一）社会保障基金、企业年金等养老基金，慈善基金等社会公益基金；

（二）依法设立并在基金业协会备案的投资计划；

（三）投资于所管理私募基金的私募基金管理人及其从业人员；

（四）中国证监会规定的其他投资者。

以合伙企业、契约等非法人形式，通过汇集多数投资者的资金直接或者间接投资于私募基金的，私募基金管理人或者私募基金销售机构应当穿透核查最终投资者是否为合格投资者，并合并计算投资者人数。但是，符合本条第（一）、（二）、（四）项规定的投资者投资私募基金的，不再穿透核查最终投资者是否为合格投资者和合并计算投资者人数。

第十四条 私募基金管理人、私募基金销售机构不得向合格投资者之外的单位和个人募集资金，不得通过报刊、电台、电视、互联网等公众传播媒体或者讲座、报告会、分析会和布告、传单、手机短信、微信、博客和电子邮件等方式，向不特定对象宣传推介。

第十五条 私募基金管理人、私募基金销售机构不得向投资者承诺投资本金不受损失或者承诺最低收益。

第十六条　私募基金管理人自行销售私募基金的，应当采取问卷调查等方式，对投资者的风险识别能力和风险承担能力进行评估，由投资者书面承诺符合合格投资者条件；应当制作风险揭示书，由投资者签字确认。

私募基金管理人委托销售机构销售私募基金的，私募基金销售机构应当采取前款规定的评估、确认等措施。

投资者风险识别能力和承担能力问卷及风险揭示书的内容与格式指引，由基金业协会按照不同类别私募基金的特点制定。

第十七条　私募基金管理人自行销售或者委托销售机构销售私募基金，应当自行或者委托第三方机构对私募基金进行风险评级，向风险识别能力和风险承担能力相匹配的投资者推介私募基金。

第十八条　投资者应当如实填写风险识别能力和承担能力问卷，如实承诺资产或者收入情况，并对其真实性、准确性和完整性负责。填写虚假信息或者提供虚假承诺文件的，应当承担相应责任。

第十九条　投资者应当确保投资资金来源合法，不得非法汇集他人资金投资私募基金。

第二十条　募集私募证券基金，应当制定并签订基金合同、公司章程或者合伙协议（以下统称基金合同）。基金合同应当符合《证券投资基金法》第九十三条、第九十四条规定。

募集其他种类私募基金，基金合同应当参照《证券投资基金法》第九十三条、第九十四条规定，明确约定各方当事人的权利、义务和相关事宜。

第二十一条　除基金合同另有约定外，私募基金应当由基金托管人托管。

基金合同约定私募基金不进行托管的，应当在基金合同中明确保障私募基金财产安全的制度措施和纠纷解决机制。

第二十二条　同一私募基金管理人管理不同类别私募基金的，应当坚持专业化管理原则；管理可能导致利益输送或者利益冲突的不同私募基金的，应当建立防范利益输送和利益冲突的机制。

第二十三条　私募基金管理人、私募基金托管人、私募基金销售机构及其他私募服务机构及其从业人员从事私募基金业务，不得有以下行为：

（一）将其固有财产或者他人财产混同于基金财产从事投资活动；

（二）不公平地对待其管理的不同基金财产；

（三）利用基金财产或者职务之便，为本人或者投资者以外的人牟取利益，进行利益输送；

（四）侵占、挪用基金财产；

（五）泄露因职务便利获取的未公开信息，利用该信息从事或者明示、暗示他人从事相关的交易活动；

（六）从事损害基金财产和投资者利益的投资活动；

（七）玩忽职守，不按照规定履行职责；

（八）从事内幕交易、操纵交易价格及其他不正当交易活动；

（九）法律、行政法规和中国证监会规定禁止的其他行为。

第二十四条　私募基金管理人、私募基金托管人应当按照合同约定，如实向投资者披露基金投资、资产负债、投资收益分配、基金承担的费用和业绩报酬、可能存在的利益冲突情况以及可能影响投资者合法权益的其他重大信息，不得隐瞒或者提供虚假信息。信息披露规则由基金业协会另行制定。

第二十五条　私募基金管理人应当根据基金业协会的规定，及时填报并定期更新管理人及其从业人员的有关信息、所管理私募基金的投资运作情况和杠杆运用情况，保证所填报内容真实、准确、完整。发生重大事项的，应当在10个工作日内向基金业协会报告。

私募基金管理人应当于每个会计年度结束后的4个月内，向基金业协会报送经会计师事务所审计的年度财务报告和所管理私募基金年度投资运作基本情况。

第二十六条　私募基金管理人、私募基金托管人及私募基金销售机构应当妥善保存私募基金投资决策、交易和投资者适当性管理等方面的记录及其他相关资料，保存期限自基金清算终止之日起不得少于10年。

第三十四条　本办法所称创业投资基金，是指主要投资于未上市创业企业普通股或者依法可转换为普通股的优先股、可转换债券等权益的股权投资基金。

第三十五条 鼓励和引导创业投资基金投资创业早期的小微企业。

享受国家财政税收扶持政策的创业投资基金,其投资范围应当符合国家相关规定。

第三十六条 基金业协会在基金管理人登记、基金备案、投资情况报告要求和会员管理等环节,对创业投资基金采取区别于其他私募基金的差异化行业自律,并提供差异化会员服务。

第三十七条 中国证监会及其派出机构对创业投资基金在投资方向检查等环节,采取区别于其他私募基金的差异化监督管理;在账户开立、发行交易和投资退出等方面,为创业投资基金提供便利服务。

第三十八条 私募基金管理人、私募基金托管人、私募基金销售机构及其他私募服务机构及其从业人员违反本办法第七条、第八条、第十一条、第十四条至第十七条、第二十四条至第二十六条规定的,以及有本办法第二十三条第一项至第七项和第九项所列行为之一的,责令改正,给予警告并处三万元以下罚款;对直接负责的主管人员和其他直接责任人员,给予警告并处三万元以下罚款;有本办法第二十三条第八项行为的,按照《证券法》和《期货交易管理条例》的有关规定处罚;构成犯罪的,依法移交司法机关追究刑事责任。

第三十九条 私募基金管理人、私募基金托管人、私募基金销售机构及其他私募服务机构及其从业人员违反法律法规和本办法规定,情节严重的,中国证监会可以依法对有关责任人员采取市场禁入措施。

第四十条 私募证券基金管理人及其从业人员违反《证券投资基金法》有关规定的,按照《证券投资基金法》有关规定处罚。

行业协会文件

1.《私募投资基金备案须知》(中国证券投资基金业协会,2019.12.23)(节录)

一、私募投资基金备案总体性要求

(一)【法律规则依据】私募投资基金在募集和投资运作中,应严格遵守《证券投资基金法》《私募投资基金监督管理暂行办法》《证券期货投资者适当性管理办法》《证券期货经营机构私募资产管理业务运作管理暂行规定》《私募投资基金管理人登记和基金备案办法（试行）》《关于进一步规范私募基金管理人登记若干事项的公告》《私募投资基金合同指引》《私募投资基金募集行为管理办法》《私募投资基金信息披露管理办法》《证券期货经营机构私募资产管理计划备案管理规范1-4号》《私募投资基金命名指引》《私募基金登记备案相关问题解答》等法律法规和自律规则。

协会为私募投资基金办理备案不构成对私募投资基金管理人（以下简称"管理人"）投资能力的认可，亦不构成对管理人和私募投资基金合规情况的认可，不作为对私募投资基金财产安全的保证。投资者应当自行识别私募投资基金投资风险并承担投资行为可能出现的损失。

（二）【不属于私募投资基金备案范围】私募投资基金不应是借（存）贷活动。下列不符合"基金"本质的募集、投资活动不属于私募投资基金备案范围：

1. 变相从事金融机构信（存）贷业务的，或直接投向金融机构信贷资产；

2. 从事经常性、经营性民间借贷活动，包括但不限于通过委托贷款、信托贷款等方式从事上述活动；

3. 私募投资基金通过设置无条件刚性回购安排变相从事借（存）贷活动，基金收益不与投资标的的经营业绩或收益挂钩；

4. 投向保理资产、融资租赁资产、典当资产等《私募基金登记备案相关问题解答（七）》所提及的与私募投资基金相冲突业务的资产、股权或其收（受）益权；

5. 通过投资合伙企业、公司、资产管理产品（含私募投资基金，下同）等方式间接或变相从事上述活动。

（五）【合格投资者】私募投资基金应当面向合格投资者通过非公开方式对外募集。合格投资者应当符合《私募投资基金监督管理暂行办法》的相关规定，具备相应风险识别能力和风险承担能力。单只私募投资基金的投资者人数累计不得超过《证券投资基金法》《公司法》《合伙企业法》等法律规定的特定数量。

（六）【穿透核查投资者】以合伙企业等非法人形式投资私募投资基金的，募集机构应当穿透核查最终投资者是否为合格投资者，并合并计算投资者人数。投资者为依法备案的资产管理产品的，不再穿透核查最终投资者是否为合格投资者和合并计算投资者人数。

管理人不得违反中国证监会等金融监管部门和协会的相关规定，通过为单一融资项目设立多只私募投资基金的方式，变相突破投资者人数限制或者其他监管要求。

（七）【投资者资金来源】投资者应当确保投资资金来源合法，不得汇集他人资金购买私募投资基金。募集机构应当核实投资者对基金的出资金额与其出资能力相匹配，且为投资者自己购买私募投资基金，不存在代持。

（八）【募集推介材料】管理人应在私募投资基金招募说明书等募集推介材料中向投资者介绍管理人及管理团队基本情况、托管安排（如有）、基金费率、存续期、分级安排（如有）、主要投资领域、投资策略、投资方式、收益分配方案以及业绩报酬安排等要素。募集推介材料还应向投资者详细揭示私募投资基金主要意向投资项目（如有）的主营业务、估值测算、基金投资款用途以及拟退出方式等信息，私募证券投资基金除外。募集推介材料的内容应当与基金合同、公司章程和合伙协议（以下统称"基金合同"）实质一致。

（九）【风险揭示书】管理人应当向投资者披露私募投资基金的资金流动性、基金架构、投资架构、底层标的、纠纷解决机制等情况，充分揭示各类投资风险。

私募投资基金若涉及募集机构与管理人存在关联关系、关联交易、单一投资标的、通过特殊目的载体投向标的、契约型私募投资基金管理人股权代持、私募投资基金未能通过协会备案等特殊风险或业务安排，管理人应当在风险揭示书的"特殊风险揭示"部分向投资者进行详细、明确、充分披露。

投资者应当按照《私募投资基金募集行为管理办法》的相关规定，对风险揭示书中"投资者声明"部分所列的13项声明签字签章确认。管理人在资产管理业务综合报送平台（以下简称"AMBERS系统"）进行私募投资基金季度更新时，应当及时更新上传所有投资者签署的风险揭示书。经金融监管部门批准设立的金融机构和《私募投资基金募集行为管理办法》第三十二条第一款所列投资者可以不签署风险揭示书。

（十）【募集完毕要求】管理人应当在募集完毕后的 20 个工作日内通过 AMBERS 系统申请私募投资基金备案，并签署备案承诺函承诺已完成募集，承诺已知晓以私募投资基金名义从事非法集资所应承担的刑事、行政和自律后果。

本须知所称"募集完毕"，是指：

1. 已认购契约型私募投资基金的投资者均签署基金合同，且相应认购款已进入基金托管账户（基金财产账户）；

2. 已认缴公司型或合伙型私募投资基金的投资者均签署公司章程或合伙协议并进行工商确权登记，均已完成不低于 100 万元的首轮实缴出资且实缴资金已进入基金财产账户。管理人及其员工、社会保障基金、政府引导基金、企业年金等养老基金、慈善基金等社会公益基金的首轮实缴出资要求可从其公司章程或合伙协议约定。

（十三）【禁止刚性兑付】管理人及其实际控制人、股东、关联方以及募集机构不得向投资者承诺最低收益、承诺本金不受损失，或限定损失金额和比例。

投资者获得的收益应当与投资标的实际收益相匹配，管理人不得按照类似存款计息的方法计提并支付投资者收益。管理人或募集机构使用"业绩比较基准"或"业绩报酬计提基准"等概念，应当与其合理内涵一致，不得将上述概念用于明示或者暗示基金预期收益，使投资者产生刚性兑付预期。

私募证券投资基金管理人不得通过设置增强资金、费用返还等方式调节基金收益或亏损，不得以自有资金认购的基金份额先行承担亏损的形式提供风险补偿，变相保本保收益。

（十四）【禁止资金池】管理人应当做到每只私募投资基金的资金单独管理、单独建账、单独核算，不得开展或者参与任何形式的"资金池"业务，不得存在短募长投、期限错配、分离定价、滚动发行、集合运作等违规操作。

（十五）【禁止投资单元】管理人不得在私募投资基金内部设立由不同投资者参与并投向不同资产的投资单元/子份额，规避备案义务，不公平对待投资者。

（十六）【组合投资】鼓励私募投资基金进行组合投资。建议基金合同中明确约定私募投资基金投资于单一资产管理产品或项目所占基金认缴出资总额的比例。

私募资产配置基金投资于单一资产管理产品或项目的比例不得超过该基金认缴出资总额的20%。

（十七）【约定存续期】私募投资基金应当约定明确的存续期。私募股权投资基金和私募资产配置基金约定的存续期不得少于5年，鼓励管理人设立存续期在7年及以上的私募股权投资基金。

（十八）【基金杠杆】私募投资基金杠杆倍数不得超过监管部门规定的杠杆倍数要求。开放式私募投资基金不得进行份额分级。

私募证券投资基金管理人不得在分级私募证券投资基金内设置极端化收益分配比例，不得利用分级安排进行利益输送、变相开展"配资"等违法违规业务，不得违背利益共享、风险共担、风险与收益相匹配的原则。

（十九）【关联交易】私募投资基金进行关联交易的，应当防范利益冲突，遵循投资者利益优先原则和平等自愿、等价有偿的原则，建立有效的关联交易风险控制机制。上述关联交易是指私募投资基金与管理人、投资者、管理人管理的私募投资基金、同一实际控制人下的其他管理人管理的私募投资基金、或者与上述主体有其他重大利害关系的关联方发生的交易行为。

管理人不得隐瞒关联关系或者将关联交易非关联化，不得以私募投资基金的财产与关联方进行利益输送、内幕交易和操纵市场等违法违规活动。

私募投资基金进行关联交易的，应当在基金合同中明确约定涉及关联交易的事前、事中信息披露安排以及针对关联交易的特殊决策机制和回避安排等。

管理人应当在私募投资基金备案时提交证明底层资产估值公允的材料

（如有）、有效实施的关联交易风险控制机制、不损害投资者合法权益的承诺函等相关文件。

（二十三）【材料信息真实完整】管理人提供的私募投资基金备案和持续信息更新的材料和信息应当真实、准确、完整，不存在任何虚假记载、误导性陈述或重大遗漏。管理人应当上传私募投资基金备案承诺函、基金合同、风险揭示书和实缴出资证明等签章齐全的相关书面材料。

协会在办理私募投资基金备案时，如发现私募投资基金可能涉及复杂、创新业务或存在可能损害投资者利益的潜在风险，采取约谈管理人实际控制人、股东及其委派代表、高级管理人员等方式的，管理人及相关人员应当予以配合。

（二十四）【信息披露】管理人应当在私募投资基金的募集和投资运作中明确信息披露义务人向投资者进行信息披露的内容、披露频度、披露方式、披露责任以及信息披露渠道等事项，向投资者依法依规持续披露基金募集信息、投资架构、特殊目的载体（如有）的具体信息、杠杆水平、收益分配、托管安排（如有）、资金账户信息、主要投资风险以及影响投资者合法权益的其他重大信息等。

管理人应当及时将上述披露的持续投资运作信息在私募投资基金信息披露备份系统进行备份。

（二十五）【基金年度报告及审计要求】管理人应当在规定时间内向协会报送私募投资基金年度报告。

私募股权投资基金、私募资产配置基金的年度报告的财务会计报告应当经过审计。会计师事务所接受管理人、托管人的委托，为有关基金业务出具的审计报告等文件，应当勤勉尽责，对所依据的文件资料内容的真实性、准确性、完整性进行核查和验证。其制作、出具的文件有虚假记载、误导性陈述或者重大遗漏，给他人财产造成损失的，应当与委托人承担连带赔偿责任。

（二十六）【重大事项报送】私募投资基金发生以下重大事项的，管理人应当在5个工作日内向协会报送相关事项并向投资者披露：

1. 管理人、托管人发生变更的；

2. 基金合同发生重大变化的；

3. 基金触发巨额赎回的；

4. 涉及基金管理业务、基金财产、基金托管业务的重大诉讼、仲裁、财产纠纷的；

5. 投资金额占基金净资产 50% 及以上的项目不能正常退出的；

6. 对基金持续运行、投资者利益、资产净值产生重大影响的其他事件。

（二十七）【信息公示】管理人应当及时报送私募投资基金重大事项变更情况及清算信息，按时履行私募投资基金季度、年度更新和信息披露报送义务。管理人未按时履行季度、年度、重大事项信息更新和信息披露报送义务的，在管理人完成相应整改要求之前，协会将暂停受理该管理人新的私募投资基金备案申请。管理人未按时履行季度、年度、重大事项信息更新和信息披露报送义务累计达 2 次的，协会将其列入异常机构名单，并对外公示。一旦管理人作为异常机构公示，即使整改完毕，至少 6 个月后才能恢复正常机构公示状态。

私募投资基金备案后，协会将通过信息公示平台公示私募投资基金基本情况。对于存续规模低于 500 万元，或实缴比例低于认缴规模 20%，或个别投资者未履行首轮实缴义务的私募投资基金，在上述情形消除前，协会将在公示信息中持续提示。

（二十八）【基金合同的终止、解除与基金清算】基金合同应当明确约定基金合同终止、解除及基金清算的安排。对于协会不予备案的私募投资基金，管理人应当告知投资者，及时解除或终止基金合同，并对私募投资基金财产清算，保护投资者的合法权益。

管理人在私募投资基金到期日起的 3 个月内仍未通过 AMBERS 系统完成私募投资基金的展期变更或提交清算申请的，在完成变更或提交清算申请之前，协会将暂停办理该管理人新的私募投资基金备案申请。

（二十九）【紧急情况暂停备案】协会在办理私募投资基金备案过程中，若发现管理人有下列情形之一的，在下列情形消除前可以暂停备案：

1. 被公安、检察、监察机关立案调查的；

2. 被行政机关列为严重失信人，以及被人民法院列为失信被执行人的；

3. 被中国证监会及其派出机构给予行政处罚或被交易所等自律组织给予自律处分，情节严重的；

4. 拒绝、阻碍监管人员或者自律管理人员依法行使监督检查、调查职权或者自律检查权的；

5. 涉嫌严重违法违规行为，中国证监会及其派出机构建议的；

6. 多次受到投资者实名投诉，涉嫌违反法律法规、自律规则，侵害投资者合法权益，未能向协会和投资者合理解释被投诉事项的；

7. 经营过程中出现《私募投资基金登记备案问答十四》规定的不予登记情形的；

8. 其他严重违反法律法规和《私募基金管理人内部控制指引》等自律规则的相关规定，恶意规避《私募基金管理人登记须知》和本须知要求，向协会和投资者披露的内容存在虚假记载、误导性陈述或重大遗漏，经营管理失控，出现重大风险，损害投资者利益的。

二、私募证券投资基金（含 FOF）特殊备案要求

（三十）【证券投资范围】私募证券投资基金的投资范围主要包括股票、债券、期货合约、期权合约、证券类基金份额以及中国证监会认可的其他资产。

（三十三）【投资经理】管理人应当在基金合同中明确约定投资经理，投资经理应当取得基金从业资格并在协会完成注册。投资经理发生变更应当履行相关程序并告知投资者。

三、私募股权投资基金（含 FOF）特殊备案要求

（三十四）【股权投资范围】私募股权投资基金的投资范围主要包括未上市企业股权、上市公司非公开发行或交易的股票、可转债、市场化和法治化债转股、股权类基金份额，以及中国证监会认可的其他资产。

（三十五）【股权确权】私募股权投资基金入股或受让被投企业股权的，根据《公司法》、《合伙企业法》，应当及时向企业登记机关办理登记或变更登记。管理人应及时将上述情况向投资者披露、向托管人报告。

（三十六）【防范不同基金间的利益冲突】管理人应当公平地对待其管理的不同私募投资基金财产，有效防范私募投资基金之间的利益输送和利

益冲突，不得在不同私募投资基金之间转移收益或亏损。在已设立的私募股权投资基金尚未完成认缴规模 70% 的投资（包括为支付基金税费的合理预留）之前，除经全体投资者一致同意或经全体投资者认可的决策机制决策通过之外，管理人不得设立与前述基金的投资策略、投资范围、投资阶段均实质相同的新基金。

四、私募资产配置基金特殊备案要求

（三十七）【投资方式】私募资产配置基金应当主要采用基金中基金的投资方式，80% 以上的已投基金资产应当投资于依法设立或备案的资产管理产品。

（三十八）【杠杆倍数】分级私募资产配置基金投资跨类别私募投资基金的，杠杆倍数不得超过所投资的私募投资基金的最高杠杆倍数要求。

（三十九）【单一投资者】仅向单一的个人或机构投资者（依法设立的资产管理产品除外）募集设立的私募资产配置基金，除投资比例或者其他基金财产安全保障措施等由基金合同约定外，其他安排参照本须知执行。

五、过渡期及其他安排

本须知自发布之日起施行，协会之前发布的自律规则及问答与本须知不一致的，以本须知为准。为确保平稳过渡，按照"新老划断"原则，协会于 2020 年 4 月 1 日起，不再办理不符合本须知要求的新增和在审备案申请。2020 年 4 月 1 日之前已完成备案的私募投资基金从事本须知第（二）条中不符合"基金"本质活动的，该私募投资基金在 2020 年 9 月 1 日之后不得新增募集规模、不得新增投资，到期后应进行清算，原则上不得展期。

私募投资基金投向债权、收（受）益权、不良资产等特殊标的的相关要求，另行规定。

2.《期货行业协助打击非法期货活动工作指引》（中期协字〔2016〕12 号，2016.1.26）（节录）

第二条 本指引所称非法期货活动，是指《期货交易管理条例》规定的非法设立期货交易场所或者以其他形式组织期货交易活动，以及非法设立期货公司或者以其他形式擅自从事期货业务。

第四条 期货业协会在中国证监会的指导和部署下,开展协助打非工作对期货公司协助打非工作进行自律管理。

第五条 期货公司应当不断提高对非法期货活动危害性和打非工作重要性、持久性的认识,将协助打非工作纳入日常经营管理和业务流程。

期货公司要按照相关法律法规、中国证监会规定和本指引要求开展协助打非工作。

第六条 涉及非法期货活动信息(以下简称涉非信息)传播的主要途径包括:

(一)通过设立或者仿冒网站、利用社交媒体或者手机应用软件等传播;

(二)利用广播、电视、报刊、杂志等媒体传播;

(三)通过电话、短信、熟人介绍、传单等方式传播;

(四)以期货培训、投资者报告会、期货沙龙、专家讲座等名义散布;

(五)其他传播途径或者方式。

第十条 期货公司应当严格落实开户实名制等规定,全面了解投资者信息,加强开户审查,发现投资者账户可能用于非法期货活动的,应当拒绝为投资者办理开户。

期货公司在为投资者办理开户或者有关业务、讲解相关规则时,应当明确提示投资者不得利用期货公司通道进行非法期货活动。期货公司应当在开户协议或者风险说明书中,要求投资者承诺申请开立的账户用途合法,不得将账户提供给他人使用或者用于非法期货活动。

第十三条 期货公司可以根据需要及时将涉非信息的发现和处理情况报告期货业协会。报告内容包括:

(一)涉及本单位的非法期货活动情况、处理结果,投资者投诉和举报情况以及处理结果,暂时无法处理的情况等;

(二)本单位认为应当报告的其他涉非线索。

第十六条 期货业协会可以对期货公司协助打非工作进行检查,期货公司应当予以配合。

第二节 交易型犯罪

▶ **刑事规范及公报、指导性案例**

第一百八十条（第一、二、三款）【内幕交易、泄露内幕信息罪】①

刑法

证券、期货交易内幕信息的知情人员或者非法获取证券、期货交易内幕信息的人员，在涉及证券的发行，证券、期货交易或者其他对证券、期货交易价格有重大影响的信息尚未公开前，买入或者卖出该证券，或者从事与该内幕信息有关的期货交易，或者泄露该信息，或者明示、暗示他人从事上述交易活动，情节严重的，处五年以下有期徒刑或者拘役，并处或者单处违法所得一倍以上五倍以下罚金；情节特别严重的，处五年以上十年以下有期徒刑，并处违法所得一倍以上五倍以下罚金。

单位犯前款罪的，对单位判处罚金，并对其直接负责的主管人员和其他直接责任人员，处五年以下有期徒刑或者拘役。

内幕信息、知情人员的范围，依照法律、行政法规的规定确定。

---

① 本条共被修订两次。1999 年《刑法修正案》第 4 条增加处罚期货内幕交易、泄露期货内幕信息的规定，并将原第 3 款、第 4 款合并。2009 年《刑法修正案（七）》第 2 条增加了处罚"明示、暗示他人从事上述交易活动"的规定，并增设了第 4 款利用未公开信息交易罪。

司法解释、司法解释性文件及规范性文件

1. 最高人民检察院、公安部《关于公安机关管辖的刑事案件立案追诉标准的规定（二）》（2022.4.6 修订，2022.5.15 实施）（节录）

第三十条〔内幕交易、泄露内幕信息案（刑法第一百八十条第一款）〕证券、期货交易内幕信息的知情人员、单位或者非法获取证券、期货交易内幕信息的人员、单位，在涉及证券的发行，证券、期货交易或者其他对证券、期货交易价格有重大影响的信息尚未公开前，买入或者卖出该证券，或者从事与该内幕信息有关的期货交易，或者泄露该信息，或者明示、暗示他人从事上述交易活动，涉嫌下列情形之一的，应予立案追诉：

（一）获利或者避免损失数额在五十万元以上的；

（二）证券交易成交额在二百万元以上的；

（三）期货交易占用保证金数额在一百万元以上的；

（四）二年内三次以上实施内幕交易、泄露内幕信息行为的；

（五）明示、暗示三人以上从事与内幕信息相关的证券、期货交易活动的；

（六）具有其他严重情节的。

内幕交易获利或者避免损失数额在二十五万元以上，或者证券交易成交额在一百万元以上，或者期货交易占用保证金数额在五十万元以上，同时涉嫌下列情形之一的，应予立案追诉：

（一）证券法规定的证券交易内幕信息的知情人实施或者与他人共同实施内幕交易行为的；

（二）以出售或者变相出售内幕信息等方式，明示、暗示他人从事与该内幕信息相关的交易活动的；

（三）因证券、期货犯罪行为受过刑事追究的；

（四）二年内因证券、期货违法行为受过行政处罚的；

（五）造成其他严重后果的。

2. 最高人民法院、最高人民检察院《关于办理内幕交易、泄露内幕信息刑事案件具体应用法律若干问题的解释》(法释〔2012〕6号，2012.6.1)

为维护证券、期货市场管理秩序，依法惩治证券、期货犯罪，根据刑法有关规定，现就办理内幕交易、泄露内幕信息刑事案件具体应用法律的若干问题解释如下：

第一条 下列人员应当认定为刑法第一百八十条第一款规定的"证券、期货交易内幕信息的知情人员"：

（一）证券法第七十四条规定的人员；②

（二）期货交易管理条例第八十五条第十二项规定的人员。（2016年修订后的期货交易管理条例第八十一条第十二项）

第二条 具有下列行为的人员应当认定为刑法第一百八十条第一款规定的"非法获取证券、期货交易内幕信息的人员"：

（一）利用窃取、骗取、套取、窃听、利诱、刺探或者私下交易等手段获取内幕信息的；

（二）内幕信息知情人员的近亲属或者其他与内幕信息知情人员关系密切的人员，在内幕信息敏感期内，从事或者明示、暗示他人从事，或者泄露内幕信息导致他人从事与该内幕信息有关的证券、期货交易，相关交易行为明显异常，且无正当理由或者正当信息来源的；

（三）在内幕信息敏感期内，与内幕信息知情人员联络、接触，从事或者明示、暗示他人从事，或者泄露内幕信息导致他人从事与该内幕信息有关的证券、期货交易，相关交易行为明显异常，且无正当理由或者正当信息来源的。

第三条 本解释第二条第二项、第三项规定的"相关交易行为明显异常"，要综合以下情形，从时间吻合程度、交易背离程度和利益关联程度等方面予以认定：

---

① 可参见《〈关于办理内幕交易、泄露内幕信息刑事案件具体应用法律若干问题的解释〉的理解与适用》（最高人民法院 苗有水 刘晓虎）。

② 因《中华人民共和国证券法》于2019年12月28日修订，"证券交易内幕信息的知情人"现规定于该法第51条。

（一）开户、销户、激活资金账户或者指定交易（托管）、撤销指定交易（转托管）的时间与该内幕信息形成、变化、公开时间基本一致的；

（二）资金变化与该内幕信息形成、变化、公开时间基本一致的；

（三）买入或者卖出与内幕信息有关的证券、期货合约时间与内幕信息的形成、变化和公开时间基本一致的；

（四）买入或者卖出与内幕信息有关的证券、期货合约时间与获悉内幕信息的时间基本一致的；

（五）买入或者卖出证券、期货合约行为明显与平时交易习惯不同的；

（六）买入或者卖出证券、期货合约行为，或者集中持有证券、期货合约行为与该证券、期货公开信息反映的基本面明显背离的；

（七）账户交易资金进出与该内幕信息知情人员或者非法获取人员有关联或者利害关系的；

（八）其他交易行为明显异常情形。

第四条　具有下列情形之一的，不属于刑法第一百八十条第一款规定的从事与内幕信息有关的证券、期货交易：

（一）持有或者通过协议、其他安排与他人共同持有上市公司百分之五以上股份的自然人、法人或者其他组织收购该上市公司股份的；

（二）按照事先订立的书面合同、指令、计划从事相关证券、期货交易的；

（三）依据已被他人披露的信息而交易的；

（四）交易具有其他正当理由或者正当信息来源的。

第五条　本解释所称"内幕信息敏感期"是指内幕信息自形成至公开的期间。

证券法第六十七条第二款所列"重大事件"的发生时间，第七十五条规定的"计划"、"方案"以及期货交易管理条例第八十五条第十一项规定的"政策"、"决定"等的形成时间，应当认定为内幕信息的形成之时。

影响内幕信息形成的动议、筹划、决策或者执行人员，其动议、筹划、决策或者执行初始时间，应当认定为内幕信息的形成之时。

内幕信息的公开，是指内幕信息在国务院证券、期货监督管理机构指

上编　金融犯罪　

定的报刊、网站等媒体披露。

第六条　在内幕信息敏感期内从事或者明示、暗示他人从事或者泄露内幕信息导致他人从事与该内幕信息有关的证券、期货交易，具有下列情形之一的，应当认定为刑法第一百八十条第一款规定的"情节严重"：

（一）证券交易成交额在五十万元以上的；

（二）期货交易占用保证金数额在三十万元以上的；

（三）获利或者避免损失数额在十五万元以上的；

（四）三次以上的；

（五）具有其他严重情节的。

第七条　在内幕信息敏感期内从事或者明示、暗示他人从事或者泄露内幕信息导致他人从事与该内幕信息有关的证券、期货交易，具有下列情形之一的，应当认定为刑法第一百八十条第一款规定的"情节特别严重"：

（一）证券交易成交额在二百五十万元以上的；

（二）期货交易占用保证金数额在一百五十万元以上的；

（三）获利或者避免损失数额在七十五万元以上的；

（四）具有其他特别严重情节的。

第八条　二次以上实施内幕交易或者泄露内幕信息行为，未经行政处理或者刑事处理的，应当对相关交易数额依法累计计算。

第九条　同一案件中，成交额、占用保证金额、获利或者避免损失额分别构成情节严重、情节特别严重的，按照处罚较重的数额定罪处罚。

构成共同犯罪的，按照共同犯罪行为人的成交总额、占用保证金总额、获利或者避免损失总额定罪处罚，但判处各被告人罚金的总额应掌握在获利或者避免损失总额的一倍以上五倍以下。

第十条　刑法第一百八十条第一款规定的"违法所得"，是指通过内幕交易行为所获利益或者避免的损失。

内幕信息的泄露人员或者内幕交易的明示、暗示人员未实际从事内幕交易的，其罚金数额按照因泄露而获悉内幕信息人员或者被明示、暗示人员从事内幕交易的违法所得计算。

第十一条　单位实施刑法第一百八十条第一款规定的行为，具有本解

· 263 ·

释第六条规定情形之一的,按照刑法第一百八十条第二款的规定定罪处罚。

最高人民法院公报案例

杜兰库、刘乃华内幕交易,刘乃华泄露内幕信息案
(《最高人民法院公报》2012年第10期)

【裁判摘要】

因履行工作职责而获取内幕信息,属于内幕信息的知情人员;从内幕信息知情人员处获悉该内幕信息,系非法获取内幕信息的人员。在内幕信息尚未公开前,从事与该内幕信息有关的股票交易,构成内幕交易罪;将内幕信息泄露给他人,导致他人从事与该内幕信息有关的股票交易,构成泄露内幕信息罪。

【案情】

被告人杜兰库。因涉嫌犯内幕交易罪于2010年6月4日被逮捕。

被告人刘乃华。因涉嫌犯内幕交易罪于2010年6月4日被逮捕。

江苏省无锡市人民检察院以被告人杜兰库、刘乃华犯内幕交易、泄露内幕信息罪,向江苏省无锡市中级人民法院提起公诉。

被告人杜兰库辩称:其未具体参与高淳陶瓷公司的重组谈判工作,不是内幕信息的知情人员;其是通过网上查询和专业知识判断出重组对象,并未利用内幕信息;其未与妻子刘乃华合谋买卖高淳陶瓷股票。杜兰库的辩护人提出:杜兰库获取的信息不属于内幕信息;中国证券监督管理委员会(以下简称证监会)出具的《关于杜兰库等人涉嫌内幕交易、泄露内幕信息案有关问题的认定函》(以下简称《认定函》)不能作为证据使用;杜兰库没有犯罪的主观故意,也不存在与刘乃华合谋的事实。

被告人刘乃华辩称:其主观上未意识到杜兰库告知的信息是内幕信息,也未认识到自己买卖高淳陶瓷股票的行为构成内幕交易犯罪;其不存在与杜兰库合谋买卖高淳陶瓷股票的事实;其是初犯、偶犯,案发后能积极配合侦查机关追缴涉案违法所得。刘乃华的辩护人提出:杜兰库告知刘乃华的信息不属于内幕信息;证监会对内幕信息的知情人员没有认定权,《认定函》关于刘乃华系非法获取内幕信息人员的认定无法律依据;杜兰库与刘

乃华未进行合谋,不构成共同犯罪;刘乃华向赵丽梅等人透露高淳陶瓷公司可能要重组的信息不属于泄露内幕信息。

江苏省无锡市中级人民法院经公开审理查明:

2009年1月,中国电子科技集团第十四研究所(以下简称十四所)为配合南京市政府"再造十家百亿企业集团工程"项目的实施,促进民品产业化发展,做大做强其下属企业国睿集团有限公司(以下简称国睿集团),欲通过南京地区一家上市公司进行资产重组实现借壳上市。2009年2月初,十四所经南京市政府的协调,并经时任南京市经济委员会主任刘某牵线,与南京市高淳县政府就投资合作及收购高淳陶瓷公司的国有股份等事宜进行商谈。双方经商洽和实地考察,均表达了合作的意向。2009年3月6日,十四所草拟了《合作框架(初稿)》,明确了高淳县政府将所持的高淳陶瓷公司部分股权转让给十四所,使该所成为高淳陶瓷公司第一大股东、实际控制人等内容。2009年4月19日十四所与高淳县政府签署了《合作框架意向书》。2009年4月20日高淳县政府开会商讨高淳陶瓷公司重组停牌事宜,同日高淳陶瓷公司发布《关于公司重大事项停牌公告》,宣布公司控股股东正筹划重大资产重组事项,公司股票自4月21日起停牌。2009年4月21日至5月21日期间,高淳陶瓷公司例行发布了《重大资产重组事项进展公告》、《复牌公告》等一系列公告。2009年5月22日,高淳陶瓷股票复牌交易后,股票价格连续10个交易日涨停。

被告人杜兰库作为中国电子科技集团公司(以下简称《中电集团》)总会计师,负责分管集团内部的资本运作。2009年3月23日,杜兰库与中电集团财务部主任张登洲陪同国务院驻中电集团监事会领导到下属的十四所等单位考察。当晚,在杜兰库住宿的酒店房间内,十四所所长罗群、十四所副总经济师鲍卫平向杜、张两人汇报了十四所拟发展民品项目,准备收购南京地区股份制企业借壳上市,请求中电集团给予支持等内容,并详细透露了拟借壳公司的概况:公司总股本为8000余万股左右;公司股权结构较好,第一大(国有)股东占总股本的30%左右;地方政府支持。2009年3月29日,杜兰库回到北京后,根据罗群、鲍卫平汇报的借壳公司的概况在互联网上检索出南京地区唯一符合上述条件的只有高淳陶瓷公司。2009

年 3 月 31 日，杜兰库陪同中电集团领导来南京参加十四所搬迁仪式期间，南京市政府领导就十四所收购重组事宜出面协调，使其进一步确信十四所拟借壳的公司为高淳陶瓷公司。2009 年 4 月 1 日，杜兰库回北京后，即将中电集团下属单位欲重组高淳陶瓷公司的信息告知其妻刘乃华，双方均同意购买高淳陶瓷股票。次日，杜兰库通过其个人股票交易账户买入 21000 股高淳陶瓷股票，支付资金（以下币种均为人民币）142986.61 元。由于杜兰库顾虑其参与十四所收购、重组高淳陶瓷公司工作的身份，担心自己的名字出现在高淳陶瓷公司的股东名单中，遂于 4 月 3 日、13 日、17 日分 4 笔将上述高淳陶瓷股票全部抛出，账面收益 7514.39 元。此后，杜兰库逐步将个人股票交易账户中的资金分别转入其所操控的王静、杜浩等亲属的股票交易账户中。2009 年 4 月 7 日，经刘乃华要求，杜兰库再转出 20 万元至亲属李妍的股票交易账户中。2009 年 4 月 2 日至 4 月 20 日期间，杜兰库单独操作买入高淳陶瓷股票共计 223000 股，支付资金共计 1542185.52 元，卖出后非法获利 2470351.38 元；杜兰库、刘乃华共同操作买入高淳陶瓷股票 137100 股，支付资金共计 966946.91 元，卖出后非法获利 1739692.46 元。

2009 年 4 月初，刘乃华还将从杜兰库处获悉高淳陶瓷公司可能重组的信息泄露给赵丽梅。赵又将信息泄露给刘洒祥、刘宇斌（均另案处理）。赵丽梅、刘洒祥、刘宇斌先后买入高淳陶瓷股票共计 784641 股，在高淳陶瓷股票复牌后抛出，非法获利 12019744.91 元。

案发后，被告人杜兰库、刘乃华已退缴全部违法所得。侦查机关扣押 2 台涉案电脑等物，冻结涉案股票交易和资金账户。

江苏省无锡市中级人民法院认为，被告人杜兰库作为中电集团总会计师参与十四所与高淳陶瓷公司资产重组事项，因履行工作职责而获取内幕信息，属于内幕信息的知情人员；被告人刘乃华从杜兰库处获悉该内幕信息，系非法获取内幕信息的人员。在内幕信息尚未公开前，杜兰库、刘乃华从事与该内幕信息有关的股票交易，构成内幕交易罪的共犯；刘乃华还将内幕信息泄露给他人，导致他人从事与该内幕信息有关的股票交易，构成泄露内幕信息罪；二被告人的行为均属情节特别严重。公诉机关指控二被告人犯罪的事实清楚，证据确实、充分，但指控杜兰库犯内幕交易、泄露内幕信息罪的罪名不当，应予纠正。杜兰库在内幕交易共同犯罪中起主要作用，是主犯；刘乃华起次要作用，是从犯，依法可以减轻处罚。此外，杜兰库、刘乃华在案发后已退缴全部赃款，均可酌情从轻处罚。依照《中华人民共和国刑法》第一百八十条第一款、第三款，第二十五条第一款，第二十六条第一款，第二十七条，第六十四条之规定，无锡市中级人民法院以被告人杜兰库犯内幕交易罪，判处有期徒刑六年，并处罚金四百二十五万元；以被告人刘乃华犯内幕交易、泄露内幕信息罪，判处有期徒刑三年，并处罚金四百二十五万元；侦查机关扣押的杜兰库、刘乃华违法所得4210043.84元予以没收，上缴国库。

宣判后，杜兰库、刘乃华均未提出上诉，公诉机关也未提出抗诉。

第一百八十条（第四款）【利用未公开信息交易罪】

刑法

证券交易所、期货交易所、证券公司、期货经纪公司、基金管理公司、商业银行、保险公司等金融机构的从业人员以及有关监管部门或者行业协会的工作人员，利用因职务便利获取的内幕信息以外的其他未公开的信息，违反规定，从事与该信息相关的证券、期货交易活动，或者明示、暗示他人从事相关交易活动，情节严重的，依照第一款的规定处罚。

司法解释、司法解释性文件及规范性文件

1. 最高人民检察院、公安部《关于公安机关管辖的刑事案件立案追诉标准的规定（二）》（2022.4.6修订，2022.5.15实施）（节录）

第三十一条〔利用未公开信息交易案（刑法第一百八十条第四款）〕证券交易所、期货交易所、证券公司、期货公司、基金管理公司、商业银行、保险公司等金融机构的从业人员以及有关监管部门或者行业协会的工作人员，利用因职务便利获取的内幕信息以外的其他未公开的信息，违反规定，从事与该信息相关的证券、期货交易活动，或者明示、暗示他人从

---

① 本条第4款利用未公开信息交易罪为2009年《刑法修正案（七）》第2条增设。

事相关交易活动,涉嫌下列情形之一的,应予立案追诉:

(一)获利或者避免损失数额在一百万元以上的;

(二)二年内三次以上利用未公开信息交易的;

(三)明示、暗示三人以上从事相关交易活动的;

(四)具有其他严重情节的。

利用未公开信息交易,获利或者避免损失数额在五十万元以上,或者证券交易成交额在五百万元以上,或者期货交易占用保证金数额在一百万元以上,同时涉嫌下列情形之一的,应予立案追诉:

(一)以出售或者变相出售未公开信息等方式,明示、暗示他人从事相关交易活动的;

(二)因证券、期货犯罪行为受过刑事追究的;

(三)二年内因证券、期货违法行为受过行政处罚的;

(四)造成其他严重后果的。

2. 最高人民法院、最高人民检察院《关于办理利用未公开信息交易刑事案件适用法律若干问题的解释》(法释〔2019〕10号,2019.7.1)①

为依法惩治证券、期货犯罪,维护证券、期货市场管理秩序,促进证券、期货市场稳定健康发展,保护投资者合法权益,根据《中华人民共和国刑法》《中华人民共和国刑事诉讼法》的规定,现就办理利用未公开信息交易刑事案件适用法律的若干问题解释如下:

第一条 刑法第一百八十条第四款规定的"内幕信息以外的其他未公开的信息",包括下列信息:

(一)证券、期货的投资决策、交易执行信息;

(二)证券持仓数量及变化、资金数量及变化、交易动向信息;

(三)其他可能影响证券、期货交易活动的信息。

第二条 内幕信息以外的其他未公开的信息难以认定的,司法机关可以在有关行政主(监)管部门的认定意见的基础上,根据案件事实和法律

---

① 可参见《〈关于办理利用未公开信息交易刑事案件适用法律若干问题的解释〉的理解与适用》(最高人民法院 最高人民检察院)。

规定作出认定。

第三条 刑法第一百八十条第四款规定的"违反规定",是指违反法律、行政法规、部门规章、全国性行业规范有关证券、期货未公开信息保护的规定,以及行为人所在的金融机构有关信息保密、禁止交易、禁止利益输送等规定。

第四条 刑法第一百八十条第四款规定的行为人"明示、暗示他人从事相关交易活动",应当综合以下方面进行认定:

(一)行为人具有获取未公开信息的职务便利;

(二)行为人获取未公开信息的初始时间与他人从事相关交易活动的初始时间具有关联性;

(三)行为人与他人之间具有亲友关系、利益关联、交易终端关联等关联关系;

(四)他人从事相关交易的证券、期货品种、交易时间与未公开信息所涉证券、期货品种、交易时间等方面基本一致;

(五)他人从事的相关交易活动明显不具有符合交易习惯、专业判断等正当理由;

(六)行为人对明示、暗示他人从事相关交易活动没有合理解释。

第五条 利用未公开信息交易,具有下列情形之一的,应当认定为刑法第一百八十条第四款规定的"情节严重":

(一)违法所得数额在一百万元以上的;

(二)二年内三次以上利用未公开信息交易的;

(三)明示、暗示三人以上从事相关交易活动的。

第六条 利用未公开信息交易,违法所得数额在五十万元以上,或者证券交易成交额在五百万元以上,或者期货交易占用保证金数额在一百万元以上,具有下列情形之一的,应当认定为刑法第一百八十条第四款规定的"情节严重":

(一)以出售或者变相出售未公开信息等方式,明示、暗示他人从事相关交易活动的;

(二)因证券、期货犯罪行为受过刑事追究的;

(三)二年内因证券、期货违法行为受过行政处罚的;

(四)造成恶劣社会影响或者其他严重后果的。

第七条 刑法第一百八十条第四款规定的"依照第一款的规定处罚",包括该条第一款关于"情节特别严重"的规定。

利用未公开信息交易,违法所得数额在一千万元以上的,应当认定为"情节特别严重"。

违法所得数额在五百万元以上,或者证券交易成交额在五千万元以上,或者期货交易占用保证金数额在一千万元以上,具有本解释第六条规定的四种情形之一的,应当认定为"情节特别严重"。

第八条 二次以上利用未公开信息交易,依法应予行政处理或者刑事处理而未经处理的,相关交易数额或者违法所得数额累计计算。

第九条 本解释所称"违法所得",是指行为人利用未公开信息从事与该信息相关的证券、期货交易活动所获利益或者避免的损失。

行为人明示、暗示他人利用未公开信息从事相关交易活动,被明示、暗示人员从事相关交易活动所获利益或者避免的损失,应当认定为"违法所得"。

第十条 行为人未实际从事与未公开信息相关的证券、期货交易活动的,其罚金数额按照被明示、暗示人员从事相关交易活动的违法所得计算。

第十一条 符合本解释第五条、第六条规定的标准,行为人如实供述犯罪事实,认罪悔罪,并积极配合调查,退缴违法所得的,可以从轻处罚;其中犯罪情节轻微的,可以依法不起诉或者免予刑事处罚。

符合刑事诉讼法规定的认罪认罚从宽适用范围和条件的,依照刑事诉讼法的规定处理。

第十二条 本解释自 2019 年 7 月 1 日起施行。

最高人民法院公报案例

上海市静安区人民检察院诉许春茂利用未公开信息交易案

(《最高人民法院公报》2012 年第 10 期)

【裁判摘要】

行为人在担任基金经理期间,违反规定,利用掌握的未公开的信息,从事与该信息相关的证券交易活动,先于或同步多次买入、卖出相同个股,情节严重,应当按照《中华人民共和国刑法》第一百八十条第四款的规定,以利用未公开信息交易罪定罪处罚。

【案情】

公诉机关:上海市静安区人民检察院。

被告人:许春茂。因涉嫌犯利用未公开信息交易罪于2011年4月18日被取保候审。

上海市静安区人民检察院以被告人许春茂犯利用未公开信息交易罪,向上海市静安区人民法院提起公诉。

起诉书指控:被告人许春茂于2009年2月28日至2010年4月15日间,利用其担任光大保德信基金管理有限公司(以下简称"光大公司")基金经理的职务便利,使用其控制的户名为"史建明"的证券账户,亲自或通过电话指令张超等方式,先于或同期于其管理的红利股票型证券投资基金(以下简称"红利基金")、均衡精选股票型证券投资基金(以下简称"均衡基金")买入或卖出同一股票。经鉴定,上述期间共交易股票68只,交易金额共计人民币9500余万元,非法获利共计人民币209余万元。2011年4月18日,许春茂主动至中国证监会上海稽查局接受调查,后如实向公安机关交代了上述犯罪事实。综上,许春茂的行为触犯《中华人民共和国刑法》第一百八十条第四款之规定,构成利用未公开信息交易罪。被告人系自首,可以从轻或减轻处罚。提请以利用未公开信息交易罪追究许春茂的刑事责任。

被告人许春茂及其辩护人对起诉书指控的事实和罪名无异议。辩护人另辩称,被告人选择的股票主要系基于被告人的个人研究;其控制的"史建明"的证券账户的收益率低于其管理的基金的收益率,其行为未对股票价格造成影响。被告人系自首,且患有红斑狼疮,请求从轻、减轻处罚。

上海市静安区人民法院经审理查明:

被告人许春茂自2006年7月8日起担任光大公司红利基金经理,2009年3月4日起兼任均衡基金经理,对上述两个基金的资金进行股票投资拥有决定权,直至2010年4月15日离职。

2009年2月28日至2010年4月15日期间,在红利基金、均衡基金进行买卖股票情况的信息尚未披露前,被告人许春茂利用职务便利,亲自或通过 MSN 通信、电话等方式指令张超,在"史建明""王超庆"证券账户,先于或同期买入或卖出交易股票 68 只,金额达人民币 9500 余万元,非法获利达人民币 209 余万元。

2011 年 4 月 18 日,被告人许春茂主动至中国证监会上海稽查局接受调查,后如实向公安机关交代了上述犯罪事实。

上述事实,有经庭审举证、质证的光大公司提供的被告人许春茂任职资料、华泰证券有限责任公司提供的史建明、王超庆证券账户信息、红利基金、均衡基金交易明细资料、中国证券监督管理委员会 2011 年 6 月 8 日出具的《关于许春茂利用未公开信息交易案有关问题的认定函》、许春茂办公电话 8215 分机与张超手机号码 13916002781 的通话内容、证人张超、史建明、王超庆、许春高、许春明和司法鉴定结论等证据证实,足以认定。

上海市静安区人民法院认为:

被告人许春茂在担任基金经理期间,违反规定,利用掌握的未公开的信息,从事与该信息相关的证券交易活动,先于或同步多次买入、卖出相同个股,情节严重,其行为已构成利用未公开信息交易罪,应依法予以惩处。检察机关指控许春茂的犯罪事实清楚,证据确凿充分,定性正确。

被告人许春茂基于其基金经理的身份和投资决策权,参与制定、形成红利基金、均衡基金的投资策略,无论该投资策略是否系许春茂分析、研究的结果,许春茂获悉该信息都属利用职务便利。

目前虽无证据证明被告人许春茂的行为导致相关股票或基金价格重大波动,但许春茂利用职务便利获取的未公开信息进行交易,违反了诚实信用、忠实勤勉的义务,破坏了金融管理秩序,亦侵犯了不特定投资人的财产权益,许春茂交易金额达人民币 9500 余万元,非法获利达人民币 209 余万元,应当认定为情节严重。

被告人许春茂能投案自首,退缴了全部违法所得,确有认罪悔罪表现,可依法从轻判处,并可适用缓刑。公诉人和辩护人就许春茂量刑情节的公诉和辩护意见,符合事实和法律对自首处罚的规定,予以采纳。

据此,上海市静安区人民法院依照《中华人民共和国刑法》第一百八十条第四款、第六十七条第一款、第七十二条、第七十三条第二款和第六十四条之规定，于 2011 年 10 月 14 日判决如下：

一、被告人许春茂犯利用未公开信息交易罪，判处有期徒刑三年，缓刑三年，并处罚金人民币二百一十万元。

二、被告人许春茂退缴的赃款予以没收，上缴国库。

一审宣判后，被告人许春茂在法定期限内未上诉，检察机关未提出抗诉，一审判决已发生法律效力。

最高人民检察院指导性案例

1. 马乐利用未公开信息交易案
（检例第 24 号）

【关键词】

适用法律错误　刑事抗诉　援引法定刑　情节特别严重

【基本案情】

马乐，男，1982 年 8 月生。

2011 年 3 月 9 日至 2013 年 5 月 30 日期间，马乐担任博时基金管理有限公司旗下博时精选股票证券投资基金经理，全权负责投资基金投资股票市场，掌握了博时精选股票证券投资基金交易的标的股票、交易时点和交易数量等未公开信息。马乐在任职期间利用其掌控的上述未公开信息，操作自己控制的"金某""严某进""严某雯"三个股票账户，通过临时购买的不记名神州行电话卡下单，从事相关证券交易活动，先于、同期或稍晚于其管理的"博时精选"基金账户，买卖相同股票 76 只，累计成交金额人民币 10.5 亿余元，非法获利人民币 19120246.98 元。

【诉讼过程】

2013 年 6 月 21 日中国证监会决定对马乐涉嫌利用未公开信息交易行为立案稽查，交深圳证监局办理。2013 年 7 月 17 日，马乐到广东省深圳市公安局投案。2014 年 1 月 2 日，深圳市人民检察院向深圳市中级人民法院提起公诉，指控被告人马乐构成利用未公开信息交易罪，情节特别严重。2014 年 3 月 24 日，深圳市中级人民法院作出一审判决，认定马乐构成利用未公开信息交易罪,鉴于刑法第一百八十条第四款未对利用未公开信息交易罪情节特别严重作出相关规定,马乐属于犯罪情节严重,同时考虑其具有自首、退赃、认罪态度良好、罚金能全额缴纳等可以从轻处罚情节,因此判处其有期徒刑三年,缓刑五年,并处罚金1884万元,同时对其违法所得1883万余元予以追缴。

深圳市人民检察院于2014年4月4日向广东省高级人民法院提出抗诉,认为被告人马乐的行为应当认定为犯罪情节特别严重,依照"情节特别严重"的量刑档次处罚;马乐的行为不属于退赃,应当认定为司法机关追赃。一审判决适用法律错误,量刑明显不当,应当依法改判。2014年8月28日,广东省人民检察院向广东省高级人民法院发出《支持刑事抗诉意见书》,认为一审判决认定情节错误,导致量刑不当,应当依法纠正。

广东省高级人民法院于2014年10月20日作出终审裁定,认为刑法第一百八十条第四款并未对利用未公开信息交易罪规定有"情节特别严重"情形,马乐的行为属"情节严重",应在该量刑幅度内判处刑罚,抗诉机关提出马乐的行为应认定为"情节特别严重"缺乏法律依据;驳回抗诉,维持原判。

广东省人民检察院认为终审裁定理解法律规定错误,导致认定情节错误,适用缓刑不当,于2014年11月27日提请最高人民检察院抗诉。2014年12月8日,最高人民检察院按照审判监督程序向最高人民法院提出抗诉。

【抗诉理由】

最高人民检察院审查认为,原审被告人马乐利用因职务便利获取的未公开信息,违反规定从事相关证券交易活动,累计成交额人民币10.5亿余元,非法获利人民币1883万余元,属于利用未公开信息交易罪"情节特别严重"的情形。本案终审裁定以刑法第一百八十条第四款并未对利用未公开信息交易罪有"情节特别严重"规定为由,对此情形不作认定,降格评价被告人的犯罪行为,属于适用法律确有错误,导致量刑不当。理由如下:

一、刑法第一百八十条第四款属于援引法定刑的情形,应当引用第一款处罚的全部规定。按照立法精神,刑法第一百八十条第四款中的"情节严重"是入罪标准,在处罚上应当依照本条第一款的全部罚则处罚,即区分情形依照第一款规定的"情节严重"和"情节特别严重"两个量刑档次处罚。首先，援引的重要作用就是减少法条重复表述，只需就该罪的基本构成要件作出表述，法定刑全部援引即可；如果法定刑不是全部援引，才需要对不同量刑档次作出明确表述，规定独立的罚则。刑法分则多个条文都存在此种情形，这是业已形成共识的立法技术问题。其次，刑法第一百八十条第四款"情节严重"的规定是入罪标准，作此规定是为了避免"情节不严重"也入罪，而非量刑档次的限缩。最后，从立法和司法解释先例来看，刑法第二百八十五条第三款也存在相同的文字表述，2011年《最高人民法院、最高人民检察院关于办理危害计算机信息系统安全刑事案件应用法律若干问题的解释》第三条明确规定了刑法第二百八十五条第三款包含有"情节严重""情节特别严重"两个量刑档次。司法解释的这一规定，表明了最高司法机关对援引法定刑立法例的一贯理解。

二、利用未公开信息交易罪与内幕交易、泄露内幕信息罪的违法与责任程度相当，法定刑亦应相当。内幕交易、泄露内幕信息罪和利用未公开信息交易罪，都属于特定人员利用未公开的可能对证券、期货市场交易价格产生影响的信息从事交易活动的犯罪。两罪的主要差别在于信息范围不同，其通过信息的未公开性和价格影响性获利的本质相同，均严重破坏了金融管理秩序，损害了公众投资者利益。刑法将两罪放在第一百八十条中分款予以规定，亦是对两罪违法和责任程度相当的确认。因此，从社会危害性理解，两罪的法定刑也应相当。

三、马乐的行为应当认定为"情节特别严重"，对其适用缓刑明显不当。《最高人民检察院、公安部关于公安机关管辖的刑事案件立案追诉标准的规定（二）》对内幕交易、泄露内幕信息罪和利用未公开信息交易罪"情节严重"规定了相同的追诉标准，《最高人民法院、最高人民检察院关于办理内幕交易、泄露内幕信息刑事案件具体应用法律若干问题的解释》将成交额250万元以上、获利75万元以上等情形认定为内幕交易、泄露内幕信息罪"情节特别严重"。如前所述，利用未公开信息交易罪"情节特别严重"的，也应当依照第一款的规定，遵循相同的标准。马乐利用未公开信息进行交易活动，累计成交额人民币10.5亿余元，从中非法获利人民币

1883万余元,显然属于"情节特别严重",应当在"五年以上十年以下有期徒刑"的幅度内量刑。其虽有自首情节,但适用缓刑无法体现罪责刑相适应,无法实现惩罚和预防犯罪的目的,量刑明显不当。

四、本案所涉法律问题的正确理解和适用,对司法实践和维护我国金融市场的健康发展具有重要意义。自刑法修正案(七)增设利用未公开信息交易罪以来,司法机关对该罪是否存在"情节特别严重"、是否有两个量刑档次长期存在分歧,亟须统一认识。正确理解和适用本案所涉法律问题,对明确同类案件的处理、同类从业人员犯罪的处罚具有重要指导作用,对于加大打击"老鼠仓"等严重破坏金融管理秩序的行为,维护社会主义市场经济秩序,保障资本市场健康发展具有重要意义。

【案件结果】

2015年7月8日,最高人民法院第一巡回法庭公开开庭审理此案,最高人民检察院依法派员出庭履行职务,原审被告人马乐的辩护人当庭发表了辩护意见。最高人民法院审理认为,最高人民检察院对刑法第一百八十条第四款援引法定刑的理解及原审被告人马乐的行为属于犯罪情节特别严重的抗诉意见正确,应予采纳;辩护人的辩护意见不能成立,不予采纳。原审裁判因对刑法第一百八十条第四款援引法定刑的理解错误,导致降格认定了马乐的犯罪情节,进而对马乐判处缓刑确属不当,应予纠正。

2015年12月11日,最高人民法院作出再审终审判决:维持原刑事判决中对被告人马乐的定罪部分;撤销原刑事判决中对原审被告人马乐的量刑及追缴违法所得部分;原审被告人马乐犯利用未公开信息交易罪,判处有期徒刑三年,并处罚金人民币1913万元;违法所得人民币19120246.98元依法予以追缴,上缴国库。

【要旨】

刑法第一百八十条第四款利用未公开信息交易罪为援引法定刑的情形,应当是对第一款法定刑的全部援引。其中,"情节严重"是入罪标准,在处罚上应当依照本条第一款内幕交易、泄露内幕信息罪的全部法定刑处罚,即区分不同情形分别依照第一款规定的"情节严重"和"情节特别严重"两个量刑档次处罚。

上编　金融犯罪　

【指导意义】

我国刑法分则"罪状+法定刑"的立法模式决定了在性质相近、危害相当罪名的法条规范上，基本采用援引法定刑的立法技术。本案对刑法第一百八十条第四款援引法定刑理解的争议是刑法解释的理论问题。正确理解刑法条文，应当以文义解释为起点，综合运用体系解释、目的解释等多种解释方法，按照罪刑法定原则和罪责刑相适应原则的要求，从整个刑法体系中把握立法目的，平衡法益保护。

1.从法条文义理解，刑法第一百八十条第四款中的"情节严重"是入罪条款，为犯罪构成要件，表明该罪情节犯的属性，具有限定处罚范围的作用，以避免"情节不严重"的行为也入罪，而非量刑档次的限缩。本条款中"情节严重"之后并未列明具体的法定刑，不兼具量刑条款的性质，量刑条款为"依照第一款的规定处罚"，应当理解为对第一款法定刑的全部援引而非部分援引，即同时存在"情节严重""情节特别严重"两种情形和两个量刑档次。

2.从刑法体系的协调性考量，一方面，刑法中存在与第一百八十条第四款表述类似的条款，印证了援引法定刑为全部援引。如刑法第二百八十五条第三款规定"情节严重的，依照前款的规定处罚"，2011年《最高人民法院、最高人民检察院关于办理危害计算机信息系统安全刑事案件应用法律若干问题的解释》第三条明确了本款包含有"情节严重""情节特别严重"两个量刑档次。另一方面，从刑法其他条文的反面例证看，法定刑设置存在细微差别时即无法援引。如刑法第一百八十条第二款关于内幕交易、泄露内幕信息罪单位犯罪的规定，没有援引前款个人犯罪的法定刑，而是单独明确规定处五年以下有期徒刑或者拘役。这是因为第一款规定了情节严重、情节特别严重两个量刑档次，而第二款只有一个量刑档次，并且不对直接负责的主管人员和其他直接责任人员并处罚金。在这种情况下，为避免发生歧义，立法不会采用援引法定刑的方式，而是对相关法定刑作出明确表述。

3.从设置利用未公开信息交易罪的立法目的分析，刑法将本罪与内幕交易、泄露内幕信息罪一并放在第一百八十条中分款予以规定，就是由于两罪虽然信息范围不同，但是其通过信息的未公开性和价格影响性获利的本质相同，对公众投资者利益和金融管理秩序的实质危害性相当，行为人的主观恶性相当，应当适用相同的法定量刑幅度，具体量刑标准也应一致。如果只截取情节严重部分的法定刑进行援引，势必违反罪刑法定原则和罪刑相适应原则，无法实现惩罚和预防犯罪的目的。

2. 王鹏等人利用未公开信息交易案

（检例第 65 号）

【关键词】

证明方法　间接证据　利用未公开信息交易

【要旨】

具有获取未公开信息职务便利条件的金融机构从业人员及其近亲属从事相关证券交易行为明显异常，且与未公开信息相关交易高度趋同，即使其拒不供述未公开信息传递过程等犯罪事实，但其他证据之间相互印证，能够形成证明利用未公开信息犯罪的完整证明体系，足以排除其他可能的，可以依法认定犯罪事实。

【基本案情】

被告人王鹏，男，某基金管理有限公司原债券交易员。

被告人王慧强，男，无业，系王鹏父亲。

被告人宋玲祥，女，无业，系王鹏母亲。

2008年11月至2014年5月，被告人王鹏担任某基金公司交易管理部债券交易员。在工作期间，王鹏作为债券交易员的个人账号为6610。因工作需要，某基金公司为王鹏等债券交易员开通了恒生系统6609账号的站点权限。自2008年7月7日起，该6609账号开通了股票交易指令查询权限，王鹏有权查询证券买卖方向、投资类别、证券代码、交易价格、成交金额、下达人等股票交易相关未公开信息；自2009年7月6日起又陆续增加了包含委托流水、证券成交回报、证券资金流水、组合证券持仓、基金资产情况等未公开信息查询权限。2011年8月9日，因新系统启用，某基金公司交易管理部申请关闭了所有债券交易员登录6609账号的权限。

2009年3月2日至2011年8月8日期间，被告人王鹏多次登录6609

上编 金融犯罪

账号获取某基金公司股票交易指令等未公开信息,王慧强、宋玲祥操作牛某、宋某祥、宋某珍的证券账户,同期或稍晚于某基金公司进行证券交易,与某基金公司交易指令高度趋同,证券交易金额共计8.78亿余元,非法获利共计1773万余元。其中,王慧强交易金额9661万余元,非法获利201万余元;宋玲祥交易金额7.8亿余元,非法获利1572万余元。

【指控与证明犯罪】

2015年6月5日,重庆市公安局以被告人王鹏、王慧强、宋玲祥涉嫌利用未公开信息交易罪移送重庆市人民检察院第一分院审查起诉。

审查起诉阶段,重庆市人民检察院第一分院审查了全案卷宗,讯问了被告人。被告人王鹏辩称,没有获取未公开信息的条件,也没有向其父母传递过未公开信息。被告人王慧强、宋玲祥辩称,王鹏没有向其传递过未公开信息,买卖股票均根据自己的判断进行。针对三人均不供认犯罪事实的情况,为进一步查清王鹏与王慧强、宋玲祥是否存在利用未公开信息交易行为,重庆市人民检察院第一分院将本案两次退回重庆市公安局补充侦查,并提出补充侦查意见:(1)继续讯问三被告人,以查明三人之间传递未公开信息的情况;(2)询问某基金公司有关工作人员,调取工作制度规定,核查工作区通讯设备保管情况,调取某基金债券交易工作区现场图,以查明王鹏是否具有传递信息的条件;(3)调查王慧强、宋玲祥的亲友关系,买卖股票的资金来源及获利去向,以查明王鹏是否为未公开信息的唯一来源,三人是否共同参与利用未公开信息交易;(4)询问某基金公司其他债券交易员,收集相关债券交易员登录工作账号与6609账号的查询记录,以查明王鹏登录6609账号是否具有异常性;(5)调取王慧强、宋玲祥在王鹏不具有获取未公开信息的职务便利期间买卖股票情况、与某基金股票交易指令趋同情况,以查明王慧强、宋玲祥在被指控犯罪时段的交易行为与其他时段的交易行为是否明显异常。经补充侦查,三被告人仍不供认犯罪事实,重庆市公安局补充收集了前述第2项至第5项证据,进一步补强证明王鹏具有获取和传递信息的条件,王慧强、宋玲祥交易习惯的显著异常性等事实。

2015年12月18日,重庆市人民检察院第一分院以利用未公开信息交易罪对王鹏、王慧强、宋玲祥提起公诉。重庆市第一中级人民法院公开开庭审理本案。

法庭调查阶段,公诉人宣读起诉书指控三名被告人构成利用未公开信息交易罪,并对三名被告人进行了讯问。三被告人均不供认犯罪事实。公诉人全面出示证据,并针对被告人不供认犯罪事实的情况进行重点举证。

第一,出示王鹏与某基金公司的《劳动合同》《保密管理办法》、6609账号使用权限、操作方法和操作日志、某基金公司交易室照片等证据,证实:王鹏在2009年1月15日至2011年8月9日期间能够通过6609账号登录恒生系统查询到某基金公司对股票和债券的整体持仓和交易情况、指令下达情况、实时头寸变化情况等,王鹏具有获取某基金公司未公开信息的条件。

第二,出示王鹏登录6610个人账号的日志、6609账号权限设置和登录日志、某基金公司工作人员证言等证据,证实:交易员的账号只能在本人电脑上登录,具有唯一性,可以锁定王鹏的电脑只有王鹏一人使用;王鹏通过登录6609账号查看了未公开信息,且登录次数明显多于6610个人账号,与其他债券交易员登录6609账号情况相比存在异常。

第三,出示某基金公司股票指令下达执行情况,牛某、宋某祥、宋某珍三个证券账户不同阶段的账户资金对账单、资金流水、委托流水及成交流水以及牛某、宋某祥、宋某珍的证言等证据,证实:(1)三个证券账户均替王慧强、宋玲祥开设并由他们使用。(2)三个账户证券交易与某基金公司交易指令高度趋同。在王鹏拥有登录6609账号权限之后,王慧强操作牛某证券账户进行股票交易,牛某证券账户在2009年3月6日至2011年8月2日间,买入与某基金旗下股票基金产品趋同股票233只、占比93.95%,累计趋同买入成交金额9661.26万元、占比95.25%。宋玲祥操作宋某祥、宋某珍证券账户进行股票交易,宋某祥证券账户在2009年3月2日至2011年8月8日期间,买入趋同股票343只、占比83.05%,累计趋同买入成交金额1.04亿余元、占比90.87%。宋某珍证券账户在2010年5月13日至2011年8月8日期间,买入趋同股票183只、占比96.32%,累计趋同买入成交金额6.76亿元、占比97.03%。(3)交易异常频繁,明显背离三个账户在王鹏具有获取未公开信息条件前的交易习惯。从买入股数看,2009年之

上编 金融犯罪

前每笔买入股数一般为数百股，2009年之后买入股数多为数千甚至上万股；从买卖间隔看，2009年之前买卖间隔时间多为几天甚至更久，但2009年之后买卖交易频繁，买卖间隔时间明显缩短，多为一至两天后卖出。（4）牛某、宋某祥、宋某珍三个账户停止股票交易时间与王鹏无权查看6609账号时间即2011年8月9日高度一致。

第四，出示王鹏、王慧强、宋玲祥和牛某、宋某祥、宋某珍的银行账户资料、交易明细、取款转账凭证等证据，证实：三个账户证券交易资金来源于王慧强、宋玲祥和王鹏，王鹏与宋玲祥、王慧强及其控制的账户之间存在大额资金往来记录。

法庭辩论阶段，公诉人发表公诉意见指出，虽然三名被告人均拒不供认犯罪事实，但在案其他证据能够相互印证，形成完整的证据链条，足以证明：王鹏具有获取某基金公司未公开信息的条件，王慧强、宋玲祥操作的证券账户在王鹏具有获取未公开信息条件期间的交易行为与某基金公司的股票交易指令高度趋同，且二人的交易行为与其在其他时间段的交易习惯存在重大差异，明显异常。对上述异常交易行为，二人均不能作出合理解释。王鹏作为基金公司的从业人员，在利用职务便利获取未公开信息后，由王慧强、宋玲祥操作他人账户从事与该信息相关的证券交易活动，情节特别严重，均应当以利用未公开信息交易罪追究刑事责任。

王鹏辩称，没有利用职务便利获取未公开信息，亦未提供信息让王慧强、宋玲祥交易股票，对王慧强、宋玲祥交易股票的事情并不知情；其辩护人认为，现有证据只能证明王鹏有条件获取未公开信息，而不能证明王鹏实际获取了该信息，同时也不能证明王鹏本人利用未公开信息从事交易活动，或王鹏让王慧强、宋玲祥从事相关交易活动。王慧强辩称，王鹏从未向其传递过未公开信息，王鹏到某基金公司后就不知道其还在进行证券交易；其辩护人认为，现有证据不能证实王鹏向王慧强传递了未公开信息，及王慧强利用了王鹏传递的未公开信息进行证券交易。宋玲祥辩称，没有利用王鹏的职务之便获取未公开信息，也未利用未公开信息进行证券交易；其辩护人认为，宋玲祥不是本罪的适格主体，本案指控证据不足。

针对被告人及其辩护人辩护意见，公诉人结合在案证据进行答辩，进一步论证本案证据确实、充分，足以排除其他可能。首先，王慧强、宋玲祥与王鹏为亲子关系，关系十分密切，从王慧强、宋玲祥的年龄、从业经历、交易习惯来看，王慧强、宋玲祥不具备专业股票投资人的背景和经验，且始终无法对交易异常行为作出合理解释。其次，王鹏在证监会到某基金公司对其调查时，畏罪出逃，且离开后再没有回到某基金公司工作，亦未办理请假或离职手续。其辩称系因担心证监会工作人员到他家中调查才离开，逃跑行为及理由明显不符合常理。最后，刑法规定利用未公开信息罪的主体为特殊主体，虽然王慧强、宋玲祥本人不具有特殊主体身份，但其与具有特殊主体身份的王鹏系共同犯罪，主体适格。

法庭经审理认为，本案现有证据已形成完整锁链，能够排除合理怀疑，足以认定王鹏、王慧强、宋玲祥构成利用未公开信息交易罪，被告人及其辩护人提出的本案证据不足的意见不予采纳。

2018年3月28日，重庆市第一中级人民法院作出一审判决，以利用未公开信息交易罪，分别判处被告人王鹏有期徒刑六年六个月，并处罚金人民币900万元；判处被告人宋玲祥有期徒刑四年，并处罚金人民币690万元；判处被告人王慧强有期徒刑三年六个月，并处罚金人民币210万元。对三被告人违法所得依法予以追缴，上缴国库。宣判后，三名被告人均未提出上诉，判决已生效。

【指导意义】

经济金融犯罪大多属于精心准备、组织实施的故意犯罪，犯罪嫌疑人、被告人熟悉法律规定和相关行业规则，犯罪隐蔽性强、专业程度高，证据容易被隐匿、毁灭，证明犯罪难度大。特别是在犯罪嫌疑人、被告人不供认犯罪事实、缺乏直接证据的情形下，要加强对间接证据的审查判断，拓宽证明思路和证明方法，通过对间接证据的组织运用，构建证明体系，准确认定案件事实。

1.明确指控的思路和方法，全面客观补充完善证据。检察机关办案人员应当准确把握犯罪的主要特征和证明的基本要求，明确指控思路和方法，构建清晰明确的证明体系。对于证明体系中证明环节有缺陷的以及关键节点需要补强证据的，要充分发挥检察机关主导作用，通过引导侦查取证、退回补充侦查,准确引导侦查取证方向,明确侦查取证的目的和要求,及时补充完善证据。必要时要与侦查人员直接沟通,说明案件的证明思路、证明方法以及需要补充完善的证据在证明体系中的证明价值、证明方向和证明作用。在涉嫌利用未公开信息交易的犯罪嫌疑人、被告人不供认犯罪事实,缺乏证明犯意联络、信息传递和利用的直接证据的情形下,应当根据指控思路,围绕犯罪嫌疑人、被告人获取信息的便利条件、时间吻合程度、交易异常程度、利益关联程度、行为人专业背景等关键要素,通过引导侦查取证、退回补充侦查或者自行侦查,全面收集相关证据。

2. 加强对间接证据的审查,根据证据反映的客观事实判断案件事实。在缺乏直接证据的情形下,通过对间接证据证明的客观事实的综合判断,运用经验法则和逻辑规则,依法认定案件事实,建立从间接证据证明客观事实,再从客观事实判断案件事实的完整证明体系。本案中,办案人员首先通过对三名被告人被指控犯罪时段和其他时段证券交易数据、未公开信息相关交易信息等证据,证明其交易与未公开信息的关联性、趋同度及与其平常交易习惯的差异性;通过身份关系、资金往来等证据,证明双方具备传递信息的动机和条件;通过专业背景、职业经历、接触人员等证据,证明交易行为不符合其个人能力经验;然后借助证券市场的基本规律和一般人的经验常识,对上述客观事实进行综合判断,认定了案件事实。

3. 合理排除证据矛盾,确保证明结论唯一。运用间接证据证明案件事实,构成证明体系的间接证据应当相互衔接、相互支撑、相互印证,证据链条完整、证明结论唯一。基于经验和逻辑作出的判断结论并不必然具有唯一性,还要通过审查证据,进一步分析是否存在与指控方向相反的信息,排除其他可能性。既要审查证明体系中单一证据所包含的信息之间以及不同证据之间是否存在矛盾,又要注重审查证明体系之外的其他证据中是否存在相反信息。在犯罪嫌疑人、被告人不供述、不认罪案件中,要高度重视犯罪嫌疑人、被告人的辩解和其他相反证据,综合判断上述证据中的相反信息是否会实质性阻断由各项客观事实到案件事实的判断过程、是否会削弱整个证据链条的证明效力。与证明体系存在实质矛盾并且不能排除其他可能性的,不能认定案件事实。但不能因为犯罪嫌疑人、被告人不供述或者提出辩解,就认为无法排除其他可能性。犯罪嫌疑人、被告人的辩解不具有合理性、正当性,可以认定证明结论唯一。

第一百八十二条 【操纵证券、期货市场罪】①

> 刑法

有下列情形之一,操纵证券、期货市场,影响证券、期货交易价格或者证券、期货交易量,情节严重的,处五年以下有期徒刑或者拘役,并处或者单处罚金;情节特别严重的,处五年以上十年以下有期徒刑,并处罚金:

(一)单独或者合谋,集中资金优势、持股或者持仓优势或者利用信息优势联合或者连续买卖的;

(二)与他人串通,以事先约定的时间、价格和方式相互进行证券、期货交易的;

(三)在自己实际控制的帐户之间进行证券交易,或者以自己为交易对象,自买自卖期货合约的;

(四)不以成交为目的,频繁或者大量申报买入、卖出证券、期货合约并撤销申报的;

(五)利用虚假或者不确定的重大信息,诱导投资者进行证券、期货交易的;

(六)对证券、证券发行人、期货交易标的公开作出评价、预测或者投资建议,同时进行反向证券交易或者相关期货交易的;

---

① 本条共被修订3次。1999年《刑法修正案》第6条将操纵期货市场的行为犯罪化。2006年《刑法修正案(六)》第11条删除了原条文中"获取不正当利益或者转嫁风险"的要件,同时取消了单位犯罪中主管人员和其他直接责任人员独立的法定刑,按照自然人犯操纵证券、期货市场罪的法定刑处罚单位犯罪中的自然人。2020年《刑法修正案(十一)》第13条归纳并细化犯罪行为的基本构成,同时在该条第四项至第六项新增三项叙明罪状。

（七）以其他方法操纵证券、期货市场的。

单位犯前款罪的，对单位判处罚金，并对其直接负责的主管人员和其他直接责任人员，依照前款的规定处罚。

司法解释、司法解释性文件及规范性文件

1. 最高人民检察院、公安部《关于公安机关管辖的刑事案件立案追诉标准的规定（二）》（2022.4.6 修订，2022.5.15 实施）（节录）

第三十四条 〔操纵证券、期货市场案（刑法第一百八十二条）〕操纵证券、期货市场，影响证券、期货交易价格或者证券、期货交易量，涉嫌下列情形之一的，应予立案追诉：

（一）持有或者实际控制证券的流通股份数量达到该证券的实际流通股份总量百分之十以上，实施刑法第一百八十二条第一款第一项操纵证券市场行为，连续十个交易日的累计成交量达到同期该证券总成交量百分之二十以上的；

（二）实施刑法第一百八十二条第一款第二项、第三项操纵证券市场行为，连续十个交易日的累计成交量达到同期该证券总成交量百分之二十以上的；

（三）利用虚假或者不确定的重大信息，诱导投资者进行证券交易，行为人进行相关证券交易的成交额在一千万元以上的；

（四）对证券、证券发行人公开作出评价、预测或者投资建议，同时进行反向证券交易，证券交易成交额在一千万元以上的；

（五）通过策划、实施资产收购或者重组、投资新业务、股权转让、上市公司收购等虚假重大事项，误导投资者作出投资决策，并进行相关交易或者谋取相关利益，证券交易成交额在一千万元以上的；

（六）通过控制发行人、上市公司信息的生成或者控制信息披露的内容、时点、节奏，误导投资者作出投资决策，并进行相关交易或者谋取相关利益，证券交易成交额在一千万元以上的；

（七）实施刑法第一百八十二条第一款第一项操纵期货市场行为，实际控制的账户合并持仓连续十个交易日的最高值超过期货交易所限仓标准的二倍，累计成交量达到同期该期货合约总成交量百分之二十以上，且期货交易占用保证金数额在五百万元以上的；

（八）通过囤积现货，影响特定期货品种市场行情，并进行相关期货交易，实际控制的账户合并持仓连续十个交易日的最高值超过期货交易所限仓标准的二倍，累计成交量达到同期该期货合约总成交量百分之二十以上，且期货交易占用保证金数额在五百万元以上的；

（九）实施刑法第一百八十二条第一款第二项、第三项操纵期货市场行为，实际控制的账户连续十个交易日的累计成交量达到同期该期货合约总成交量百分之二十以上，且期货交易占用保证金数额在五百万元以上的；

（十）利用虚假或者不确定的重大信息，诱导投资者进行期货交易，行为人进行相关期货交易，实际控制的账户连续十个交易日的累计成交量达到同期该期货合约总成交量百分之二十以上，且期货交易占用保证金数额在五百万元以上的；

（十一）对期货交易标的公开作出评价、预测或者投资建议，同时进行相关期货交易，实际控制的账户连续十个交易日的累计成交量达到同期该期货合约总成交量的百分之二十以上，且期货交易占用保证金数额在五百万元以上的；

（十二）不以成交为目的，频繁或者大量申报买入、卖出证券、期货合约并撤销申报，当日累计撤回申报量达到同期该证券、期货合约总申报量百分之五十以上，且证券撤回申报额在一千万元以上、撤回申报的期货合约占用保证金数额在五百万元以上的；

（十三）实施操纵证券、期货市场行为，获利或者避免损失数额在一百万元以上的。

操纵证券、期货市场，影响证券、期货交易价格或者证券、期货交易量，获利或者避免损失数额在五十万元以上，同时涉嫌下列情形之一的，应予立案追诉：

（一）发行人、上市公司及其董事、监事、高级管理人员、控股股东或者实际控制人实施操纵证券、期货市场行为的；

（二）收购人、重大资产重组的交易对方及其董事、监事、高级管理人

员、控股股东或者实际控制人实施操纵证券、期货市场行为的;

(三)行为人明知操纵证券、期货市场行为被有关部门调查,仍继续实施的;

(四)因操纵证券、期货市场行为受过刑事追究的;

(五)二年内因操纵证券、期货市场行为受过行政处罚的;

(六)在市场出现重大异常波动等特定时段操纵证券、期货市场的;

(七)造成其他严重后果的。

对于在全国中小企业股份转让系统中实施操纵证券市场行为,社会危害性大,严重破坏公平公正的市场秩序的,比照本条的规定执行,但本条第一款第一项和第二项除外。

2. 最高人民法院、最高人民检察院《关于办理操纵证券、期货市场刑事案件适用法律若干问题的解释》(法释〔2019〕9号,2019.7.1)①

为依法惩治证券、期货犯罪,维护证券、期货市场管理秩序,促进证券、期货市场稳定健康发展,保护投资者合法权益,根据《中华人民共和国刑法》《中华人民共和国刑事诉讼法》的规定,现就办理操纵证券、期货市场刑事案件适用法律的若干问题解释如下:

第一条 行为人具有下列情形之一的,可以认定为刑法第一百八十二条第一款第四项规定的"以其他方法操纵证券、期货市场":

(一)利用虚假或者不确定的重大信息,诱导投资者作出投资决策,影响证券、期货交易价格或者证券、期货交易量,并进行相关交易或者谋取相关利益的;

(二)通过对证券及其发行人、上市公司、期货交易标的公开作出评价、预测或者投资建议,误导投资者作出投资决策,影响证券、期货交易价格或者证券、期货交易量,并进行与其评价、预测、投资建议方向相反的证券交易或者相关期货交易的;

(三)通过策划、实施资产收购或者重组、投资新业务、股权转让、上

---

① 可参见《〈关于办理操纵证券、期货市场刑事案件适用法律若干问题的解释〉的理解与适用》(最高人民法院 姜永义 陈学勇 朱宏伟)。

市公司收购等虚假重大事项,误导投资者作出投资决策,影响证券交易价格或者证券交易量,并进行相关交易或者谋取相关利益的;

(四)通过控制发行人、上市公司信息的生成或者控制信息披露的内容、时点、节奏,误导投资者作出投资决策,影响证券交易价格或者证券交易量,并进行相关交易或者谋取相关利益的;

(五)不以成交为目的,频繁申报、撤单或者大额申报、撤单,误导投资者作出投资决策,影响证券、期货交易价格或者证券、期货交易量,并进行与申报相反的交易或者谋取相关利益的;

(六)通过囤积现货,影响特定期货品种市场行情,并进行相关期货交易的;

(七)以其他方法操纵证券、期货市场的。

第二条 操纵证券、期货市场,具有下列情形之一的,应当认定为刑法第一百八十二条第一款规定的"情节严重":

(一)持有或者实际控制证券的流通股份数量达到该证券的实际流通股份总量百分之十以上,实施刑法第一百八十二条第一款第一项操纵证券市场行为,连续十个交易日的累计成交量达到同期该证券总成交量百分之二十以上的;

(二)实施刑法第一百八十二条第一款第二项、第三项操纵证券市场行为,连续十个交易日的累计成交量达到同期该证券总成交量百分之二十以上的;

(三)实施本解释第一条第一项至第四项操纵证券市场行为,证券交易成交额在一千万元以上的;

(四)实施刑法第一百八十二条第一款第一项及本解释第一条第六项操纵期货市场行为,实际控制的账户合并持仓连续十个交易日的最高值超过期货交易所限仓标准的二倍,累计成交量达到同期该期货合约总成交量百分之二十以上,且期货交易占用保证金数额在五百万元以上的;

(五)实施刑法第一百八十二条第一款第二项、第三项及本解释第一条第一项、第二项操纵期货市场行为,实际控制的账户连续十个交易日的累计成交量达到同期该期货合约总成交量百分之二十以上,且期货交易占用保证金数额在五百万元以上的；

（六）实施本解释第一条第五项操纵证券、期货市场行为，当日累计撤回申报量达到同期该证券、期货合约总申报量百分之五十以上，且证券撤回申报额在一千万元以上、撤回申报的期货合约占用保证金数额在五百万元以上的；

（七）实施操纵证券、期货市场行为，违法所得数额在一百万元以上的。

第三条 操纵证券、期货市场，违法所得数额在五十万元以上，具有下列情形之一的，应当认定为刑法第一百八十二条第一款规定的"情节严重"：

（一）发行人、上市公司及其董事、监事、高级管理人员、控股股东或者实际控制人实施操纵证券、期货市场行为的；

（二）收购人、重大资产重组的交易对方及其董事、监事、高级管理人员、控股股东或者实际控制人实施操纵证券、期货市场行为的；

（三）行为人明知操纵证券、期货市场行为被有关部门调查，仍继续实施的；

（四）因操纵证券、期货市场行为受过刑事追究的；

（五）二年内因操纵证券、期货市场行为受过行政处罚的；

（六）在市场出现重大异常波动等特定时段操纵证券、期货市场的；

（七）造成恶劣社会影响或者其他严重后果的。

第四条 具有下列情形之一的，应当认定为刑法第一百八十二条第一款规定的"情节特别严重"：

（一）持有或者实际控制证券的流通股份数量达到该证券的实际流通股份总量百分之十以上，实施刑法第一百八十二条第一款第一项操纵证券市场行为，连续十个交易日的累计成交量达到同期该证券总成交量百分之五十以上的；

（二）实施刑法第一百八十二条第一款第二项、第三项操纵证券市场行为，连续十个交易日的累计成交量达到同期该证券总成交量百分之五十以上的；

（三）实施本解释第一条第一项至第四项操纵证券市场行为，证券交易成交额在五千万元以上的；

（四）实施刑法第一百八十二条第一款第一项及本解释第一条第六项操纵期货市场行为，实际控制的账户合并持仓连续十个交易日的最高值超过期货交易所限仓标准的五倍，累计成交量达到同期该期货合约总成交量百分之五十以上，且期货交易占用保证金数额在二千五百万元以上的；

（五）实施刑法第一百八十二条第一款第二项、第三项及本解释第一条第一项、第二项操纵期货市场行为，实际控制的账户连续十个交易日的累计成交量达到同期该期货合约总成交量百分之五十以上，且期货交易占用保证金数额在二千五百万元以上的；

（六）实施操纵证券、期货市场行为，违法所得数额在一千万元以上的。

实施操纵证券、期货市场行为，违法所得数额在五百万元以上，并具有本解释第三条规定的七种情形之一的，应当认定为"情节特别严重"。

第五条　下列账户应当认定为刑法第一百八十二条中规定的"自己实际控制的账户"：

（一）行为人以自己名义开户并使用的实名账户；

（二）行为人向账户转入或者从账户转出资金，并承担实际损益的他人账户；

（三）行为人通过第一项、第二项以外的方式管理、支配或者使用的他人账户；

（四）行为人通过投资关系、协议等方式对账户内资产行使交易决策权的他人账户；

（五）其他有证据证明行为人具有交易决策权的账户。

有证据证明行为人对前款第一项至第三项账户内资产没有交易决策权的除外。

第六条　二次以上实施操纵证券、期货市场行为，依法应予行政处理或者刑事处理而未经处理的，相关交易数额或者违法所得数额累计计算。

第七条　符合本解释第二条、第三条规定的标准，行为人如实供述犯罪事实，认罪悔罪，并积极配合调查，退缴违法所得的，可以从轻处罚；其中犯罪情节轻微的，可以依法不起诉或者免予刑事处罚。

符合刑事诉讼法规定的认罪认罚从宽适用范围和条件的，依照刑事诉讼法的规定处理。

第八条 单位实施刑法第一百八十二条第一款行为的，依照本解释规定的定罪量刑标准，对其直接负责的主管人员和其他直接责任人员定罪处罚，并对单位判处罚金。

第九条 本解释所称"违法所得"，是指通过操纵证券、期货市场所获利益或者避免的损失。

本解释所称"连续十个交易日"，是指证券、期货市场开市交易的连续十个交易日，并非指行为人连续交易的十个交易日。

第十条 对于在全国中小企业股份转让系统中实施操纵证券市场行为，社会危害性大，严重破坏公平公正的市场秩序的，比照本解释的规定执行，但本解释第二条第一项、第二项和第四条第一项、第二项除外。

第十一条 本解释自 2019 年 7 月 1 日起施行。

最高人民检察院指导性案例

朱炜明操纵证券市场案
（检例第 39 号）

【关键词】

操纵证券市场 "抢帽子"交易 公开荐股

【基本案情】

被告人朱炜明，男，1982 年 7 月出生，原系国开证券有限责任公司上海龙华西路证券营业部（以下简称国开证券营业部）证券经纪人，上海电视台第一财经频道《谈股论金》节目（以下简称《谈股论金》节目）特邀嘉宾。

2013 年 2 月 1 日至 2014 年 8 月 26 日，被告人朱炜明在任国开证券营业部证券经纪人期间，先后多次在其担任特邀嘉宾的《谈股论金》电视节目播出前，使用实际控制的三个证券账户买入多支股票，于当日或次日在《谈股论金》节目播出中，以特邀嘉宾身份对其先期买入的股票进行公开评价、预测及推介，并于节目首播后一至二个交易日内抛售相关股票，人为地影响前述股票的交易量和交易价格，获取利益。经查，其买入股票交易金额共计人民币 2094.22 万余元，卖出股票交易金额共计人民币 2169.70 万余元，非法获利 75.48 万余元。

【要旨】

证券公司、证券咨询机构、专业中介机构及其工作人员违背从业禁止规定，买卖或者持有证券，并在对相关证券作出公开评价、预测或者投资建议后，通过预期的市场波动反向操作，谋取利益，情节严重的，以操纵证券市场罪追究其刑事责任。

【指控与证明犯罪】

2016 年 11 月 29 日，上海市公安局以朱炜明涉嫌操纵证券市场罪移送上海市人民检察院第一分院审查起诉。

审查起诉阶段，朱炜明辩称：1. 涉案账户系其父亲朱某实际控制，其本人并未建议和参与相关涉案股票的买卖；2. 节目播出时，已隐去股票名称和代码，仅展示 K 线图、描述股票特征及信息，不属于公开评价、预测、推介个股；3. 涉案账户资金系家庭共同财产，其本人并未从中受益。

检察机关审查认为，现有证据足以认定犯罪嫌疑人在媒体上公开进行了股票推介行为，并且涉案账户在公开推介前后进行了涉案股票反向操作。但是，犯罪嫌疑人与涉案账户的实际控制关系，公开推介是否构成"抢帽子"交易操纵中的"公开荐股"以及行为能否认定为"操纵证券市场"等问题，有待进一步查证。针对需要进一步查证的问题，上海市人民检察院第一分院分别于 2017 年 1 月 13 日、3 月 24 日二次将案件退回上海市公安局补充侦查，要求公安机关补充查证犯罪嫌疑人的淘宝、网银等 IP 地址、MAC 地址（硬件设备地址，用来定义网络设备的位置），并与涉案账户证券交易 IP 地址做筛选比对；将涉案账户资金出入与犯罪嫌疑人个人账户资金往来做关联比对；进一步对其父朱某在关键细节上做针对性询问，以核实朱炜明的辩解；由证券监管部门对本案犯罪嫌疑人的行为是否构成"公开荐股""操纵证券市场"提出认定意见。

经补充侦查，上海市公安局进一步收集了朱炜明父亲朱某等证人证言、中国证监会对朱炜明操纵证券市场行为性质的认定函、司法会计鉴定意见书等证据。中国证监会出具的认定函认定：2013 年 2 月 1 日至 2014 年 8 月 26 日，朱炜明在《谈股论金》节目中通过明示股票名称或描述股票特征的方法,对15支股票进行公开评价和预测。朱炜明通过其控制的三个证券账户在节目播出前一至二个交易日或当天买入推荐的股票,交易金额2094.22万余元,并于节目播出后一至二个交易日内卖出上述股票,交易金额2169.70万余元,获利75.48万余元。朱炜明所荐股票次日交易价量明显上涨,偏离行业板块和大盘走势。其行为构成操纵证券市场,扰乱了证券市场秩序,并造成了严重社会影响。

结合补充收集的证据,上海市人民检察院第一分院办案人员再次提讯朱炜明,并听取其辩护律师意见。朱炜明在展示的证据面前,承认其在节目中公开荐股,称其明知所推荐股票价格在节目播出后会有所上升,故在公开荐股前建议其父朱某买入涉案15支股票,并在节目播出后随即卖出,以谋取利益。但对于指控其实际控制涉案账户买卖股票的事实予以否认。

针对其辩解,办案人员将相关证据向朱炜明及其辩护人出示,并一一阐明证据与朱炜明行为之间的证明关系。1.账户登录、交易IP地址大量位于朱炜明所在的办公地点,与朱炜明出行等电脑数据轨迹一致。例如,2014年7月17日、18日,涉案的朱某证券账户登录、交易IP地址在重庆,与朱炜明的出行记录一致。2.涉案三个账户之间与朱炜明个人账户资金往来频繁,初始资金有部分来自于朱炜明账户,转出资金中有部分转入朱炜明银行账户后由其消费,证明涉案账户资金由朱炜明控制。经过上述证据展示,朱炜明对自己实施"抢帽子"交易操纵他人证券账户买卖股票牟利的事实供认不讳。

2017年5月18日,上海市人民检察院第一分院以被告人朱炜明犯操纵证券市场罪向上海市第一中级人民法院提起公诉。7月20日,上海市第一中级人民法院公开开庭审理了本案。

法庭调查阶段,公诉人宣读起诉书指控被告人朱炜明违反从业禁止规定,以"抢帽子"交易的手段操纵证券市场谋取利益,其行为构成操纵证券市场罪。对以上指控的犯罪事实,公诉人出示了四组证据予以证明:

一是关于被告人朱炜明主体身份情况的证据。包括:1.国开证券公司与朱炜明签订的劳动合同、委托代理合同等工作关系书证;2.《谈股论金》节目编辑陈某等证人证言;3.户籍资料、从业资格证书等书证;4.被告人朱炜明的供述。证明:朱炜明于2013年2月至2014年8月担任国开证券营业部证券经纪人期间，先后多次受邀担任《谈股论金》节目特邀嘉宾。

二是关于涉案账户登录异常的证据。包括：1. 证人朱某等证人的证言；2. 朱炜明出入境及国内出行记录等书证；3. 司法会计鉴定意见书、搜查笔录等；4. 被告人朱炜明的供述。证明：2013年2月至2014年8月，"朱某""孙某""张某"三个涉案证券账户的实际控制人为朱炜明。

三是关于涉案账户交易异常的证据。包括：1. 证人陈某等证人的证言；2. 证监会行政处罚决定书及相关认定意见、调查报告等书证；3. 司法会计鉴定意见书；4. 节目视频拷贝光盘、QQ群聊天记录等视听资料、电子数据；5. 被告人朱炜明的供述。证明：朱炜明在节目中推荐的15支股票，均被其在节目播出前一至二个交易日或播出当天买入，并于节目播出后一至二个交易日内卖出。

四是关于涉案证券账户资金来源及获利的证据。包括：1. 证人朱某的证言；2. 证监会查询通知书等书证；3. 司法会计鉴定意见书等；4. 被告人朱炜明的供述。证明：朱炜明在公开推荐股票后，股票交易量、交易价格涨幅明显。"朱某""孙某""张某"三个证券账户交易初始资金大部分来自朱炜明，且与朱炜明个人账户资金往来频繁。上述账户在涉案期间累计交易金额人民币4263.92万余元，获利人民币75.48万余元。

法庭辩论阶段，公诉人发表公诉意见：

第一，关于本案定性。证券公司、证券咨询机构、专业中介机构及其工作人员，买卖或者持有相关证券，并对该证券或其发行人、上市公司公开作出评价、预测或者投资建议，以便通过期待的市场波动取得经济利益的行为是"抢帽子"交易操纵行为。根据刑法第一百八十二条第一款第（四）项的规定，属于"以其他方法操纵"证券市场，情节严重的，构成操纵证券市场罪。

第二，关于控制他人账户的认定。综合本案证据，可以认定朱炜明通过实际控制的"朱某""孙某""张某"三个证券账户在公开荐股前买入涉案15支股票，荐股后随即卖出谋取利益，涉案股票价量均因荐股有实际影响，朱炜明实际获利75万余元。

第三，关于公开荐股的认定。结合证据，朱炜明在电视节目中，或明示股票名称，或介绍股票标识性信息、展示K线图等，投资者可以依据上述信息确定涉案股票名称，系在电视节目中对涉案股票公开作出评价、预测、推介，可以认定构成公开荐股。

第四，关于本案量刑建议。根据刑法第一百八十二条的规定，被告人朱炜明的行为构成操纵证券市场罪，依法应在五年以下有期徒刑至拘役之间量刑，并处违法所得一倍以上五倍以下罚金。建议对被告人朱炜明酌情判处三年以下有期徒刑，并处违法所得一倍以上的罚金。

被告人朱炜明及其辩护人对公诉意见没有异议，被告人当庭表示愿意退缴违法所得。辩护人提出，考虑被告人认罪态度好，建议从轻处罚。

法庭经审理，认定公诉人提交的证据能够相互印证，予以确认。综合考虑全案犯罪事实、情节，对朱炜明处以相应刑罚。2017年7月28日，上海市第一中级人民法院作出一审判决，以操纵证券市场罪判处被告人朱炜明有期徒刑十一个月，并处罚金人民币76万元，其违法所得予以没收。一审宣判后，被告人未上诉，判决已生效。

【指导意义】

证券公司、证券咨询机构、专业中介机构及其工作人员，违反规定买卖或者持有相关证券后，对该证券或者其发行人、上市公司作出公开评价、预测或者提出投资建议，通过期待的市场波动谋取利益的，构成"抢帽子"交易操纵行为。发布投资咨询意见的机构或者证券从业人员往往具有一定的社会知名度，他们借助影响力较大的传播平台发布诱导性信息，容易对普通投资者交易决策产生影响。其在发布信息后，又利用证券价格波动实施与投资者反向交易的行为获利，破坏了证券市场管理秩序，违反了证券市场公开、公平、公正原则，具有较大的社会危害性，情节严重的，构成操纵证券市场罪。

证券犯罪具有专业性、隐蔽性、间接性等特征，检察机关办理该类案件时，应当根据证券犯罪案件特点，引导公安机关从证券交易记录、资金流向等问题切入，全面收集涉及犯罪的书证、电子数据、证人证言等证据，并结合案件特点开展证据审查。对书证，要重点审查涉及证券交易记录的凭据，有关交易数量、交易额、成交价格、资金走向等证据。对电子数据，要重点审查收集程序是否合法,是否采取必要的保全措施,是否经过篡改,是否感染病毒等。对证人证言,要重点审查证人与犯罪嫌疑人的关系,证言能否与客观证据相印证等。

办案中,犯罪嫌疑人或被告人及其辩护人经常会提出涉案账户实际控制人及操作人非其本人的辩解。对此,检察机关可以通过行为人资金往来记录、MAC 地址(硬件设备地址)、IP 地址与互联网访问轨迹的重合度与连贯性,身份关系和资金关系的紧密度,涉案股票买卖与公开荐股在时间及资金比例上的高度关联性,相关证人证言在细节上是否吻合等入手,构建严密证据体系,确定被告人与涉案账户的实际控制关系。

非法证券活动涉嫌犯罪的案件,来源往往是证券监管部门向公安机关移送。审查案件过程中,人民检察院可以与证券监管部门加强联系和沟通。证券监管部门在行政执法和查办案件中收集的物证、书证、视听资料、电子数据等证据材料,在刑事诉讼中可以作为证据使用。检察机关通过办理证券犯罪案件,可以建议证券监管部门针对案件反映出的问题,加强资本市场监管和相关制度建设。

▶ 行政规范

法律

《中华人民共和国证券法》(中华人民共和国主席令第 37 号,2019.12.28 修订,2020.3.1 实施)(节录)

第三十五条 证券交易当事人依法买卖的证券,必须是依法发行并交付的证券。

非依法发行的证券,不得买卖。

第三十六条 依法发行的证券,《中华人民共和国公司法》和其他法律对其转让期限有限制性规定的,在限定的期限内不得转让。

上市公司持有百分之五以上股份的股东、实际控制人、董事、监事、高级管理人员,以及其他持有发行人首次公开发行前发行的股份或者上市公司向特定对象发行的股份的股东,转让其持有的本公司股份的,不得违反法律、行政法规和国务院证券监督管理机构关于持有期限、卖出时间、卖出数量、卖出方式、信息披露等规定,并应当遵守证券交易所的业务规则。

第三十七条 公开发行的证券,应当在依法设立的证券交易所上市交易或者在国务院批准的其他全国性证券交易场所交易。

非公开发行的证券,可以在证券交易所、国务院批准的其他全国性证券交易场所、按照国务院规定设立的区域性股权市场转让。

第三十八条 证券在证券交易所上市交易,应当采用公开的集中交易方式或者国务院证券监督管理机构批准的其他方式。

第三十九条 证券交易当事人买卖的证券可以采用纸面形式或者国务院证券监督管理机构规定的其他形式。

第四十条 证券交易场所、证券公司和证券登记结算机构的从业人员,证券监督管理机构的工作人员以及法律、行政法规规定禁止参与股票交易的其他人员,在任期或者法定限期内,不得直接或者以化名、借他人名义持有、买卖股票或者其他具有股权性质的证券,也不得收受他人赠送的股票或者其他具有股权性质的证券。

任何人在成为前款所列人员时,其原已持有的股票或者其他具有股权性质的证券,必须依法转让。

实施股权激励计划或者员工持股计划的证券公司的从业人员,可以按照国务院证券监督管理机构的规定持有、卖出本公司股票或者其他具有股权性质的证券。

第四十一条 证券交易场所、证券公司、证券登记结算机构、证券服务机构及其工作人员应当依法为投资者的信息保密,不得非法买卖、提供或者公开投资者的信息。

证券交易场所、证券公司、证券登记结算机构、证券服务机构及其工作人员不得泄露所知悉的商业秘密。

第四十二条 为证券发行出具审计报告或者法律意见书等文件的证券服务机构和人员,在该证券承销期内和期满后六个月内,不得买卖该证券。

除前款规定外,为发行人及其控股股东、实际控制人,或者收购人、重大资产交易方出具审计报告或者法律意见书等文件的证券服务机构和人员,自接受委托之日起至上述文件公开后五日内,不得买卖该证券。实际开展上述有关工作之日早于接受委托之日的,自实际开展上述有关工作之日起至上述文件公开后五日内,不得买卖该证券。

第四十三条 证券交易的收费必须合理,并公开收费项目、收费标准和管理办法。

第四十四条 上市公司、股票在国务院批准的其他全国性证券交易场所交易的公司持有百分之五以上股份的股东、董事、监事、高级管理人员,将其持有的该公司的股票或者其他具有股权性质的证券在买入后六个月内卖出,或者在卖出后六个月内又买入,由此所得收益归该公司所有,公司董事会应当收回其所得收益。但是,证券公司因购入包销售后剩余股票而持有百分之五以上股份,以及有国务院证券监督管理机构规定的其他情形的除外。

前款所称董事、监事、高级管理人员、自然人股东持有的股票或者其他具有股权性质的证券,包括其配偶、父母、子女持有的及利用他人账户持有的股票或者其他具有股权性质的证券。

公司董事会不按照第一款规定执行的,股东有权要求董事会在三十日内执行。公司董事会未在上述期限内执行的,股东有权为了公司的利益以自己的名义直接向人民法院提起诉讼。

公司董事会不按照第一款的规定执行的,负有责任的董事依法承担连带责任。

第四十五条 通过计算机程序自动生成或者下达交易指令进行程序化交易的,应当符合国务院证券监督管理机构的规定,并向证券交易所报告,不得影响证券交易所系统安全或者正常交易秩序。

第四十六条 申请证券上市交易,应当向证券交易所提出申请,由证券交易所依法审核同意,并由双方签订上市协议。

证券交易所根据国务院授权的部门的决定安排政府债券上市交易。

第四十七条 申请证券上市交易,应当符合证券交易所上市规则规定的上市条件。

证券交易所上市规则规定的上市条件,应当对发行人的经营年限、财务状况、最低公开发行比例和公司治理、诚信记录等提出要求。

第四十八条 上市交易的证券,有证券交易所规定的终止上市情形的,由证券交易所按照业务规则终止其上市交易。

证券交易所决定终止证券上市交易的,应当及时公告,并报国务院证券监督管理机构备案。

第四十九条 对证券交易所作出的不予上市交易、终止上市交易决定不服的,可以向证券交易所设立的复核机构申请复核。

第五十条 禁止证券交易内幕信息的知情人和非法获取内幕信息的人利用内幕信息从事证券交易活动。

第五十一条 证券交易内幕信息的知情人包括:

(一)发行人及其董事、监事、高级管理人员;

(二)持有公司百分之五以上股份的股东及其董事、监事、高级管理人员,公司的实际控制人及其董事、监事、高级管理人员;

(三)发行人控股或者实际控制的公司及其董事、监事、高级管理人员;

(四)由于所任公司职务或者因与公司业务往来可以获取公司有关内幕信息的人员;

(五)上市公司收购人或者重大资产交易方及其控股股东、实际控制人、董事、监事和高级管理人员;

(六)因职务、工作可以获取内幕信息的证券交易场所、证券公司、证券登记结算机构、证券服务机构的有关人员;

(七)因职责、工作可以获取内幕信息的证券监督管理机构工作人员;

(八)因法定职责对证券的发行、交易或者对上市公司及其收购、重大资产交易进行管理可以获取内幕信息的有关主管部门、监管机构的工作人员;

(九)国务院证券监督管理机构规定的可以获取内幕信息的其他人员。

第五十二条 证券交易活动中,涉及发行人的经营、财务或者对该发行人证券的市场价格有重大影响的尚未公开的信息,为内幕信息。

本法第八十条第二款、第八十一条第二款所列重大事件属于内幕信息。

第五十三条　证券交易内幕信息的知情人和非法获取内幕信息的人，在内幕信息公开前，不得买卖该公司的证券，或者泄露该信息，或者建议他人买卖该证券。

持有或者通过协议、其他安排与他人共同持有公司百分之五以上股份的自然人、法人、非法人组织收购上市公司的股份，本法另有规定的，适用其规定。

内幕交易行为给投资者造成损失的，应当依法承担赔偿责任。

第五十四条　禁止证券交易场所、证券公司、证券登记结算机构、证券服务机构和其他金融机构的从业人员、有关监管部门或者行业协会的工作人员，利用因职务便利获取的内幕信息以外的其他未公开的信息，违反规定，从事与该信息相关的证券交易活动，或者明示、暗示他人从事相关交易活动。

利用未公开信息进行交易给投资者造成损失的，应当依法承担赔偿责任。

第五十五条　禁止任何人以下列手段操纵证券市场，影响或者意图影响证券交易价格或者证券交易量：

（一）单独或者通过合谋，集中资金优势、持股优势或者利用信息优势联合或者连续买卖；

（二）与他人串通，以事先约定的时间、价格和方式相互进行证券交易；

（三）在自己实际控制的账户之间进行证券交易；

（四）不以成交为目的，频繁或者大量申报并撤销申报；

（五）利用虚假或者不确定的重大信息，诱导投资者进行证券交易；

（六）对证券、发行人公开作出评价、预测或者投资建议，并进行反向证券交易；

（七）利用在其他相关市场的活动操纵证券市场；

（八）操纵证券市场的其他手段。

操纵证券市场行为给投资者造成损失的，应当依法承担赔偿责任。

第五十六条　禁止任何单位和个人编造、传播虚假信息或者误导性信息，扰乱证券市场。

禁止证券交易场所、证券公司、证券登记结算机构、证券服务机构及其从业人员，证券业协会、证券监督管理机构及其工作人员，在证券交易活动中作出虚假陈述或者信息误导。

各种传播媒介传播证券市场信息必须真实、客观，禁止误导。传播媒介及其从事证券市场信息报道的工作人员不得从事与其工作职责发生利益冲突的证券买卖。

编造、传播虚假信息或者误导性信息，扰乱证券市场，给投资者造成损失的，应当依法承担赔偿责任。

第五十七条　禁止证券公司及其从业人员从事下列损害客户利益的行为：

（一）违背客户的委托为其买卖证券；

（二）不在规定时间内向客户提供交易的确认文件；

（三）未经客户的委托，擅自为客户买卖证券，或者假借客户的名义买卖证券；

（四）为牟取佣金收入，诱使客户进行不必要的证券买卖；

（五）其他违背客户真实意思表示，损害客户利益的行为。

违反前款规定给客户造成损失的，应当依法承担赔偿责任。

第五十八条　任何单位和个人不得违反规定，出借自己的证券账户或者借用他人的证券账户从事证券交易。

第五十九条　依法拓宽资金入市渠道，禁止资金违规流入股市。

禁止投资者违规利用财政资金、银行信贷资金买卖证券。

第六十条　国有独资企业、国有独资公司、国有资本控股公司买卖上市交易的股票，必须遵守国家有关规定。

第六十一条　证券交易场所、证券公司、证券登记结算机构、证券服务机构及其从业人员对证券交易中发现的禁止的交易行为，应当及时向证券监督管理机构报告。

第一百八十七条　法律、行政法规规定禁止参与股票交易的人员，违反本法第四十条的规定，直接或者以化名、借他人名义持有、买卖股票或者其他具有股权性质的证券的，责令依法处理非法持有的股票、其他具有股权性质的证券，没收违法所得，并处以买卖证券等值以下的罚款；属于国家工作人员的,还应当依法给予处分。

第一百九十一条 证券交易内幕信息的知情人或者非法获取内幕信息的人违反本法第五十三条的规定从事内幕交易的,责令依法处理非法持有的证券,没收违法所得,并处以违法所得一倍以上十倍以下的罚款;没有违法所得或者违法所得不足五十万元的,处以五十万元以上五百万元以下的罚款。单位从事内幕交易的,还应当对直接负责的主管人员和其他直接责任人员给予警告,并处以二十万元以上二百万元以下的罚款。国务院证券监督管理机构工作人员从事内幕交易的,从重处罚。

违反本法第五十四条的规定,利用未公开信息进行交易的,依照前款的规定处罚。

第一百九十二条 违反本法第五十五条的规定,操纵证券市场的,责令依法处理其非法持有的证券,没收违法所得,并处以违法所得一倍以上十倍以下的罚款;没有违法所得或者违法所得不足一百万元的,处以一百万元以上一千万元以下的罚款。单位操纵证券市场的,还应当对直接负责的主管人员和其他直接责任人员给予警告,并处以五十万元以上五百万元以下的罚款。

行政法规及规范性文件

1.《期货交易管理条例》(中华人民共和国国务院令第676号,2017.3.1修订实施)(节录)

第三条 从事期货交易活动,应当遵循公开、公平、公正和诚实信用的原则。禁止欺诈、内幕交易和操纵期货交易价格等违法行为。

第二十六条 客户可以通过书面、电话、互联网或者国务院期货监督管理机构规定的其他方式,向期货公司下达交易指令。客户的交易指令应当明确、全面。

期货公司不得隐瞒重要事项或者使用其他不正当手段诱骗客户发出交易指令。

第二十七条 期货交易所应当及时公布上市品种合约的成交量、成交价、持仓量、最高价与最低价、开盘价与收盘价和其他应当公布的即时行情,并保证即时行情的真实、准确。期货交易所不得发布价格预测信息。

未经期货交易所许可,任何单位和个人不得发布期货交易即时行情。

第二十八条 期货交易应当严格执行保证金制度。期货交易所向会员、期货公司向客户收取的保证金,不得低于国务院期货监督管理机构、期货交易所规定的标准,并应当与自有资金分开,专户存放。

期货交易所向会员收取的保证金,属于会员所有,除用于会员的交易结算外,严禁挪作他用。

期货公司向客户收取的保证金,属于客户所有,除下列可划转的情形外,严禁挪作他用:

(一)依据客户的要求支付可用资金;

(二)为客户交存保证金,支付手续费、税款;

(三)国务院期货监督管理机构规定的其他情形。

第六十七条 期货公司有下列欺诈客户行为之一的,责令改正,给予警告,没收违法所得,并处违法所得1倍以上5倍以下的罚款;没有违法所得或者违法所得不满10万元的,并处10万元以上50万元以下的罚款;情节严重的,责令停业整顿或者吊销期货业务许可证:

(一)向客户作获利保证或者不按照规定向客户出示风险说明书的;

(二)在经纪业务中与客户约定分享利益、共担风险的;

(三)不按照规定接受客户委托或者不按照客户委托内容擅自进行期货交易的;

(四)隐瞒重要事项或者使用其他不正当手段,诱骗客户发出交易指令的;

(五)向客户提供虚假成交回报的;

(六)未将客户交易指令下达到期货交易所的;

(七)挪用客户保证金的;

(八)不按照规定在期货保证金存管银行开立保证金账户,或者违规划转客户保证金的;

(九)国务院期货监督管理机构规定的其他欺诈客户的行为。

期货公司有前款所列行为之一的,对直接负责的主管人员和其他直接责任人员给予警告，并处 1 万元以上 10 万元以下的罚款；情节严重的，暂停或者撤销期货从业人员资格。

任何单位或者个人编造并且传播有关期货交易的虚假信息，扰乱期货交易市场的，依照本条第一款、第二款的规定处罚。

第六十八条　期货公司及其他期货经营机构、非期货公司结算会员、期货保证金存管银行提供虚假申请文件或者采取其他欺诈手段隐瞒重要事实骗取期货业务许可的，撤销其期货业务许可，没收违法所得。

第六十九条　期货交易内幕信息的知情人或者非法获取期货交易内幕信息的人，在对期货交易价格有重大影响的信息尚未公开前，利用内幕信息从事期货交易，或者向他人泄露内幕信息，使他人利用内幕信息进行期货交易的，没收违法所得，并处违法所得 1 倍以上 5 倍以下的罚款；没有违法所得或者违法所得不满 10 万元的，处 10 万元以上 50 万元以下的罚款。单位从事内幕交易的，还应当对直接负责的主管人员和其他直接责任人员给予警告，并处 3 万元以上 30 万元以下的罚款。

国务院期货监督管理机构、期货交易所和期货保证金安全存管监控机构的工作人员进行内幕交易的，从重处罚。

第七十条　任何单位或者个人有下列行为之一，操纵期货交易价格的，责令改正，没收违法所得，并处违法所得 1 倍以上 5 倍以下的罚款；没有违法所得或者违法所得不满 20 万元的，处 20 万元以上 100 万元以下的罚款：

（一）单独或者合谋，集中资金优势、持仓优势或者利用信息优势联合或者连续买卖合约，操纵期货交易价格的；

（二）蓄意串通，按事先约定的时间、价格和方式相互进行期货交易，影响期货交易价格或者期货交易量的；

（三）以自己为交易对象，自买自卖，影响期货交易价格或者期货交易量的；

（四）为影响期货市场行情囤积现货的；

（五）国务院期货监督管理机构规定的其他操纵期货交易价格的行为。

单位有前款所列行为之一的，对直接负责的主管人员和其他直接责任人员给予警告，并处 1 万元以上 10 万元以下的罚款。

第八十一条 本条例下列用语的含义：

（一）商品期货合约，是指以农产品、工业品、能源和其他商品及其相关指数产品为标的物的期货合约。

（二）金融期货合约，是指以有价证券、利率、汇率等金融产品及其相关指数产品为标的物的期货合约。

（三）保证金，是指期货交易者按照规定交纳的资金或者提交的价值稳定、流动性强的标准仓单、国债等有价证券，用于结算和保证履约。

（四）结算，是指根据期货交易所公布的结算价格对交易双方的交易结果进行的资金清算和划转。

（五）交割，是指合约到期时，按照期货交易所的规则和程序，交易双方通过该合约所载标的物所有权的转移，或者按照规定结算价格进行现金差价结算，了结到期未平仓合约的过程。

（六）平仓，是指期货交易者买入或者卖出与其所持合约的品种、数量和交割月份相同但交易方向相反的合约，了结期货交易的行为。

（七）持仓量，是指期货交易者所持有的未平仓合约的数量。

（八）持仓限额，是指期货交易所对期货交易者的持仓量规定的最高数额。

（九）标准仓单，是指交割仓库开具并经期货交易所认定的标准化提货凭证。

（十）涨跌停板，是指合约在1个交易日中的交易价格不得高于或者低于规定的涨跌幅度，超出该涨跌幅度的报价将被视为无效，不能成交。

（十一）内幕信息，是指可能对期货交易价格产生重大影响的尚未公开的信息，包括：国务院期货监督管理机构以及其他相关部门制定的对期货交易价格可能发生重大影响的政策，期货交易所作出的可能对期货交易价格发生重大影响的决定，期货交易所会员、客户的资金和交易动向以及国务院期货监督管理机构认定的对期货交易价格有显著影响的其他重要信息。

（十二）内幕信息的知情人员，是指由于其管理地位、监督地位或者职业地位，或者作为雇员、专业顾问履行职务，能够接触或者获得内幕信息的人员，包括：期货交易所的管理人员以及其他由于任职可获取内幕信息的从业人员，国务院期货监督管理机构和其他有关部门的工作人员以及国务院期货监督管理机构规定的其他人员。

2.《证券公司监督管理条例》（中华人民共和国国务院令第653号，2014.7.29修订实施）（节录）

第四十三条　证券公司从事证券自营业务，不得有下列行为：

（一）违反规定购买本证券公司控股股东或者与本证券公司有其他重大利害关系的发行人发行的证券；

（二）违反规定委托他人代为买卖证券；

（三）利用内幕信息买卖证券或者操纵证券市场；

（四）法律、行政法规或者国务院证券监督管理机构禁止的其他行为。

第八十条　证券公司诱使客户进行不必要的证券交易，或者从事证券资产管理业务时，使用客户资产进行不必要的证券交易的，依照《证券法》第二百一十条的规定处罚。

第八十八条　违反本条例的规定，有下列情形之一的，责令改正，给予警告，并处以3万元以上20万元以下的罚款；对直接负责的主管人员和其他直接责任人员，给予警告，可以处以3万元以下的罚款：

（一）证券公司未按照本条例第六十六条的规定公开披露信息，或者公开披露的信息中有虚假记载、误导性陈述或者重大遗漏；

（二）证券公司控股或者实际控制的企业、资产托管机构、证券服务机构未按照规定向国务院证券监督管理机构报送、提供有关信息、资料，或者报送、提供的信息、资料中有虚假记载、误导性陈述或者重大遗漏。

3.国务院办公厅转发证监会等部门《关于依法打击和防控资本市场内幕交易意见》的通知（国办发〔2010〕55号，2010.11.16）（节录）

内幕交易，是指上市公司高管人员、控股股东、实际控制人和行政审批部门等方面的知情人员，利用工作之便，在公司并购、业绩增长等重大信息公布之前，泄露信息或者利用内幕信息买卖证券谋取私利的行为。这种行为严重违反了法律法规，损害投资者和上市公司合法权益。证券法第五条规定，"禁止欺诈、内幕交易和操纵证券市场的行为"，第七十三条规定，"禁止证券交易内幕信息的知情人和非法获取内幕信息的人利用内幕信息从事证券交易活动"。刑法第一百八十条、第一百八十二条对内幕交易、利用信息优势操纵证券交易价格等行为的量刑和处罚作出了明确规定。

内幕信息，是指上市公司经营、财务、分配、投融资、并购重组、重要人事变动等对证券价格有重大影响但尚未正式公开的信息。加强内幕信息管理是防控内幕交易的重要环节，对从源头上遏制内幕交易具有重要意义。各地区、各相关部门要建立完善内幕信息登记管理制度，提高防控工作的制度化、规范化水平。

一是抓紧制定涉及上市公司内幕信息的保密制度，包括国家工作人员接触内幕信息管理办法，明确内幕信息范围、流转程序、保密措施和责任追究要求，并指定负责内幕信息管理的机构和人员。二是尽快建立内幕信息知情人登记制度，要求内幕信息知情人按规定实施登记，落实相关人员的保密责任和义务。三是完善上市公司信息披露和停复牌等相关制度，督促上市公司等信息披露义务人严格依照法律法规，真实、准确、完整、及时地披露信息。四是健全考核评价制度，将内幕交易防控工作纳入企业业绩考核评价体系，明确考核的原则、内容、标准、程序和方式。五是细化、充实依法打击和防控内幕交易的规定，完善内幕交易行为认定和举证规则，积极探索内幕交易举报奖励制度。

所有涉及上市公司重大事项的决策程序，都要符合保密制度要求，简化决策流程，缩短决策时限，尽可能缩小内幕信息知情人范围。研究论证上市公司重大事项，原则上应在相关证券停牌后或非交易时间进行。

证券监督管理部门要切实负起监管责任，对涉嫌内幕交易的行为，要及时立案稽查，从快作出行政处罚；对涉嫌犯罪的，要移送司法机关依法追究刑事责任，做到有法必依，执法必严，违法必究；对已立案稽查的上市公司，要暂停其再融资、并购重组等行政许可；对负有直接责任的中介机构及相关人员，要依法依规采取行政措施，暂停或取消其业务资格。公安机关在接到依法移送的案件后，要及时立案侦查。各级监察机关、各国有资产监督管理部门要依据职责分工，对泄露内幕信息或从事内幕交易的国家工作人员、国有（控股）企业工作人员进行严肃处理。

4.《股票发行与交易管理暂行条例》(中华人民共和国国务院令第112号,1993.4.22)(节录)

第十六条 招股说明书的封面应当载明:"发行人保证招股说明书的内容真实、准确、完整。政府及国家证券管理部门对本次发行所作出的任何决定,均不表明其对发行人所发行的股票的价值或者投资人的收益作出实质性判断或者保证。"

第十七条 全体发起人或者董事以及主承销商应当在招股说明书上签字,保证招股说明书没有虚假、严重误导性陈述或者重大遗漏,并保证对其承担连带责任。

第十八条 为发行人出具文件的注册会计师及其所在事务所、专业评估人员及其所在机构、律师及其所在事务所,在履行职责时,应当按照本行业公认的业务标准和道德规范,对其出具文件内容的真实性、准确性、完整性进行核查和验证。

第二十一条 证券经营机构承销股票,应当对招股说明书和其他有关宣传材料的真实性、准确性、完整性进行核查;发现含有虚假、严重误导性陈述或者重大遗漏的,不得发出要约邀请或者要约;已经发出的,应当立即停止销售活动,并采取相应的补救措施。

第五十七条 上市公司应当向证监会、证券交易场所提供下列文件:

(一)在每个会计年度的前六个月结束后六十日内提交中期报告;

(二)在每个会计年度结束后一百二十日内提交经注册会计师审计的年度报告。

中期报告和年度报告应当符合国家的会计制度和证监会的有关规定,由上市公司授权的董事或者经理签字,并由上市公司盖章。

第五十八条 本条例第五十七条所列中期报告应当包括下列内容:

(一)公司财务报告;

(二)公司管理部门对公司财务状况和经营成果的分析;

(三)涉及公司的重大诉讼事项;

(四)公司发行在外股票的变动情况;

(五)公司提交给有表决权的股东审议的重要事项;

上编 金融犯罪

（六）证监会要求载明的其他内容。

第五十九条 本条例第五十七条所列年度报告应当包括下列内容：

（一）公司简况；

（二）公司的主要产品或者主要服务项目简况；

（三）公司所在行业简况；

（四）公司所拥有的重要的工厂、矿山、房地产等财产简况；

（五）公司发行在外股票的情况，包括持有公司百分之五以上发行在外普通股的股东的名单及前十名最大的股东的名单；

（六）公司股东数量；

（七）公司董事、监事和高级管理人员简况、持股情况和报酬；

（八）公司及其关联人一览表和简况；

（九）公司近三年或者成立以来的财务信息摘要；

（十）公司管理部门对公司财务状况和经营成果的分析；

（十一）公司发行在外债券的变动情况；

（十二）涉及公司的重大诉讼事项；

（十三）经注册会计师审计的公司最近二个年度的比较财务报告及其附表、注释；该上市公司为控股公司的，还应当包括最近二个年度的比较合并财务报告；

（十四）证监会要求载明的其他内容。

第六十条 发生可能对上市公司股票的市场价格产生较大影响、而投资人尚未得知的重大事件时，上市公司应当立即将有关该重大事件的报告提交证券交易场所和证监会，并向社会公布，说明事件的实质。但是，上市公司有充分理由认为向社会公布该重大事件会损害上市公司的利益，且不公布也不会导致股票市场价格重大变动的，经证券交易场所同意，可以不予公布。

前款所称重大事件包括下列情况：

（一）公司订立重要合同，该合同可能对公司的资产、负债、权益和经营成果中的一项或者多项产生显著影响；

（二）公司的经营政策或者经营项目发生重大变化；

（三）公司发生重大的投资行为或者购置金额较大的长期资产的行为；

（四）公司发生重大债务；

（五）公司未能归还到期重大债务的违约情况；

（六）公司发生重大经营性或者非经营性亏损；

（七）公司资产遭受重大损失；

（八）公司生产经营环境发生重要变化；

（九）新颁布的法律、法规、政策、规章等，可能对公司的经营有显著影响；

（十）董事长、百分之三十以上的董事或者总经理发生变动；

（十一）持有公司百分之五以上的发行在外的普通股的股东，其持有该种股票的增减变化每达到该种股票发行在外总额的百分之二以上的事实；

（十二）涉及公司的重大诉讼事项；

（十三）公司进入清算、破产状态。

第六十一条 在任何公共传播媒介中出现的消息可能对上市公司股票的市场价格产生误导性影响时，该公司知悉后应当立即对该消息作出公开澄清。

第六十二条 上市公司的董事、监事和高级管理人员持有该公司普通股的，应当向证监会、证券交易场所和该公司报告其持股情况；持股情况发生变化的，应当自该变化发生之日起十个工作日内向证监会、证券交易场所和该公司作出报告。

前款所列人员在辞职或者离职后六个月内负有依照本条规定作出报告的义务。

第六十三条 上市公司应当将要求公布的信息刊登在证监会指定的全国性报刊上。

上市公司在依照前款规定公布信息的同时，可以在证券交易场所指定的地方报刊上公布有关信息。

第六十四条 证监会应当将上市公司及其董事、监事、高级管理人员和持有公司百分之五以上的发行在外的普通股的股东所提交的报告、公告及其他文件及时向社会公开，供投资人查阅。

上编 金融犯罪

证监会要求披露的全部信息均为公开信息，但是下列信息除外：

（一）法律、法规予以保护并允许不予披露的商业秘密；

（二）证监会在调查违法行为过程中获得的非公开信息和文件；

（三）根据有关法律、法规规定可以不予披露的其他信息和文件。

第六十七条　本条例第五十七条至第六十五条的规定，适用于已经公开发行股票，其股票并未在证券交易场所交易的股份有限公司。

部门规章及部门规范性文件

1. 中国证券监督管理委员会《关于〈期货交易管理条例〉第七十条第五项"其他操纵期货交易价格行为"的规定》（中国证券监督管理委员会令第160号，2019.11.18）（节录）

第二条　不以成交为目的，频繁申报、撤单或者大额申报、撤单，影响期货交易价格或者期货交易量，并进行与申报方向相反的交易或者谋取相关利益的，构成操纵。

第三条　编造、传播虚假信息或者误导性信息，影响期货交易价格或者期货交易量，并进行相关交易或者谋取相关利益的，构成操纵。

第四条　对合约或合约标的物作出公开评价、预测或者投资建议，影响期货交易价格或者期货交易量，并进行与其评价、预测或者投资建议方向相反的期货交易的，构成操纵。

第五条　在临近交割月或者交割月，利用不正当手段规避持仓限制，形成持仓优势，影响期货交易价格的，构成操纵。

第六条　任何单位或者个人不得以其他方式操纵期货交易价格。

2.《期货公司监督管理办法（2019）》（中国证券监督管理委员会令第155号，2019.6.4）（节录）

第八十二条　期货公司应当在期货保证金存管银行开立期货保证金账户。

期货公司开立、变更或者撤销期货保证金账户的，应于当日向期货保证金安全存管监控机构备案，并通过规定方式向客户披露账户开立、变更或者撤销情况。

第八十三条　客户应当向期货公司登记以本人名义开立的用于存取期

货保证金的结算账户。

期货公司和客户应当通过备案的期货保证金账户和登记的期货结算账户转账存取保证金。

第一百条 中国证监会及其派出机构可以要求下列机构或者个人，在指定期限内报送与期货公司经营相关的资料：

（一）期货公司及其董事、监事、高级管理人员及其他工作人员；

（二）期货公司股东、实际控制人或者其他关联人；

（三）期货公司控股、参股或者实际控制的企业；

（四）为期货公司提供相关服务的会计师事务所、律师事务所、资产评估机构等中介服务机构。

报送、提供或者披露的资料、信息应当真实、准确、完整，不得有虚假记载、误导性陈述或者重大遗漏。

第一百零一条 期货公司主要股东、实际控制人或者其他关联人在期货公司从事期货交易的，期货公司应当自开户之日起5个工作日内向住所地中国证监会派出机构报告开户情况，并定期报告交易情况。

第一百零四条 期货公司应当按照规定，公示基本情况、历史情况、分支机构基本情况、董事及监事信息、高级管理人员及从业人员信息、公司股东信息、公司诚信记录以及中国证监会要求的其他信息。

期货公司公示信息及其他重大事项发生变更的，应当自变更之日起5个工作日内在中国证监会有关监管信息系统中进行更新。

3.《全国中小企业股份转让系统有限责任公司管理暂行办法》（中国证券监督管理委员会令第137号，2017.12.7修正实施）（节录）

第二条 全国中小企业股份转让系统（以下简称全国股份转让系统）是经国务院批准设立的全国性证券交易场所。

第三条 股票在全国股份转让系统挂牌的公司（以下简称挂牌公司）为非上市公众公司，股东人数可以超过200人，接受中国证券监督管理委员会（以下简称中国证监会）的统一监督管理。

第六条 全国股份转让系统的股票挂牌转让及相关活动，必须遵守法律、行政法规和各项规章规定，禁止欺诈、内幕交易、操纵市场等违法违规行为。

4.《公开募集开放式证券投资基金流动性风险管理规定》(中国证券监督管理委员会公告〔2017〕12号,2017.10.1)(节录)

第二十六条 基金管理人应当依照基金信息披露相关规定,向投资者披露基金产品主要的流动性风险及其管理方法,以便投资者了解其自身的流动性偏好与基金流动性风险的匹配情况。

(一)基金发售过程中,应当在基金招募说明书等发售文件中披露以下信息:基金申购、赎回安排;拟投资市场、行业及资产的流动性风险评估;巨额赎回情形下的流动性风险管理措施;实施备用的流动性风险管理工具的情形、程序及对投资者的潜在影响等;

(二)基金持续运作过程中,应当在基金年度报告和半年度报告中披露基金组合资产情况及其流动性风险分析等;在发生涉及基金申购、赎回事项调整或潜在影响投资者赎回等重大事项时,及时发布临时公告。

5.《股票期权交易试点管理办法》(中国证券监督管理委员会令第112号,2015.1.9)(节录)

第二条 任何单位和个人从事股票期权交易及其相关活动,应当遵守本办法。

本办法所称股票期权交易,是指采用公开的集中交易方式或者中国证券监督管理委员会(以下简称中国证监会)批准的其他方式进行的以股票期权合约为交易标的的交易活动。

本办法所称股票期权合约,是指由证券交易所统一制定的、规定买方有权在将来特定时间按照特定价格买入或者卖出约定股票、跟踪股票指数的交易型开放式指数基金等标的证券的标准化合约。

第三条 从事股票期权交易活动,应当遵循公开、公平、公正和诚实信用的原则。禁止欺诈、内幕交易、操纵股票期权市场以及利用股票期权交易从事跨市场操纵、内幕交易等违法行为。

第八条 股票期权交易可以实行做市商制度。

股票期权做市商(以下简称做市商)应当依据证券交易所的相关业务规则,承担为股票期权合约提供双边报价等义务,并享有相应的权利。

做市商从事做市业务,应当严格遵守法律法规、行政规章和证券交易所有关规定；建立健全信息隔离制度，防范做市业务与其他业务之间的利益冲突；不得利用从事做市业务的机会，进行内幕交易、市场操纵等违法违规行为，或者谋取其他不正当利益。

第十二条 经营机构应当按照证券交易所投资者适当性管理要求对投资者的身份和风险承受能力进行审慎评估，根据投资者的风险承受和风险识别能力决定是否推荐其参与股票期权交易，并应当事先对产品、服务以及可能影响投资者权利义务的信息进行恰当说明，充分揭示风险，经投资者签署风险揭示书后，与投资者签订经纪合同，不得误导、欺诈投资者。

经纪合同中应当包括经营机构对投资者采取的风险管理措施、投资者出现交收违约或者保证金不足情形的处理方式以及强行平仓和行权操作等事项。

经营机构应当对投资者与其发生纠纷时的处理规则和程序、投资者投诉的方式和渠道以及投资者权益保障等事项进行说明和公示。

第二十五条 任何单位或者个人不得编造、传播有关股票期权交易的虚假信息扰乱市场秩序，不得通过《期货交易管理条例》第七十一条规定的手段以及操纵相关标的证券市场等手段操纵股票期权市场，不得利用《期货交易管理条例》第八十二条第（十一）项规定的内幕信息、相关标的证券市场的内幕信息以及其他未公开信息从事股票期权交易，或者向他人泄露上述信息、使他人利用上述信息从事股票期权交易。

任何单位或者个人不得通过操纵股票期权市场等手段操纵相关标的证券市场，不得利用股票期权市场的内幕信息从事相关标的证券交易，或者向他人泄露上述信息、使他人利用上述信息从事相关标的证券交易。

6.《公开募集证券投资基金运作管理办法》（中国证券监督管理委员会令第 104 号，2014.8.8）（节录）

第二条 本办法适用于基金的募集，基金份额的申购、赎回和交易，基金财产的投资，基金收益的分配，基金份额持有人大会的召开，以及其他基金运作活动。

第七条 申请募集基金，拟募集的基金应当具备下列条件：

（一）有明确、合法的投资方向；

（二）有明确的基金运作方式；

（三）符合中国证监会关于基金品种的规定；

（四）基金合同、招募说明书等法律文件草案符合法律、行政法规和中国证监会的规定；

（五）基金名称表明基金的类别和投资特征，不存在损害国家利益、社会公共利益、欺诈、误导投资者，或者其他侵犯他人合法权益的内容；

（六）招募说明书真实、准确、完整地披露了投资者做出投资决策所需的重要信息，不存在虚假记载、误导性陈述或者重大遗漏，语言简明、易懂、实用，符合投资者的理解能力。

（七）有符合基金特征的投资者适当性管理制度，有明确的投资者定位、识别和评估等落实投资者适当性安排的方法，有清晰的风险警示内容；

（八）基金的投资管理、销售、登记和估值等业务环节制度健全，行为规范，技术系统准备充分，不存在影响基金正常运作、损害或者可能损害基金份额持有人合法权益、可能引发系统性风险的情形；

（九）中国证监会规定的其他条件。

第五十三条　基金管理人注册基金，向中国证监会提交的申请材料存在信息自相矛盾、或者就同一事实前后存在不同表述且有实质性差异的，中国证监会将中止审查，并在六个月内不再受理基金管理人提交的基金注册申请。

基金管理人注册基金，向中国证监会提交的申请材料存在虚假记载、误导性陈述、重大遗漏的，中国证监会不予受理；已经受理的，不予注册；已经注册，尚未募集的，撤销注册决定；并在一年内不再受理该基金管理人提交的基金注册申请，对该基金管理人及其直接负责的主管人员和其他直接责任人员，采取相关行政监管措施并记入诚信档案；情节严重的，采取单处或者并处警告、三万元以下罚款。已经注册并募集的，依照《证券投资基金法》第一百三十二条的规定处罚。

基金管理人违反本办法第四十条的规定，在公开募集前未变更注册的，依照《证券投资基金法》第一百二十八条的规定处罚。

第五十八条　证券公司管理的投资者超过二百人的集合资产管理计划须遵守《证券投资基金法》关于管理人及从业人员禁止从事利益输送、非公平交易、内幕交易等规定，并参照本办法关于防范利益冲突、保护投资者的相关规定执行。

7. 中国证券监督管理委员会《关于基金从业人员投资证券投资基金有关事项的规定》（中国证券监督管理委员会公告〔2012〕15号，2012.6.12）（节录）

五、基金从业人员应当自投资基金之日起5个工作日内真实、准确、完整地向本单位申报所投资基金的名称、时间、价格、份额数量、费率等信息。

基金管理公司、银行托管部门应当指定专门部门负责基金从业人员投资基金行为的管理工作，妥善保存本单位基金从业人员投资基金的记录，加强监督检查，并做好相关信息披露工作。

六、基金管理公司应当在基金合同生效公告、上市交易公告书及相关基金半年度报告和年度报告中披露下列信息：

（一）本公司基金从业人员持有基金份额的总量及占该只基金总份额的比例；

（二）本公司高级管理人员、基金投资和研究部门负责人持有该只基金份额总量的数量区间；

（三）该只基金的基金经理持有该只基金份额总量的数量区间。

第（二）、（三）项所指基金份额总量的数量区间为0、0至10万份（含）、10万份至50万份（含）、50万份至100万份（含）、100万份以上。

八、……

基金管理公司、银行托管部门及基金从业人员进行内幕交易或者利用其他未公开信息违规买卖基金，依法应予行政处罚的，中国证监会依照有关规定进行行政处罚；涉嫌犯罪的，依法移送司法机关追究刑事责任。

8.《期货从业人员管理办法》（中国证券监督管理委员会令第48号，2007.7.4）（节录）

第四条 本办法所称期货从业人员是指：

（一）期货公司的管理人员和专业人员；

（二）期货交易所的非期货公司结算会员中从事期货结算业务的管理人员和专业人员；

（三）期货投资咨询机构中从事期货投资咨询业务的管理人员和专业

人员；

（四）为期货公司提供中间介绍业务的机构中从事期货经营业务的管理人员和专业人员；

（五）中国证监会规定的其他人员。

第十三条　期货从业人员必须遵守有关法律、行政法规和中国证监会的规定，遵守协会和期货交易所的自律规则，不得从事或者协同他人从事欺诈、内幕交易、操纵期货交易价格、编造并传播有关期货交易的虚假信息等违法违规行为。

第十五条　期货公司的期货从业人员不得有下列行为：

（一）进行虚假宣传，诱骗客户参与期货交易；

（二）挪用客户的期货保证金或者其他资产；

（三）中国证监会禁止的其他行为。

第十七条　期货投资咨询机构的期货从业人员不得有下列行为：

（一）利用传播媒介或者通过其他方式提供、传播虚假或者误导客户的信息；

（二）代理客户从事期货交易；

（三）中国证监会禁止的其他行为。

第十八条　为期货公司提供中间介绍业务的机构的期货从业人员不得有下列行为：

（一）收付、存取或者划转期货保证金；

（二）代理客户从事期货交易；

（三）中国证监会禁止的其他行为。

第三节　虚假陈述型犯罪

▶ 刑事规范及指导性案例

第一百六十条　【欺诈发行证券罪】[①]

> **刑法**
>
> 在招股说明书、认股书、公司、企业债券募集办法等发行文件中隐瞒重要事实或者编造重大虚假内容，发行股票或者公司、企业债券、存托凭证或者国务院依法认定的其他证券，数额巨大、后果严重或者有其他严重情节的，处五年以下有期徒刑或者拘役，并处或者单处罚金；数额特别巨大、后果特别严重或者有其他特别严重情节的，处五年以上有期徒刑，并处罚金。
>
> 控股股东、实际控制人组织、指使实施前款行为的，处五年以下有期徒刑或者拘役，并处或者单处非法募集资金金额百分之二十以上一倍以下罚金；数额特别巨大、后果特别严重或者有其他特别严重情节的，处五年以上有期徒刑，并处非法募集资金金额百分之二十以上一倍以下罚金。
>
> 单位犯前两款罪的，对单位判处非法募集资金金额百分之二十以上一倍以下罚金，并对其直接负责的主管人员和其他直接责任人员，依照第一款的规定处罚。

[①] 本条被2020年《刑法修正案（十一）》第8条修订。增加了"等发行文件"作为犯罪对象的兜底性规定，在第1款中增加一档更重的量刑档，明确了控股股东和实际控制人的主体责任。

司法解释、司法解释性文件及规范性文件

最高人民检察院、公安部《关于公安机关管辖的刑事案件立案追诉标准的规定（二）》（2022.4.6 修订，2022.5.15 实施）（节录）

第五条〔欺诈发行证券案（刑法第一百六十条）〕在招股说明书、认股书、公司、企业债券募集办法等发行文件中隐瞒重要事实或者编造重大虚假内容，发行股票或者公司、企业债券、存托凭证或者国务院依法认定的其他证券，涉嫌下列情形之一的，应予立案追诉：

（一）非法募集资金金额在一千万元以上的；

（二）虚增或者虚减资产达到当期资产总额百分之三十以上的；

（三）虚增或者虚减营业收入达到当期营业收入总额百分之三十以上的；

（四）虚增或者虚减利润达到当期利润总额百分之三十以上的；

（五）隐瞒或者编造的重大诉讼、仲裁、担保、关联交易或者其他重大事项所涉及的数额或者连续十二个月的累计数额达到最近一期披露的净资产百分之五十以上的；

（六）造成投资者直接经济损失数额累计在一百万元以上的；

（七）为欺诈发行证券而伪造、变造国家机关公文、有效证明文件或者相关凭证、单据的；

（八）为欺诈发行证券向负有金融监督管理职责的单位或者人员行贿的；

（九）募集的资金全部或者主要用于违法犯罪活动的；

（十）其他后果严重或者有其他严重情节的情形。

第一百六十一条 【违规披露、不披露重要信息罪】①

> 刑法

依法负有信息披露义务的公司、企业向股东和社会公众提供虚假的或者隐瞒重要事实的财务会计报告,或者对依法应当披露的其他重要信息不按照规定披露,严重损害股东或者其他人利益,或者有其他严重情节的,对其直接负责的主管人员和其他直接责任人员,处五年以下有期徒刑或者拘役,并处或者单处罚金;情节特别严重的,处五年以上十年以下有期徒刑,并处罚金。

前款规定的公司、企业的控股股东、实际控制人实施或者组织、指使实施前款行为的,或者隐瞒相关事项导致前款规定的情形发生的,依照前款的规定处罚。

犯前款罪的控股股东、实际控制人是单位的,对单位判处罚金,并对其直接负责的主管人员和其他直接责任人员,依照第一款的规定处罚。

> 司法解释、司法解释性文件及规范性文件

最高人民检察院、公安部《关于公安机关管辖的刑事案件立案追诉标准的规定(二)》(2022.4.6修订,2022.5.15实施)(节录)

第六条 〔违规披露、不披露重要信息案(刑法第一百六十一条)〕依法负有信息披露义务的公司、企业向股东和社会公众提供虚假的或者隐瞒重要事实的财务会计报告,或者对依法应当披露的其他重要信息不按照规定披露,涉嫌下列情形之一的,应予立案追诉:

(一)造成股东、债权人或者其他人直接经济损失数额累计在一百万元以上的;

---

① 本条共被修订两次。2006年《刑法修正案(六)》第5条将犯罪主体修改为"依法负有信息披露义务的公司、企业",增设了"对依法应当披露的其他重要信息不按照规定披露"的行为方式,在严重损害股东或者其他人利益之外增加了"或者有其他严重情节"的规定。2020年《刑法修正案(十一)》第9条提高刑期上限幅度,取消罚金上限,确定了控股股东和实际控制人的主体责任。

上编　金融犯罪

（二）虚增或者虚减资产达到当期披露的资产总额百分之三十以上的；

（三）虚增或者虚减营业收入达到当期披露的营业收入总额百分之三十以上的；

（四）虚增或者虚减利润达到当期披露的利润总额百分之三十以上的；

（五）未按照规定披露的重大诉讼、仲裁、担保、关联交易或者其他重大事项所涉及的数额或者连续十二个月的累计数额达到最近一期披露的净资产百分之五十以上的；

（六）致使不符合发行条件的公司、企业骗取发行核准或者注册并且上市交易的；

（七）致使公司、企业发行的股票或者公司、企业债券、存托凭证或者国务院依法认定的其他证券被终止上市交易的；

（八）在公司财务会计报告中将亏损披露为盈利，或者将盈利披露为亏损的；

（九）多次提供虚假的或者隐瞒重要事实的财务会计报告，或者多次对依法应当披露的其他重要信息不按照规定披露的；

（十）其他严重损害股东、债权人或者其他人利益，或者有其他严重情节的情形。

最高人民检察院指导性案例

博元投资股份有限公司、余蒂妮等人违规披露、不披露重要信息案

（检例第66号）

【关键词】

犯罪与刑罚　违规披露、不披露重要信息

【要旨】

刑法规定违规披露、不披露重要信息罪只处罚单位直接负责的主管人员和其他直接责任人员，不处罚单位。公安机关以本罪将单位移送起诉的，检察机关应当对单位直接负责的主管人员及其他直接责任人员提起公诉，对单位依法作出不起诉决定。对单位需要给予行政处罚的，检察机关应当提出检察意见，移送证券监督管理部门依法处理。

【基本案情】

被告人余蒂妮，女，广东省珠海市博元投资股份有限公司董事长、法定代表人，华信泰投资有限公司法定代表人。

被告人陈杰，男，广东省珠海市博元投资股份有限公司总裁。

被告人伍宝清，男，广东省珠海市博元投资股份有限公司财务总监、华信泰投资有限公司财务人员。

被告人张丽萍，女，广东省珠海市博元投资股份有限公司董事、财务总监。

被告人罗静元，女，广东省珠海市博元投资股份有限公司监事。

被不起诉单位广东省珠海市博元投资股份有限公司，住所广东省珠海市。

广东省珠海市博元投资股份有限公司（以下简称博元公司）原系上海证券交易所上市公司，股票名称：ST博元，股票代码：600656。华信泰投资有限公司（以下简称华信泰公司）为博元公司控股股东。在博元公司并购重组过程中，有关人员作出了业绩承诺，在业绩不达标时需向博元公司支付股改业绩承诺款。2011年4月，余蒂妮、陈杰、伍宝清、张丽萍、罗静元等人采取循环转账等方式虚构华信泰公司已代全体股改义务人支付股改业绩承诺款3.84亿余元的事实，在博元公司临时报告、半年报中进行披露。为掩盖以上虚假事实，余蒂妮、伍宝清、张丽萍、罗静元采取将1000万元资金循环转账等方式，虚构用股改业绩承诺款购买37张面额共计3.47亿元银行承兑汇票的事实，在博元公司2011年的年报中进行披露。2012年至2014年，余蒂妮、张丽萍多次虚构银行承兑汇票贴现等交易事实，并根据虚假的交易事实进行记账，制作虚假的财务报表，虚增资产或者虚构利润均达到当期披露的资产总额或利润总额的30%以上，并在博元公司当年半年报、年报中披露。此外，博元公司还违规不披露博元公司实际控制人及其关联公司等信息。

【指控与证明犯罪】

2015年12月9日，珠海市公安局以余蒂妮等人涉嫌违规披露、不披露重要信息罪，伪造金融票证罪向珠海市人民检察院移送起诉；2016年2月22日，珠海市公安局又以博元公司涉嫌违规披露、不披露重要信息罪，伪造、变造金融票证罪移送起诉。随后,珠海市人民检察院指定珠海市香洲区人民检察院审查起诉。

检察机关审查认为,犯罪嫌疑单位博元公司依法负有信息披露义务,在2011年至2014年期间向股东和社会公众提供虚假的或者隐瞒主要事实的财务会计报告,对依法应当披露的其他重要信息不按照规定披露,严重损害股东以及其他人员的利益,情节严重。余蒂妮、陈杰作为博元公司直接负责的主管人员,伍宝清、张丽萍、罗静元作为其他直接责任人员,已构成违规披露、不披露重要信息罪,应当提起公诉。根据刑法第一百六十一条规定,不追究单位的刑事责任,对博元公司应当依法不予起诉。

2016年7月18日,珠海市香洲区人民检察院对博元公司作出不起诉决定。检察机关同时认为,虽然依照刑法规定不能追究博元公司的刑事责任,但对博元公司需要给予行政处罚。2016年9月30日,检察机关向中国证券监督管理委员会发出《检察意见书》,建议对博元公司依法给予行政处罚。

2016年9月22日,珠海市香洲区人民检察院将余蒂妮等人违规披露、不披露重要信息案移送珠海市人民检察院审查起诉。2016年11月3日,珠海市人民检察院对余蒂妮等5名被告人以违规披露、不披露重要信息罪依法提起公诉。珠海市中级人民法院公开开庭审理本案。法庭经审理认为,博元公司作为依法负有信息披露义务的公司,在2011年至2014年期间向股东和社会公众提供虚假的或者隐瞒主要事实的财务会计报告,或者对依法应当披露的其他重要信息不按照规定披露,严重损害股东或者其他人的利益,情节严重,被告人余蒂妮、陈杰作为公司直接负责的主管人员,被告人伍宝清、张丽萍、罗静元作为其他直接责任人员,其行为均构成违规披露、不披露重要信息罪。2017年2月22日,珠海市中级人民法院以违规披露、不披露重要信息罪判处被告人余蒂妮等五人有期徒刑一年七个月至拘役三个月不等刑罚,并处罚金。宣判后,五名被告人均未提出上诉,判决已生效。

【指导意义】

1. 违规披露、不披露重要信息犯罪不追究单位的刑事责任。上市公司依法负有信息披露义务，违反相关义务的，刑法规定了相应的处罚。由于上市公司所涉利益群体的多元性，为避免中小股东利益遭受双重损害，刑法规定对违规披露、不披露重要信息罪只追究直接负责的主管人员和其他直接责任人员的刑事责任，不追究单位的刑事责任。刑法第一百六十二条妨害清算罪、第一百六十二条之二虚假破产罪、第一百八十五条之一违法运用资金罪等也属于此种情形。对于此类犯罪案件，检察机关应当注意审查公安机关移送起诉的内容，区分刑事责任边界，准确把握追诉的对象和范围。

2. 刑法没有规定追究单位刑事责任的，应当对单位作出不起诉决定。对公安机关将单位一并移送起诉的案件，如果刑法没有规定对单位判处刑罚，检察机关应当对构成犯罪的直接负责的主管人员和其他直接责任人员依法提起公诉，对单位应当不起诉。鉴于刑事诉讼法没有规定与之对应的不起诉情形，检察机关可以根据刑事诉讼法规定的最相近的不起诉情形，对单位作出不起诉决定。

3. 对不追究刑事责任的单位，人民检察院应当依法提出检察意见督促有关机关追究行政责任。不追究单位的刑事责任并不表示单位不需要承担任何法律责任。检察机关不追究单位刑事责任，容易引起当事人、社会公众产生单位对违规披露、不披露重要信息没有任何法律责任的误解。由于违规披露、不披露重要信息行为，还可能产生上市公司强制退市等后果，这种误解还会进一步引起当事人、社会公众对证券监督管理部门、证券交易所采取措施的质疑，影响证券市场秩序。检察机关在审查起诉时，应当充分考虑办案效果，根据证券法等法律规定认真审查是否需要对单位给予行政处罚；需要给予行政处罚的，应当及时向证券监督管理部门提出检察意见，并进行充分的释法说理，消除当事人、社会公众因检察机关不追究可能产生的单位无任何责任的误解，避免对证券市场秩序造成负面影响。

第一百八十一条 【编造并传播证券、期货交易虚假信息罪】【诱骗投资者买卖证券、期货合约罪】①

刑法

编造并且传播影响证券、期货交易的虚假信息,扰乱证券、期货交易市场,造成严重后果的,处五年以下有期徒刑或者拘役,并处或者单处一万元以上十万元以下罚金。

证券交易所、期货交易所、证券公司、期货经纪公司的从业人员,证券业协会、期货业协会或者证券期货监督管理部门的工作人员,故意提供虚假信息或者伪造、变造、销毁交易记录,诱骗投资者买卖证券、期货合约,造成严重后果的,处五年以下有期徒刑或者拘役,并处或者单处一万元以上十万元以下罚金;情节特别恶劣的,处五年以上十年以下有期徒刑,并处二万元以上二十万元以下罚金。

单位犯前两款罪的,对单位判处罚金,并对其直接负责的主管人员和其他直接责任人员,处五年以下有期徒刑或者拘役。

司法解释、司法解释性文件及规范性文件

最高人民检察院、公安部《关于公安机关管辖的刑事案件立案追诉标准的规定(二)》(2022.4.6修订,2022.5.15实施)(节录)

第三十二条〔编造并传播证券、期货交易虚假信息案(刑法第一百八十一条第一款)〕编造并且传播影响证券、期货交易的虚假信息,扰乱证券、期货交易市场,涉嫌下列情形之一的,应予立案追诉:

(一)获利或者避免损失数额在五万元以上的;

(二)造成投资者直接经济损失数额在五十万元以上的;

(三)虽未达到上述数额标准,但多次编造并且传播影响证券、期货交易的虚假信息的;

(四)致使交易价格或者交易量异常波动的;

---

① 本条被1999年《刑法修正案》第5条修订,增加了期货交易犯罪的规定。

（五）造成其他严重后果的。

第三十三条 〔诱骗投资者买卖证券、期货合约案（刑法第一百八十一条第二款）〕证券交易所、期货交易所、证券公司、期货公司的从业人员，证券业协会、期货业协会或者证券期货监督管理部门的工作人员，故意提供虚假信息或者伪造、变造、销毁交易记录，诱骗投资者买卖证券、期货合约，涉嫌下列情形之一的，应予立案追诉：

（一）获利或者避免损失数额在五万元以上的；

（二）造成投资者直接经济损失数额在五十万元以上的；

（三）虽未达到上述数额标准，但多次诱骗投资者买卖证券、期货合约的；

（四）致使交易价格或者交易量异常波动的；

（五）造成其他严重后果的。

▶ 行政规范

法律

1.《中华人民共和国证券法》（中华人民共和国主席令第37号，2019.12.28修订，2020.3.1实施）（节录）

第七十八条 发行人及法律、行政法规和国务院证券监督管理机构规定的其他信息披露义务人，应当及时依法履行信息披露义务。

信息披露义务人披露的信息，应当真实、准确、完整，简明清晰，通俗易懂，不得有虚假记载、误导性陈述或者重大遗漏。

证券同时在境内境外公开发行、交易的，其信息披露义务人在境外披露的信息，应当在境内同时披露。

第七十九条 上市公司、公司债券上市交易的公司、股票在国务院批准的其他全国性证券交易场所交易的公司，应当按照国务院证券监督管理机构和证券交易场所规定的内容和格式编制定期报告，并按照以下规定报送和公告：

（一）在每一会计年度结束之日起四个月内，报送并公告年度报告，其中的年度财务会计报告应当经符合本法规定的会计师事务所审计；

（二）在每一会计年度的上半年结束之日起二个月内，报送并公告中期报告。

第八十条　发生可能对上市公司、股票在国务院批准的其他全国性证券交易场所交易的公司的股票交易价格产生较大影响的重大事件，投资者尚未得知时，公司应当立即将有关该重大事件的情况向国务院证券监督管理机构和证券交易场所报送临时报告，并予公告，说明事件的起因、目前的状态和可能产生的法律后果。

前款所称重大事件包括：

（一）公司的经营方针和经营范围的重大变化；

（二）公司的重大投资行为，公司在一年内购买、出售重大资产超过公司资产总额百分之三十，或者公司营业用主要资产的抵押、质押、出售或者报废一次超过该资产的百分之三十；

（三）公司订立重要合同、提供重大担保或者从事关联交易，可能对公司的资产、负债、权益和经营成果产生重要影响；

（四）公司发生重大债务和未能清偿到期重大债务的违约情况；

（五）公司发生重大亏损或者重大损失；

（六）公司生产经营的外部条件发生的重大变化；

（七）公司的董事、三分之一以上监事或者经理发生变动，董事长或者经理无法履行职责；

（八）持有公司百分之五以上股份的股东或者实际控制人持有股份或者控制公司的情况发生较大变化，公司的实际控制人及其控制的其他企业从事与公司相同或者相似业务的情况发生较大变化；

（九）公司分配股利、增资的计划，公司股权结构的重要变化，公司减资、合并、分立、解散及申请破产的决定，或者依法进入破产程序、被责令关闭；

（十）涉及公司的重大诉讼、仲裁，股东大会、董事会决议被依法撤销或者宣告无效；

（十一）公司涉嫌犯罪被依法立案调查，公司的控股股东、实际控制人、董事、监事、高级管理人员涉嫌犯罪被依法采取强制措施；

（十二）国务院证券监督管理机构规定的其他事项。

公司的控股股东或者实际控制人对重大事件的发生、进展产生较大影响的，应当及时将其知悉的有关情况书面告知公司，并配合公司履行信息披露义务。

第八十一条 发生可能对上市交易公司债券的交易价格产生较大影响的重大事件，投资者尚未得知时，公司应当立即将有关该重大事件的情况向国务院证券监督管理机构和证券交易场所报送临时报告，并予公告，说明事件的起因、目前的状态和可能产生的法律后果。

前款所称重大事件包括：

（一）公司股权结构或者生产经营状况发生重大变化；

（二）公司债券信用评级发生变化；

（三）公司重大资产抵押、质押、出售、转让、报废；

（四）公司发生未能清偿到期债务的情况；

（五）公司新增借款或者对外提供担保超过上年末净资产的百分之二十；

（六）公司放弃债权或者财产超过上年末净资产的百分之十；

（七）公司发生超过上年末净资产百分之十的重大损失；

（八）公司分配股利，作出减资、合并、分立、解散及申请破产的决定，或者依法进入破产程序、被责令关闭；

（九）涉及公司的重大诉讼、仲裁；

（十）公司涉嫌犯罪被依法立案调查，公司的控股股东、实际控制人、董事、监事、高级管理人员涉嫌犯罪被依法采取强制措施；

（十一）国务院证券监督管理机构规定的其他事项。

第八十二条 发行人的董事、高级管理人员应当对证券发行文件和定期报告签署书面确认意见。

发行人的监事会应当对董事会编制的证券发行文件和定期报告进行审核并提出书面审核意见。监事应当签署书面确认意见。

发行人的董事、监事和高级管理人员应当保证发行人及时、公平地披露信息，所披露的信息真实、准确、完整。

董事、监事和高级管理人员无法保证证券发行文件和定期报告内容的真实性、准确性、完整性或者有异议的，应当在书面确认意见中发表意见并陈述理由，发行人应当披露。发行人不予披露的，董事、监事和高级管理人员可以直接申请披露。

第八十三条　信息披露义务人披露的信息应当同时向所有投资者披露，不得提前向任何单位和个人泄露。但是，法律、行政法规另有规定的除外。

任何单位和个人不得非法要求信息披露义务人提供依法需要披露但尚未披露的信息。任何单位和个人提前获知的前述信息，在依法披露前应当保密。

第八十四条　除依法需要披露的信息之外，信息披露义务人可以自愿披露与投资者作出价值判断和投资决策有关的信息，但不得与依法披露的信息相冲突，不得误导投资者。

发行人及其控股股东、实际控制人、董事、监事、高级管理人员等作出公开承诺的，应当披露。不履行承诺给投资者造成损失的，应当依法承担赔偿责任。

第八十五条　信息披露义务人未按照规定披露信息，或者公告的证券发行文件、定期报告、临时报告及其他信息披露资料存在虚假记载、误导性陈述或者重大遗漏，致使投资者在证券交易中遭受损失的，信息披露义务人应当承担赔偿责任；发行人的控股股东、实际控制人、董事、监事、高级管理人员和其他直接责任人员以及保荐人、承销的证券公司及其直接责任人员，应当与发行人承担连带赔偿责任，但是能够证明自己没有过错的除外。

第八十六条　依法披露的信息，应当在证券交易场所的网站和符合国务院证券监督管理机构规定条件的媒体发布，同时将其置备于公司住所、证券交易场所，供社会公众查阅。

第八十七条　国务院证券监督管理机构对信息披露义务人的信息披露行为进行监督管理。

证券交易场所应当对其组织交易的证券的信息披露义务人的信息披露行为进行监督，督促其依法及时、准确地披露信息。

第一百八十一条 发行人在其公告的证券发行文件中隐瞒重要事实或者编造重大虚假内容，尚未发行证券的，处以二百万元以上二千万元以下的罚款；已经发行证券的，处以非法所募资金金额百分之十以上一倍以下的罚款。对直接负责的主管人员和其他直接责任人员，处以一百万元以上一千万元以下的罚款。

发行人的控股股东、实际控制人组织、指使从事前款违法行为的，没收违法所得，并处以违法所得百分之十以上一倍以下的罚款；没有违法所得或者违法所得不足二千万元的，处以二百万元以上二千万元以下的罚款。对直接负责的主管人员和其他直接责任人员，处以一百万元以上一千万元以下的罚款。

第一百九十三条 违反本法第五十六条第一款、第三款的规定，编造、传播虚假信息或者误导性信息，扰乱证券市场的，没收违法所得，并处以违法所得一倍以上十倍以下的罚款；没有违法所得或者违法所得不足二十万元的，处以二十万元以上二百万元以下的罚款。

违反本法第五十六条第二款的规定，在证券交易活动中作出虚假陈述或者信息误导的，责令改正，处以二十万元以上二百万元以下的罚款；属于国家工作人员的，还应当依法给予处分。

传播媒介及其从事证券市场信息报道的工作人员违反本法第五十六条第三款的规定，从事与其工作职责发生利益冲突的证券买卖的，没收违法所得，并处以买卖证券等值以下的罚款。

第一百九十七条 信息披露义务人未按照本法规定报送有关报告或者履行信息披露义务的，责令改正，给予警告，并处以五十万元以上五百万元以下的罚款；对直接负责的主管人员和其他直接责任人员给予警告，并处以二十万元以上二百万元以下的罚款。发行人的控股股东、实际控制人组织、指使从事上述违法行为，或者隐瞒相关事项导致发生上述情形的，处以五十万元以上五百万元以下的罚款；对直接负责的主管人员和其他直接责任人员，处以二十万元以上二百万元以下的罚款。

上编　金融犯罪　

信息披露义务人报送的报告或者披露的信息有虚假记载、误导性陈述或者重大遗漏的，责令改正，给予警告，并处以一百万元以上一千万元以下的罚款；对直接负责的主管人员和其他直接责任人员给予警告，并处以五十万元以上五百万元以下的罚款。发行人的控股股东、实际控制人组织、指使从事上述违法行为，或者隐瞒相关事项导致发生上述情形的，处以一百万元以上一千万元以下的罚款；对直接负责的主管人员和其他直接责任人员，处以五十万元以上五百万元以下的罚款。

2.《中华人民共和国证券投资基金法》（中华人民共和国主席令第23号，2015.4.24修正实施）（节录）

第七十四条　基金管理人、基金托管人和其他基金信息披露义务人应当依法披露基金信息，并保证所披露信息的真实性、准确性和完整性。

第七十五条　基金信息披露义务人应当确保应予披露的基金信息在国务院证券监督管理机构规定时间内披露，并保证投资人能够按照基金合同约定的时间和方式查阅或者复制公开披露的信息资料。

第七十六条　公开披露的基金信息包括：

（一）基金招募说明书、基金合同、基金托管协议；

（二）基金募集情况；

（三）基金份额上市交易公告书；

（四）基金资产净值、基金份额净值；

（五）基金份额申购、赎回价格；

（六）基金财产的资产组合季度报告、财务会计报告及中期和年度基金报告；

（七）临时报告；

（八）基金份额持有人大会决议；

（九）基金管理人、基金托管人的专门基金托管部门的重大人事变动；

（十）涉及基金财产、基金管理业务、基金托管业务的诉讼或者仲裁；

（十一）国务院证券监督管理机构规定应予披露的其他信息。

第七十七条　公开披露基金信息，不得有下列行为：

（一）虚假记载、误导性陈述或者重大遗漏；

· 331 ·

（二）对证券投资业绩进行预测；

（三）违规承诺收益或者承担损失；

（四）诋毁其他基金管理人、基金托管人或者基金销售机构；

（五）法律、行政法规和国务院证券监督管理机构规定禁止的其他行为。

第一百三十一条　基金信息披露义务人不依法披露基金信息或者披露的信息有虚假记载、误导性陈述或者重大遗漏的，责令改正，没收违法所得，并处十万元以上一百万元以下罚款；对直接负责的主管人员和其他直接责任人员给予警告，暂停或者撤销基金从业资格，并处三万元以上三十万元以下罚款。

部门规章及部门规范性文件

1.《上市公司信息披露管理办法》（中国证券监督管理委员会令第182号，2021.3.18 修订，2021.5.1 实施）

第一章　总　则

第一条　为了规范上市公司及其他信息披露义务人的信息披露行为，加强信息披露事务管理，保护投资者合法权益，根据《中华人民共和国公司法》（以下简称《公司法》）、《中华人民共和国证券法》（以下简称《证券法》）等法律、行政法规，制定本办法。

第二条　信息披露义务人履行信息披露义务应当遵守本办法的规定，中国证券监督管理委员会（以下简称中国证监会）对首次公开发行股票并上市、上市公司发行证券信息披露另有规定的，从其规定。

第三条　信息披露义务人应当及时依法履行信息披露义务，披露的信息应当真实、准确、完整，简明清晰、通俗易懂，不得有虚假记载、误导性陈述或者重大遗漏。

信息披露义务人披露的信息应当同时向所有投资者披露，不得提前向任何单位和个人泄露。但是，法律、行政法规另有规定的除外。

在内幕信息依法披露前，内幕信息的知情人和非法获取内幕信息的人不得公开或者泄露该信息，不得利用该信息进行内幕交易。任何单位和个人不得非法要求信息披露义务人提供依法需要披露但尚未披露的信息。

证券及其衍生品种同时在境内境外公开发行、交易的，其信息披露义务人在境外市场披露的信息，应当同时在境内市场披露。

第四条 上市公司的董事、监事、高级管理人员应当忠实、勤勉地履行职责，保证披露信息的真实、准确、完整，信息披露及时、公平。

第五条 除依法需要披露的信息之外，信息披露义务人可以自愿披露与投资者作出价值判断和投资决策有关的信息，但不得与依法披露的信息相冲突，不得误导投资者。

信息披露义务人自愿披露的信息应当真实、准确、完整。自愿性信息披露应当遵守公平原则，保持信息披露的持续性和一致性，不得进行选择性披露。

信息披露义务人不得利用自愿披露的信息不当影响公司证券及其衍生品种交易价格，不得利用自愿性信息披露从事市场操纵等违法违规行为。

第六条 上市公司及其控股股东、实际控制人、董事、监事、高级管理人员等作出公开承诺的，应当披露。

第七条 信息披露文件包括定期报告、临时报告、招股说明书、募集说明书、上市公告书、收购报告书等。

第八条 依法披露的信息，应当在证券交易所的网站和符合中国证监会规定条件的媒体发布，同时将其置备于上市公司住所、证券交易所，供社会公众查阅。

信息披露文件的全文应当在证券交易所的网站和符合中国证监会规定条件的报刊依法开办的网站披露，定期报告、收购报告书等信息披露文件的摘要应当在证券交易所的网站和符合中国证监会规定条件的报刊披露。

信息披露义务人不得以新闻发布或者答记者问等任何形式代替应当履行的报告、公告义务，不得以定期报告形式代替应当履行的临时报告义务。

第九条 信息披露义务人应当将信息披露公告文稿和相关备查文件报送上市公司注册地证监局。

第十条 信息披露文件应当采用中文文本。同时采用外文文本的，信息披露义务人应当保证两种文本的内容一致。两种文本发生歧义时，以中文文本为准。

第十一条 中国证监会依法对信息披露文件及公告的情况、信息披露事务管理活动进行监督检查，对信息披露义务人的信息披露行为进行监督管理。

证券交易所应当对上市公司及其他信息披露义务人的信息披露行为进行监督，督促其依法及时、准确地披露信息，对证券及其衍生品种交易实行实时监控。证券交易所制定的上市规则和其他信息披露规则应当报中国证监会批准。

第二章 定期报告

第十二条 上市公司应当披露的定期报告包括年度报告、中期报告。凡是对投资者作出价值判断和投资决策有重大影响的信息，均应当披露。

年度报告中的财务会计报告应当经符合《证券法》规定的会计师事务所审计。

第十三条 年度报告应当在每个会计年度结束之日起四个月内，中期报告应当在每个会计年度的上半年结束之日起两个月内编制完成并披露。

第十四条 年度报告应当记载以下内容：

（一）公司基本情况；

（二）主要会计数据和财务指标；

（三）公司股票、债券发行及变动情况，报告期末股票、债券总额、股东总数，公司前十大股东持股情况；

（四）持股百分之五以上股东、控股股东及实际控制人情况；

（五）董事、监事、高级管理人员的任职情况、持股变动情况、年度报酬情况；

（六）董事会报告；

（七）管理层讨论与分析；

（八）报告期内重大事件及对公司的影响；

（九）财务会计报告和审计报告全文；

（十）中国证监会规定的其他事项。

第十五条 中期报告应当记载以下内容：

（一）公司基本情况；

（二）主要会计数据和财务指标；

（三）公司股票、债券发行及变动情况、股东总数、公司前十大股东持股情况，控股股东及实际控制人发生变化的情况；

（四）管理层讨论与分析；

（五）报告期内重大诉讼、仲裁等重大事件及对公司的影响；

（六）财务会计报告；

（七）中国证监会规定的其他事项。

第十六条　定期报告内容应当经上市公司董事会审议通过。未经董事会审议通过的定期报告不得披露。

公司董事、高级管理人员应当对定期报告签署书面确认意见，说明董事会的编制和审议程序是否符合法律、行政法规和中国证监会的规定，报告的内容是否能够真实、准确、完整地反映上市公司的实际情况。

监事会应当对董事会编制的定期报告进行审核并提出书面审核意见。监事应当签署书面确认意见。监事会对定期报告出具的书面审核意见，应当说明董事会的编制和审议程序是否符合法律、行政法规和中国证监会的规定，报告的内容是否能够真实、准确、完整地反映上市公司的实际情况。

董事、监事无法保证定期报告内容的真实性、准确性、完整性或者有异议的，应当在董事会或者监事会审议、审核定期报告时投反对票或者弃权票。

董事、监事和高级管理人员无法保证定期报告内容的真实性、准确性、完整性或者有异议的，应当在书面确认意见中发表意见并陈述理由，上市公司应当披露。上市公司不予披露的，董事、监事和高级管理人员可以直接申请披露。

董事、监事和高级管理人员按照前款规定发表意见，应当遵循审慎原则，其保证定期报告内容的真实性、准确性、完整性的责任不仅因发表意见而当然免除。

第十七条　上市公司预计经营业绩发生亏损或者发生大幅变动的，应当及时进行业绩预告。

第十八条　定期报告披露前出现业绩泄露，或者出现业绩传闻且公司证券及其衍生品种交易出现异常波动的,上市公司应当及时披露本报告期相关财务数据。

第十九条 定期报告中财务会计报告被出具非标准审计意见的,上市公司董事会应当针对该审计意见涉及事项作出专项说明。

定期报告中财务会计报告被出具非标准审计意见,证券交易所认为涉嫌违法的,应当提请中国证监会立案调查。

第二十条 上市公司未在规定期限内披露年度报告和中期报告的,中国证监会应当立即立案调查,证券交易所应当按照股票上市规则予以处理。

第二十一条 年度报告、中期报告的格式及编制规则,由中国证监会和证券交易所制定。

第三章 临时报告

第二十二条 发生可能对上市公司证券及其衍生品种交易价格产生较大影响的重大事件,投资者尚未得知时,上市公司应当立即披露,说明事件的起因、目前的状态和可能产生的影响。

前款所称重大事件包括:

(一)《证券法》第八十条第二款规定的重大事件;

(二)公司发生大额赔偿责任;

(三)公司计提大额资产减值准备;

(四)公司出现股东权益为负值;

(五)公司主要债务人出现资不抵债或者进入破产程序,公司对相应债权未提取足额坏账准备;

(六)新公布的法律、行政法规、规章、行业政策可能对公司产生重大影响;

(七)公司开展股权激励、回购股份、重大资产重组、资产分拆上市或者挂牌;

(八)法院裁决禁止控股股东转让其所持股份;任一股东所持公司百分之五以上股份被质押、冻结、司法拍卖、托管、设定信托或者被依法限制表决权等,或者出现被强制过户风险;

(九)主要资产被查封、扣押或者冻结;主要银行账户被冻结;

（十）上市公司预计经营业绩发生亏损或者发生大幅变动；

（十一）主要或者全部业务陷入停顿；

（十二）获得对当期损益产生重大影响的额外收益，可能对公司的资产、负债、权益或者经营成果产生重要影响；

（十三）聘任或者解聘为公司审计的会计师事务所；

（十四）会计政策、会计估计重大自主变更；

（十五）因前期已披露的信息存在差错、未按规定披露或者虚假记载，被有关机关责令改正或者经董事会决定进行更正；

（十六）公司或者其控股股东、实际控制人、董事、监事、高级管理人员受到刑事处罚，涉嫌违法违规被中国证监会立案调查或者受到中国证监会行政处罚，或者受到其他有权机关重大行政处罚；

（十七）公司的控股股东、实际控制人、董事、监事、高级管理人员涉嫌严重违纪违法或者职务犯罪被纪检监察机关采取留置措施且影响其履行职责；

（十八）除董事长或者经理外的公司其他董事、监事、高级管理人员因身体、工作安排等原因无法正常履行职责达到或者预计达到三个月以上，或者因涉嫌违法违规被有权机关采取强制措施且影响其履行职责；

（十九）中国证监会规定的其他事项。

上市公司的控股股东或者实际控制人对重大事件的发生、进展产生较大影响的，应当及时将其知悉的有关情况书面告知上市公司，并配合上市公司履行信息披露义务。

第二十三条　上市公司变更公司名称、股票简称、公司章程、注册资本、注册地址、主要办公地址和联系电话等，应当立即披露。

第二十四条　上市公司应当在最先发生的以下任一时点，及时履行重大事件的信息披露义务：

（一）董事会或者监事会就该重大事件形成决议时；

（二）有关各方就该重大事件签署意向书或者协议时；

（三）董事、监事或者高级管理人员知悉该重大事件发生时。

在前款规定的时点之前出现下列情形之一的，上市公司应当及时披露相关事项的现状、可能影响事件进展的风险因素：

（一）该重大事件难以保密；

（二）该重大事件已经泄露或者市场出现传闻；

（三）公司证券及其衍生品种出现异常交易情况。

第二十五条　上市公司披露重大事件后，已披露的重大事件出现可能对上市公司证券及其衍生品种交易价格产生较大影响的进展或者变化的，上市公司应当及时披露进展或者变化情况、可能产生的影响。

第二十六条　上市公司控股子公司发生本办法第二十二条规定的重大事件，可能对上市公司证券及其衍生品种交易价格产生较大影响的，上市公司应当履行信息披露义务。

上市公司参股公司发生可能对上市公司证券及其衍生品种交易价格产生较大影响的事件的，上市公司应当履行信息披露义务。

第二十七条　涉及上市公司的收购、合并、分立、发行股份、回购股份等行为导致上市公司股本总额、股东、实际控制人等发生重大变化的，信息披露义务人应当依法履行报告、公告义务，披露权益变动情况。

第二十八条　上市公司应当关注本公司证券及其衍生品种的异常交易情况及媒体关于本公司的报道。

证券及其衍生品种发生异常交易或者在媒体中出现的消息可能对公司证券及其衍生品种的交易产生重大影响时，上市公司应当及时向相关各方了解真实情况，必要时应当以书面方式问询。

上市公司控股股东、实际控制人及其一致行动人应当及时、准确地告知上市公司是否存在拟发生的股权转让、资产重组或者其他重大事件，并配合上市公司做好信息披露工作。

第二十九条　公司证券及其衍生品种交易被中国证监会或者证券交易所认定为异常交易的，上市公司应当及时了解造成证券及其衍生品种交易异常波动的影响因素，并及时披露。

第四章　信息披露事务管理

第三十条　上市公司应当制定信息披露事务管理制度。信息披露事务管理制度应当包括：

（一）明确上市公司应当披露的信息，确定披露标准；

（二）未公开信息的传递、审核、披露流程；

（三）信息披露事务管理部门及其负责人在信息披露中的职责；

（四）董事和董事会、监事和监事会、高级管理人员等的报告、审议和披露的职责；

（五）董事、监事、高级管理人员履行职责的记录和保管制度；

（六）未公开信息的保密措施，内幕信息知情人登记管理制度，内幕信息知情人的范围和保密责任；

（七）财务管理和会计核算的内部控制及监督机制；

（八）对外发布信息的申请、审核、发布流程；与投资者、证券服务机构、媒体等的信息沟通制度；

（九）信息披露相关文件、资料的档案管理制度；

（十）涉及子公司的信息披露事务管理和报告制度；

（十一）未按规定披露信息的责任追究机制，对违反规定人员的处理措施。

上市公司信息披露事务管理制度应当经公司董事会审议通过，报注册地证监局和证券交易所备案。

第三十一条 上市公司董事、监事、高级管理人员应当勤勉尽责，关注信息披露文件的编制情况，保证定期报告、临时报告在规定期限内披露。

第三十二条 上市公司应当制定定期报告的编制、审议、披露程序。经理、财务负责人、董事会秘书等高级管理人员应当及时编制定期报告草案，提请董事会审议；董事会秘书负责送达董事审阅；董事长负责召集和主持董事会会议审议定期报告；监事会负责审核董事会编制的定期报告；董事会秘书负责组织定期报告的披露工作。

第三十三条 上市公司应当制定重大事件的报告、传递、审核、披露程序。董事、监事、高级管理人员知悉重大事件发生时，应当按照公司规定立即履行报告义务；董事长在接到报告后，应当立即向董事会报告，并敦促董事会秘书组织临时报告的披露工作。

上市公司应当制定董事、监事、高级管理人员对外发布信息的行为规

金融及知识产权犯罪办案实用手册

范,明确非经董事会书面授权不得对外发布上市公司未披露信息的情形。

第三十四条 上市公司通过业绩说明会、分析师会议、路演、接受投资者调研等形式就公司的经营情况、财务状况及其他事件与任何单位和个人进行沟通的,不得提供内幕信息。

第三十五条 董事应当了解并持续关注公司生产经营情况、财务状况和公司已经发生的或者可能发生的重大事件及其影响,主动调查、获取决策所需要的资料。

第三十六条 监事应当对公司董事、高级管理人员履行信息披露职责的行为进行监督;关注公司信息披露情况,发现信息披露存在违法违规问题的,应当进行调查并提出处理建议。

第三十七条 高级管理人员应当及时向董事会报告有关公司经营或者财务方面出现的重大事件、已披露的事件的进展或者变化情况及其他相关信息。

第三十八条 董事会秘书负责组织和协调公司信息披露事务,汇集上市公司应予披露的信息并报告董事会,持续关注媒体对公司的报道并主动求证报道的真实情况。董事会秘书有权参加股东大会、董事会会议、监事会会议和高级管理人员相关会议,有权了解公司的财务和经营情况,查阅涉及信息披露事宜的所有文件。董事会秘书负责办理上市公司信息对外公布等相关事宜。

上市公司应当为董事会秘书履行职责提供便利条件,财务负责人应当配合董事会秘书在财务信息披露方面的相关工作。

第三十九条 上市公司的股东、实际控制人发生以下事件时,应当主动告知上市公司董事会,并配合上市公司履行信息披露义务:

(一)持有公司百分之五以上股份的股东或者实际控制人持有股份或者控制公司的情况发生较大变化,公司的实际控制人及其控制的其他企业从事与公司相同或者相似业务的情况发生较大变化;

(二)法院裁决禁止控股股东转让其所持股份,任一股东所持公司百分之五以上股份被质押、冻结、司法拍卖、托管、设定信托或者被依法限制表决权等,或者出现被强制过户风险;

（三）拟对上市公司进行重大资产或者业务重组；

（四）中国证监会规定的其他情形。

应当披露的信息依法披露前，相关信息已在媒体上传播或者公司证券及其衍生品种出现交易异常情况的，股东或者实际控制人应当及时、准确地向上市公司作出书面报告，并配合上市公司及时、准确地公告。

上市公司的股东、实际控制人不得滥用其股东权利、支配地位，不得要求上市公司向其提供内幕信息。

第四十条　上市公司向特定对象发行股票时，其控股股东、实际控制人和发行对象应当及时向上市公司提供相关信息，配合上市公司履行信息披露义务。

第四十一条　上市公司董事、监事、高级管理人员、持股百分之五以上的股东及其一致行动人、实际控制人应当及时向上市公司董事会报送上市公司关联人名单及关联关系的说明。上市公司应当履行关联交易的审议程序，并严格执行关联交易回避表决制度。交易各方不得通过隐瞒关联关系或者采取其他手段，规避上市公司的关联交易审议程序和信息披露义务。

第四十二条　通过接受委托或者信托等方式持有上市公司百分之五以上股份的股东或者实际控制人，应当及时将委托人情况告知上市公司，配合上市公司履行信息披露义务。

第四十三条　信息披露义务人应当向其聘用的证券公司、证券服务机构提供与执业相关的所有资料，并确保资料的真实、准确、完整，不得拒绝、隐匿、谎报。

证券公司、证券服务机构在为信息披露出具专项文件时，发现上市公司及其他信息披露义务人提供的材料有虚假记载、误导性陈述、重大遗漏或者其他重大违法行为的，应当要求其补充、纠正。信息披露义务人不予补充、纠正的，证券公司、证券服务机构应当及时向公司注册地证监局和证券交易所报告。

第四十四条　上市公司解聘会计师事务所的，应当在董事会决议后及时通知会计师事务所，公司股东大会就解聘会计师事务所进行表决时，应当允许会计师事务所陈述意见。股东大会作出解聘、更换会计师事务所决议的，上市公司应当在披露时说明解聘、更换的具体原因和会计师事务所的陈述意见。

第四十五条　为信息披露义务人履行信息披露义务出具专项文件的证券公司、证券服务机构及其人员，应当勤勉尽责、诚实守信，按照法律、行政法规、中国证监会规定、行业规范、业务规则等发表专业意见，保证所出具文件的真实性、准确性和完整性。

证券服务机构应当妥善保存客户委托文件、核查和验证资料、工作底稿以及与质量控制、内部管理、业务经营有关的信息和资料。证券服务机构应当配合中国证监会的监督管理，在规定的期限内提供、报送或者披露相关资料、信息，保证其提供、报送或者披露的资料、信息真实、准确、完整，不得有虚假记载、误导性陈述或者重大遗漏。

第四十六条　会计师事务所应当建立并保持有效的质量控制体系、独立性管理和投资者保护机制，秉承风险导向审计理念，遵守法律、行政法规、中国证监会的规定，严格执行注册会计师执业准则、职业道德守则及相关规定，完善鉴证程序，科学选用鉴证方法和技术，充分了解被鉴证单位及其环境，审慎关注重大错报风险，获取充分、适当的证据，合理发表鉴证结论。

第四十七条　资产评估机构应当建立并保持有效的质量控制体系、独立性管理和投资者保护机制，恪守职业道德，遵守法律、行政法规、中国证监会的规定，严格执行评估准则或者其他评估规范，恰当选择评估方法，评估中提出的假设条件应当符合实际情况，对评估对象所涉及交易、收入、支出、投资等业务的合法性、未来预测的可靠性取得充分证据，充分考虑未来各种可能性发生的概率及其影响，形成合理的评估结论。

第四十八条　任何单位和个人不得非法获取、提供、传播上市公司的内幕信息，不得利用所获取的内幕信息买卖或者建议他人买卖公司证券及其衍生品种，不得在投资价值分析报告、研究报告等文件中使用内幕信息。

第四十九条　媒体应当客观、真实地报道涉及上市公司的情况，发挥舆论监督作用。

任何单位和个人不得提供、传播虚假或者误导投资者的上市公司信息。

第五章 监督管理与法律责任

第五十条 中国证监会可以要求信息披露义务人或者其董事、监事、高级管理人员对有关信息披露问题作出解释、说明或者提供相关资料，并要求上市公司提供证券公司或者证券服务机构的专业意见。

中国证监会对证券公司和证券服务机构出具的文件的真实性、准确性、完整性有疑义的，可以要求相关机构作出解释、补充，并调阅其工作底稿。

信息披露义务人及其董事、监事、高级管理人员，证券公司和证券服务机构应当及时作出回复，并配合中国证监会的检查、调查。

第五十一条 上市公司董事、监事、高级管理人员应当对公司信息披露的真实性、准确性、完整性、及时性、公平性负责，但有充分证据表明其已经履行勤勉尽责义务的除外。

上市公司董事长、经理、董事会秘书，应当对公司临时报告信息披露的真实性、准确性、完整性、及时性、公平性承担主要责任。

上市公司董事长、经理、财务负责人应当对公司财务会计报告的真实性、准确性、完整性、及时性、公平性承担主要责任。

第五十二条 信息披露义务人及其董事、监事、高级管理人员违反本办法的，中国证监会为防范市场风险，维护市场秩序，可以采取以下监管措施：

（一）责令改正；

（二）监管谈话；

（三）出具警示函；

（四）责令公开说明；

（五）责令定期报告；

（六）责令暂停或者终止并购重组活动；

（七）依法可以采取的其他监管措施。

第五十三条 上市公司未按本办法规定制定上市公司信息披露事务管理制度的，由中国证监会责令改正；拒不改正的，给予警告并处国务院规定限额以下罚款。

第五十四条 信息披露义务人未按照《证券法》规定在规定期限内

报送有关报告、履行信息披露义务,或者报送的报告、披露的信息有虚假记载、误导性陈述或者重大遗漏的,由中国证监会按照《证券法》第一百九十七条处罚。

上市公司通过隐瞒关联关系或者采取其他手段,规避信息披露、报告义务的,由中国证监会按照《证券法》第一百九十七条处罚。

第五十五条 为信息披露义务人履行信息披露义务出具专项文件的证券公司、证券服务机构及其人员,违反法律、行政法规和中国证监会规定的,中国证监会为防范市场风险,维护市场秩序,可以采取责令改正、监管谈话、出具警示函、责令公开说明、责令定期报告等监管措施;依法应当给予行政处罚的,由中国证监会依照有关规定进行处罚。

第五十六条 任何单位和个人泄露上市公司内幕信息,或者利用内幕信息买卖证券的,由中国证监会按照《证券法》第一百九十一条处罚。

第五十七条 任何单位和个人编造、传播虚假信息或者误导性信息,扰乱证券市场的;证券交易场所、证券公司、证券登记结算机构、证券服务机构及其从业人员,证券业协会、中国证监会及其工作人员,在证券交易活动中作出虚假陈述或者信息误导的;传播媒介传播上市公司信息不真实、不客观的,由中国证监会按照《证券法》第一百九十三条处罚。

第五十八条 上市公司董事、监事在董事会或者监事会审议、审核定期报告时投赞成票,又在定期报告披露时表示无法保证定期报告内容的真实性、准确性、完整性或者有异议的,中国证监会可以对相关人员给予警告并处国务院规定限额以下罚款;情节严重的,可以对有关责任人员采取证券市场禁入的措施。

第五十九条 利用新闻报道以及其他传播方式对上市公司进行敲诈勒索的,由中国证监会责令改正,并向有关部门发出监管建议函,由有关部门依法追究法律责任。

第六十条 信息披露义务人违反本办法的规定,情节严重的,中国证监会可以对有关责任人员采取证券市场禁入的措施。

第六十一条 违反本办法,涉嫌犯罪的,依法移送司法机关追究刑事责任。

第六章 附 则

第六十二条 本办法下列用语的含义：

（一）为信息披露义务人履行信息披露义务出具专项文件的证券公司、证券服务机构，是指为证券发行、上市、交易等证券业务活动制作、出具保荐书、审计报告、资产评估报告、估值报告、法律意见书、财务顾问报告、资信评级报告等文件的证券公司、会计师事务所、资产评估机构、律师事务所、财务顾问机构、资信评级机构等。

（二）信息披露义务人，是指上市公司及其董事、监事、高级管理人员、股东、实际控制人，收购人、重大资产重组、再融资、重大交易有关各方等自然人、单位及其相关人员，破产管理人及其成员，以及法律、行政法规和中国证监会规定的其他承担信息披露义务的主体。

（三）及时，是指自起算日起或者触及披露时点的两个交易日内。

（四）上市公司的关联交易，是指上市公司或者其控股子公司与上市公司关联人之间发生的转移资源或者义务的事项。

关联人包括关联法人（或者其他组织）和关联自然人。

具有以下情形之一的法人（或者其他组织），为上市公司的关联法人（或者其他组织）：

1. 直接或者间接地控制上市公司的法人（或者其他组织）；

2. 由前项所述法人（或者其他组织）直接或者间接控制的除上市公司及其控股子公司以外的法人（或者其他组织）；

3. 关联自然人直接或者间接控制的、或者担任董事、高级管理人员的，除上市公司及其控股子公司以外的法人（或者其他组织）；

4. 持有上市公司百分之五以上股份的法人（或者其他组织）及其一致行动人；

5. 在过去十二个月内或者根据相关协议安排在未来十二月内，存在上述情形之一的；

6. 中国证监会、证券交易所或者上市公司根据实质重于形式的原则认定的其他与上市公司有特殊关系，可能或者已经造成上市公司对其利益倾斜的法人（或者其他组织）。

具有以下情形之一的自然人,为上市公司的关联自然人:

1. 直接或者间接持有上市公司百分之五以上股份的自然人;

2. 上市公司董事、监事及高级管理人员;

3. 直接或者间接地控制上市公司的法人的董事、监事及高级管理人员;

4. 上述第1、2项所述人士的关系密切的家庭成员,包括配偶、父母、年满十八周岁的子女及其配偶、兄弟姐妹及其配偶,配偶的父母、兄弟姐妹,子女配偶的父母;

5. 在过去十二个月内或者根据相关协议安排在未来十二个月内,存在上述情形之一的;

6. 中国证监会、证券交易所或者上市公司根据实质重于形式的原则认定的其他与上市公司有特殊关系,可能或者已经造成上市公司对其利益倾斜的自然人。

第六十三条　中国证监会可以对金融、房地产等特定行业上市公司的信息披露作出特别规定。

第六十四条　境外企业在境内发行股票或者存托凭证并上市的,依照本办法履行信息披露义务。法律、行政法规或者中国证监会另有规定的,从其规定。

第六十五条　本办法自2021年5月1日起施行。2007年1月30日发布的《上市公司信息披露管理办法》(证监会令第40号)、2016年12月9日发布的《公开发行证券的公司信息披露编报规则第13号——季度报告的内容与格式》(证监会公告〔2016〕33号)同时废止。

2.《公司债券发行与交易管理办法》(中国证券监督管理委员会令第180号,2021.2.26修订实施)(节录)

第五十条　发行人及其他信息披露义务人应当按照中国证监会及证券自律组织的相关规定履行信息披露义务。

第五十一条　公司债券上市交易的发行人应当按照中国证监会、证券交易所的规定及时披露债券募集说明书,并在债券存续期内披露中期报告和经符合《证券法》规定的会计师事务所审计的年度报告。非公开发行公司债券的发行人信息披露的时点、内容,应当按照募集说明书的约定及证券交易场所的规定履行。

发行人及其控股股东、实际控制人、董事、监事、高级管理人员等作出公开承诺的，应当在募集说明书等文件中披露。

第五十二条　公司债券募集资金的用途应当在债券募集说明书中披露。发行人应当在定期报告中披露公开发行公司债券募集资金的使用情况。非公开发行公司债券的，应当在债券募集说明书中约定募集资金使用情况的披露事宜。

第五十三条　发行人的董事、高级管理人员应当对公司债券发行文件和定期报告签署书面确认意见。

发行人的监事会应当对董事会编制的公司债券发行文件和定期报告进行审核并提出书面审核意见。监事应当签署书面确认意见。

发行人的董事、监事和高级管理人员应当保证发行人及时、公平地披露信息，所披露的信息真实、准确、完整。

董事、监事和高级管理人员无法保证公司债券发行文件和定期报告内容的真实性、准确性、完整性或者有异议的，应当在书面确认意见中发表意见并陈述理由，发行人应当披露。发行人不予披露的，董事、监事和高级管理人员可以直接申请披露。

第五十四条　发生可能对上市交易公司债券的交易价格产生较大影响的重大事件，投资者尚未得知时，发行人应当立即将有关该重大事件的情况向中国证监会、证券交易场所报送临时报告，并予公告，说明事件的起因、目前的状态和可能产生的法律后果。

前款所称重大事件包括：

（一）公司股权结构或者生产经营状况发生重大变化；

（二）公司债券信用评级发生变化；

（三）公司重大资产抵押、质押、出售、转让、报废；

（四）公司发生未能清偿到期债务的情况；

（五）公司新增借款或者对外提供担保超过上年末净资产的百分之二十；

（六）公司放弃债权或者财产超过上年末净资产的百分之十；

（七）公司发生超过上年末净资产百分之十的重大损失；

（八）公司分配股利，作出减资、合并、分立、解散及申请破产的决定，或者依法进入破产程序、被责令关闭；

（九）涉及公司的重大诉讼、仲裁；

（十）公司涉嫌犯罪被依法立案调查，公司的控股股东、实际控制人、董事、监事、高级管理人员涉嫌犯罪被依法采取强制措施；

（十一）中国证监会规定的其他事项。

发行人的控股股东或者实际控制人对重大事件的发生、进展产生较大影响的，应当及时将其知悉的有关情况书面告知发行人，并配合发行人履行信息披露义务。

第六十九条 非公开发行公司债券，发行人及其他信息披露义务人披露的信息存在虚假记载、误导性陈述或者重大遗漏的，中国证监会可以对发行人、其他信息披露义务人及其直接负责的主管人员和其他直接责任人员采取本办法第六十八条规定的相关监管措施；情节严重的，依照《证券法》第一百九十七条予以处罚。

3.《公开募集证券投资基金信息披露管理办法》（中国证券监督管理委员会令第 166 号，2020.3.20 修正实施）（节录）

第二条 基金信息披露义务人应当以保护基金份额持有人利益为根本出发点，按照法律、行政法规和中国证券监督管理委员会（以下简称中国证监会）的规定披露基金信息，并保证所披露信息的真实性、准确性、完整性、及时性、简明性和易得性。

基金信息披露义务人包括基金管理人、基金托管人、召集基金份额持有人大会的基金份额持有人及其日常机构等法律、行政法规和中国证监会规定的自然人、法人和非法人组织。

第三条 基金信息披露义务人应当在中国证监会规定时间内，将应予披露的基金信息通过符合中国证监会规定条件的全国性报刊（以下简称规定报刊）及本办法规定的互联网网站（以下简称规定网站）等媒介披露，并保证投资者能够按照基金合同约定的时间和方式查阅或者复制公开披露的信息资料。

规定网站包括基金管理人网站、基金托管人网站、中国证监会基金电子披露网站。规定网站应当无偿向投资者提供基金信息披露服务。

第四条　基金份额在证券交易所上市交易的,基金信息披露义务人还应当根据证券交易所的自律管理规则披露基金信息。

第五条　中国证监会及其派出机构依法对基金信息披露活动进行监督管理。

中国证监会根据基金信息披露活动情况,及时制定相关的内容与格式准则、编报规则等;根据基金信息披露活动中存在的技术问题,直接做出或授权指定机构做出规范解答。

证券交易所、中国证券投资基金业协会依法对基金信息披露活动进行自律管理。

第七条　公开披露基金信息,不得有下列行为:

(一)虚假记载、误导性陈述或者重大遗漏;

(二)对证券投资业绩进行预测;

(三)违规承诺收益或者承担损失;

(四)诋毁其他基金管理人、基金托管人或者基金销售机构;

(五)登载任何自然人、法人和非法人组织的祝贺性、恭维性或推荐性文字;

(六)中国证监会禁止的其他行为。

第十条　基金募集申请经中国证监会注册后,基金管理人应当在基金份额发售的三日前,将基金份额发售公告、基金招募说明书提示性公告和基金合同提示性公告登载在规定报刊上,将基金份额发售公告、基金招募说明书、基金产品资料概要、基金合同和基金托管协议登载在规定网站上;基金托管人应当同时将基金合同、基金托管协议登载在规定网站上。

第十三条　基金份额获准在证券交易所上市交易的,基金管理人应当在基金份额上市交易的三个工作日前,将基金份额上市交易公告书登载在规定网站上,并将上市交易公告书提示性公告登载在规定报刊上。

第二十一条　基金发生重大事件,有关信息披露义务人应当在两日内编制临时报告书,并登载在规定报刊和规定网站上。

前款所称重大事件,是指可能对基金份额持有人权益或者基金份额的价格产生重大影响的下列事件:

(一)基金份额持有人大会的召开及决定的事项;

(二)基金终止上市交易、基金合同终止、基金清算;

(三)基金扩募、延长基金合同期限;

(四)转换基金运作方式、基金合并;

(五)更换基金管理人、基金托管人、基金份额登记机构,基金改聘会计师事务所;

(六)基金管理人委托基金服务机构代为办理基金的份额登记、核算、估值等事项,基金托管人委托基金服务机构代为办理基金的核算、估值、复核等事项;

(七)基金管理人、基金托管人的法定名称、住所发生变更;

(八)基金管理公司变更持有百分之五以上股权的股东、变更公司的实际控制人;

(九)基金募集期延长或提前结束募集;

(十)基金管理人高级管理人员、基金经理和基金托管人专门基金托管部门负责人发生变动;

(十一)基金管理人的董事在最近12个月内变更超过百分之五十,基金管理人、基金托管人专门基金托管部门的主要业务人员在最近12个月内变动超过百分之三十;

(十二)涉及基金财产、基金管理业务、基金托管业务的诉讼或仲裁;

(十三)基金管理人或其高级管理人员、基金经理因基金管理业务相关行为受到重大行政处罚、刑事处罚,基金托管人或其专门基金托管部门负责人因基金托管业务相关行为受到重大行政处罚、刑事处罚;

(十四)基金管理人运用基金财产买卖基金管理人、基金托管人及其控股股东、实际控制人或者与其有重大利害关系的公司发行的证券或者承销期内承销的证券,或者从事其他重大关联交易事项,中国证监会另有规定的情形除外;

(十五)基金收益分配事项,货币市场基金等中国证监会另有规定的特

殊基金品种除外;

(十六)管理费、托管费、销售服务费、申购费、赎回费等费用计提标准、计提方式和费率发生变更;

(十七)基金份额净值计价错误达基金份额净值百分之零点五;

(十八)开放式基金开始办理申购、赎回;

(十九)开放式基金发生巨额赎回并延期办理;

(二十)开放式基金连续发生巨额赎回并暂停接受赎回申请或延缓支付赎回款项;

(二十一)开放式基金暂停接受申购、赎回申请或重新接受申购、赎回申请;

(二十二)基金信息披露义务人认为可能对基金份额持有人权益或者基金份额的价格产生重大影响的其他事项或中国证监会规定的其他事项。

第二十四条 基金管理人、基金托管人应当建立健全信息披露管理制度,指定专门部门及高级管理人员负责管理信息披露事务。

基金管理人、基金托管人应加强对未公开披露基金信息的管控,并建立基金敏感信息知情人登记制度。基金管理人、基金托管人及相关从业人员不得泄露未公开披露的基金信息。

第三十三条 中国证监会及其派出机构对信息披露义务人、基金销售机构、证券公司从事信息披露及相关服务的情况,进行定期或者不定期的现场和非现场检查,相关单位及个人应当予以配合。

第三十六条 基金信息披露义务人的信息披露活动存在违反本办法的下列情形之一且情节严重的,除法律、行政法规另有规定外,对基金信息披露义务人处以警告、并处三万元以下罚款,对直接负责的主管人员和其他直接责任人员,处以警告、并处三万元以下罚款:

(一)违反本办法第二十五条的规定,信息披露文件不符合中国证监会有关规定;

(二)违反本办法第二十六条的规定,基金托管人未按规定对公开披露的基金信息进行复核、审查或者确认;

(三)违反本办法第二十七条的规定,基金管理人、基金托管人未按规

定选择规定报刊,未按规定向中国证监会基金电子披露网站报送信息;

(四)违反本办法第二十八条的规定,基金管理人未在基金信息披露文件中揭示相关风险,未在基金名称中显示核心特征或期限;

(五)违反本办法第二十九条的规定,基金管理人未按规定向投资者及时提供对其投资决策有重大影响的信息,基金销售机构、证券公司未按规定做好相关信息传递工作;

(六)违反本办法第三十条关于自主信息披露服务的要求;

(七)违反本办法第三十二条的规定,未履行置备义务;

(八)中国证监会认定的其他情形。

4.《信息披露违法行为行政责任认定规则》(中国证券监督管理委员会公告〔2011〕11号,2011.4.29)(节录)

第二条 《证券法》规定的信息披露违法行为行政责任认定适用本规则。

第三条 信息披露义务人应当按照有关信息披露法律、行政法规、规章和规范性文件,以及证券交易所业务规则等规定,真实、准确、完整、及时、公平披露信息。

发行人、上市公司的董事、监事、高级管理人员应当为公司和全体股东的利益服务,诚实守信,忠实、勤勉地履行职责,独立作出适当判断,保护投资者的合法权益,保证信息披露真实、准确、完整、及时、公平。

第四条 认定信息披露违法行为行政责任,应当根据有关信息披露法律、行政法规、规章和规范性文件,以及证券交易所业务规则等规定,遵循专业标准和职业道德,运用逻辑判断和监管工作经验,审查运用证据,全面、客观、公正地认定事实,依法处理。

第五条 信息披露违法行为情节严重,涉嫌犯罪的,证监会依法移送司法机关追究刑事责任。

依法给予行政处罚或者采取市场禁入措施的,按照规定记入证券期货诚信档案。

依法不予处罚或者市场禁入的,可以根据情节采取相应的行政监管措施并记入证券期货诚信档案。

第六条 在信息披露中保荐人、证券服务机构及其人员未勤勉尽责,或者制作、出具的文件有虚假记载、误导性陈述或者重大遗漏的,证监会依法认定其责任和予以行政处罚。

第七条 信息披露义务人未按照法律、行政法规、规章和规范性文件,以及证券交易所业务规则规定的信息披露(包括报告,下同)期限、方式等要求及时、公平披露信息,应当认定构成未按照规定披露信息的信息披露违法行为。

第八条 信息披露义务人在信息披露文件中对所披露内容进行不真实记载,包括发生业务不入账、虚构业务入账、不按照相关规定进行会计核算和编制财务会计报告,以及其他在信息披露中记载的事实与真实情况不符的,应当认定构成所披露的信息有虚假记载的信息披露违法行为。

第九条 信息披露义务人在信息披露文件中或者通过其他信息发布渠道、载体,作出不完整、不准确陈述,致使或者可能致使投资者对其投资行为发生错误判断的,应当认定构成所披露的信息有误导性陈述的信息披露违法行为。

第十条 信息披露义务人在信息披露文件中未按照法律、行政法规、规章和规范性文件以及证券交易所业务规则关于重大事件或者重要事项信息披露要求披露信息,遗漏重大事项的,应当认定构成所披露的信息有重大遗漏的信息披露违法行为。

第十一条 信息披露义务人行为构成信息披露违法的,应当根据其违法行为的客观方面和主观方面等综合审查认定其责任。

第十二条 认定信息披露违法行为的客观方面通常要考虑以下情形:

(一)违法披露信息包括重大差错更正信息中虚增或者虚减资产、营业收入及净利润的数额及其占当期所披露数的比重,是否因此资不抵债,是否因此发生盈亏变化,是否因此满足证券发行、股权激励计划实施、利润承诺条件,是否因此避免被特别处理,是否因此满足取消特别处理要求,是否因此满足恢复上市交易条件等;

(二)未按照规定披露的重大担保、诉讼、仲裁、关联交易以及其他重大事项所涉及的数额及其占公司最近一期经审计总资产、净资产、营业收入的比重,未按照规定及时披露信息时间长短等;

（三）信息披露违法所涉及事项对投资者投资判断的影响大小；

（四）信息披露违法后果，包括是否导致欺诈发行、欺诈上市、骗取重大资产重组许可、收购要约豁免、暂停上市、终止上市，给上市公司、股东、债权人或者其他人造成直接损失数额大小，以及未按照规定披露信息造成该公司证券交易的异动程度等；

（五）信息披露违法的次数，是否多次提供虚假或者隐瞒重要事实的财务会计报告，或者多次对依法应当披露的其他重要信息不按照规定披露；

（六）社会影响的恶劣程度；

（七）其他需要考虑的情形。

第十三条 认定信息披露义务人信息披露违法主观方面通常要考虑以下情形：

（一）信息披露义务人为单位的，在单位内部是否存在违法共谋，信息披露违法所涉及的具体事项是否是经董事会、公司办公会等会议研究决定或者由负责人员决定实施的，是否只是单位内部个人行为造成的；

（二）信息披露义务人的主观状态，信息披露违法是否是故意的欺诈行为，是否是不够谨慎、疏忽大意的过失行为；

（三）信息披露违法行为发生后的态度，公司董事、监事、高级管理人员知道信息披露违法后是否继续掩饰，是否采取适当措施进行补救；

（四）与证券监管机构的配合程度，当发现信息披露违法后，公司董事、监事、高级管理人员是否向证监会报告，是否在调查中积极配合，是否对调查机关欺诈、隐瞒，是否有干扰、阻碍调查情况；

（五）其他需要考虑的情形。

第十四条 其他违法行为引起信息披露义务人信息披露违法的，通常综合考虑以下情形认定责任：

（一）信息披露义务人是否存在过错，有无实施信息披露违法行为的故意，是否存在信息披露违法的过失；

（二）信息披露义务人是否因违法行为直接获益或者以其他方式获取利益，是否因违法行为止损或者避损，公司投资者是否因该项违法行为遭受重大损失；

（三）信息披露违法责任是否能被其他违法行为责任所吸收，认定其他违法行为行政责任、刑事责任是否能更好体现对违法行为的惩处；

（四）其他需要考虑的情形。

前款所称其他违法行为，包括上市公司的董事、监事、高级管理人员违背对公司的忠实义务，利用职务便利，操纵上市公司从事损害公司利益行为；上市公司的控股股东或者实际控制人，指使上市公司董事、监事、高级管理人员从事损害公司利益行为；上市公司董事、监事、高级管理人员和持股5%以上股东违法买卖公司股票行为；公司工作人员挪用资金、职务侵占等行为；配合证券市场内幕交易、操纵市场以及其他可能致使信息披露义务人信息披露违法的行为。

第三章　保险业犯罪

▶ **刑事规范**

第一百九十八条　【保险诈骗罪】

刑法

有下列情形之一，进行保险诈骗活动，数额较大的，处五年以下有期徒刑或者拘役，并处一万元以上十万元以下罚金；数额巨大或者有其他严重情节的，处五年以上十年以下有期徒刑，并处二万元以上二十万元以下罚金；数额特别巨大或者有其他特别严重情节的，处十年以上有期徒刑，并处二万元以上二十万元以下罚金或者没收财产：

（一）投保人故意虚构保险标的，骗取保险金的；

（二）投保人、被保险人或者受益人对发生的保险事故编造虚假的原因或者夸大损失的程度，骗取保险金的；

（三）投保人、被保险人或者受益人编造未曾发生的保险事故，骗取保险金的；

（四）投保人、被保险人故意造成财产损失的保险事故，骗取保险金的；

（五）投保人、受益人故意造成被保险人死亡、伤残或者疾病，骗取保险金的。

有前款第四项、第五项所列行为，同时构成其他犯罪的依照数罪并罚的规定处罚。

单位犯第一款罪的，对单位判处罚金，并对其直接负责的主管人员和其他直接责任人员，处五年以下有期徒刑或者拘役；数额巨大或者有其他严重情节的，处五年以上十年以下有期徒刑；数额特别巨大或者有其他特别严重情节的，处十年以上有期徒刑。

保险事故的鉴定人、证明人、财产评估人故意提供虚假的证明文件，为他人诈骗提供条件的,以保险诈骗的共犯论处。

司法解释、司法解释性文件及规范性文件

1. 最高人民检察院、公安部《关于公安机关管辖的刑事案件立案追诉标准的规定(二)》(2022.4.6修订,2022.5.15实施)(节录)

第五十一条 〔保险诈骗案(刑法第一百九十八条)〕进行保险诈骗活动,数额在五万元以上的,应予立案追诉。

2. 最高人民检察院法律政策研究室《关于保险诈骗未遂能否按犯罪处理问题的答复》(〔1998〕高检研发第20号,1998.11.27)

行为人已经着手实施保险诈骗行为,但由于意志以外的原因未能获得保险赔偿的,时诈骗未遂,情节严重的,应依法追究刑事责任。

第二百二十五条 【非法经营罪】(涉保险业务)[①]

刑法

违反国家规定,有下列非法经营行为之一,扰乱市场秩序,情节严重的,处五年以下有期徒刑或者拘役,并处或者单处违法所得一倍以上五倍以下罚金;情节特别严重的,处五年以上有期徒刑,并处违法所得一倍以上五倍以下罚金或者没收财产:

……

(三)未经国家有关主管部门批准非法经营证券、期货、保险业务的,或者非法从事资金支付结算业务的;

……

---

① 本条被修订两次。1999年《刑法修正案》第8条增设第三项"未经国家有关主管部门批准,非法经营证券、期货或者保险业务的"。

司法解释、司法解释性文件及规范性文件

最高人民检察院、公安部《关于公安机关管辖的刑事案件立案追诉标准的规定（二）》（2022.4.6 修订，2022.5.15 实施）（节录）

第七十一条〔非法经营案（刑法第二百二十五条）〕违反国家规定，进行非法经营活动，扰乱市场秩序，涉嫌下列情形之一的，应予立案追诉：

……

（二）未经国家有关主管部门批准，非法经营证券、期货、保险业务，或者非法从事资金支付结算业务，具有下列情形之一的：

1. 非法经营证券、期货、保险业务，数额在一百万元以上，或者违法所得数额在十万元以上的；

2. 非法从事资金支付结算业务，数额在五百万元以上，或者违法所得数额在十万元以上的；

3. 非法从事资金支付结算业务，数额在二百五十万元以上不满五百万元，或者违法所得数额在五万元以上不满十万元，且具有下列情形之一的：

（1）因非法从事资金支付结算业务犯罪行为受过刑事追究的；

（2）二年内因非法从事资金支付结算业务违法行为受过行政处罚的；

（3）拒不交代涉案资金去向或者拒不配合追缴工作，致使赃款无法追缴的；

（4）造成其他严重后果的。

4. 使用销售点终端机具（POS 机）等方法，以虚构交易、虚开价格、现金退货等方式向信用卡持卡人直接支付现金，数额在一百万元以上的，或者造成金融机构资金二十万元以上逾期未还的，或者造成金融机构经济损失十万元以上的。

……

上编 金融犯罪

▶ 行政规范

法律

《中华人民共和国保险法》（中华人民共和国主席令第 26 号，2015.4.24 修正实施）（节录）

第二条 本法所称保险，是指投保人根据合同约定，向保险人支付保险费，保险人对于合同约定的可能发生的事故因其发生所造成的财产损失承担赔偿保险金责任，或者当被保险人死亡、伤残、疾病或者达到合同约定的年龄、期限等条件时承担给付保险金责任的商业保险行为。

第六条 保险业务由依照本法设立的保险公司以及法律、行政法规规定的其他保险组织经营，其他单位和个人不得经营保险业务。

第十条 保险合同是投保人与保险人约定保险权利义务关系的协议。

投保人是指与保险人订立保险合同，并按照合同约定负有支付保险费义务的人。

保险人是指与投保人订立保险合同，并按照合同约定承担赔偿或者给付保险金责任的保险公司。

第十一条 订立保险合同，应当协商一致，遵循公平原则确定各方的权利和义务。

除法律、行政法规规定必须保险的外，保险合同自愿订立。

第十二条 人身保险的投保人在保险合同订立时，对被保险人应当具有保险利益。

财产保险的被保险人在保险事故发生时，对保险标的应当具有保险利益。

人身保险是以人的寿命和身体为保险标的的保险。

财产保险是以财产及其有关利益为保险标的的保险。

被保险人是指其财产或者人身受保险合同保障，享有保险金请求权的人。投保人可以为被保险人。

保险利益是指投保人或者被保险人对保险标的具有的法律上承认的利益。

第十三条 投保人提出保险要求，经保险人同意承保，保险合同成立。

保险人应当及时向投保人签发保险单或者其他保险凭证。

保险单或者其他保险凭证应当载明当事人双方约定的合同内容。当事人也可以约定采用其他书面形式载明合同内容。

依法成立的保险合同，自成立时生效。投保人和保险人可以对合同的效力约定附条件或者附期限。

第十四条　保险合同成立后，投保人按照约定交付保险费，保险人按照约定的时间开始承担保险责任。

第十五条　除本法另有规定或者保险合同另有约定外，保险合同成立后，投保人可以解除合同，保险人不得解除合同。

第十六条　订立保险合同，保险人就保险标的或者被保险人的有关情况提出询问的，投保人应当如实告知。

投保人故意或者因重大过失未履行前款规定的如实告知义务，足以影响保险人决定是否同意承保或者提高保险费率的，保险人有权解除合同。

前款规定的合同解除权，自保险人知道有解除事由之日起，超过三十日不行使而消灭。自合同成立之日起超过二年的，保险人不得解除合同；发生保险事故的，保险人应当承担赔偿或者给付保险金的责任。

投保人故意不履行如实告知义务的，保险人对于合同解除前发生的保险事故，不承担赔偿或者给付保险金的责任，并不退还保险费。

投保人因重大过失未履行如实告知义务，对保险事故的发生有严重影响的，保险人对于合同解除前发生的保险事故，不承担赔偿或者给付保险金的责任，但应当退还保险费。

保险人在合同订立时已经知道投保人未如实告知的情况的，保险人不得解除合同；发生保险事故的，保险人应当承担赔偿或者给付保险金的责任。

保险事故是指保险合同约定的保险责任范围内的事故。

第十七条　订立保险合同，采用保险人提供的格式条款的，保险人向投保人提供的投保单应当附格式条款，保险人应当向投保人说明合同的内容。

对保险合同中免除保险人责任的条款，保险人在订立合同时应当在投保单、保险单或者其他保险凭证上作出足以引起投保人注意的提示，并对该条款的内容以书面或者口头形式向投保人作出明确说明；未作提示或者明确说明的，该条款不产生效力。

第十八条 保险合同应当包括下列事项：

（一）保险人的名称和住所；

（二）投保人、被保险人的姓名或者名称、住所，以及人身保险的受益人的姓名或者名称、住所；

（三）保险标的；

（四）保险责任和责任免除；

（五）保险期间和保险责任开始时间；

（六）保险金额；

（七）保险费以及支付办法；

（八）保险金赔偿或者给付办法；

（九）违约责任和争议处理；

（十）订立合同的年、月、日。

投保人和保险人可以约定与保险有关的其他事项。

受益人是指人身保险合同中由被保险人或者投保人指定的享有保险金请求权的人。投保人、被保险人可以为受益人。

保险金额是指保险人承担赔偿或者给付保险金责任的最高限额。

第十九条 采用保险人提供的格式条款订立的保险合同中的下列条款无效：

（一）免除保险人依法应承担的义务或者加重投保人、被保险人责任的；

（二）排除投保人、被保险人或者受益人依法享有的权利的。

第二十条 投保人和保险人可以协商变更合同内容。

变更保险合同的，应当由保险人在保险单或者其他保险凭证上批注或者附贴批单，或者由投保人和保险人订立变更的书面协议。

第二十一条 投保人、被保险人或者受益人知道保险事故发生后，应当及时通知保险人。故意或者因重大过失未及时通知，致使保险事故的性质、原因、损失程度等难以确定的，保险人对无法确定的部分，不承担赔偿或者给付保险金的责任，但保险人通过其他途径已经及时知道或者应当及时知道保险事故发生的除外。

第二十二条　保险事故发生后，按照保险合同请求保险人赔偿或者给付保险金时，投保人、被保险人或者受益人应当向保险人提供其所能提供的与确认保险事故的性质、原因、损失程度等有关的证明和资料。

保险人按照合同的约定，认为有关的证明和资料不完整的，应当及时一次性通知投保人、被保险人或者受益人补充提供。

第二十七条　未发生保险事故，被保险人或者受益人谎称发生了保险事故，向保险人提出赔偿或者给付保险金请求的，保险人有权解除合同，并不退还保险费。

投保人、被保险人故意制造保险事故的，保险人有权解除合同，不承担赔偿或者给付保险金的责任；除本法第四十三条规定外，不退还保险费。

保险事故发生后，投保人、被保险人或者受益人以伪造、变造的有关证明、资料或者其他证据，编造虚假的事故原因或者夸大损失程度的，保险人对其虚报的部分不承担赔偿或者给付保险金的责任。

投保人、被保险人或者受益人有前三款规定行为之一，致使保险人支付保险金或者支出费用的，应当退回或者赔偿。

第三十一条　投保人对下列人员具有保险利益：

（一）本人；

（二）配偶、子女、父母；

（三）前项以外与投保人有抚养、赡养或者扶养关系的家庭其他成员、近亲属；

（四）与投保人有劳动关系的劳动者。

除前款规定外，被保险人同意投保人为其订立合同的，视为投保人对被保险人具有保险利益。

订立合同时，投保人对被保险人不具有保险利益的，合同无效。

第三十三条　投保人不得为无民事行为能力人投保以死亡为给付保险金条件的人身保险，保险人也不得承保。

父母为其未成年子女投保的人身保险，不受前款规定限制。但是，因被保险人死亡给付的保险金总和不得超过国务院保险监督管理机构规定的限额。

第三十四条 以死亡为给付保险金条件的合同，未经被保险人同意并认可保险金额的，合同无效。

按照以死亡为给付保险金条件的合同所签发的保险单，未经被保险人书面同意，不得转让或者质押。

父母为其未成年子女投保的人身保险，不受本条第一款规定限制。

第四十五条 因被保险人故意犯罪或者抗拒依法采取的刑事强制措施导致其伤残或者死亡的，保险人不承担给付保险金的责任。投保人已交足二年以上保险费的，保险人应当按照合同约定退还保险单的现金价值。

第四十六条 被保险人因第三者的行为而发生死亡、伤残或者疾病等保险事故的，保险人向被保险人或者受益人给付保险金后，不享有向第三者追偿的权利，但被保险人或者受益人仍有权向第三者请求赔偿。

第四十七条 投保人解除合同的，保险人应当自收到解除合同通知之日起三十日内，按照合同约定退还保险单的现金价值。

第四十八条 保险事故发生时，被保险人对保险标的不具有保险利益的，不得向保险人请求赔偿保险金。

第四十九条 保险标的转让的，保险标的的受让人承继被保险人的权利和义务。

保险标的转让的，被保险人或者受让人应当及时通知保险人，但货物运输保险合同和另有约定的合同除外。

因保险标的转让导致危险程度显著增加的，保险人自收到前款规定的通知之日起三十日内，可以按照合同约定增加保险费或者解除合同。保险人解除合同的，应当将已收取的保险费，按照合同约定扣除自保险责任开始之日起至合同解除之日止应收的部分后，退还投保人。

被保险人、受让人未履行本条第二款规定的通知义务的，因转让导致保险标的危险程度显著增加而发生的保险事故，保险人不承担赔偿保险金的责任。

第五十条 货物运输保险合同和运输工具航程保险合同，保险责任开始后，合同当事人不得解除合同。

第六十七条 设立保险公司应当经国务院保险监督管理机构批准。

国务院保险监督管理机构审查保险公司的设立申请时，应当考虑保险业的发展和公平竞争的需要。

第七十四条　保险公司在中华人民共和国境内设立分支机构，应当经保险监督管理机构批准。

保险公司分支机构不具有法人资格，其民事责任由保险公司承担。

第七十七条　经批准设立的保险公司及其分支机构，凭经营保险业务许可证向工商行政管理机关办理登记，领取营业执照。

第七十九条　保险公司在中华人民共和国境外设立子公司、分支机构，应当经国务院保险监督管理机构批准。

第八十条　外国保险机构在中华人民共和国境内设立代表机构，应当经国务院保险监督管理机构批准。代表机构不得从事保险经营活动。

第一百一十六条　保险公司及其工作人员在保险业务活动中不得有下列行为：

（一）欺骗投保人、被保险人或者受益人；

（二）对投保人隐瞒与保险合同有关的重要情况；

（三）阻碍投保人履行本法规定的如实告知义务，或者诱导其不履行本法规定的如实告知义务；

（四）给予或者承诺给予投保人、被保险人、受益人保险合同约定以外的保险费回扣或者其他利益；

（五）拒不依法履行保险合同约定的赔偿或者给付保险金义务；

（六）故意编造未曾发生的保险事故、虚构保险合同或者故意夸大已经发生的保险事故的损失程度进行虚假理赔，骗取保险金或者牟取其他不正当利益；

（七）挪用、截留、侵占保险费；

（八）委托未取得合法资格的机构从事保险销售活动；

（九）利用开展保险业务为其他机构或者个人牟取不正当利益；

（十）利用保险代理人、保险经纪人或者保险评估机构，从事以虚构保险中介业务或者编造退保等方式套取费用等违法活动；

（十一）以捏造、散布虚假事实等方式损害竞争对手的商业信誉，或者以其他不正当竞争行为扰乱保险市场秩序；

（十二）泄露在业务活动中知悉的投保人、被保险人的商业秘密；

（十三）违反法律、行政法规和国务院保险监督管理机构规定的其他行为。

第一百一十七条　保险代理人是根据保险人的委托，向保险人收取佣金，并在保险人授权的范围内代为办理保险业务的机构或者个人。

保险代理机构包括专门从事保险代理业务的保险专业代理机构和兼营保险代理业务的保险兼业代理机构。

第一百一十八条　保险经纪人是基于投保人的利益，为投保人与保险人订立保险合同提供中介服务，并依法收取佣金的机构。

第一百一十九条　保险代理机构、保险经纪人应当具备国务院保险监督管理机构规定的条件，取得保险监督管理机构颁发的经营保险代理业务许可证、保险经纪业务许可证。

第一百三十一条　保险代理人、保险经纪人及其从业人员在办理保险业务活动中不得有下列行为：

（一）欺骗保险人、投保人、被保险人或者受益人；

（二）隐瞒与保险合同有关的重要情况；

（三）阻碍投保人履行本法规定的如实告知义务，或者诱导其不履行本法规定的如实告知义务；

（四）给予或者承诺给予投保人、被保险人或者受益人保险合同约定以外的利益；

（五）利用行政权力、职务或者职业便利以及其他不正当手段强迫、引诱或者限制投保人订立保险合同；

（六）伪造、擅自变更保险合同，或者为保险合同当事人提供虚假证明材料；

（七）挪用、截留、侵占保险费或者保险金；

（八）利用业务便利为其他机构或者个人牟取不正当利益；

（九）串通投保人、被保险人或者受益人，骗取保险金；

（十）泄露在业务活动中知悉的保险人、投保人、被保险人的商业秘密。

第一百七十四条　投保人、被保险人或者受益人有下列行为之一，进行保险诈骗活动，尚不构成犯罪的，依法给予行政处罚：

（一）投保人故意虚构保险标的，骗取保险金的；

（二）编造未曾发生的保险事故，或者编造虚假的事故原因或者夸大损失程度，骗取保险金的；

（三）故意造成保险事故，骗取保险金的。

保险事故的鉴定人、评估人、证明人故意提供虚假的证明文件，为投保人、被保险人或者受益人进行保险诈骗提供条件的，依照前款规定给予处罚。

第一百七十六条　拒绝、阻碍保险监督管理机构及其工作人员依法行使监督检查、调查职权，未使用暴力、威胁方法的，依法给予治安管理处罚。

第一百七十七条　违反法律、行政法规的规定，情节严重的，国务院保险监督管理机构可以禁止有关责任人员一定期限直至终身进入保险业。

第一百七十八条　保险监督管理机构从事监督管理工作的人员有下列情形之一的，依法给予处分：

（一）违反规定批准机构的设立的；

（二）违反规定进行保险条款、保险费率审批的；

（三）违反规定进行现场检查的；

（四）违反规定查询账户或者冻结资金的；

（五）泄露其知悉的有关单位和个人的商业秘密的；

（六）违反规定实施行政处罚的；

（七）滥用职权、玩忽职守的其他行为。

第一百七十九条　违反本法规定，构成犯罪的，依法追究刑事责任。

行政法规及规范性文件

1.《中华人民共和国外资保险公司管理条例》（中华人民共和国国务院令第720号，2019.9.30修订实施）（节录）

第二条　本条例所称外资保险公司，是指依照中华人民共和国有关法律、行政法规的规定，经批准在中国境内设立和营业的下列保险公司：

（一）外国保险公司同中国的公司、企业在中国境内合资经营的保险公司（以下简称合资保险公司）；

（二）外国保险公司在中国境内投资经营的外国资本保险公司（以下简称独资保险公司）；

（三）外国保险公司在中国境内的分公司（以下简称外国保险公司分公司）。

第五条　设立外资保险公司，应当经国务院保险监督管理机构批准。

设立外资保险公司的地区，由国务院保险监督管理机构按照有关规定确定。

第六条　设立经营人身保险业务的外资保险公司和经营财产保险业务的外资保险公司，其设立形式、外资比例由国务院保险监督管理机构按照有关规定确定。

第七条　合资保险公司、独资保险公司的注册资本最低限额为2亿元人民币或者等值的自由兑换货币；其注册资本最低限额必须为实缴货币资本。

外国保险公司分公司应当由其总公司无偿拨给不少于2亿元人民币或者等值的自由兑换货币的营运资金。

国务院保险监督管理机构根据外资保险公司业务范围、经营规模，可以提高前两款规定的外资保险公司注册资本或者营运资金的最低限额。

第十五条　外资保险公司按照国务院保险监督管理机构核定的业务范围，可以全部或者部分依法经营下列种类的保险业务：

（一）财产保险业务，包括财产损失保险、责任保险、信用保险等保险业务；

（二）人身保险业务，包括人寿保险、健康保险、意外伤害保险等保险业务。

外资保险公司经国务院保险监督管理机构按照有关规定核定，可以在核定的范围内经营大型商业风险保险业务、统括保单保险业务。

第十六条　同一外资保险公司不得同时兼营财产保险业务和人身保险业务。

2.《机动车交通事故责任强制保险条例》(中华人民共和国国务院令第709号,2019.3.2修订实施)(节录)

第三条 本条例所称机动车交通事故责任强制保险,是指由保险公司对被保险机动车发生道路交通事故造成本车人员、被保险人以外的受害人的人身伤亡、财产损失,在责任限额内予以赔偿的强制性责任保险。

第十一条 投保人投保时,应当向保险公司如实告知重要事项。

重要事项包括机动车的种类、厂牌型号、识别代码、牌照号码、使用性质和机动车所有人或者管理人的姓名(名称)、性别、年龄、住所、身份证或者驾驶证号码(组织机构代码)、续保前该机动车发生事故的情况以及国务院保险监督管理机构规定的其他事项。

第三十六条 保险公司以外的单位或者个人,非法从事机动车交通事故责任强制保险业务的,由国务院保险监督管理机构予以取缔;构成犯罪的,依法追究刑事责任;尚不构成犯罪的,由国务院保险监督管理机构没收违法所得,违法所得20万元以上的,并处违法所得1倍以上5倍以下罚款;没有违法所得或者违法所得不足20万元的,处20万元以上100万元以下罚款。

第三十七条 保险公司违反本条例规定,有下列行为之一的,由国务院保险监督管理机构责令改正,处5万元以上30万元以下罚款;情节严重的,可以限制业务范围、责令停止接受新业务或者吊销经营保险业务许可证:

(一)拒绝或者拖延承保机动车交通事故责任强制保险的;

(二)未按照统一的保险条款和基础保险费率从事机动车交通事故责任强制保险业务的;

(三)未将机动车交通事故责任强制保险业务和其他保险业务分开管理、单独核算的;

(四)强制投保人订立商业保险合同的;

(五)违反规定解除机动车交通事故责任强制保险合同的;

(六)拒不履行约定的赔偿保险金义务的;

(七)未按照规定及时支付或者垫付抢救费用的。

部门规章及部门规范性文件

1.《保险代理人监管规定》(中国银行保险监督管理委员会令2020年第11号,2021.1.1)(节录)

第二条 本规定所称保险代理人是指根据保险公司的委托,向保险公司收取佣金,在保险公司授权的范围内代为办理保险业务的机构或者个人,包括保险专业代理机构、保险兼业代理机构及个人保险代理人。

本规定所称保险专业代理机构是指依法设立的专门从事保险代理业务的保险代理公司及其分支机构。

本规定所称保险兼业代理机构是指利用自身主业与保险的相关便利性,依法兼营保险代理业务的企业,包括保险兼业代理法人机构及其分支机构。

本规定所称个人保险代理人是指与保险公司签订委托代理合同,从事保险代理业务的人员。

本规定所称保险代理机构从业人员是指在保险专业代理机构、保险兼业代理机构中,从事销售保险产品或者进行相关损失勘查、理赔等业务的人员。

第三条 保险专业代理公司、保险兼业代理法人机构在中华人民共和国境内经营保险代理业务,应当符合国务院保险监督管理机构规定的条件,取得相关经营保险代理业务的许可证(以下简称许可证)。

第八条 单位或者个人有下列情形之一的,不得成为保险专业代理公司的股东:

(一)最近5年内受到刑罚或者重大行政处罚的;

(二)因涉嫌重大违法犯罪正接受有关部门调查的;

(三)因严重失信行为被国家有关单位确定为失信联合惩戒对象且应当在保险领域受到相应惩戒,或者最近5年内具有其他严重失信不良记录的;

(四)依据法律、行政法规不能投资企业的;

(五)国务院保险监督管理机构根据审慎监管原则认定的其他不适合成为保险专业代理公司股东的情形。

第九条 保险公司的工作人员、个人保险代理人和保险专业中介机构从业人员不得另行投资保险专业代理公司;保险公司、保险专业中介机构的董事、监事或者高级管理人员的近亲属经营保险代理业务的，应当符合履职回避的有关规定。

第十二条　保险兼业代理机构经营保险代理业务，应当符合下列条件：

（一）有市场监督管理部门核发的营业执照，其主营业务依法须经批准的，应取得相关部门的业务许可；

（二）主业经营情况良好，最近 2 年内无重大行政处罚记录；

（三）有同主业相关的保险代理业务来源；

（四）有便民服务的营业场所或者销售渠道；

（五）具备必要的软硬件设施，保险业务信息系统与保险公司对接，业务、财务数据可独立于主营业务单独查询统计；

（六）有完善的保险代理业务管理制度和机制；

（七）有符合本规定条件的保险代理业务责任人；

（八）法律、行政法规和国务院保险监督管理机构规定的其他条件。

保险兼业代理机构因严重失信行为被国家有关单位确定为失信联合惩戒对象且应当在保险领域受到相应惩戒的，或者最近 5 年内具有其他严重失信不良记录的，不得经营保险代理业务。

第十三条　保险兼业代理法人机构及其根据本规定第二十条指定的分支机构应当分别委派本机构分管保险业务的负责人担任保险代理业务责任人。

保险代理业务责任人应当品行良好，熟悉保险法律、行政法规，具有履行职责所需的经营管理能力。

第十八条　保险专业代理公司新设分支机构经营保险代理业务，应当符合以下条件：

（一）保险专业代理公司及分支机构最近 1 年内没有受到刑罚或者重大行政处罚；

（二）保险专业代理公司及分支机构未因涉嫌违法犯罪正接受有关部门调查；

（三）保险专业代理公司及分支机构最近 1 年内未发生 30 人以上群访群诉事件或者 100 人以上非正常集中退保事件；

（四）最近 2 年内设立的分支机构不存在运营未满 1 年退出市场的情形；

（五）具备完善的分支机构管理制度；

（六）新设分支机构有符合要求的营业场所、业务财务信息管理系统，以及与经营业务相匹配的其他设施；

（七）新设分支机构主要负责人符合本规定的任职条件；

（八）国务院保险监督管理机构规定的其他条件。

保险专业代理公司因严重失信行为被国家有关单位确定为失信联合惩戒对象且应当在保险领域受到相应惩戒的，或者最近5年内具有其他严重失信不良记录的，不得新设分支机构经营保险代理业务。

第二十六条　有下列情形之一的人员，不得担任保险专业代理机构的高级管理人员和省级分公司以外分支机构主要负责人：

（一）无民事行为能力或者限制民事行为能力；

（二）因贪污、贿赂、侵占财产、挪用财产或者破坏社会主义市场秩序，被判处刑罚执行期满未逾5年，或者因犯罪被剥夺政治权利，执行期满未逾5年；

（三）担任破产清算的公司、企业的董事或者厂长、经理，对该公司、企业的破产负有个人责任的，自该公司、企业破产清算完结之日起未逾3年；

（四）担任因违法被吊销营业执照、责令关闭的公司、企业的法定代表人，并负有个人责任的，自该公司、企业被吊销营业执照之日起未逾3年；

（五）担任因违法被吊销许可证的保险公司或者保险中介机构的董事、监事或者高级管理人员，并对被吊销许可证负有个人责任或者直接领导责任的，自许可证被吊销之日起未逾3年；

（六）因违法行为或者违纪行为被金融监管机构取消任职资格的金融机构的董事、监事或者高级管理人员，自被取消任职资格之日起未逾5年；

（七）被金融监管机构决定在一定期限内禁止进入金融行业的，期限未满；

（八）受金融监管机构警告或者罚款未逾2年；

（九）正在接受司法机关、纪检监察部门或者金融监管机构调查；

（十）个人所负数额较大的债务到期未清偿；

（十一）因严重失信行为被国家有关单位确定为失信联合惩戒对象且应

当在保险领域受到相应惩戒，或者最近5年内具有其他严重失信不良记录；

（十二）法律、行政法规和国务院保险监督管理机构规定的其他情形。

第三十三条　保险专业代理机构的高级管理人员和省级分公司以外分支机构主要负责人因涉嫌犯罪被起诉的，保险专业代理机构应当自其被起诉之日起5日内和结案之日起5日内在国务院保险监督管理机构规定的监管信息系统中登记相关信息。

第三十四条　保险专业代理机构高级管理人员和省级分公司以外分支机构主要负责人有下列情形之一，保险专业代理机构已经任命的，应当免除其职务；经核准任职资格的，其任职资格自动失效：

（一）获得核准任职资格后，保险专业代理机构超过2个月未任命；

（二）从该保险专业代理机构离职；

（三）受到国务院保险监督管理机构禁止进入保险业的行政处罚；

（四）出现《中华人民共和国公司法》第一百四十六条规定的情形。

第三十六条　保险公司应当委托品行良好的个人保险代理人。保险专业代理机构、保险兼业代理机构应当聘任品行良好的保险代理机构从业人员。

保险公司、保险专业代理机构、保险兼业代理机构应当加强对个人保险代理人、保险代理机构从业人员招录工作的管理，制定规范统一的招录政策、标准和流程。

有下列情形之一的，保险公司、保险专业代理机构、保险兼业代理机构不得聘任或者委托：

（一）因贪污、受贿、侵占财产、挪用财产或者破坏社会主义市场经济秩序，被判处刑罚，执行期满未逾5年的；

（二）被金融监管机构决定在一定期限内禁止进入金融行业，期限未满的；

（三）因严重失信行为被国家有关单位确定为失信联合惩戒对象且应当在保险领域受到相应惩戒，或者最近5年内具有其他严重失信不良记录的；

（四）法律、行政法规和国务院保险监督管理机构规定的其他情形。

第七十九条　保险专业代理公司、保险兼业代理法人机构退出保险代理市场，应当遵守法律、行政法规及其他相关规定。保险专业代理公司、

保险兼业代理法人机构有下列情形之一的,保险监督管理机构依法注销许可证,并予以公告:

(一)许可证依法被撤回、撤销或者吊销的;

(二)因解散或者被依法宣告破产等原因依法终止的;

(三)法律、行政法规规定的其他情形。

被注销许可证的保险专业代理公司、保险兼业代理法人机构应当及时交回许可证原件;许可证无法交回的,保险监督管理机构在公告中予以说明。

被注销许可证的保险专业代理公司、保险兼业代理法人机构应当终止其保险代理业务活动。

第九十条 未取得许可证,非法从事保险代理业务的,由保险监督管理机构予以取缔,没收违法所得,并处违法所得1倍以上5倍以下罚款;没有违法所得或者违法所得不足5万元的,处5万元以上30万元以下罚款。

第九十一条 行政许可申请人隐瞒有关情况或者提供虚假材料申请相关保险代理业务许可或者申请其他行政许可的,保险监督管理机构不予受理或者不予批准,并给予警告,申请人在1年内不得再次申请该行政许可。

第九十二条 被许可人通过欺骗、贿赂等不正当手段取得保险代理业务许可或者其他行政许可的,由保险监督管理机构予以撤销,并依法给予行政处罚;申请人在3年内不得再次申请该行政许可。

第九十三条 保险专业代理机构聘任不具有任职资格的人员的,由保险监督管理机构责令改正,处2万元以上10万元以下罚款;对该机构直接负责的主管人员和其他直接责任人员,给予警告,并处1万元以上10万元以下罚款,情节严重的,撤销任职资格。

保险专业代理机构未按规定聘任省级分公司以外分支机构主要负责人或者未按规定任命临时负责人的,由保险监督管理机构责令改正,给予警告,并处1万元以下罚款;对该机构直接负责的主管人员和其他直接责任人员,给予警告,并处1万元以下罚款。

保险兼业代理机构未按规定指定保险代理业务责任人的,由保险监督管理机构责令改正,给予警告,并处1万元以下罚款;对该机构直接负责的主管人员和其他直接责任人员,给予警告,并处1万元以下罚款。

第九十四条　保险公司、保险专业代理机构、保险兼业代理机构未按规定委托或者聘任个人保险代理人、保险代理机构从业人员，或者未按规定进行执业登记和管理的，由保险监督管理机构责令改正，给予警告，并处 1 万元以下罚款；对该机构直接负责的主管人员和其他直接责任人员，给予警告，并处 1 万元以下罚款。

第九十五条　保险专业代理机构、保险兼业代理机构出租、出借或者转让许可证的，由保险监督管理机构责令改正，处 1 万元以上 10 万元以下罚款；情节严重的，责令停业整顿或者吊销许可证；对保险专业代理机构直接负责的主管人员和其他直接责任人员，给予警告，并处 1 万元以上 10 万元以下罚款，情节严重的，撤销任职资格；对保险兼业代理机构直接负责的主管人员和其他直接责任人员，给予警告，并处 1 万元以下罚款。

第九十六条　保险专业代理机构、保险兼业代理机构在许可证使用过程中，有下列情形之一的，由保险监督管理机构责令改正，给予警告，没有违法所得的，处 1 万元以下罚款，有违法所得的，处违法所得 3 倍以下罚款，但最高不得超过 3 万元；对该机构直接负责的主管人员和其他直接责任人员，给予警告，并处 1 万元以下罚款：

（一）未按规定放置许可证的；

（二）未按规定办理许可证变更登记的；

（三）未按规定交回许可证的；

（四）未按规定进行公告的。

第九十七条　保险专业代理机构、保险兼业代理机构有下列情形之一的，由保险监督管理机构责令改正，处 2 万元以上 10 万元以下罚款；情节严重的，责令停业整顿或者吊销许可证；对保险专业代理机构直接负责的主管人员和其他直接责任人员，给予警告，并处 1 万元以上 10 万元以下罚款，情节严重的，撤销任职资格；对保险兼业代理机构直接负责的主管人员和其他直接责任人员，给予警告，并处 1 万元以下罚款：

（一）未按照规定缴存保证金或者投保职业责任保险的；

（二）未按规定设立专门账簿记载业务收支情况的。

第九十八条　保险专业代理机构未按本规定设立分支机构或者保险兼

业代理分支机构未按本规定获得法人机构授权经营保险代理业务的,由保险监督管理机构责令改正,给予警告,没有违法所得的,处1万元以下罚款,有违法所得的,处违法所得3倍以下的罚款,但最高不得超过3万元;对该机构直接负责的主管人员和其他直接责任人员,给予警告,并处1万元以下罚款。

第九十九条 保险专业代理机构、保险兼业代理机构有下列情形之一的,由保险监督管理机构责令改正,给予警告,没有违法所得的,处1万元以下罚款,有违法所得的,处违法所得3倍以下的罚款,但最高不得超过3万元;对该机构直接负责的主管人员和其他直接责任人员,给予警告,并处1万元以下罚款:

(一)超出规定的业务范围、经营区域从事保险代理业务活动的;

(二)与非法从事保险业务或者保险中介业务的机构或者个人发生保险代理业务往来的。

第一百条 保险专业代理机构、保险兼业代理机构违反本规定第四十三条的,由保险监督管理机构责令改正,给予警告,没有违法所得的,处1万元以下罚款,有违法所得的,处违法所得3倍以下罚款,但最高不得超过3万元;对该机构直接负责的主管人员和其他直接责任人员,给予警告,并处1万元以下罚款。

第一百零一条 保险专业代理机构、保险兼业代理机构违反本规定第五十一条、第五十四条的,由保险监督管理机构责令改正,给予警告,并处1万元以下罚款;对该机构直接负责的主管人员和其他直接责任人员,给予警告,并处1万元以下罚款。

第一百零二条 保险专业代理机构、保险兼业代理机构有本规定第七十条所列情形之一的,由保险监督管理机构责令改正,处5万元以上30万元以下罚款;情节严重的,吊销许可证;对保险专业代理机构直接负责的主管人员和其他直接责任人员,给予警告,并处1万元以上10万元以下罚款,情节严重的,撤销任职资格;对保险兼业代理机构直接负责的主管人员和其他直接责任人员,给予警告,并处1万元以下罚款。

第一百零三条 个人保险代理人、保险代理机构从业人员聘用或者委托其他人员从事保险代理业务的，由保险监督管理机构给予警告，没有违法所得的，处1万元以下罚款，有违法所得的，处违法所得3倍以下罚款，但最高不得超过3万元。

第一百零四条　保险专业代理机构、保险兼业代理机构违反本规定第七十二条的，由保险监督管理机构给予警告，没有违法所得的，处1万元以下罚款，有违法所得的，处违法所得3倍以下罚款，但最高不得超过3万元；对该机构直接负责的主管人员和其他直接责任人员，给予警告，并处1万元以下罚款。

第一百零五条　保险专业代理机构、保险兼业代理机构违反本规定第七十三条、第七十七条的，由保险监督管理机构给予警告，没有违法所得的，处1万元以下罚款，有违法所得的，处违法所得3倍以下罚款，但最高不得超过3万元；对该机构直接负责的主管人员和其他直接责任人员，给予警告，并处1万元以下罚款。

第一百零六条　保险专业代理机构、保险兼业代理机构未按本规定报送或者保管报告、报表、文件、资料的，或者未按照本规定提供有关信息、资料的，由保险监督管理机构责令限期改正；逾期不改正的，处1万元以上10万元以下罚款；对保险专业代理机构直接负责的主管人员和其他直接责任人员，给予警告，并处1万元以上10万元以下罚款，情节严重的，撤销任职资格；对保险兼业代理机构直接负责的主管人员和其他直接责任人员，给予警告，并处1万元以下罚款。

第一百零七条　保险专业代理机构、保险兼业代理机构有下列情形之一的，由保险监督管理机构责令改正，处10万元以上50万元以下罚款；情节严重的，可以限制其业务范围、责令停止接受新业务或者吊销许可证；对保险专业代理机构直接负责的主管人员和其他直接责任人员，给予警告，并处1万元以上10万元以下罚款，情节严重的，撤销任职资格；对保险兼业代理机构直接负责的主管人员和其他直接责任人员，给予警告，并处1万元以下罚款：

（一）编制或者提供虚假的报告、报表、文件或者资料的；

（二）拒绝或者妨碍依法监督检查的。

第一百零八条 保险专业代理机构、保险兼业代理机构有下列情形之一的,由保险监督管理机构责令改正,给予警告,没有违法所得的,处1万元以下罚款,有违法所得的,处违法所得3倍以下罚款,但最高不得超过3万元;对该机构直接负责的主管人员和其他直接责任人员,给予警告,并处1万元以下罚款:

（一）未按规定托管注册资本的;

（二）未按规定建立或者管理业务档案的;

（三）未按规定使用银行账户的;

（四）未按规定进行信息披露的;

（五）未按规定缴纳监管费的;

（六）违反规定代替投保人签订保险合同的;

（七）违反规定动用保证金的;

（八）违反规定开展互联网保险业务的;

（九）从代收保险费中直接扣除保险佣金的。

第一百零九条 个人保险代理人、保险代理机构从业人员违反本规定,依照《保险法》或者其他法律、行政法规应当予以处罚的,由保险监督管理机构依照相关法律、行政法规进行处罚;法律、行政法规未作规定的,由保险监督管理机构给予警告,没有违法所得的,处1万元以下罚款,有违法所得的,处违法所得3倍以下罚款,但最高不得超过3万元。

第一百一十条 保险公司违反本规定,由保险监督管理机构依照法律、行政法规进行处罚;法律、行政法规未作规定的,对保险公司给予警告,没有违法所得的,处1万元以下罚款,有违法所得的,处违法所得3倍以下罚款,但最高不得超过3万元;对其直接负责的主管人员和其他直接责任人员,给予警告,并处1万元以下罚款。

第一百一十一条 违反法律和行政法规的规定,情节严重的,国务院保险监督管理机构可以禁止有关责任人员一定期限直至终身进入保险业。

第一百一十二条 保险专业代理机构的高级管理人员或者从业人员,离职后被发现在原工作期间违反保险监督管理规定的,应当依法追究其责任。

第一百一十三条 保险监督管理机构从事监督管理工作的人员有下列

情形之一的，依法给予行政处分；构成犯罪的，依法追究刑事责任：

（一）违反规定批准代理机构经营保险代理业务的；

（二）违反规定核准高级管理人员任职资格的；

（三）违反规定对保险代理人进行现场检查的；

（四）违反规定对保险代理人实施行政处罚的；

（五）违反规定干预保险代理市场佣金水平的；

（六）滥用职权、玩忽职守的其他行为。

第一百一十八条　本规定中有关"5日""10日""15日""20日"的规定是指工作日，不含法定节假日。

本规定所称"以上""以下"均含本数。

第一百一十九条　本规定自2021年1月1日起施行，原中国保监会2009年9月25日发布的《保险专业代理机构监管规定》（中国保险监督管理委员会令2009年第5号）、2013年1月6日发布的《保险销售从业人员监管办法》（中国保险监督管理委员会令2013年第2号）、2013年4月27日发布的《中国保险监督管理委员会关于修改〈保险专业代理机构监管规定〉的决定》（中国保险监督管理委员会令2013年第7号）、2000年8月4日发布的《保险兼业代理管理暂行办法》（保监发〔2000〕144号）同时废止。

2.《保险经纪人监管规定》（中华人民共和国保监会令〔2018〕3号，2018.5.1）（节录）

第二条　本规定所称保险经纪人是指基于投保人的利益，为投保人与保险公司订立保险合同提供中介服务，并依法收取佣金的机构，包括保险经纪公司及其分支机构。

本规定所称保险经纪从业人员是指在保险经纪人中，为投保人或者被保险人拟订投保方案、办理投保手续、协助索赔的人员，或者为委托人提供防灾防损、风险评估、风险管理咨询服务、从事再保险经纪等业务的人员。

第三条　保险经纪公司在中华人民共和国境内经营保险经纪业务，应当符合中国保险监督管理委员会（以下简称中国保监会）规定的条件，取得经营保险经纪业务许可证（以下简称许可证）。

第六条　除中国保监会另有规定外，保险经纪人应当采取下列组织形式：

（一）有限责任公司；

（二）股份有限公司。

3.《保险公估人监管规定》（中华人民共和国保监会令〔2018〕2号，2018.5.1）（节录）

第二条 本规定所称保险公估，是指评估机构及其评估专业人员接受委托，对保险标的或者保险事故进行评估、勘验、鉴定、估损理算以及相关的风险评估。

保险公估人是专门从事上述业务的评估机构，包括保险公估机构及其分支机构。

保险公估机构包括保险公估公司和保险公估合伙企业。

第三条 本规定所称保险公估从业人员是指在保险公估人中，为委托人办理保险标的承保前和承保后的检验、估价及风险评估，保险标的出险后的查勘、检验、估损理算及出险保险标的残值处理，风险管理咨询等业务的人员。

保险公估从业人员包括公估师和其他具有公估专业知识及实践经验的评估从业人员。

第四条（第一款） 公估师是指通过公估师资格考试的保险公估从业人员。

第五条 保险公估人在中华人民共和国境内经营保险公估业务，应当符合《资产评估法》要求及中国保险监督管理委员会（以下简称中国保监会）规定的条件，并向中国保监会及其派出机构进行业务备案。

第十条 设立保险公估人，应当向工商行政管理部门申请办理登记。

第九十七条 保险公估从业人员违反本规定，有下列情形之一的，由中国保监会及其派出机构给予警告，可以责令停止从业6个月以上1年以下；有违法所得的，没收违法所得；情节严重的，责令停止从业1年以上5年以下；构成犯罪的，依法追究刑事责任：

（一）私自接受委托从事业务、收取费用的；

（二）同时在两个以上保险公估人从事业务的；

（三）采用欺骗、利诱、胁迫，或者贬损、诋毁其他公估从业人员等不

正当手段招揽业务的;

（四）允许他人以本人名义从事业务，或者冒用他人名义从事业务的;

（五）签署本人未承办业务的公估报告或者有重大遗漏的公估报告的;

（六）索要、收受或者变相索要、收受合同约定以外的酬金、财物，或者谋取其他不正当利益的。

第四章 其他金融犯罪

▶ 刑事规范

第一百六十九条之一 【背信损害上市公司利益罪】[1]

刑法

上市公司的董事、监事、高级管理人员违背对公司的忠实义务，利用职务便利，操纵上市公司从事下列行为之一，致使上市公司利益遭受重大损失的，处三年以下有期徒刑或者拘役，并处或者单处罚金；致使上市公司利益遭受特别重大损失的，处三年以上七年以下有期徒刑，并处罚金：

（一）无偿向其他单位或者个人提供资金、商品、服务或者其他资产的；

（二）以明显不公平的条件，提供或者接受资金、商品、服务或者其他资产的；

（三）向明显不具有清偿能力的单位或者个人提供资金、商品、服务或者其他资产的；

（四）为明显不具有清偿能力的单位或者个人提供担保，或者无正当理由为其他单位或者个人提供担保的；

（五）无正当理由放弃债权、承担债务的；

（六）采用其他方式损害上市公司利益的。

上市公司的控股股东或者实际控制人，指使上市公司董事、监事、高级管理人员实施前款行为的，依照前款的规定处罚。

犯前款罪的上市公司的控股股东或者实际控制人是单位的，对单位判处罚金，并对其直接负责的主管人员和其他直接责任人员，依照第一款的

---

[1] 本条为2006年《刑法修正案（六）》第9条增设。

规定处罚。

司法解释、司法解释性文件及规范性文件

最高人民检察院、公安部《关于公安机关管辖的刑事案件立案追诉标准的规定（二）》（2022.4.6 修订，2022.5.15 实施）（节录）

第十三条〔背信损害上市公司利益案（刑法第一百六十九条之一）〕上市公司的董事、监事、高级管理人员违背对公司的忠实义务，利用职务便利，操纵上市公司从事损害上市公司利益的行为，以及上市公司的控股股东或者实际控制人，指使上市公司董事、监事、高级管理人员实施损害上市公司利益的行为，涉嫌下列情形之一的，应予立案追诉：

（一）无偿向其他单位或者个人提供资金、商品、服务或者其他资产，致使上市公司直接经济损失数额在一百五十万元以上的；

（二）以明显不公平的条件，提供或者接受资金、商品、服务或者其他资产，致使上市公司直接经济损失数额在一百五十万元以上的；

（三）向明显不具有清偿能力的单位或者个人提供资金、商品、服务或者其他资产，致使上市公司直接经济损失数额在一百五十万元以上的；

（四）为明显不具有清偿能力的单位或者个人提供担保，或者无正当理由为其他单位或者个人提供担保，致使上市公司直接经济损失数额在一百五十万元以上的；

（五）无正当理由放弃债权、承担债务，致使上市公司直接经济损失数额在一百五十万元以上的；

（六）致使公司、企业发行的股票或者公司、企业债券、存托凭证或者国务院依法认定的其他证券被终止上市交易的；

（七）其他致使上市公司利益遭受重大损失的情形。

第一百八十五条之一 【背信运用受托财产罪】【违法运用资金罪】①

刑法

商业银行、证券交易所、期货交易所、证券公司、期货经纪公司、保险公司或者其他金融机构，违背受托义务，擅自运用客户资金或者其他委托、信托的财产，情节严重的，对单位判处罚金，并对其直接负责的主管人员和其他直接责任人员，处三年以下有期徒刑或者拘役，并处三万元以上三十万元以下罚金；情节特别严重的，处三年以上十年以下有期徒刑，并处五万元以上五十万元以下罚金。

社会保障基金管理机构、住房公积金管理机构等公众资金管理机构，以及保险公司、保险资产管理公司、证券投资基金管理公司，违反国家规定运用资金的，对其直接负责的主管人员和其他直接责任人员，依照前款的规定处罚。

司法解释性文件及规范性文件

最高人民检察院、公安部《关于公安机关管辖的刑事案件立案追诉标准的规定（二）》（2022.4.6修订，2022.5.15实施）（节录）

第三十五条 〔背信运用受托财产案（刑法第一百八十五条之一第一款）〕商业银行、证券交易所、期货交易所、证券公司、期货公司、保险公司或者其他金融机构，违背受托义务，擅自运用客户资金或者其他委托、信托的财产，涉嫌下列情形之一的，应予立案追诉：

（一）擅自运用客户资金或者其他委托、信托的财产数额在三十万元以上的；

（二）虽未达到上述数额标准，但多次擅自运用客户资金或者其他委托、信托的财产，或者擅自运用多个客户资金或者其他委托、信托的财产的；

（三）其他情节严重的情形。

---

① 本条为2006年《刑法修正案（六）》第12条增设。

第三十六条 〔违法运用资金案（刑法第一百八十五条之一第二款）〕社会保障基金管理机构、住房公积金管理机构等公众资金管理机构，以及保险公司、保险资产管理公司、证券投资基金管理公司，违反国家规定运用资金，涉嫌下列情形之一的，应予立案追诉：

（一）违反国家规定运用资金数额在三十万元以上的；

（二）虽未达到上述数额标准，但多次违反国家规定运用资金的；

（三）其他情节严重的情形。

第一百八十七条 【吸收客户资金不入账罪】[①]

刑法

银行或者其他金融机构的工作人员吸收客户资金不入帐，数额巨大或者造成重大损失的，处五年以下有期徒刑或者拘役，并处二万元以上二十万元以下罚金；数额特别巨大或者造成特别重大损失的，处五年以上有期徒刑，并处五万元以上五十万元以下罚金。

单位犯前两款罪的，对单位判处罚金，并对其直接负责的主管人员和其他直接责任人员，依照前两款的规定处罚。

司法解释、司法解释性文件及规范性文件

1. 最高人民检察院、公安部《关于公安机关管辖的刑事案件立案追诉标准的规定（二）》（2022.4.6 修订，2022.5.15 实施）（节录）

第三十八条 〔吸收客户资金不入账案（刑法第一百八十七条）〕银行或者其他金融机构及其工作人员吸收客户资金不入账，涉嫌下列情形之一的，应予立案追诉：

[①] 本条被 2006 年《刑法修正案（六）》第 14 条修订，将"银行或者其他金融机构的工作人员以牟利为目的，采取吸收客户资金不入账的方式，将资金用于非法拆解、发放贷款、造成重大损失"修改为"银行或者其他金融机构的工作人员吸收客户资金不入帐，数额巨大或者造成重大损失"。

上编　金融犯罪　

（一）吸收客户资金不入账，数额在二百万元以上的；

（二）吸收客户资金不入账，造成直接经济损失数额在五十万元以上的。

2. 最高人民检察院法律政策研究室《关于吸收客户资金不入账犯罪法律适用问题的回复意见》（2010年12月13日答复公安部经济犯罪侦查局"公经金融〔2010〕252号"征求意见函）（节录）

保险费属于《刑法》第187条规定的客户资金，保险公司及其工作人员收到保险费不入账，数额巨大或者造成重大损失的，应按吸收客户资金不入账犯罪追究刑事责任。

3. 最高人民法院《全国法院审理金融犯罪案件工作座谈会纪要》（法〔2001〕8号，2001.1.21）（节录）

3. 用账外客户资金非法拆借、发放贷款行为的认定和处罚

银行或者其他金融机构及其工作人员以牟利为目的，采取吸收客户资金不入账的方式，将客户资金用于非法拆借、发放贷款，造成重大损失的，构成用账外客户资金非法拆借、发放贷款罪。（编著注：对应法条刑修六修订，罪名由原来的用账外客户资金非法拆借、发放贷款罪调整为吸收客户资金不入账）以牟利为目的，是指金融机构及其工作人员为本单位或者个人牟利，不具有这种目的，不构成该罪。这里的"牟利"，一般是指谋取用账外客户资金非法拆借、发放贷款所产生的非法收益，如利息、差价等。对于用款人为取得贷款而支付的回扣、手续费等，应根据具体情况分别处理：银行或者其他金融机构用账外客户资金非法拆借、发放贷款，收取的回扣、手续费等，应认定为"牟利"；银行或者其他金融机构的工作人员利用职务上的便利，用账外客户资金非法拆借、发放贷款，收取回扣、手续费等，数额较小的，以"牟利"论处；银行或者其他金融机构的工作人员将用款人支付给单位的回扣、手续费秘密占为己有，数额较大的，以贪污罪定罪处罚；银行或者其他金融机构的工作人员利用职务便利，用账外客户资金非法拆借、发放贷款，索取用款人的财物，或者非法收受其他财物，或者收取回扣、手续费等，数额较大的，以受贿罪定罪处罚。吸收客户资金不入账，是指不记入金融机构的法定存款账目，以逃避国家金融监管，至于是否记入法定账目以外设立的账目，不影响该罪成立。

审理银行或者其他金融机构及其工作人员用账外客户资金非法拆借、发放贷款案件，要注意将用账外客户资金非法拆借、发放贷款的行为与挪用公款罪和挪用资金罪区别开来。对于利用职务上的便利，挪用已经记入金融机构法定存款账户的客户资金归个人使用的，或者吸收客户资金不入账，却给客户开具银行存单，客户也认为将款已存入银行，该款却被行为人以个人名义借贷给他人的，均应认定为挪用公款罪或者挪用资金罪。

第一百八十三条 【职务侵占罪】【贪污罪】

刑法

保险公司的工作人员利用职务上的便利，故意编造未曾发生的保险事故进行虚假理赔，骗取保险金归自己所有的，依照本法第二百七十一条的规定定罪处罚。

国有保险公司工作人员和国有保险公司委派到非国有保险公司从事公务的人员有前款行为的，依照本法第三百八十二条、第三百八十三条的规定定罪处罚。

司法解释、司法解释性文件及规范性文件

最高人民法院、最高人民检察院《关于办理贪污贿赂刑事案件适用法律若干问题的解释》（法释〔2016〕9号，2016.4.18）（节录）

为依法惩治贪污贿赂犯罪活动，根据刑法有关规定，现就办理贪污贿赂刑事案件适用法律的若干问题解释如下：

第一条 贪污或者受贿数额在三万元以上不满二十万元的，应当认定为刑法第三百八十三条第一款规定的"数额较大"，依法判处三年以下有期徒刑或者拘役，并处罚金。

贪污数额在一万元以上不满三万元，具有下列情形之一的，应当认定为刑法第三百八十三条第一款规定的"其他较重情节"，依法判处三年以下有期徒刑或者拘役，并处罚金：

（一）贪污救灾、抢险、防汛、优抚、扶贫、移民、救济、防疫、社会捐助等特定款物的；

（二）曾因贪污、受贿、挪用公款受过党纪、行政处分的；

（三）曾因故意犯罪受过刑事追究的；

（四）赃款赃物用于非法活动的；

（五）拒不交待赃款赃物去向或者拒不配合追缴工作，致使无法追缴的；

（六）造成恶劣影响或者其他严重后果的。

受贿数额在一万元以上不满三万元，具有前款第二项至第六项规定的情形之一，或者具有下列情形之一的，应当认定为刑法第三百八十三条第一款规定的"其他较重情节"，依法判处三年以下有期徒刑或者拘役，并处罚金：

（一）多次索贿的；

（二）为他人谋取不正当利益，致使公共财产、国家和人民利益遭受损失的；

（三）为他人谋取职务提拔、调整的。

第二条 贪污或者受贿数额在二十万元以上不满三百万元的，应当认定为刑法第三百八十三条第一款规定的"数额巨大"，依法判处三年以上十年以下有期徒刑，并处罚金或者没收财产。

贪污数额在十万元以上不满二十万元，具有本解释第一条第二款规定的情形之一的，应当认定为刑法第三百八十三条第一款规定的"其他严重情节"，依法判处三年以上十年以下有期徒刑，并处罚金或者没收财产。

受贿数额在十万元以上不满二十万元，具有本解释第一条第三款规定的情形之一的，应当认定为刑法第三百八十三条第一款规定的"其他严重情节"，依法判处三年以上十年以下有期徒刑，并处罚金或者没收财产。

第十一条（第一款） 刑法第一百六十三条规定的非国家工作人员受贿罪、第二百七十一条规定的职务侵占罪中的"数额较大""数额巨大"的数额起点，按照本解释关于受贿罪、贪污罪相对应的数额标准规定的二倍、五倍执行。

第一百八十四条 【非国家工作人员受贿罪】【受贿罪】

刑法

银行或者其他金融机构的工作人员在金融业务活动中索取他人财物或者非法收受他人财物,为他人谋取利益的,或者违反国家规定,收受各种名义的回扣、手续费,归个人所有的,依照本法第一百六十三条的规定定罪处罚。

国有金融机构工作人员和国有金融机构委派到非国有金融机构从事公务的人员有前款行为的,依照本法第三百八十五条、第三百八十六条的规定定罪处罚。

司法解释、司法解释性文件及规范性文件

最高人民法院、最高人民检察院《关于办理贪污贿赂刑事案件适用法律若干问题的解释》(法释〔2016〕9号,2016.4.18)(节录)

第十一条 刑法第一百六十三条规定的非国家工作人员受贿罪、第二百七十一条规定的职务侵占罪中的"数额较大""数额巨大"的数额起点,按照本解释关于受贿罪、贪污罪相对应的数额标准规定的二倍、五倍执行。

刑法第二百七十二条规定的挪用资金罪中的"数额较大""数额巨大"以及"进行非法活动"情形的数额起点,按照本解释关于挪用公款罪"数额较大""情节严重"以及"进行非法活动"的数额标准规定的二倍执行。

刑法第一百六十四条第一款规定的对非国家工作人员行贿罪中的"数额较大""数额巨大"的数额起点,按照本解释第七条、第八条第一款关于行贿罪的数额标准规定的二倍执行。

第一百八十五条 【挪用资金罪】【挪用公款罪】

刑法

商业银行、证券交易所、期货交易所、证券公司、期货经纪公司、保险公司或者其他金融机构的工作人员利用职务上的便利，挪用本单位或者客户资金的，依照本法第二百七十二条的规定定罪处罚。

国有商业银行、证券交易所、期货交易所、证券公司、期货经纪公司、保险公司或者其他国有金融机构的工作人员和国有商业银行、证券交易所、期货交易所、证券公司、期货经纪公司、保险公司或者其他国有金融机构委派到前款规定中的非国有机构从事公务的人员有前款行为的，依照本法第三百八十四条的规定定罪处罚。

司法解释、司法解释性文件及规范性文件

1. 最高人民法院、最高人民检察院《关于办理贪污贿赂刑事案件适用法律若干问题的解释》（法释〔2016〕9号，2016.4.18）（节录）

第十一条　刑法第一百六十三条规定的非国家工作人员受贿罪、第二百七十一条规定的职务侵占罪中的"数额较大""数额巨大"的数额起点，按照本解释关于受贿罪、贪污罪相对应的数额标准规定的二倍、五倍执行。

刑法第二百七十二条规定的挪用资金罪中的"数额较大""数额巨大"以及"进行非法活动"情形的数额起点，按照本解释关于挪用公款罪"数额较大""情节严重"以及"进行非法活动"的数额标准规定的二倍执行。

刑法第一百六十四条第一款规定的对非国家工作人员行贿罪中的"数额较大""数额巨大"的数额起点，按照本解释第七条、第八条第一款关于行贿罪的数额标准规定的二倍执行。

---

① 本条被1999年《刑法修正案》第7条修订，在第1款、第2款中增加列举金融机构的范围。

2. 最高人民法院《全国法院审理金融犯罪案件工作座谈会纪要》(法〔2001〕8号, 2001.1.21)(节录)

3. 用账外客户资金非法拆借、发放贷款行为的认定和处罚

银行或者其他金融机构及其工作人员以牟利为目的，采取吸收客户资金不入账的方式，将客户资金用于非法拆借、发放贷款，造成重大损失的，构成用账外客户资金非法拆借、发放贷款罪。以牟利为目的，是指金融机构及其工作人员为本单位或者个人牟利，不具有这种目的，不构成该罪。这里的"牟利"，一般是指谋取用账外客户资金非法拆借、发放贷款所产生的非法收益，如利息、差价等。对于用款人为取得贷款而支付的回扣、手续费等，应根据具体情况分别处理：银行或者其他金融机构用账外客户资金非法拆借、发放贷款，收取的回扣、手续费等，应认定为"牟利"；银行或者其他金融机构的工作人员利用职务上的便利，用账外客户资金非法拆借、发放贷款，收取回扣、手续费等，数额较小的，以"牟利"论处；银行或者其他金融机构的工作人员将用款人支付给单位的回扣、手续费秘密占为己有，数额较大的，以贪污罪定罪处罚；银行或者其他金融机构的工作人员利用职务便利，用账外客户资金非法拆借、发放贷款，索取用款人的财物，或者非法收受其他财物，或者收取回扣、手续费等，数额较大的，以受贿罪定罪处罚。吸收客户资金不入账，是指不记入金融机构的法定存款账目，以逃避国家金融监管，至于是否记入法定账目以外设立的账目，不影响该罪成立。

审理银行或者其他金融机构及其工作人员用账外客户资金非法拆借、发放贷款案件，要注意将用账外客户资金非法拆借、发放贷款的行为与挪用公款罪和挪用资金罪区别开来。对于利用职务上的便利，挪用已经记入金融机构法定存款账户的客户资金归个人使用的，或者吸收客户资金不入账，却给客户开具银行存单，客户也认为将款已存入银行，该款却被行为人以个人名义借贷给他人的，均应认定为挪用公款罪或者挪用资金罪。

第一百七十四条 【擅自设立金融机构罪】【伪造、变造、转让金融机构经营许可证、批准文件罪】①

刑法

未经国家有关主管部门批准，擅自设立商业银行、证券交易所、期货交易所、证券公司、期货经纪公司、保险公司或者其他金融机构的，处三年以下有期徒刑或者拘役，并处或者单处二万元以上二十万元以下罚金；情节严重的，处三年以上十年以下有期徒刑，并处五万元以上五十万元以下罚金。

伪造、变造、转让商业银行、证券交易所、期货交易所、证券公司、期货经纪公司、保险公司或者其他金融机构的经营许可证或者批准文件的，依照前款的规定处罚。

单位犯前两款罪的，对单位判处罚金，并对其直接负责的主管人员和其他直接责任人员，依照第一款的规定处罚。

司法解释、司法解释性文件及规范性文件

最高人民检察院、公安部《关于公安机关管辖的刑事案件立案追诉标准的规定（二）》（2022.4.6 修订，2022.5.15 实施）（节录）

第十九条〔擅自设立金融机构案（刑法第一百七十四条第一款）〕未经国家有关主管部门批准，擅自设立金融机构，涉嫌下列情形之一的，应予立案追诉：

（一）擅自设立商业银行、证券交易所、期货交易所、证券公司、期货公司、保险公司或者其他金融机构的；

（二）擅自设立金融机构筹备组织的。

---

① 本条被 1999 年《刑法修正案》第 3 条修订，将第 1 款中"未经中国人民银行批准，擅自设立商业银行或者其他金融机构"修改为"未经国家有关主管部门批准，擅自设立商业银行、证券交易所、期货交易所、证券公司、期货经纪公司、保险公司或者其他金融机构"，将第 2 款中"伪造、变造、转让商业银行或者其他金融机构经营许可证"修改为"伪造、变造、转让商业银行、证券交易所、期货交易所、证券公司、期货经纪公司、保险公司或者其他金融机构的经营许可证或者批准文件"。

第二十条〔伪造、变造、转让金融机构经营许可证、批准文件案（刑法第一百七十四条第二款）〕伪造、变造、转让商业银行、证券交易所、期货交易所、证券公司、期货公司、保险公司或者其他金融机构的经营许可证或者批准文件的，应予立案追诉。

▶ 行政规范

法律

1.《中华人民共和国证券法》（中华人民共和国主席令第37号，2019.12.28修订，2020.3.1实施）（节录）

第五十七条　禁止证券公司及其从业人员从事下列损害客户利益的行为：

（一）违背客户的委托为其买卖证券；

（二）不在规定时间内向客户提供交易的确认文件；

（三）未经客户的委托，擅自为客户买卖证券，或者假借客户的名义买卖证券；

（四）为牟取佣金收入，诱使客户进行不必要的证券买卖；

（五）其他违背客户真实意思表示，损害客户利益的行为。

违反前款规定给客户造成损失的，应当依法承担赔偿责任。

第一百三十一条　证券公司客户的交易结算资金应当存放在商业银行，以每个客户的名义单独立户管理。

证券公司不得将客户的交易结算资金和证券归入其自有财产。禁止任何单位或者个人以任何形式挪用客户的交易结算资金和证券。证券公司破产或者清算时，客户的交易结算资金和证券不属于其破产财产或者清算财产。非因客户本身的债务或者法律规定的其他情形，不得查封、冻结、扣划或者强制执行客户的交易结算资金和证券。

2.《中华人民共和国商业银行法》（中华人民共和国主席令第34号，2015.8.29修正，2015.10.1实施）（节录）

第十一条　设立商业银行，应当经国务院银行业监督管理机构审查批准。

未经国务院银行业监督管理机构批准，任何单位和个人不得从事吸收公众存款等商业银行业务，任何单位不得在名称中使用"银行"字样。

第十六条　经批准设立的商业银行，由国务院银行业监督管理机构颁发经营许可证，并凭该许可证向工商行政管理部门办理登记，领取营业执照。

第五十二条　商业银行的工作人员应当遵守法律、行政法规和其他各项业务管理的规定，不得有下列行为：

（一）利用职务上的便利，索取、收受贿赂或者违反国家规定收受各种名义的回扣、手续费；

（二）利用职务上的便利，贪污、挪用、侵占本行或者客户的资金；

（三）违反规定徇私向亲属、朋友发放贷款或者提供担保；

（四）在其他经济组织兼职；

（五）违反法律、行政法规和业务管理规定的其他行为。

第八十一条（第二款）　伪造、变造、转让商业银行经营许可证，构成犯罪的，依法追究刑事责任。

第八十四条　商业银行工作人员利用职务上的便利，索取、收受贿赂或者违反国家规定收受各种名义的回扣、手续费，构成犯罪的，依法追究刑事责任；尚不构成犯罪的，应当给予纪律处分。

有前款行为，发放贷款或者提供担保造成损失的，应当承担全部或者部分赔偿责任。

3.《中华人民共和国证券投资基金法》（中华人民共和国主席令第23号，2015.4.24修正实施）（节录）

第二十条　公开募集基金的基金管理人及其董事、监事、高级管理人员和其他从业人员不得有下列行为：

（一）将其固有财产或者他人财产混同于基金财产从事证券投资；

（二）不公平地对待其管理的不同基金财产；

（三）利用基金财产或者职务之便为基金份额持有人以外的人牟取利益；

（四）向基金份额持有人违规承诺收益或者承担损失；

（五）侵占、挪用基金财产；

（六）泄露因职务便利获取的未公开信息、利用该信息从事或者明示、暗示他人从事相关的交易活动；

（七）玩忽职守，不按照规定履行职责；

（八）法律、行政法规和国务院证券监督管理机构规定禁止的其他行为。

第五十九条　基金募集期间募集的资金应当存入专门账户，在基金募集行为结束前，任何人不得动用。

4.《中华人民共和国保险法》（中华人民共和国主席令第 26 号，2015.4.24 修正实施）（节录）

第一百零六条　保险公司的资金运用必须稳健，遵循安全性原则。

保险公司的资金运用限于下列形式：

（一）银行存款；

（二）买卖债券、股票、证券投资基金份额等有价证券；

（三）投资不动产；

（四）国务院规定的其他资金运用形式。

保险公司资金运用的具体管理办法，由国务院保险监督管理机构依照前两款的规定制定。

第一百零七条　经国务院保险监督管理机构会同国务院证券监督管理机构批准，保险公司可以设立保险资产管理公司。

保险资产管理公司从事证券投资活动，应当遵守《中华人民共和国证券法》等法律、行政法规的规定。

保险资产管理公司的管理办法，由国务院保险监督管理机构会同国务院有关部门制定。

5.《中华人民共和国银行业监督管理法》（中华人民共和国主席令第 58 号，2006.10.31 修正，2007.1.1 实施）（节录）

第四十三条（第二款）　银行业监督管理机构从事监督管理工作的人员贪污受贿，泄露国家秘密、商业秘密和个人隐私，构成犯罪的，依法追究刑事责任；尚不构成犯罪的，依法给予行政处分。

上编　金融犯罪　

第四十四条　擅自设立银行业金融机构或者非法从事银行业金融机构的业务活动的，由国务院银行业监督管理机构予以取缔；构成犯罪的，依法追究刑事责任；尚不构成犯罪的，由国务院银行业监督管理机构没收违法所得，违法所得五十万元以上的，并处违法所得一倍以上五倍以下罚款；没有违法所得或者违法所得不足五十万元的，处五十万元以上二百万元以下罚款。

6.《中华人民共和国信托法》（中华人民共和国主席令第50号，2001.10.1）（节录）

第十五条　信托财产与委托人未设立信托的其他财产相区别。设立信托后，委托人死亡或者依法解散、被依法撤销、被宣告破产时，委托人是唯一受益人的，信托终止，信托财产作为其遗产或者清算财产；委托人不是唯一受益人的，信托存续，信托财产不作为其遗产或者清算财产；但作为共同受益人的委托人死亡或者依法解散、被依法撤销、被宣告破产时，其信托受益权作为其遗产或者清算财产。

第十六条（第一款）　信托财产与属于受托人所有的财产（以下简称固有财产）相区别，不得归入受托人的固有财产或者成为固有财产的一部分。

第二十七条　受托人不得将信托财产转为其固有财产。受托人将信托财产转为其固有财产的，必须恢复该信托财产的原状；造成信托财产损失的，应当承担赔偿责任。

行政法规及规范性文件

1.《期货交易管理条例》（中华人民共和国国务院令第676号，2017.3.1修订实施）（节录）

第二十八条　期货交易应当严格执行保证金制度。期货交易所向会员、期货公司向客户收取的保证金，不得低于国务院期货监督管理机构、期货交易所规定的标准，并应当与自有资金分开，专户存放。

期货交易所向会员收取的保证金，属于会员所有，除用于会员的交易结算外，严禁挪作他用。

期货公司向客户收取的保证金，属于客户所有，除下列可划转的情形

外,严禁挪作他用:

(一)依据客户的要求支付可用资金;

(二)为客户交存保证金,支付手续费、税款;

(三)国务院期货监督管理机构规定的其他情形。

第三十一条 期货交易所、期货公司、非期货公司结算会员应当按照国务院期货监督管理机构、财政部门的规定提取、管理和使用风险准备金,不得挪用。

第六十五条 期货交易所有下列行为之一的,责令改正,给予警告,没收违法所得,并处违法所得1倍以上5倍以下的罚款;没有违法所得或者违法所得不满10万元的,并处10万元以上50万元以下的罚款;情节严重的,责令停业整顿:

(一)未经批准,擅自办理本条例第十三条所列事项的;

(二)允许会员在保证金不足的情况下进行期货交易的;

(三)直接或者间接参与期货交易,或者违反规定从事与其职责无关的业务的;

(四)违反规定收取保证金,或者挪用保证金的;

(五)伪造、涂改或者不按照规定保存期货交易、结算、交割资料的;

(六)未建立或者未执行当日无负债结算、涨跌停板、持仓限额和大户持仓报告制度的;

(七)拒绝或者妨碍国务院期货监督管理机构监督检查的;

(八)违反国务院期货监督管理机构规定的其他行为。

第七十八条 国务院期货监督管理机构、期货交易所、期货保证金安全存管监控机构和期货保证金存管银行等相关单位的工作人员,泄露知悉的国家秘密或者会员、客户商业秘密,或者徇私舞弊、玩忽职守、滥用职权、收受贿赂的,依法给予行政处分或者纪律处分。

第七十九条 违反本条例规定,构成犯罪的,依法追究刑事责任。

2.《证券公司监督管理条例》(中华人民共和国国务院令第653号,2014.7.29修订实施)(节录)

第三条 证券公司的股东和实际控制人不得滥用权利,占用证券公司或者客户的资产，损害证券公司或者客户的合法权益。

第五十三条 客户证券担保账户内的证券和客户资金担保账户内的资金为信托财产。证券公司不得违背受托义务侵占客户担保账户内的证券或者资金。除本条例第五十四条规定的情形或者证券公司和客户依法另有约定的情形外，证券公司不得动用客户担保账户内的证券或者资金。

第五十九条 客户的交易结算资金、证券资产管理客户的委托资产属于客户，应当与证券公司、指定商业银行、资产托管机构的自有资产相互独立、分别管理。非因客户本身的债务或者法律规定的其他情形，任何单位或者个人不得对客户的交易结算资金、委托资产申请查封、冻结或者强制执行。

第六十条 除下列情形外，不得动用客户的交易结算资金或者委托资金：

（一）客户进行证券的申购、证券交易的结算或者客户提款；

（二）客户支付与证券交易有关的佣金、费用或者税款；

（三）法律规定的其他情形。

第六十一条 证券公司不得以证券经纪客户或者证券资产管理客户的资产向他人提供融资或者担保。任何单位或者个人不得强令、指使、协助、接受证券公司以其证券经纪客户或者证券资产管理客户的资产提供融资或者担保。

第七十九条 证券公司将客户的资金账户、证券账户提供给他人使用的，依照《证券法》第二百零八条的规定处罚。

部门规章及部门规范性文件

1.《保险资金运用管理办法》（中华人民共和国保监会令〔2018〕1号，2018.4.1）（节录）

第六条 保险资金运用限于下列形式：

（一）银行存款；

（二）买卖债券、股票、证券投资基金份额等有价证券；

（三）投资不动产；

（四）投资股权；

（五）国务院规定的其他资金运用形式。

保险资金从事境外投资的，应当符合中国保监会、中国人民银行和国家外汇管理局的相关规定。

第七条　保险资金办理银行存款的，应当选择符合下列条件的商业银行作为存款银行：

（一）资本充足率、净资产和拨备覆盖率等符合监管要求；

（二）治理结构规范、内控体系健全、经营业绩良好；

（三）最近三年未发现重大违法违规行为；

（四）信用等级达到中国保监会规定的标准。

第八条　保险资金投资的债券，应当达到中国保监会认可的信用评级机构评定的、且符合规定要求的信用级别，主要包括政府债券、金融债券、企业（公司）债券、非金融企业债务融资工具以及符合规定的其他债券。

第九条　保险资金投资的股票，主要包括公开发行并上市交易的股票和上市公司向特定对象非公开发行的股票。

保险资金开展股票投资，分为一般股票投资、重大股票投资和上市公司收购等，中国保监会根据不同情形实施差别监管。

保险资金投资全国中小企业股份转让系统挂牌的公司股票，以及以外币认购及交易的股票，由中国保监会另行规定。

第十条　保险资金投资证券投资基金的，其基金管理人应当符合下列条件：

（一）公司治理良好、风险控制机制健全；

（二）依法履行合同，维护投资者合法权益；

（三）设立时间一年（含）以上；

（四）最近三年没有重大违法违规行为；设立未满三年的，自其成立之日起没有重大违法违规行为；

（五）建立有效的证券投资基金和特定客户资产管理业务之间的防火墙机制；

（六）投资团队稳定，历史投资业绩良好，管理资产规模或者基金份额相对稳定。

第十一条　保险资金投资的不动产，是指土地、建筑物以及其他附着于土地上的定着物，具体办法由中国保监会制定。

第十二条　保险资金投资的股权，应当为境内依法设立和注册登记，且未在证券交易所公开上市的股份有限公司和有限责任公司的股权。

第十三条　保险集团（控股）公司、保险公司购置自用不动产、开展上市公司收购或者从事对其他企业实现控股的股权投资，应当使用自有资金。

第十四条　保险集团（控股）公司、保险公司对其他企业实现控股的股权投资，应当满足有关偿付能力监管规定。保险集团（控股）公司的保险子公司不符合中国保监会偿付能力监管要求的，该保险集团（控股）公司不得向非保险类金融企业投资。

实现控股的股权投资应当限于下列企业：

（一）保险类企业，包括保险公司、保险资产管理机构以及保险专业代理机构、保险经纪机构、保险公估机构；

（二）非保险类金融企业；

（三）与保险业务相关的企业。

本办法所称保险资产管理机构，是指经中国保监会同意，依法登记注册，受托管理保险资金等资金的金融机构，包括保险资产管理公司及其子公司、其他专业保险资产管理机构。

第十五条　保险资金可以投资资产证券化产品。

前款所称资产证券化产品，是指金融机构以可特定化的基础资产所产生的现金流为偿付支持，通过结构化等方式进行信用增级，在此基础上发行的金融产品。

第十六条　保险资金可以投资创业投资基金等私募基金。

前款所称创业投资基金是指依法设立并由符合条件的基金管理机构管理，主要投资创业企业普通股或者依法可转换为普通股的优先股、可转换债券等权益的股权投资基金。

第十七条　保险资金可以投资设立不动产、基础设施、养老等专业保险资产管理机构，专业保险资产管理机构可以设立符合条件的保险私募基金，具体办法由中国保监会制定。

第十八条　除中国保监会另有规定以外，保险集团（控股）公司、保

险公司从事保险资金运用,不得有下列行为:

(一)存款于非银行金融机构;

(二)买入被交易所实行"特别处理""警示存在终止上市风险的特别处理"的股票;

(三)投资不符合国家产业政策的企业股权和不动产;

(四)直接从事房地产开发建设;

(五)将保险资金运用形成的投资资产用于向他人提供担保或者发放贷款,个人保单质押贷款除外;

(六)中国保监会禁止的其他投资行为。

第十九条 保险集团(控股)公司、保险公司从事保险资金运用应当符合中国保监会比例监管要求,具体规定由中国保监会另行制定。

中国保监会根据保险资金运用实际情况,可以对保险资产的分类、品种以及相关比例等进行调整。

2.《期货从业人员管理办法》(中国证券监督管理委员会令第 48 号,2007.7.4)(节录)

第十五条 期货公司的期货从业人员不得有下列行为:

(一)进行虚假宣传,诱骗客户参与期货交易;

(二)挪用客户的期货保证金或者其他资产;

(三)中国证监会禁止的其他行为。

3.《信托公司管理办法》(中国银行业监督管理委员会令 2007 年第 2 号,2007.3.1)(节录)

第三条 信托财产不属于信托公司的固有财产,也不属于信托公司对受益人的负债。信托公司终止时,信托财产不属于其清算财产。

第三十四条 信托公司开展信托业务,不得有下列行为:

(一)利用受托人地位谋取不当利益;

(二)将信托财产挪用于非信托目的的用途;

(三)承诺信托财产不受损失或者保证最低收益;

(四)以信托财产提供担保;

(五)法律法规和中国银行业监督管理委员会禁止的其他行为。

第三十八条　信托公司因处理信托事务而支出的费用、负担的债务，以信托财产承担，但应在信托合同中列明或明确告知受益人。信托公司以其固有财产先行支付的，对信托财产享有优先受偿的权利。因信托公司违背管理职责或者管理信托事务不当所负债务及所受到的损害，以其固有财产承担。

第三十九条　信托公司违反信托目的处分信托财产，或者管理运用、处分信托财产有重大过失的，委托人或受益人有权依照信托文件的约定解任该信托公司，或者申请人民法院解任该信托公司。

下 编
知识产权犯罪

第一章　知识产权犯罪通用类规范

第一节　知识产权犯罪基本规范

1. 最高人民法院、最高人民检察院《关于办理侵犯知识产权刑事案件具体应用法律若干问题的解释（三）》（法释〔2020〕10号，2020.9.14）（节录）①

第七条　除特殊情况外，假冒注册商标的商品、非法制造的注册商标标识、侵犯著作权的复制品、主要用于制造假冒注册商标的商品、注册商标标识或者侵权复制品的材料和工具，应当依法予以没收和销毁。

上述物品需要作为民事、行政案件的证据使用的，经权利人申请，可以在民事、行政案件终结后或者采取取样、拍照等方式对证据固定后予以销毁。

第八条　具有下列情形之一的，可以酌情从重处罚，一般不适用缓刑：

（一）主要以侵犯知识产权为业的；

（二）因侵犯知识产权被行政处罚后再次侵犯知识产权构成犯罪的；

（三）在重大自然灾害、事故灾难、公共卫生事件期间，假冒抢险救灾、防疫物资等商品的注册商标的；

（四）拒不交出违法所得的。

第九条　具有下列情形之一的，可以酌情从轻处罚：

（一）认罪认罚的；

---

① 可参见《〈关于办理侵犯知识产权刑事案件具体应用法律若干问题的解释（三）〉的理解与适用》（最高人民法院　林广海　许常海）、《〈最高人民法院、最高人民检察院关于办理侵犯知识产权刑事案件具体应用法律若干问题的解释（三）〉解读》（郑新俭　李薇薇）。

（二）取得权利人谅解的；

（三）具有悔罪表现的；

（四）以不正当手段获取权利人的商业秘密后尚未披露、使用或者允许他人使用的。

第十条 对于侵犯知识产权犯罪的，应当综合考虑犯罪违法所得数额、非法经营数额、给权利人造成的损失数额、侵权假冒物品数量及社会危害性等情节，依法判处罚金。

罚金数额一般在违法所得数额的一倍以上五倍以下确定。违法所得数额无法查清的，罚金数额一般按照非法经营数额的百分之五十以上一倍以下确定。违法所得数额和非法经营数额均无法查清，判处三年以下有期徒刑、拘役、管制或者单处罚金的，一般在三万元以上一百万元以下确定罚金数额；判处三年以上有期徒刑的，一般在十五万元以上五百万元以下确定罚金数额。

第十一条 本解释发布施行后，之前发布的司法解释和规范性文件与本解释不一致的，以本解释为准。

第十二条 本解释自 2020 年 9 月 14 日起施行。

2. 最高人民法院《关于涉网络知识产权侵权纠纷几个法律适用问题的批复》（法释〔2020〕9 号，2020.9.14）

一、知识产权权利人主张其权利受到侵害并提出保全申请，要求网络服务提供者、电子商务平台经营者迅速采取删除、屏蔽、断开链接等下架措施的，人民法院应当依法审查并作出裁定。

二、网络服务提供者、电子商务平台经营者收到知识产权权利人依法发出的通知后，应当及时将权利人的通知转送相关网络用户、平台内经营者，并根据构成侵权的初步证据和服务类型采取必要措施；未依法采取必要措施，权利人主张网络服务提供者、电子商务平台经营者对损害的扩大部分与网络用户、平台内经营者承担连带责任的，人民法院可以依法予以支持。

三、在依法转送的不存在侵权行为的声明到达知识产权权利人后的合理期限内，网络服务提供者、电子商务平台经营者未收到权利人已经投诉或者提起诉讼通知的,应当及时终止所采取的删除、屏蔽、断开链接等下架措施。因办理公证、认证手续等权利人无法控制的特殊情况导致的延迟,不计入上述期限,但该期限最长不超过20个工作日。

四、因恶意提交声明导致电子商务平台经营者终止必要措施并造成知识产权权利人损害,权利人依照有关法律规定请求相应惩罚性赔偿的,人民法院可以依法予以支持。

五、知识产权权利人发出的通知内容与客观事实不符,但其在诉讼中主张该通知系善意提交并请求免责,且能够举证证明的,人民法院依法审查属实后应当予以支持。

六、本批复作出时尚未终审的案件,适用本批复;本批复作出时已经终审,当事人申请再审或者按照审判监督程序决定再审的案件,不适用本批复。

3. 最高人民法院《关于审理涉电子商务平台知识产权民事案件的指导意见》(法发〔2020〕32号,2020.9.10)

为公正审理涉电子商务平台知识产权民事案件,依法保护电子商务领域各方主体的合法权益,促进电子商务平台经营活动规范、有序、健康发展,结合知识产权审判实际,制定本指导意见。

一、人民法院审理涉电子商务平台知识产权纠纷案件,应当坚持严格保护知识产权的原则,依法惩治通过电子商务平台提供假冒、盗版等侵权商品或者服务的行为,积极引导当事人遵循诚实信用原则,依法正当行使权利,并妥善处理好知识产权权利人、电子商务平台经营者、平台内经营者等各方主体之间的关系。

二、人民法院审理涉电子商务平台知识产权纠纷案件,应当依照《中华人民共和国电子商务法》(以下简称电子商务法)第九条的规定,认定有关当事人是否属于电子商务平台经营者或者平台内经营者。

人民法院认定电子商务平台经营者的行为是否属于开展自营业务,可以考量下列因素:商品销售页面上标注的"自营"信息;商品实物上标注的销售主体信息;发票等交易单据上标注的销售主体信息等。

三、电子商务平台经营者知道或者应当知道平台内经营者侵害知识产权的，应当根据权利的性质、侵权的具体情形和技术条件，以及构成侵权的初步证据、服务类型，及时采取必要措施。采取的必要措施应当遵循合理审慎的原则，包括但不限于删除、屏蔽、断开链接等下架措施。平台内经营者多次、故意侵害知识产权的，电子商务平台经营者有权采取终止交易和服务的措施。

四、依据电子商务法第四十一条、第四十二条、第四十三条的规定，电子商务平台经营者可以根据知识产权权利类型、商品或者服务的特点等，制定平台内通知与声明机制的具体执行措施。但是，有关措施不能对当事人依法维护权利的行为设置不合理的条件或者障碍。

五、知识产权权利人依据电子商务法第四十二条的规定，向电子商务平台经营者发出的通知一般包括：知识产权权利证明及权利人的真实身份信息；能够实现准确定位的被诉侵权商品或者服务信息；构成侵权的初步证据；通知真实性的书面保证等。通知应当采取书面形式。

通知涉及专利权的，电子商务平台经营者可以要求知识产权权利人提交技术特征或者设计特征对比的说明、实用新型或者外观设计专利权评价报告等材料。

六、人民法院认定通知人是否具有电子商务法第四十二条第三款所称的"恶意"，可以考量下列因素：提交伪造、变造的权利证明；提交虚假侵权对比的鉴定意见、专家意见；明知权利状态不稳定仍发出通知；明知通知错误仍不及时撤回或者更正；反复提交错误通知等。

电子商务平台经营者、平台内经营者以错误通知、恶意发出错误通知造成其损害为由，向人民法院提起诉讼的，可以与涉电子商务平台知识产权纠纷案件一并审理。

七、平台内经营者依据电子商务法第四十三条的规定，向电子商务平台经营者提交的不存在侵权行为的声明一般包括：平台内经营者的真实身份信息；能够实现准确定位、要求终止必要措施的商品或者服务信息；权属证明、授权证明等不存在侵权行为的初步证据；声明真实性的书面保证等。声明应当采取书面形式。

声明涉及专利权的，电子商务平台经营者可以要求平台内经营者提交技术特征或者设计特征对比的说明等材料。

八、人民法院认定平台内经营者发出声明是否具有恶意，可以考量下列因素：提供伪造或者无效的权利证明、授权证明；声明包含虚假信息或者具有明显误导性；通知已经附有认定侵权的生效裁判或者行政处理决定，仍发出声明；明知声明内容错误，仍不及时撤回或者更正等。

九、因情况紧急，电子商务平台经营者不立即采取商品下架等措施将会使其合法利益受到难以弥补的损害的，知识产权权利人可以依据《中华人民共和国民事诉讼法》第一百条、第一百零一条的规定，向人民法院申请采取保全措施。

因情况紧急，电子商务平台经营者不立即恢复商品链接、通知人不立即撤回通知或者停止发送通知等行为将会使其合法利益受到难以弥补的损害的，平台内经营者可以依据前款所述法律规定，向人民法院申请采取保全措施。

知识产权权利人、平台内经营者的申请符合法律规定的，人民法院应当依法予以支持。

十、人民法院判断电子商务平台经营者是否采取了合理的措施，可以考量下列因素：构成侵权的初步证据；侵权成立的可能性；侵权行为的影响范围；侵权行为的具体情节，包括是否存在恶意侵权、重复侵权情形；防止损害扩大的有效性；对平台内经营者利益可能的影响；电子商务平台的服务类型和技术条件等。

平台内经营者有证据证明通知所涉专利权已经被国家知识产权局宣告无效，电子商务平台经营者据此暂缓采取必要措施，知识产权权利人请求认定电子商务平台经营者未及时采取必要措施的，人民法院不予支持。

十一、电子商务平台经营者存在下列情形之一的，人民法院可以认定其"应当知道"侵权行为的存在：

（一）未履行制定知识产权保护规则、审核平台内经营者经营资质等法定义务；

（二）未审核平台内店铺类型标注为"旗舰店""品牌店"等字样的经营者的权利证明；

（三）未采取有效技术手段，过滤和拦截包含"高仿""假货"等字样的侵权商品链接、被投诉成立后再次上架的侵权商品链接；

（四）其他未履行合理审查和注意义务的情形。

4. 最高人民法院、最高人民检察院、公安部《关于办理侵犯知识产权刑事案件适用法律若干问题的意见》（法发〔2011〕3号，2011.1.10）（节录）①

为解决近年来公安机关、人民检察院、人民法院在办理侵犯知识产权刑事案件中遇到的新情况、新问题，依法惩治侵犯知识产权犯罪活动，维护社会主义市场经济秩序，根据刑法、刑事诉讼法及有关司法解释的规定，结合侦查、起诉、审判实践，制定本意见。

一、关于侵犯知识产权犯罪案件的管辖问题

侵犯知识产权犯罪案件由犯罪地公安机关立案侦查。必要时，可以由犯罪嫌疑人居住地公安机关立案侦查。侵犯知识产权犯罪案件的犯罪地，包括侵权产品制造地、储存地、运输地、销售地，传播侵权作品、销售侵权产品的网站服务器所在地、网络接入地、网站建立者或者管理者所在地，侵权作品上传者所在地，权利人受到实际侵害的犯罪结果发生地。对有多个侵犯知识产权犯罪地的，由最初受理的公安机关或者主要犯罪地公安机关管辖。多个侵犯知识产权犯罪地的公安机关对管辖有争议的，由共同的上级公安机关指定管辖，需要提请批准逮捕、移送审查起诉、提起公诉的，由该公安机关所在地的同级人民检察院、人民法院受理。

对于不同犯罪嫌疑人、犯罪团伙跨地区实施的涉及同一批侵权产品的制造、储存、运输、销售等侵犯知识产权犯罪行为，符合并案处理要求的，有关公安机关可以一并立案侦查，需要提请批准逮捕、移送审查起诉、提起公诉的，由该公安机关所在地的同级人民检察院、人民法院受理。

二、关于办理侵犯知识产权刑事案件中行政执法部门收集、调取证据的效力问题

行政执法部门依法收集、调取、制作的物证、书证、视听资料、检验

---

① 可参见《〈关于办理侵犯知识产权刑事案件适用法律若干问题的意见〉的理解与适用》（最高人民法院、最高人民检察院、公安部 逄锦温 刘福谦 王志广 丛嫒）。

报告、鉴定结论、勘验笔录、现场笔录，经公安机关、人民检察院审查，人民法院庭审质证确认，可以作为刑事证据使用。

行政执法部门制作的证人证言、当事人陈述等调查笔录，公安机关认为有必要作为刑事证据使用的，应当依法重新收集、制作。

三、关于办理侵犯知识产权刑事案件的抽样取证问题和委托鉴定问题

公安机关在办理侵犯知识产权刑事案件时，可以根据工作需要抽样取证，或者商请同级行政执法部门、有关检验机构协助抽样取证。法律、法规对抽样机构或者抽样方法有规定的，应当委托规定的机构并按照规定方法抽取样品。

公安机关、人民检察院、人民法院在办理侵犯知识产权刑事案件时，对于需要鉴定的事项，应当委托国家认可的有鉴定资质的鉴定机构进行鉴定。

公安机关、人民检察院、人民法院应当对鉴定结论进行审查，听取权利人、犯罪嫌疑人、被告人对鉴定结论的意见，可以要求鉴定机构作出相应说明。

四、关于侵犯知识产权犯罪自诉案件的证据收集问题

人民法院依法受理侵犯知识产权刑事自诉案件，对于当事人因客观原因不能取得的证据，在提起自诉时能够提供有关线索，申请人民法院调取的，人民法院应当依法调取。

十四、关于多次实施侵犯知识产权行为累计计算数额问题

依照《最高人民法院、最高人民检察院关于办理侵犯知识产权刑事案件具体应用法律若干问题的解释》第十二条第二款的规定，多次实施侵犯知识产权行为，未经行政处理或者刑事处罚的，非法经营数额、违法所得数额或者销售金额累计计算。

二年内多次实施侵犯知识产权违法行为，未经行政处理，累计数额构成犯罪的，应当依法定罪处罚。实施侵犯知识产权犯罪行为的追诉期限，适用刑法的有关规定，不受前述二年的限制。

十五、关于为他人实施侵犯知识产权犯罪提供原材料、机械设备等行为的定性问题

明知他人实施侵犯知识产权犯罪，而为其提供生产、制造侵权产品的

主要原材料、辅助材料、半成品、包装材料、机械设备、标签标识、生产技术、配方等帮助,或者提供互联网接入、服务器托管、网络存储空间、通讯传输通道、代收费、费用结算等服务的,以侵犯知识产权犯罪的共犯论处。

十六、关于侵犯知识产权犯罪竞合的处理问题

行为人实施侵犯知识产权犯罪,同时构成生产、销售伪劣商品犯罪的,依照侵犯知识产权犯罪与生产、销售伪劣商品犯罪中处罚较重的规定定罪处罚。

5. 最高人民法院、最高人民检察院《关于办理侵犯知识产权刑事案件具体应用法律若干问题的解释(二)》(法释〔2007〕6号,2007.4.5)(节录)

第三条 侵犯知识产权犯罪,符合刑法规定的缓刑条件的,依法适用缓刑。有下列情形之一的,一般不适用缓刑:

(一)因侵犯知识产权被刑事处罚或者行政处罚后,再次侵犯知识产权构成犯罪的;

(二)不具有悔罪表现的;

(三)拒不交出违法所得的;

(四)其他不宜适用缓刑的情形。

第四条 对于侵犯知识产权犯罪的,人民法院应当综合考虑犯罪的违法所得、非法经营数额、给权利人造成的损失、社会危害性等情节,依法判处罚金。罚金数额一般在违法所得的一倍以上五倍以下,或者按照非法经营数额的50%以上一倍以下确定。

第五条 被害人有证据证明的侵犯知识产权刑事案件,直接向人民法院起诉的,人民法院应当依法受理;严重危害社会秩序和国家利益的侵犯知识产权刑事案件,由人民检察院依法提起公诉。

第六条 单位实施刑法第二百一十三条至第二百一十九条规定的行为,按照《最高人民法院、最高人民检察院关于办理侵犯知识产权刑事案件具体应用法律若干问题的解释》和本解释规定的相应个人犯罪的定罪量刑标准定罪处罚。

第七条 以前发布的司法解释与本解释不一致的,以本解释为准。

6. 最高人民法院、最高人民检察院《关于办理侵犯知识产权刑事案件具体应用法律若干问题的解释》(法释〔2004〕19号,2004.12.22)(节录)

为依法惩治侵犯知识产权犯罪活动,维护社会主义市场经济秩序,根据刑法有关规定,现就办理侵犯知识产权刑事案件具体应用法律的若干问题解释如下:

第十二条 本解释所称"非法经营数额",是指行为人在实施侵犯知识产权行为过程中,制造、储存、运输、销售侵权产品的价值。已销售的侵权产品的价值,按照实际销售的价格计算。制造、储存、运输和未销售的侵权产品的价值,按照标价或者已经查清的侵权产品的实际销售平均价格计算。侵权产品没有标价或者无法查清其实际销售价格的,按照被侵权产品的市场中间价格计算。

多次实施侵犯知识产权行为,未经行政处理或者刑事处罚的,非法经营数额、违法所得数额或者销售金额累计计算。

本解释第三条所规定的"件",是指标有完整商标图样的一份标识。

第十五条 单位实施刑法第二百一十三条至第二百一十九条规定的行为,按照本解释规定的相应个人犯罪的定罪量刑标准的三倍定罪量刑。

第十六条 明知他人实施侵犯知识产权犯罪,而为其提供贷款、资金、账号、发票、证明、许可证件,或者提供生产、经营场所或者运输、储存、代理进出口等便利条件、帮助的,以侵犯知识产权犯罪的共犯论处。

第十七条 以前发布的有关侵犯知识产权犯罪的司法解释,与本解释相抵触的,自本解释施行后不再适用。

第二节 单位犯侵犯知识产权罪的处罚规定

第二百二十条 单位犯侵犯知识产权罪的处罚规定 [①]

刑法

单位犯本节第二百一十三条至第二百一十九条之一规定之罪的，对单位判处罚金，并对其直接负责的主管人员和其他直接责任人员，依照本节各该条的规定处罚。

司法解释、司法解释性文件及规范性文件

1. 最高人民法院、最高人民检察院、公安部《关于办理侵犯知识产权刑事案件适用法律若干问题的意见》（法发〔2011〕3号，2011.1.10）（节录）

十四、关于多次实施侵犯知识产权行为累计计算数额问题

依照最高人民法院、最高人民检察院《关于办理侵犯知识产权刑事案件具体应用法律若干问题的解释》第十二条第二款的规定，多次实施侵犯知识产权行为，未经行政处理或者刑事处罚的，非法经营数额、违法所得数额或者销售金额累计计算。

二年内多次实施侵犯知识产权违法行为，未经行政处理，累计数额构成犯罪的，应当依法定罪处罚。实施侵犯知识产权犯罪行为的追诉期限，适用刑法的有关规定，不受前述二年的限制。

十五、关于为他人实施侵犯知识产权犯罪提供原材料、机械设备等行为的定性问题

明知他人实施侵犯知识产权犯罪，而为其提供生产、制造侵权产品的

[①] 本条为2020年《刑法修正案（十一）》第24条修订，将"单位犯本节第二百一十三条至第二百一十九条规定之罪"修改为"单位犯本节第二百一十三条至第二百一十九条之一规定之罪"。

主要原材料、辅助材料、半成品、包装材料、机械设备、标签标识、生产技术、配方等帮助,或者提供互联网接入、服务器托管、网络存储空间、通讯传输通道、代收费、费用结算等服务的,以侵犯知识产权犯罪的共犯论处。

十六、关于侵犯知识产权犯罪竞合的处理问题

行为人实施侵犯知识产权犯罪,同时构成生产、销售伪劣商品犯罪的,依照侵犯知识产权犯罪与生产、销售伪劣商品犯罪中处罚较重的规定定罪处罚。

2. 最高人民法院、最高人民检察院《关于办理侵犯知识产权刑事案件具体应用法律若干问题的解释(二)》(法释〔2007〕6号,2007.4.5)(节录)

第六条 单位实施刑法第二百一十三条至第二百一十九条规定的行为,按照《最高人民法院、最高人民检察院关于办理侵犯知识产权刑事案件具体应用法律若干问题的解释》和本解释规定的相应个人犯罪的定罪量刑标准定罪处罚。

3. 最高人民法院、最高人民检察院《关于办理侵犯知识产权刑事案件具体应用法律若干问题的解释》(法释〔2004〕19号,2004.12.22)(节录)

第十五条 单位实施刑法第二百一十三条至第二百一十九条规定的行为,按照本解释规定的相应个人犯罪的定罪量刑标准的三倍定罪量刑。

第十六条 明知他人实施侵犯知识产权犯罪,而为其提供贷款、资金、账号、发票、证明、许可证件,或者提供生产、经营场所或者运输、储存、代理进出口等便利条件、帮助的,以侵犯知识产权犯罪的共犯论处。

第二章　知识产权犯罪具体罪名

第一节　商标类犯罪

▶ 刑事规范及指导性案例

第二百一十三条　【假冒注册商标罪】①

> **刑法**

未经注册商标所有人许可,在同一种商品、服务上使用与其注册商标相同的商标,情节严重的,处三年以下有期徒刑,并处或者单处罚金;情节特别严重的,处三年以上十年以下有期徒刑,并处罚金。

> **司法解释、司法解释性文件及规范性文件**

1.最高人民法院、最高人民检察院《关于办理侵犯知识产权刑事案件具体应用法律若干问题的解释(三)》(法释〔2020〕10号,2020.9.14)(节录)②

第一条　具有下列情形之一的,可以认定为刑法第二百一十三条规定的"与其注册商标相同的商标":

---

① 本条为2020年《刑法修正案(十一)》第17条修订,增设了在同一种"服务"上使用与他人注册商标相同的商标的犯罪情形,并将本条的法定刑最高刑由有期徒刑七年提高至有期徒刑十年,同时删除拘役刑。

② 可参见《〈关于办理侵犯知识产权刑事案件具体应用法律若干问题的解释(三)〉的理解与适用》(最高人民法院　林广海　许常海)、《〈最高人民法院、最高人民检察院关于办理侵犯知识产权刑事案件具体应用法律若干问题的解释(三)〉解读》(郑新俭　李薇薇)。

下编 知识产权犯罪

（一）改变注册商标的字体、字母大小写或者文字横竖排列，与注册商标之间基本无差别的；

（二）改变注册商标的文字、字母、数字等之间的间距，与注册商标之间基本无差别的；

（三）改变注册商标颜色，不影响体现注册商标显著特征的；

（四）在注册商标上仅增加商品通用名称、型号等缺乏显著特征要素，不影响体现注册商标显著特征的；

（五）与立体注册商标的三维标志及平面要素基本无差别的；

（六）其他与注册商标基本无差别、足以对公众产生误导的商标。

2. 公安部经济犯罪侦查局《关于对假冒"四季沐歌"商标案件的批复》（经"公经知产〔2012〕122号"征求最高人民法院刑事审判第二庭、最高人民检察院侦查监督厅、国家工商总局商标局意见，2012年7月2日答复河北省公安厅经侦总队"冀公（经）〔2011〕680号"请示）

在办理侵犯商标权刑事案件中，对于犯罪嫌疑人所使用的商标是否与注册商标相同等问题，行政主管部门的认定意见不是刑事认定的必经程序。公安司法机关可依照《刑法》《商标法》等法律、法规和司法解释的规定，并综合具体案件事实和各方面证据进行认定。必要时，公安司法机关可以就相关专业性问题咨询有关主管部门意见。对于确实需要进行鉴定的事项，应当委托国家认可的有鉴定资质的鉴定机构进行鉴定。

3. 最高人民法院、最高人民检察院、公安部《关于依法严惩"地沟油"犯罪活动的通知》（公通字〔2012〕1号，2012.1.9）（节录）

（四）虽无法查明"食用油"是否系利用"地沟油"生产、加工，但犯罪嫌疑人、被告人明知该"食用油"来源可疑而予以销售的，应分别情形处理：经鉴定，检出有毒、有害成分的，依照刑法第144条销售有毒、有害食品罪的规定追究刑事责任；属于不符合安全标准的食品的，依照刑法第143条销售不符合安全标准的食品罪追究刑事责任；属于以假充真、以次充好、以不合格产品冒充合格产品或者假冒注册商标，构成犯罪的，依照刑法第140条销售伪劣产品罪或者第213条假冒注册商标罪、第214条销售假冒注册商标的商品罪追究刑事责任。

· 417 ·

4. 最高人民法院、最高人民检察院、公安部《关于办理侵犯知识产权刑事案件适用法律若干问题的意见》（法发〔2011〕3号，2011.1.10）（节录）①

六、关于刑法第二百一十三条规定的"与其注册商标相同的商标"的认定问题

具有下列情形之一，可以认定为"与其注册商标相同的商标"：

（一）改变注册商标的字体、字母大小写或者文字横竖排列，与注册商标之间仅有细微差别的；

（二）改变注册商标的文字、字母、数字等之间的间距，不影响体现注册商标显著特征的；

（三）改变注册商标颜色的；

（四）其他与注册商标在视觉上基本无差别、足以对公众产生误导的商标。

七、关于尚未附着或者尚未全部附着假冒注册商标标识的侵权产品价值是否计入非法经营数额的问题

在计算制造、储存、运输和未销售的假冒注册商标侵权产品价值时，对于已经制作完成但尚未附着（含加贴）或者尚未全部附着（含加贴）假冒注册商标标识的产品，如果有确实、充分证据证明该产品将假冒他人注册商标，其价值计入非法经营数额。

5. 最高人民法院、最高人民检察院《关于办理非法生产、销售烟草专卖品等刑事案件具体应用法律若干问题的解释》（法释〔2010〕7号，2010.3.26）（节录）

第一条（第二款） 未经卷烟、雪茄烟等烟草专卖品注册商标所有人许可，在卷烟、雪茄烟等烟草专卖品上使用与其注册商标相同的商标，情节严重的，依照刑法第二百一十三条的规定，以假冒注册商标罪定罪处罚。

6. 最高人民法院刑事审判第二庭《关于集体商标是否属于我国刑法的保护范围问题的复函》（〔2009〕刑二函字第28号，2009.4.10）（节录）

一、我国《商标法》第三条规定："经商标局核准注册的商标为注册商

---

① 可参见《〈关于办理侵犯知识产权刑事案件适用法律若干问题的意见〉的理解与适用》（最高人民法院、最高人民检察院、公安部　逄锦温　刘福谦　王志广　丛媛）。

标，包括商品商标、服务商标和集体商标、证明商标；商标注册人享有商标专用权，受法律保护。"因此，刑法第二百一十三条至二百一十五条所规定的"注册商标"应当涵盖"集体商标"。

二、商标标识中注明了自己的注册商标的同时，又使用了他人注册为集体商标的地理名称，可以认定为刑法规定的"相同的商标"。

7. 最高人民检察院侦查监督厅《关于对〈关于就一起涉嫌假冒注册商标案征求意见的函〉的答复函》（高检侦监函〔2009〕12号，2009.4.10）

集体商标也属于注册商标，应属于刑法保护范围。关于××醋业有限公司的行为是否触犯刑法第二百一十三条至二百一十五条的规定，要看其侵权的情节是否严重，是否达到追诉的数额。

8. 最高人民法院、最高人民检察院《关于办理侵犯知识产权刑事案件具体应用法律若干问题的解释》（法释〔2004〕19号，2004.12.22）（节录）

第一条　未经注册商标所有人许可，在同一种商品上使用与其注册商标相同的商标，具有下列情形之一的，属于刑法第二百一十三条规定的"情节严重"，应当以假冒注册商标罪判处三年以下有期徒刑或者拘役，并处或者单处罚金：

（一）非法经营数额在五万元以上或者违法所得数额在三万元以上的；

（二）假冒两种以上注册商标，非法经营数额在三万元以上或者违法所得数额在二万元以上的；

（三）其他情节严重的情形。

具有下列情形之一的，属于刑法第二百一十三条规定的"情节特别严重"，应当以假冒注册商标罪判处三年以上七年以下有期徒刑，并处罚金：

（一）非法经营数额在二十五万元以上或者违法所得数额在十五万元以上的；

（二）假冒两种以上注册商标，非法经营数额在十五万元以上或者违法所得数额在十万元以上的；

（三）其他情节特别严重的情形。

9. 最高人民法院、最高人民检察院《关于办理生产、销售伪劣商品刑事案件具体应用法律若干问题的解释》(法释〔2001〕10号，2001.4.10)(节录)

第十条 实施生产、销售伪劣商品犯罪，同时构成侵犯知识产权、非法经营等其他犯罪的，依照处罚较重的规定定罪处罚。

最高人民检察院指导性案例

姚常龙等五人假冒注册商标案
（检例第101号）

【关键词】

共同犯罪 假冒注册商标 境内制造境外销售

【要旨】

凡在我国合法注册且在有效期内的商标，商标所有人享有的商标专用权依法受我国法律保护。未经商标所有人许可，无论假冒商品是否销往境外，情节严重构成犯罪的，依法应予追诉。判断侵犯注册商标犯罪案件是否构成共同犯罪，应重点审查假冒商品生产者和销售者之间的意思联络情况、对假冒违法性的认知程度、对销售价格与正品价格差价的认知情况等因素综合判断。

【基本案情】

被告人姚常龙，男，1983年生，日照市东港区万能国际贸易有限公司（以下简称万能国际公司）法定代表人。

被告人古进，男，1989年生，万能国际公司采购员。

被告人魏子皓，男，1990年生，万能国际公司销售组长。

被告人张超，男，1990年生，万能国际公司销售组长。

被告人庄乾星，女，1989年生，万能国际公司销售组长。

2015年至2019年4月，被告人姚常龙安排被告人古进购进打印机、标签纸、光纤模块等材料，伪造"CISCO""HP""HUAWEI"光纤模块等商品，并安排被告人魏子皓、张超、庄乾星向境外销售。姚常龙、古进共生产、销售假冒上述注册商标的光纤模块10万余件，销售金额共计人民币3162万余元；现场扣押假冒光纤模块、交换机等11975件，价值383万余元；

姚常龙、古进的违法所得数额分别为400万元、24万余元。魏子皓、张超、庄乾星销售金额分别为745万余元、429万余元、352万余元；违法所得数额分别为20万元、18.5万元和14万元。

【检察机关履职情况】

审查逮捕 2019年4月，山东省日照市公安局（以下简称日照市公安局）接到惠普公司报案后立案侦查。同年5月24日，山东省日照市人民检察院（以下简称日照市检察院）以涉嫌假冒注册商标罪对被告人姚常龙、古进批准逮捕；对被告人魏子皓、张超、庄乾星因无法证实犯罪故意和犯罪数额不批准逮捕，同时要求公安机关调取国外买方证言及相关书证，以查明魏子皓、张超、庄乾星是否具有共同犯罪故意及各自的犯罪数额。

审查起诉 2019年7月19日，日照市公安局补充证据后以被告人姚常龙、古进涉嫌假冒注册商标罪，被告人魏子皓、张超、庄乾星涉嫌销售假冒注册商标的商品罪，移送日照市检察院起诉。同年7月23日，日照市检察院将该案交由山东省日照市东港区人民检察院（以下简称东港区检察院）办理。

东港区检察院在审查起诉期间要求公安机关补充完善了以下证据：一是调取被告人姚常龙等5人之间的QQ聊天记录、往来电子邮件等电子数据，证实庄乾星、张超、魏子皓主观上明知销售的商品系姚常龙、古进假冒注册商标的商品，仍根据姚常龙的安排予以销售，构成无事前通谋的共同犯罪。二是调取电子合同、发货通知、订单等电子数据，结合扣押在案的销售台账及被告人供述、证人证言等证据，证实本案各被告人在共同犯罪中所起的作用大小。三是调取涉案商标的商标注册证、核准商标转让、续展注册证明等书证，证实涉案商标系在我国注册，且在有效期内。经对上述证据进行审查，东港区检察院认为，现有证据能够证实被告人庄乾星、张超、魏子皓三人在加入万能国际公司担任销售人员后，曾对公司产品的价格与正品进行对比，且收悉产品质量差的客户反馈意见，在售假过程中发现是由古进负责对问题产品更换序列号并换货等，上述证据足以证实庄乾星、张超、魏子皓三人对其销售的光纤模块系姚常龙、古进贴牌制作的假冒注册商标的商品具有主观明知。故认定该三人构成假冒注册商标罪，与姚常龙、古进构成共同犯罪。检察机关还依法对万能国际公司是否构成单位犯罪进行了审查,认定万能国际公司自 2014 年成立后截至案发,并未开展其他业务,实际以实施犯罪活动为主,相关犯罪收益也均未归属于万能国际公司。根据最高人民法院《关于办理单位犯罪案件具体应用法律有关问题的解释》第二条的规定,公司、企业、事业单位设立后,以实施犯罪为主要活动的,不以单位犯罪论处,故不构成单位犯罪。

2019 年 9 月 6 日,东港区检察院变更公安机关移送起诉的罪名,以被告人姚常龙、古进、庄乾星、张超、魏子皓均构成假冒注册商标罪向山东省日照市东港区人民法院(以下简称东港区法院)提起公诉。

指控与证明犯罪 2019 年 10 月 10 日,东港区法院依法公开开庭审理本案。庭审过程中,部分辩护人提出以下辩护意见:1. 被告人庄乾星、张超、魏子皓与被告人姚常龙不构成共同犯罪;2. 本案商品均销往境外,社会危害性较小。公诉人答辩如下:第一,庄乾星、张超、魏子皓明知自己销售的假冒注册商标的商品系姚常龙、古进贴牌生产仍继续销售,具有假冒注册商标的主观故意,构成假冒注册商标的共同犯罪。第二,本案中涉案商品均销往境外,但是被侵权商标均在我国注册登记,假冒注册商标犯罪行为发生在我国境内,无论涉案商品是否销往境外均对注册商标所有人合法权益造成侵害。合议庭对公诉意见予以采纳。

处理结果 2019 年 12 月 12 日,东港区法院作出一审判决,以假冒注册商标罪分别判处被告人姚常龙、古进、庄乾星、张超、魏子皓有期徒刑二年二个月至四年不等,对古进、庄乾星、张超、魏子皓适用缓刑。同时对姚常龙判处罚金 500 万元,对古进等四人各处罚金 14 万元至 25 万元不等。一审判决后,上述被告人均未上诉,判决已生效。

【指导意义】

(一)假冒在我国取得注册商标的商品销往境外,情节严重构成犯罪的,依法应予追诉

凡在我国合法注册且在有效期内的商标,商标所有权人享有的商标专用权依法受我国法律保护。未经注册商标所有人许可,假冒在我国注册的商标的商品,无论由境内生产销往境外,还是由境外生产销往境内,均属违反我国商标管理法律法规,侵害商标专用权,损害商品信誉,情节严重的,构成犯罪。司

法实践中,要加强对跨境侵犯注册商标类犯罪的惩治,营造良好营商环境。

(二)假冒注册商标犯罪中的上下游被告人是否构成共同犯罪,应结合假冒商品生产者和销售者之间的意思联络、对违法性的认知程度、对销售价格与正品价格差价认知情况等因素综合判断

侵犯注册商标犯罪案件往往涉案人数较多,呈现团伙作案、分工有序实施犯罪的特点。实践中,对被告人客观行为表现为生产、销售等分工负责情形的,检察机关应结合假冒商品生产者和销售者之间的意思联络情况,销售者对商品生产、商标标识制作等违法性认知程度,对销售价格与正品价格差价的认知情况,销售中对客户有无刻意隐瞒、回避商品系假冒,以及销售者的从业经历等因素,综合判断是否构成共同犯罪。对于部分被告人在假冒注册商标行为持续过程中产生主观明知,形成分工负责的共同意思联络,并继续维持或者实施帮助销售行为的,应认定构成共同犯罪。

【相关规定】

《中华人民共和国刑法》第二十五条、第二十七条、第三十条、第六十四条、第六十七条、第二百一十三条

《最高人民法院、最高人民检察院关于办理侵犯知识产权刑事案件具体应用法律若干问题的解释》第一条、第十二条、第十三条

《最高人民法院关于审理单位犯罪案件具体应用法律有关问题的解释》第二条

第二百一十四条 【销售假冒注册商标的商品罪】[①]

> 刑法

销售明知是假冒注册商标的商品,违法所得数额较大或者有其他严重

[①] 本条为2020年《刑法修正案(十一)》第18条修订,将"销售金额数额较大"修改为"违法所得数额较大或者有其他严重情节",将"销售金额数额巨大"修改为"违法所得数额巨大或者有其他特别严重情节",并将法定最高刑由有期徒刑七年提高至有期徒刑十年,同时删除拘役刑。

情节的，处三年以下有期徒刑，并处或者单处罚金；违法所得数额巨大或者有其他特别严重情节的，处三年以上十年以下有期徒刑，并处罚金。

司法解释、司法解释性文件及规范性文件

1. 最高人民法院、最高人民检察院、公安部《关于依法严惩"地沟油"犯罪活动的通知》(公通字〔2012〕1号，2012.1.9)(节录)

（四）虽无法查明"食用油"是否系利用"地沟油"生产、加工，但犯罪嫌疑人、被告人明知该"食用油"来源可疑而予以销售的，应分别情形处理：经鉴定，检出有毒、有害成分的，依照刑法第144条销售有毒、有害食品罪的规定追究刑事责任；属于不符合安全标准的食品的，依照刑法第143条销售不符合安全标准的食品罪追究刑事责任；属于以假充真、以次充好、以不合格产品冒充合格产品或者假冒注册商标，构成犯罪的，依照刑法第140条销售伪劣产品罪或者第213条假冒注册商标罪、第214条销售假冒注册商标的商品罪追究刑事责任。

2. 最高人民法院、最高人民检察院、公安部《关于办理侵犯知识产权刑事案件适用法律若干问题的意见》(法发〔2011〕3号，2011.1.10)(节录)

八、关于销售假冒注册商标的商品犯罪案件中尚未销售或者部分销售情形的定罪量刑问题

销售明知是假冒注册商标的商品，具有下列情形之一的，依照刑法第二百一十四条的规定，以销售假冒注册商标的商品罪（未遂）定罪处罚：

（一）假冒注册商标的商品尚未销售，货值金额在十五万元以上的；

（二）假冒注册商标的商品部分销售，已销售金额不满五万元，但与尚未销售的假冒注册商标的商品的货值金额合计在十五万元以上的。

假冒注册商标的商品尚未销售，货值金额分别达到十五万元以上不满二十五万元、二十五万元以上的，分别依照刑法第二百一十四条规定的各法定刑幅度定罪处罚。

销售金额和未销售货值金额分别达到不同的法定刑幅度或者均达到同一法定刑幅度的，在处罚较重的法定刑或者同一法定刑幅度内酌情从重处罚。

下编 知识产权犯罪

3. 最高人民法院、最高人民检察院《关于办理非法生产、销售烟草专卖品等刑事案件具体应用法律若干问题的解释》（法释〔2010〕7号，2010.3.26）（节录）

第一条（第四款） 伪造、擅自制造他人卷烟、雪茄烟注册商标标识或者销售伪造、擅自制造的卷烟、雪茄烟注册商标标识，情节严重的，依照刑法第二百一十五条的规定，以非法制造、销售非法制造的注册商标标识罪定罪处罚。

4. 最高人民法院、最高人民检察院《关于办理侵犯知识产权刑事案件具体应用法律若干问题的解释》（法释〔2004〕19号，2004.12.22）（节录）

第二条 销售明知是假冒注册商标的商品，销售金额在五万元以上的，属于刑法第二百一十四条规定的"数额较大"，应当以销售假冒注册商标的商品罪判处三年以下有期徒刑或者拘役，并处或者单处罚金。

销售金额在二十五万元以上的，属于刑法第二百一十四条规定的"数额巨大"，应当以销售假冒注册商标的商品罪判处三年以上七年以下有期徒刑，并处罚金。

第九条 刑法第二百一十四条规定的"销售金额"，是指销售假冒注册商标的商品后所得和应得的全部违法收入。

具有下列情形之一的，应当认定为属于刑法第二百一十四条规定的"明知"：

（一）知道自己销售的商品上的注册商标被涂改、调换或者覆盖的；

（二）因销售假冒注册商标的商品受到过行政处罚或者承担过民事责任，又销售同一种假冒注册商标的商品的；

（三）伪造、涂改商标注册人授权文件或者知道该文件被伪造、涂改的；

（四）其他知道或者应当知道是假冒注册商标的商品的情形。

5. 最高人民法院、最高人民检察院、公安部、国家烟草专卖局《关于办理假冒伪劣烟草制品等刑事案件适用法律问题座谈会纪要》（商检会〔2003〕4号，2003.12.23）（节录）

二、关于销售明知是假冒烟用注册商标的烟草制品行为中的"明知"问题

根据刑法第二百一十四条的规定，销售明知是假冒烟用注册商标的烟

草制品,销售金额较大的,构成销售假冒注册商标的商品罪。

"明知",是指知道或应当知道。有下列情形之一的,可以认定为"明知":

1. 以明显低于市场价格进货的;
2. 以明显低于市场价格销售的;
3. 销售假冒烟用注册商标的烟草制品被发现后转移、销毁物证或者提供虚假证明、虚假情况的;
4. 其他可以认定为明知的情形。

6. 最高人民法院、最高人民检察院《关于办理生产、销售伪劣商品刑事案件具体应用法律若干问题的解释》(法释〔2001〕10号,2001.4.10)(节录)

第十条 实施生产、销售伪劣商品犯罪,同时构成侵犯知识产权、非法经营等其他犯罪的,依照处罚较重的规定定罪处罚。

最高人民检察院指导性案例

1. 邓秋城、双善食品(厦门)有限公司等销售假冒注册商标的商品案
(检例第98号)

【关键词】

销售假冒注册商标的商品　食品安全　上下游犯罪　公益诉讼

【要旨】

办理侵犯注册商标类犯罪案件,应注意结合被告人销售假冒商品数量、扩散范围、非法获利数额及在上下游犯罪中的地位、作用等因素,综合判断犯罪行为的社会危害性,确保罪责刑相适应。在认定犯罪的主观明知时,不仅考虑被告人供述,还应综合考虑交易场所、交易时间、交易价格等客观行为,坚持主客观相一致。对侵害众多消费者利益的情形,可以建议相关社会组织或自行提起公益诉讼。

【基本案情】

被告人邓秋城,男,1981年生,广州市百益食品贸易有限公司(以下简称百益公司)负责人。

被告单位双善食品(厦门)有限公司(以下简称双善公司),住所地福

建省厦门市。

被告人陈新文，男，1981年生，双善公司实际控制人。

被告人甄连连，女，1984年生，双善公司法定代表人。

被告人张泗泉，男，1984年生，双善公司销售员。

被告人甄政，男，1986年生，双善公司发货员。

2017年5月至2019年1月初，被告人邓秋城明知从香港购入的速溶咖啡为假冒"星巴克""STARBUCKS VIA"等注册商标的商品，仍伙同张晓建（在逃）以每件人民币180元这一明显低于市场价（正品每件800元，每件20盒，每盒4条）的价格，将21304件假冒速溶咖啡（每件20盒，每盒5条，下同）销售给被告单位双善公司，销售金额383万余元。被告人邓秋城、陈新文明知百益公司没有"星巴克"公司授权，为便于假冒咖啡销往商业超市，伪造了百益公司许可双善公司销售"星巴克"咖啡的授权文书。2017年12月至2019年1月初，被告人陈新文、甄连连、张泗泉、甄政以双善公司名义从邓秋城处购入假冒"星巴克"速溶咖啡后，使用伪造的授权文书，以双善公司名义将19264件假冒"星巴克"速溶咖啡销售给无锡、杭州、汕头、乌鲁木齐等全国18个省份50余家商户，销售金额共计724万余元。

案发后，公安机关在百益公司仓库内查获待售假冒"星巴克"速溶咖啡6480余件，按实际销售价格每件180元计算，价值116万余元；在被告单位双善公司仓库内查获假冒"星巴克"速溶咖啡2040件，由于双善公司向不同销售商销售的价格不同，对于尚未销售的假冒商品的货值金额以每件340元的最低销售价格计算，价值69万余元。

【检察机关履职情况】

审查起诉 2019年4月1日，江苏省无锡市公安局新吴分局（以下简称新吴分局）以犯罪单位双善公司、被告人陈新文、甄连连、甄政涉嫌销售假冒注册商标的商品罪向江苏省无锡市新吴区人民检察院（以下简称新吴区检察院）移送起诉。同年8月22日，新吴分局以被告人邓秋城涉嫌假冒注册商标罪、销售假冒注册商标的商品罪移送起诉。新吴区检察院并案审查，重点开展以下工作：

一是准确认定罪名及犯罪主体。涉案咖啡系假冒注册商标的商品,是否属于有毒有害或不符合安全标准的食品,将影响案件定性,但在案证据没有关于假冒咖啡是否含有有毒有害成分、是否符合安全标准及咖啡质量的鉴定意见。鉴于该部分事实不清,检察机关要求公安机关对照GB7101-2015《食品安全国家标准饮料》等的规定,对扣押在案的多批次咖啡分别抽样鉴定。经鉴定,涉案咖啡符合我国食品安全标准,不构成生产、销售有毒、有害食品罪等罪名。公安机关基于被告人邓秋城销售假冒咖啡的行为,认定其涉嫌构成销售假冒注册商标的商品罪;基于在百益公司仓库内查获的假冒咖啡的制作和灌装工具,认为邓秋城亦实施了生产、制造假冒咖啡的行为,认定其同时构成假冒注册商标罪,故以涉嫌两罪移送起诉。检察机关经审查认为,现场仅有咖啡制作和罐装工具,无其他证据,且同案犯未到案,证明邓秋城实施制造假冒咖啡行为的证据不足,在案证据只能证实邓秋城将涉案假冒咖啡销售给犯罪单位双善公司,故改变邓秋城行为的定性,只认定销售假冒注册商标的商品罪一罪。检察机关还依职权主动对百益公司是否构成单位犯罪、是否需要追加起诉进行了审查,认定百益公司系邓秋城等为经营假冒咖啡于2018年4月专门设立。根据最高人民法院《关于办理单位犯罪案件具体应用法律有关问题的解释》第二条的规定,个人为进行违法犯罪活动而设立的公司、企业、事业单位实施犯罪的,不以单位犯罪论,故对百益公司的行为不应认定为单位犯罪。

二是追加认定犯罪数额。检察机关从销售单和买家证言等证据材料中发现,除公安机关移送起诉的被告人邓秋城销售金额121万元、犯罪单位双善公司销售金额324万元的事实外,邓秋城、双善公司还另有向其他客户销售大量假冒咖啡的行为。检察机关就百益公司、双善公司收取、使用货款的交易明细、公司员工聊天记录等证据退回公安机关补充侦查,公安机关补充调取了百益公司与双善公司以及邓秋城与被告人甄连连个人账户之间合计600万余元的转账记录、双善公司员工工作微信内涉案咖啡发货单照片120余份后,检察机关全面梳理核对销售单、快递单、汇款记录等证据,对邓秋城销售金额补充认定了172万余元,对双善公司销售金额补充认定了400万余元。

三是综合判断被告人主观上是否明知是假冒注册商标的商品。被告人邓秋城、陈新文、甄连连处于售假上游,有伪造并使用虚假授权文书、以明显低于市场价格进行交易的行为,应认定三人具有主观明知。在侦查阶段初期,被告人甄政否认自己明知涉案咖啡系假冒注册商标的商品,公安机关根据其他被告人供述、证人证言等证据,证实其采用夜间收发货、隐蔽包装运输等异常交易方式,认定其对售假行为具有主观明知。后甄政供认了自己的罪行,并表示愿意认罪认罚。经补充侦查,公安机关结合销售商证言,查明被告人张泗泉明知涉案咖啡被超市认定为假货被下架、退货,但仍继续销售涉案咖啡,金额达364万余元,可认定张泗泉具有主观明知。鉴于公安机关未将张泗泉一并移送,检察机关遂书面通知对张泗泉补充移送起诉。

四是综合考量量刑情节,提出量刑建议。针对销售假冒注册商标的商品罪的特点,在根据销售金额确定基准刑的前提下,充分考虑各被告人所处售假环节、假冒产品类别、销售数量、扩散范围等各项情节,在辩护人或值班律师的见证下,5名被告人均自愿认罪认罚,认可检察机关指控的全部犯罪事实和罪名,接受检察机关提出的有期徒刑一年九个月至五年不等,罚金10万元至300万元不等的量刑建议。2019年9月26日,新吴区检察院以被告人邓秋城、被告单位双善公司及陈新文、甄连连、张泗泉、甄政构成销售假冒注册商标的商品罪向江苏省无锡市新吴区人民法院(以下简称新吴区法院)提起公诉。

指控与证明犯罪 2019年11月7日,新吴区法院依法公开开庭审理本案。庭审过程中,部分辩护人提出以下辩护意见:1.商品已销售,但仅收到部分货款,货款未收到的部分事实应当认定为犯罪未遂;2.被告人邓秋城获利较少,且涉案重大事项均由未到案的同案犯决定,制假售假源头均来自未到案同案犯,其在全案中作用较小,在共同犯罪中起次要作用,系从犯。公诉人答辩如下:第一,根据被告单位双善公司内部销售流程,销售员已向被告人甄连连发送销售确认单,表明相关假冒商品已发至客户,销售行为已经完成,应认定为犯罪既遂,是否收到货款不影响犯罪既遂的认定。第二,邓秋城处于整个售假环节上游,在全案中地位作用突出,不应认定为从犯。首先,邓秋城实施了从香港进货、骗取报关单据、出具虚假授权书、与下家双善公司签订购销合同、收账走账等关键行为；其次，邓秋城销售金额低于双善公司，是因为其处于售假产业链的上游环节，销售单价低于下游经销商所致，但其销售数量高于双善公司。正是由于邓秋城实施伪造授权文书、提供进口报关单等行为，导致假冒咖啡得以进入大型商业超市，销售范围遍布全国，受害消费者数量众多，被侵权商标知名度高，媒体高度关注。合议庭对公诉意见和量刑建议予以采纳。

处理结果 2019年12月6日，新吴区法院作出一审判决，以销售假冒注册商标的商品罪判处被告单位双善公司罚金320万元；分别判处被告人邓秋城、陈新文等五人有期徒刑一年九个月至五年不等，对被告人张泗泉、甄政适用缓刑，并对邓秋城等五人各处罚金10万元至300万元不等。判决宣告后，被告单位和被告人均未提出上诉，判决已生效。

鉴于此案侵害众多消费者合法权益，损害社会公共利益，新吴区检察院提出检察建议，建议江苏省消费者权益保护委员会（以下简称江苏消保委）对双善公司提起消费民事公益诉讼。江苏消保委依法向江苏省无锡市中级人民法院（以下简称无锡中院）提起侵害消费者权益民事公益诉讼，主张涉案金额三倍的惩罚性赔偿。无锡中院于2020年9月18日立案受理。

【指导意义】

（一）依法严惩假冒注册商标类犯罪，切实维护权利人和消费者合法权益

依法严厉惩治侵犯注册商标犯罪行为，保护权利人对注册商标的合法权益是检察机关贯彻国家知识产权战略，营造良好知识产权法治环境的重要方面。在办理侵犯注册商标犯罪案件中，检察机关应当全面强化职责担当。对于商品可能涉及危害食品药品安全、社会公共安全的，应当引导公安机关通过鉴定检验等方式就产品质量进行调查取证，查明假冒商品是否符合国家产品安全标准，是否涉嫌构成生产、销售有毒有害食品罪等罪名。如果一行为同时触犯数个罪名，则应当按照法定刑较重的犯罪进行追诉。制假售假犯罪链条中由于层层加价销售，往往出现上游制售假冒商品数量大但销售金额小、下游销售数量小而销售金额大的现象。检察机关在提出量刑建议时，不能仅考虑犯罪金额，还要综合考虑被告人在上下游犯罪中的地位与作用、所处的制假售假环节、销售数量、扩散范围、非法获利数

额、社会影响等多种因素，客观评价社会危害性，体现重点打击制假售假源头的政策导向，做到罪刑相适应，有效惩治犯罪行为。

（二）对销售假冒注册商标的商品犯罪的上下游人员，应注意结合相关证据准确认定不同环节被告人的主观明知

司法实践中，对于销售主观明知的认定，应注意审查被告人在上下游犯罪中的客观行为。对售假源头者，可以通过是否伪造授权文件等进行认定；对批发环节的经营者，可以通过进出货价格是否明显低于市场价格，以及交易场所与交易方式是否合乎常理等因素进行甄别；对终端销售人员，可以通过客户反馈是否异常等情况进行判断；对确受伪造变造文件蒙蔽或主观明知证据不足的人员，应坚持主客观相一致原则，依法不予追诉。

（三）一体发挥刑事检察和公益诉讼检察职能，维护社会公共利益

检察机关依法履职的同时，要善于发挥刑事检察和公益诉讼检察职能合力，用好检察建议等法律监督措施，以此推动解决刑事案件涉及的公共利益保护和社会治理问题。对于侵害众多消费者利益，涉案金额大，侵权行为严重的，检察机关可以建议有关社会组织提起民事公益诉讼，也可以自行提起民事公益诉讼，以维护社会公众合法权益。

【相关规定】

《中华人民共和国刑法》第二十三条、第二十六条、第二十七条、第二百一十三条、第二百一十四条

《最高人民法院、最高人民检察院关于办理侵犯知识产权刑事案件具体应用法律若干问题的解释》第九条

《最高人民法院关于审理单位犯罪案件具体应用法律有关问题的解释》第二条

2.广州卡门实业有限公司涉嫌销售假冒注册商标的商品立案监督案

（检例第99号）

【关键词】

在先使用　听证　监督撤案　民营企业保护

【要旨】

在办理注册商标类犯罪的立案监督案件时，对符合商标法规定的正当

合理使用情形而未侵犯注册商标专用权的，应依法监督公安机关撤销案件，以保护涉案企业合法权益。必要时可组织听证，增强办案透明度和监督公信力。

【基本案情】

申请人广州卡门实业有限公司（以下简称卡门公司），住所地广东省广州市。

2013年3月，卡门公司开始在服装上使用"KM"商标。2014年10月30日，卡门公司向原国家工商行政管理总局商标局（以下简称商标局）申请注册该商标在服装、帽子等商品上使用，商标局以该商标与在先注册的商标近似为由，驳回申请。2016年6月14日，卡门公司再次申请在服装、帽子等商品上注册"KM"商标，2017年2月14日，商标局以该商标与在先注册的商标近似为由，仅核准"KM"商标在睡眠用眼罩类别上使用，但卡门公司继续在服装上使用"KM"商标。其间，卡门公司逐渐发展为在全国拥有门店近600家、员工近10000余名的企业。

2015年11月20日，北京锦衣堂企业文化发展有限公司（以下简称锦衣堂公司）申请在服装等商品上注册"KM"商标，商标局以该商标与在先注册的商标近似为由，驳回申请。2016年11月22日，锦衣堂公司再次申请在服装等商品上使用"KM"商标。因在先注册的近似商标被撤销，商标局于2018年1月7日核准该申请。后锦衣堂公司授权北京京津联行房地产经纪有限公司（以下简称京津联行公司）使用该商标。2018年1月，京津联行公司授权周某经营的服装专卖店使用"KM"商标。2018年5月，京津联行公司向全国多地市场监管部门举报卡门公司在服装上使用"KM"商标，并以卡门公司涉嫌销售假冒注册商标的商品罪向广东省佛山市公安局南海分局（以下简称南海分局）报案。南海分局于同年5月31日立案，并随后扣押卡门公司物流仓库中约9万件标记"KM"商标的服装。

【检察机关履职情况】

受理立案监督 2018年5月31日，南海分局以卡门公司涉嫌销售假冒注册商标的商品罪立案侦查。6月8日，卡门公司不服公安机关立案决定，向广东省佛山市南海区人民检察院（以下简称南海区检察院）申请监督撤

下编 知识产权犯罪

案。南海区检察院依法启动立案监督程序。

调查核实 南海区检察院向公安机关发出《要求说明立案理由通知书》。公安机关在《立案理由说明书》中认为，卡门公司未取得"KM"商标服装类别的商标权，且未经"KM"商标所有人锦衣堂公司许可，在服装上使用"KM"商标，情节严重，涉嫌犯罪，故立案侦查。经南海区检察院审查发现，公安机关认定卡门公司涉嫌销售假冒注册商标的商品罪存在以下问题：一是欠缺卡门公司申请过"KM"商标的相关证据；二是卡门公司与锦衣堂公司申请"KM"商标的先后时间不清晰；三是欠缺卡门公司"KM"商标的使用情况、销售金额、销售规模等证据。

针对上述问题，南海区检察院进行了调查核实：一是调取卡门公司申请商标注册的材料、"KM"商标使用情况、服装生产、销售业绩表、对外宣传材料及京津联行公司委托生产、销售"KM"服装数量和规模等证据，查明卡门公司两次申请注册"KM"商标的时间均早于锦衣堂公司，卡门公司自成立时已使用并一直沿用"KM"商标，且卡门公司在全国拥有多家门店，具有一定规模和影响力。二是主动联系佛山市南海区市场监督局、广州市工商行政管理局，了解卡门公司"KM"服装被行政扣押后又解除扣押的原因，查明广东省工商行政管理局认定卡门公司"KM"商标使用行为属于在先使用。三是两次召开听证会，邀请公安机关、行政执法部门人员及卡门公司代理律师参加听证，并听取了京津联行公司的意见，充分了解公安机关立案、扣押财物及涉案企业对立案所持异议的理由及依据，并征求行政执法部门意见。四是咨询法律专家，详细了解近似商标的判断标准、在先使用抗辩等。

监督意见 南海区检察院经审查认为，公安机关刑事立案的理由不能成立。一是卡门公司存在在先使用的事实。卡门公司在锦衣堂公司取得"KM"商标之前，已经长期使用"KM"商标。二是卡门公司主观上没有犯罪故意。卡门公司在生产、销售服装期间，一直沿用该商标，从未对外宣称是锦衣堂公司或京津联行公司产品，且卡门公司经营的"KM"服装品牌影响力远大于上述两家公司，并无假冒他人注册商标的故意。卡门公司生产、销售"KM"服装的行为不构成销售假冒注册商标的商品罪，公安机关

· 433 ·

立案错误，应予纠正。

处理结果　2018年8月3日，南海区检察院发出《通知撤销案件书》。同年8月10日，南海分局撤销案件，并发还扣押货物。卡门公司及时出售货物，避免了上千万元经济损失。

【指导意义】

（一）检察机关办理侵犯知识产权犯罪案件，应注意审查是否存在法定的正当合理使用情形

办理侵犯知识产权犯罪案件，检察机关在依法惩治侵犯知识产权犯罪的同时，还应注意保护权利人的正当权益免遭损害。其中一个重要方面是应注意审查是否存在不构成知识产权侵权的法定情形。如《商标法》第五十九条规定的商标描述性使用、在先使用，《著作权法》第二十四条规定的合理使用，第二十五条、第三十五条第二款、第四十二条第二款、第四十六条第二款规定的法定许可，《专利法》第六十七条规定的现有技术、第七十五条规定的专利先用权等正当合理使用的情形，防止不当启动刑事追诉。对于当事人提出的立案监督申请，检察机关经过审查和调查核实，认定有在先使用等正当合理使用情形，侵权事由不成立的，应依法通知公安机关撤销案件。

（二）正确把握商标在先使用的抗辩事由

商标注册人申请商标注册前，他人已经在同一种商品或者类似商品上先于商标注册人使用与注册商标相同或者近似并有一定影响的商标的，注册商标专用权人无权禁止该使用人在原使用范围内继续使用该商标，注册商标所有人仅可以要求其附加适当区别标识。判断是否存在在先使用抗辩事由，需重点审查以下方面：一是在先使用人是否在商标注册人申请注册前先于商标注册人使用该商标。二是在先使用商标是否已产生一定影响。三是在先商标使用人主观上是否善意。只有在全面审查案件证据事实的基础上综合判断商标使用的情况，才能确保立案监督依据充分、意见正确，才能说服参与诉讼的各方接受监督结果，做到案结事了。

（三）开展立案监督工作必要时可组织听证，增强办案透明度和监督公信力

听证是检察机关贯彻以人民为中心,充分尊重和保障当事人的知情权、参与权、监督权,健全完善涉检矛盾纠纷排查化解机制的有效举措。检察机关组织听证应当提前通知各方做好听证准备,整理好争议点,选取合适的听证员。听证中应围绕涉案当事人对刑事立案所持异议的理由和依据、公安机关立案的证据和理由、行政执法部门及听证员的意见展开,重点就侵权抗辩事由是否成立、是否具有犯罪的主观故意等焦点问题进行询问,全面审查在案证据,以准确认定公安机关立案的理由是否成立。通过听证开展立案监督工作,有助于解决在事实认定、法律适用问题上的分歧,化解矛盾纠纷,既推动规范执法,又增强检察监督公信力。

【相关规定】

《中华人民共和国商标法》第五十九条

《中华人民共和国刑事诉讼法》第八条

《最高人民检察院关于充分履行检察职能加强产权司法保护的意见》第十二条

《人民检察院刑事诉讼规则(试行)》第五百五十二条至五百六十三条

《人民检察院审查案件听证工作规定》

第二百一十五条 【非法制造、销售非法制造的注册商标标识罪】①

刑法

伪造、擅自制造他人注册商标标识或者销售伪造、擅自制造的注册商标标识,情节严重的,处三年以下有期徒刑,并处或者单处罚金;情节特别严重的,处三年以上十年以下有期徒刑,并处罚金。

---

① 本条为2020年《刑法修正案(十一)》第19条修订,将法定最高刑由有期徒刑七年提高至有期徒刑十年,同时删除拘役和管制刑。

司法解释、司法解释性文件及规范性文件

1. 最高人民法院、最高人民检察院、公安部《关于办理侵犯知识产权刑事案件适用法律若干问题的意见》(法发〔2011〕3号,2011.1.10)(节录)①

九、关于销售他人非法制造的注册商标标识犯罪案件中尚未销售或者部分销售情形的定罪问题

销售他人伪造、擅自制造的注册商标标识,具有下列情形之一的,依照刑法第二百一十五条的规定,以销售非法制造的注册商标标识罪(未遂)定罪处罚:

(一)尚未销售他人伪造、擅自制造的注册商标标识数量在六万件以上的;

(二)尚未销售他人伪造、擅自制造的两种以上注册商标标识数量在三万件以上的;

(三)部分销售他人伪造、擅自制造的注册商标标识,已销售标识数量不满二万件,但与尚未销售标识数量合计在六万件以上的;

(四)部分销售他人伪造、擅自制造的两种以上注册商标标识,已销售标识数量不满一万件,但与尚未销售标识数量合计在三万件以上的。

2. 最高人民法院、最高人民检察院《关于办理非法生产、销售烟草专卖品等刑事案件具体应用法律若干问题的解释》(法释〔2010〕7号,2010.3.26)(节录)

第一条(第四款) 伪造、擅自制造他人卷烟、雪茄烟注册商标标识或者销售伪造、擅自制造的卷烟、雪茄烟注册商标标识,情节严重的,依照刑法第二百一十五条的规定,以非法制造、销售非法制造的注册商标标识罪定罪处罚。

---

① 可参见《〈关于办理侵犯知识产权刑事案件适用法律若干问题的意见〉的理解与适用》(最高人民法院、最高人民检察院、公安部 逄锦温 刘福谦 王志广 丛媛)。

下编　知识产权犯罪

3. 最高人民法院、最高人民检察院《关于办理侵犯知识产权刑事案件具体应用法律若干问题的解释》(法释〔2004〕19号，2004.12.22)(节录)

第三条　伪造、擅自制造他人注册商标标识或者销售伪造、擅自制造的注册商标标识，具有下列情形之一的，属于刑法第二百一十五条规定的"情节严重"，应当以非法制造、销售非法制造的注册商标标识罪判处三年以下有期徒刑、拘役或者管制，并处或者单处罚金：

（一）伪造、擅自制造或者销售伪造、擅自制造的注册商标标识数量在二万件以上，或者非法经营数额在五万元以上，或者违法所得数额在三万元以上的；

（二）伪造、擅自制造或者销售伪造、擅自制造两种以上注册商标标识数量在一万件以上，或者非法经营数额在三万元以上，或者违法所得数额在二万元以上的；

（三）其他情节严重的情形。

具有下列情形之一的，属于刑法第二百一十五条规定的"情节特别严重"，应当以非法制造、销售非法制造的注册商标标识罪判处三年以上七年以下有期徒刑，并处罚金：

（一）伪造、擅自制造或者销售伪造、擅自制造的注册商标标识数量在十万件以上，或者非法经营数额在二十五万元以上，或者违法所得数额在十五万元以上的；

（二）伪造、擅自制造或者销售伪造、擅自制造两种以上注册商标标识数量在五万件以上，或者非法经营数额在十五万元以上，或者违法所得数额在十万元以上的；

（三）其他情节特别严重的情形。

4. 最高人民法院、最高人民检察院《关于办理生产、销售伪劣商品刑事案件具体应用法律若干问题的解释》(法释〔2001〕10号，2001.4.10)(节录)

第十条　实施生产、销售伪劣商品犯罪，同时构成侵犯知识产权、非法经营等其他犯罪的，依照处罚较重的规定定罪处罚。

· 437 ·

▶ 行政规范

法律

《中华人民共和国商标法》（中华人民共和国主席令第29号，2019.4.23修正，2019.11.1实施）（节录）

第二条　国务院工商行政管理部门商标局主管全国商标注册和管理的工作。

国务院工商行政管理部门设立商标评审委员会，负责处理商标争议事宜。

第三条　经商标局核准注册的商标为注册商标，包括商品商标、服务商标和集体商标、证明商标；商标注册人享有商标专用权，受法律保护。

本法所称集体商标，是指以团体、协会或者其他组织名义注册，供该组织成员在商事活动中使用，以表明使用者在该组织中的成员资格的标志。

本法所称证明商标，是指由对某种商品或者服务具有监督能力的组织所控制，而由该组织以外的单位或者个人使用于其商品或者服务，用以证明该商品或者服务的原产地、原料、制造方法、质量或者其他特定品质的标志。

集体商标、证明商标注册和管理的特殊事项，由国务院工商行政管理部门规定。

第四条　自然人、法人或者其他组织在生产经营活动中，对其商品或者服务需要取得商标专用权的，应当向商标局申请商标注册。不以使用为目的的恶意商标注册申请，应当予以驳回。

本法有关商品商标的规定，适用于服务商标。

第八条　任何能够将自然人、法人或者其他组织的商品与他人的商品区别开的标志，包括文字、图形、字母、数字、三维标志、颜色组合和声音等，以及上述要素的组合，均可以作为商标申请注册。

第九条　申请注册的商标，应当有显著特征，便于识别，并不得与他人在先取得的合法权利相冲突。

商标注册人有权标明"注册商标"或者注册标记。

下编　知识产权犯罪

第十三条（第一款）　为相关公众所熟知的商标，持有人认为其权利受到侵害时，可以依照本法规定请求驰名商标保护。

第十四条（第五款）　生产、经营者不得将"驰名商标"字样用于商品、商品包装或者容器上，或者用于广告宣传、展览以及其他商业活动中。

第十六条　商标中有商品的地理标志，而该商品并非来源于该标志所标示的地区，误导公众的，不予注册并禁止使用；但是，已经善意取得注册的继续有效。

前款所称地理标志，是指标示某商品来源于某地区，该商品的特定质量、信誉或者其他特征，主要由该地区的自然因素或者人文因素所决定的标志。

第十九条（第四款）　商标代理机构除对其代理服务申请商标注册外，不得申请注册其他商标。

第二十二条　商标注册申请人应当按规定的商品分类表填报使用商标的商品类别和商品名称，提出注册申请。

商标注册申请人可以通过一份申请就多个类别的商品申请注册同一商标。

商标注册申请等有关文件，可以以书面方式或者数据电文方式提出。

第二十三条　注册商标需要在核定使用范围之外的商品上取得商标专用权的，应当另行提出注册申请。

第二十四条　注册商标需要改变其标志的，应当重新提出注册申请。

第二十八条　对申请注册的商标，商标局应当自收到商标注册申请文件之日起九个月内审查完毕，符合本法有关规定的，予以初步审定公告。

第二十九条　在审查过程中，商标局认为商标注册申请内容需要说明或者修正的，可以要求申请人做出说明或者修正。申请人未做出说明或者修正的，不影响商标局做出审查决定。

第三十条　申请注册的商标，凡不符合本法有关规定或者同他人在同一种商品或者类似商品上已经注册的或者初步审定的商标相同或者近似的，由商标局驳回申请，不予公告。

第三十一条　两个或者两个以上的商标注册申请人，在同一种商品或者类似商品上，以相同或者近似的商标申请注册的，初步审定并公告申请在先的商标；同一天申请的，初步审定并公告使用在先的商标，驳回其他人的申请，不予公告。

第三十二条 申请商标注册不得损害他人现有的在先权利，也不得以不正当手段抢先注册他人已经使用并有一定影响的商标。

第三十五条 对初步审定公告的商标提出异议的，商标局应当听取异议人和被异议人陈述事实和理由，经调查核实后，自公告期满之日起十二个月内做出是否准予注册的决定，并书面通知异议人和被异议人。有特殊情况需要延长的，经国务院工商行政管理部门批准，可以延长六个月。

商标局做出准予注册决定的，发给商标注册证，并予公告。异议人不服的，可以依照本法第四十四条、第四十五条的规定向商标评审委员会请求宣告该注册商标无效。

商标局做出不予注册决定，被异议人不服的，可以自收到通知之日起十五日内向商标评审委员会申请复审。商标评审委员会应当自收到申请之日起十二个月内做出复审决定，并书面通知异议人和被异议人。有特殊情况需要延长的，经国务院工商行政管理部门批准，可以延长六个月。被异议人对商标评审委员会的决定不服的，可以自收到通知之日起三十日内向人民法院起诉。人民法院应当通知异议人作为第三人参加诉讼。

商标评审委员会在依照前款规定进行复审的过程中，所涉及的在先权利的确定必须以人民法院正在审理或者行政机关正在处理的另一案件的结果为依据的，可以中止审查。中止原因消除后，应当恢复审查程序。

第三十六条 法定期限届满，当事人对商标局做出的驳回申请决定、不予注册决定不申请复审或者对商标评审委员会做出的复审决定不向人民法院起诉的，驳回申请决定、不予注册决定或者复审决定生效。

经审查异议不成立而准予注册的商标，商标注册申请人取得商标专用权的时间自初步审定公告三个月期满之日起计算。自该商标公告期满之日起至准予注册决定做出前，对他人在同一种或者类似商品上使用与该商标相同或者近似的标志的行为不具有追溯力；但是，因该使用人的恶意给商标注册人造成的损失，应当给予赔偿。

第三十九条 注册商标的有效期为十年，自核准注册之日起计算。

第四十条　注册商标有效期满，需要继续使用的，商标注册人应当在期满前十二个月内按照规定办理续展手续；在此期间未能办理的，可以给予六个月的宽展期。每次续展注册的有效期为十年，自该商标上一届有效期满次日起计算。期满未办理续展手续的，注销其注册商标。

商标局应当对续展注册的商标予以公告。

第四十二条　转让注册商标的，转让人和受让人应当签订转让协议，并共同向商标局提出申请。受让人应当保证使用该注册商标的商品质量。

转让注册商标的，商标注册人对其在同一种商品上注册的近似的商标，或者在类似商品上注册的相同或者近似的商标，应当一并转让。

对容易导致混淆或者有其他不良影响的转让，商标局不予核准，书面通知申请人并说明理由。

转让注册商标经核准后，予以公告。受让人自公告之日起享有商标专用权。

第四十八条　本法所称商标的使用，是指将商标用于商品、商品包装或者容器以及商品交易文书上，或者将商标用于广告宣传、展览以及其他商业活动中，用于识别商品来源的行为。

第四十九条　商标注册人在使用注册商标的过程中，自行改变注册商标、注册人名义、地址或者其他注册事项的，由地方工商行政管理部门责令限期改正；期满不改正的，由商标局撤销其注册商标。

注册商标成为其核定使用的商品的通用名称或者没有正当理由连续三年不使用的，任何单位或者个人可以向商标局申请撤销该注册商标。商标局应当自收到申请之日起九个月内做出决定。有特殊情况需要延长的，经国务院工商行政管理部门批准，可以延长三个月。

第五十六条　注册商标的专用权，以核准注册的商标和核定使用的商品为限。

第五十七条　有下列行为之一的，均属侵犯注册商标专用权：

（一）未经商标注册人的许可，在同一种商品上使用与其注册商标相同的商标的；

（二）未经商标注册人的许可，在同一种商品上使用与其注册商标近似的商标，或者在类似商品上使用与其注册商标相同或者近似的商标，容易导致混淆的；

（三）销售侵犯注册商标专用权的商品的；

（四）伪造、擅自制造他人注册商标标识或者销售伪造、擅自制造的注册商标标识的；

（五）未经商标注册人同意，更换其注册商标并将该更换商标的商品又投入市场的；

（六）故意为侵犯他人商标专用权行为提供便利条件，帮助他人实施侵犯商标专用权行为的；

（七）给他人的注册商标专用权造成其他损害的。

第五十八条　将他人注册商标、未注册的驰名商标作为企业名称中的字号使用，误导公众，构成不正当竞争行为的，依照《中华人民共和国反不正当竞争法》处理。

第五十九条　注册商标中含有的本商品的通用名称、图形、型号，或者直接表示商品的质量、主要原料、功能、用途、重量、数量及其他特点，或者含有的地名，注册商标专用权人无权禁止他人正当使用。

三维标志注册商标中含有的商品自身的性质产生的形状、为获得技术效果而需有的商品形状或者使商品具有实质性价值的形状，注册商标专用权人无权禁止他人正当使用。

商标注册人申请商标注册前，他人已经在同一种商品或者类似商品上先于商标注册人使用与注册商标相同或者近似并有一定影响的商标的，注册商标专用权人无权禁止该使用人在原使用范围内继续使用该商标，但可以要求其附加适当区别标识。

第六十一条　对侵犯注册商标专用权的行为，工商行政管理部门有权依法查处；涉嫌犯罪的，应当及时移送司法机关依法处理。

第六十三条（第一款）　侵犯商标专用权的赔偿数额，按照权利人因被侵权所受到的实际损失确定；实际损失难以确定的，可以按照侵权人因侵权所获得的利益确定；权利人的损失或者侵权人获得的利益难以确定的，参照该商标许可使用费的倍数合理确定。对恶意侵犯商标专用权，情节严

下编 知识产权犯罪

重的，可以在按照上述方法确定数额的一倍以上五倍以下确定赔偿数额。赔偿数额应当包括权利人为制止侵权行为所支付的合理开支。

第六十七条 未经商标注册人许可，在同一种商品上使用与其注册商标相同的商标，构成犯罪的，除赔偿被侵权人的损失外，依法追究刑事责任。

伪造、擅自制造他人注册商标标识或者销售伪造、擅自制造的注册商标标识，构成犯罪的，除赔偿被侵权人的损失外，依法追究刑事责任。

销售明知是假冒注册商标的商品，构成犯罪的，除赔偿被侵权人的损失外，依法追究刑事责任。

行政法规及规范性文件

《中华人民共和国商标法实施条例》（中华人民共和国国务院令第651号，2014.4.29修订，2014.5.1实施）（节录）

第二条 本条例有关商品商标的规定，适用于服务商标。

第三条 商标持有人依照商标法第十三条规定请求驰名商标保护的，应当提交其商标构成驰名商标的证据材料。商标局、商标评审委员会应当依照商标法第十四条的规定，根据审查、处理案件的需要以及当事人提交的证据材料，对其商标驰名情况作出认定。

第四条 商标法第十六条规定的地理标志，可以依照商标法和本条例的规定，作为证明商标或者集体商标申请注册。

以地理标志作为证明商标注册的，其商品符合使用该地理标志条件的自然人、法人或者其他组织可以要求使用该证明商标，控制该证明商标的组织应当允许。以地理标志作为集体商标注册的，其商品符合使用该地理标志条件的自然人、法人或者其他组织，可以要求参加以该地理标志作为集体商标注册的团体、协会或者其他组织，该团体、协会或者其他组织应当依据其章程接纳为会员；不要求参加以该地理标志作为集体商标注册的团体、协会或者其他组织的，也可以正当使用该地理标志，该团体、协会或者其他组织无权禁止。

第十三条 申请商标注册，应当按照公布的商品和服务分类表填报。每一件商标注册申请应当向商标局提交《商标注册申请书》1份、商标图样

1份；以颜色组合或者着色图样申请商标注册的，应当提交着色图样，并提交黑白稿1份；不指定颜色的，应当提交黑白图样。

商标图样应当清晰，便于粘贴，用光洁耐用的纸张印制或者用照片代替，长和宽应当不大于10厘米，不小于5厘米。

以三维标志申请商标注册的，应当在申请书中予以声明，说明商标的使用方式，并提交能够确定三维形状的图样，提交的商标图样应当至少包含三面视图。

以颜色组合申请商标注册的，应当在申请书中予以声明，说明商标的使用方式。

以声音标志申请商标注册的，应当在申请书中予以声明，提交符合要求的声音样本，对申请注册的声音商标进行描述，说明商标的使用方式。对声音商标进行描述，应当以五线谱或者简谱对申请用作商标的声音加以描述并附加文字说明；无法以五线谱或者简谱描述的，应当以文字加以描述；商标描述与声音样本应当一致。

申请注册集体商标、证明商标的，应当在申请书中予以声明，并提交主体资格证明文件和使用管理规则。

商标为外文或者包含外文的，应当说明含义。

第三十一条 转让注册商标的，转让人和受让人应当向商标局提交转让注册商标申请书。转让注册商标申请手续应当由转让人和受让人共同办理。商标局核准转让注册商标申请的，发给受让人相应证明，并予以公告。

转让注册商标，商标注册人对其在同一种或者类似商品上注册的相同或者近似的商标未一并转让的，由商标局通知其限期改正；期满未改正的，视为放弃转让该注册商标的申请，商标局应当书面通知申请人。

第三十二条 注册商标专用权因转让以外的继承等其他事由发生移转的，接受该注册商标专用权的当事人应当凭有关证明文件或者法律文书到商标局办理注册商标专用权移转手续。

注册商标专用权移转的，注册商标专用权人在同一种或者类似商品上注册的相同或者近似的商标，应当一并移转；未一并移转的，由商标局通知其限期改正；期满未改正的，视为放弃该移转注册商标的申请，商标局应当书面通知申请人。

商标移转申请经核准的,予以公告。接受该注册商标专用权移转的当事人自公告之日起享有商标专用权。

第三十三条 注册商标需要续展注册的,应当向商标局提交商标续展注册申请书。商标局核准商标注册续展申请的,发给相应证明并予以公告。

第六十三条 使用注册商标,可以在商品、商品包装、说明书或者其他附着物上标明"注册商标"或者注册标记。

注册标记包括㊟和Ⓡ。使用注册标记,应当标注在商标的右上角或者右下角。

第六十四条(第三款) 伪造或者变造《商标注册证》或者其他商标证明文件的,依照刑法关于伪造、变造国家机关证件罪或者其他罪的规定,依法追究刑事责任。

第七十五条 为侵犯他人商标专用权提供仓储、运输、邮寄、印制、隐匿、经营场所、网络商品交易平台等,属于商标法第五十七条第六项规定的提供便利条件。

第七十六条 在同一种商品或者类似商品上将与他人注册商标相同或者近似的标志作为商品名称或者商品装潢使用,误导公众的,属于商标法第五十七条第二项规定的侵犯注册商标专用权的行为。

第七十七条 对侵犯注册商标专用权的行为,任何人可以向工商行政管理部门投诉或者举报。

第七十八条 计算商标法第六十条规定的违法经营额,可以考虑下列因素:

(一)侵权商品的销售价格;

(二)未销售侵权商品的标价;

(三)已查清侵权商品实际销售的平均价格;

(四)被侵权商品的市场中间价格;

(五)侵权人因侵权所产生的营业收入;

(六)其他能够合理计算侵权商品价值的因素。

第八十条 销售不知道是侵犯注册商标专用权的商品,能证明该商品是自己合法取得并说明提供者的，由工商行政管理部门责令停止销售，并将案件情况通报侵权商品提供者所在地工商行政管理部门。

第八十二条　在查处商标侵权案件过程中，工商行政管理部门可以要求权利人对涉案商品是否为权利人生产或者其许可生产的产品进行辨认。

部门规章及部门规范性文件

国家知识产权局关于印发《商标侵权判断标准》的通知（国知发保字〔2020〕23号，2020.6.15）（节录）

第二条　商标执法相关部门在处理、查处商标侵权案件时适用本标准。

第三条　判断是否构成商标侵权，一般需要判断涉嫌侵权行为是否构成商标法意义上的商标的使用。

商标的使用，是指将商标用于商品、商品包装、容器、服务场所以及交易文书上，或者将商标用于广告宣传、展览以及其他商业活动中，用以识别商品或者服务来源的行为。

第四条　商标用于商品、商品包装、容器以及商品交易文书上的具体表现形式包括但不限于：

（一）采取直接贴附、刻印、烙印或者编织等方式将商标附着在商品、商品包装、容器、标签等上，或者使用在商品附加标牌、产品说明书、介绍手册、价目表等上；

（二）商标使用在与商品销售有联系的交易文书上，包括商品销售合同、发票、票据、收据、商品进出口检验检疫证明、报关单据等。

第五条　商标用于服务场所以及服务交易文书上的具体表现形式包括但不限于：

（一）商标直接使用于服务场所，包括介绍手册、工作人员服饰、招贴、菜单、价目表、名片、奖券、办公文具、信笺以及其他提供服务所使用的相关物品上；

（二）商标使用于和服务有联系的文件资料上，如发票、票据、收据、汇款单据、服务协议、维修维护证明等。

第六条　商标用于广告宣传、展览以及其他商业活动中的具体表现形式包括但不限于：

（一）商标使用在广播、电视、电影、互联网等媒体中，或者使用在公开发行的出版物上，或者使用在广告牌、邮寄广告或者其他广告载体上；

（二）商标在展览会、博览会上使用，包括在展览会、博览会上提供的使用商标的印刷品、展台照片、参展证明及其他资料；

（三）商标使用在网站、即时通讯工具、社交网络平台、应用程序等载体上；

（四）商标使用在二维码等信息载体上；

（五）商标使用在店铺招牌、店堂装饰装潢上。

第七条　判断是否为商标的使用应当综合考虑使用人的主观意图、使用方式、宣传方式、行业惯例、消费者认知等因素。

第八条　未经商标注册人许可的情形包括未获得许可或者超出许可的商品或者服务的类别、期限、数量等。

第九条　同一种商品是指涉嫌侵权人实际生产销售的商品名称与他人注册商标核定使用的商品名称相同的商品，或者二者商品名称不同但在功能、用途、主要原料、生产部门、消费对象、销售渠道等方面相同或者基本相同，相关公众一般认为是同种商品。

同一种服务是指涉嫌侵权人实际提供的服务名称与他人注册商标核定使用的服务名称相同的服务，或者二者服务名称不同但在服务的目的、内容、方式、提供者、对象、场所等方面相同或者基本相同，相关公众一般认为是同种服务。

核定使用的商品或者服务名称是指国家知识产权局在商标注册工作中对商品或者服务使用的名称，包括《类似商品和服务区分表》（以下简称区分表）中列出的商品或者服务名称和未在区分表中列出但在商标注册中接受的商品或者服务名称。

第十条　类似商品是指在功能、用途、主要原料、生产部门、消费对象、销售渠道等方面具有一定共同性的商品。

类似服务是指在服务的目的、内容、方式、提供者、对象、场所等方面具有一定共同性的服务。

第十一条　判断是否属于同一种商品或者同一种服务、类似商品或者类似服务，应当在权利人注册商标核定使用的商品或者服务与涉嫌侵权的商品或者服务之间进行比对。

第十二条　判断涉嫌侵权的商品或者服务与他人注册商标核定使用的商品或者服务是否构成同一种商品或者同一种服务、类似商品或者类似服务，参照现行区分表进行认定。

对于区分表未涵盖的商品，应当基于相关公众的一般认识，综合考虑商品的功能、用途、主要原料、生产部门、消费对象、销售渠道等因素认定是否构成同一种或者类似商品；

对于区分表未涵盖的服务，应当基于相关公众的一般认识，综合考虑服务的目的、内容、方式、提供者、对象、场所等因素认定是否构成同一种或者类似服务。

第十三条　与注册商标相同的商标是指涉嫌侵权的商标与他人注册商标完全相同，以及虽有不同但视觉效果或者声音商标的听觉感知基本无差别、相关公众难以分辨的商标。

第十四条　涉嫌侵权的商标与他人注册商标相比较，可以认定与注册商标相同的情形包括：

（一）文字商标有下列情形之一的：

1. 文字构成、排列顺序均相同的；

2. 改变注册商标的字体、字母大小写、文字横竖排列，与注册商标之间基本无差别的；

3. 改变注册商标的文字、字母、数字等之间的间距，与注册商标之间基本无差别的；

4. 改变注册商标颜色，不影响体现注册商标显著特征的；

5. 在注册商标上仅增加商品通用名称、图形、型号等缺乏显著特征内容，不影响体现注册商标显著特征的；

（二）图形商标在构图要素、表现形式等视觉上基本无差别的；

（三）文字图形组合商标的文字构成、图形外观及其排列组合方式相同，商标在整体视觉上基本无差别的；

（四）立体商标中的显著三维标志和显著平面要素相同，或者基本无差别的；

（五）颜色组合商标中组合的颜色和排列的方式相同，或者基本无差别的；

（六）声音商标的听觉感知和整体音乐形象相同，或者基本无差别的；

（七）其他与注册商标在视觉效果或者听觉感知上基本无差别的。

第十五条　与注册商标近似的商标是指涉嫌侵权的商标与他人注册商标相比较，文字商标的字形、读音、含义近似，或者图形商标的构图、着色、外形近似，或者文字图形组合商标的整体排列组合方式和外形近似，或者立体商标的三维标志的形状和外形近似，或者颜色组合商标的颜色或者组合近似，或者声音商标的听觉感知或者整体音乐形象近似等。

第十六条　涉嫌侵权的商标与他人注册商标是否构成近似，参照现行《商标审查及审理标准》关于商标近似的规定进行判断。

第十七条　判断商标是否相同或者近似，应当在权利人的注册商标与涉嫌侵权商标之间进行比对。

第十八条　判断与注册商标相同或者近似的商标时，应当以相关公众的一般注意力和认知力为标准，采用隔离观察、整体比对和主要部分比对的方法进行认定。

第十九条　在商标侵权判断中，在同一种商品或者同一种服务上使用近似商标，或者在类似商品或者类似服务上使用相同、近似商标的情形下，还应当对是否容易导致混淆进行判断。

第二十条　商标法规定的容易导致混淆包括以下情形：

（一）足以使相关公众认为涉案商品或者服务是由注册商标权利人生产或者提供；

（二）足以使相关公众认为涉案商品或者服务的提供者与注册商标权利人存在投资、许可、加盟或者合作等关系。

第二十一条　商标执法相关部门判断是否容易导致混淆，应当综合考量以下因素以及各因素之间的相互影响：

（一）商标的近似情况；

（二）商品或者服务的类似情况；

（三）注册商标的显著性和知名度；

（四）商品或者服务的特点及商标使用的方式；

（五）相关公众的注意和认知程度；

（六）其他相关因素。

第二十二条　自行改变注册商标或者将多件注册商标组合使用，与他人在同一种商品或者服务上的注册商标相同的，属于商标法第五十七条第一项规定的商标侵权行为。

自行改变注册商标或者将多件注册商标组合使用，与他人在同一种或者类似商品或者服务上的注册商标近似、容易导致混淆的，属于商标法第五十七条第二项规定的商标侵权行为。

第二十三条　在同一种商品或者服务上，将企业名称中的字号突出使用，与他人注册商标相同的，属于商标法第五十七条第一项规定的商标侵权行为。

在同一种或者类似商品或者服务上，将企业名称中的字号突出使用，与他人注册商标近似、容易导致混淆的，属于商标法第五十七条第二项规定的商标侵权行为。

第二十四条　不指定颜色的注册商标，可以自由附着颜色，但以攀附为目的附着颜色，与他人在同一种或者类似商品或者服务上的注册商标近似、容易导致混淆的，属于商标法第五十七条第二项规定的商标侵权行为。

注册商标知名度较高，涉嫌侵权人与注册商标权利人处于同一行业或者具有较大关联性的行业，且无正当理由使用与注册商标相同或者近似标志的，应当认定涉嫌侵权人具有攀附意图。

第二十五条　在包工包料的加工承揽经营活动中，承揽人使用侵犯注册商标专用权商品的，属于商标法第五十七条第三项规定的商标侵权行为。

第二十六条　经营者在销售商品时，附赠侵犯注册商标专用权商品的，属于商标法第五十七条第三项规定的商标侵权行为。

第二十七条　有下列情形之一的，不属于商标法第六十条第二款规定的"销售不知道是侵犯注册商标专用权的商品"：

（一）进货渠道不符合商业惯例，且价格明显低于市场价格的；

（二）拒不提供账目、销售记录等会计凭证，或者会计凭证弄虚作假的；

（三）案发后转移、销毁物证，或者提供虚假证明、虚假情况的；

（四）类似违法情形受到处理后再犯的；

（五）其他可以认定当事人明知或者应知的。

第二十八条　商标法第六十条第二款规定的"说明提供者"是指涉嫌侵权人主动提供供货商的名称、经营地址、联系方式等准确信息或者线索。

对于因涉嫌侵权人提供虚假或者无法核实的信息导致不能找到提供者的，不视为"说明提供者"。

第二十九条　涉嫌侵权人属于商标法第六十条第二款规定的销售不知道是侵犯注册商标专用权的商品的，对其侵权商品责令停止销售，对供货商立案查处或者将案件线索移送具有管辖权的商标执法相关部门查处。

对责令停止销售的侵权商品，侵权人再次销售的，应当依法查处。

第三十条　市场主办方、展会主办方、柜台出租人、电子商务平台等经营者怠于履行管理职责，明知或者应知市场内经营者、参展方、柜台承租人、平台内电子商务经营者实施商标侵权行为而不予制止的；或者虽然不知情，但经商标执法相关部门通知或者商标权利人持生效的行政、司法文书告知后，仍未采取必要措施制止商标侵权行为的，属于商标法第五十七条第六项规定的商标侵权行为。

第三十一条　将与他人注册商标相同或者相近似的文字注册为域名，并且通过该域名进行相关商品或者服务交易的电子商务，容易使相关公众产生误认的，属于商标法第五十七条第七项规定的商标侵权行为。

第三十二条　在查处商标侵权案件时，应当保护合法在先权利。

以外观设计专利权、作品著作权抗辩他人注册商标专用权的，若注册商标的申请日先于外观设计专利申请日或者有证据证明的该著作权作品创作完成日，商标执法相关部门可以对商标侵权案件进行查处。

第三十三条　商标法第五十九条第三款规定的"有一定影响的商标"是指在国内在先使用并为一定范围内相关公众所知晓的未注册商标。

有一定影响的商标的认定，应当考虑该商标的持续使用时间、销售量、经营额、广告宣传等因素进行综合判断。

使用人有下列情形的，不视为在原使用范围内继续使用：

（一）增加该商标使用的具体商品或者服务；

（二）改变该商标的图形、文字、色彩、结构、书写方式等内容，但以与他人注册商标相区别为目的而进行的改变除外；

（三）超出原使用范围的其他情形。

第三十四条　商标法第六十条第二款规定的"五年内实施两次以上商标侵权行为"指同一当事人被商标执法相关部门、人民法院认定侵犯他人注册商标专用权的行政处罚或者判决生效之日起，五年内又实施商标侵权行为的。

第三十五条　正在国家知识产权局审理或者人民法院诉讼中的下列案件，可以适用商标法第六十二条第三款关于"中止"的规定：

（一）注册商标处于无效宣告中的；

（二）注册商标处于续展宽展期的；

（三）注册商标权属存在其他争议情形的。

第三十六条　在查处商标侵权案件过程中，商标执法相关部门可以要求权利人对涉案商品是否为权利人生产或者其许可生产的商品出具书面辨认意见。权利人应当对其辨认意见承担相应法律责任。

商标执法相关部门应当审查辨认人出具辨认意见的主体资格及辨认意见的真实性。涉嫌侵权人无相反证据推翻该辨认意见的，商标执法相关部门将该辨认意见作为证据予以采纳。

第三十七条　本标准由国家知识产权局负责解释。

第三十八条　本标准自公布之日起施行。

第二节 专利类犯罪

▶ **刑事规范**

第二百一十六条 【假冒专利罪】

刑法

假冒他人专利,情节严重的,处三年以下有期徒刑或者拘役,并处或者单处罚金。

司法解释、司法解释性文件及规范性文件

1. 最高人民法院、最高人民检察院《关于办理侵犯知识产权刑事案件具体应用法律若干问题的解释》(法释〔2004〕19号,2004.12.22)(节录)

第四条 假冒他人专利,具有下列情形之一的,属于刑法第二百一十六条规定的"情节严重",应当以假冒专利罪判处三年以下有期徒刑或者拘役,并处或者单处罚金:

(一)非法经营数额在二十万元以上或者违法所得数额在十万元以上的;

(二)给专利权人造成直接经济损失五十万元以上的;

(三)假冒两项以上他人专利,非法经营数额在十万元以上或者违法所得数额在五万元以上的;

(四)其他情节严重的情形。

第十条 实施下列行为之一的,属于刑法第二百一十六条规定的"假冒他人专利"的行为:

(一)未经许可,在其制造或者销售的产品、产品的包装上标注他人专利号的;

(二)未经许可,在广告或者其他宣传材料中使用他人的专利号,使人将所涉及的技术误认为是他人专利技术的;

（三）未经许可，在合同中使用他人的专利号，使人将合同涉及的技术误认为是他人专利技术的；

（四）伪造或者变造他人的专利证书、专利文件或者专利申请文件的。

2.最高人民法院、最高人民检察院《关于办理生产、销售伪劣商品刑事案件具体应用法律若干问题的解释》（法释〔2001〕10号，2001.4.10）（节录）

第十条 实施生产、销售伪劣商品犯罪，同时构成侵犯知识产权、非法经营等其他犯罪的，依照处罚较重的规定定罪处罚。

▶ 行政规范

法律

《中华人民共和国专利法》（中华人民共和国主席令第55号，2020.10.17修正，2021.6.1实施）（节录）

第二条 本法所称的发明创造是指发明、实用新型和外观设计。

发明，是指对产品、方法或者其改进所提出的新的技术方案。

实用新型，是指对产品的形状、构造或者其结合所提出的适于实用的新的技术方案。

外观设计，是指对产品的整体或者局部的形状、图案或者其结合以及色彩与形状、图案的结合所作出的富有美感并适于工业应用的新设计。

第五条 对违反法律、社会公德或者妨害公共利益的发明创造，不授予专利权。

对违反法律、行政法规的规定获取或者利用遗传资源，并依赖该遗传资源完成的发明创造，不授予专利权。

第六条 执行本单位的任务或者主要是利用本单位的物质技术条件所完成的发明创造为职务发明创造。职务发明创造申请专利的权利属于该单位，申请被批准后，该单位为专利权人。该单位可以依法处置其职务发明创造申请专利的权利和专利权，促进相关发明创造的实施和运用。

非职务发明创造,申请专利的权利属于发明人或者设计人;申请被批准后,该发明人或者设计人为专利权人。

利用本单位的物质技术条件所完成的发明创造,单位与发明人或者设计人订有合同,对申请专利的权利和专利权的归属作出约定的,从其约定。

第八条 两个以上单位或者个人合作完成的发明创造、一个单位或者个人接受其他单位或者个人委托所完成的发明创造,除另有协议的以外,申请专利的权利属于完成或者共同完成的单位或者个人;申请被批准后,申请的单位或者个人为专利权人。

第九条 同样的发明创造只能授予一项专利权。但是,同一申请人同日对同样的发明创造既申请实用新型专利又申请发明专利,先获得的实用新型专利权尚未终止,且申请人声明放弃该实用新型专利权的,可以授予发明专利权。

两个以上的申请人分别就同样的发明创造申请专利的,专利权授予最先申请的人。

第十条 专利申请权和专利权可以转让。

中国单位或者个人向外国人、外国企业或者外国其他组织转让专利申请权或者专利权的,应当依照有关法律、行政法规的规定办理手续。

转让专利申请权或者专利权的,当事人应当订立书面合同,并向国务院专利行政部门登记,由国务院专利行政部门予以公告。专利申请权或者专利权的转让自登记之日起生效。

第十一条 发明和实用新型专利权被授予后,除本法另有规定的以外,任何单位或者个人未经专利权人许可,都不得实施其专利,即不得为生产经营目的制造、使用、许诺销售、销售、进口其专利产品,或者使用其专利方法以及使用、许诺销售、销售、进口依照该专利方法直接获得的产品。

外观设计专利权被授予后,任何单位或者个人未经专利权人许可,都不得实施其专利,即不得为生产经营目的制造、许诺销售、销售、进口其外观设计专利产品。

第十二条 任何单位或者个人实施他人专利的,应当与专利权人订立实施许可合同,向专利权人支付专利使用费。被许可人无权允许合同规定以外的任何单位或者个人实施该专利。

第十三条　发明专利申请公布后，申请人可以要求实施其发明的单位或者个人支付适当的费用。

第十四条　专利申请权或者专利权的共有人对权利的行使有约定的，从其约定。没有约定的，共有人可以单独实施或者以普通许可方式许可他人实施该专利；许可他人实施该专利的，收取的使用费应当在共有人之间分配。

除前款规定的情形外，行使共有的专利申请权或者专利权应当取得全体共有人的同意。

第十六条　发明人或者设计人有权在专利文件中写明自己是发明人或者设计人。

专利权人有权在其专利产品或者该产品的包装上标明专利标识。

第十七条　在中国没有经常居所或者营业所的外国人、外国企业或者外国其他组织在中国申请专利的，依照其所属国同中国签订的协议或者共同参加的国际条约，或者依照互惠原则，根据本法办理。

第十八条　在中国没有经常居所或者营业所的外国人、外国企业或者外国其他组织在中国申请专利和办理其他专利事务的，应当委托依法设立的专利代理机构办理。

中国单位或者个人在国内申请专利和办理其他专利事务的，可以委托依法设立的专利代理机构办理。

专利代理机构应当遵守法律、行政法规，按照被代理人的委托办理专利申请或者其他专利事务；对被代理人发明创造的内容，除专利申请已经公布或者公告的以外，负有保密责任。专利代理机构的具体管理办法由国务院规定。

第十九条　任何单位或者个人将在中国完成的发明或者实用新型向外国申请专利的，应当事先报经国务院专利行政部门进行保密审查。保密审查的程序、期限等按照国务院的规定执行。

中国单位或者个人可以根据中华人民共和国参加的有关国际条约提出专利国际申请。申请人提出专利国际申请的，应当遵守前款规定。

国务院专利行政部门依照中华人民共和国参加的有关国际条约、本法和国务院有关规定处理专利国际申请。

对违反本条第一款规定向外国申请专利的发明或者实用新型,在中国申请专利的,不授予专利权。

第二十条 申请专利和行使专利权应当遵循诚实信用原则。不得滥用专利权损害公共利益或者他人合法权益。

滥用专利权,排除或者限制竞争,构成垄断行为的,依照《中华人民共和国反垄断法》处理。

第二十一条 国务院专利行政部门应当按照客观、公正、准确、及时的要求,依法处理有关专利的申请和请求。

国务院专利行政部门应当加强专利信息公共服务体系建设,完整、准确、及时发布专利信息,提供专利基础数据,定期出版专利公报,促进专利信息传播与利用。

在专利申请公布或者公告前,国务院专利行政部门的工作人员及有关人员对其内容负有保密责任。

第二十二条 授予专利权的发明和实用新型,应当具备新颖性、创造性和实用性。

新颖性,是指该发明或者实用新型不属于现有技术;也没有任何单位或者个人就同样的发明或者实用新型在申请日以前向国务院专利行政部门提出过申请,并记载在申请日以后公布的专利申请文件或者公告的专利文件中。

创造性,是指与现有技术相比,该发明具有突出的实质性特点和显著的进步,该实用新型具有实质性特点和进步。

实用性,是指该发明或者实用新型能够制造或者使用,并且能够产生积极效果。

本法所称现有技术,是指申请日以前在国内外为公众所知的技术。

第二十三条 授予专利权的外观设计,应当不属于现有设计;也没有任何单位或者个人就同样的外观设计在申请日以前向国务院专利行政部门提出过申请,并记载在申请日以后公告的专利文件中。

授予专利权的外观设计与现有设计或者现有设计特征的组合相比,应当具有明显区别。

授予专利权的外观设计不得与他人在申请日以前已经取得的合法权利相冲突。

本法所称现有设计,是指申请日以前在国内外为公众所知的设计。

第二十四条 申请专利的发明创造在申请日以前六个月内,有下列情形之一的,不丧失新颖性:

(一)在国家出现紧急状态或者非常情况时,为公共利益目的首次公开的;

(二)在中国政府主办或者承认的国际展览会上首次展出的;

(三)在规定的学术会议或者技术会议上首次发表的;

(四)他人未经申请人同意而泄露其内容的。

第二十五条 对下列各项,不授予专利权:

(一)科学发现;

(二)智力活动的规则和方法;

(三)疾病的诊断和治疗方法;

(四)动物和植物品种;

(五)原子核变换方法以及用原子核变换方法获得的物质;

(六)对平面印刷品的图案、色彩或者二者的结合作出的主要起标识作用的设计。

对前款第(四)项所列产品的生产方法,可以依照本法规定授予专利权。

第二十六条 申请发明或者实用新型专利的,应当提交请求书、说明书及其摘要和权利要求书等文件。

请求书应当写明发明或者实用新型的名称,发明人的姓名,申请人姓名或者名称、地址,以及其他事项。

说明书应当对发明或者实用新型作出清楚、完整的说明,以所属技术领域的技术人员能够实现为准;必要的时候,应当有附图。摘要应当简要说明发明或者实用新型的技术要点。

权利要求书应当以说明书为依据,清楚、简要地限定要求专利保护的范围。

依赖遗传资源完成的发明创造,申请人应当在专利申请文件中说明该遗传资源的直接来源和原始来源；申请人无法说明原始来源的，应当陈述理由。

第二十七条　申请外观设计专利的，应当提交请求书、该外观设计的图片或者照片以及对该外观设计的简要说明等文件。

申请人提交的有关图片或者照片应当清楚地显示要求专利保护的产品的外观设计。

第二十八条　国务院专利行政部门收到专利申请文件之日为申请日。如果申请文件是邮寄的，以寄出的邮戳日为申请日。

第二十九条　申请人自发明或者实用新型在外国第一次提出专利申请之日起十二个月内，或者自外观设计在外国第一次提出专利申请之日起六个月内，又在中国就相同主题提出专利申请的，依照该外国同中国签订的协议或者共同参加的国际条约，或者依照相互承认优先权的原则，可以享有优先权。

申请人自发明或者实用新型在中国第一次提出专利申请之日起十二个月内，或者自外观设计在中国第一次提出专利申请之日起六个月内，又向国务院专利行政部门就相同主题提出专利申请的，可以享有优先权。

第三十条　申请人要求发明、实用新型专利优先权的，应当在申请的时候提出书面声明，并且在第一次提出申请之日起十六个月内，提交第一次提出的专利申请文件的副本。

申请人要求外观设计专利优先权的，应当在申请的时候提出书面声明，并且在三个月内提交第一次提出的专利申请文件的副本。

申请人未提出书面声明或者逾期未提交专利申请文件副本的，视为未要求优先权。

第三十一条　一件发明或者实用新型专利申请应当限于一项发明或者实用新型。属于一个总的发明构思的两项以上的发明或者实用新型，可以作为一件申请提出。

一件外观设计专利申请应当限于一项外观设计。同一产品两项以上的相似外观设计，或者用于同一类别并且成套出售或者使用的产品的两项以上外观设计，可以作为一件申请提出。

第三十二条　申请人可以在被授予专利权之前随时撤回其专利申请。

第三十三条　申请人可以对其专利申请文件进行修改，但是，对发明和实用新型专利申请文件的修改不得超出原说明书和权利要求书记载的范围，对外观设计专利申请文件的修改不得超出原图片或者照片表示的范围。

第三十四条　国务院专利行政部门收到发明专利申请后，经初步审查认为符合本法要求的，自申请日起满十八个月，即行公布。国务院专利行政部门可以根据申请人的请求早日公布其申请。

第三十五条　发明专利申请自申请日起三年内，国务院专利行政部门可以根据申请人随时提出的请求，对其申请进行实质审查；申请人无正当理由逾期不请求实质审查的，该申请即被视为撤回。

国务院专利行政部门认为必要的时候，可以自行对发明专利申请进行实质审查。

第三十六条　发明专利的申请人请求实质审查的时候，应当提交在申请日前与其发明有关的参考资料。

发明专利已经在外国提出过申请的，国务院专利行政部门可以要求申请人在指定期限内提交该国为审查其申请进行检索的资料或者审查结果的资料；无正当理由逾期不提交的，该申请即被视为撤回。

第三十七条　国务院专利行政部门对发明专利申请进行实质审查后，认为不符合本法规定的，应当通知申请人，要求其在指定的期限内陈述意见，或者对其申请进行修改；无正当理由逾期不答复的，该申请即被视为撤回。

第三十八条　发明专利申请经申请人陈述意见或者进行修改后，国务院专利行政部门仍然认为不符合本法规定的，应当予以驳回。

第三十九条　发明专利申请经实质审查没有发现驳回理由的，由国务院专利行政部门作出授予发明专利权的决定，发给发明专利证书，同时予以登记和公告。发明专利权自公告之日起生效。

第四十条　实用新型和外观设计专利申请经初步审查没有发现驳回理由的，由国务院专利行政部门作出授予实用新型专利权或者外观设计专利权的决定，发给相应的专利证书，同时予以登记和公告。实用新型专利权

下编 知识产权犯罪

和外观设计专利权自公告之日起生效。

第四十一条 专利申请人对国务院专利行政部门驳回申请的决定不服的，可以自收到通知之日起三个月内向国务院专利行政部门请求复审。国务院专利行政部门复审后，作出决定，并通知专利申请人。

专利申请人对国务院专利行政部门的复审决定不服的，可以自收到通知之日起三个月内向人民法院起诉。

第四十二条 发明专利权的期限为二十年，实用新型专利权的期限为十年，外观设计专利权的期限为十五年，均自申请日起计算。

自发明专利申请日起满四年，且自实质审查请求之日起满三年后授予发明专利权的，国务院专利行政部门应专利权人的请求，就发明专利在授权过程中的不合理延迟给予专利权期限补偿，但由申请人引起的不合理延迟除外。

为补偿新药上市审评审批占用的时间，对在中国获得上市许可的新药相关发明专利，国务院专利行政部门应专利权人的请求给予专利权期限补偿。补偿期限不超过五年，新药批准上市后总有效专利权期限不超过十四年。

第四十三条 专利权人应当自被授予专利权的当年开始缴纳年费。

第四十四条 有下列情形之一的，专利权在期限届满前终止：

（一）没有按照规定缴纳年费的；

（二）专利权人以书面声明放弃其专利权的。

专利权在期限届满前终止的，由国务院专利行政部门登记和公告。

第四十五条 自国务院专利行政部门公告授予专利权之日起，任何单位或者个人认为该专利权的授予不符合本法有关规定的，可以请求国务院专利行政部门宣告该专利权无效。

第四十六条 国务院专利行政部门对宣告专利权无效的请求应当及时审查和作出决定，并通知请求人和专利权人。宣告专利权无效的决定，由国务院专利行政部门登记和公告。

对国务院专利行政部门宣告专利权无效或者维持专利权的决定不服的，可以自收到通知之日起三个月内向人民法院起诉。人民法院应当通知无效宣告请求程序的对方当事人作为第三人参加诉讼。

第四十七条　宣告无效的专利权视为自始即不存在。

宣告专利权无效的决定，对在宣告专利权无效前人民法院作出并已执行的专利侵权的判决、调解书，已经履行或者强制执行的专利侵权纠纷处理决定，以及已经履行的专利实施许可合同和专利权转让合同，不具有追溯力。但是因专利权人的恶意给他人造成的损失，应当给予赔偿。

依照前款规定不返还专利侵权赔偿金、专利使用费、专利权转让费，明显违反公平原则的，应当全部或者部分返还。

第四十八条　国务院专利行政部门、地方人民政府管理专利工作的部门应当会同同级相关部门采取措施，加强专利公共服务，促进专利实施和运用。

第四十九条　国有企业事业单位的发明专利，对国家利益或者公共利益具有重大意义的，国务院有关主管部门和省、自治区、直辖市人民政府报经国务院批准，可以决定在批准的范围内推广应用，允许指定的单位实施，由实施单位按照国家规定向专利权人支付使用费。

第五十条　专利权人自愿以书面方式向国务院专利行政部门声明愿意许可任何单位或者个人实施其专利，并明确许可使用费支付方式、标准的，由国务院专利行政部门予以公告，实行开放许可。就实用新型、外观设计专利提出开放许可声明的，应当提供专利权评价报告。

专利权人撤回开放许可声明的，应当以书面方式提出，并由国务院专利行政部门予以公告。开放许可声明被公告撤回的，不影响在先给予的开放许可的效力。

第五十一条　任何单位或者个人有意愿实施开放许可的专利的，以书面方式通知专利权人，并依照公告的许可使用费支付方式、标准支付许可使用费后，即获得专利实施许可。

开放许可实施期间，对专利权人缴纳专利年费相应给予减免。

实行开放许可的专利权人可以与被许可人就许可使用费进行协商后给予普通许可，但不得就该专利给予独占或者排他许可。

第五十二条　当事人就实施开放许可发生纠纷的，由当事人协商解决；不愿协商或者协商不成的，可以请求国务院专利行政部门进行调解，也可以向人民法院起诉。

第五十三条　有下列情形之一的，国务院专利行政部门根据具备实施条件的单位或者个人的申请，可以给予实施发明专利或者实用新型专利的强制许可：

（一）专利权人自专利权被授予之日起满三年，且自提出专利申请之日起满四年，无正当理由未实施或者未充分实施其专利的；

（二）专利权人行使专利权的行为被依法认定为垄断行为，为消除或者减少该行为对竞争产生的不利影响的。

第五十四条　在国家出现紧急状态或者非常情况时，或者为了公共利益的目的，国务院专利行政部门可以给予实施发明专利或者实用新型专利的强制许可。

第五十五条　为了公共健康目的，对取得专利权的药品，国务院专利行政部门可以给予制造并将其出口到符合中华人民共和国参加的有关国际条约规定的国家或者地区的强制许可。

第五十六条　一项取得专利权的发明或者实用新型比前已经取得专利权的发明或者实用新型具有显著经济意义的重大技术进步，其实施又有赖于前一发明或者实用新型的实施的，国务院专利行政部门根据后一专利权人的申请，可以给予实施前一发明或者实用新型的强制许可。

在依照前款规定给予实施强制许可的情形下，国务院专利行政部门根据前一专利权人的申请，也可以给予实施后一发明或者实用新型的强制许可。

第五十七条　强制许可涉及的发明创造为半导体技术的，其实施限于公共利益的目的和本法第五十三条第（二）项规定的情形。

第五十八条　除依照本法第五十三条第（二）项、第五十五条规定给予的强制许可外，强制许可的实施应当主要为了供应国内市场。

第五十九条　依照本法第五十三条第（一）项、第五十六条规定申请强制许可的单位或者个人应当提供证据，证明其以合理的条件请求专利权人许可其实施专利，但未能在合理的时间内获得许可。

第六十条　国务院专利行政部门作出的给予实施强制许可的决定，应当及时通知专利权人,并予以登记和公告。

给予实施强制许可的决定,应当根据强制许可的理由规定实施的范围和时间。强制许可的理由消除并不再发生时,国务院专利行政部门应当根据专利权人的请求,经审查后作出终止实施强制许可的决定。

第六十一条　取得实施强制许可的单位或者个人不享有独占的实施权,并且无权允许他人实施。

第六十二条　取得实施强制许可的单位或者个人应当付给专利权人合理的使用费,或者依照中华人民共和国参加的有关国际条约的规定处理使用费问题。付给使用费的,其数额由双方协商;双方不能达成协议的,由国务院专利行政部门裁决。

第六十三条　专利权人对国务院专利行政部门关于实施强制许可的决定不服的,专利权人和取得实施强制许可的单位或者个人对国务院专利行政部门关于实施强制许可的使用费的裁决不服的,可以自收到通知之日起三个月内向人民法院起诉。

第六十四条　发明或者实用新型专利权的保护范围以其权利要求的内容为准,说明书及附图可以用于解释权利要求的内容。

外观设计专利权的保护范围以表示在图片或者照片中的该产品的外观设计为准,简要说明可以用于解释图片或者照片所表示的该产品的外观设计。

第六十五条　未经专利权人许可,实施其专利,即侵犯其专利权,引起纠纷的,由当事人协商解决;不愿协商或者协商不成的,专利权人或者利害关系人可以向人民法院起诉,也可以请求管理专利工作的部门处理。管理专利工作的部门处理时,认定侵权行为成立的,可以责令侵权人立即停止侵权行为,当事人不服的,可以自收到处理通知之日起十五日内依照《中华人民共和国行政诉讼法》向人民法院起诉;侵权人期满不起诉又不停止侵权行为的,管理专利工作的部门可以申请人民法院强制执行。进行处理的管理专利工作的部门应当事人的请求,可以就侵犯专利权的赔偿数额进行调解;调解不成的,当事人可以依照《中华人民共和国民事诉讼法》向人民法院起诉。

下编 知识产权犯罪

第六十六条 专利侵权纠纷涉及新产品制造方法的发明专利的,制造同样产品的单位或者个人应当提供其产品制造方法不同于专利方法的证明。

专利侵权纠纷涉及实用新型专利或者外观设计专利的,人民法院或者管理专利工作的部门可以要求专利权人或者利害关系人出具由国务院专利行政部门对相关实用新型或者外观设计进行检索、分析和评价后作出的专利权评价报告,作为审理、处理专利侵权纠纷的证据;专利权人、利害关系人或者被控侵权人也可以主动出具专利权评价报告。

第六十七条 在专利侵权纠纷中,被控侵权人有证据证明其实施的技术或者设计属于现有技术或者现有设计的,不构成侵犯专利权。

第六十八条 假冒专利的,除依法承担民事责任外,由负责专利执法的部门责令改正并予公告,没收违法所得,可以处违法所得五倍以下的罚款;没有违法所得或者违法所得在五万元以下的,可以处二十五万元以下的罚款;构成犯罪的,依法追究刑事责任。

第六十九条 负责专利执法的部门根据已经取得的证据,对涉嫌假冒专利行为进行查处时,有权采取下列措施:

(一)询问有关当事人,调查与涉嫌违法行为有关的情况;

(二)对当事人涉嫌违法行为的场所实施现场检查;

(三)查阅、复制与涉嫌违法行为有关的合同、发票、账簿以及其他有关资料;

(四)检查与涉嫌违法行为有关的产品;

(五)对有证据证明是假冒专利的产品,可以查封或者扣押。

管理专利工作的部门应专利权人或者利害关系人的请求处理专利侵权纠纷时,可以采取前款第(一)项、第(二)项、第(四)项所列措施。

负责专利执法的部门、管理专利工作的部门依法行使前两款规定的职权时,当事人应当予以协助、配合,不得拒绝、阻挠。

第七十条 国务院专利行政部门可以应专利权人或者利害关系人的请求处理在全国有重大影响的专利侵权纠纷。

地方人民政府管理专利工作的部门应专利权人或者利害关系人请求处理专利侵权纠纷,对在本行政区域内侵犯其同一专利权的案件可以合并处理；对跨区域侵犯其同一专利权的案件可以请求上级地方人民政府管理专利工作的部门处理。

第七十一条 侵犯专利权的赔偿数额按照权利人因被侵权所受到的实际损失或者侵权人因侵权所获得的利益确定；权利人的损失或者侵权人获得的利益难以确定的，参照该专利许可使用费的倍数合理确定。对故意侵犯专利权，情节严重的，可以在按照上述方法确定数额的一倍以上五倍以下确定赔偿数额。

权利人的损失、侵权人获得的利益和专利许可使用费均难以确定的，人民法院可以根据专利权的类型、侵权行为的性质和情节等因素，确定给予三万元以上五百万元以下的赔偿。

赔偿数额还应当包括权利人为制止侵权行为所支付的合理开支。

人民法院为确定赔偿数额，在权利人已经尽力举证，而与侵权行为相关的账簿、资料主要由侵权人掌握的情况下，可以责令侵权人提供与侵权行为相关的账簿、资料；侵权人不提供或者提供虚假的账簿、资料的，人民法院可以参考权利人的主张和提供的证据判定赔偿数额。

第七十二条 专利权人或者利害关系人有证据证明他人正在实施或者即将实施侵犯专利权、妨碍其实现权利的行为，如不及时制止将会使其合法权益受到难以弥补的损害的，可以在起诉前依法向人民法院申请采取财产保全、责令作出一定行为或者禁止作出一定行为的措施。

第七十三条 为了制止专利侵权行为，在证据可能灭失或者以后难以取得的情况下，专利权人或者利害关系人可以在起诉前依法向人民法院申请保全证据。

第七十四条 侵犯专利权的诉讼时效为三年，自专利权人或者利害关系人知道或者应当知道侵权行为以及侵权人之日起计算。

发明专利申请公布后至专利权授予前使用该发明未支付适当使用费的，专利权人要求支付使用费的诉讼时效为三年，自专利权人知道或者应当知道他人使用其发明之日起计算，但是，专利权人于专利权授予之日前即已知道或者应当知道的，自专利权授予之日起计算。

第七十五条 有下列情形之一的，不视为侵犯专利权：

（一）专利产品或者依照专利方法直接获得的产品，由专利权人或者经其许可的单位、个人售出后，使用、许诺销售、销售、进口该产品的；

（二）在专利申请日前已经制造相同产品、使用相同方法或者已经作好制造、使用的必要准备，并且仅在原有范围内继续制造、使用的；

（三）临时通过中国领陆、领水、领空的外国运输工具，依照其所属国同中国签订的协议或者共同参加的国际条约，或者依照互惠原则，为运输工具自身需要而在其装置和设备中使用有关专利的；

（四）专为科学研究和实验而使用有关专利的；

（五）为提供行政审批所需要的信息，制造、使用、进口专利药品或者专利医疗器械的，以及专门为其制造、进口专利药品或者专利医疗器械的。

第七十六条　药品上市审评审批过程中，药品上市许可申请人与有关专利权人或者利害关系人，因申请注册的药品相关的专利权产生纠纷的，相关当事人可以向人民法院起诉，请求就申请注册的药品相关技术方案是否落入他人药品专利权保护范围作出判决。国务院药品监督管理部门在规定的期限内，可以根据人民法院生效裁判作出是否暂停批准相关药品上市的决定。

药品上市许可申请人与有关专利权人或者利害关系人也可以就申请注册的药品相关的专利权纠纷，向国务院专利行政部门请求行政裁决。

国务院药品监督管理部门会同国务院专利行政部门制定药品上市许可审批与药品上市许可申请阶段专利权纠纷解决的具体衔接办法，报国务院同意后实施。

第七十七条　为生产经营目的使用、许诺销售或者销售不知道是未经专利权人许可而制造并售出的专利侵权产品，能证明该产品合法来源的，不承担赔偿责任。

第七十八条　违反本法第十九条规定向外国申请专利，泄露国家秘密的，由所在单位或者上级主管机关给予行政处分；构成犯罪的，依法追究刑事责任。

第七十九条　管理专利工作的部门不得参与向社会推荐专利产品等经营活动。

管理专利工作的部门违反前款规定的，由其上级机关或者监察机关责令改正，消除影响，有违法收入的予以没收；情节严重的，对直接负责的主管人员和其他直接责任人员依法给予处分。

第八十条　从事专利管理工作的国家机关工作人员以及其他有关国家机关工作人员玩忽职守、滥用职权、徇私舞弊，构成犯罪的，依法追究刑事责任；尚不构成犯罪的，依法给予处分。

行政法规及规范性文件

《中华人民共和国专利法实施细则》（中华人民共和国国务院令第569号，2010.1.9修订，2010.2.1实施）（节录）

第十三条　专利法所称发明人或者设计人，是指对发明创造的实质性特点作出创造性贡献的人。在完成发明创造过程中，只负责组织工作的人、为物质技术条件的利用提供方便的人或者从事其他辅助工作的人，不是发明人或者设计人。

第十四条（第三款）　以专利权出质的，由出质人和质权人共同向国务院专利行政部门办理出质登记。

第十六条　发明、实用新型或者外观设计专利申请的请求书应当写明下列事项：

（一）发明、实用新型或者外观设计的名称；

（二）申请人是中国单位或者个人的，其名称或者姓名、地址、邮政编码、组织机构代码或者居民身份证件号码；申请人是外国人、外国企业或者外国其他组织的，其姓名或者名称、国籍或者注册的国家或者地区；

（三）发明人或者设计人的姓名；

（四）申请人委托专利代理机构的，受托机构的名称、机构代码以及该机构指定的专利代理人的姓名、执业证号码、联系电话；

（五）要求优先权的，申请人第一次提出专利申请（以下简称在先申请）的申请日、申请号以及原受理机构的名称；

（六）申请人或者专利代理机构的签字或者盖章；

（七）申请文件清单；

（八）附加文件清单；

下编 知识产权犯罪

（九）其他需要写明的有关事项。

第十七条（第一款） 发明或者实用新型专利申请的说明书应当写明发明或者实用新型的名称，该名称应当与请求书中的名称一致。说明书应当包括下列内容：

（一）技术领域：写明要求保护的技术方案所属的技术领域；

（二）背景技术：写明对发明或者实用新型的理解、检索、审查有用的背景技术；有可能的，并引证反映这些背景技术的文件；

（三）发明内容：写明发明或者实用新型所要解决的技术问题以及解决其技术问题采用的技术方案，并对照现有技术写明发明或者实用新型的有益效果；

（四）附图说明：说明书有附图的，对各幅附图作简略说明；

（五）具体实施方式：详细写明申请人认为实现发明或者实用新型的优选方式；必要时，举例说明；有附图的，对照附图。

第十九条 权利要求书应当记载发明或者实用新型的技术特征。

权利要求书有几项权利要求的，应当用阿拉伯数字顺序编号。

权利要求书中使用的科技术语应当与说明书中使用的科技术语一致，可以有化学式或者数学式，但是不得有插图。除绝对必要的外，不得使用"如说明书……部分所述"或者"如图……所示"的用语。

权利要求中的技术特征可以引用说明书附图中相应的标记，该标记应当放在相应的技术特征后并置于括号内，便于理解权利要求。附图标记不得解释为对权利要求的限制。

第二十条 权利要求书应当有独立权利要求，也可以有从属权利要求。

独立权利要求应当从整体上反映发明或者实用新型的技术方案，记载解决技术问题的必要技术特征。

从属权利要求应当用附加的技术特征，对引用的权利要求作进一步限定。

第八十四条 下列行为属于专利法第六十三条规定的假冒专利的行为：

（一）在未被授予专利权的产品或者其包装上标注专利标识，专利权被宣告无效后或者终止后继续在产品或者其包装上标注专利标识，或者未经许可在产品或者产品包装上标注他人的专利号；

（二）销售第（一）项所述产品；

（三）在产品说明书等材料中将未被授予专利权的技术或者设计称为专利技术或者专利设计，将专利申请称为专利，或者未经许可使用他人的专利号，使公众将所涉及的技术或者设计误认为是专利技术或者专利设计；

（四）伪造或者变造专利证书、专利文件或者专利申请文件；

（五）其他使公众混淆，将未被授予专利权的技术或者设计误认为是专利技术或者专利设计的行为。

专利权终止前依法在专利产品、依照专利方法直接获得的产品或者其包装上标注专利标识，在专利权终止后许诺销售、销售该产品的，不属于假冒专利行为。

销售不知道是假冒专利的产品，并且能够证明该产品合法来源的，由管理专利工作的部门责令停止销售，但免除罚款的处罚。

第八十六条 当事人因专利申请权或者专利权的归属发生纠纷，已请求管理专利工作的部门调解或者向人民法院起诉的，可以请求国务院专利行政部门中止有关程序。

依照前款规定请求中止有关程序的，应当向国务院专利行政部门提交请求书，并附具管理专利工作的部门或者人民法院的写明申请号或者专利号的有关受理文件副本。

管理专利工作的部门作出的调解书或者人民法院作出的判决生效后，当事人应当向国务院专利行政部门办理恢复有关程序的手续。自请求中止之日起1年内，有关专利申请权或者专利权归属的纠纷未能结案，需要继续中止有关程序的，请求人应当在该期限内请求延长中止。期满未请求延长的，国务院专利行政部门自行恢复有关程序。

第三节　著作权类犯罪

▶ **刑事规范及公报、指导性案例**

第二百一十七条【侵犯著作权罪】[①]

刑法

以营利为目的，有下列侵犯著作权或者与著作权有关的权利的情形之一，违法所得数额较大或者有其他严重情节的，处三年以下有期徒刑，并处或者单处罚金；违法所得数额巨大或者有其他特别严重情节的，处三年以上十年以下有期徒刑，并处罚金：

（一）未经著作权人许可，复制发行、通过信息网络向公众传播其文字作品、音乐、美术、视听作品、计算机软件及法律、行政法规规定的其他作品的；

（二）出版他人享有专有出版权的图书的；

（三）未经录音录像制作者许可，复制发行、通过信息网络向公众传播其制作的录音录像的；

（四）未经表演者许可，复制发行录有其表演的录音录像制品，或者通过信息网络向公众传播其表演的；

（五）制作、出售假冒他人署名的美术作品的；

（六）未经著作权人或者与著作权有关的权利人许可，故意避开或者破坏权利人为其作品、录音录像制品等采取的保护著作权或者与著作权有关

[①] 本条为2020年《刑法修正案（十一）》第20条修订，明确了侵犯与著作权有关的权利亦构成本罪，新增两种侵犯著作权的情形，明确了未经许可通过信息网络传播他人作品等行为构成本罪，并将本罪的法定刑最高刑由有期徒刑七年提高至有期徒刑十年，同时删除拘役刑。

的权利的技术措施的。

司法解释、司法解释性文件及规范性文件

1.最高人民法院《关于审理侵害信息网络传播权民事纠纷案件适用法律若干问题的规定》(法释〔2020〕19号,2020.12.29修正,2021.1.1实施)(节录)

第二条 本规定所称信息网络,包括以计算机、电视机、固定电话机、移动电话机等电子设备为终端的计算机互联网、广播电视网、固定通信网、移动通信网等信息网络,以及向公众开放的局域网络。

第三条 网络用户、网络服务提供者未经许可,通过信息网络提供权利人享有信息网络传播权的作品、表演、录音录像制品,除法律、行政法规另有规定外,人民法院应当认定其构成侵害信息网络传播权行为。

通过上传到网络服务器、设置共享文件或者利用文件分享软件等方式,将作品、表演、录音录像制品置于信息网络中,使公众能够在个人选定的时间和地点以下载、浏览或者其他方式获得的,人民法院应当认定其实施了前款规定的提供行为。

第四条 有证据证明网络服务提供者与他人以分工合作等方式共同提供作品、表演、录音录像制品,构成共同侵权行为的,人民法院应当判令其承担连带责任。网络服务提供者能够证明其仅提供自动接入、自动传输、信息存储空间、搜索、链接、文件分享技术等网络服务,主张其不构成共同侵权行为的,人民法院应予支持。

第五条 网络服务提供者以提供网页快照、缩略图等方式实质替代其他网络服务提供者向公众提供相关作品的,人民法院应当认定其构成提供行为。

前款规定的提供行为不影响相关作品的正常使用,且未不合理损害权利人对该作品的合法权益,网络服务提供者主张其未侵害信息网络传播权的,人民法院应予支持。

第六条 原告有初步证据证明网络服务提供者提供了相关作品、表演、录音录像制品,但网络服务提供者能够证明其仅提供网络服务,且无过错

的，人民法院不应认定为构成侵权。

第七条 网络服务提供者在提供网络服务时教唆或者帮助网络用户实施侵害信息网络传播权行为的，人民法院应当判令其承担侵权责任。

网络服务提供者以言语、推介技术支持、奖励积分等方式诱导、鼓励网络用户实施侵害信息网络传播权行为的，人民法院应当认定其构成教唆侵权行为。

网络服务提供者明知或者应知网络用户利用网络服务侵害信息网络传播权，未采取删除、屏蔽、断开链接等必要措施，或者提供技术支持等帮助行为的，人民法院应当认定其构成帮助侵权行为。

第八条 人民法院应当根据网络服务提供者的过错，确定其是否承担教唆、帮助侵权责任。网络服务提供者的过错包括对于网络用户侵害信息网络传播权行为的明知或者应知。

网络服务提供者未对网络用户侵害信息网络传播权的行为主动进行审查的，人民法院不应据此认定其具有过错。

网络服务提供者能够证明已采取合理、有效的技术措施，仍难以发现网络用户侵害信息网络传播权行为的，人民法院应当认定其不具有过错。

第九条 人民法院应当根据网络用户侵害信息网络传播权的具体事实是否明显，综合考虑以下因素，认定网络服务提供者是否构成应知：

（一）基于网络服务提供者提供服务的性质、方式及其引发侵权的可能性大小，应当具备的管理信息的能力；

（二）传播的作品、表演、录音录像制品的类型、知名度及侵权信息的明显程度；

（三）网络服务提供者是否主动对作品、表演、录音录像制品进行了选择、编辑、修改、推荐等；

（四）网络服务提供者是否积极采取了预防侵权的合理措施；

（五）网络服务提供者是否设置便捷程序接收侵权通知并及时对侵权通知作出合理的反应；

（六）网络服务提供者是否针对同一网络用户的重复侵权行为采取了相应的合理措施；

(七)其他相关因素。

第十条 网络服务提供者在提供网络服务时,对热播影视作品等以设置榜单、目录、索引、描述性段落、内容简介等方式进行推荐,且公众可以在其网页上直接以下载、浏览或者其他方式获得的,人民法院可以认定其应知网络用户侵害信息网络传播权。

第十一条 网络服务提供者从网络用户提供的作品、表演、录音录像制品中直接获得经济利益的,人民法院应当认定其对该网络用户侵害信息网络传播权的行为负有较高的注意义务。

网络服务提供者针对特定作品、表演、录音录像制品投放广告获取收益,或者获取与其传播的作品、表演、录音录像制品存在其他特定联系的经济利益,应当认定为前款规定的直接获得经济利益。网络服务提供者因提供网络服务而收取一般性广告费、服务费等,不属于本款规定的情形。

第十二条 有下列情形之一的,人民法院可以根据案件具体情况,认定提供信息存储空间服务的网络服务提供者应知网络用户侵害信息网络传播权:

(一)将热播影视作品等置于首页或者其他主要页面等能够为网络服务提供者明显感知的位置的;

(二)对热播影视作品等的主题、内容主动进行选择、编辑、整理、推荐,或者为其设立专门的排行榜的;

(三)其他可以明显感知相关作品、表演、录音录像制品为未经许可提供,仍未采取合理措施的情形。

第十三条 网络服务提供者接到权利人以书信、传真、电子邮件等方式提交的通知及构成侵权的初步证据,未及时根据初步证据和服务类型采取必要措施的,人民法院应当认定其明知相关侵害信息网络传播权行为。

第十四条 人民法院认定网络服务提供者转送通知、采取必要措施是否及时,应当根据权利人提交通知的形式,通知的准确程度,采取措施的难易程度,网络服务的性质,所涉作品、表演、录音录像制品的类型、知名度、数量等因素综合判断。

第十五条 侵害信息网络传播权民事纠纷案件由侵权行为地或者被告

住所地人民法院管辖。侵权行为地包括实施被诉侵权行为的网络服务器、计算机终端等设备所在地。侵权行为地和被告住所地均难以确定或者在境外的，原告发现侵权内容的计算机终端等设备所在地可以视为侵权行为地。

2. 最高人民法院《关于审理著作权民事纠纷案件适用法律若干问题的解释》（法释〔2020〕19号，2020.12.29修正，2021.1.1实施）（节录）

第四条　因侵害著作权行为提起的民事诉讼，由著作权法第四十七条、第四十八条所规定侵权行为的实施地、侵权复制品储藏地或者查封扣押地、被告住所地人民法院管辖。

前款规定的侵权复制品储藏地，是指大量或者经常性储存、隐匿侵权复制品所在地；查封扣押地，是指海关、版权等行政机关依法查封、扣押侵权复制品所在地。

第五条　对涉及不同侵权行为实施地的多个被告提起的共同诉讼，原告可以选择向其中一个被告的侵权行为实施地人民法院提起诉讼；仅对其中某一被告提起的诉讼，该被告侵权行为实施地的人民法院有管辖权。

第九条　著作权法第十条第（一）项规定的"公之于众"，是指著作权人自行或者经著作权人许可将作品向不特定的人公开，但不以公众知晓为构成条件。

第十条　著作权法第十五条第二款所指的作品，著作权人是自然人的，其保护期适用著作权法第二十一条第一款的规定；著作权人是法人或非法人组织的，其保护期适用著作权法第二十一条第二款的规定。

第十九条　出版者、制作者应当对其出版、制作有合法授权承担举证责任，发行者、出租者应当对其发行或者出租的复制品有合法来源承担举证责任。举证不能的，依据著作权法第四十七条、第四十八条的相应规定承担法律责任。

第二十条　出版物侵害他人著作权的，出版者应当根据其过错、侵权程度及损害后果等承担赔偿损失的责任。

出版者对其出版行为的授权、稿件来源和署名、所编辑出版物的内容等未尽到合理注意义务的，依据著作权法第四十九条的规定，承担赔偿损失的责任。

出版者应对其已尽合理注意义务承担举证责任。

第二十一条 计算机软件用户未经许可或者超过许可范围商业使用计算机软件的，依据著作权法第四十八条第（一）项、《计算机软件保护条例》第二十四条第（一）项的规定承担民事责任。

第二十四条 权利人的实际损失，可以根据权利人因侵权所造成复制品发行减少量或者侵权复制品销售量与权利人发行该复制品单位利润乘积计算。发行减少量难以确定的，按照侵权复制品市场销售量确定。

第二十五条 权利人的实际损失或者侵权人的违法所得无法确定的，人民法院根据当事人的请求或者依职权适用著作权法第四十九条第二款的规定确定赔偿数额。

人民法院在确定赔偿数额时，应当考虑作品类型、合理使用费、侵权行为性质、后果等情节综合确定。

当事人按照本条第一款的规定就赔偿数额达成协议的，应当准许。

第二十七条 侵害著作权的诉讼时效为三年，自著作权人知道或者应当知道权利受到损害以及义务人之日起计算。权利人超过三年起诉的，如果侵权行为在起诉时仍在持续，在该著作权保护期内，人民法院应当判决被告停止侵权行为；侵权损害赔偿数额应当自权利人向人民法院起诉之日起向前推算三年计算。

3. 最高人民法院、最高人民检察院《关于办理侵犯知识产权刑事案件具体应用法律若干问题的解释（三）》（法释〔2020〕10号，2020.9.14）（节录）[①]

第二条 在刑法第二百一十七条规定的作品、录音制品上以通常方式署名的自然人、法人或者非法人组织，应当推定为著作权人或者录音制作者，且该作品、录音制品上存在着相应权利，但有相反证明的除外。

---

① 可参见《〈关于办理侵犯知识产权刑事案件具体应用法律若干问题的解释（三）〉的理解与适用》（最高人民法院 林广海 许常海）、《〈最高人民法院、最高人民检察院关于办理侵犯知识产权刑事案件具体应用法律若干问题的解释（三）〉解读》（郑新俭 李薇薇）。

在涉案作品、录音制品种类众多且权利人分散的案件中,有证据证明涉案复制品系非法出版、复制发行,且出版者、复制发行者不能提供获得著作权人、录音制作者许可的相关证据材料的,可以认定为刑法第二百一十七条规定的"未经著作权人许可""未经录音制作者许可"。但是,有证据证明权利人放弃权利、涉案作品的著作权或者录音制品的有关权利不受我国著作权法保护、权利保护期限已经届满的除外。

4. 最高人民法院、最高人民检察院、公安部《关于办理侵犯知识产权刑事案件适用法律若干问题的意见》(法发〔2011〕3号,2011.1.10)(节录)

十、关于侵犯著作权犯罪案件"以营利为目的"的认定问题

除销售外,具有下列情形之一的,可以认定为"以营利为目的":

(一)以在他人作品中刊登收费广告、捆绑第三方作品等方式直接或者间接收取费用的;

(二)通过信息网络传播他人作品,或者利用他人上传的侵权作品,在网站或者网页上提供刊登收费广告服务,直接或者间接收取费用的;

(三)以会员制方式通过信息网络传播他人作品,收取会员注册费或者其他费用的;

(四)其他利用他人作品牟利的情形。

十一、关于侵犯著作权犯罪案件"未经著作权人许可"的认定问题

"未经著作权人许可"一般应当依据著作权人或者其授权的代理人、著作权集体管理组织、国家著作权行政管理部门指定的著作权认证机构出具的涉案作品版权认证文书,或者证明出版者、复制发行者伪造、涂改授权许可文件或者超出授权许可范围的证据,结合其他证据综合予以认定。

在涉案作品种类众多且权利人分散的案件中,上述证据确实难以一一取得,但有证据证明涉案复制品系非法出版、复制发行的,且出版者、复制发行者不能提供获得著作权人许可的相关证明材料的,可以认定为"未经著作权人许可"。但是,有证据证明权利人放弃权利、涉案作品的著作权

---

① 可参见《〈关于办理侵犯知识产权刑事案件适用法律若干问题的意见〉的理解与适用》(最高人民法院、最高人民检察院、公安部 逄锦温、刘福谦、王志广、丛嫒)。

不受我国著作权法保护，或者著作权保护期限已经届满的除外。

十二、关于刑法第二百一十七条规定的"发行"的认定及相关问题

"发行"，包括总发行、批发、零售、通过信息网络传播以及出租、展销等活动。

非法出版、复制、发行他人作品，侵犯著作权构成犯罪的，按照侵犯著作权罪定罪处罚，不认定为非法经营罪等其他犯罪。

十三、关于通过信息网络传播侵权作品行为的定罪处罚标准问题

以营利为目的，未经著作权人许可，通过信息网络向公众传播他人文字作品、音乐、电影、电视、美术、摄影、录像作品、录音录像制品、计算机软件及其他作品，具有下列情形之一的，属于刑法第二百一十七条规定的"其他严重情节"：

（一）非法经营数额在五万元以上的；

（二）传播他人作品的数量合计在五百件（部）以上的；

（三）传播他人作品的实际被点击数达到五万次以上的；

（四）以会员制方式传播他人作品，注册会员达到一千人以上的；

（五）数额或者数量虽未达到第（一）项至第（四）项规定标准，但分别达到其中两项以上标准一半以上的；

（六）其他严重情节的情形。

实施前款规定的行为，数额或者数量达到前款第（一）项至第（五）项规定标准五倍以上的，属于刑法第二百一十七条规定的"其他特别严重情节"。

5. 最高人民检察院、公安部《关于公安机关管辖的刑事案件立案追诉标准的规定（一）》（公通字〔2008〕36号，2008.6.25）（节录）

第二十六条　［侵犯著作权案（刑法第二百一十七条）］以营利为目的，未经著作权人许可，复制发行其文字作品、音乐、电影、电视、录像作品、计算机软件及其他作品，或者出版他人享有专有出版权的图书，或者未经录音录像制作者许可，复制发行其制作的录音录像，或者制作、出售假冒他人署名的美术作品，涉嫌下列情形之一的，应予立案追诉：

（一）违法所得数额三万元以上的；

（二）非法经营数额五万元以上的；

（三）未经著作权人许可，复制发行其文字作品、音乐、电影、电视、录像作品、计算机软件及其他作品，复制品数量合计五百张（份）以上的；

（四）未经录音录像制作者许可，复制发行其制作的录音录像制品，复制品数量合计五百张（份）以上的；

（五）其他情节严重的情形。

以刊登收费广告等方式直接或者间接收取费用的情形，属于本条规定的"以营利为目的"。

本条规定的"未经著作权人许可"，是指没有得到著作权人授权或者伪造、涂改著作权人授权许可文件或者超出授权许可范围的情形。

本条规定的"复制发行"，包括复制、发行或者既复制又发行的行为。

通过信息网络向公众传播他人文字作品、音乐、电影、电视、录像作品、计算机软件及其他作品，或者通过信息网络传播他人制作的录音录像制品的行为，应当视为本条规定的"复制发行"。

侵权产品的持有人通过广告、征订等方式推销侵权产品的，属于本条规定的"发行"。

本条规定的"非法经营数额"，是指行为人在实施侵犯知识产权行为过程中，制造、储存、运输、销售侵权产品的价值。已销售的侵权产品的价值，按照实际销售的价格计算。制造、储存、运输和未销售的侵权产品的价值，按照标价或者已经查清的侵权产品的实际销售平均价格计算。侵权产品没有标价或者无法查清其实际销售价格的，按照被侵权产品的市场中间价格计算。

6. 最高人民法院、最高人民检察院《关于办理侵犯知识产权刑事案件具体应用法律若干问题的解释（二）》（法释〔2007〕6号，2007.4.5）（节录）

第一条 以营利为目的，未经著作权人许可，复制发行其文字作品、音乐、电影、电视、录像作品、计算机软件及其他作品，复制品数量合计在五百张（份）以上的，属于刑法第二百一十七条规定的"有其他严重情节"；复制品数量在二千五百张（份）以上的，属于刑法第二百一十七条规定的"有其他特别严重情节"。

第二条 刑法第二百一十七条侵犯著作权罪中的"复制发行",包括复制、发行或者既复制又发行的行为。

侵权产品的持有人通过广告、征订等方式推销侵权产品的,属于刑法第二百一十七条规定的"发行"。

非法出版、复制、发行他人作品,侵犯著作权构成犯罪的,按照侵犯著作权罪定罪处罚。

7. 最高人民法院、最高人民检察院《关于办理侵犯著作权刑事案件中涉及录音录像制品有关问题的批复》(法释〔2005〕第12号,2005.10.18)

以营利为目的,未经录音录像制作者许可,复制发行其制作的录音录像制品的行为,复制品的数量标准分别适用《最高人民法院、最高人民检察院关于办理侵犯知识产权刑事案件具体应用法律若干问题的解释》第五条第一款第(二)项、第二款第(二)项的规定。①

未经录音录像制作者许可,通过信息网络传播其制作的录音录像制品的行为,应当视为刑法第二百一十七条第(三)项规定的"复制发行"。

8. 最高人民法院、最高人民检察院《关于办理侵犯知识产权刑事案件具体应用法律若干问题的解释》(法释〔2004〕19号,2004.12.22)(节录)

第五条 以营利为目的,实施刑法第二百一十七条所列侵犯著作权行为之一,违法所得数额在三万元以上的,属于"违法所得数额较大";具有下列情形之一的,属于"有其他严重情节",应当以侵犯著作权罪判处三年以下有期徒刑或者拘役,并处或者单处罚金:

(一)非法经营数额在五万元以上的;

(二)未经著作权人许可,复制发行其文字作品、音乐、电影、电视、录像作品、计算机软件及其他作品,复制品数量合计在一千张(份)以上的;②

---

① 最高人民法院、最高人民检察院《关于办理侵犯知识产权刑事案件具体应用法律若干问题的解释》第5条第1款第2项、第2款第2项的规定已经被最高人民法院、最高人民检察院《关于办理侵犯知识产权刑事案件具体应用法律若干问题的解释(二)》第1条所修改。

② 本项与2007年"两高"《关于办理侵犯知识产权刑事案件具体应用法律若干问题的解释(二)》第1条相冲突,应以2007年解释为准。

下编　知识产权犯罪　

（三）其他严重情节的情形。

以营利为目的，实施刑法第二百一十七条所列侵犯著作权行为之一，违法所得数额在十五万元以上的，属于"违法所得数额巨大"；具有下列情形之一的，属于"有其他特别严重情节"，应当以侵犯著作权罪判处三年以上七年以下有期徒刑，并处罚金：

（一）非法经营数额在二十五万元以上的；

（二）未经著作权人许可，复制发行其文字作品、音乐、电影、电视、录像作品、计算机软件及其他作品，复制品数量合计在五千张（份）以上的；①

（三）其他特别严重情节的情形。

第十一条　以刊登收费广告等方式直接或者间接收取费用的情形，属于刑法第二百一十七条规定的"以营利为目的"。

刑法第二百一十七条规定的"未经著作权人许可"，是指没有得到著作权人授权或者伪造、涂改著作权人授权许可文件或者超出授权许可范围的情形。

通过信息网络向公众传播他人文字作品、音乐、电影、电视、录像作品、计算机软件及其他作品的行为，应当视为刑法第二百一十七条规定的"复制发行"。

最高人民检察院指导性案例

陈力等八人侵犯著作权案
（检例第 100 号）

【关键词】

网络侵犯视听作品著作权　未经著作权人许可　引导侦查　电子数据

【要旨】

办理网络侵犯视听作品著作权犯罪案件，应注意及时提取、固定和保全相关电子数据，并围绕客观性、合法性、关联性要求对电子数据进行全

---

① 本项与 2007 年"两高"《关于办理侵犯知识产权刑事案件具体应用法律若干问题的解释（二）》第 1 条相冲突，应以 2007 年解释为准。

· 481 ·

面审查。对涉及众多作品的案件，在认定"未经著作权人许可"时，应围绕涉案复制品是否系非法出版、复制发行且被告人能否提供获得著作权人许可的相关证明材料进行审查。

【基本案情】

被告人陈力，男，1984年生，2014年11月10日因犯侵犯著作权罪被安徽省合肥市高新技术开发区人民法院判处有期徒刑七个月，罚金人民币十五万元，2014年12月25日刑满释放。

被告人林崟等其他7名被告人基本情况略。

2017年7月至2019年3月，被告人陈力受境外人员委托，先后招募被告人林崟、赖冬、严杰、杨小明、黄亚胜、吴兵峰、伍健兴，组建QQ聊天群，更新维护"www.131zy.net""www.zuikzy.com"等多个盗版影视资源网站。其中，陈力负责发布任务并给群内其他成员发放报酬；林崟负责招募部分人员、培训督促其他成员完成工作任务、统计工作量等；赖冬、严杰、杨小明等人通过从正版网站下载、云盘分享等方式获取片源，通过云转码服务器进行切片、转码、增加赌博网站广告及水印、生成链接，最后将该链接复制粘贴至上述盗版影视资源网站。其间，陈力收到境外人员汇入的盗版影视资源网站运营费用共计1250万余元，各被告人从中获利50万元至1.8万余元不等。

案发后，公安机关从上述盗版影视网站内固定、保全了被告人陈力等人复制、上传的大量侵权影视作品，包括《流浪地球》《廉政风云》《疯狂外星人》等2019年春节档电影。

【检察机关履职情况】

审查逮捕　2019年春节，《流浪地球》等八部春节档电影在院线期间集体遭高清盗版，盗版电影通过各种途径流入网络。上海市人民检察院第三分院（以下简称上海三分院）应公安机关邀请介入侦查，引导公安机关开展取证固证工作。一是通过调取和恢复QQ群聊天记录并结合各被告人到案后的供述，查明陈力团伙系共同犯罪，确定各被告人对共同实施的运营盗版影视资源网站行为的主观认知。二是联系侵权作品较为集中的美日韩等国家的著作权集体管理组织，由其出具涉案作品的版权认证文书。2019年

4月8日，公安机关对陈力团伙中的8名被告人提请逮捕，上海三分院依法批准逮捕。

审查起诉 2019年8月29日，上海市公安局以被告人陈力等人涉嫌侵犯著作权罪向上海三分院移送起诉。本案涉及的大量影视作品涵盖电影、电视剧、综艺、动漫等多种类型，相关著作权人分布国内外。收集、审查是否获得权利人许可的证据存在难度。为进一步夯实证据基础，检察机关要求公安机关及时向国家广播电视总局调取"信息网络传播视听节目许可证"持证机构名单，以证实被告人陈力操纵的涉案网站均系非法提供网络视听服务的网站。同时，要求公安机关对陈力设置的多个网站中相对固定的美日韩剧各个版块，按照从每个网站下载300部的均衡原则抽取了2425部作品，委托相关著作权认证机构出具权属证明，证实抽样作品均系未经著作权人许可的侵权作品，且陈力等网站经营者无任何著作权人许可的相关证明材料。在事实清楚、证据确实、充分的基础上，8名被告人在辩护人或值班律师的见证下均自愿认罪认罚，接受检察机关提出的有期徒刑十个月至四年六个月不等、罚金2万元至50万元不等的确定刑量刑建议，并签署了认罪认罚具结书。

2019年9月27日，上海三分院以被告人陈力等8人构成侵犯著作权罪向上海市第三中级人民法院（以下简称上海三中院）提起公诉。

指控与证明犯罪 2019年11月15日，上海三中院召开庭前会议，检察机关及辩护人就举证方式、鉴定人出庭、非法证据排除等事项达成共识，明确案件事实、证据和法律适用存在的分歧。同年11月20日，本案依法公开开庭审理。8名被告人及其辩护人对指控的罪名均无异议，但对本案非法经营数额的计算提出各自辩护意见。陈力的辩护人提出，陈力租借服务器的费用及为各被告人发放的工资应予扣除，其他辩护人提出应按照各被告人实得报酬计算非法经营数额。此外，本案辩护人均提出境外人员归案后会对各被告人产生影响，应当对各被告人适用缓刑。公诉人对此答辩：第一，通过经营盗版资源网站的方式侵犯著作权，其网站经营所得即为非法经营数额，租借服务器以及用于发放各被告人的报酬等支出系犯罪成本，不应予以扣除。公诉机关按照各被告人加入QQ群以及获取第一笔报酬的时间，认定各被告人参与犯罪的起始时间，并结合对应期间网站的整体运营情况，计算出各被告人应承担的非法经营数额，证据确实、充分。第二，本案在案证据已能充分证实各被告人实施了共同犯罪及其在犯罪中所起的作用，按照相关法律和司法解释规定，境外人员是否归案不影响各被告人的量刑。第三，本案量刑建议是根据各被告人的犯罪事实、证据、法定酌定情节、社会危害性等因素综合判定，并经各被告人具结认可，而且本案侵权作品数量多、传播范围广、经营时间长，具有特别严重情节，且被告人陈力在刑罚执行完毕后五年内又犯应当判处有期徒刑以上刑罚之罪，构成累犯，故不应适用缓刑。合议庭采纳了公诉意见和量刑建议。

处理结果　2019年11月20日，上海三中院作出一审判决，以侵犯著作权罪分别判处被告人陈力等8人有期徒刑十个月至四年六个月不等，各处罚金2万元至50万元不等。判决宣告后，被告人均未提出上诉，判决已生效。

【指导意义】

（一）充分发挥检察职能，依法惩治网络侵犯视听作品著作权犯罪，切实维护权利人合法权益

依法保护著作权是国家知识产权战略的重要内容。检察机关坚决依法惩治侵犯著作权犯罪，尤其是注重惩治网络信息环境下的侵犯著作权犯罪。网络环境下侵犯视听作品著作权犯罪具有手段日益隐蔽、组织分工严密、地域跨度大、证据易毁损和隐匿等特点，且日益呈现高发多发态势，严重破坏网络安全与秩序，应予严惩。为准确指控和证明犯罪，检察机关在适时介入侦查、引导取证时，应注意以下方面：一是提取、固定和保全涉案网站视频链接、链接所指向的视频文件、涉案网站影视作品目录、涉案网站视频播放界面；二是固定、保全涉案网站对应的云转码服务器后台及该后台中的视频链接；三是比对确定云转码后台形成的链接与涉案网站播放的视频链接是否具有同一性；四是对犯罪过程中涉及的多个版本盗版影片，技术性地针对片头片中片尾分别进行作品的同一性对比。

（二）检察机关办理网络侵犯著作权犯罪案件，应围绕电子数据的客观性、合法性和关联性进行全面审查，依法适用认罪认罚从宽制度，提高办

案质效

网络环境下侵犯著作权犯罪呈现出跨国境、跨区域以及智能化、产业化特征,证据多表现为电子数据且难以获取。在办理此类案件时,一方面要着重围绕电子数据的客观性、合法性和关联性进行全面审查,区分不同类别的电子数据,采取有针对性的审查方法,特别要注意审查电子数据与案件事实之间的多元关联,综合运用电子数据与其他证据,准确认定案件事实。另一方面,面对网络犯罪的复杂性,检察机关要注意结合不同被告人的地位与作用,充分运用认罪认罚从宽制度,推动查明犯罪手段、共犯分工、人员关系、违法所得分配等案件事实,提高办案效率。

(三)准确把握"未经著作权人许可"的证明方法

对于涉案作品种类众多且权利人分散的案件,在认定"未经著作权人许可"时,应围绕涉案复制品是否系非法出版、复制发行,被告人能否提供获得著作权人许可的相关证明材料予以综合判断。为证明涉案网站系非法提供网络视听服务的网站,可以收集"信息网络传播视听节目许可证"持证机构名单等证据,补强对涉案复制品系非法出版、复制发行的证明。涉案侵权作品数量众多时,可进行抽样取证,但应注意审查所抽取的样本是否具有代表性、抽样范围与其他在案证据是否相符、抽样是否具备随机性等影响抽样客观性的因素。在达到追诉标准的侵权数量基础上,对抽样作品提交著作权人进行权属认证,以确认涉案作品是否均系侵权作品。

【相关规定】

《中华人民共和国刑法》第二百一十七条

《中华人民共和国著作权法》第十条

《中华人民共和国刑事诉讼法》第十五条

《音像制品管理条例》第三条

《计算机信息网络国际互联网安全保护管理办法》第五条

《最高人民法院、最高人民检察院关于办理侵犯知识产权刑事案件具体应用法律若干问题的解释》第五条、第十一条

《最高人民法院、最高人民检察院、公安部关于办理侵犯知识产权刑事案件适用法律若干问题的意见》第十一条、第十五条

《人民检察院刑事诉讼规则》第二百五十二条

最高人民法院公报案例

江苏省苏州市虎丘区人民检察院诉成都共软网络科技有限公司、
孙显忠、张天平、洪磊、梁焯勇侵犯著作权案

（《最高人民法院公报》2010年第9期）

【裁判摘要】

一、根据《中华人民共和国刑法》第二百一十七条的规定，行为人以营利为目的，未经著作权人许可复制发行其文字作品、音乐、电影、电视、录像作品、计算机软件及其他作品，违法所得数额较大或者有其他严重情节的，构成侵犯著作权罪。判断行为人的行为是否构成侵犯著作权罪，应当从行为人是否以营利为目的、复制行为是否未经著作权人许可、是否实施了发行行为等方面加以分析。

二、行为人未经著作权人许可复制其计算机软件，通过修改相应程序捆绑其他软件后在互联网上发布供他人下载，并因此获取广告费等收益的，属于刑法第二百一十七条规定的"以营利为目的"的"复制发行"行为。

【案情】

公诉机关：江苏省苏州市虎丘区人民检察院。

被告单位：成都共软网络科技有限公司。

法定代表人：孙质强，该公司法定代表人。

被告人：孙显忠。

被告人：张天平。

被告人：洪磊。

被告人：梁焯勇，又名梁国华。

江苏省苏州市虎丘区人民检察院以被告单位成都共软网络科技有限公司（以下简称共软公司）及被告人孙显忠、张天平、洪磊、梁焯勇犯侵犯著作权罪，向江苏省苏州市虎丘区人民法院提起公诉。

起诉书指控：2006年12月至2008年8月期间，四川网联互动广告有限公司（以下简称网联广告公司，另案处理）和被告单位共软公司出于营

利目的,由被告人孙显忠指示被告人张天平和被告人洪磊、梁焯勇合作,在未经微软公司许可的情况下,复制微软Windows XP计算机软件后制作多款"番茄花园"版软件,并以修改浏览器主页、默认搜索页面、捆绑其他公司软件等形式,在"番茄花园"版软件中分别加载百度时代网络技术(北京)有限公司、北京阿里巴巴信息技术有限公司、北京搜狗科技发展有限公司、网际快车信息技术有限公司等多家单位的商业插件,通过互联网在"番茄花园"网站、"热度"网站发布供公众下载10余万次,百度时代网络技术(北京)有限公司、北京阿里巴巴信息技术有限公司、北京搜狗科技发展有限公司、网际快车信息技术有限公司支付网联广告公司和共软公司广告费共2977630.39元。《中华人民共和国刑法》(以下简称刑法)第二百一十七条规定:"以营利为目的,有下列侵犯著作权情形之一,违法所得数额较大或者有其他严重情节的,处三年以下有期徒刑或者拘役,并处或者单处罚金;违法所得数额巨大或者有其他特别严重情节的,处三年以上七年以下有期徒刑,并处罚金:(一)未经著作权人许可,复制发行其文字作品、音乐、电影、电视、录像作品、计算机软件及其他作品的……"根据该规定,共软公司、孙显忠、张天平、洪磊、梁焯勇的行为均构成侵犯著作权罪,应当依法惩处。张天平有自首情节,依法可以从轻或者减轻处罚。提请法院依法审理。

被告单位共软公司辩称:被告单位并未触犯法律,被告单位法定代表人也不知道本公司的行为触犯了法律。

被告单位共软公司的辩护人认为:被告单位及其法定代表人、股东会、董事会均未以任何形式参与"番茄花园"侵权,客观上被告单位也没有与被告人洪磊签订合作合同,被告人孙显忠的个人行为不能代表公司行为;被告单位涉案收入从2007年4月开始,应当与网联广告公司的收入区分开来;起诉书指控的290余万元中包括被告单位的合法收入,应当予以扣除;被告单位拥有大量自主知识产权,为国家和社会作出了巨大贡献,目前因账户被冻结濒临破产,请法院酌情考虑被告单位的实际情况,依法维护其合法权益。

被告人孙显忠辩称:起诉书指控的犯罪事实有误,本人在案发前放手让被告人张天平与"番茄花园"合作，直到案发本人才知道"番茄花园"侵犯微软公司的软件著作权，本人的行为不构成犯罪。

被告人孙显忠的辩护人认为：孙显忠未实施非法复制发行他人计算机软件作品的行为，其经营内容是网络推广联盟，即利用自己的软件、主题资源包、格调网、极速浏览器等与其他公司合作。孙显忠不具有非法复制、发行微软 Windows XP 软件的主观故意，也没有指使被告人洪磊侵犯他人著作权；起诉书指控的 290 余万元中包括合法经营收入，发行微软 Windows XP 软件中还有其他人通过刻制光盘进行的二次传播；孙显忠主观恶性很小，认罪态度良好，且并未在相关活动中获得个人利益。建议法院按照疑罪从无的原则依法处理。

被告人张天平对起诉书指控的犯罪事实无异议。

被告人张天平的辩护人认为：张天平在工作过程中逐渐了解到"番茄花园"网站上有微软 Windows XP 软件供人下载，但张天平并没有参与复制、发行，其行为只是为了履行自己的工作职责，主观恶性很小；张天平作为被告单位共软公司的市场总监，按照公司要求将广告投放在"番茄花园"网站上，是基于自己的工作职责而为，没有亲自参与微软 Windows XP 软件的复制发行；张天平具有自首情节，认罪态度较好，且系初犯，建议法院依法对张天平予以减轻处罚。

被告人洪磊对起诉书指控的犯罪事实无异议。

被告人洪磊的辩护人认为：起诉书关于违法所得数额巨大、情节严重的认定没有事实依据，现有证据不能证实百度公司等单位支付给网联广告公司及被告单位共软公司的二百多万元广告费，完全是对应于复制、发行"番茄花园"版微软 Windows XP 软件的收入；起诉书关于被告单位及被告人通过互联网在"番茄花园"网站、"热度"网站发布微软 Windows XP 软件供公众下载累计达 10 多万次的指控没有依据，只能认定为一般的点击数。

被告人梁焯勇对起诉书指控的犯罪事实无异议。

被告人梁焯勇的辩护人认为：梁焯勇只是"番茄花园"的雇员，根据被告人洪磊的要求制作了微软 Windows XP 美化版软件，在整个案件中也只占很小的一部分。最初梁焯勇的个人收入是洪磊收入的 3%，后来为每月

8000元，说明梁焯勇在本案中不起主要作用，系从犯，应当从轻或减轻处罚；起诉书指控的广告费收入并不等同于违法犯罪所得，其中包括部分合法收入。

苏州市虎丘区人民法院经审理查明：

2006年12月至2008年8月期间，网联广告公司和被告单位共软公司出于营利目的，由被告人孙显忠指使，经被告人张天平与被告人洪磊、梁焯勇合作，在未经微软公司许可的情况下，复制微软Windows XP计算机软件后制作多款"番茄花园"版软件，并以修改浏览器主页、默认搜索页面、捆绑其他公司软件等形式，在"番茄花园"版软件中分别加载百度时代网络技术（北京）有限公司、北京阿里巴巴信息技术有限公司、北京搜狗科技发展有限公司、网际快车信息技术有限公司等多家单位的商业插件，通过互联网在"番茄花园"网站、"热度"网站发布供公众下载。其中，洪磊负责制作的"番茄花园"WINXP SP3 V.3300、WINXP SP2 V3.3、WINXP SP3 V1.0、WINXP SP2 V3.5、WINXP SP2 V3.4、WINXP SP3 V1.21、WINXP SP3 V1.1、WINXP SP2安装版和免激活版累计下载71583次，梁焯勇负责制作的"番茄花园"WINXP SP2 V6.2、LEI NLITE XPSP3 V1.0美化版累计下载8018次，郑国槟（另案处理）负责制作的"番茄花园"GHOST XP sp3 V1.0、GHOST XP sp3 V1.1、GHOSTXP sp3 V1.2版累计下载117308次。共软公司从百度时代网络技术（北京）有限公司获取非法所得计人民币935665.53元，从北京阿里巴巴信息技术有限公司获取非法所得计人民币1611996.46元，从北京搜狗科技发展有限公司获取非法所得计人民币69538.50元，从网际快车信息技术有限公司获取非法所得计人民币307086.6元。综上，共软公司涉案违法所得共计人民币2924287.09元。

上述事实，有公诉机关提交的Microsoft Windows XP Professional软件注册证书以及证明、Microsoft Windows Server V2003和Windows XP Professional Edition软件产品登记证书，中国版权保护中心版权鉴定委员会出具的中版鉴字（2008）第008号至第024号鉴定报告、中版鉴字（2008）第008号至第024号-2号鉴定报告的补充说明，共软公司的合作协议、合作合同、银行交易明细、账务明细清单、户口历史交易明细表、资金往来明细、DWSO

总账、DWSO 分类明细，证人郑国槟、陈昌美、侯燕、夏倩姊、何红梅、薛柏、刘志宇、王晓阳、魏潇、童玮亮等人的证言，苏州市公安局信息网络安全监察处制作的远程勘验工作记录、电子证物检查笔录，苏州市公安局虎丘分局出具的发破案经过、搜查笔录等证据在案为证，足以证实。

本案的争议焦点是：被告单位共软公司及被告人孙显忠、张天平、洪磊、梁焯勇的行为是否构成侵犯著作权罪。

苏州市虎丘区人民法院经审理认为：

刑法第二百一十七条规定："以营利为目的，有下列侵犯著作权情形之一，违法所得数额较大或者有其他严重情节的，处三年以下有期徒刑或者拘役，并处或者单处罚金；违法所得数额巨大或者有其他特别严重情节的，处三年以上七年以下有期徒刑，并处罚金：（一）未经著作权人许可，复制发行其文字作品、音乐、电影、电视、录像作品、计算机软件及其他作品的……"该条就侵犯著作权罪作出了明确规定。判断本案被告单位共软公司及被告人孙显忠、张天平、洪磊、梁焯勇的行为是否构成侵犯著作权罪，应当根据该条规定，从行为人是否以营利为目的、是否在未经软件著作权人许可的情况下进行复制、是否实施了发行行为几个方面分别加以分析。

首先，关于被告单位共软公司及被告人孙显忠、张天平、洪磊、梁焯勇实施涉案行为是否以营利为目的问题。最高人民法院、最高人民检察院《关于办理侵犯知识产权刑事案件具体应用法律若干问题的解释》第十一条第一款规定："以刊登收费广告等方式直接或者间接收取费用的情形，属于刑法第二百一十七条规定的'以营利为目的'。"本案中，虽然被告单位及各被告人通过互联网在"番茄花园"网站、"热度"网站发布涉案番茄花园版 Windows 系列软件时，是供公众免费下载的，没有直接从中营利，但在发布涉案"番茄花园"版 Windows 系列软件的同时，被告单位及各被告人通过修改浏览器主页、默认搜索页面、捆绑需推广的客户商业软件等手段，获得了广告费、推广费等巨额间接收入，共计人民币 2924287.09 元。因此，可以认定共软公司、孙显忠、张天平与洪磊、梁焯勇实施涉案行为的真实意图，正是在于追求巨额广告费、推广费收益，明显具有营利目的。

第二，关于被告单位共软公司及被告人孙显忠、张天平、洪磊、梁焯勇是否未经著作权人许可而复制涉案系列软件的问题。经查，微软公司是微软 Windows 软件的合法著作权人。根据苏州市公安局信息网络安全监察处制作的远程勘验工作记录，"番茄花园"版 Windows 系列软件在界面上显示该软件系微软公司授权"番茄花园"制作，而根据微软公司出具的证明，微软公司没有授权任何个人、公司制作其软件。根据中国版权保护中心版权鉴定委员会出具的中版鉴字（2008）第 008 号至第 024 号鉴定报告以及中版鉴字（2008）第 008 号至第 024 号 -2 号鉴定报告的补充说明，涉案"番茄花园"版 Windows 系列软件与微软 Windows 软件相比对，二者的核心程序均集中在 Windows 目录下，且二者的目录结构和文件存在大量相同的内容。据此，可以认定涉案"番茄花园"版 Windows 系列软件是根据微软 Windows 软件核心程序进行复制的产物，被告单位及各被告人系在未经软件著作权人许可的情况下实施侵权复制行为。被告人孙显忠、张天平、洪磊、梁焯勇在供述中，亦承认涉案"番茄花园"版 Windows 系列软件系盗用微软 Windows 软件加以修改、美化而成。

第三，关于被告单位共软公司及被告人孙显忠、张天平、洪磊、梁焯勇是否实施了发行行为的问题。信息网络领域的"发行"存在一定的特殊性，与一般媒介的"发行"行为有区别。根据最高人民法院、最高人民检察院《关于办理侵犯知识产权刑事案件具体应用法律若干问题的解释》第十一条第三款的规定，行为人通过信息网络向公众传播他人文字作品、音乐、电影、电视、录像作品、计算机软件及其他作品的行为，应当视为刑法第二百一十七条规定的"发行"行为。据此，本案被告单位及各被告人通过互联网发布涉案"番茄花园"版 Windows 系列软件供不特定社会公众下载，无论其是否收取下载费用，都应当视为刑法第二百一十七条规定的"发行"行为。

最高人民法院、最高人民检察院《关于办理侵犯知识产权刑事案件具体应用法律若干问题的解释》第五条第二款规定："以营利为目的，实施刑法第二百一十七条所列侵犯著作权行为之一，违法所得数额在十五万元以上的，属于'违法所得数额巨大'……"根据本案查明的事实，被告单位共软公司及被告人孙显忠、张天平、洪磊、梁焯勇通过实施涉案行为，收取广告费、推广费共计人民币2924287.09元，属于违法所得数额巨大。最高人民法院、最高人民检察院《关于办理侵犯知识产权刑事案件具体应用法律若干问题的解释（二）》第一条规定："以营利为目的，未经著作权人许可，复制发行其文字作品、音乐、电影、电视、录像作品、计算机软件及其他作品，复制品数量合计在五百张（份）以上的，属于刑法第二百一十七条规定的'有其他严重情节'；复制品数量在二千五百张（份）以上的，属于刑法第二百一十七条规定的'有其他特别严重情节'。"根据苏州市公安局信息网络安全监察处对"番茄花园"网站和"热度"网站进行远程勘验的结果，洪磊负责制作的"番茄花园"WINXP SP3 V.3300、WINXP SP2 V3.3、WINXP SP3 V1.0、WINXP SP2 V3.5、WINXP SP2 V3.4、WINXP SP3 V1.21、WINXP SP3 V1.1、WINXP SP2安装版和免激活版等侵权软件累计下载71583次，梁焯勇负责制作的"番茄花园"WINXP SP2 V6.2、LEI NLITE XP SP3 V1.0美化版等侵权软件累计下载8018次。据此，可以认定涉案复制品数量在2500张（份）以上，被告单位及各被告人实施涉案侵犯著作权犯罪行为具有刑法第二百一十七条规定的"其他特别严重情节"。

综上，被告单位共软公司及被告人孙显忠、张天平、洪磊、梁焯勇以营利为目的，未经著作权人许可复制发行其计算机软件，违法所得数额巨大，情节特别严重，均已构成侵犯著作权罪。孙显忠作为被告单位直接负责的主管人员，张天平作为被告单位的直接责任人员，应当依法承担刑事责任。在共同犯罪中，被告单位及孙显忠、张天平、洪磊均起主要作用，均系主犯，应按照其参与的全部犯罪处罚。梁焯勇受洪磊指使复制、发行他人计算机软件，在共同犯罪中起辅助作用，系从犯，应减轻处罚。张天平犯罪后自动投案，如实供述自己的罪行，构成自首，依法可减轻处罚。据此，苏州市虎丘区人民法院依据刑法第二百一十七条第一款第一项，第二百二十条，第二十五条第一款、第四款，第六十四条、第二十七条第一款、第二款，第六十七条第一款及最高人民法院、最高人民检察院《关于办理侵犯知识产权刑事案件具体应用法律若干问题的解释》第五条第二款、最高人民法院、最高人民检察院《关于办理侵犯知识产权刑事案件具体应用法律若干问题的解释（二）》第一条之规定，于2009年8月20日判决：

一、被告单位成都共软网络科技有限公司犯侵犯著作权罪,判处罚金人民币八百七十七万二千八百六十一元二角七分,上缴国库。二、被告人孙显忠犯侵犯著作权罪,判处有期徒刑三年六个月,并处罚金人民币一百万元,上缴国库。三、被告人张天平犯侵犯著作权罪,判处有期徒刑二年,并处罚金人民币十万元,上缴国库。四、被告人洪磊犯侵犯著作权罪,判处有期徒刑三年六个月,并处罚金人民币一百万元,上缴国库。五、被告人梁焯勇犯侵犯著作权罪,判处有期徒刑二年,并处罚金人民币十万元,上缴国库。六、被告单位成都共软网络科技有限公司的违法所得计人民币二百九十二万四千二百八十七元零九分,予以没收,上缴国库。

一审宣判后,被告单位共软公司及被告人孙显忠、张天平、洪磊、梁焯勇均未提出上诉,公诉机关未提起抗诉,一审判决已经发生法律效力。

第二百一十八条 【销售侵权复制品罪】[①]

刑法

以营利为目的,销售明知是本法第二百一十七条规定的侵权复制品,违法所得数额巨大或者有其他严重情节的,处五年以下有期徒刑,并处或者单处罚金。

司法解释、司法解释性文件及规范性文件

1. 最高人民检察院、公安部《关于公安机关管辖的刑事案件立案追诉标准的规定(一)》(公通字〔2008〕36号,2008.6.25)(节录)

第二十七条 [销售侵权复制品案(刑法第二百一十八条)] 以营利为目的,销售明知是刑法第二百一十七条规定的侵权复制品,涉嫌下列情形之一的,应予立案追诉:

(一)违法所得数额十万元以上的;

---

① 本条为2020年《刑法修正案(十一)》第21条修订,增设了"有其他严重情节"的规定,将本罪的法定刑最高刑由有期徒刑三年提高至有期徒刑五年,并删除拘役刑。

（二）违法所得数额虽未达到上述数额标准，但尚未销售的侵权复制品货值金额达到三十万元以上的。

2. 最高人民法院、最高人民检察院《关于办理侵犯知识产权刑事案件具体应用法律若干问题的解释》（法释〔2004〕19号，2004.12.22）（节录）

第六条 以营利为目的，实施刑法第二百一十八条规定的行为，违法所得数额在十万元以上的，属于"违法所得数额巨大"，应当以销售侵权复制品罪判处三年以下有期徒刑或者拘役，并处或者单处罚金。

第十四条 实施刑法第二百一十七条规定的侵犯著作权犯罪，又销售该侵权复制品，构成犯罪的，应当依照刑法第二百一十七条的规定，以侵犯著作权罪定罪处罚。

实施刑法第二百一十七条规定的侵犯著作权犯罪，又销售明知是他人的侵权复制品，构成犯罪的，应当实行数罪并罚。

3. 最高人民法院《关于审理非法出版物刑事案件具体应用法律若干问题的解释》（法释〔1998〕30号，1998.12.23）（节录）

第四条 以营利为目的，实施刑法第二百一十八条规定的行为，个人违法所得数额在十万元以上，单位违法所得数额在五十万元以上的，依照刑法第二百一十八条的规定，以销售侵权复制品罪定罪处罚。

第二百二十五条 【非法经营罪】（涉非法出版物）

刑法

违反国家规定，有下列非法经营行为之一，扰乱市场秩序，情节严重的，处五年以下有期徒刑或者拘役，并处或者单处违法所得一倍以上五倍以下罚金；情节特别严重的，处五年以上有期徒刑，并处违法所得一倍以上五倍以下罚金或者没收财产：

（一）未经许可经营法律、行政法规规定的专营、专卖物品或者其他限制买卖的物品的；

（二）买卖进出口许可证、进出口原产地证明以及其他法律、行政法规规定的经营许可证或者批准文件的；

（三）未经国家有关主管部门批准非法经营证券、期货、保险业务的，或者非法从事资金支付结算业务的；

（四）其他严重扰乱市场秩序的非法经营行为。

司法解释、司法解释性文件及规范性文件

1. 最高人民检察院、公安部《关于公安机关管辖的刑事案件立案追诉标准的规定（二）》（2022.4.6 修订，2022.5.15 实施）（节录）

第七十一条〔非法经营案（刑法第二百二十五条）〕违反国家规定，进行非法经营活动，扰乱市场秩序，涉嫌下列情形之一的，应予立案追诉：

……

（四）出版、印刷、复制、发行严重危害社会秩序和扰乱市场秩序的非法出版物，具有下列情形之一的：

1. 个人非法经营数额在五万元以上的，单位非法经营数额在十五万元以上的；

2. 个人违法所得数额在二万元以上的，单位违法所得数额在五万元以上的；

3. 个人非法经营报纸五千份或者期刊五千本或者图书二千册或者音像制品、电子出版物五百张（盒）以上的，单位非法经营报纸一万五千份或者期刊一万五千本或者图书五千册或者音像制品、电子出版物一千五百张（盒）以上的；

4. 虽未达到上述数额标准，但具有下列情形之一的：

（1）二年内因出版、印刷、复制、发行非法出版物受过二次以上行政处罚，又出版、印刷、复制、发行非法出版物的；

（2）因出版、印刷、复制、发行非法出版物造成恶劣社会影响或者其他严重后果的。

（五）非法从事出版物的出版、印刷、复制、发行业务，严重扰乱市场秩序，具有下列情形之一的：

1. 个人非法经营数额在十五万元以上的，单位非法经营数额在五十万元以上的；

2. 个人违法所得数额在五万元以上的，单位违法所得数额在十五万元以上的；

3. 个人非法经营报纸一万五千份或者期刊一万五千本或者图书五千册或者音像制品、电子出版物一千五百张（盒）以上的，单位非法经营报纸五万份或者期刊五万本或者图书一万五千册或者音像制品、电子出版物五千张（盒）以上的；

4. 虽未达到上述数额标准，二年内因非法从事出版物的出版、印刷、复制、发行业务受过二次以上行政处罚，又非法从事出版物的出版、印刷、复制、发行业务的。

……

2. 最高人民法院、最高人民检察院、公安部《关于办理侵犯知识产权刑事案件适用法律若干问题的意见》（法发〔2011〕3号，2011.1.10）（节录）

十二、关于刑法第二百一十七条规定的"发行"的认定及相关问题

"发行"，包括总发行、批发、零售、通过信息网络传播以及出租、展销等活动。

非法出版、复制、发行他人作品，侵犯著作权构成犯罪的，按照侵犯著作权罪定罪处罚，不认定为非法经营罪等其他犯罪。

3. 最高人民检察院法律政策研究室《关于非法经营行为界定有关问题的复函》（〔2002〕高检研发第24号，2002.10.25）

一、关于经营违法音像制品行为的处理问题。对于经营违法音像制品行为，构成犯罪的，应当根据案件的具体情况，分别依照最高人民法院《关于审理非法出版物刑事案件具体应用法律若干问题的解释》和最高人民检察院、公安部《关于经济犯罪案件追诉标准的规定》等相关规定办理。

二、关于非法经营行为的界定问题，同意你部的意见，即：只要行为人明知是违法音像制品而进行经营即属于非法经营行为，其是否具有音像制品合法经营资格并不影响非法经营行为的认定；非法经营行为包括一系列环节，经营者购进违法音像制品并存放于仓库等场所的行为属于经营行为的中间环节，对此也可以认定为是非法经营行为。

4. 最高人民法院《关于审理非法出版物刑事案件具体应用法律若干问题的解释》(法释〔1998〕30号,1998.12.23)

为依法惩治非法出版物犯罪活动,根据刑法的有关规定,现对审理非法出版物刑事案件具体应用法律的若干问题解释如下:

第一条 明知出版物中载有煽动分裂国家、破坏国家统一或者煽动颠覆国家政权、推翻社会主义制度的内容,而予以出版、印刷、复制、发行、传播的,依照刑法第一百零三条第二款或者第一百零五条第二款的规定,以煽动分裂国家罪或者煽动颠覆国家政权罪定罪处罚。

第二条 以营利为目的,实施刑法第二百一十七条所列侵犯著作权行为之一,个人违法所得数额在五万元以上,单位违法所得数额在二十万元以上的,属于"违法所得数额较大";具有下列情形之一的,属于"有其他严重情节":

(一)因侵犯著作权曾经两次以上被追究行政责任或者民事责任,两年内又实施刑法第二百一十七条所列侵犯著作权行为之一的;

(二)个人非法经营数额在二十万元以上,单位非法经营数额在一百万元以上的;

(三)造成其他严重后果的。

以营利为目的,实施刑法第二百一十七条所列侵犯著作权行为之一,个人违法所得数额在二十万元以上,单位违法所得数额在一百万元以上的,属于"违法所得数额巨大";具有下列情形之一的,属于"有其他特别严重情节":

(一)个人非法经营数额在一百万元以上,单位非法经营数额在五百万元以上的;

(二)造成其他特别严重后果的。

第三条 刑法第二百一十七条第(一)项中规定的"复制发行",是指行为人以营利为目的,未经著作权人许可而实施的复制、发行或者既复制又发行其文字作品、音乐、电影、电视、录像作品、计算机软件及其他作品的行为。

第四条 以营利为目的,实施刑法第二百一十八条规定的行为,个人违法所得数额在十万元以上，单位违法所得数额在五十万元以上的，依照刑法第二百一十八条的规定，以销售侵权复制品罪定罪处罚。

第五条 实施刑法第二百一十七条规定的侵犯著作权行为，又销售该侵权复制品，违法所得数额巨大的，只定侵犯著作权罪，不实行数罪并罚。

实施刑法第二百一十七条规定的侵犯著作权的犯罪行为，又明知是他人的侵权复制品而予以销售，构成犯罪的，应当实行数罪并罚。

第六条 在出版物中公然侮辱他人或者捏造事实诽谤他人，情节严重的，依照刑法第二百四十六条的规定，分别以侮辱罪或者诽谤罪定罪处罚。

第七条 出版刊载歧视、侮辱少数民族内容的作品，情节恶劣，造成严重后果的，依照刑法第二百五十条的规定，以出版歧视、侮辱少数民族作品罪定罪处罚。

第八条 以牟利为目的，实施刑法第三百六十三条第一款规定的行为，具有下列情形之一的，以制作、复制、出版、贩卖、传播淫秽物品牟利罪定罪处罚：

（一）制作、复制、出版淫秽影碟、软件、录像带五十至一百张（盒）以上，淫秽音碟、录音带一百至二百张（盒）以上，淫秽扑克、书刊、画册一百至二百副（册）以上，淫秽照片、画片五百至一千张以上的；

（二）贩卖淫秽影碟、软件、录像带一百至二百张（盒）以上，淫秽音碟、录音带二百至四百张（盒）以上，淫秽扑克、书刊、画册二百至四百副（册）以上，淫秽照片、画片一千至二千张以上的；

（三）向他人传播淫秽物品达二百至五百人次以上，或者组织播放淫秽影、像达十至二十场次以上的；

（四）制作、复制、出版、贩卖、传播淫秽物品，获利五千至一万元以上的。

以牟利为目的，实施刑法第三百六十三条第一款规定的行为，具有下列情形之一的，应当认定为制作、复制、出版、贩卖、传播淫秽物品牟利罪"情节严重"：

（一）制作、复制、出版淫秽影碟、软件、录像带二百五十至五百张（盒）以上，淫秽音碟、录音带五百至一千张（盒）以上，淫秽扑克、书

下编　知识产权犯罪

刊、画册五百至一千副（册）以上，淫秽照片、画片二千五百至五千张以上的；

（二）贩卖淫秽影碟、软件、录像带五百至一千张（盒）以上，淫秽音碟、录音带一千至二千张（盒）以上，淫秽扑克、书刊、画册一千至二千副（册）以上，淫秽照片、画片五千至一万张以上的；

（三）向他人传播淫秽物品达一千至二千人次以上，或者组织播放淫秽影、像达五十至一百场次以上的；

（四）制作、复制、出版、贩卖、传播淫秽物品，获利三万至五万元以上的。

以牟利为目的，实施刑法第三百六十三条第一款规定的行为，其数量（数额）达到前款规定的数量（数额）五倍以上的，应当认定为制作、复制、出版、贩卖、传播淫秽物品牟利罪"情节特别严重"。

第九条　为他人提供书号、刊号，出版淫秽书刊的，依照刑法第三百六十三条第二款的规定，以为他人提供书号出版淫秽书刊罪定罪处罚。

为他人提供版号，出版淫秽音像制品的，依照前款规定定罪处罚。

明知他人用于出版淫秽书刊而提供书号、刊号的，依照刑法第三百六十三条第一款的规定，以出版淫秽物品牟利罪定罪处罚。

第十条　向他人传播淫秽的书刊、影片、音像、图片等出版物达三百至六百人次以上或者造成恶劣社会影响的，属于"情节严重"，依照刑法第三百六十四条第一款的规定，以传播淫秽物品罪定罪处罚。

组织播放淫秽的电影、录像等音像制品达十五至三十场次以上或者造成恶劣社会影响的，依照刑法第三百六十四条第二款的规定，以组织播放淫秽音像制品罪定罪处罚。

第十一条　违反国家规定，出版、印刷、复制、发行本解释第一条至第十条规定以外的其他严重危害社会秩序和扰乱市场秩序的非法出版物，情节严重的，依照刑法第二百二十五条第（三）项的规定，以非法经营罪定罪处罚。

第十二条　个人实施本解释第十一条规定的行为，具有下列情形之一的，属于非法经营行为"情节严重"：

（一）经营数额在五万元至十万元以上的；

（二）违法所得数额在二万元至三万元以上的；

（三）经营报纸五千份或者期刊五千本或者图书二千册或者音像制品、电子出版物五百张（盒）以上的。

具有下列情形之一的，属于非法经营行为"情节特别严重"：

（一）经营数额在十五万元至三十万元以上的；

（二）违法所得数额在五万元至十万元以上的；

（三）经营报纸一万五千份或者期刊一万五千本或者图书五千册或者音像制品、电子出版物一千五百张（盒）以上的。

第十三条　单位实施本解释第十一条规定的行为，具有下列情形之一的，属于非法经营行为"情节严重"：

（一）经营数额在十五万元至三十万元以上的；

（二）违法所得数额在五万元至十万元以上的；

（三）经营报纸一万五千份或者期刊一万五千本或者图书五千册或者音像制品、电子出版物一千五百张（盒）以上的。

具有下列情形之一的，属于非法经营行为"情节特别严重"：

（一）经营数额在五十万元至一百万元以上的；

（二）违法所得数额在十五万元至三十万元以上的；

（三）经营报纸五万份或者期刊五万本或者图书一万五千册或者音像制品、电子出版物五千张（盒）以上的。

第十四条　实施本解释第十一条规定的行为，经营数额、违法所得数额或者经营数量接近非法经营行为"情节严重"、"情节特别严重"的数额、数量起点标准，并具有下列情形之一的，可以认定为非法经营行为"情节严重"、"情节特别严重"：

（一）两年内因出版、印刷、复制、发行非法出版物受过行政处罚两次以上的；

（二）因出版、印刷、复制、发行非法出版物造成恶劣社会影响或者其他严重后果的。

第十五条　非法从事出版物的出版、印刷、复制、发行业务，严重扰乱市场秩序,情节特别严重,构成犯罪的,可以依照刑法第二百二十五条第(三)项的规定,以非法经营罪定罪处罚。

第十六条 出版单位与他人事前通谋,向其出售、出租或者以其他形式转让该出版单位的名称、书号、刊号、版号,他人实施本解释第二条、第四条、第八条、第九条、第十条、第十一条规定的行为,构成犯罪的,对该出版单位应当以共犯论处。

第十七条 本解释所称"经营数额",是指以非法出版物的定价数额乘以行为人经营的非法出版物数量所得的数额。

本解释所称"违法所得数额",是指获利数额。

非法出版物没有定价或者以境外货币定价的,其单价数额应当按照行为人实际出售的价格认定。

第十八条 各省、自治区、直辖市高级人民法院可以根据本地的情况和社会治安状况,在本解释第八条、第十条、第十二条、第十三条规定的有关数额、数量标准的幅度内,确定本地执行的具体标准,并报最高人民法院备案。

最高人民法院公报案例

董杰、陈珠非法经营案
(《最高人民检察院公报》2011年第5号)

【裁判摘要】

非法经营罪,是指未经许可经营专营、专卖物品或其他限制买卖的物品,买卖进出口许可证、进出口原产地证明以及其他法律、行政法规规定的经营许可证或者批准文件,以及从事其他非法经营活动,扰乱市场秩序,情节严重的行为。最高人民法院《关于审理非法出版物刑事案件具体应用法律若干问题的解释》第十一条规定:"违反国家规定,出版、印刷、复制、发行本解释第一条至第十条规定以外的其他严重危害社会秩序和扰乱市场秩序的非法出版物,情节严重的,依照刑法第二百二十五条第(三)项的规定,以非法经营罪定罪处罚。"行为人违反法律规定,出版非法互联网出版物,牟取巨额非法利益,情节特别严重的,对其应以非法经营罪论处。

【案情】

被告人董杰。2007年12月8日，因涉嫌破坏计算机信息系统罪被江苏省南京市公安局直属分局刑事拘留，2008年1月15日经江苏省南京市江宁区人民检察院批准被逮捕，2008年3月7日被取保候审。2009年4月7日，江苏省南京市江宁区人民法院决定对其取保候审，同年10月7日决定对其继续取保候审。2010年11月27日经南京市江宁区人民法院决定对其执行逮捕。

被告人陈珠。2007年12月8日，因涉嫌破坏计算机信息系统罪被江苏省南京市公安局直属分局取保候审。2008年12月29日，经江苏省南京市江宁区人民法院决定对其取保候审，2009年6月29日决定对其继续取保候审。2010年12月27日经江苏省南京市中级人民法院决定对其取保候审。

被告人董杰、陈珠非法经营案，由南京市公安局直属分局于2007年11月27日立案侦查，2008年5月5日侦查终结。同日，南京市公安局直属分局将案件移送南京市江宁区人民检察院审查起诉。南京市江宁区人民检察院受理案件后，在法定期限内告知董杰、陈珠有权委托辩护人等诉讼权利，依法讯问了董杰、陈珠，听取了辩护人的辩护意见，审查了全部案件材料。因案情重大复杂，案件三次延长审查起诉期限各半个月，二次退回公安机关补充侦查。2008年11月19日，南京市江宁区人民检察院对董杰、陈珠以非法经营罪，依法向南京市江宁区人民法院提起公诉。被告人董杰、陈珠的犯罪事实如下：

被告人董杰、陈珠在玩网络游戏过程中，了解到利用非法外挂程序可以替游戏玩家代练升级并可从中牟利，遂购买了数十台电脑，申请了QQ号、银行账号、客服电话和电信宽带，向他人购买外挂经营代练升级。2006年9月至2007年春节，董杰、陈珠雇用人员在其居住的南京市江宁区麒麟镇绿色家园30幢2号，通过使用向他人购得的名为"小金鱼"的外挂，帮助热血传奇游戏玩家升级并牟利。2007年3月，董杰、陈珠又通过互联网向他人购得名为"冰点传奇"的外挂程序，以"土人部落工作室"的名义，雇用员工在上海盛大网络发展有限公司经营的热血传奇游戏中以每周80元、每月300元的价格帮助玩家使用"冰点管家"外挂程序代练升级，先后替一万多个热血

下编　知识产权犯罪　

传奇游戏账户代练升级。自2007年3月至2007年12月7日，董杰、陈珠接受来自全国各地游戏玩家汇入的资金共计人民币1989308.6元。

因被告人董杰、陈珠所使用的"冰点传奇"外挂程序绕过了正常的游戏客服端与服务器端之间的通讯协议，使上海盛大网络发展有限公司计算机系统中的客户认证功能丧失，从而干扰了热血传奇游戏的正常运行。同时，又因破坏了网络游戏规则的均衡和公平，引起了众多游戏玩家的不满和投诉，严重影响了上海盛大网络发展有限公司的生产经营秩序。

2008年12月26日，南京市江宁区人民法院依法组成合议庭，公开审理了此案。法庭审理认为：

被告人董杰、陈珠以牟取利益为目的，违反国家规定，未经国家主管部门批准，也未获得上海盛大网络发展有限公司许可和授权，将明知是破坏他人享有著作权的互联网游戏作品技术保护措施并修改他人游戏作品数据的非法互联网出版物"外挂软件"使用到上海盛大网络发展有限公司享有著作权的游戏程序上，进行有偿代练经营活动，牟取了巨额非法利益，侵害了上海盛大网络发展有限公司的合法权益，属于出版非法互联网出版物的行为，具有严重的社会危害性，构成非法经营罪。

上海盛大网络发展有限公司是经中国新闻出版总署许可的经营游戏作品互联网出版业务的公司，其所经营的热血传奇游戏是经过中国国家版权局合法登记的游戏软件，受国家著作权法的保护，而本案中二被告人购买、使用的"冰点传奇"外挂程序软件在出版程序上没有经过主管部门的审批，违反了《出版管理条例》的规定，在内容上也破坏了热血传奇游戏的使用用户在服务器上的内容，不仅违反了《信息网络传播权保护条例》的相关规定，而且侵犯了著作权人的合法权益，被《出版管理条例》《互联网出版管理暂行规定》所禁止，属于《最高人民法院关于审理非法出版物刑事案件具体应用法律若干问题的解释》第十一条所规定的严重危害社会秩序和扰乱市场秩序的非法出版物。本案中二被告人购买了电脑，聘用了工作人员，先后替一万多名不特定人使用非法外挂程序进行代练，并收取费用，客观上是对该非法外挂程序的发行、传播，属于出版非法互联网出版物的行为，根据《最高人民法院关于审理非法出版物刑事案件具体应用法律若干问题的解释》第十一条的规定,应当以非法经营罪定罪处罚。公诉机关指控被告人董杰、陈珠犯非法经营罪的基本事实清楚,证据确实、充分,指控罪名成立。在共同犯罪中,被告人董杰起主要作用,是主犯,应当按照其所组织、指挥的全部犯罪处罚。被告人陈珠起次要、辅助作用,是从犯,依法应当减轻处罚。

2010年12月9日,南京市江宁区人民法院依照《中华人民共和国刑法》第二百二十五条第四项,第二十五条第一款,第二十六条第一款、第四款,第二十七条,第七十二条,第六十四条及《最高人民法院关于审理非法出版物刑事案件具体应用法律若干问题的解释》第十一条、第十二条第二款第一项的规定,作出如下判决:

一、被告人董杰犯非法经营罪,判处有期徒刑六年,罚金人民币160万元。

被告人陈珠犯非法经营罪,判处有期徒刑三年,缓刑四年,罚金人民币140万元。

二、作案工具、非法所得予以没收。

一审宣判后,被告人董杰、陈珠提出上诉。

江苏省南京市中级人民法院依法组成合议庭审理了该案,法庭审理认为:

上诉人董杰、陈珠违反法律规定,未经上海盛大网络发展有限公司许可和授权,非法将外挂软件使用到上海盛大网络发展有限公司享有著作权的游戏程序上,进行有偿性代练,牟取了巨额非法利益,其行为侵害了上海盛大网络发展有限公司的合法权益,属于出版非法互联网出版物的行为,具有严重的社会危害性,构成非法经营罪,且情节特别严重。在共同犯罪中,董杰起主要作用,是主犯,应当按照其所组织、指挥的全部犯罪处罚。陈珠起次要、辅助作用,是从犯,依法应当减轻处罚。原审判决认定的事实清楚,证据充分,罪名准确,对二上诉人主刑量刑适当,应予维持;但罚金刑量刑不当,应予改判。

2011年5月10日,江苏省南京市中级人民法院根据《中华人民共和国刑事诉讼法》第一百八十九条第二项和《中华人民共和国刑法》第二百二十五条第四项,第二十五条第一款,第二十六条第一款、第四款,第二十七条,第七十二条,第六十四条及《最高人民法院关于审理非法出版物刑事案件具体应用法律若干问题的解释》第十一条、第十二条第二款第一项的规定,作出如下判决:

一、维持南京市江宁区人民法院一审刑事判决对上诉人董杰、陈珠定罪及量刑主刑部分,即:一、被告人董杰犯非法经营罪,判处有期徒刑六年;被告人陈珠犯非法经营罪,判处有期徒刑三年,缓刑四年;作案工具、非法所得予以没收。

二、撤销南京市江宁区人民法院一审刑事判决对原审被告人董杰、陈珠的量刑附加刑部分,即被告人董杰判处罚金人民币160万元;被告人陈珠判处罚金人民币140万元。

三、上诉人董杰犯非法经营罪,判处有期徒刑六年,罚金人民币30万元;上诉人陈珠犯非法经营罪,判处有期徒刑三年,缓刑四年,罚金人民币20万元。

▶ 行政规范

法律

《中华人民共和国著作权法》(中华人民共和国主席令第62号,2020.11.11修正,2021.6.1实施)(节录)

第二条 中国公民、法人或者非法人组织的作品,不论是否发表,依照本法享有著作权。

外国人、无国籍人的作品根据其作者所属国或者经常居住地国同中国签订的协议或者共同参加的国际条约享有的著作权,受本法保护。

外国人、无国籍人的作品首先在中国境内出版的,依照本法享有著作权。

未与中国签订协议或者共同参加国际条约的国家的作者以及无国籍人的作品首次在中国参加的国际条约的成员国出版的,或者在成员国和非成员国同时出版的，受本法保护。

第三条　本法所称的作品，是指文学、艺术和科学领域内具有独创性并能以一定形式表现的智力成果，包括：

（一）文字作品；

（二）口述作品；

（三）音乐、戏剧、曲艺、舞蹈、杂技艺术作品；

（四）美术、建筑作品；

（五）摄影作品；

（六）视听作品；

（七）工程设计图、产品设计图、地图、示意图等图形作品和模型作品；

（八）计算机软件；

（九）符合作品特征的其他智力成果。

第四条　著作权人和与著作权有关的权利人行使权利，不得违反宪法和法律，不得损害公共利益。国家对作品的出版、传播依法进行监督管理。

第五条　本法不适用于：

（一）法律、法规，国家机关的决议、决定、命令和其他具有立法、行政、司法性质的文件，及其官方正式译文；

（二）单纯事实消息；

（三）历法、通用数表、通用表格和公式。

第六条　民间文学艺术作品的著作权保护办法由国务院另行规定。

第七条　国家著作权主管部门负责全国的著作权管理工作；县级以上地方主管著作权的部门负责本行政区域的著作权管理工作。

第八条　著作权人和与著作权有关的权利人可以授权著作权集体管理组织行使著作权或者与著作权有关的权利。依法设立的著作权集体管理组织是非营利法人，被授权后可以以自己的名义为著作权人和与著作权有关的权利人主张权利，并可以作为当事人进行涉及著作权或者与著作权有关的权利的诉讼、仲裁、调解活动。

著作权集体管理组织根据授权向使用者收取使用费。使用费的收取标准由著作权集体管理组织和使用者代表协商确定，协商不成的，可以向国家著作权主管部门申请裁决，对裁决不服的，可以向人民法院提起诉讼；当事人也可以直接向人民法院提起诉讼。

著作权集体管理组织应当将使用费的收取和转付、管理费的提取和使用、使用费的未分配部分等总体情况定期向社会公布，并应当建立权利信息查询系统，供权利人和使用者查询。国家著作权主管部门应当依法对著作权集体管理组织进行监督、管理。

著作权集体管理组织的设立方式、权利义务、使用费的收取和分配，以及对其监督和管理等由国务院另行规定。

第九条 著作权人包括：

（一）作者；

（二）其他依照本法享有著作权的自然人、法人或者非法人组织。

第十条 著作权包括下列人身权和财产权：

（一）发表权，即决定作品是否公之于众的权利；

（二）署名权，即表明作者身份，在作品上署名的权利；

（三）修改权，即修改或者授权他人修改作品的权利；

（四）保护作品完整权，即保护作品不受歪曲、篡改的权利；

（五）复制权，即以印刷、复印、拓印、录音、录像、翻录、翻拍、数字化等方式将作品制作一份或者多份的权利；

（六）发行权，即以出售或者赠与方式向公众提供作品的原件或者复制件的权利；

（七）出租权，即有偿许可他人临时使用视听作品、计算机软件的原件或者复制件的权利，计算机软件不是出租的主要标的的除外；

（八）展览权，即公开陈列美术作品、摄影作品的原件或者复制件的权利；

（九）表演权，即公开表演作品，以及用各种手段公开播送作品的表演的权利；

（十）放映权，即通过放映机、幻灯机等技术设备公开再现美术、摄影、视听作品等的权利；

（十一）广播权，即以有线或者无线方式公开传播或者转播作品，以及

通过扩音器或者其他传送符号、声音、图像的类似工具向公众传播广播的作品的权利,但不包括本款第十二项规定的权利;

(十二)信息网络传播权,即以有线或者无线方式向公众提供,使公众可以在其选定的时间和地点获得作品的权利;

(十三)摄制权,即以摄制视听作品的方法将作品固定在载体上的权利;

(十四)改编权,即改变作品,创作出具有独创性的新作品的权利;

(十五)翻译权,即将作品从一种语言文字转换成另一种语言文字的权利;

(十六)汇编权,即将作品或者作品的片段通过选择或者编排,汇集成新作品的权利;

(十七)应当由著作权人享有的其他权利。

著作权人可以许可他人行使前款第五项至第十七项规定的权利,并依照约定或者本法有关规定获得报酬。

著作权人可以全部或者部分转让本条第一款第五项至第十七项规定的权利,并依照约定或者本法有关规定获得报酬。

第十一条 著作权属于作者,本法另有规定的除外。

创作作品的自然人是作者。

由法人或者非法人组织主持,代表法人或者非法人组织意志创作,并由法人或者非法人组织承担责任的作品,法人或者非法人组织视为作者。

第十二条 在作品上署名的自然人、法人或者非法人组织为作者,且该作品上存在相应权利,但有相反证明的除外。

作者等著作权人可以向国家著作权主管部门认定的登记机构办理作品登记。

与著作权有关的权利参照适用前两款规定。

第十三条 改编、翻译、注释、整理已有作品而产生的作品,其著作权由改编、翻译、注释、整理人享有,但行使著作权时不得侵犯原作品的著作权。

第十四条 两人以上合作创作的作品,著作权由合作作者共同享有。没有参加创作的人,不能成为合作作者。

合作作品的著作权由合作作者通过协商一致行使；不能协商一致，又无正当理由的，任何一方不得阻止他方行使除转让、许可他人专有使用、出质以外的其他权利，但是所得收益应当合理分配给所有合作作者。

合作作品可以分割使用的，作者对各自创作的部分可以单独享有著作权，但行使著作权时不得侵犯合作作品整体的著作权。

第十五条 汇编若干作品、作品的片段或者不构成作品的数据或者其他材料，对其内容的选择或者编排体现独创性的作品，为汇编作品，其著作权由汇编人享有，但行使著作权时，不得侵犯原作品的著作权。

第十六条 使用改编、翻译、注释、整理、汇编已有作品而产生的作品进行出版、演出和制作录音录像制品，应当取得该作品的著作权人和原作品的著作权人许可，并支付报酬。

第十七条 视听作品中的电影作品、电视剧作品的著作权由制作者享有，但编剧、导演、摄影、作词、作曲等作者享有署名权，并有权按照与制作者签订的合同获得报酬。

前款规定以外的视听作品的著作权归属由当事人约定；没有约定或者约定不明确的，由制作者享有，但作者享有署名权和获得报酬的权利。

视听作品中的剧本、音乐等可以单独使用的作品的作者有权单独行使其著作权。

第十八条 自然人为完成法人或者非法人组织工作任务所创作的作品是职务作品，除本条第二款的规定以外，著作权由作者享有，但法人或者非法人组织有权在其业务范围内优先使用。作品完成两年内，未经单位同意，作者不得许可第三人以与单位使用的相同方式使用该作品。

有下列情形之一的职务作品，作者享有署名权，著作权的其他权利由法人或者非法人组织享有，法人或者非法人组织可以给予作者奖励：

（一）主要是利用法人或者非法人组织的物质技术条件创作，并由法人或者非法人组织承担责任的工程设计图、产品设计图、地图、示意图、计算机软件等职务作品；

（二）报社、期刊社、通讯社、广播电台、电视台的工作人员创作的职务作品；

（三）法律、行政法规规定或者合同约定著作权由法人或者非法人组织享有的职务作品。

第十九条　受委托创作的作品，著作权的归属由委托人和受托人通过合同约定。合同未作明确约定或者没有订立合同的，著作权属于受托人。

第二十条　作品原件所有权的转移，不改变作品著作权的归属，但美术、摄影作品原件的展览权由原件所有人享有。

作者将未发表的美术、摄影作品的原件所有权转让给他人，受让人展览该原件不构成对作者发表权的侵犯。

第二十一条　著作权属于自然人的，自然人死亡后，其本法第十条第一款第五项至第十七项规定的权利在本法规定的保护期内，依法转移。

著作权属于法人或者非法人组织的，法人或者非法人组织变更、终止后，其本法第十条第一款第五项至第十七项规定的权利在本法规定的保护期内，由承受其权利义务的法人或者非法人组织享有；没有承受其权利义务的法人或者非法人组织的，由国家享有。

第二十二条　作者的署名权、修改权、保护作品完整权的保护期不受限制。

第二十三条　自然人的作品，其发表权、本法第十条第一款第五项至第十七项规定的权利的保护期为作者终生及其死亡后五十年，截止于作者死亡后第五十年的12月31日；如果是合作作品，截止于最后死亡的作者死亡后第五十年的12月31日。

法人或者非法人组织的作品、著作权（署名权除外）由法人或者非法人组织享有的职务作品，其发表权的保护期为五十年，截止于作品创作完成后第五十年的12月31日；本法第十条第一款第五项至第十七项规定的权利的保护期为五十年，截止于作品首次发表后第五十年的12月31日，但作品自创作完成后五十年内未发表的，本法不再保护。

视听作品，其发表权的保护期为五十年，截止于作品创作完成后第五十年的12月31日；本法第十条第一款第五项至第十七项规定的权利的保护期为五十年，截止于作品首次发表后第五十年的12月31日，但作品自创作完成后五十年内未发表的，本法不再保护。

第二十四条 在下列情况下使用作品,可以不经著作权人许可,不向其支付报酬,但应当指明作者姓名或者名称、作品名称,并且不得影响该作品的正常使用,也不得不合理地损害著作权人的合法权益:

(一)为个人学习、研究或者欣赏,使用他人已经发表的作品;

(二)为介绍、评论某一作品或者说明某一问题,在作品中适当引用他人已经发表的作品;

(三)为报道新闻,在报纸、期刊、广播电台、电视台等媒体中不可避免地再现或者引用已经发表的作品;

(四)报纸、期刊、广播电台、电视台等媒体刊登或者播放其他报纸、期刊、广播电台、电视台等媒体已经发表的关于政治、经济、宗教问题的时事性文章,但著作权人声明不许刊登、播放的除外;

(五)报纸、期刊、广播电台、电视台等媒体刊登或者播放在公众集会上发表的讲话,但作者声明不许刊登、播放的除外;

(六)为学校课堂教学或者科学研究,翻译、改编、汇编、播放或者少量复制已经发表的作品,供教学或者科研人员使用,但不得出版发行;

(七)国家机关为执行公务在合理范围内使用已经发表的作品;

(八)图书馆、档案馆、纪念馆、博物馆、美术馆、文化馆等为陈列或者保存版本的需要,复制本馆收藏的作品;

(九)免费表演已经发表的作品,该表演未向公众收取费用,也未向表演者支付报酬,且不以营利为目的;

(十)对设置或者陈列在公共场所的艺术作品进行临摹、绘画、摄影、录像;

(十一)将中国公民、法人或者非法人组织已经发表的以国家通用语言文字创作的作品翻译成少数民族语言文字作品在国内出版发行;

(十二)以阅读障碍者能够感知的无障碍方式向其提供已经发表的作品;

(十三)法律、行政法规规定的其他情形。

前款规定适用于对与著作权有关的权利的限制。

第二十五条 为实施义务教育和国家教育规划而编写出版教科书,可以不经著作权人许可,在教科书中汇编已经发表的作品片段或者短小的文字作品、音乐作品或者单幅的美术作品、摄影作品、图形作品,但应当按照规定向著作权人支付报酬,指明作者姓名或者名称、作品名称,并且不得侵犯著作权人依照本法享有的其他权利。

前款规定适用于对与著作权有关的权利的限制。

第二十六条 使用他人作品应当同著作权人订立许可使用合同,本法规定可以不经许可的除外。

许可使用合同包括下列主要内容:

(一)许可使用的权利种类;

(二)许可使用的权利是专有使用权或者非专有使用权;

(三)许可使用的地域范围、期间;

(四)付酬标准和办法;

(五)违约责任;

(六)双方认为需要约定的其他内容。

第二十七条 转让本法第十条第一款第五项至第十七项规定的权利,应当订立书面合同。

权利转让合同包括下列主要内容:

(一)作品的名称;

(二)转让的权利种类、地域范围;

(三)转让价金;

(四)交付转让价金的日期和方式;

(五)违约责任;

(六)双方认为需要约定的其他内容。

第二十八条 以著作权中的财产权出质的,由出质人和质权人依法办理出质登记。

第二十九条 许可使用合同和转让合同中著作权人未明确许可、转让的权利,未经著作权人同意,另一方当事人不得行使。

第三十条 使用作品的付酬标准可以由当事人约定,也可以按照国家著作权主管部门会同有关部门制定的付酬标准支付报酬。当事人约定不明确的,按照国家著作权主管部门会同有关部门制定的付酬标准支付报酬。

第三十一条　出版者、表演者、录音录像制作者、广播电台、电视台等依照本法有关规定使用他人作品的，不得侵犯作者的署名权、修改权、保护作品完整权和获得报酬的权利。

第三十二条　图书出版者出版图书应当和著作权人订立出版合同，并支付报酬。

第三十三条　图书出版者对著作权人交付出版的作品，按照合同约定享有的专有出版权受法律保护，他人不得出版该作品。

第三十四条　著作权人应当按照合同约定期限交付作品。图书出版者应当按照合同约定的出版质量、期限出版图书。

图书出版者不按照合同约定期限出版，应当依照本法第六十一条的规定承担民事责任。

图书出版者重印、再版作品的，应当通知著作权人，并支付报酬。图书脱销后，图书出版者拒绝重印、再版的，著作权人有权终止合同。

第三十五条　著作权人向报社、期刊社投稿的，自稿件发出之日起十五日内未收到报社通知决定刊登的，或者自稿件发出之日起三十日内未收到期刊社通知决定刊登的，可以将同一作品向其他报社、期刊社投稿。双方另有约定的除外。

作品刊登后，除著作权人声明不得转载、摘编的外，其他报刊可以转载或者作为文摘、资料刊登，但应当按照规定向著作权人支付报酬。

第三十六条　图书出版者经作者许可，可以对作品修改、删节。

报社、期刊社可以对作品作文字性修改、删节。对内容的修改，应当经作者许可。

第三十七条　出版者有权许可或者禁止他人使用其出版的图书、期刊的版式设计。

前款规定的权利的保护期为十年，截止于使用该版式设计的图书、期刊首次出版后第十年的 12 月 31 日。

第三十八条　使用他人作品演出，表演者应当取得著作权人许可，并支付报酬。演出组织者组织演出，由该组织者取得著作权人许可，并支付报酬。

第三十九条　表演者对其表演享有下列权利：

（一）表明表演者身份；

（二）保护表演形象不受歪曲；

（三）许可他人从现场直播和公开传送其现场表演，并获得报酬；

（四）许可他人录音录像，并获得报酬；

（五）许可他人复制、发行、出租录有其表演的录音录像制品，并获得报酬；

（六）许可他人通过信息网络向公众传播其表演，并获得报酬。

被许可人以前款第三项至第六项规定的方式使用作品，还应当取得著作权人许可，并支付报酬。

第四十条　演员为完成本演出单位的演出任务进行的表演为职务表演，演员享有表明身份和保护表演形象不受歪曲的权利，其他权利归属由当事人约定。当事人没有约定或者约定不明确的，职务表演的权利由演出单位享有。

职务表演的权利由演员享有的，演出单位可以在其业务范围内免费使用该表演。

第四十一条　本法第三十九条第一款第一项、第二项规定的权利的保护期不受限制。

本法第三十九条第一款第三项至第六项规定的权利的保护期为五十年，截止于该表演发生后第五十年的12月31日。

第四十二条　录音录像制作者使用他人作品制作录音录像制品，应当取得著作权人许可，并支付报酬。

录音制作者使用他人已经合法录制为录音制品的音乐作品制作录音制品，可以不经著作权人许可，但应当按照规定支付报酬；著作权人声明不许使用的不得使用。

第四十三条　录音录像制作者制作录音录像制品，应当同表演者订立合同，并支付报酬。

第四十四条　录音录像制作者对其制作的录音录像制品，享有许可他人复制、发行、出租、通过信息网络向公众传播并获得报酬的权利；权利的保护期为五十年,截止于该制品首次制作完成后第五十年的12月31日。

被许可人复制、发行、通过信息网络向公众传播录音录像制品,应当同时取得著作权人、表演者许可,并支付报酬;被许可人出租录音录像制品,还应当取得表演者许可,并支付报酬。

第四十五条 将录音制品用于有线或者无线公开传播,或者通过传送声音的技术设备向公众公开播送的,应当向录音制作者支付报酬。

第四十六条 广播电台、电视台播放他人未发表的作品,应当取得著作权人许可,并支付报酬。

广播电台、电视台播放他人已发表的作品,可以不经著作权人许可,但应当按照规定支付报酬。

第四十七条 广播电台、电视台有权禁止未经其许可的下列行为:

(一)将其播放的广播、电视以有线或者无线方式转播;

(二)将其播放的广播、电视录制以及复制;

(三)将其播放的广播、电视通过信息网络向公众传播。

广播电台、电视台行使前款规定的权利,不得影响、限制或者侵害他人行使著作权或者与著作权有关的权利。

本条第一款规定的权利的保护期为五十年,截止于该广播、电视首次播放后第五十年的12月31日。

第四十八条 电视台播放他人的视听作品、录像制品,应当取得视听作品著作权人或者录像制作者许可,并支付报酬;播放他人的录像制品,还应当取得著作权人许可,并支付报酬。

第四十九条 为保护著作权和与著作权有关的权利,权利人可以采取技术措施。

未经权利人许可,任何组织或者个人不得故意避开或者破坏技术措施,不得以避开或者破坏技术措施为目的制造、进口或者向公众提供有关装置或者部件,不得故意为他人避开或者破坏技术措施提供技术服务。但是,法律、行政法规规定可以避开的情形除外。

本法所称的技术措施,是指用于防止、限制未经权利人许可浏览、欣赏作品、表演、录音录像制品或者通过信息网络向公众提供作品、表演、录音录像制品的有效技术、装置或者部件。

第五十条　下列情形可以避开技术措施，但不得向他人提供避开技术措施的技术、装置或者部件，不得侵犯权利人依法享有的其他权利：

（一）为学校课堂教学或者科学研究，提供少量已经发表的作品，供教学或者科研人员使用，而该作品无法通过正常途径获取；

（二）不以营利为目的，以阅读障碍者能够感知的无障碍方式向其提供已经发表的作品，而该作品无法通过正常途径获取；

（三）国家机关依照行政、监察、司法程序执行公务；

（四）对计算机及其系统或者网络的安全性能进行测试；

（五）进行加密研究或者计算机软件反向工程研究。

前款规定适用于对与著作权有关的权利的限制。

第五十一条　未经权利人许可，不得进行下列行为：

（一）故意删除或者改变作品、版式设计、表演、录音录像制品或者广播、电视上的权利管理信息，但由于技术上的原因无法避免的除外；

（二）知道或者应当知道作品、版式设计、表演、录音录像制品或者广播、电视上的权利管理信息未经许可被删除或者改变，仍然向公众提供。

第五十二条　有下列侵权行为的，应当根据情况，承担停止侵害、消除影响、赔礼道歉、赔偿损失等民事责任：

（一）未经著作权人许可，发表其作品的；

（二）未经合作作者许可，将与他人合作创作的作品当作自己单独创作的作品发表的；

（三）没有参加创作，为谋取个人名利，在他人作品上署名的；

（四）歪曲、篡改他人作品的；

（五）剽窃他人作品的；

（六）未经著作权人许可，以展览、摄制视听作品的方法使用作品，或者以改编、翻译、注释等方式使用作品的，本法另有规定的除外；

（七）使用他人作品，应当支付报酬而未支付的；

（八）未经视听作品、计算机软件、录音录像制品的著作权人、表演者或者录音录像制作者许可，出租其作品或者录音录像制品的原件或者复制

件的,本法另有规定的除外;

(九)未经出版者许可,使用其出版的图书、期刊的版式设计的;

(十)未经表演者许可,从现场直播或者公开传送其现场表演,或者录制其表演的;

(十一)其他侵犯著作权以及与著作权有关的权利的行为。

第五十三条 有下列侵权行为的,应当根据情况,承担本法第五十二条规定的民事责任;侵权行为同时损害公共利益的,由主管著作权的部门责令停止侵权行为,予以警告,没收违法所得,没收、无害化销毁处理侵权复制品以及主要用于制作侵权复制品的材料、工具、设备等,违法经营额五万元以上的,可以并处违法经营额一倍以上五倍以下的罚款;没有违法经营额、违法经营额难以计算或者不足五万元的,可以并处二十五万元以下的罚款;构成犯罪的,依法追究刑事责任:

(一)未经著作权人许可,复制、发行、表演、放映、广播、汇编、通过信息网络向公众传播其作品的,本法另有规定的除外;

(二)出版他人享有专有出版权的图书的;

(三)未经表演者许可,复制、发行录有其表演的录音录像制品,或者通过信息网络向公众传播其表演的,本法另有规定的除外;

(四)未经录音录像制作者许可,复制、发行、通过信息网络向公众传播其制作的录音录像制品的,本法另有规定的除外;

(五)未经许可,播放、复制或者通过信息网络向公众传播广播、电视的,本法另有规定的除外;

(六)未经著作权人或者与著作权有关的权利人许可,故意避开或者破坏技术措施的,故意制造、进口或者向他人提供主要用于避开、破坏技术措施的装置或者部件的,或者故意为他人避开或者破坏技术措施提供技术服务的,法律、行政法规另有规定的除外;

(七)未经著作权人或者与著作权有关的权利人许可,故意删除或者改变作品、版式设计、表演、录音录像制品或者广播、电视上的权利管理信息的,知道或者应当知道作品、版式设计、表演、录音录像制品或者广播、电视上的权利管理信息未经许可被删除或者改变,仍然向公众提供的,法律、行政法规另有规定的除外；

（八）制作、出售假冒他人署名的作品的。

第五十四条　侵犯著作权或者与著作权有关的权利的，侵权人应当按照权利人因此受到的实际损失或者侵权人的违法所得给予赔偿；权利人的实际损失或者侵权人的违法所得难以计算的，可以参照该权利使用费给予赔偿。对故意侵犯著作权或者与著作权有关的权利，情节严重的，可以在按照上述方法确定数额的一倍以上五倍以下给予赔偿。

权利人的实际损失、侵权人的违法所得、权利使用费难以计算的，由人民法院根据侵权行为的情节，判决给予五百元以上五百万元以下的赔偿。

赔偿数额还应当包括权利人为制止侵权行为所支付的合理开支。

人民法院为确定赔偿数额，在权利人已经尽了必要举证责任，而与侵权行为相关的账簿、资料等主要由侵权人掌握的，可以责令侵权人提供与侵权行为相关的账簿、资料等；侵权人不提供，或者提供虚假的账簿、资料等的，人民法院可以参考权利人的主张和提供的证据确定赔偿数额。

人民法院审理著作权纠纷案件，应权利人请求，对侵权复制品，除特殊情况外，责令销毁；对主要用于制造侵权复制品的材料、工具、设备等，责令销毁，且不予补偿；或者在特殊情况下，责令禁止前述材料、工具、设备等进入商业渠道，且不予补偿。

第五十五条　主管著作权的部门对涉嫌侵犯著作权和与著作权有关的权利的行为进行查处时，可以询问有关当事人，调查与涉嫌违法行为有关的情况；对当事人涉嫌违法行为的场所和物品实施现场检查；查阅、复制与涉嫌违法行为有关的合同、发票、账簿以及其他有关资料；对于涉嫌违法行为的场所和物品，可以查封或者扣押。

主管著作权的部门依法行使前款规定的职权时，当事人应当予以协助、配合，不得拒绝、阻挠。

第五十六条　著作权人或者与著作权有关的权利人有证据证明他人正在实施或者即将实施侵犯其权利、妨碍其实现权利的行为，如不及时制止将会使其合法权益受到难以弥补的损害的，可以在起诉前依法向人民法院申请采取财产保全、责令作出一定行为或者禁止作出一定行为等措施。

第五十七条 为制止侵权行为,在证据可能灭失或者以后难以取得的情况下,著作权人或者与著作权有关的权利人可以在起诉前依法向人民法院申请保全证据。

第五十八条 人民法院审理案件,对于侵犯著作权或者与著作权有关的权利的,可以没收违法所得、侵权复制品以及进行违法活动的财物。

第五十九条 复制品的出版者、制作者不能证明其出版、制作有合法授权的,复制品的发行者或者视听作品、计算机软件、录音录像制品的复制品的出租者不能证明其发行、出租的复制品有合法来源的,应当承担法律责任。

在诉讼程序中,被诉侵权人主张其不承担侵权责任的,应当提供证据证明已经取得权利人的许可,或者具有本法规定的不经权利人许可而可以使用的情形。

第六十条 著作权纠纷可以调解,也可以根据当事人达成的书面仲裁协议或者著作权合同中的仲裁条款,向仲裁机构申请仲裁。

当事人没有书面仲裁协议,也没有在著作权合同中订立仲裁条款的,可以直接向人民法院起诉。

第六十一条 当事人因不履行合同义务或者履行合同义务不符合约定而承担民事责任,以及当事人行使诉讼权利、申请保全等,适用有关法律的规定。

第六十二条 本法所称的著作权即版权。

第六十三条 本法第二条所称的出版,指作品的复制、发行。

第六十四条 计算机软件、信息网络传播权的保护办法由国务院另行规定。

第六十五条 摄影作品,其发表权、本法第十条第一款第五项至第十七项规定的权利的保护期在2021年6月1日前已经届满,但依据本法第二十三条第一款的规定仍在保护期内的,不再保护。

第六十六条 本法规定的著作权人和出版者、表演者、录音录像制作者、广播电台、电视台的权利,在本法施行之日尚未超过本法规定的保护期的,依照本法予以保护。

本法施行前发生的侵权或者违约行为,依照侵权或者违约行为发生时的有关规定处理。

行政法规及规范性文件

1.《出版管理条例》（中华人民共和国国务院令第732号，2020.11.29修订实施）（节录）

第二条 在中华人民共和国境内从事出版活动，适用本条例。

本条例所称出版活动，包括出版物的出版、印刷或者复制、进口、发行。

本条例所称出版物，是指报纸、期刊、图书、音像制品、电子出版物等。

第六条（第一款） 国务院出版行政主管部门负责全国的出版活动的监督管理工作。国务院其他有关部门按照国务院规定的职责分工，负责有关的出版活动的监督管理工作。

第九条 报纸、期刊、图书、音像制品和电子出版物等应当由出版单位出版。

本条例所称出版单位，包括报社、期刊社、图书出版社、音像出版社和电子出版物出版社等。

法人出版报纸、期刊，不设立报社、期刊社的，其设立的报纸编辑部、期刊编辑部视为出版单位。

第十二条 设立出版单位，由其主办单位向所在地省、自治区、直辖市人民政府出版行政主管部门提出申请；省、自治区、直辖市人民政府出版行政主管部门审核同意后，报国务院出版行政主管部门审批。设立的出版单位为事业单位的，还应当办理机构编制审批手续。

第十五条 设立出版单位的主办单位应当自收到批准决定之日起60日内，向所在地省、自治区、直辖市人民政府出版行政主管部门登记，领取出版许可证。登记事项由国务院出版行政主管部门规定。

出版单位领取出版许可证后，属于事业单位法人的，持出版许可证向事业单位登记管理机关登记，依法领取事业单位法人证书；属于企业法人的，持出版许可证向工商行政管理部门登记，依法领取营业执照。

第三十一条 从事出版物印刷或者复制业务的单位，应当向所在地省、自治区、直辖市人民政府出版行政主管部门提出申请，经审核许可，并依

下编 知识产权犯罪

照国家有关规定到工商行政管理部门办理相关手续后，方可从事出版物的印刷或者复制。

未经许可并办理相关手续的，不得印刷报纸、期刊、图书，不得复制音像制品、电子出版物。

第三十二条 出版单位不得委托未取得出版物印刷或者复制许可的单位印刷或者复制出版物。

出版单位委托印刷或者复制单位印刷或者复制出版物的，必须提供符合国家规定的印刷或者复制出版物的有关证明，并依法与印刷或者复制单位签订合同。

印刷或者复制单位不得接受非出版单位和个人的委托印刷报纸、期刊、图书或者复制音像制品、电子出版物，不得擅自印刷、发行报纸、期刊、图书或者复制、发行音像制品、电子出版物。

第三十三条 印刷或者复制单位经所在地省、自治区、直辖市人民政府出版行政主管部门批准，可以承接境外出版物的印刷或者复制业务；但是，印刷或者复制的境外出版物必须全部运输出境，不得在境内发行。

境外委托印刷或者复制的出版物的内容，应当经省、自治区、直辖市人民政府出版行政主管部门审核。委托人应当持有著作权人授权书，并向著作权行政管理部门登记。

第三十五条 单位从事出版物批发业务的，须经省、自治区、直辖市人民政府出版行政主管部门审核许可，取得《出版物经营许可证》。

单位和个体工商户从事出版物零售业务的，须经县级人民政府出版行政主管部门审核许可，取得《出版物经营许可证》。

第三十六条 通过互联网等信息网络从事出版物发行业务的单位或者个体工商户，应当依照本条例规定取得《出版物经营许可证》。

提供网络交易平台服务的经营者应当对申请通过网络交易平台从事出版物发行业务的单位或者个体工商户的经营主体身份进行审查，验证其《出版物经营许可证》。

第三十八条 出版单位可以发行本出版单位出版的出版物，不得发行其他出版单位出版的出版物。

第六十一条　未经批准，擅自设立出版物的出版、印刷或者复制、进口单位，或者擅自从事出版物的出版、印刷或者复制、进口、发行业务，假冒出版单位名称或者伪造、假冒报纸、期刊名称出版出版物的，由出版行政主管部门、工商行政管理部门依照法定职权予以取缔；依照刑法关于非法经营罪的规定，依法追究刑事责任；尚不够刑事处罚的，没收出版物、违法所得和从事违法活动的专用工具、设备，违法经营额 1 万元以上的，并处违法经营额 5 倍以上 10 倍以下的罚款，违法经营额不足 1 万元的，可以处 5 万元以下的罚款；侵犯他人合法权益的，依法承担民事责任。

第六十二条　有下列行为之一，触犯刑律的，依照刑法有关规定，依法追究刑事责任；尚不够刑事处罚的，由出版行政主管部门责令限期停业整顿，没收出版物、违法所得，违法经营额 1 万元以上的，并处违法经营额 5 倍以上 10 倍以下的罚款；违法经营额不足 1 万元的，可以处 5 万元以下的罚款；情节严重的，由原发证机关吊销许可证：

（一）出版、进口含有本条例第二十五条、第二十六条禁止内容的出版物的；

（二）明知或者应知出版物含有本条例第二十五条、第二十六条禁止内容而印刷或者复制、发行的；

（三）明知或者应知他人出版含有本条例第二十五条、第二十六条禁止内容的出版物而向其出售或者以其他形式转让本出版单位的名称、书号、刊号、版号、版面，或者出租本单位的名称、刊号的。

2.《音像制品管理条例》（中华人民共和国国务院令第 732 号，2020.11.29 修订实施）（节录）

第二条　本条例适用于录有内容的录音带、录像带、唱片、激光唱盘和激光视盘等音像制品的出版、制作、复制、进口、批发、零售、出租等活动。

音像制品用于广播电视播放的，适用广播电视法律、行政法规。

第五条　国家对出版、制作、复制、进口、批发、零售音像制品，实行许可制度；未经许可，任何单位和个人不得从事音像制品的出版、制作、复制、进口、批发、零售等活动。

依照本条例发放的许可证和批准文件,不得出租、出借、出售或者以其他任何形式转让。

第十九条 音像出版单位不得委托未取得《音像制品制作许可证》的单位制作音像制品。

音像制作单位接受委托制作音像制品的,应当按照国家有关规定,与委托的出版单位订立制作委托合同;验证委托的出版单位的《音像制品出版许可证》或者本版出版物的证明及由委托的出版单位盖章的音像制品制作委托书。

音像制作单位不得出版、复制、批发、零售音像制品。

第三十二条 申请从事音像制品批发业务,应当报所在地省、自治区、直辖市人民政府出版行政主管部门审批。申请从事音像制品零售业务,应当报县级地方人民政府出版行政主管部门审批。出版行政主管部门应当自受理申请书之日起30日内作出批准或者不批准的决定,并通知申请人。批准的,应当发给《出版物经营许可证》;不批准的,应当说明理由。

《出版物经营许可证》应当注明音像制品经营活动的种类。

第三十六条 音像制品批发单位和从事音像制品零售、出租等业务的单位或者个体工商户,不得经营非音像出版单位出版的音像制品或者非音像复制单位复制的音像制品,不得经营未经国务院出版行政主管部门批准进口的音像制品,不得经营侵犯他人著作权的音像制品。

第三十九条 未经批准,擅自设立音像制品出版、进口单位,擅自从事音像制品出版、制作、复制业务或者进口、批发、零售经营活动的,由出版行政主管部门、工商行政管理部门依照法定职权予以取缔;依照刑法关于非法经营罪的规定,依法追究刑事责任;尚不够刑事处罚的,没收违法经营的音像制品和违法所得以及进行违法活动的专用工具、设备;违法经营额1万元以上的,并处违法经营额5倍以上10倍以下的罚款;违法经营额不足1万元的,可以处5万元以下的罚款。

3.《印刷业管理条例》(中华人民共和国国务院令第732号,2020.11.29修订实施)(节录)

第二条 本条例适用于出版物、包装装潢印刷品和其他印刷品的印刷经营活动。

本条例所称出版物，包括报纸、期刊、书籍、地图、年画、图片、挂历、画册及音像制品、电子出版物的装帧封面等。

本条例所称包装装潢印刷品，包括商标标识、广告宣传品及作为产品包装装潢的纸、金属、塑料等的印刷品。

本条例所称其他印刷品，包括文件、资料、图表、票证、证件、名片等。

本条例所称印刷经营活动，包括经营性的排版、制版、印刷、装订、复印、影印、打印等活动。

第八条　国家实行印刷经营许可制度。未依照本条例规定取得印刷经营许可证的，任何单位和个人不得从事印刷经营活动。

第十条　企业申请从事出版物印刷经营活动，应当持营业执照向所在地省、自治区、直辖市人民政府出版行政部门提出申请，经审核批准的，发给印刷经营许可证。

企业申请从事包装装潢印刷品和其他印刷品印刷经营活动，应当持营业执照向所在地设区的市级人民政府出版行政部门提出申请，经审核批准的，发给印刷经营许可证。

个人不得从事出版物、包装装潢印刷品印刷经营活动；个人从事其他印刷品印刷经营活动的，依照本条第二款的规定办理审批手续。

第十八条　印刷出版物的，委托印刷单位和印刷企业应当按照国家有关规定签订印刷合同。

第十九条　印刷企业接受出版单位委托印刷图书、期刊的，必须验证并收存出版单位盖章的印刷委托书，并在印刷前报出版单位所在地省、自治区、直辖市人民政府出版行政部门备案；印刷企业接受所在地省、自治区、直辖市以外的出版单位的委托印刷图书、期刊的，印刷委托书还必须事先报印刷企业所在地省、自治区、直辖市人民政府出版行政部门备案。印刷委托书由国务院出版行政部门规定统一格式，由省、自治区、直辖市人民政府出版行政部门统一印制。

印刷企业接受出版单位委托印刷报纸的，必须验证报纸出版许可证；接受出版单位的委托印刷报纸、期刊的增版、增刊的，还必须验证主管的出版行政部门批准出版增版、增刊的文件。

第二十条 印刷企业接受委托印刷内部资料性出版物的，必须验证县级以上地方人民政府出版行政部门核发的准印证。

印刷企业接受委托印刷宗教内容的内部资料性出版物的，必须验证省、自治区、直辖市人民政府宗教事务管理部门的批准文件和省、自治区、直辖市人民政府出版行政部门核发的准印证。

出版行政部门应当自收到印刷内部资料性出版物或者印刷宗教内容的内部资料性出版物的申请之日起30日内作出是否核发准印证的决定，并通知申请人；逾期不作出决定的，视为同意印刷。

第二十一条 印刷企业接受委托印刷境外的出版物的，必须持有关著作权的合法证明文件，经省、自治区、直辖市人民政府出版行政部门批准；印刷的境外出版物必须全部运输出境，不得在境内发行、散发。

第三十六条 违反本条例规定，擅自设立从事出版物印刷经营活动的企业或者擅自从事印刷经营活动的，由出版行政部门、工商行政管理部门依据法定职权予以取缔，没收印刷品和违法所得以及进行违法活动的专用工具、设备，违法经营额1万元以上的，并处违法经营额5倍以上10倍以下的罚款；违法经营额不足1万元的，并处1万元以上5万元以下的罚款；构成犯罪的，依法追究刑事责任。

单位内部设立的印刷厂（所）未依照本条例第二章的规定办理手续，从事印刷经营活动的，依照前款的规定处罚。

第三十七条 印刷业经营者违反本条例规定，有下列行为之一的，由县级以上地方人民政府出版行政部门责令停止违法行为，责令停业整顿，没收印刷品和违法所得，违法经营额1万元以上的，并处违法经营额5倍以上10倍以下的罚款；违法经营额不足1万元的，并处1万元以上5万元以下的罚款；情节严重的，由原发证机关吊销许可证；构成犯罪的，依法追究刑事责任：

（一）未取得出版行政部门的许可，擅自兼营或者变更从事出版物、包装装潢印刷品或者其他印刷品印刷经营活动，或者擅自兼并其他印刷业经营者的；

（二）因合并、分立而设立新的印刷业经营者，未依照本条例的规定办理手续的；

（三）出售、出租、出借或者以其他形式转让印刷经营许可证的。

第三十八条　印刷业经营者印刷明知或者应知含有本条例第三条规定禁止印刷内容的出版物、包装装潢印刷品或者其他印刷品的，或者印刷国家明令禁止出版的出版物或者非出版单位出版的出版物的，由县级以上地方人民政府出版行政部门、公安部门依据法定职权责令停业整顿，没收印刷品和违法所得，违法经营额1万元以上的，并处违法经营额5倍以上10倍以下的罚款；违法经营额不足1万元的，并处1万元以上5万元以下的罚款；情节严重的，由原发证机关吊销许可证；构成犯罪的，依法追究刑事责任。

第三十九条　印刷业经营者有下列行为之一的，由县级以上地方人民政府出版行政部门、公安部门依据法定职权责令改正，给予警告；情节严重的，责令停业整顿或者由原发证机关吊销许可证：

（一）没有建立承印验证制度、承印登记制度、印刷品保管制度、印刷品交付制度、印刷活动残次品销毁制度等的；

（二）在印刷经营活动中发现违法犯罪行为没有及时向公安部门或者出版行政部门报告的；

（三）变更名称、法定代表人或者负责人、住所或者经营场所等主要登记事项，或者终止印刷经营活动，不向原批准设立的出版行政部门备案的；

（四）未依照本条例的规定留存备查的材料的。

单位内部设立印刷厂（所）违反本条例的规定，没有向所在地县级以上地方人民政府出版行政部门、保密工作部门办理登记手续的，由县级以上地方人民政府出版行政部门、保密工作部门依据法定职权责令改正，给予警告；情节严重的，责令停业整顿。

第四十条　从事出版物印刷经营活动的企业有下列行为之一的，由县级以上地方人民政府出版行政部门给予警告，没收违法所得，违法经营额1万元以上的，并处违法经营额5倍以上10倍以下的罚款；违法经营额不足1万元的，并处1万元以上5万元以下的罚款；情节严重的，责令停业整顿或者由原发证机关吊销许可证；构成犯罪的，依法追究刑事责任：

（一）接受他人委托印刷出版物，未依照本条例的规定验证印刷委托书、有关证明或者准印证，或者未将印刷委托书报出版行政部门备案的；

（二）假冒或者盗用他人名义，印刷出版物的；

（三）盗印他人出版物的；

（四）非法加印或者销售受委托印刷的出版物的；

（五）征订、销售出版物的；

（六）擅自将出版单位委托印刷的出版物纸型及印刷底片等出售、出租、出借或者以其他形式转让的；

（七）未经批准，接受委托印刷境外出版物的，或者未将印刷的境外出版物全部运输出境的。

第四十一条（第一款） 从事包装装潢印刷品印刷经营活动的企业有下列行为之一的，由县级以上地方人民政府出版行政部门给予警告，没收违法所得，违法经营额1万元以上的，并处违法经营额5倍以上10倍以下的罚款；违法经营额不足1万元的，并处1万元以上5万元以下的罚款；情节严重的，责令停业整顿或者由原发证机关吊销许可证；构成犯罪的，依法追究刑事责任：

（一）接受委托印刷注册商标标识，未依照本条例的规定验证、核查工商行政管理部门签章的《商标注册证》复印件、注册商标图样或者注册商标使用许可合同复印件的；

（二）接受委托印刷广告宣传品、作为产品包装装潢的印刷品，未依照本条例的规定验证委托印刷单位的营业执照或者个人的居民身份证的，或者接受广告经营者的委托印刷广告宣传品，未验证广告经营资格证明的；

（三）盗印他人包装装潢印刷品的；

（四）接受委托印刷境外包装装潢印刷品未依照本条例的规定向出版行政部门备案的，或者未将印刷的境外包装装潢印刷品全部运输出境的。

第四十二条 从事其他印刷品印刷经营活动的企业和个人有下列行为之一的，由县级以上地方人民政府出版行政部门给予警告，没收印刷品和违法所得，违法经营额1万元以上的，并处违法经营额5倍以上10倍以下的罚款；违法经营额不足1万元的，并处1万元以上5万元以下的罚款；情

节严重的,责令停业整顿或者由原发证机关吊销许可证;构成犯罪的,依法追究刑事责任:

(一)接受委托印刷其他印刷品,未依照本条例的规定验证有关证明的;

(二)擅自将接受委托印刷的其他印刷品再委托他人印刷的;

(三)将委托印刷的其他印刷品的纸型及印刷底片出售、出租、出借或者以其他形式转让的;

(四)伪造、变造学位证书、学历证书等国家机关公文、证件或者企业事业单位、人民团体公文、证件的,或者盗印他人的其他印刷品的;

(五)非法加印或者销售委托印刷的其他印刷品的;

(六)接受委托印刷境外其他印刷品未依照本条例的规定向出版行政部门备案的,或者未将印刷的境外其他印刷品全部运输出境的;

(七)从事其他印刷品印刷经营活动的个人超范围经营的。

第四十三条 有下列行为之一的,由出版行政部门给予警告,没收印刷品和违法所得,违法经营额1万元以上的,并处违法经营额5倍以上10倍以下的罚款;违法经营额不足1万元的,并处1万元以上5万元以下的罚款;情节严重的,责令停业整顿或者吊销印刷经营许可证;构成犯罪的,依法追究刑事责任:

(一)印刷布告、通告、重大活动工作证、通行证、在社会上流通使用的票证,印刷企业没有验证主管部门的证明的,或者再委托他人印刷上述印刷品的;

(二)印刷业经营者伪造、变造学位证书、学历证书等国家机关公文、证件或者企业事业单位、人民团体公文、证件的。

印刷布告、通告、重大活动工作证、通行证、在社会上流通使用的票证,委托印刷单位没有取得主管部门证明的,由县级以上人民政府出版行政部门处以500元以上5000元以下的罚款。

4.《实施国际著作权条约的规定》(中华人民共和国国务院令第732号,2020.11.29修订实施)(节录)

第二条 对外国作品的保护,适用《中华人民共和国著作权法》(以下称著作权法)、《中华人民共和国著作权法实施条例》、《计算机软件保护条例》和本规定。

第三条 本规定所称国际著作权条约,是指中华人民共和国(以下称中国)参加的《伯尔尼保护文学和艺术作品公约》(以下称伯尔尼公约)和与外国签订的有关著作权的双边协定。

第四条 本规定所称外国作品,包括:

(一)作者或者作者之一,其他著作权人或者著作权人之一是国际著作权条约成员国的国民或者在该条约的成员国有经常居所的居民的作品;

(二)作者不是国际著作权条约成员国的国民或者在该条约的成员国有经常居所的居民,但是在该条约的成员国首次或者同时发表的作品;

(三)外商投资企业按照合同约定是著作权人或者著作权人之一的,其委托他人创作的作品。

第五条 对未发表的外国作品的保护期,适用著作权法第二十条、第二十一条的规定。

第六条 对外国实用艺术作品的保护期,为自该作品完成起二十五年。

美术作品(包括动画形象设计)用于工业制品的,不适用前款规定。

第七条 外国计算机程序作为文学作品保护,可以不履行登记手续,保护期为自该程序首次发表之年年底起五十年。

第九条 外国录像制品根据国际著作权条约构成电影作品的,作为电影作品保护。

第十条 将外国人已经发表的以汉族文字创作的作品,翻译成少数民族文字出版发行的,应当事先取得著作权人的授权。

第十一条 外国作品著作权人,可以授权他人以任何方式、手段公开表演其作品或者公开传播对其作品的表演。

第十二条 外国电影、电视和录像作品的著作权人可以授权他人公开表演其作品。

第十三条 报刊转载外国作品,应当事先取得著作权人的授权;但是,转载有关政治、经济等社会问题的时事文章除外。

第十四条 外国作品的著作权人在授权他人发行其作品的复制品后,可以授权或者禁止出租其作品的复制品。

5.《中华人民共和国著作权法实施条例》（中华人民共和国国务院令第633号，2013.1.30修订，2013.3.1实施）（节录）

第二条 著作权法所称作品，是指文学、艺术和科学领域内具有独创性并能以某种有形形式复制的智力成果。

第三条 著作权法所称创作，是指直接产生文学、艺术和科学作品的智力活动。

为他人创作进行组织工作，提供咨询意见、物质条件，或者进行其他辅助工作，均不视为创作。

第四条 著作权法和本条例中下列作品的含义：

（一）文字作品，是指小说、诗词、散文、论文等以文字形式表现的作品；

（二）口述作品，是指即兴的演说、授课、法庭辩论等以口头语言形式表现的作品；

（三）音乐作品，是指歌曲、交响乐等能够演唱或者演奏的带词或者不带词的作品；

（四）戏剧作品，是指话剧、歌剧、地方戏等供舞台演出的作品；

（五）曲艺作品，是指相声、快书、大鼓、评书等以说唱为主要形式表演的作品；

（六）舞蹈作品，是指通过连续的动作、姿势、表情等表现思想情感的作品；

（七）杂技艺术作品，是指杂技、魔术、马戏等通过形体动作和技巧表现的作品；

（八）美术作品，是指绘画、书法、雕塑等以线条、色彩或者其他方式构成的有审美意义的平面或者立体的造型艺术作品；

（九）建筑作品，是指以建筑物或者构筑物形式表现的有审美意义的作品；

（十）摄影作品，是指借助器械在感光材料或者其他介质上记录客观物体形象的艺术作品；

（十一）电影作品和以类似摄制电影的方法创作的作品，是指摄制在一

定介质上,由一系列有伴音或者无伴音的画面组成,并且借助适当装置放映或者以其他方式传播的作品;

(十二)图形作品,是指为施工、生产绘制的工程设计图、产品设计图,以及反映地理现象、说明事物原理或者结构的地图、示意图等作品;

(十三)模型作品,是指为展示、试验或者观测等用途,根据物体的形状和结构,按照一定比例制成的立体作品。

第五条 著作权法和本条例中下列用语的含义:

(一)时事新闻,是指通过报纸、期刊、广播电台、电视台等媒体报道的单纯事实消息;

(二)录音制品,是指任何对表演的声音和其他声音的录制品;

(三)录像制品,是指电影作品和以类似摄制电影的方法创作的作品以外的任何有伴音或者无伴音的连续相关形象、图像的录制品;

(四)录音制作者,是指录音制品的首次制作人;

(五)录像制作者,是指录像制品的首次制作人;

(六)表演者,是指演员、演出单位或者其他表演文学、艺术作品的人。

第六条 著作权自作品创作完成之日起产生。

第七条 著作权法第二条第三款规定的首先在中国境内出版的外国人、无国籍人的作品,其著作权自首次出版之日起受保护。

第八条 外国人、无国籍人的作品在中国境外首先出版后,30日内在中国境内出版的,视为该作品同时在中国境内出版。

第二十条 著作权法所称已经发表的作品,是指著作权人自行或者许可他人公之于众的作品。

第二十七条 出版者、表演者、录音录像制作者、广播电台、电视台行使权利,不得损害被使用作品和原作品著作权人的权利。

第二十八条 图书出版合同中约定图书出版者享有专有出版权但没有明确其具体内容的,视为图书出版者享有在合同有效期限内和在合同约定的地域范围内以同种文字的原版、修订版出版图书的专有权利。

6.《计算机软件保护条例》(中华人民共和国国务院令第632号,2013.1.30修订,2013.3.1实施)(节录)

第二条 本条例所称计算机软件(以下简称软件),是指计算机程序及其有关文档。

第三条 本条例下列用语的含义:

(一)计算机程序,是指为了得到某种结果而可以由计算机等具有信息处理能力的装置执行的代码化指令序列,或者可以被自动转换成代码化指令序列的符号化指令序列或者符号化语句序列。同一计算机程序的源程序和目标程序为同一作品。

(二)文档,是指用来描述程序的内容、组成、设计、功能规格、开发情况、测试结果及使用方法的文字资料和图表等,如程序设计说明书、流程图、用户手册等。

(三)软件开发者,是指实际组织开发、直接进行开发,并对开发完成的软件承担责任的法人或者其他组织;或者依靠自己具有的条件独立完成软件开发,并对软件承担责任的自然人。

(四)软件著作权人,是指依照本条例的规定,对软件享有著作权的自然人、法人或者其他组织。

第四条 受本条例保护的软件必须由开发者独立开发,并已固定在某种有形物体上。

第五条 中国公民、法人或者其他组织对其所开发的软件,不论是否发表,依照本条例享有著作权。

外国人、无国籍人的软件首先在中国境内发行的,依照本条例享有著作权。

外国人、无国籍人的软件,依照其开发者所属国或者经常居住地国同中国签订的协议或者依照中国参加的国际条约享有的著作权,受本条例保护。

第六条 本条例对软件著作权的保护不延及开发软件所用的思想、处理过程、操作方法或者数学概念等。

第八条 软件著作权人享有下列各项权利:

(一)发表权,即决定软件是否公之于众的权利;

（二）署名权，即表明开发者身份，在软件上署名的权利；

（三）修改权，即对软件进行增补、删节，或者改变指令、语句顺序的权利；

（四）复制权，即将软件制作一份或者多份的权利；

（五）发行权，即以出售或者赠与方式向公众提供软件的原件或者复制件的权利；

（六）出租权，即有偿许可他人临时使用软件的权利，但是软件不是出租的主要标的的除外；

（七）信息网络传播权，即以有线或者无线方式向公众提供软件，使公众可以在其个人选定的时间和地点获得软件的权利；

（八）翻译权，即将原软件从一种自然语言文字转换成另一种自然语言文字的权利；

（九）应当由软件著作权人享有的其他权利。

软件著作权人可以许可他人行使其软件著作权，并有权获得报酬。

软件著作权人可以全部或者部分转让其软件著作权，并有权获得报酬。

第九条　软件著作权属于软件开发者，本条例另有规定的除外。

如无相反证明，在软件上署名的自然人、法人或者其他组织为开发者。

第十条　由两个以上的自然人、法人或者其他组织合作开发的软件，其著作权的归属由合作开发者签订书面合同约定。无书面合同或者合同未作明确约定，合作开发的软件可以分割使用的，开发者对各自开发的部分可以单独享有著作权；但是，行使著作权时，不得扩展到合作开发的软件整体的著作权。合作开发的软件不能分割使用的，其著作权由各合作开发者共同享有，通过协商一致行使；不能协商一致，又无正当理由的，任何一方不得阻止他方行使除转让权以外的其他权利，但是所得收益应当合理分配给所有合作开发者。

第十一条　接受他人委托开发的软件，其著作权的归属由委托人与受托人签订书面合同约定；无书面合同或者合同未作明确约定的，其著作权由受托人享有。

第十二条　由国家机关下达任务开发的软件，著作权的归属与行使由项目任务书或者合同规定；项目任务书或者合同中未作明确规定的，软件著作权由接受任务的法人或者其他组织享有。

第十三条 自然人在法人或者其他组织中任职期间所开发的软件有下列情形之一的，该软件著作权由该法人或者其他组织享有，该法人或者其他组织可以对开发软件的自然人进行奖励：

（一）针对本职工作中明确指定的开发目标所开发的软件；

（二）开发的软件是从事本职工作活动所预见的结果或者自然的结果；

（三）主要使用了法人或者其他组织的资金、专用设备、未公开的专门信息等物质技术条件所开发并由法人或者其他组织承担责任的软件。

第十四条 软件著作权自软件开发完成之日起产生。

自然人的软件著作权，保护期为自然人终生及其死亡后50年，截止于自然人死亡后第50年的12月31日；软件是合作开发的，截止于最后死亡的自然人死亡后第50年的12月31日。

法人或者其他组织的软件著作权，保护期为50年，截止于软件首次发表后第50年的12月31日，但软件自开发完成之日起50年内未发表的，本条例不再保护。

第十五条 软件著作权属于自然人的，该自然人死亡后，在软件著作权的保护期内，软件著作权的继承人可以依照《中华人民共和国继承法》的有关规定，继承本条例第八条规定的除署名权以外的其他权利。

软件著作权属于法人或者其他组织的，法人或者其他组织变更、终止后，其著作权在本条例规定的保护期内由承受其权利义务的法人或者其他组织享有；没有承受其权利义务的法人或者其他组织的，由国家享有。

第十六条 软件的合法复制品所有人享有下列权利：

（一）根据使用的需要把该软件装入计算机等具有信息处理能力的装置内；

（二）为了防止复制品损坏而制作备份复制品。这些备份复制品不得通过任何方式提供给他人使用，并在所有人丧失该合法复制品的所有权时，负责将备份复制品销毁；

（三）为了把该软件用于实际的计算机应用环境或者改进其功能、性能而进行必要的修改；但是，除合同另有约定外，未经该软件著作权人许可，不得向任何第三方提供修改后的软件。

第十七条　为了学习和研究软件内含的设计思想和原理，通过安装、显示、传输或者存储软件等方式使用软件的，可以不经软件著作权人许可，不向其支付报酬。

第十八条　许可他人行使软件著作权的，应当订立许可使用合同。

许可使用合同中软件著作权人未明确许可的权利，被许可人不得行使。

第十九条　许可他人专有行使软件著作权的，当事人应当订立书面合同。

没有订立书面合同或者合同中未明确约定为专有许可的，被许可行使的权利应当视为非专有权利。

第二十条　转让软件著作权的，当事人应当订立书面合同。

第二十一条　订立许可他人专有行使软件著作权的许可合同，或者订立转让软件著作权合同，可以向国务院著作权行政管理部门认定的软件登记机构登记。

第二十二条　中国公民、法人或者其他组织向外国人许可或者转让软件著作权的，应当遵守《中华人民共和国技术进出口管理条例》的有关规定。

第二十三条　除《中华人民共和国著作权法》或者本条例另有规定外，有下列侵权行为的，应当根据情况，承担停止侵害、消除影响、赔礼道歉、赔偿损失等民事责任：

（一）未经软件著作权人许可，发表或者登记其软件的；

（二）将他人软件作为自己的软件发表或者登记的；

（三）未经合作者许可，将与他人合作开发的软件作为自己单独完成的软件发表或者登记的；

（四）在他人软件上署名或者更改他人软件上的署名的；

（五）未经软件著作权人许可，修改、翻译其软件的；

（六）其他侵犯软件著作权的行为。

第二十四条　除《中华人民共和国著作权法》、本条例或者其他法律、行政法规另有规定外，未经软件著作权人许可，有下列侵权行为的，应当根据情况，承担停止侵害、消除影响、赔礼道歉、赔偿损失等民事责任；

同时损害社会公共利益的,由著作权行政管理部门责令停止侵权行为,没收违法所得,没收、销毁侵权复制品,可以并处罚款;情节严重的,著作权行政管理部门并可以没收主要用于制作侵权复制品的材料、工具、设备等;触犯刑律的,依照刑法关于侵犯著作权罪、销售侵权复制品罪的规定,依法追究刑事责任:

(一)复制或者部分复制著作权人的软件的;

(二)向公众发行、出租、通过信息网络传播著作权人的软件的;

(三)故意避开或者破坏著作权人为保护其软件著作权而采取的技术措施的;

(四)故意删除或者改变软件权利管理电子信息的;

(五)转让或者许可他人行使著作权人的软件著作权的。

有前款第一项或者第二项行为的,可以并处每件100元或者货值金额1倍以上5倍以下的罚款;有前款第三项、第四项或者第五项行为的,可以并处20万元以下的罚款。

第二十五条 侵犯软件著作权的赔偿数额,依照《中华人民共和国著作权法》第四十九条的规定确定。

第二十六条 软件著作权人有证据证明他人正在实施或者即将实施侵犯其权利的行为,如不及时制止,将会使其合法权益受到难以弥补的损害的,可以依照《中华人民共和国著作权法》第五十条的规定,在提起诉讼前向人民法院申请采取责令停止有关行为和财产保全的措施。

第二十七条 为了制止侵权行为,在证据可能灭失或者以后难以取得的情况下,软件著作权人可以依照《中华人民共和国著作权法》第五十一条的规定,在提起诉讼前向人民法院申请保全证据。

第二十八条 软件复制品的出版者、制作者不能证明其出版、制作有合法授权的,或者软件复制品的发行者、出租者不能证明其发行、出租的复制品有合法来源的,应当承担法律责任。

第二十九条 软件开发者开发的软件,由于可供选用的表达方式有限而与已经存在的软件相似的,不构成对已经存在的软件的著作权的侵犯。

第三十条 软件的复制品持有人不知道也没有合理理由应当知道该软

件是侵权复制品的,不承担赔偿责任;但是,应当停止使用、销毁该侵权复制品。如果停止使用并销毁该侵权复制品将给复制品使用人造成重大损失的,复制品使用人可以在向软件著作权人支付合理费用后继续使用。

第三十一条 软件著作权侵权纠纷可以调解。

软件著作权合同纠纷可以依据合同中的仲裁条款或者事后达成的书面仲裁协议,向仲裁机构申请仲裁。

当事人没有在合同中订立仲裁条款,事后又没有书面仲裁协议的,可以直接向人民法院提起诉讼。

第三十二条 本条例施行前发生的侵权行为,依照侵权行为发生时的国家有关规定处理。

7.《信息网络传播权保护条例》(中华人民共和国国务院令第634号,2013.1.30修订,2013.3.1实施)

第一条 为保护著作权人、表演者、录音录像制作者(以下统称权利人)的信息网络传播权,鼓励有益于社会主义精神文明、物质文明建设的作品的创作和传播,根据《中华人民共和国著作权法》(以下简称著作权法),制定本条例。

第二条 权利人享有的信息网络传播权受著作权法和本条例保护。除法律、行政法规另有规定的外,任何组织或者个人将他人的作品、表演、录音录像制品通过信息网络向公众提供,应当取得权利人许可,并支付报酬。

第三条 依法禁止提供的作品、表演、录音录像制品,不受本条例保护。

权利人行使信息网络传播权,不得违反宪法和法律、行政法规,不得损害公共利益。

第四条 为了保护信息网络传播权,权利人可以采取技术措施。

任何组织或者个人不得故意避开或者破坏技术措施,不得故意制造、进口或者向公众提供主要用于避开或者破坏技术措施的装置或者部件,不得故意为他人避开或者破坏技术措施提供技术服务。但是,法律、行政法规规定可以避开的除外。

第五条 未经权利人许可,任何组织或者个人不得进行下列行为:

(一)故意删除或者改变通过信息网络向公众提供的作品、表演、录音录像制品的权利管理电子信息，但由于技术上的原因无法避免删除或者改变的除外；

（二）通过信息网络向公众提供明知或者应知未经权利人许可被删除或者改变权利管理电子信息的作品、表演、录音录像制品。

第六条　通过信息网络提供他人作品，属于下列情形的，可以不经著作权人许可，不向其支付报酬：

（一）为介绍、评论某一作品或者说明某一问题，在向公众提供的作品中适当引用已经发表的作品；

（二）为报道时事新闻，在向公众提供的作品中不可避免地再现或者引用已经发表的作品；

（三）为学校课堂教学或者科学研究，向少数教学、科研人员提供少量已经发表的作品；

（四）国家机关为执行公务，在合理范围内向公众提供已经发表的作品；

（五）将中国公民、法人或者其他组织已经发表的、以汉语言文字创作的作品翻译成的少数民族语言文字作品，向中国境内少数民族提供；

（六）不以营利为目的，以盲人能够感知的独特方式向盲人提供已经发表的文字作品；

（七）向公众提供在信息网络上已经发表的关于政治、经济问题的时事性文章；

（八）向公众提供在公众集会上发表的讲话。

第七条　图书馆、档案馆、纪念馆、博物馆、美术馆等可以不经著作权人许可，通过信息网络向本馆馆舍内服务对象提供本馆收藏的合法出版的数字作品和依法为陈列或者保存版本的需要以数字化形式复制的作品，不向其支付报酬，但不得直接或者间接获得经济利益。当事人另有约定的除外。

前款规定的为陈列或者保存版本需要以数字化形式复制的作品，应当是已经损毁或者濒临损毁、丢失或者失窃，或者其存储格式已经过时，并且在市场上无法购买或者只能以明显高于标定的价格购买的作品。

第八条　为通过信息网络实施九年制义务教育或者国家教育规划，可以不经著作权人许可，使用其已经发表作品的片断或者短小的文字作品、音乐作品或者单幅的美术作品、摄影作品制作课件，由制作课件或者依法取得课件的远程教育机构通过信息网络向注册学生提供，但应当向著作权人支付报酬。

第九条　为扶助贫困，通过信息网络向农村地区的公众免费提供中国公民、法人或者其他组织已经发表的种植养殖、防病治病、防灾减灾等与扶助贫困有关的作品和适应基本文化需求的作品，网络服务提供者应当在提供前公告拟提供的作品及其作者、拟支付报酬的标准。自公告之日起30日内，著作权人不同意提供的，网络服务提供者不得提供其作品；自公告之日起满30日，著作权人没有异议的，网络服务提供者可以提供其作品，并按照公告的标准向著作权人支付报酬。网络服务提供者提供著作权人的作品后，著作权人不同意提供的，网络服务提供者应当立即删除著作权人的作品，并按照公告的标准向著作权人支付提供作品期间的报酬。

依照前款规定提供作品的，不得直接或者间接获得经济利益。

第十条　依照本条例规定不经著作权人许可、通过信息网络向公众提供其作品的，还应当遵守下列规定：

（一）除本条例第六条第一项至第六项、第七条规定的情形外，不得提供作者事先声明不许提供的作品；

（二）指明作品的名称和作者的姓名（名称）；

（三）依照本条例规定支付报酬；

（四）采取技术措施，防止本条例第七条、第八条、第九条规定的服务对象以外的其他人获得著作权人的作品，并防止本条例第七条规定的服务对象的复制行为对著作权人利益造成实质性损害；

（五）不得侵犯著作权人依法享有的其他权利。

第十一条　通过信息网络提供他人表演、录音录像制品的，应当遵守本条例第六条至第十条的规定。

第十二条　属于下列情形的，可以避开技术措施，但不得向他人提供避开技术措施的技术、装置或者部件，不得侵犯权利人依法享有的其他权利：

（一）为学校课堂教学或者科学研究，通过信息网络向少数教学、科研人员提供已经发表的作品、表演、录音录像制品，而该作品、表演、录音录像制品只能通过信息网络获取；

（二）不以营利为目的，通过信息网络以盲人能够感知的独特方式向盲人提供已经发表的文字作品，而该作品只能通过信息网络获取；

（三）国家机关依照行政、司法程序执行公务；

（四）在信息网络上对计算机及其系统或者网络的安全性能进行测试。

第十三条 著作权行政管理部门为了查处侵犯信息网络传播权的行为，可以要求网络服务提供者提供涉嫌侵权的服务对象的姓名（名称）、联系方式、网络地址等资料。

第十四条 对提供信息存储空间或者提供搜索、链接服务的网络服务提供者，权利人认为其服务所涉及的作品、表演、录音录像制品，侵犯自己的信息网络传播权或者被删除、改变了自己的权利管理电子信息的，可以向该网络服务提供者提交书面通知，要求网络服务提供者删除该作品、表演、录音录像制品，或者断开与该作品、表演、录音录像制品的链接。通知书应当包含下列内容：

（一）权利人的姓名（名称）、联系方式和地址；

（二）要求删除或者断开链接的侵权作品、表演、录音录像制品的名称和网络地址；

（三）构成侵权的初步证明材料。

权利人应当对通知书的真实性负责。

第十五条 网络服务提供者接到权利人的通知书后，应当立即删除涉嫌侵权的作品、表演、录音录像制品，或者断开与涉嫌侵权的作品、表演、录音录像制品的链接，并同时将通知书转送提供作品、表演、录音录像制品的服务对象；服务对象网络地址不明、无法转送的，应当将通知书的内容同时在信息网络上公告。

第十六条 服务对象接到网络服务提供者转送的通知书后，认为其提供的作品、表演、录音录像制品未侵犯他人权利的，可以向网络服务提供者提交书面说明，要求恢复被删除的作品、表演、录音录像制品，或者恢复与被断开的作品、表演、录音录像制品的链接。书面说明应当包含下列内容：

（一）服务对象的姓名（名称）、联系方式和地址；
（二）要求恢复的作品、表演、录音录像制品的名称和网络地址；
（三）不构成侵权的初步证明材料。

服务对象应当对书面说明的真实性负责。

第十七条　网络服务提供者接到服务对象的书面说明后，应当立即恢复被删除的作品、表演、录音录像制品，或者可以恢复与被断开的作品、表演、录音录像制品的链接，同时将服务对象的书面说明转送权利人。权利人不得再通知网络服务提供者删除该作品、表演、录音录像制品，或者断开与该作品、表演、录音录像制品的链接。

第十八条　违反本条例规定，有下列侵权行为之一的，根据情况承担停止侵害、消除影响、赔礼道歉、赔偿损失等民事责任；同时损害公共利益的，可以由著作权行政管理部门责令停止侵权行为，没收违法所得，非法经营额5万元以上的，可处非法经营额1倍以上5倍以下的罚款；没有非法经营额或者非法经营额5万元以下的，根据情节轻重，可处25万元以下罚款；情节严重的，著作权行政管理部门可以没收主要用于提供网络服务的计算机等设备；构成犯罪的，依法追究刑事责任：

（一）通过信息网络擅自向公众提供他人的作品、表演、录音录像制品的；

（二）故意避开或者破坏技术措施的；

（三）故意删除或者改变通过信息网络向公众提供的作品、表演、录音录像制品的权利管理电子信息，或者通过信息网络向公众提供明知或者应知未经权利人许可而被删除或者改变权利管理电子信息的作品、表演、录音录像制品的；

（四）为扶助贫困通过信息网络向农村地区提供作品、表演、录音录像制品超过规定范围，或者未按照公告的标准支付报酬，或者在权利人不同意提供其作品、表演、录音录像制品后未立即删除的；

（五）通过信息网络提供他人的作品、表演、录音录像制品，未指明作品、表演、录音录像制品的名称或者作者、表演者、录音录像制作者的姓名（名称），或者未支付报酬，或者未依照本条例规定采取技术措施防止服务对象以外的其他人获得他人的作品、表演、录音录像制品，或者未防止服务对象的复制行为对权利人利益造成实质性损害的。

第十九条 违反本条例规定，有下列行为之一的，由著作权行政管理部门予以警告，没收违法所得，没收主要用于避开、破坏技术措施的装置或者部件；情节严重的，可以没收主要用于提供网络服务的计算机等设备；非法经营额5万元以上的，可处非法经营额1倍以上5倍以下的罚款；没有非法经营额或者非法经营额5万元以下的，根据情节轻重，可处25万元以下的罚款；构成犯罪的，依法追究刑事责任：

（一）故意制造、进口或者向他人提供主要用于避开、破坏技术措施的装置或者部件，或者故意为他人避开或者破坏技术措施提供技术服务的；

（二）通过信息网络提供他人的作品、表演、录音录像制品，获得经济利益的；

（三）为扶助贫困通过信息网络向农村地区提供作品、表演、录音录像制品，未在提供前公告作品、表演、录音录像制品的名称和作者、表演者、录音录像制作者的姓名（名称）以及报酬标准的。

第二十条 网络服务提供者根据服务对象的指令提供网络自动接入服务，或者对服务对象提供的作品、表演、录音录像制品提供自动传输服务，并具备下列条件的，不承担赔偿责任：

（一）未选择并且未改变所传输的作品、表演、录音录像制品；

（二）向指定的服务对象提供该作品、表演、录音录像制品，并防止指定的服务对象以外的其他人获得。

第二十一条 网络服务提供者为提高网络传输效率，自动存储从其他网络服务提供者获得的作品、表演、录音录像制品，根据技术安排自动向服务对象提供，并具备下列条件的，不承担赔偿责任：

（一）未改变自动存储的作品、表演、录音录像制品；

（二）不影响提供作品、表演、录音录像制品的原网络服务提供者掌握服务对象获取该作品、表演、录音录像制品的情况；

（三）在原网络服务提供者修改、删除或者屏蔽该作品、表演、录音录像制品时，根据技术安排自动予以修改、删除或者屏蔽。

第二十二条 网络服务提供者为服务对象提供信息存储空间，供服务对象通过信息网络向公众提供作品、表演、录音录像制品，并具备下列条件的，不承担赔偿责任：

（一）明确标示该信息存储空间是为服务对象所提供，并公开网络服务提供者的名称、联系人、网络地址；

（二）未改变服务对象所提供的作品、表演、录音录像制品；

（三）不知道也没有合理的理由应当知道服务对象提供的作品、表演、录音录像制品侵权；

（四）未从服务对象提供作品、表演、录音录像制品中直接获得经济利益；

（五）在接到权利人的通知书后，根据本条例规定删除权利人认为侵权的作品、表演、录音录像制品。

第二十三条 网络服务提供者为服务对象提供搜索或者链接服务，在接到权利人的通知书后，根据本条例规定断开与侵权的作品、表演、录音录像制品的链接的，不承担赔偿责任；但是，明知或者应知所链接的作品、表演、录音录像制品侵权的，应当承担共同侵权责任。

第二十四条 因权利人的通知导致网络服务提供者错误删除作品、表演、录音录像制品，或者错误断开与作品、表演、录音录像制品的链接，给服务对象造成损失的，权利人应当承担赔偿责任。

第二十五条 网络服务提供者无正当理由拒绝提供或者拖延提供涉嫌侵权的服务对象的姓名（名称）、联系方式、网络地址等资料的，由著作权行政管理部门予以警告；情节严重的，没收主要用于提供网络服务的计算机等设备。

第二十六条 本条例下列用语的含义：

信息网络传播权，是指以有线或者无线方式向公众提供作品、表演或者录音录像制品，使公众可以在其个人选定的时间和地点获得作品、表演或者录音录像制品的权利。

技术措施，是指用于防止、限制未经权利人许可浏览、欣赏作品、表演、录音录像制品的或者通过信息网络向公众提供作品、表演、录音录像制品的有效技术、装置或者部件。

权利管理电子信息，是指说明作品及其作者、表演及其表演者、录音录像制品及其制作者的信息，作品、表演、录音录像制品权利人的信息和使用条件的信息，以及表示上述信息的数字或者代码。

第二十七条　本条例自 2006 年 7 月 1 日起施行。

部门规章及部门规范性文件

1.《出版物市场管理规定》（中华人民共和国国家新闻出版广电总局、中华人民共和国商务部令第 10 号，2016.6.1）（节录）

第二条　本规定适用于出版物发行活动及其监督管理。

本规定所称出版物，是指图书、报纸、期刊、音像制品、电子出版物。

本规定所称发行，包括批发、零售以及出租、展销等活动。

批发是指供货商向其他出版物经营者销售出版物。

零售是指经营者直接向消费者销售出版物。

出租是指经营者以收取租金的形式向消费者提供出版物。

展销是指主办者在一定场所、时间内组织出版物经营者集中展览、销售、订购出版物。

第三条　国家对出版物批发、零售依法实行许可制度。从事出版物批发、零售活动的单位和个人凭出版物经营许可证开展出版物批发、零售活动；未经许可，任何单位和个人不得从事出版物批发、零售活动。

任何单位和个人不得委托非出版物批发、零售单位或者个人销售出版物或者代理出版物销售业务。

第十五条（第一款）　单位、个人通过互联网等信息网络从事出版物发行业务的，应当依照本规定第七条至第十条的规定取得出版物经营许可证。

第二十条　任何单位和个人不得发行下列出版物：

（一）含有《出版管理条例》禁止内容的违禁出版物；

（二）各种非法出版物，包括：未经批准擅自出版、印刷或者复制的出版物，伪造、假冒出版单位或者报刊名称出版的出版物，非法进口的出版物；

（三）侵犯他人著作权或者专有出版权的出版物；

下编　知识产权犯罪

（四）出版行政主管部门明令禁止出版、印刷或者复制、发行的出版物。

第二十二条（第二款）　从事出版物发行业务的单位、个人，必须遵守下列规定：

（一）从依法取得出版物批发、零售资质的出版发行单位进货；发行进口出版物的，须从依法设立的出版物进口经营单位进货；

（二）不得超出出版行政主管部门核准的经营范围经营；

（三）不得张贴、散发、登载有法律、法规禁止内容的或者有欺诈性文字、与事实不符的征订单、广告和宣传画；

（四）不得擅自更改出版物版权页；

（五）出版物经营许可证应在经营场所明显处张挂；利用信息网络从事出版物发行业务的，应在其网站主页面或者从事经营活动的网页醒目位置公开出版物经营许可证和营业执照登载的有关信息或链接标识；

（六）不得涂改、变造、出租、出借、出售或者以其他任何形式转让出版物经营许可证和批准文件；

第二十六条　为出版物发行业务提供服务的网络交易平台应向注册地省、自治区、直辖市人民政府出版行政主管部门备案，接受出版行政主管部门的指导与监督管理。

备案材料包括下列书面材料：

（一）营业执照正副本复印件；

（二）单位基本情况；

（三）网络交易平台的基本情况。

省、自治区、直辖市人民政府出版行政主管部门应于10个工作日内向备案的网络交易平台出具备案回执。

提供出版物发行网络交易平台服务的经营者，应当对申请通过网络交易平台从事出版物发行业务的经营主体身份进行审查，核实经营主体的营业执照、出版物经营许可证，并留存证照复印件或电子文档备查。不得向无证无照、证照不齐的经营者提供网络交易平台服务。

为出版物发行业务提供服务的网络交易平台经营者应建立交易风险防控机制，保留平台内从事出版物发行业务经营主体的交易记录两年以备查验。对在网络交易平台内从事各类违法出版物发行活动的，应当采取有效措施予以制止，并及时向所在地出版行政主管部门报告。

第三十一条　未经批准，擅自从事出版物发行业务的，依照《出版管理条例》第六十一条处罚。

第三十二条　发行违禁出版物的，依照《出版管理条例》第六十二条处罚。

发行国家新闻出版广电总局禁止进口的出版物，或者发行未从依法批准的出版物进口经营单位进货的进口出版物，依照《出版管理条例》第六十三条处罚。

发行其他非法出版物和出版行政主管部门明令禁止出版、印刷或者复制、发行的出版物的，依照《出版管理条例》第六十五条处罚。

发行违禁出版物或者非法出版物的，当事人对其来源作出说明、指认，经查证属实，没收出版物和非法所得，可以减轻或免除其他行政处罚。

第三十三条　违反本规定发行侵犯他人著作权或者专有出版权的出版物的，依照《中华人民共和国著作权法》和《中华人民共和国著作权法实施条例》的规定处罚。

2.《网络出版服务管理规定》（中华人民共和国国家新闻出版广电总局、中华人民共和国工业和信息化部令第5号，2016.3.10）（节录）

第二条　在中华人民共和国境内从事网络出版服务，适用本规定。

本规定所称网络出版服务，是指通过信息网络向公众提供网络出版物。

本规定所称网络出版物，是指通过信息网络向公众提供的，具有编辑、制作、加工等出版特征的数字化作品，范围主要包括：

（一）文学、艺术、科学等领域内具有知识性、思想性的文字、图片、地图、游戏、动漫、音视频读物等原创数字化作品；

（二）与已出版的图书、报纸、期刊、音像制品、电子出版物等内容相一致的数字化作品；

（三）将上述作品通过选择、编排、汇集等方式形成的网络文献数据库等数字化作品；

（四）国家新闻出版广电总局认定的其他类型的数字化作品。

下编 知识产权犯罪

网络出版服务的具体业务分类另行制定。

第七条 从事网络出版服务，必须依法经过出版行政主管部门批准，取得《网络出版服务许可证》。

第十条 中外合资经营、中外合作经营和外资经营的单位不得从事网络出版服务。

网络出版服务单位与境内中外合资经营、中外合作经营、外资经营企业或境外组织及个人进行网络出版服务业务的项目合作，应当事前报国家新闻出版广电总局审批。

第十一条 申请从事网络出版服务，应当向所在地省、自治区、直辖市出版行政主管部门提出申请，经审核同意后，报国家新闻出版广电总局审批。国家新闻出版广电总局应当自受理申请之日起60日内，作出批准或者不予批准的决定。不批准的，应当说明理由。

第五十一条 未经批准，擅自从事网络出版服务，或者擅自上网出版网络游戏（含境外著作权人授权的网络游戏），根据《出版管理条例》第六十一条、《互联网信息服务管理办法》第十九条的规定，由出版行政主管部门、工商行政管理部门依照法定职权予以取缔，并由所在地省级电信主管部门依据有关部门的通知，按照《互联网信息服务管理办法》第十九条的规定给予责令关闭网站等处置；已经触犯刑法的，依法追究刑事责任；尚不够刑事处罚的，删除全部相关网络出版物，没收违法所得和从事违法出版活动的主要设备、专用工具，违法经营额1万元以上的，并处违法经营额5倍以上10倍以下的罚款；违法经营额不足1万元的，可以处5万元以下的罚款；侵犯他人合法权益的，依法承担民事责任。

第五十二条 出版、传播含有本规定第二十四条、第二十五条禁止内容的网络出版物的，根据《出版管理条例》第六十二条、《互联网信息服务管理办法》第二十条的规定，由出版行政主管部门责令删除相关内容并限期改正，没收违法所得，违法经营额1万元以上的，并处违法经营额5倍以上10倍以下罚款；违法经营额不足1万元的，可以处5万元以下罚款；情节严重的，责令限期停业整顿或者由国家新闻出版广电总局吊销《网络出版服务许可证》，由电信主管部门依据出版行政主管部门的通知吊销其电信业务经营许可或者责令关闭网站；构成犯罪的，依法追究刑事责任。

3.《电子出版物出版管理规定》（中华人民共和国国家新闻出版广电总局令第 3 号，2015.8.28 修正实施）（节录）

第二条 在中华人民共和国境内从事电子出版物的制作、出版、进口活动，适用本规定。

本规定所称电子出版物，是指以数字代码方式，将有知识性、思想性内容的信息编辑加工后存储在固定物理形态的磁、光、电等介质上，通过电子阅读、显示、播放设备读取使用的大众传播媒体，包括只读光盘（CD-ROM、DVD-ROM 等）、一次写入光盘（CD-R、DVD-R 等）、可擦写光盘（CD-RW、DVD-RW 等）、软磁盘、硬磁盘、集成电路卡等，以及新闻出版总署认定的其他媒体形态。

第五条 国家对电子出版物出版活动实行许可制度；未经许可，任何单位和个人不得从事电子出版物的出版活动。

第七条 设立电子出版物出版单位，经其主管单位同意后，由主办单位向所在地省、自治区、直辖市新闻出版行政部门提出申请；经省、自治区、直辖市新闻出版行政部门审核同意后，报新闻出版总署审批。

第十条 设立电子出版物出版单位的主办单位应当自收到批准决定之日起 60 日内，向所在地省、自治区、直辖市新闻出版行政部门登记，领取新闻出版总署颁发的《电子出版物出版许可证》。

电子出版物出版单位持《电子出版物出版许可证》向所在地工商行政管理部门登记，依法领取营业执照。

第二十二条 电子出版物出版单位不得以任何形式向任何单位或者个人转让、出租、出售本单位的名称、电子出版物中国标准书号、国内统一连续出版物号。

第五十七条 未经批准，擅自设立电子出版物出版单位，擅自从事电子出版物出版业务，伪造、假冒电子出版物出版单位或者连续型电子出版物名称、电子出版物专用中国标准书号出版电子出版物的，按照《出版管理条例》第五十五条处罚。

图书、报纸、期刊、音像等出版单位未经批准，配合本版出版物出电子出版物的，属于擅自从事电子出版物出版业务，按照前款处罚。

第五十八条 从事电子出版物制作、出版业务，有下列行为之一的，按照《出版管理条例》第五十六条处罚：

（一）制作、出版含有《出版管理条例》第二十六条、第二十七条禁止内容的电子出版物的；

（二）明知或者应知他人出版含有《出版管理条例》第二十六条、第二十七条禁止内容的电子出版物而向其出售、出租或者以其他形式转让本出版单位的名称、电子出版物专用中国标准书号、国内统一连续出版物号、条码及电子出版物复制委托书的。

4.《著作权行政处罚实施办法》（中华人民共和国国家版权局令第6号，2009.6.15）（节录）

第二条 国家版权局以及地方人民政府享有著作权行政执法权的有关部门（以下称著作权行政管理部门），在法定职权范围内就本办法列举的违法行为实施行政处罚。法律、法规另有规定的，从其规定。

第三条 本办法所称的违法行为是指：

（一）著作权法第四十七条列举的侵权行为，同时损害公共利益的；

（二）《计算机软件保护条例》第二十四条列举的侵权行为，同时损害公共利益的；

（三）《信息网络传播权保护条例》第十八条列举的侵权行为，同时损害公共利益的；第十九条、第二十五条列举的侵权行为；

（四）《著作权集体管理条例》第四十一条、第四十四条规定的应予行政处罚的行为；

（五）其他有关著作权法律、法规、规章规定的应给予行政处罚的违法行为。

第四条 对本办法列举的违法行为，著作权行政管理部门可以依法责令停止侵权行为，并给予下列行政处罚：

（一）警告；

（二）罚款；

（三）没收违法所得；

（四）没收侵权制品；

（五）没收安装存储侵权制品的设备；

（六）没收主要用于制作侵权制品的材料、工具、设备等；

（七）法律、法规、规章规定的其他行政处罚。

第五条 本办法列举的违法行为，由侵权行为实施地、侵权结果发生地、侵权制品储藏地或者依法查封扣押地的著作权行政管理部门负责查处。法律、行政法规另有规定的除外。

侵犯信息网络传播权的违法行为由侵权人住所地、实施侵权行为的网络服务器等设备所在地或侵权网站备案登记地的著作权行政管理部门负责查处。

第八条 著作权行政管理部门发现查处的违法行为，根据我国刑法规定涉嫌构成犯罪的，应当由该著作权行政管理部门依照国务院《行政执法机关移送涉嫌犯罪案件的规定》将案件移送司法部门处理。

第三十二条 对当事人的同一违法行为，其他行政机关已经予以罚款的，著作权行政管理部门不得再予罚款，但仍可以视具体情况予以本办法第四条所规定的其他种类的行政处罚。

第三十三条（第一款） 著作权行政管理部门作出较大数额罚款决定或者法律、行政法规规定应当听证的其他行政处罚决定前，应当告知当事人有要求举行听证的权利。

第三十五条 著作权行政管理部门决定予以行政处罚的，应当制作行政处罚决定书。

著作权行政管理部门认为违法行为轻微，决定不予行政处罚的，应当制作不予行政处罚通知书，说明不予行政处罚的事实、理由和依据，并送达当事人；违法事实不成立的，应当制作调查结果通知书，并送达当事人。

著作权行政管理部门决定移送司法部门处理的案件，应当制作涉嫌犯罪案件移送书，并连同有关材料和证据及时移送有管辖权的司法部门。

5.《互联网著作权行政保护办法》（中华人民共和国国家版权局、中华人民共和国信息产业部令2005年第5号，2005.5.30）

第一条 为了加强互联网信息服务活动中信息网络传播权的行政保护，

规范行政执法行为，根据《中华人民共和国著作权法》及有关法律、行政法规，制定本办法。

第二条 本办法适用于互联网信息服务活动中根据互联网内容提供者的指令，通过互联网自动提供作品、录音录像制品等内容的上载、存储、链接或搜索等功能，且对存储或传输的内容不进行任何编辑、修改或选择的行为。

互联网信息服务活动中直接提供互联网内容的行为，适用著作权法。

本办法所称"互联网内容提供者"是指在互联网上发布相关内容的上网用户。

第三条 各级著作权行政管理部门依照法律、行政法规和本办法对互联网信息服务活动中的信息网络传播权实施行政保护。国务院信息产业主管部门和各省、自治区、直辖市电信管理机构依法配合相关工作。

第四条 著作权行政管理部门对侵犯互联网信息服务活动中的信息网络传播权的行为实施行政处罚，适用《著作权行政处罚实施办法》。

侵犯互联网信息服务活动中的信息网络传播权的行为由侵权行为实施地的著作权行政管理部门管辖。侵权行为实施地包括提供本办法第二条所列的互联网信息服务活动的服务器等设备所在地。

第五条 著作权人发现互联网传播的内容侵犯其著作权，向互联网信息服务提供者或者其委托的其他机构（以下统称"互联网信息服务提供者"）发出通知后，互联网信息服务提供者应当立即采取措施移除相关内容，并保留著作权人的通知6个月。

第六条 互联网信息服务提供者收到著作权人的通知后，应当记录提供的信息内容及其发布的时间、互联网地址或者域名。互联网接入服务提供者应当记录互联网内容提供者的接入时间、用户帐号、互联网地址或者域名、主叫电话号码等信息。

前款所称记录应当保存60日，并在著作权行政管理部门查询时予以提供。

第七条 互联网信息服务提供者根据著作权人的通知移除相关内容的，互联网内容提供者可以向互联网信息服务提供者和著作权人一并发出说明被移除内容不侵犯著作权的反通知。反通知发出后,互联网信息服务提供者即可恢复被移除的内容,且对该恢复行为不承担行政法律责任。

第八条 著作权人的通知应当包含以下内容:

(一)涉嫌侵权内容所侵犯的著作权权属证明;

(二)明确的身份证明、住址、联系方式;

(三)涉嫌侵权内容在信息网络上的位置;

(四)侵犯著作权的相关证据;

(五)通知内容的真实性声明。

第九条 互联网内容提供者的反通知应当包含以下内容:

(一)明确的身份证明、住址、联系方式;

(二)被移除内容的合法性证明;

(三)被移除内容在互联网上的位置;

(四)反通知内容的真实性声明。

第十条 著作权人的通知和互联网内容提供者的反通知应当采取书面形式。

著作权人的通知和互联网内容提供者的反通知不具备本办法第八条、第九条所规定内容的,视为未发出。

第十一条 互联网信息服务提供者明知互联网内容提供者通过互联网实施侵犯他人著作权的行为,或者虽不明知,但接到著作权人通知后未采取措施移除相关内容,同时损害社会公共利益的,著作权行政管理部门可以根据《中华人民共和国著作权法》第四十七条的规定责令停止侵权行为,并给予下列行政处罚:

(一)没收违法所得;

(二)处以非法经营额3倍以下的罚款;非法经营额难以计算的,可以处10万元以下的罚款。

第十二条 没有证据表明互联网信息服务提供者明知侵权事实存在的,或者互联网信息服务提供者接到著作权人通知后,采取措施移除相关内容的,不承担行政法律责任。

第十三条 著作权行政管理部门在查处侵犯互联网信息服务活动中的

信息网络传播权案件时，可以按照《著作权行政处罚实施办法》第十二条规定要求著作权人提交必备材料，以及向互联网信息服务提供者发出的通知和该互联网信息服务提供者未采取措施移除相关内容的证明。

第十四条　互联网信息服务提供者有本办法第十一条规定的情形，且经著作权行政管理部门依法认定专门从事盗版活动，或有其他严重情节的，国务院信息产业主管部门或者省、自治区、直辖市电信管理机构依据相关法律、行政法规的规定处理；互联网接入服务提供者应当依据国务院信息产业主管部门或者省、自治区、直辖市电信管理机构的通知，配合实施相应的处理措施。

第十五条　互联网信息服务提供者未履行本办法第六条规定的义务，由国务院信息产业主管部门或者省、自治区、直辖市电信管理机构予以警告，可以并处三万元以下罚款。

第十六条　著作权行政管理部门在查处侵犯互联网信息服务活动中的信息网络传播权案件过程中，发现互联网信息服务提供者的行为涉嫌构成犯罪的，应当依照国务院《行政执法机关移送涉嫌犯罪案件的规定》将案件移送司法部门，依法追究刑事责任。

第十七条　表演者、录音录像制作者等与著作权有关的权利人通过互联网向公众传播其表演或者录音录像制品的权利的行政保护适用本办法。

第十八条　本办法由国家版权局和信息产业部负责解释。

第十九条　本办法自 2005 年 5 月 30 日起施行。

6. 新闻出版总署、信息产业部、国家工商行政管理总局、国家版权局、全国"扫黄""打非"工作小组办公室《关于开展对"私服""外挂"专项治理的通知》（新出联〔2003〕19 号，2003.12.18）（节录）

"私服""外挂"违法行为是指未经许可或授权，破坏合法出版、他人享有著作权的互联网游戏作品的技术保护措施、修改作品数据、私自架设服务器、制作游戏充值卡（点卡），运营或挂接运营合法出版、他人享有著作权的互联网游戏作品，从而谋取利益、侵害他人利益。"私服"、"外挂"违法行为属于非法互联网出版活动，应依法予以严厉打击。

第四节 商业秘密类犯罪

▶ **刑事规范及公报、指导性案例**

第二百一十九条 【侵犯商业秘密罪】①

> 刑法

有下列侵犯商业秘密行为之一,情节严重的,处三年以下有期徒刑,并处或者单处罚金;情节特别严重的,处三年以上十年以下有期徒刑,并处罚金:

(一)以盗窃、贿赂、欺诈、胁迫、电子侵入或者其他不正当手段获取权利人的商业秘密的;

(二)披露、使用或者允许他人使用以前项手段获取的权利人的商业秘密的;

(三)违反保密义务或者违反权利人有关保守商业秘密的要求,披露、使用或者允许他人使用其所掌握的商业秘密的。

明知前款所列行为,获取、披露、使用或者允许他人使用该商业秘密的,以侵犯商业秘密论。

本条所称权利人,是指商业秘密的所有人和经商业秘密所有人许可的

---

① 本条为2020年《刑法修正案(十一)》第22条修订,将"给商业秘密的权利人造成重大损失""造成特别严重后果"修改为"情节严重""情节特别严重",删除了商业秘密的定义,将本罪的法定刑最高刑由有期徒刑七年提高至有期徒刑十年,并删除拘役刑。同时,将条第1款第一项"以盗窃、利诱、胁迫或者其他不正当手段获取权利人的商业秘密的"修改为"以盗窃、贿赂、欺诈、胁迫、电子侵入或者其他不正当手段获取权利人的商业秘密的",将第1款第三项"违反约定"修改为"违反保密义务",将第2款"明知或者应知前款所列行为""获取、使用或者披露他人的商业秘密的"修改为"明知前款所列行为""获取、披露、使用或者允许他人使用该商业秘密"。

下编　知识产权犯罪

商业秘密使用人。

司法解释、司法解释性文件及规范性文件

1. 最高人民法院《关于适用〈中华人民共和国反不正当竞争法〉若干问题的解释》（法释〔2022〕9号，2022.3.20）

为正确审理因不正当竞争行为引发的民事案件，根据《中华人民共和国民法典》《中华人民共和国反不正当竞争法》《中华人民共和国民事诉讼法》等有关法律规定，结合审判实践，制定本解释。

第一条　经营者扰乱市场竞争秩序，损害其他经营者或者消费者合法权益，且属于违反反不正当竞争法第二章及专利法、商标法、著作权法等规定之外情形的，人民法院可以适用反不正当竞争法第二条予以认定。

第二条　与经营者在生产经营活动中存在可能的争夺交易机会、损害竞争优势等关系的市场主体，人民法院可以认定为反不正当竞争法第二条规定的"其他经营者"。

第三条　特定商业领域普遍遵循和认可的行为规范，人民法院可以认定为反不正当竞争法第二条规定的"商业道德"。

人民法院应当结合案件具体情况，综合考虑行业规则或者商业惯例、经营者的主观状态、交易相对人的选择意愿、对消费者权益、市场竞争秩序、社会公共利益的影响等因素，依法判断经营者是否违反商业道德。

人民法院认定经营者是否违反商业道德时，可以参考行业主管部门、行业协会或者自律组织制定的从业规范、技术规范、自律公约等。

第四条　具有一定的市场知名度并具有区别商品来源的显著特征的标识，人民法院可以认定为反不正当竞争法第六条规定的"有一定影响的"标识。

人民法院认定反不正当竞争法第六条规定的标识是否具有一定的市场知名度，应当综合考虑中国境内相关公众的知悉程度，商品销售的时间、区域、数额和对象，宣传的持续时间、程度和地域范围，标识受保护的情况等因素。

第五条　反不正当竞争法第六条规定的标识有下列情形之一的，人民法院应当认定其不具有区别商品来源的显著特征：

（一）商品的通用名称、图形、型号；

（二）仅直接表示商品的质量、主要原料、功能、用途、重量、数量及其他特点的标识；

（三）仅由商品自身的性质产生的形状，为获得技术效果而需有的商品形状以及使商品具有实质性价值的形状；

（四）其他缺乏显著特征的标识。

前款第一项、第二项、第四项规定的标识经过使用取得显著特征，并具有一定的市场知名度，当事人请求依据反不正当竞争法第六条规定予以保护的，人民法院应予支持。

第六条 因客观描述、说明商品而正当使用下列标识，当事人主张属于反不正当竞争法第六条规定的情形的，人民法院不予支持：

（一）含有本商品的通用名称、图形、型号；

（二）直接表示商品的质量、主要原料、功能、用途、重量、数量以及其他特点；

（三）含有地名。

第七条 反不正当竞争法第六条规定的标识或者其显著识别部分属于商标法第十条第一款规定的不得作为商标使用的标志，当事人请求依据反不正当竞争法第六条规定予以保护的，人民法院不予支持。

第八条 由经营者营业场所的装饰、营业用具的式样、营业人员的服饰等构成的具有独特风格的整体营业形象，人民法院可以认定为反不正当竞争法第六条第一项规定的"装潢"。

第九条 市场主体登记管理部门依法登记的企业名称，以及在中国境内进行商业使用的境外企业名称，人民法院可以认定为反不正当竞争法第六条第二项规定的"企业名称"。

有一定影响的个体工商户、农民专业合作社（联合社）以及法律、行政法规规定的其他市场主体的名称（包括简称、字号等），人民法院可以依照反不正当竞争法第六条第二项予以认定。

第十条 在中国境内将有一定影响的标识用于商品、商品包装或者容器以及商品交易文书上,或者广告宣传、展览以及其他商业活动中,用于识别商品来源的行为,人民法院可以认定为反不正当竞争法第六条规定的"使用"。

第十一条 经营者擅自使用与他人有一定影响的企业名称(包括简称、字号等)、社会组织名称(包括简称等)、姓名(包括笔名、艺名、译名等)、域名主体部分、网站名称、网页等近似的标识,引人误认为是他人商品或者与他人存在特定联系,当事人主张属于反不正当竞争法第六条第二项、第三项规定的情形的,人民法院应予支持。

第十二条 人民法院认定与反不正当竞争法第六条规定的"有一定影响的"标识相同或者近似,可以参照商标相同或者近似的判断原则和方法。

反不正当竞争法第六条规定的"引人误认为是他人商品或者与他人存在特定联系",包括误认为与他人具有商业联合、许可使用、商业冠名、广告代言等特定联系。

在相同商品上使用相同或者视觉上基本无差别的商品名称、包装、装潢等标识,应当视为足以造成与他人有一定影响的标识相混淆。

第十三条 经营者实施下列混淆行为之一,足以引人误认为是他人商品或者与他人存在特定联系的,人民法院可以依照反不正当竞争法第六条第四项予以认定:

(一)擅自使用反不正当竞争法第六条第一项、第二项、第三项规定以外"有一定影响的"标识;

(二)将他人注册商标、未注册的驰名商标作为企业名称中的字号使用,误导公众。

第十四条 经营者销售带有违反反不正当竞争法第六条规定的标识的商品,引人误认为是他人商品或者与他人存在特定联系,当事人主张构成反不正当竞争法第六条规定的情形的,人民法院应予支持。

销售不知道是前款规定的侵权商品,能证明该商品是自己合法取得并说明提供者,经营者主张不承担赔偿责任的,人民法院应予支持。

第十五条 故意为他人实施混淆行为提供仓储、运输、邮寄、印制、隐匿、经营场所等便利条件,当事人请求依据民法典第一千一百六十九条第一款予以认定的，人民法院应予支持。

第十六条　经营者在商业宣传过程中，提供不真实的商品相关信息，欺骗、误导相关公众的，人民法院应当认定为反不正当竞争法第八条第一款规定的虚假的商业宣传。

第十七条　经营者具有下列行为之一，欺骗、误导相关公众的，人民法院可以认定为反不正当竞争法第八条第一款规定的"引人误解的商业宣传"：

（一）对商品作片面的宣传或者对比；

（二）将科学上未定论的观点、现象等当作定论的事实用于商品宣传；

（三）使用歧义性语言进行商业宣传；

（四）其他足以引人误解的商业宣传行为。

人民法院应当根据日常生活经验、相关公众一般注意力、发生误解的事实和被宣传对象的实际情况等因素，对引人误解的商业宣传行为进行认定。

第十八条　当事人主张经营者违反反不正当竞争法第八条第一款的规定并请求赔偿损失的，应当举证证明其因虚假或者引人误解的商业宣传行为受到损失。

第十九条　当事人主张经营者实施了反不正当竞争法第十一条规定的商业诋毁行为的，应当举证证明其为该商业诋毁行为的特定损害对象。

第二十条　经营者传播他人编造的虚假信息或者误导性信息，损害竞争对手的商业信誉、商品声誉的，人民法院应当依照反不正当竞争法第十一条予以认定。

第二十一条　未经其他经营者和用户同意而直接发生的目标跳转，人民法院应当认定为反不正当竞争法第十二条第二款第一项规定的"强制进行目标跳转"。

仅插入链接，目标跳转由用户触发的，人民法院应当综合考虑插入链接的具体方式、是否具有合理理由以及对用户利益和其他经营者利益的影响等因素，认定该行为是否违反反不正当竞争法第十二条第二款第一项的规定。

第二十二条　经营者事前未明确提示并经用户同意，以误导、欺骗、强迫用户修改、关闭、卸载等方式，恶意干扰或者破坏其他经营者合法提供的网络产品或者服务,人民法院应当依照反不正当竞争法第十二条第二款第二项予以认定。

第二十三条 对于反不正当竞争法第二条、第八条、第十一条、第十二条规定的不正当竞争行为,权利人因被侵权所受到的实际损失、侵权人因侵权所获得的利益难以确定,当事人主张依据反不正当竞争法第十七条第四款确定赔偿数额的,人民法院应予支持。

第二十四条 对于同一侵权人针对同一主体在同一时间和地域范围实施的侵权行为,人民法院已经认定侵害著作权、专利权或者注册商标专用权等并判令承担民事责任,当事人又以该行为构成不正当竞争为由请求同一侵权人承担民事责任的,人民法院不予支持。

第二十五条 依据反不正当竞争法第六条的规定,当事人主张判令被告停止使用或者变更其企业名称的诉讼请求依法应予支持的,人民法院应当判令停止使用该企业名称。

第二十六条 因不正当竞争行为提起的民事诉讼,由侵权行为地或者被告住所地人民法院管辖。

当事人主张仅以网络购买者可以任意选择的收货地作为侵权行为地的,人民法院不予支持。

第二十七条 被诉不正当竞争行为发生在中华人民共和国领域外,但侵权结果发生在中华人民共和国领域内,当事人主张由该侵权结果发生地人民法院管辖的,人民法院应予支持。

第二十八条 反不正当竞争法修改决定施行以后人民法院受理的不正当竞争民事案件,涉及该决定施行前发生的行为的,适用修改前的反不正当竞争法;涉及该决定施行前发生、持续到该决定施行以后的行为的,适用修改后的反不正当竞争法。

第二十九条 本解释自 2022 年 3 月 20 日起施行。《最高人民法院关于审理不正当竞争民事案件应用法律若干问题的解释》(法释〔2007〕2 号)同时废止。

本解释施行以后尚未终审的案件,适用本解释;施行以前已经终审的案件,不适用本解释再审。

2. 最高人民检察院、公安部《关于修改侵犯商业秘密刑事案件立案追诉标准的决定》（高检发〔2020〕15号，2020.9.17）

为依法惩治侵犯商业秘密犯罪，加大对知识产权的刑事司法保护力度，维护社会主义市场经济秩序，将《最高人民检察院、公安部关于公安机关管辖的刑事案件立案追诉标准的规定（二）》第七十三条①侵犯商业秘密刑事案件立案追诉标准修改为：【侵犯商业秘密案（刑法第二百一十九条）】侵犯商业秘密，涉嫌下列情形之一的，应予立案追诉：

（一）给商业秘密权利人造成损失数额在三十万元以上的；

（二）因侵犯商业秘密违法所得数额在三十万元以上的；

（三）直接导致商业秘密的权利人因重大经营困难而破产、倒闭的；

（四）其他给商业秘密权利人造成重大损失的情形。

前款规定的造成损失数额或者违法所得数额，可以按照下列方式认定：

（一）以不正当手段获取权利人的商业秘密，尚未披露、使用或者允许他人使用的，损失数额可以根据该项商业秘密的合理许可使用费确定；

（二）以不正当手段获取权利人的商业秘密后，披露、使用或者允许他人使用的，损失数额可以根据权利人因被侵权造成销售利润的损失确定，但该损失数额低于商业秘密合理许可使用费的，根据合理许可使用费确定；

（三）违反约定、权利人有关保守商业秘密的要求，披露、使用或者允许他人使用其所掌握的商业秘密的，损失数额可以根据权利人因被侵权造成销售利润的损失确定；

（四）明知商业秘密是不正当手段获取或者是违反约定、权利人有关保守商业秘密的要求披露、使用、允许使用，仍获取、使用或者披露的，损失数额可以根据权利人因被侵权造成销售利润的损失确定；

（五）因侵犯商业秘密行为导致商业秘密已为公众所知悉或者灭失的，损

---

① 修改前的最高人民检察院、公安部《关于公安机关管辖的刑事案件立案追诉标准的规定（二）》（2010.5.7）第73条规定："侵犯商业秘密，涉嫌下列情形之一的，应予立案追诉：（一）给商业秘密权利人造成损失数额在五十万元以上的；（二）因侵犯商业秘密违法所得数额在五十万元以上的；（三）致使商业秘密权利人破产的；（四）其他给商业秘密权利人造成重大损失的情形。"

失数额可以根据该项商业秘密的商业价值确定。商业秘密的商业价值,可以根据该项商业秘密的研究开发成本、实施该项商业秘密的收益综合确定;

(六)因披露或者允许他人使用商业秘密而获得的财物或者其他财产性利益,应当认定为违法所得。

前款第二项、第三项、第四项规定的权利人因被侵权造成销售利润的损失,可以根据权利人因被侵权造成销售量减少的总数乘以权利人每件产品的合理利润确定;销售量减少的总数无法确定的,可以根据侵权产品销售量乘以权利人每件产品的合理利润确定;权利人因被侵权造成销售量减少的总数和每件产品的合理利润均无法确定的,可以根据侵权产品销售量乘以每件侵权产品的合理利润确定。商业秘密系用于服务等其他经营活动的,损失数额可以根据权利人因被侵权而减少的合理利润确定。

商业秘密的权利人为减轻对商业运营、商业计划的损失或者重新恢复计算机信息系统安全、其他系统安全而支出的补救费用,应当计入给商业秘密的权利人造成的损失。

3. 最高人民法院、最高人民检察院《关于办理侵犯知识产权刑事案件具体应用法律若干问题的解释(三)》(法释〔2020〕10号,2020.9.14)(节录)①

第三条 采取非法复制、未经授权或者超越授权使用计算机信息系统等方式窃取商业秘密的,应当认定为刑法第二百一十九条第一款第一项规定的"盗窃"。

以贿赂、欺诈、电子侵入等方式获取权利人的商业秘密的,应当认定为刑法第二百一十九条第一款第一项规定的"其他不正当手段"。

第四条 实施刑法第二百一十九条规定的行为,具有下列情形之一的,应当认定为"给商业秘密的权利人造成重大损失":

---

① 可参见《〈关于办理侵犯知识产权刑事案件具体应用法律若干问题的解释(三)〉的理解与适用》(最高人民法院 林广海 许常海)、《最高人民法院、最高人民检察院〈关于办理侵犯知识产权刑事案件具体应用法律若干问题的解释(三)〉解读》(郑新俭 李薇薇)。

（一）给商业秘密的权利人造成损失数额或者因侵犯商业秘密违法所得数额在三十万元以上的；

（二）直接导致商业秘密的权利人因重大经营困难而破产、倒闭的；

（三）造成商业秘密的权利人其他重大损失的。

给商业秘密的权利人造成损失数额或者因侵犯商业秘密违法所得数额在二百五十万元以上的，应当认定为刑法第二百一十九条规定的"造成特别严重后果"。

第五条 实施刑法第二百一十九条规定的行为造成的损失数额或者违法所得数额，可以按照下列方式认定：

（一）以不正当手段获取权利人的商业秘密，尚未披露、使用或者允许他人使用的，损失数额可以根据该项商业秘密的合理许可使用费确定；

（二）以不正当手段获取权利人的商业秘密后，披露、使用或者允许他人使用的，损失数额可以根据权利人因被侵权造成销售利润的损失确定，但该损失数额低于商业秘密合理许可使用费的，根据合理许可使用费确定；

（三）违反约定、权利人有关保守商业秘密的要求，披露、使用或者允许他人使用其所掌握的商业秘密的，损失数额可以根据权利人因被侵权造成销售利润的损失确定；

（四）明知商业秘密是不正当手段获取或者是违反约定、权利人有关保守商业秘密的要求披露、使用、允许使用，仍获取、使用或者披露的，损失数额可以根据权利人因被侵权造成销售利润的损失确定；

（五）因侵犯商业秘密行为导致商业秘密已为公众所知悉或者灭失的，损失数额可以根据该项商业秘密的商业价值确定。商业秘密的商业价值，可以根据该项商业秘密的研究开发成本、实施该项商业秘密的收益综合确定；

（六）因披露或者允许他人使用商业秘密而获得的财物或者其他财产性利益，应当认定为违法所得。

前款第二项、第三项、第四项规定的权利人因被侵权造成销售利润的损失，可以根据权利人因被侵权造成销售量减少的总数乘以权利人每件产品的合理利润确定；销售量减少的总数无法确定的，可以根据侵权产品销售量乘以权利人每件产品的合理利润确定；权利人因被侵权造成销售量减少的总数和每件产品的合理利润均无法确定的,可以根据侵权产品销售量乘以每件侵权产品的合理利润确定。商业秘密系用于服务等其他经营活动的,损失数额可以根据权利人因被侵权而减少的合理利润确定。

商业秘密的权利人为减轻对商业运营、商业计划的损失或者重新恢复计算机信息系统安全、其他系统安全而支出的补救费用,应当计入给商业秘密的权利人造成的损失。

第六条 在刑事诉讼程序中,当事人、辩护人、诉讼代理人或者案外人书面申请对有关商业秘密或者其他需要保密的商业信息的证据、材料采取保密措施的,应当根据案件情况采取组织诉讼参与人签署保密承诺书等必要的保密措施。

违反前款有关保密措施的要求或者法律法规规定的保密义务的,依法承担相应责任。擅自披露、使用或者允许他人使用在刑事诉讼程序中接触、获取的商业秘密,符合刑法第二百一十九条规定的,依法追究刑事责任。

第七条 除特殊情况外,假冒注册商标的商品、非法制造的注册商标标识、侵犯著作权的复制品、主要用于制造假冒注册商标的商品、注册商标标识或者侵权复制品的材料和工具,应当依法予以没收和销毁。

上述物品需要作为民事、行政案件的证据使用的,经权利人申请,可以在民事、行政案件终结后或者采取取样、拍照等方式对证据固定后予以销毁。

4.最高人民法院《关于审理侵犯商业秘密民事案件适用法律若干问题的规定》(法释〔2020〕7号,2020.9.12)

为正确审理侵犯商业秘密民事案件,根据《中华人民共和国反不正当竞争法》《中华人民共和国民事诉讼法》等有关法律规定,结合审判实际,制定本规定。

第一条 与技术有关的结构、原料、组分、配方、材料、样品、样式、植物新品种繁殖材料、工艺、方法或其步骤、算法、数据、计算机程序及其有关文档等信息,人民法院可以认定构成反不正当竞争法第九条第四款所称的技术信息。

与经营活动有关的创意、管理、销售、财务、计划、样本、招投标材料、客户信息、数据等信息,人民法院可以认定构成反不正当竞争法第九条第四款所称的经营信息。

前款所称的客户信息，包括客户的名称、地址、联系方式以及交易习惯、意向、内容等信息。

第二条　当事人仅以与特定客户保持长期稳定交易关系为由，主张该特定客户属于商业秘密的，人民法院不予支持。

客户基于对员工个人的信赖而与该员工所在单位进行交易，该员工离职后，能够证明客户自愿选择与该员工或者该员工所在的新单位进行交易的，人民法院应当认定该员工没有采用不正当手段获取权利人的商业秘密。

第三条　权利人请求保护的信息在被诉侵权行为发生时不为所属领域的相关人员普遍知悉和容易获得的，人民法院应当认定为反不正当竞争法第九条第四款所称的不为公众所知悉。

第四条　具有下列情形之一的，人民法院可以认定有关信息为公众所知悉：

（一）该信息在所属领域属于一般常识或者行业惯例的；

（二）该信息仅涉及产品的尺寸、结构、材料、部件的简单组合等内容，所属领域的相关人员通过观察上市产品即可直接获得的；

（三）该信息已经在公开出版物或者其他媒体上公开披露的；

（四）该信息已通过公开的报告会、展览等方式公开的；

（五）所属领域的相关人员从其他公开渠道可以获得该信息的。

将为公众所知悉的信息进行整理、改进、加工后形成的新信息，符合本规定第三条规定的，应当认定该新信息不为公众所知悉。

第五条　权利人为防止商业秘密泄露，在被诉侵权行为发生以前所采取的合理保密措施，人民法院应当认定为反不正当竞争法第九条第四款所称的相应保密措施。

人民法院应当根据商业秘密及其载体的性质、商业秘密的商业价值、保密措施的可识别程度、保密措施与商业秘密的对应程度以及权利人的保密意愿等因素，认定权利人是否采取了相应保密措施。

第六条　具有下列情形之一，在正常情况下足以防止商业秘密泄露的，人民法院应当认定权利人采取了相应保密措施：

（一）签订保密协议或者在合同中约定保密义务的；

（二）通过章程、培训、规章制度、书面告知等方式，对能够接触、获取商业秘密的员工、前员工、供应商、客户、来访者等提出保密要求的；

（三）对涉密的厂房、车间等生产经营场所限制来访者或者进行区分管理的；

（四）以标记、分类、隔离、加密、封存、限制能够接触或者获取的人员范围等方式，对商业秘密及其载体进行区分和管理的；

（五）对能够接触、获取商业秘密的计算机设备、电子设备、网络设备、存储设备、软件等，采取禁止或者限制使用、访问、存储、复制等措施的；

（六）要求离职员工登记、返还、清除、销毁其接触或者获取的商业秘密及其载体，继续承担保密义务的；

（七）采取其他合理保密措施的。

第七条 权利人请求保护的信息因不为公众所知悉而具有现实的或者潜在的商业价值的，人民法院经审查可以认定为反不正当竞争法第九条第四款所称的具有商业价值。

生产经营活动中形成的阶段性成果符合前款规定的，人民法院经审查可以认定该成果具有商业价值。

第八条 被诉侵权人以违反法律规定或者公认的商业道德的方式获取权利人的商业秘密的，人民法院应当认定属于反不正当竞争法第九条第一款所称的以其他不正当手段获取权利人的商业秘密。

第九条 被诉侵权人在生产经营活动中直接使用商业秘密，或者对商业秘密进行修改、改进后使用，或者根据商业秘密调整、优化、改进有关生产经营活动的，人民法院应当认定属于反不正当竞争法第九条所称的使用商业秘密。

第十条 当事人根据法律规定或者合同约定所承担的保密义务，人民法院应当认定属于反不正当竞争法第九条第一款所称的保密义务。

当事人未在合同中约定保密义务，但根据诚信原则以及合同的性质、目的、缔约过程、交易习惯等，被诉侵权人知道或者应当知道其获取的信息属于权利人的商业秘密的，人民法院应当认定被诉侵权人对其获取的商业秘密承担保密义务。

第十一条 法人、非法人组织的经营、管理人员以及具有劳动关系的其他人员，人民法院可以认定为反不正当竞争法第九条第三款所称的员工、前员工。

第十二条 人民法院认定员工、前员工是否有渠道或者机会获取权利人的商业秘密，可以考虑与其有关的下列因素：

（一）职务、职责、权限；

（二）承担的本职工作或者单位分配的任务；

（三）参与和商业秘密有关的生产经营活动的具体情形；

（四）是否保管、使用、存储、复制、控制或者以其他方式接触、获取商业秘密及其载体；

（五）需要考虑的其他因素。

第十三条 被诉侵权信息与商业秘密不存在实质性区别的，人民法院可以认定被诉侵权信息与商业秘密构成反不正当竞争法第三十二条第二款所称的实质上相同。

人民法院认定是否构成前款所称的实质上相同，可以考虑下列因素：

（一）被诉侵权信息与商业秘密的异同程度；

（二）所属领域的相关人员在被诉侵权行为发生时是否容易想到被诉侵权信息与商业秘密的区别；

（三）被诉侵权信息与商业秘密的用途、使用方式、目的、效果等是否具有实质性差异；

（四）公有领域中与商业秘密相关信息的情况；

（五）需要考虑的其他因素。

第十四条 通过自行开发研制或者反向工程获得被诉侵权信息的，人民法院应当认定不属于反不正当竞争法第九条规定的侵犯商业秘密行为。

前款所称的反向工程，是指通过技术手段对从公开渠道取得的产品进行拆卸、测绘、分析等而获得该产品的有关技术信息。

被诉侵权人以不正当手段获取权利人的商业秘密后，又以反向工程为由主张未侵犯商业秘密的，人民法院不予支持。

第十五条　被申请人试图或者已经以不正当手段获取、披露、使用或者允许他人使用权利人所主张的商业秘密，不采取行为保全措施会使判决难以执行或者造成当事人其他损害，或者将会使权利人的合法权益受到难以弥补的损害的，人民法院可以依法裁定采取行为保全措施。

前款规定的情形属于民事诉讼法第一百条、第一百零一条所称情况紧急的，人民法院应当在四十八小时内作出裁定。

第十六条　经营者以外的其他自然人、法人和非法人组织侵犯商业秘密，权利人依据反不正当竞争法第十七条的规定主张侵权人应当承担的民事责任的，人民法院应予支持。

第十七条　人民法院对于侵犯商业秘密行为判决停止侵害的民事责任时，停止侵害的时间一般应当持续到该商业秘密已为公众所知悉时为止。

依照前款规定判决停止侵害的时间明显不合理的，人民法院可以在依法保护权利人的商业秘密竞争优势的情况下，判决侵权人在一定期限或者范围内停止使用该商业秘密。

第十八条　权利人请求判决侵权人返还或者销毁商业秘密载体，清除其控制的商业秘密信息的，人民法院一般应予支持。

第十九条　因侵权行为导致商业秘密为公众所知悉的，人民法院依法确定赔偿数额时，可以考虑商业秘密的商业价值。

人民法院认定前款所称的商业价值，应当考虑研究开发成本、实施该项商业秘密的收益、可得利益、可保持竞争优势的时间等因素。

第二十条　权利人请求参照商业秘密许可使用费确定因被侵权所受到的实际损失的，人民法院可以根据许可的性质、内容、实际履行情况以及侵权行为的性质、情节、后果等因素确定。

人民法院依照反不正当竞争法第十七条第四款确定赔偿数额的，可以考虑商业秘密的性质、商业价值、研究开发成本、创新程度、能带来的竞争优势以及侵权人的主观过错、侵权行为的性质、情节、后果等因素。

第二十一条　对于涉及当事人或者案外人的商业秘密的证据、材料，当事人或者案外人书面申请人民法院采取保密措施的，人民法院应当在保全、证据交换、质证、委托鉴定、询问、庭审等诉讼活动中采取必要的保密措施。

违反前款所称的保密措施的要求,擅自披露商业秘密或者在诉讼活动之外使用或者允许他人使用在诉讼中接触、获取的商业秘密的,应当依法承担民事责任。构成民事诉讼法第一百一十一条规定情形的,人民法院可以依法采取强制措施。构成犯罪的,依法追究刑事责任。

第二十二条　人民法院审理侵犯商业秘密民事案件时,对在侵犯商业秘密犯罪刑事诉讼程序中形成的证据,应当按照法定程序,全面、客观地审查。

由公安机关、检察机关或者人民法院保存的与被诉侵权行为具有关联性的证据,侵犯商业秘密民事案件的当事人及其诉讼代理人因客观原因不能自行收集,申请调查收集的,人民法院应当准许,但可能影响正在进行的刑事诉讼程序的除外。

第二十三条　当事人主张依据生效刑事裁判认定的实际损失或者违法所得确定涉及同一侵犯商业秘密行为的民事案件赔偿数额的,人民法院应予支持。

第二十四条　权利人已经提供侵权人因侵权所获得的利益的初步证据,但与侵犯商业秘密行为相关的账簿、资料由侵权人掌握的,人民法院可以根据权利人的申请,责令侵权人提供该账簿、资料。侵权人无正当理由拒不提供或者不如实提供的,人民法院可以根据权利人的主张和提供的证据认定侵权人因侵权所获得的利益。

第二十五条　当事人以涉及同一被诉侵犯商业秘密行为的刑事案件尚未审结为由,请求中止审理侵犯商业秘密民事案件,人民法院在听取当事人意见后认为必须以该刑事案件的审理结果为依据的,应予支持。

第二十六条　对于侵犯商业秘密行为,商业秘密独占使用许可合同的被许可人提起诉讼的,人民法院应当依法受理。

排他使用许可合同的被许可人和权利人共同提起诉讼,或者在权利人不起诉的情况下自行提起诉讼的,人民法院应当依法受理。

普通使用许可合同的被许可人和权利人共同提起诉讼,或者经权利人书面授权单独提起诉讼的，人民法院应当依法受理。

第二十七条 权利人应当在一审法庭辩论结束前明确所主张的商业秘密具体内容。仅能明确部分的，人民法院对该明确的部分进行审理。

权利人在第二审程序中另行主张其在一审中未明确的商业秘密具体内容的，第二审人民法院可以根据当事人自愿的原则就与该商业秘密具体内容有关的诉讼请求进行调解；调解不成的，告知当事人另行起诉。双方当事人均同意由第二审人民法院一并审理的，第二审人民法院可以一并裁判。

第二十八条 人民法院审理侵犯商业秘密民事案件，适用被诉侵权行为发生时的法律。被诉侵权行为在法律修改之前已经发生且持续到法律修改之后的，适用修改后的法律。

第二十九条 本规定自 2020 年 9 月 12 日起施行。最高人民法院以前发布的相关司法解释与本规定不一致的，以本规定为准。

本规定施行后，人民法院正在审理的一审、二审案件适用本规定；施行前已经作出生效裁判的案件，不适用本规定再审。

5. 最高人民法院、最高人民检察院《关于办理侵犯知识产权刑事案件具体应用法律若干问题的解释》（法释〔2004〕19 号，2004.12.22）（节录）①

第七条 实施刑法第二百一十九条规定的行为之一，给商业秘密的权利人造成损失数额在五十万元以上的，属于"给商业秘密的权利人造成重大损失"，应当以侵犯商业秘密罪判处三年以下有期徒刑或者拘役，并处或者单处罚金。

给商业秘密的权利人造成损失数额在二百五十万元以上的，属于刑法第二百一十九条规定的"造成特别严重后果"，应当以侵犯商业秘密罪判处三年以上七年以下有期徒刑，并处罚金。

---

① 本条立案追诉标准与 2020 年最高人民检察院、公安部《关于修改侵犯商业秘密刑事案件立案追诉标准的决定》有冲突，应以最高人民检察院、公安部《关于修改侵犯商业秘密刑事案件立案追诉标准的决定》为准。

最高人民检察院指导性案例

金义盈侵犯商业秘密案
（检例第 102 号）

【关键词】

侵犯商业秘密　司法鉴定　专家辅助办案　证据链

【要旨】

办理侵犯商业秘密犯罪案件，被告人作无罪辩解的，既要注意审查商业秘密的成立及侵犯商业秘密的证据，又要依法排除被告人取得商业秘密的合法来源，形成指控犯罪的证据链。对鉴定意见的审查，必要时可聘请或指派有专门知识的人辅助办案。

【基本案情】

被告人金义盈，1981年生，案发前系温州菲涅尔光学仪器有限公司（以下简称菲涅尔公司）法定代表人、总经理。

温州明发光学科技有限公司（以下简称明发公司）成立于1993年，主要生产、销售放大镜、望远镜等光学塑料制品。明发公司自1997年开始研发超薄型平面放大镜生产技术，研发出菲涅尔放大镜（"菲涅尔放大镜"系一种超薄放大镜产品的通用名称）批量生产的制作方法——耐高温抗磨专用胶板、不锈钢板、电铸镍模板三合一塑成制作方法和镍模制作方法。明发公司根据其特殊设计，将胶板、模板、液压机分别交给温州市光大橡塑制品公司、宁波市江东精杰模具加工厂、瑞安市永鑫液压机厂生产。随着生产技术的研发推进，明发公司不断调整胶板、模板、液压机的规格和功能，不断变更对供应商的要求，经过长期合作，三家供应商能够提供匹配的产品及设备。

被告人金义盈于2005年应聘到明发公司工作，双方签订劳动合同，最后一次合同约定工作期限为2009年7月16日至2011年7月16日。其间，金义盈先后担任业务员、销售部经理、副总经理，对菲涅尔超薄放大镜制作方法有一定了解，并掌握设备供销渠道、客户名单等信息。金义盈与明发公司签订有保密协议，其承担保密义务的信息包括：（1）技术信息，包括产品设计、产品图纸、生产模具、生产制造工艺、制造技术、技术数据、专利技术、科研成果等；（2）经营信息，包括商品产、供、销渠道，客户名单，买卖意向，成交或商谈的价格，商品性能、质量、数量、交货日期等。并约定劳动合同期限内、终止劳动合同后两年内及上述保密内容未被公众知悉期内，不得向第三方公开上述保密内容。

2011年初，金义盈从明发公司离职，当年3月24日以其姐夫应某甲、应某乙的名义成立菲涅尔公司，该公司2011年度浙江省地方税（费）纳税综合申报表载明金义盈为财务负责人。菲涅尔公司成立后随即向上述三家供应商购买与明发公司相同的胶板、模具和液压机等材料、设备，使用与明发公司相同的工艺生产同一种放大镜进入市场销售，造成明发公司经济损失人民币122万余元。

【检察机关履职情况】

审查起诉　2018年1月23日，浙江省温州市公安局以金义盈涉嫌侵犯商业秘密罪移送温州市人民检察院（以下简称温州市检察院）审查起诉。1月25日，温州市检察院将本案交由瑞安市人民检察院（以下简称瑞安市检察院）办理。本案被告人未作有罪供述，为进一步夯实证据基础，检察机关退回公安机关就以下事项补充侦查：金义盈是否系菲涅尔公司实际经营者，该公司生产技术的取得途径，明发公司向金义盈支付保密费情况以及金义盈到案经过等事实。

8月16日，瑞安市检察院以被告人金义盈构成侵犯商业秘密罪向浙江省瑞安市人民法院（瑞安市法院）提起公诉。

指控与证明犯罪　庭审过程中，检察机关申请两名鉴定人员出庭，辩护人申请有专门知识的人出庭，就《司法鉴定意见书》质证。被告人金义盈及辩护人提出以下辩护意见：1.鉴定人检索策略错误、未进行技术特征比对、鉴定材料厚度未能全覆盖鉴定结论，故现有证据不足以证明明发公司掌握的菲涅尔超薄放大镜生产工艺属于"不为公众所知悉"的技术信息。2.涉案三家供应商信息属于通过公开途径可以获取的信息，不属于商业秘密。3.菲涅尔公司系通过正常渠道获知相关信息，其使用的生产工艺系公司股东应某甲通过向其他厂家学习、询问而得知，金义盈没有使用涉案技术、经营信息的行为及故意，并提供了8份文献证明涉案技术信息已公开。4.保密协议仅对保密内容作了原则性规定，不具有可操作性，保密协议约定了保密津贴，但明发公司未按约向被告人金义盈发放保密津贴。

公诉人答辩如下：第一，涉案工艺具备非公知性。上海市科技咨询服务中心知识产权司法鉴定所鉴定人通过对现有专利、国内外文献以及明发公司对外宣传材料等内容进行检索、鉴定后认为，明发公司菲涅尔超薄放大镜的特殊制作工艺不能从公开渠道获取，属于"不为公众所知悉"的技术信息。该《司法鉴定意见书》系侦查机关委托具备知识产权司法鉴定资质的机构作出的，鉴定程序合法，意见明确，具有证据证明力。涉案菲涅尔超薄放大镜的制作工艺集成了多种技术，不是仅涉及产品尺寸、结构、材料、部件的简单组合，无法通过公开的产品进行直观或简单的测绘、拆卸或投入少量劳动、技术、资金便能直接轻易获得，相反，须经本领域专业技术人员进行长期研究、反复试验方能实现。故该辩护意见不能对鉴定意见形成合理怀疑。

第二，涉案供应商信息属于商业秘密。供应商、明发公司员工证言等证据证实，三家供应商提供的胶板、模具、液压机产品和设备均系明发公司技术研发过程中通过密切合作，对规格、功能逐步调整最终符合批量生产要求后固定下来的，故相关供应商供货能力的信息为明发公司独有的经营信息，具有秘密性。明发公司会计凭证、增值税专用发票以及供应商、明发公司员工证言证实，涉案加工设备、原材料供应商均系明发公司花费大量人力、时间和资金，根据明发公司生产工艺的特定要求，对所供产品及设备的规格、功能进行逐步调试、改装后选定，能够给明发公司带来成本优势，具有价值性。明发公司与员工签订的《保密协议》中明确约定了保密事项，应当认定明发公司对该供应商信息采取了合理的保护措施，具有保密性。

第三，金义盈在明发公司任职期间接触并掌握明发公司的商业秘密。明发公司员工证言等证据证实，金义盈作为公司分管销售的副总经理，因工作需要熟悉菲涅尔超薄放大镜生产制作工艺、生产过程、加工流程等技术信息，知悉生产所需的特定设备和原材料的采购信息及销售信息。

第四，金义盈使用了明发公司的商业秘密。明发公司的菲涅尔超薄放大镜制作工艺涉及多种技术，加工时的温度、压力、保压时间等工艺参数均有特定化的要求。根据鉴定意见和专家意见，金义盈使用的超薄放大镜生产工艺与明发公司菲涅尔超薄放大镜生产工艺在相关的技术秘点比对上均实质相同，能够认定金义盈使用了商业秘密。

第五，现有证据足以排除金义盈通过其他合法渠道获取或自行研发超薄放大镜生产工艺的可能。经对菲涅尔公司账册及企业营收情况进行审计，证实该公司无任何研发资金投入，公司相关人员均无超薄放大镜等同类产品经营、技术研发背景，不具有自行研发的能力和行为。金义盈辩称其技术系由其姐夫应某甲从放大镜设备厂家蔡某处习得，但经调查蔡某并未向其传授过放大镜生产技术，且蔡某本人亦不了解该技术。

第六，保密协议约定明确，被告人金义盈应当知晓其对涉案技术信息和经营信息负有保密义务。证人证言、权利人陈述以及保密协议中保密津贴与月工资同时发放的约定，能够证实明发公司支付了保密费。合议庭对公诉意见予以采纳。

处理结果 2019 年 9 月 6 日，瑞安市法院以侵犯商业秘密罪判处被告人金义盈有期徒刑一年六个月，并处罚金 70 万元。宣判后，被告人提出上诉，温州市中级人民法院裁定驳回上诉，维持原判。

【指导意义】

（一）依法惩治侵犯商业秘密犯罪，首先要准确把握商业秘密的界定

商业秘密作为企业的核心竞争力，凝聚了企业在社会活动中创造的智力成果，关系到企业生存与发展。依法保护商业秘密是国家知识产权战略的重要组成部分。检察机关依法严惩侵害商业秘密犯罪，对保护企业合法权益，营造良好营商环境，推进科技强国均有十分重要的意义。商业秘密是否成立，是认定是否构成侵犯商业秘密罪的前提条件。检察机关应着重审查以下方面：第一，涉案信息是否不为公众所知悉。注意审查涉案商业秘密是否不为其所属领域的相关人员普遍知悉和容易获得，是否属于《最高人民法院关于审理侵犯商业秘密民事案件适用法律若干问题的规定》第四条规定的已为公众所知悉的情形。第二，涉案信息是否具有商业价值。

注意审查证明商业秘密形成过程中权利人投入研发成本、支付商业秘密许可费、转让费的证据；审查反映权利人实施该商业秘密获取的收益、利润、市场占有率等会计账簿、财务分析报告及其他体现商业秘密市场价值的证据。第三，权利人是否采取了相应的保密措施。注意审查权利人是否采取了《最高人民法院关于审理侵犯商业秘密民事案件适用法律若干问题的规定》第六条规定的保密措施，并注意审查该保密措施与商业秘密的商业价值、重要程度是否相适应、是否得到实际执行。

（二）对于被告人不认罪的情形，要善于运用证据规则，排除被告人合法取得商业秘密的可能性，形成指控犯罪的证据链

由于商业秘密的非公开性和犯罪手段的隐蔽性，认定被告人是否实施了侵犯商业秘密的行为往往面临证明困境。在被告人不作有罪供述时，为查明犯罪事实，检察机关应注意引导公安机关从被告人使用的信息与权利人的商业秘密是否实质上相同、是否具有知悉和掌握权利人商业秘密的条件、有无取得和使用商业秘密的合法来源，全面客观收集证据。特别是要着重审查被告人是否存在合法取得商业秘密的情形，应注意围绕辩方提出的商业秘密系经许可、承继、自行研发、受让、反向工程等合法方式获得的辩解，引导公安机关收集被告人会计账目、支出凭证等能够证明是否有研发费用、资金投入、研发人员工资等研发成本支出的证据；收集被告人所在单位研发人员名单、研发资质能力、实施研发行为、研发过程的证据；收集有关商业秘密的转让合同、许可合同、支付转让费、许可费的证据；收集被告人是否通过公开渠道取得产品并实施反向工程对产品进行拆卸、测绘、分析的证据，以及被告人因传承、承继商业秘密的书证等证据。通过证据之间的相互印证，排除被告人获取、使用商业秘密来源合法的可能性的，可以证实其实施侵犯商业秘密的犯罪行为。

（三）应注重对鉴定意见的审查，必要时引入有专门知识的人参与案件办理

办理侵犯商业秘密犯罪案件，由于商业秘密的认定，以及是否构成对商业秘密的侵犯，往往具有较强专业性，通常需要由鉴定机构出具专门的鉴定意见。检察机关对鉴定意见应予全面细致审查，以决定是否采信。对

鉴定意见的审查应注意围绕以下方面：一是审查鉴定主体的合法性，包括鉴定机构、鉴定人员是否具有鉴定资质，委托鉴定事项是否符合鉴定机构的业务范围，鉴定人员是否存在应予回避等情形；二是审查鉴定材料的客观性，包括鉴定材料是否真实、完整、充分，取得方式是否合法，是否与原始材料一致等；三是审查鉴定方法的科学性，包括鉴定方法是否符合国家标准、行业标准，方法和标准的选用是否符合相关规定。同时，要注意审查鉴定意见与其他在案证据能否相互印证，证据之间的矛盾能否得到合理解释。必要时，可聘请或指派有专门知识的人辅助审查案件，出庭公诉时可申请鉴定人及其他有专门知识的人出庭，对鉴定意见的科学依据以及合理性、客观性发表意见，通过对技术性问题的充分质证，准确认定案件事实，加强指控和证明犯罪。

最高人民法院公报案例

上海市人民检察院第二分院诉周德隆等人侵犯商业秘密案
（《最高人民法院公报》2005年第3期）

【裁判摘要】

一、违反与原单位的保密约定，伙同他人利用原单位专利技术以外不为公众知悉的工艺技术信息，生产与原单位相同的产品，并给原单位造成重大经济损失的，应根据刑法第二百一十九条第一款第（三）项和第二款的规定，按侵犯商业秘密罪论处。

二、明知他人违反与原单位的保密约定，仍伙同其利用掌握原单位专利技术以外不为公众知悉的工艺技术信息，生产与其原单位相同的产品，并给其原单位造成重大经济损失的，应根据刑法第二百一十九条第一款第（三）项和第二款的规定，按侵犯商业秘密罪论处。

【案情】

公诉机关：上海市人民检察院第二分院。

被告人：周德隆。2003年4月16日被逮捕。

被告人：陈伟明。2003年4月16日被逮捕。

被告人：陶国强。2003年4月16日被逮捕。

被告人周德隆、陈伟明、陶国强侵犯商业秘密案由上海市人民检察院第二分院于2003年8月29日向上海市第二中级人民法院提起公诉。

起诉书指控：2000年10月，被告人周德隆明知"刺孔型干爽网面"的生产技术和设备是上海亚恒网面材料有限公司（以下简称亚恒公司）的商业秘密，仍违反该公司有关保守商业秘密的要求，与被告人陈伟明共同商议，利用周德隆掌握的"刺孔型干爽网面"的生产技术和设备的信息，由陈伟明注册成立宁波市江北伟隆网面材料有限公司（以下简称伟隆公司），生产与亚恒公司相同的"刺孔型干爽网面"。同年年底至2001年4月期间，周德隆向伟隆公司提供了亚恒公司研制的"刺孔型干爽网面"模片样品，并通过他人加工复制。同时，周德隆又伙同陈伟明、被告人陶国强等人，先后赴浙江的海宁万方轻工机械有限公司（以下简称万方公司）、湖州杰森实业有限公司液压机床厂（以下简称杰森机床厂）；分别订购了与亚恒公司相同的主要生产设备YH-600型压花机2台、FQH-600型分切机1台、YY32-50A型四柱液压机1台。陶国强明知"刺孔型干爽网面"的生产技术和设备是亚恒公司的商业秘密，仍违反该公司有关保守商业秘密的要求，利用其掌握的该公司专有生产技术负责验收，对压花机、分切机等生产设备进行安装、调试、检测。2001年7月至2003年3月24日期间，伟隆公司利用亚恒公司的商业秘密，生产与该公司相同的"刺孔型干爽网面"，并以低价销售给天津依依卫生用品厂等多家单位，产品销售量共计101.705吨，获利20万余元。致使亚恒公司的同期销售量减少96.495吨，直接损失达108万余元。

公诉机关认为，被告人周德隆、陈伟明、陶国强的上述行为均已触犯《中华人民共和国刑法》（以下简称刑法）第二百一十九条第一款第（三）项和第二款之规定，且造成特别严重的后果，应以侵犯商业秘密罪追究刑事责任。

被告人周德隆辩称：当时不知道什么叫商业秘密，也没有侵犯亚恒公司的商业秘密。

被告人周德隆的辩护人提出：亚恒公司生产"刺孔型干爽网面"的有关技术信息不属于商业秘密，周德隆的行为不构成侵犯商业秘密罪。主要理由是：（1）亚恒公司的主要生产设备 YH-600 型压花机、FQH-600 型分切机的图纸制作方为万方轻工机械有限公司，双方没有排他的生产订购许可约定和保密约定，故该设备的技术信息不能成为商业秘密；（2）模片样品是周德隆进入公司前获得的，其技术信息当时已进入公知领域，且伟隆公司对该模片样品加工后已赋予其创造性劳动，新模片技术信息并非源于亚恒公司；（3）亚恒公司经济损失计算有误，直接损失应为 18 万余元。

被告人陈伟明辩称：伟隆公司的"刺孔型干爽网面"技术是参照张永顺的专利技术，并不是亚恒公司的商业秘密。

被告人陈伟明的辩护人提出：陈伟明的行为不构成侵犯商业秘密罪。主要理由是：（1）陈伟明不知道周德隆接触过他人的商业秘密，故没有侵犯商业秘密；（2）商业秘密不为公众所知悉是指不能从公开渠道直接获取，但本案鉴定结论中的公开文献并不等于"公开渠道"，且鉴定机构不能仅从文献上公开与否来判定是否不为公众所知悉；（3）起诉书指控的直接经济损失有误。

被告人陶国强辩称：亚恒公司没有采取任何保密措施。

被告人陶国强的辩护人提出：陶国强的行为不构成侵犯商业秘密罪。主要理由是：（1）陶国强没有犯罪的故意，不能认为他明知亚恒公司有商业秘密，而且该公司已申请专利，故不存在什么商业秘密；（2）陶国强没有犯罪的行为，他参与伟隆公司订制生产设备和作为工人的生产行为，不属侵犯他人商业秘密的行为。

上海市第二中级人民法院经审理查明：

亚恒公司是 1999 年 2 月注册成立的合资企业，主要生产、销售用于卫生巾、尿垫的"刺孔型干爽网面"材料。法定代表人龚政自行研制的"刺孔型干爽网面"生产工艺技术，属于该公司的商业秘密，亚恒公司对此采取了保密措施。1999 年 12 月和 2000 年 1 月，亚恒公司分别与被告人陶国强、周德隆签订了劳动合同，合同不仅对职工离职后的保密义务作了约定，而且将公司的《保密制度》作为劳动合同的有效组成部分，该《保密制度》对公司商业秘密的范围、保密措施、奖励与处罚等均作出了规定。周德隆、陶国强在签订劳动合同时均承诺严格遵守《保密制度》，分别被任命为亚恒公司生产部门厂长和精工车间主任。

2000年6月，被告人周德隆因故离开亚恒公司，并要求被告人陶国强今后在技术上对其给予支持。同年10月期间，周德隆违反亚恒公司有关保守商业秘密的要求，向被告人陈伟明提出成立一家与亚恒公司生产"刺孔型干爽网面"同样产品的公司，并给陈伟明看了亚恒公司研制的"刺孔型干爽网面"滚筒模片样品，陈伟明表示同意。二人共同商议：由陈伟明负责申请注册成立公司，周德隆则负责解决公司的生产设备和技术人员。2000年底，周德隆、陈伟明赴专门为亚恒公司生产压花机和分切机的浙江海宁万方轻工机械有限公司（以下简称万方机械公司），也要求订制技术指标和性能与亚恒公司一样的YH600型压花机二台、FQH-600型分切机一台；其间，周德隆与陶国强还要求湖州杰森实业有限公司液压机床厂（以下简称杰森液压机厂），制造一台技术指标和性能与亚恒公司基本相同的YY32-50A型四柱液压机。2001年1月3日，陈伟明投资成立伟隆公司，并担任法定代表人。2001年2月，陶国强在两年的工作合同期未满时擅自离开亚恒公司。2001年4月至10月，周德隆、陈伟明、陶国强又到浙江慈溪肖强模具加工厂，要求该厂根据周德隆从亚恒公司获取的滚筒模片样品，为伟隆公司进行批量加工制作。伟隆公司定购的设备和加工制作的模片，均由陶国强验收。2001年3月，周德隆正式担任伟隆公司生产部门厂长；随后，陶国强也正式进入伟隆公司，具体负责滚筒模具的装配、调试及生产设备的维护等工作。

2001年初，亚恒公司发现伟隆公司为仿制其产品订制了与本公司相同的生产设备，遂派人与被告人周德隆、陈伟明交涉，并于同年2月和4月向陶国强、陈伟明先后发出律师函和书面通知，要求其停止侵权。随后，亚恒公司向公安机关报案。同年9月，公安机关对伟隆公司涉嫌侵犯亚恒公司商业秘密的行为进行调查。同年10月，周德隆离开伟隆公司，但陈伟明仍利用陶国强掌握的亚恒公司生产"刺孔型干爽网面"的技术信息继续进行生产。

2001年7月至2003年3月期间，伟隆公司生产与亚恒公司相同的"刺孔型干爽网面"，并以低于亚恒公司的价格分别销售给天津依依卫生用品

下编　知识产权犯罪

厂、天津市三维纸业有限公司、上海微丝尔卫生用品有限公司、利发卫生用品（天津）有限公司、临安市雄鹰妇幼卫生用品有限公司、杭州梦棋雅卫生用品有限公司等单位，非法获利 17 万余元，并造成亚恒公司直接经济损失 100 余万元。

证明上述事实的主要证据有：

1. 国家知识产权局 2000 年 1 月 22 日颁发的《实用新型专利证书》、实用新型专利《说明书》及亚恒公司的《协议书》，证实龚政将其"具有良好渗透性能的干爽网面"的专有技术使用权，包括生产该产品的模具、加工工艺、专有生产设备等专有技术的使用权转让亚恒公司。

2. 上海专利商标事务所 2001 年 8 月 9 日出具的《专有技术分析报告》，结论为：亚恒公司专有技术采用上、下两个带刺滚筒，相向滚动刺穿塑料薄膜的工艺，采用金属齿轮片叠加拼合成上、下滚筒，在解决了上、下齿距对齐咬合问题的基础上，形成了具有较好渗透性，返湿性低的漏斗微孔形状塑膜产品，所查领域内未发现采用相同生产工艺制造该专有生产设备的方法。

3. 上海科学技术情报研究所 2003 年 12 月 4 日出具的《知识产权查新分析报告》，结论为：亚恒公司采用可双层原料同时生产的上、下滚筒式网面打孔加工设备，公开文献中未见完全相同的内容。

4. 上海市科学技术委员会出具的技术鉴定意见。

（1）2001 年 8 月 18 日出具的《技术鉴定意见》，结论为：亚恒公司"具有良好渗透性能的干爽网面"的打孔网面生产技术及设备的七项内容，属商业秘密中的技术信息范畴。

（2）2001 年 9 月 20 日出具的《技术鉴定意见》，结论为：伟隆公司生产"刺孔型干爽网面"的设备及工艺技术与亚恒公司生产"刺孔型干爽网面"的设备及工艺技术的设计思路相同，设备的执行结构基本相同，生产原理与生产流程一致，上、下滚筒的齿片的模具结构基本相同，产品完成的方法相同。

（3）2003 年 7 月 11 日出具的《技术鉴定补充意见》，结论为：2003 年 4 月摄制的伟隆公司生产"刺孔型干爽网面"设备与 2001 年 9 月 17 日摄制的基本相同；2003年3月伟隆公司的以上生产设备与2001年9月鉴定人现场实地勘察的基本相同，并与亚恒公司生产"刺孔型干爽网面"的设备基本相同；亚恒公司的以上生产设备与申请人张翔的"发明设计专利申请公开说明书"所述的"一种卫生用品面料的机械打孔装置"不是同一设备。维持2001年8月18日和9月20日出具的《技术鉴定意见》。

（4）2003年12月22日出具的《技术鉴定意见》（补充鉴定）。结论为：亚恒公司"生产刺孔型网面材料的工艺技术和设备"所具有的未被文献公开的技术信息，在"经权利人采取保密措施"确认的条件下，属于商业秘密中技术信息的范畴。

5. 亚恒公司的《员工手册》、《保密制度》及周德隆、陶国强与亚恒公司签订的劳动合同，证实：亚恒公司建立了保密制度，对公司商业秘密的范围作了划定。周德隆、陶国强在与亚恒公司签订劳动合同时承诺严格遵守公司《保密制度》，并承诺离职后遵守保密义务。

6. 龚政、陈伟、袁泓、林军、陈亚庭、黄兵、司明怀、邱宝华的证词及亚恒公司的证明，证实：亚恒公司采取了保密措施，在签订劳动合同之前均要求职工阅读公司保密制度文本；周德隆、陶国强分别担任亚恒公司的生产厂长和车间主任，掌握公司生产技术或设备的商业秘密；亚恒公司2001年2月左右发现周德隆、陶国强和伟隆公司侵犯其商业秘密后，曾请律师发信函给陈伟明、陶国强，袁泓还专程至宁波找陈伟明交涉，但陈伟明仍置之不理。

7. 陈伟的证词。内容是：他担任亚恒公司副总经理，1999年曾向周德隆提供一份产品的市场分析报告和做产品的齿片，周德隆离开公司时未将该齿片交回。

8. 陈留的证词。内容是：他担任万方公司总经理。龚政于2000年在万方公司订制了压花机4台、分切机1台。上述设备是根据龚政要求设计的，不是通用设备。2000年11月，陈伟明、周德隆要求订制与其相同的2台压花机、1台分切机，并于2001年3月将货提走。

9. 顾耀成的证词及辨认笔录。主要内容是：他担任杰森液压机厂的负责人。2000年底，周德隆和陶国强来该厂要求制造1台50吨四柱液压机，周德隆签的协议,陶国强负责验收和提货。

10. 上海市公安局调取证据清单及照片、慈溪肖强模具加工厂负责人罗肖强的证词以及辨认笔录。证实:2001年4月,周德隆和陶国强至模具厂要求按其提供的不锈钢齿片做模具。2001年10月,陈伟明打电话要求重新加工齿片模具,提高模具的精密度。

11. 万方公司开具给伟隆公司的发票存根联、周德隆与杰森液压机厂签订的购销合同、佛山市腾华塑胶有限公司出具的证明等,证实:伟隆公司订制了与亚恒公司相同的YH-600型压花机2台、FQH-600型分切机1台以及伟隆公司订制生产所需的液压机和薄膜材料的情况。

12. 亚恒公司的《通知》《律师函》以及挂号函件收据等,证实:亚恒公司分别于2001年2月23日和4月3日先后告知陶国强、陈伟明,其行为严重侵犯了亚恒公司的商业秘密,并要求停止侵权。

13. 上海市公安局黄卫、梁经军出具的情况说明,证实:2001年9月17日,他们与上海市科学技术委员会戴敬辉及聘请的专家在伟隆公司进行了调查和技术鉴定时,曾告诉陈伟明,他已涉嫌侵犯他人商业秘密。

14. 证人高秀菊的证词。主要内容是:她是陈伟明妻子,2000年11月左右与陈伟明至周德隆家时,周德隆提出投资成立一家生产和销售干爽网面的公司,由陈伟明负责投入资金和生产场地。后周德隆、陈伟明和她在万方公司订制了生产设备,由陶国强负责操作和调试。2001年9月,公安人员在伟隆公司调查时,说伟隆公司涉嫌侵犯其他公司的商业秘密。同年10月,周德隆离开伟隆公司,但伟隆公司仍在继续生产和销售干爽网面。

15. 伟隆公司销售"刺孔型干爽网面"时开具的增值税专用发票、出库单及记帐凭证,宁波市电子清算贷方补充凭证等书证,证实伟隆公司销售"刺孔型干爽网面"的情况。

16. 上海复兴明方会计师事务所出具的《审计报告》,证实亚恒公司因伟隆公司侵权而遭受的直接经济损失情况及伟隆公司非法获利数额。

本案的主要争议焦点是:(1)亚恒公司生产"刺孔型干爽网面"的工艺技术是否属于商业秘密。(2)被告人的行为是否侵犯了亚恒公司的商业秘密权。(3)本案的直接经济损失应如何计算。

上海市第二中级人民法院认为：

一、关于亚恒公司生产"刺孔型干爽网面"的工艺技术信息是否属于商业秘密。

所谓商业秘密，是指不为公众所知悉，能为权利人带来经济利益，具有实用性并经权利人采取保密措施的技术信息和经营信息。本案中，公诉机关没有指控三被告人侵犯了亚恒公司的经营秘密。因此，"不为公众所知悉"和"采取保密措施"，是认定亚恒公司技术信息是否属于商业秘密的关键。

"不为公众所知悉"是指该信息无法从公开渠道直接获取。而公开渠道包括：出版物公开和公开销售、使用、反向工程以及口头泄密等其他方式公开。但除了出版物公开外，其他方式公开仅具有公开的可能性，并不必然导致被不特定的人所知悉，而且"知悉"不能仅仅是一知半解。本案中，龚政申请的"在网面的基材上直接打孔的装置"虽于2002年6月12日被授予实用新型专利，但亚恒公司生产"刺孔型干爽网面"的工艺技术信息只有一小部分被专利文献公开，而大部分具体而且关键的信息并未被专利文献公开，不能说明亚恒公司的这部分技术信息已进入公知领域。亚恒公司副总经理陈伟在动员周德隆入股亚恒公司时，虽将有关模片样品交给周德隆，但周德隆事后已同意担任亚恒公司的生产部门厂长，且与亚恒公司有保密约定，故周德隆的辩护人认为模片样品的技术信息已进入公知领域的辩护意见，缺乏事实和法律依据。"采取保密措施"是指商业秘密权利人采取保密措施应包括订立保密协议，建立保密制度及采取其他合理的保密措施。只要权利人提出了保密要求，权利人的职工或业务关系人知道或应当知道存在商业秘密的，即应认定权利人采取了合理的保密措施。本案中，亚恒公司不仅建立了相关的保密制度，明确划定了公司商业秘密的范围，且劳动合同中亦说明了公司职工离职后的保密义务作为，被告人周德隆、陶国强签订劳动合同时，均在"已学习过亚恒公司的《员工手册》及《保密制度》并严格遵守"一栏中签过字，故周德隆关于2000年10月期间根本不知道什么叫商业秘密和陶国强关于亚恒公司没有采取任何保密措施的辩解，以及陶国强的辩护人关于陶国强不明知亚恒公司有商业秘密的辩护意见，与事实不符。

周德隆的辩护人提出亚恒公司的压花机、分切机的图纸制作方为万方公司,双方没有排他的生产订购许可的约定和保密约定。经查,万方公司是根据龚政的特殊要求制作了压花机、分切机的图纸,该图纸由万方公司保管,双方没有保密约定,亚恒公司也未提出保密要求,故难以认定亚恒公司对设备本身的技术信息采取了合理的保密措施。

据此可以确认,亚恒公司生产"刺孔型干爽网面"所具有的一部分体现在滚筒模具上的具体而且关键的工艺技术信息不为公众所知悉,并能够应用于生产,为权利人带来经济利益,权利人对此已采取了保密措施,应认定为商业秘密。

二、关于被告人的行为是否侵犯了亚恒公司的商业秘密权。

根据法律规定,认定本案是否侵犯商业秘密权的构成要件,对有保密义务的被告人而言,主观上应存在故意,客观上有披露、使用行为;对没有保密义务的被告人而言,除主观上应明知或应知外,客观上还必须有获取并使用的行为。如果被告人之间主观上有共同的故意,客观上有共同的行为,则构成共同侵权。本案中,被告人周德隆明知生产"刺孔型干爽网面"的工艺技术是亚恒公司的商业秘密,在离职后违反该公司有关保守商业秘密的要求,与被告人陈伟明共同商议并成立了生产与亚恒公司相同产品的伟隆公司。为此,周德隆向伟隆公司提供了亚恒公司为生产"刺孔型干爽网面"而研制的模片样品进行加工复制,并拉拢被告人陶国强为其提供技术帮助。之后,陈伟明被亚恒公司明确告知侵犯了其的商业秘密权。故陈伟明的辩护人关于陈伟明不知道周德隆接触过他人商业秘密的辩护意见,与事实不符。陶国强擅自离职,在周德隆、陈伟明的要求下,违反亚恒公司保守商业秘密的规定,利用其掌握该公司生产"刺孔型干爽网面"的技术信息,对伟隆公司订制的与亚恒公司同样的主要设备和加工复制的模片进行验收,并负责核心部件滚筒模具的装配、调试以及设备的维护等工作。陶国强的辩护人关于陶国强的行为不属侵犯他人商业秘密行为的辩护意见,陈伟明辩称伟隆公司的生产技术是参照张永顺的专利技术的辩解,均与事实不符。陈伟明在明知伟隆公司的主要设备和模具源于亚恒公司,且在被明确告知侵犯了亚恒公司商业秘密的情况下,仍利用陶国强掌握的亚恒公司生产"刺孔型干爽网面"的技术信息继续进行生产。因此，三被告人共同侵犯了亚恒公司的商业秘密权。伟隆公司通过被告人周德隆获取亚恒公司模片样品后，在未经亚恒公司允许的情况下进行加工复制，并在掌握亚恒公司当时有关技术信息的被告人陶国强指导下，加工时对复制的模片进行了修正，以达到正常生产的需要。因此，伟隆公司在加工复制该模片样品的过程中，并没有赋予创造性劳动，而是赋予了陶国强所掌握的亚恒公司当时的有关技术信息，周德隆的辩护人的辩护意见与事实不符。

三、关于本案的直接经济损失和计算方法。

认定侵犯商业秘密的行为应追究刑事责任的数额标准，以侵权人给商业秘密权利人造成 50 万元直接经济损失为起点。而公诉机关提交的《审计报告》对亚恒公司造成的直接经济损失采取了两种计算方法：一是以侵权人侵权产品的销售吨数乘以权利人因被侵权而被迫降价前的平均销售利润；二是以权利人被侵权后销售量的减少吨数乘以权利人因被侵权而被迫降价前的平均销售利润。从本案的实际情况看，生产卫生巾、尿不湿网面材料的企业不仅为亚恒公司和伟隆公司，但亚恒公司专有技术所生产的"刺孔型干爽网面"与其他网面材料相比，具有竞争优势。故从市场竞争的不确定因素考虑，亚恒公司被侵权后销售量的减少并不一定完全是伟隆公司侵权造成的结果；而侵权人侵权产品的销售数量不仅反映了侵权的客观事实，而且能反映权利人被侵权后造成的直接损失。因此，以第一种计算方法即"侵权人侵权产品的销售吨数乘以权利人因被侵权而被迫降价前的平均销售利润"计算出亚恒公司的直接经济损失，更为公平、合理。

亚恒公司法定代表人龚政自行研制的、并为亚恒公司所拥有的生产"刺孔型干爽网面"的工艺技术，采用金属齿轮片叠加拼合成上、下两个直径不同的带微型刺的滚筒，在解决了上、下齿距对齐啮合问题的基础上，通过上、下带刺滚筒不同的温度控制，相向滚动刺穿塑料薄膜或无纺布，能形成具有较好渗透性，返湿性低的漏斗微孔形状塑膜或无纺布产品，即"刺孔型干爽网面"。以上带刺滚筒模具要投入生产并形成正常的生产力，需要掌握这方面工艺技术的技术人员进行装配和调试。因此，该不为公众所知悉的工艺技术，经亚恒公司采取保密措施后均构成商业秘密而为法律所保护。被告人周德隆离职后为了生产与亚恒公司相同的"刺孔型干爽网面"与被告人陈伟明共同策划成立伟隆公司,并拉拢被告人陶国强一起违反亚恒公司有关保守商业秘密的要求,披露、使用其所掌握的商业秘密,侵犯了亚恒公司的商业秘密权。陈伟明明知周德隆、陶国强的以上侵权行为,获取并指使陶国强使用亚恒公司的商业秘密,应以侵犯商业秘密论。虽然周德隆于2001年10月就离开了伟隆公司;但其并未阻止陈伟明、陶国强的继续侵权行为,应对侵权结果承担共同责任。三被告人共同侵犯亚恒公司的商业秘密并造成权利人100万余元重大损失的行为,均已构成侵犯商业秘密罪,且系共同犯罪;依法应予处罚。公诉机关指控三被告人犯侵犯商业秘密罪成立。鉴于周德隆参与共同犯罪的时间相对较短,可酌情从轻处罚。

综上,上海市第二中级人民法院依照刑法第二百一十九条第一款第(三)项、第二款、第三款、第四款、第二十五条第一款、第五十三条、第六十四条之规定,判决:

一、被告人周德隆犯侵犯商业秘密罪,判处有期徒刑一年,并处罚金人民币三千元。

二、被告人陈伟明犯侵犯商业秘密罪,判处有期徒刑一年三个月,并处罚金人民币五千元。

三、被告人陶国强犯侵犯商业秘密罪,判处有期徒刑一年三个月,并处罚金人民币五千元。

四、违法所得予以追缴。

一审宣判后,周德隆、陶国强、陈伟明均向上海市高级人民法院提出上诉。

周德隆、陶国强的主要上诉理由是:他们在亚恒公司工作期间,亚恒公司并没有建立相关保密制度,采取相应的保密措施,故不知道亚恒公司有商业秘密,应改判其无罪。

陈伟明的主要上诉理由是:认定其明知周德隆、陶国强侵犯亚恒公司商业秘密而获取并使用该商业秘密的事实错误,对亚恒公司直接经济损失计算缺乏事实依据,应改判其无罪。

周德隆、陶国强、陈伟明的辩护人认为：本案的立案侦查程序违法；原判认定亚恒公司拥有的生产"刺孔型干爽网面"工艺技术信息系商业秘密证据不足，该工艺技术已为公众知悉；原判认定的亚恒公司经济损失不合理。

上海市高级人民法院经审理查明的事实与原审相同。

上海市高级人民法院认为：

根据刑法第二百一十九条第一款第（三）项和第二款的规定，周德隆、陶国强违反与原单位的保密约定，伙同他人利用原单位专利技术以外不为公众知悉的工艺技术信息，生产与原单位相同的产品，并造成原单位重大经济损失的行为，已构成侵犯商业秘密罪；陈伟明明知他人违反与原单位的保密约定，仍伙同他人利用掌握原单位专利技术以外不为公众知悉的工艺技术信息，生产与他人原单位相同的产品，并造成他人原单位重大经济损失的行为，亦构成侵犯商业秘密罪。

一、关于本案立案侦查程序是否违法的问题。

经查：亚恒公司于 2001 年 7 月向公安机关举报伟隆公司侵犯其商业秘密，公安机关受理调查后，于同年 11 月 8 日作出不予立案的决定。后亚恒公司又提出复议申请，公安机关于同年 12 月 12 日作出维持不予立案的决定。2002 年 2 月 1 日，亚恒公司向检察机关申诉，要求检察机关监督立案。2003 年 1 月 7 日，检察机关向公安机关发出《要求说明不予立案理由通知书》。同年 2 月 18 日，检察机关依照《中华人民共和国刑事诉讼法》（以下简称刑事诉讼法）第八十七条的规定，通知公安机关对本案进行立案侦查。同年 2 月 27 日，公安机关对本案立案侦查。依照刑事诉讼法的规定，检察机关对刑事诉讼拥有法律监督的职能。本案中，检察机关的立案监督符合法律规定，辩护人所提相关辩护意见与事实及法律不符，不予采信。

二、关于亚恒公司的"刺孔型干爽网面"工艺技术信息是否已为公众知悉的问题。

经查：上海专利商标事务所于 2001 年 8 月出具的《专有技术分析报告》证实，亚恒公司的"刺孔型干爽网面"工艺技术信息，在所查领域内未发现有采用相同生产工艺制造该专有设备的方法。虽然龚政等人关于"机械打孔装置"的相关发明已获国家专利，但上述专利与涉案工艺技术信息并非等同。上海科学技术情报研究所、上海市科学技术委员会分别出具的鉴定意见说明,虽然亚恒公司的工艺技术信息有少量已经被专利文献公开,但大部分具体而又关键的信息并未被文献公开。周德隆加入亚恒公司后,应根据双方签订的合同遵守保守公司商业秘密的约定,对其掌握的公司工艺技术信息承担保密义务,不能将亚恒公司向周德隆提供模片的行为视为该公司的工艺技术信息已经对外公开。

三、关于亚恒公司是否对涉案工艺技术信息采取保密措施的问题

经查:周德隆、陶国强与亚恒公司均签订了相应的劳动合同,周德隆、陶国强对此均供认不讳。在周德隆、陶国强所签订的劳动合同中,均对周德隆、陶国强遵守公司保密制度、离职后交回与生产经营有关的文件资料、不得泄露公司商业秘密等方面均作了相应的规定,还规定以公司的《保密制度》为合同的附件,周德隆、陶国强也分别在合同单独列明的"乙方在签订劳动合同前已学习过上海亚恒网面材料有限公司的《员工守则》、《规章制度和奖惩条例》及《保密制度》,并严格遵守"一栏中签署了各自的姓名。上述劳动合同的内容与亚恒公司提供的相关《保密制度》等书证彼此印证,与证人林军、陈亚庭、黄兵、邓宝华等人所作证言及三被告人在侦查阶段所作相关供述节录相吻合,故应认定亚恒公司已经对涉案工艺技术信息采取了保密措施。结合涉案工艺技术信息具有能为权利人带来经济利益并有实用性的特点,应当认定涉案工艺技术信息为刑法第二百一十九条第三款规定的商业秘密。

四、关于陈伟明是否明知周德隆、陶国强违反保密要求而共同实施侵犯亚恒公司商业秘密的行为的问题

经查:伟隆公司注册成立起源于周德隆向陈伟明提出成立一家生产与亚恒公司相同产品公司的建议。伟隆公司的设备均通过周德隆、陶国强向亚恒公司原供货单位采购,设备调试、安装及其他工艺技术问题,系利用陶国强掌握的亚恒公司相关技术予以解决。亚恒公司在获悉伟隆公司涉嫌侵犯其权利的情况下,先后于2001年2月、4月、9月,以各种形式向陈伟明、陶国强指出其行为涉嫌侵犯该公司商业秘密。在侦查阶段,陈伟明供称,"我认为侵犯商业秘密是周德隆、陶国强,他们侵犯了(亚恒公司)商

业秘密,他们与亚恒公司签订过保密协议,这个不关我的事,我又没有在亚恒公司工作过,又没有与亚恒公司签订过什么保密协议,不存在我侵犯亚恒公司的商业秘密的情况"。故应当认定陈伟明明知周德隆、陶国强侵犯亚恒公司商业秘密,仍与其共同实施侵犯商业秘密的行为,陈伟明及其辩护人的有关意见与事实不符,不予采信。

五、关于亚恒公司直接经济损失的计算问题。

经查:亚恒公司的直接经济损失,是分别以侵权人侵权产品的销售量和权利人被侵权后减少的产品销售量为基数计算的。根据前者计算的直接经济损失为114万余元;根据后者计算的直接经济损失为108万余元。亚恒公司因伟隆公司的侵权所造成的直接经济损失均超过100万元,原判以伟隆公司侵权产品的销售量计算亚恒公司直接经济损失,既反映侵权非法获利的客观事实,也反映了权利人被侵权后造成的直接经济损失,因此,认定亚恒公司的直接经济损失为100余万元,并无不当。

综上,上海市高级人民法院于2004年3月8日裁定:

驳回上诉,维持原判。

第二百一十九条之一 【为境外窃取、刺探、收买、非法提供商业秘密罪】①

刑法

为境外的机构、组织、人员窃取、刺探、收买、非法提供商业秘密的,处五年以下有期徒刑,并处或者单处罚金;情节严重的,处五年以上有期徒刑,并处罚金。

---

① 本条为2020年《刑法修正案(十一)》第23条新增。

▶ 行政规范

法律

《中华人民共和国反不正当竞争法》（中华人民共和国主席令第29号，2019.4.23修正实施）（节录）

第二条 经营者在生产经营活动中，应当遵循自愿、平等、公平、诚信的原则，遵守法律和商业道德。

本法所称的不正当竞争行为，是指经营者在生产经营活动中，违反本法规定，扰乱市场竞争秩序，损害其他经营者或者消费者的合法权益的行为。

本法所称的经营者，是指从事商品生产、经营或者提供服务（以下所称商品包括服务）的自然人、法人和非法人组织。

第九条 经营者不得实施下列侵犯商业秘密的行为：

（一）以盗窃、贿赂、欺诈、胁迫、电子侵入或者其他不正当手段获取权利人的商业秘密；

（二）披露、使用或者允许他人使用以前项手段获取的权利人的商业秘密；

（三）违反保密义务或者违反权利人有关保守商业秘密的要求，披露、使用或者允许他人使用其所掌握的商业秘密；

（四）教唆、引诱、帮助他人违反保密义务或者违反权利人有关保守商业秘密的要求，获取、披露、使用或者允许他人使用权利人的商业秘密。

经营者以外的其他自然人、法人和非法人组织实施前款所列违法行为的，视为侵犯商业秘密。

第三人明知或者应知商业秘密权利人的员工、前员工或者其他单位、个人实施本条第一款所列违法行为，仍获取、披露、使用或者允许他人使用该商业秘密的，视为侵犯商业秘密。

本法所称的商业秘密，是指不为公众所知悉、具有商业价值并经权利人采取相应保密措施的技术信息、经营信息等商业信息。

第十三条 监督检查部门调查涉嫌不正当竞争行为，可以采取下列措施：

（一）进入涉嫌不正当竞争行为的经营场所进行检查；

（二）询问被调查的经营者、利害关系人及其他有关单位、个人，要求其说明有关情况或者提供与被调查行为有关的其他资料；

（三）查询、复制与涉嫌不正当竞争行为有关的协议、账簿、单据、文件、记录、业务函电和其他资料；

（四）查封、扣押与涉嫌不正当竞争行为有关的财物；

（五）查询涉嫌不正当竞争行为的经营者的银行账户。

采取前款规定的措施，应当向监督检查部门主要负责人书面报告，并经批准。采取前款第四项、第五项规定的措施，应当向设区的市级以上人民政府监督检查部门主要负责人书面报告，并经批准。

监督检查部门调查涉嫌不正当竞争行为，应当遵守《中华人民共和国行政强制法》和其他有关法律、行政法规的规定，并应当将查处结果及时向社会公开。

第十四条 监督检查部门调查涉嫌不正当竞争行为，被调查的经营者、利害关系人及其他有关单位、个人应当如实提供有关资料或者情况。

第十五条 监督检查部门及其工作人员对调查过程中知悉的商业秘密负有保密义务。

第十六条 对涉嫌不正当竞争行为，任何单位和个人有权向监督检查部门举报，监督检查部门接到举报后应当依法及时处理。

监督检查部门应当向社会公开受理举报的电话、信箱或者电子邮件地址，并为举报人保密。对实名举报并提供相关事实和证据的，监督检查部门应当将处理结果告知举报人。

第十七条 经营者违反本法规定，给他人造成损害的，应当依法承担民事责任。

经营者的合法权益受到不正当竞争行为损害的，可以向人民法院提起诉讼。

因不正当竞争行为受到损害的经营者的赔偿数额，按照其因被侵权所受到的实际损失确定；实际损失难以计算的，按照侵权人因侵权所获得的利益确定。经营者恶意实施侵犯商业秘密行为，情节严重的，可以在按照上述方法确定数额的一倍以上五倍以下确定赔偿数额。赔偿数额还应当包括经营者为制止侵权行为所支付的合理开支。

经营者违反本法第六条、第九条规定，权利人因被侵权所受到的实际损失、侵权人因侵权所获得的利益难以确定的，由人民法院根据侵权行为的情节判决给予权利人五百万元以下的赔偿。

第二十一条　经营者以及其他自然人、法人和非法人组织违反本法第九条规定侵犯商业秘密的，由监督检查部门责令停止违法行为，没收违法所得，处十万元以上一百万元以下的罚款；情节严重的，处五十万元以上五百万元以下的罚款。

第二十五条　经营者违反本法规定从事不正当竞争，有主动消除或者减轻违法行为危害后果等法定情形的，依法从轻或者减轻行政处罚；违法行为轻微并及时纠正，没有造成危害后果的，不予行政处罚。

第二十六条　经营者违反本法规定从事不正当竞争，受到行政处罚的，由监督检查部门记入信用记录，并依照有关法律、行政法规的规定予以公示。

第二十七条　经营者违反本法规定，应当承担民事责任、行政责任和刑事责任，其财产不足以支付的，优先用于承担民事责任。

第二十八条　妨害监督检查部门依照本法履行职责，拒绝、阻碍调查的，由监督检查部门责令改正，对个人可以处五千元以下的罚款，对单位可以处五万元以下的罚款，并可以由公安机关依法给予治安管理处罚。

第二十九条　当事人对监督检查部门作出的决定不服的，可以依法申请行政复议或者提起行政诉讼。

第三十条　监督检查部门的工作人员滥用职权、玩忽职守、徇私舞弊或者泄露调查过程中知悉的商业秘密的，依法给予处分。

第三十一条　违反本法规定，构成犯罪的，依法追究刑事责任。

第三十二条　在侵犯商业秘密的民事审判程序中，商业秘密权利人提供初步证据，证明其已经对所主张的商业秘密采取保密措施，且合理表明商业秘密被侵犯，涉嫌侵权人应当证明权利人所主张的商业秘密不属于本法规定的商业秘密。

商业秘密权利人提供初步证据合理表明商业秘密被侵犯，且提供以下证据之一的，涉嫌侵权人应当证明其不存在侵犯商业秘密的行为：

（一）有证据表明涉嫌侵权人有渠道或者机会获取商业秘密，且其使用的信息与该商业秘密实质上相同；

（二）有证据表明商业秘密已经被涉嫌侵权人披露、使用或者有被披露、使用的风险；

（三）有其他证据表明商业秘密被涉嫌侵权人侵犯。

部门规章及部门规范性文件

1. 国家工商行政管理局《关于禁止侵犯商业秘密行为的若干规定》（中华人民共和国国家工商行政管理局令第 86 号，1998.12.3 修订实施）（节录）

第二条　本规定所称商业秘密，是指不为公众所知悉、能为权利人带来经济利益、具有实用性并经权利人采取保密措施的技术信息和经营信息。

本规定所称不为公众所知悉，是指该信息是不能从公开渠道直接获取的。

本规定所称能为权利人带来经济利益、具有实用性，是指该信息具有确定的可应用性，能为权利人带来现实的或者潜在的经济利或者竞争优势。

本规定所称权利人采取保密措施，包括订立保密协议，建立保密制度及采取其他合理的保密措施。

本规定所称技术信息和经营信息，包括设计、程序、产品配方、制作工艺、制作方法、管理诀窍、客户名单、货源情报、产销策略、招投标中的标底及标书内容等信息。

本规定所称权利人，是指依法对商业秘密享有所有权或者使用权的公民、法人或者其他组织。

第三条　禁止下列侵犯商业秘密的行为：

（一）以盗窃、利诱、胁迫或者其他不正当手段获取的权利人的商业秘密；

（二）披露、使用或者允许他人使用以前项手段获取的权利人的商业秘密；

（三）与权利人有业务关系的单位和个人违反合同约定或者违反权利人

保守商业秘密的要求，披露、使用或者允许他人使用其所掌握的权利人的商业秘密；

（四）权利人的职工违反合同约定或者违反权利人保守商业秘密的要求，披露、使用或者允许他人使用其所掌握的权利人的商业秘密。

第三人明知或者应知前款所列违法行为，获取、使用或者披露他人的商业秘密，视为侵犯商业秘密。

第五条 权利人（申请人）认为其商业秘密受到侵害，向工商行政管理机关申请查处侵权行为时，应当提供商业秘密及侵权行为存在的有关证据。

被检查的单位和个人（被申请人）及利害关系人、证明人，应当如实向工商行政管理机关提供有关证据。

权利人能证明被申请人所使用的信息与自己的商业秘密具有一致性或者相同性，同时能证明被申请人有获取其商业秘密的条件，而被申请人不能提供或者拒不提供其所使用的信息是合法获得或者使用的证据的，工商行政管理机关可以根据有关证据，认定被申请人有侵权行为。

第六条 对被申请人违法披露、使用、允许他人使用商业秘密将给权利人造成不可挽回的损失的，应权利人请求并由权利人出具自愿对强制措施后果承担责任的书面保证，工商行政管理机关可以责令被申请人停止销售使用权利人商业秘密生产的产品。

第七条 违反本规定第三条的，由工商行政管理机关依照《反不正当竞争法》第二十五条的规定，责令停止违法行为，并可以根据情节处以1万元以上20万元以下的罚款。

工商行政管理机关在依照前款规定予以处罚时，对侵权物品可以作如下处理：

（一）责令并监督侵权人将载有商业秘密的图纸、软件及其有关资料返还权利人。

（二）监督侵权人销毁使用权利人商业秘密生产的、流失市场将会造成商业秘密公开的产品。但权利人同意收购、销售等其他处理方式的除外。

2. 国家工商行政管理局《关于商业秘密构成要件问题的答复》(工商公字〔1998〕第 109 号，1998.6.12)

江苏省工商行政管理局：

你局《关于权利人提供的技术信息能否定为商业秘密的请示》(苏工商〔1998〕41 号)收悉。经研究，答复如下：

商业秘密的构成要件有三：一是该信息不为公众所知悉。即该信息是不能从公开渠道直接获取的；二是该信息能为权利人带来经济利益，具有实用性；三是权利人对该信息采取了保密措施。概括地说，不能从公开渠道直接获取的，能为权利人带来经济利益，具有实用性，并经权利人采取保密措施的信息，即为《反不正当竞争法》所保护的商业秘密。

权利人采取保密措施，包括口头或书面的保密协议、对商业秘密权利人的职工或与商业秘密权利人有业务关系的他人提出保密要求等合理措施。只要权利人提出了保密要求，商业秘密权利人的职工或与商业秘密权利人有业务关系的他人知道或应该知道存在商业秘密，即为权利人采取了合理的保密措施，职工或他人就对权利人承担保密义务。

索 引

第一百六十条 【欺诈发行证券罪】	318
第一百六十一条 【违规披露、不披露重要信息罪】	320
第一百六十九条之一 【背信损害上市公司利益罪】	381
第一百七十条 【伪造货币罪】	3
第一百七十一条 【出售、购买、运输假币罪】【金融工作人员购买假币、以假币换取货币罪】	8
第一百七十二条 【持有、使用假币罪】	10
第一百七十三条 【变造货币罪】	7
第一百七十四条 【擅自设立金融机构罪】【伪造、变造、转让金融机构经营许可证、批准文件罪】	391
第一百七十五条 【高利转贷罪】	44
第一百七十五条之一 【骗取贷款、票据承兑、金融票证罪】	40
第一百七十六条 【非法吸收公众存款罪】	103
第一百七十七条 【伪造、变造金融票证罪】	59
第一百七十七条之一 【妨害信用卡管理罪】【窃取、收买、非法提供信用卡信息罪】	89
第一百七十八条（第一、三款）【伪造、变造国家有价证券罪】	63
第一百七十八条（第二款）【伪造、变造股票、公司、企业债券罪】	194
第一百七十九条 【擅自发行股票、公司、企业债券罪】	176
第一百八十条（第一、二、三款）【内幕交易、泄露内幕信息罪】	259
第一百八十条（第四款）【利用未公开信息交易罪】	267
第一百八十一条 【编造并传播证券、期货交易虚假信息罪】【诱骗投资者买卖证券、期货合约罪】	325

第一百八十二条 【操纵证券、期货市场罪】	284
第一百八十三条 【职务侵占罪】【贪污罪】	386
第一百八十四条 【非国家工作人员受贿罪】【受贿罪】	388
第一百八十五条 【挪用资金罪】【挪用公款罪】	389
第一百八十五条之一 【背信运用受托财产罪】【违法运用资金罪】	383
第一百八十六条 【违法发放贷款罪】	42
第一百八十七条 【吸收客户资金不入账罪】	384
第一百八十八条 【违规出具金融票证罪】	61
第一百八十九条 【对违法票据承兑、付款、保证罪】	62
第一百九十条 【逃汇罪】	17
第一百九十一条 【洗钱罪】	159
第一百九十二条 【集资诈骗罪】	135
第一百九十三条 【贷款诈骗罪】	43
第一百九十四条（第一款）【票据诈骗罪】	57
第一百九十四条（第二款）【金融凭证诈骗罪】	58
第一百九十五条 【信用证诈骗罪】	58
第一百九十六条 【信用卡诈骗罪】【盗窃罪】	92
第一百九十七条 【有价证券诈骗罪】	64
第一百九十八条 【保险诈骗罪】	356
第二百一十三条 【假冒注册商标罪】	416
第二百一十四条 【销售假冒注册商标的商品罪】	423
第二百一十五条 【非法制造、销售非法制造的注册商标标识罪】	435
第二百一十六条 【假冒专利罪】	453
第二百一十七条 【侵犯著作权罪】	471
第二百一十八条 【销售侵权复制品罪】	493
第二百一十九条 【侵犯商业秘密罪】	554
第二百一十九条之一 【为境外窃取、刺探、收买、非法提供商业秘密罪】	588

第二百二十条　单位犯侵犯知识产权罪的处罚规定	414
第二百二十五条　【非法经营罪】（涉买卖外汇、资金支付结算）	22
第二百二十五条　【非法经营罪】（涉非法放贷）	45
第二百二十五条　【非法经营罪】（涉POS机套现）	97
第二百二十五条　【非法经营罪】（涉证券、期货业务类、基金发行业务）	185
第二百二十五条　【非法经营罪】（涉保险业务）	357
第二百二十五条　【非法经营罪】（涉非法出版物）	494